刘君祖 著

易经与现代生活

最新修订版

团结出版社

图书在版编目（CIP）数据

易经与现代生活 / 刘君祖著 .—北京：团结出版社，2020.7
ISBN 978-7-5126-7835-4

Ⅰ．①易… Ⅱ．①刘… Ⅲ．①《周易》—研究 Ⅳ．① B221.5

中国版本图书馆 CIP 数据核字（2020）第 060092 号

出　版：团结出版社
（北京市东城区东皇城根南街 84 号 邮编：100006）
电　话：（010）65228880　65244790（出版社）
（010）65238766　85113874　65133603（发行部）
（010）65133603（邮购）
网　址：http://www.tjpress.com
E-mail：65244790@163.com（出版社）
fx65133603@163.com（发行部邮购）
经　销：全国新华书店
印　装：北京天宇万达印刷有限公司

开　本：155×230 毫米　1/16
印　张：46
字　数：616 千字
版　次：2020 年 7 月第 1 版
印　次：2020 年 7 月第 1 次印刷

书　号：978-7-5126-7835-4
定　价：128.00 元

目 录

自序 此中有真意

2005年8月中，时当盛夏，青岛滨海的天候却凉爽怡人。我和崇智、哲雄两位学生，参加山东大学主办的易学与儒学国际研讨会，几天会议议程下来，获益颇丰。大会的闭幕式上，蒙刘大钧教授相邀，在主席台上发表一段感言。除了对山大开风气之先，推广易学之功绩致意外，也就21世纪易学暨中华文化之发展，提出了乐观的预测。

早在1996年底，我即提出这两个问题：易学发展是不变的萃卦，中华文化的前景则为丰卦初爻动。

萃是精英相聚、出类拔萃，《易》为群经之首、中华文化最精粹的表现，所谓金声玉振集大成，确实当之无愧。依《易经》卦序，萃卦之前为姤卦，代表从天而降的难得机遇，萃卦之后为升卦，扶摇直上九万里。

丰是资源丰厚，气势如日中天，初爻动代表方兴未艾。换言之，整个21世纪才只是振兴中华的暖机阶段，中国不强则已，一旦强起来，至少主领风骚数百年！

丰卦卦象内离外震，离象征文明智慧、震代表行动力量，一个天下大国的超强实力必然软硬兼备，除了国富兵强外，深厚的文化底蕴更为重要。丰卦初爻正当内卦离明之始，若与四爻所代表的政经实力密切配合，丰功伟业必然可期。初、四两爻齐变，又有谦卦之象，谦受益，谦亨有终，强大而不称霸，与世界各民族文化和谐共存，这才是大同思想的极境。

闭幕式当晚的惜别宴，大家杯酒尽欢。筵席将散之际，初识不久的褚大为先生客气地邀稿，没想七分酒意下的这句话，竟促成了本书在大陆出版的机缘。人生际遇，往往如是，有意栽花与无心插柳之间，却也意趣横生。

本书的书名《易经与现代生活》确为《易经》的准确

定位，揭示全书的主旨。易理精髓即创化应变，一切着重与时俱进，真知力行，经世致用。

《易经与现代生活》也是我在台湾所出第一部书的书名，分为《决策易》《生活易》《经典易》三卷。开宗明义，阐述《易经》思想的核心，介绍易学的基础知识，演练大衍之术的筮法，并深入现代生活的各个层面，以印证易理的通达适用。本书前十章的内容取材于此，算是《易经》的导引入门。

十一、十二、十三章是三篇深入浅出的普及论述，结合历史与当代，贯穿义理和术数，尝试厘清纠葛，探讨《易经》的创作结构。来源皆出于在台湾出的第二部书——《易经与生涯规划》。仍为三卷的版本，分别是《治平易》《性情易》及《组织易》。

十四章至四十五章，直接进入《易经》内容，全面解析卦象、卦理，以关系密切的相综、相错或意涵相近的两三卦为一组，分三十二个主题，讨论完六十四卦、三百八十四爻的全部经传。行文刻意摆脱传统注疏的格式，而以贯通义理、印证实务为主。十三章“龙战于野”阐释乾、坤《文言传》；四十四章“大定位”解析《说卦传》；四十五章“浩浩阴阳移”深入探讨《序卦传》《杂卦传》的因果变化。总之，美称“十翼”的七种十篇《易传》，都已尽可能论证周备。

以上经传的解析，出于《易经与生涯规划》及《易经与终极关怀》——在台湾地区出的第三部书，亦分三卷：《天地易》《人间易》及《神明易》。

这三部九卷易学的论著约于四年内出齐，大致总结了我自青年习《易》以来的心得，也成为在台授《易》的基本架构。由于扣紧时务立论，多年来也颇受政界、商务及学界诸多师友的肯定，至今风行不衰。

四十六至五十三章为八篇专题论文，是我近些年参加海峡两岸易学会议所提，范围涉及兵法、中医养生、教育、领导统御、全球化及和合思想等。《易经》包罗万象，应变无穷，只要深悟核心义理，对一切重大议题均可有精准肯綮的阐述。四十八章剖析十翼中《大象传》的义理结构，许多论点确发前人所未发；四十七章揭示《易经》的“不言之象”，所谓“书不尽言，言不尽意”，好学深思的各方贤达期能有所会心。

本书近六十万字，解经部分依卦序排列，最后共成五十三章。《大易》义海无穷，确实取之不尽，用之不竭，我真心期待各方仁人志士的参与和认同。

本书得以顺利出版，当然要感谢褚大为兄的热心促成，几番函电来往，深切感受到其冲劲与豪情。刘大钧教授的赐序平易雍容，从易学的历史发展谈到现代易学研究的精神，透显大家风范，而提携后进的爱顾之忱，更跃然纸上，我衷心感念。本书结集出版，还保留了当时几篇台湾学者的荐序，沈清松教授、龚鹏程教授暨吕学海先生，都是我论交数十年的好友，他们认真的览读及精辟的评介，给学《易》中人很大的安慰。新世纪已至，先民所精心创造的高智文明，必将有一番雄浑壮阔的演出——所谓“华夏又一春”，我们且拭目以待。

2006 年 6 月

刘序

从历史的发展来看，《周易》有一个由卜筮之书到天人之学的发展过程，换句话说，《周易》本身蕴涵的无限意义并不是随着卜筮同时呈现出来的，它有一个逐步开显的过程。《汉书·艺文志》云："易道深矣，人更三圣，世历三古。"即已言明《周易》非一时一人之作，乃是在较长的历史中形成的，在这一过程中《周易》实现了由卜筮之术到天人之学的转变。

而对这一转变起到关键性作用的人物就是"三圣"之一的孔子。孔子与《周易》的关系乃学术史上一大公案，虽然《论语》《史记》与《汉书》等古籍中俱有孔子学《易》之记载，但千百年来，学人们因《周易》为卜筮之书不合于儒学精神而强为辩解，甚至认为孔子与《易》无涉。长沙马王堆汉墓帛书的出土，为我们澄清这一历史谜案提供了新的证据。帛书《要》等篇中不仅清楚地记载了孔子与其弟子论《易》之事，而且突出地记载了孔子关于《周易》"术"与"学"问题之看法。孔子曰："《易》，我后亓祝卜矣，我观亓德义耳。"孔子指出他习《易》的目的并不仅是学习卜筮之术，而是体察其中涵具之"德义"。《周易》在孔子那里获得了全新的意义，并实现了一种诠释视域的转变，由卜筮之用下的向外探求、诉诸神灵的人生向度，转变为"观亓德义"下的向内探求、诉诸自我德行的人生向度。《左传》《国语》中虽已有以德解《易》之记载，但逮及孔子方真正达到了一种德性之自觉，为《周易》由术到学的学术品格提升，迈出了关键的一步，借此《周易》也被纳入儒学思想系统。帛书《易传》的出土更进一步证实先秦时期多种解《易》文字的存在。正是这些佚名的解《易》之作，一步步地将《周易》的无限意蕴呈现出来，传世之《易传》“十翼”是其最为杰出之代表。在《易传》那里，不仅建构起《周易》古经卦爻画与卦爻辞之间互诠互显的解释义例，从理论上将象辞间的关系清楚地昭示出来，而且将《周易》古经内蕴之意义阐释为天、地、人三才之道，赋予其生生不已、随时变易的理论特色和人文化成的价值理想，最终将《周易》诠释成了一部“致广大而尽精微”的天人整体之学，完成了《周易》学术品格之迁跃。后世治《易》，无论象数派还是义理派，均在《易传》之基础上层开，无有能超越者，此为《易传》之伟大意义。

自《易传》之后，历代学人治《易》总不出象数与义理两派。《四库》馆臣云：“《易》之为书，推天道以明人事者也。《左传》所记诸占，盖有太卜之遗法。汉儒言象数，去古未远。一变而为京、焦，入于机祥，再变而为陈、邵，务穷造化，《易》遂不切于民用。王弼尽黜象数，说《易》《老》《庄》，一变而胡瑗、程子，始阐明儒理，再变而李光地、杨万里，又参证史事，《易》遂日启论端。此两派六宗，已互相攻驳。”此“两派六宗”之说颇合史实。象数派形成于西汉之时，以探析《易》之象数为治《易》第一要务，重在梳理《易》之象数性内涵，造其极则孜孜于昭示经传字字句句之象数学根由，致使巧说弥甚，旁搜曲引，天人大道遮蔽于象数网幕之中；义理派则以王弼易学为其诞生之标志，以揭示《易》之义理为治《易》第一要务，重在阐释《易》之义理性内涵，造其极则汲汲于发挥经传字辞间之义理内涵，致使空言泛说，游而无根，天人大道湮没于语言游戏之内。我们看来，象数与义理实为易学之一体两面，可以说象数是体，义理是用。离开了象数，易学就失去了其为学之根基，不足以称为易；离开了义理，易学就失去了其为学之指归，不足以称为学。《易》学史上象数、义理两派之分亦是举各自之特色与侧重而言，非是判然不相容者。就其作为派别而言，两家各有长短，在易学发展史上交相辉映，各放光彩。以今日之眼光观之，易学宗派之纷繁，正可见易道之广大。宋儒胡瑗称《易》“极天地之渊蕴，尽人事之终始”，不仅道出了易学之宏大学术视域和学术宗旨，也可以视作易学发展史之整体特质。古人创造了光芒灿烂的易学，将精微之易道层层诠释，上及形上天地无穷之域，下及形下人生日用之间，将对宇宙、社会和生命的真切体悟贯注其中，既有总体宇宙之关怀，又有终极人文之关切，其流传于今天者皆非无病呻吟、空泛之论，实乃其当下宇宙生命之真切显发。

易学在过去之所以能够保持旺盛的生命力，是与其能范导、影响中国过去时代之进步分不开的。易学在现代及未来，如欲仍然保持其生命力，就必须对现代及未来所发生之一切，做出很好的回应，并持续不断地从现实中汲取营养。与现时代多元化发展相适应，现代易学研究也呈现出多元化之态势，人们在哲学、史学、文学、艺术、管理、物理学、数学、天文学、生物学等多种学科视野下对《周易》经传进行新的诠解，试图从古老的易学中发掘与现代相合的思想内容，将古老的易学思想转活于现代，并以此来指导当代的社会人生，推动人类文明之进步。而刘君祖先生此部大作正是现代易学在此等信念指导下所结出的丰硕成果。

君祖先生治《易》廿余年，用力甚勤，以其对《易》的体察感悟人生的方方面面，故其所涉有现代之商务经营、组织管理、商业决策等与当今社会关系最为密切之事，其大著之文字能紧扣时代脉搏去体察易道，昭示《易经》进德修业、随时变易、开物成务之道在现代生活中的深刻内涵。此部大作虽不全依传统注疏之格式，然而又循传统象数、义理派治《易》之理路，从卦爻辞与错综之卦序的分析入手，对现时代社会生活的各个层面进行了鞭辟入里的论说，大至历史潮流、国际局势，中至企业决策、经营管理，小至家庭关系、为人处世，皆能以易学之思想娓娓道来，丝丝入扣，圆融畅通。其文风之清奇，其目光之敏锐，其体《易》之深切，皆使吾敬服。君祖先生以为“研究学问不要光看理论，必须以当代发生的事情，崭新的经验去验证它”，又以为“整部《易经》就像一部高度压缩的资料库，精练的卦爻辞中含藏着丰富的信息”，此皆为多年研《易》后的心得之论。

我与君祖先生交往多年，敬重其人品学问，今喜见其新作《易经与现代生活》即将付梓行世，欣慰之余，略赘短文如上，一述读后之感，二应制序之命。

刘大钧　于运乾书斋

君祖与其兄长君灿，是我最钦服的一对贤昆仲。我认得他们，是因为君祖主持了一个论学的小团体，叫“夏学会”，王镇华、吕学海两位来找我参加，故有幸识荆。夏学会里的朋友，多奇才异能，君祖、君灿两兄弟尤为特殊，因为他俩均非人文社会学科出身，专业的理工训练，使他们在其专业领域中表现甚为杰出。但他们对文史典籍极为娴熟，对中国文化之发皇亦极具热情，其真积力久，深造有得之处，每每使我这个大学课堂里讲授中国文化的人暗自惭怍不已。

君灿治科技史，有声于时，其理论体系，是由《易经》的“制器尚象”发展而来。君祖则除了负责推广科技普及工作、支援科技教育、主持企业营运之外，对《人物志》《春秋繁露》等典籍都有疏释，但其学问之真正得力处，也同样在于《易经》一书。这是非常有意思的事。

我原本在大学时代即喜欢玩索《易经》，硕士论文也以孔颖达的《周易正义》为研究对象。但从君祖兄弟身上，我才明白《易经》真正的生命力。这部经典，对他们而言，不是如同博物馆中收藏的文物那样，只提供给现代人一种古老历史根源性的慰藉，也不是供人摩挲护惜之珍玩，更不是客观研究的对象。经典，乃是在不断含咀玩味中，内化为人的生活、生命、气质与思维。生活的实践，与对《易经》的知解，不断滚动参会而愈趋精进，所以这是真正生命的学问、真正实践的学问，非玩弄光景，掉书袋、搬名词、讲究学术社群的仪式与格套的那一种学问。据世俗的看法，好像学科学的人就应该讲究客观与理性，只有中国古代才以此种实践性的生活之学见长。君祖兄弟却恰好以其实践，表现了中国人文传统极为可贵的这一面。

掌握这一点，极为重要。君祖因生活所涉之领域，多系商务经营、组织管理、危机处理等等，故其论《易》，甚能就此指点，揭明《易经》如何开物成务与趋吉避凶之道，文笔清健，条理井然，引人入胜。但这里虽蕴含了他希望以圣人之道经世的理想，却非将《易经》视为工具，教人如何“用”在企业管理等方面。这是他论《易》不同于迩来坊间泛滥之实用历史书刊处。那些书刊，旨在实用，教你如何运用典籍或易占来帮助你发财、成功，将精深易理视若敲门砖而已。君祖此书却不然，他以现代生活的角度切入易理的核心，目的是指点读者应透过我们本身生活上的实践，去逐渐体会易理真正的内涵，笃实力行之，使人人均能发挥健动、创造的精神，体察世界的变化，以开物成务。

“夫《易》，何为者也？夫《易》，开物成务，冒天下之道，如斯而已者也。”学习《易经》，难道还有君祖所开拓出这条路子以外的法门吗？

龚鹏程

沈序

由占筮致开显，由开显揭哲理。

无论任何个人与团体，都会关心自己的命运，也都想知道自己所采取的行动的吉凶祸福。像德哲康德所谓“人能知道什么”“人应做什么”“人能希望什么”，都是人所关心的重大问题，其中尤以究竟应该做什么，应该如何做，才能趋吉避凶，是个人与团体日日皆有的困惑。然而，人类对于一切有形体之物，皆可发展出特定的科学来加以研究，唯独对于与人最为切身的“命运”，却没有任何科学可资指点迷津。也因此，进行占卜或归纳经验便成了人类面对命运问题的指针。

在中华文化传统中，《易经》正是展露人类命运与宇宙规律的智慧之书。在我看来，《易经》思想的发展，正展现了人经由“占卜”以揣度命运走向，进而为了认知命运而追求人与事物之理的开显，借以解释命运的来龙去脉；再由追求事理之开显，进而达致人生哲理的透悟，其中正显示着人的主体性的逐层揭露，且与自然法则之间有着密切的辩证关系。

首先，《周易》本来是周人占筮之时参照的本文，显示其原先所关心的正是个人或群体行动的吉凶、悔咎、祸福、进退。就这一层言，周人对命运的认识虽仍需诉诸鬼神，然而对于命运之关心，总隐含着人对于自身的主体的重视，且此层重视亦在《易经》哲学发展的过程中愈益凸显。因为在占卜的方式上，从殷人的龟卜转变为周人的占筮，此一转变过程本身就蕴含了人文意识与人的主体性的浮现。因为殷人的龟卜所依据的龟甲裂痕乃自然成文，除了解读时之外，毫无人力介入的可能。至于周人的占筮，则需依规定手数蓍草，并进而加以推算；另一方面，殷人的龟卜在龟裂成文之后便不可改易，然而周人的占筮则还需进而分析卦象，此时就有必要诉诸人的推理和判断，并且还要当事人进一步加以选择，借以趋吉避凶。可见，由殷人的龟卜转向周人的占筮，正显示出个人与群体对于命运的关心，会逐步走向对人之主体性、生命意义与意识的努力之强调。

《周易》原本只包含卦象、卦辞和爻辞。卦辞对卦象进行解说，爻辞则对卦中每一爻进行解说。周人每卜得一卦，便会查阅《周易》中该卦之卦爻辞，参考其中所开显的事物之理或神明之意，借以决定所问之事的吉凶、所问之人的祸福。

至于其后出现之《易传》，则更系统地解说《周易》，其中尤以《彖传》《象传》《系辞传》最富哲理，对卦爻辞所显示的事物与人事之理加以更为详细之解释。由此可见，由《周易》到《易传》之发展，实在是由“占筮”而求“开显”，再由“开显”而凝聚“哲理”之历程。

就“占筮”层面而言，占筮者欲求得所需意旨之开显，必须参考《周易》的卦爻辞。然而卦爻辞所言者，主要有两重意义：

第一，是由自然之变化以言人事之变化。人能由自然之理而觉悟人事之理，是来自我所谓的“动态对比”。例如小过卦卦辞说：“亨，利贞，可小事，不可大事。飞鸟遗之音。不宜上，宜下，大吉。”由于飞鸟的声音的自然走向，是向下而不向上，由此了解到人事活动下顺则吉，上逆则凶。这种解释，一方面表示人事之吉凶与自然现象有其共通感应的关系，另一方面人又应从自然现象中采取距离，自我觉醒，借以条理人事，而不自限于自然观察而已。

第二，则是由卦爻辞之逻辑推演以言人事之吉凶。由二二相偶的逻辑推演而成六十四卦，属于我所谓的“结构对比”。因为卦象的形成，有其逻辑发展，基本上乃将对立之奇偶两者，按三重叠，分别组合，使成八卦；再将八卦两两相叠，即成六十四卦。《说卦》所谓“兼三才而两之”，孔颖达所谓“二二相偶，非复即变”，皆明示《易》卦之推演，乃按照对立元之排列组合逻辑形构而成。

《周易》由占筮以求开显，至《易传》则由开显走向哲理。《系辞》说：“《易》有圣人之道四焉，以言者尚其辞，以动者尚其变，以制器者尚其象，以卜筮者尚其占。是以君子将有为也，将有行也，问焉而以言，其受命也如向。无有远近幽深，遂知来物。”这段话把占卜吉凶只视为是《易》的功能之一，此外还有其他重要的功能：以《易》为言论之依据，以《易》为行动之指导，以《易》为制器之取象。这些功能遍及了人类生活的各方面，率皆以《易》所显示的存在法则为依据。

《系辞》又曰：“夫《易》，圣人之所以极深而研几也。唯深也，故能通天下之志；唯几也，故能成天下之务。”《易》既触及事物的存在法则，又触及人的存在法则，故能通天之志，成天之务。“圣人立象以尽意，设卦以尽情伪，系辞焉以尽其言，变而通之以尽利，鼓之舞之以尽神。”这段话更说明了卦象、卦名、卦爻辞的设置，皆是为了显现理念，穷尽言论，有利于百姓之事业。在此，《易经》更成为可借以领导人类历史发展的法则了。

刘君祖先生可谓深于《易》者也，记得前不久才拜读了他的《决策易》《生活易》《经典易》《治平易》《性情易》与《组织易》六卷阐明《易经》中所含藏现代生活与生涯规划意涵之作，如今又见他即将出版《天地易》《人间易》与《神明易》三卷，以阐明《易经》由问卜吉凶、悔咎、祸福而追求真理的开显，更由开显而达至哲理的诸种层面，皆有深刻的掌握，其中更贯串着他对于儒、道、释经典之旨的娴熟，以及对于政治现实和两岸关系的洞见，并时时流露其道德关怀与策略智慧。君祖兄这三卷书构成了他所谓《易经》与终极关怀的内涵，可谓其易学丛论的盖顶之作，读来获益匪浅，谨在此向君祖兄致贺，并向读者推荐。

沈清松

序于指南山麓

龚序（二）

当代治《易》，已罕名家。江湖谈士，虽皆推阐易象以言其数术，然源脉未清，或昧通方。学院中考卦爻之来历、辨著作之真伪，亦甚热闹，但对其义理则未遑深究。至于近取诸身、远喻诸物、因易象而见养德知几之义者，实不多见。

君祖说《易》，所以见重于当世者，正出于此，他曾著有《易经与生涯规划》等书，以《治平易》《组织易》《性情易》，综述《易经》各卦的卦象以及其中涵括之义趣，深入浅出，平正通达，不惟雅俗共赏，实亦令人耳目一新。目前他推出新著，这套《易经与终极关怀》与旧著相表里，预料仍然会获得好评。

这部书，分为《天地易》《人间易》《神明易》三卷，解三十二卦，并对《易传》中《文言》《说卦》《序卦》三篇着重解析。体例新颖，对有意读《易》、且有意由《易经》中明白为人处世之道者，实大有裨益。

所谓“为人处世”，不是一般的意义，而是针对这个特殊的时世说的。《易经》乃教人知时变之书，故知几知时至为紧要。君祖此书，处处扣住这个时世来说话，一卦一爻，随机指点，教人处在当今这个政治民主而经济有待提升的时代中，应如何自处。这不仅对读者而言，读来甚为亲切，亦开论《易》者一大法门，使其所谈既非考古又非玄论，切应于时局人事，经学乃为有用之学。

其次，君祖论《易》，善能综合老子、孙子之说，尤其是老子学说，通贯在其说解中。这是极有见地的做法，昔贤或狃于《易》主刚健之义，分隔儒道，不知儒家、道家之别，乃后世所分，《易》为文明之源，乾坤并建，刚柔相需，执刚健之德，而无柔巽之义乎？君祖往往借老子之说，以辅助阐明义理，正是他说理能较圆彻的原因之一。

另外，最值得注意的，是他融合《春秋公羊传》的观点。因此，他主张诛除暴君的革命论、推崇群龙无首的民主政治、强调据乱世升平世太平世循序渐进的历程，并说经史不同，经中人名只是象征譬况，不可与史事相混淆。这些都是具有“春秋经世”的意味，而使其说《易》自成一家之言。读其书者，应知其立说之根柢，才能晓得他为什么会批评文王、箕子乃至汤武革命，认为那些都仍跳不出“家天下”的小康格局，亦未悟时代所以明夷之理。同样，他主张变更国体或领土，均须经由国民讨论之类，也均须由其公羊家观点上去理解。

正因君祖此书自有宗旨，故其写作方式大抵是顺文直解，据卦爻辞以说易象，阐释当代人应如何趋善成德之道，不甚旁涉。故《易经》中许多与此不相干的问题，他是不谈的。如艮卦，明代理学家及林兆恩的三一教，所强调的是“艮背”的部分。用以讲隐逸思想者，则强调它“时止则止，时行则行”。君祖在这个地方，说的都是止欲，并教人要止于其位。诸如此类，如果读者有兴趣比较一下他和其他各家易解的异同，一定会对其解经手法及观点有更多的体会。

春夜寂寂，通读其书一遍，感悟良多，仅申数语，希望能对读其书者有点帮助。

龚鹏程

序于佛光大学

吕序

在大自然中学得的知识，在人群中学得的知识，在自我体性实践中学得的知识，是人类知识的三个主要来源。工业革命以来，西方文明以科学取代宗教，借自然知识为范，使后世得以从新视野认识社会、认识自我，在试误中缔造近世文明的殊大成就。但是不同历史阶段认取的自然，只是自然的片面；自然知识，只是自然微不足道的一部分。西方社会确曾在透过科学认识自然的进程中，表现出谦虚、柔和，并且迄至目前，西方知识传统中仍然留存着这样的可贵情操。然而从科学源自中古教会有闲的修士们，为了上帝的荣耀而探究宇宙真理，到企图以科学取代宗教，把科学当作宗教，把科技成果当作国际政治、经济的福音与利器，甚至用军事与贸易模式粗暴地传扬西方福音——西方人的确也经历了从渺小到自大，从谦虚、柔和到傲慢、优越的心路历程。以理性体系是否完整自足为要件，截取了自然的片面的近代科学，主宰了启蒙运动以后人类的历史与思想；站在上帝影子里的科学，更形象巨大地主宰了三四百年来文明发展的主轴线——留下文化冲突的伏笔和习于以自我为中心，天经地义从事经济利润扩展的一个个人给21世纪。

《易经》是中国先民智慧中极完整地对应自然、人群、自我的理论体系。在溯自伏羲、文王、孔子及历代先儒、医卜、建筑、风水、工匠的民族集体创作中，发展成为弥纶天地、四时、日月、至德的宇宙论与伦理观。检视现存的《易经》上下经与《系辞》，“范围天地之化而不过，曲成万物而不遗”一语所说明的，实在不只是弥纶天地的企图，更动人的毋宁是历代先民集体创造过程中“知之为知之，不知为不知”的自制。

对于中国何以能够早在几千年前即发展出这样一套兼天、地、人三才而两之的解释系统，却又亘数千年不能发展出科学、民主政治与市场经济，《易经》经传注创作的历史或《易经》社会学，应该能够提供对中国中古文明与西方当代文明同具启发的说明。但揆度眼前大学研究所中国文史科系师生对自然科学、社会科学知识的普遍缺乏，以及西方自然科学、社会科学系所对传统经典仍无从措意，这样基本的工作要系统化开展，也只有留给 21 世纪了。

刘君祖兄习自然科学出身，浸淫传统儒学垂二十载，总角相交，深知其有“遁世而不闷”的君子之风。本书之作，是君祖兄严谨治学之余的无意流露，缘起于为“社会大学”讲授《易经》；但选择讲究“时义”的《易经》作为出版起手，却见出了儒者用心。中国传统学问在冷战结束而各国依然深陷在过去的政治经济泥沼之际，是应该思索其与人类最前沿知识间的关系，通过中国人的努力，把中国文化中历久弥新的自然观、社会观、自我观不过不违地提供给新世纪的文化了。

儒家的外王之学，自汉宋起便让位给了官僚。当前政治经济行动背后依据的观念系统仍是相对粗陋庸俗的现代化观念，而绝无政治、商业的风格与品位，遑论礼乐文化。在意识形态解体、区域种族文化冲突升起时，儒家文化还是有较其他文明更丰富的冲突融合经验；而先秦儒家的君子之学则更能釜底抽薪地化解人人逐利所带来的地球灾难。

《易经》中的龙，指的就是君子，三百八十四爻无一爻不是说明君子的唯变所适与小人的一意孤行。君祖兄所述《易经》为君子平情之作，目的在鼓励今之企业、政治中人进德修业不辍。书中没有民族光辉或屈辱的遗迹，但有对未来及未来君子的款款期许，儒家外王之道，的确只能大成于一个人人有士君子之行的现代中国——“用九。见群龙无首，吉。”

本书对于《易经》占卜体系的厘清极其精彩，应该可以算得上困顿君子为中国文化所做的贡献了。

吕学海

第一章　第三类接触:《易经》导引

扫一扫，
进入课程

斯蒂芬·斯皮尔伯格（Steven Spielberg）是好莱坞罕见的奇才，擅长制造畅销品，十几年来，创作力始终不衰。这个暑假的《侏罗纪公园》（*Jurassic Park*）声势惊人，由各大戏院门口的人潮看来，顽童的想象力及华丽的视觉呈现，再次攫获了世纪末的人心。

《第三类接触》是斯蒂芬·斯皮尔伯格十年前的名片，描绘太空生物造访地球，与人类不期而遇的一次邂逅经验。跟传统科幻电影不同的是，片中并无矢志保卫地球、共御外侮的争杀场面，而是在飞碟起降的大片声光中，烘托出一种奇异而温馨的情境。绚丽星云，浩浩宇宙，不仅是难测的风险，也充满了关怀和善意。

现代人接触《易经》我想也和此相似吧!

老祖宗们在数千年前所集体创作的经典，以占卜吉凶的卦爻形式，跨越时空而来。那艰深晦涩的辞意，令人捉摸不定。诠释当下，预测未来，冥冥中所显示的神机，却又莫测高深，让人惊异不已。

我学《易》几十年，也是到了最近几年，因行事上诸多机缘历练，及社会大学教学相长的刺激，才恍然大悟迈进了这门天人之学的门槛，得见宗庙之美、百官之富。

佛语有云:“待将全程历尽，方知如是因果。”《易经》绝对是实践的学问，先民秉其生活经验，发为创作，后人也必须通过本身的实践，才能真正了悟易理的内涵。真知是以力行为基础的，见闻之后还得受持，不断修行精进。

孔子说："五十以学《易》，可以无大过。"平实亲切确是经验之谈。人生事业，学无止境，难免小过不断，只要大过不犯，便充满了积极经营的机会。现代人喜欢谈生涯规划，《易经》其实是最好的教战守策，只是理解起来百般不易。

本书尝试从现代生活的角度，切入易理的核心，透过易一象一用的纲领说明，希望能让读者拨开迷雾，南针在抱。

开卷前，引用佛经著名的"开经偈"，与读者朋友共享共勉：

> 无上甚深微妙法，
> 百千万劫难遭遇。
> 我今见闻得受持，
> 愿解如来真实义。

变动不居

《易经》究竟在讲些什么？简单来说，就是在阐述变化。

宇宙人生充满了动变。星移斗转，沧海桑田，自然界的变化无时或已。盛衰成败，离合悲欢，人世间的流转反复，更让人伤情。

台湾地区的解严、大陆的改革，同样令人目不暇接。今日两岸交流的盛况，实非20世纪五六十年代的人所能梦想。当我们走过从前，那种今昔大异的感受，真是恍如隔世。

1991年海湾战争陆地战四日了结，跌翻了多少专家的眼镜？台湾股市在金钱游戏大盛时，扶摇直上一万两千点，几个月间顿挫为3000点以下，许多人的资产缩水到原来的四分之一。

全球性的经济不景气如瘟疫般蔓延，打破了多少年来跨国企业的神话，连号称东方不败的日本，在泡沫经济幻灭后，都显得欲振乏力。通用、福特、IBM，接连创下人类有史以来天量的亏损纪录，裁员手笔之大，令人咋舌。

民主改革、求新求变的风潮，刷新了许多古老国家的政治格局。台湾地区的两党政争，波谲云诡，昔为阶下囚，今为庙堂客者，比比皆是。日本雄霸天下的自民党，在政商勾结，连连出事后，居然也会在选举中失利。

所有这些都提醒我们：人世是如何的变动不居，而变化的适应、掌握及预测，又是何等的重要。

依据传统的说法，《易经》的得名，“易”字有三个含义：变易、不易和简易。我们前面讲的，就是变易，世间一切的现象、事件都在变动中。《易经》的英文译名，除音译“IChing”外，也有意译成“Book of Change”的，点出《易经》是专门处理变化的学问。

不过，所有这些变动的背后，还是有着永恒不变的真理，所谓万变不离其宗，这就是不易。《易经》教人的，就是如何透过变易去掌握不易。自然界的天体运行、动植物的生长消亡，仍然依循无所不在的科学定律。人文社会的变化虽然繁复，一样可以调理出许多千锤百炼的经验法则。

以简御繁

那么，简易是什么呢？许多人初学《易经》，往往在这里遭遇困难，它当然不是简单容易的意思，《易经》的难是有名的。

简易其实就是以简御繁，是透过变易去掌握不易的不二法门，在人性表现上便是顺其自然，无私无我，公正客观。

《中庸》上有段话说：“道不远人。人之为道而远人，不可以为道。”《易经·系辞传》上也说：“《易》之为书也，不可远。”

真理和日常人生其实是很贴近的，并没有那么繁杂和玄之又玄。许多人追寻真理，愈求愈远，说穿了是人性中的许多负面因素在作祟。例如自私自利，矫揉造作，主观太重，以及形形色色的欲望等，都会妨碍我们对真理的认知和实践。

在儒家“天命之谓性，率性之谓道”的性善论中，这些欲望和人为的造作，都是后天的习染，称作“人之为道”，是违反自然天性的。用这种方式去求道，必定愈求愈远，是不可能得道的。

人的私心和欲望会干扰认知，影响正确的判断。这一点确实值得重视。历史上多少枭雄人物，后来走上覆灭之途，往往植因于一些关键决策的失误。而这些失误，后人评断起来，有时会大惑不解。因为根据当时形势的分析、合理的逻辑推演，当局者都不该作出那样荒谬差劲的决策。一流高手下出绝顶臭棋，导致全盘皆输，真是令人尴尬。其因安在?

如果我们对人性、人情有更深刻的了解，细心去掌握主事者的人格特质、感情关系和决策者当时的心理背景，不少历史之谜便能豁然而解。

人并不是永远都能那么理性的。许多时候，反而是一些隐微难明、不足为外人道的非理性因素，起着关键作用。常人如此，那些才华惊世的领导人物可能更严重!

佛家讲凡人有贪、瞋、痴三毒，为此长陷苦海，烦恼不断。原始生命力强、英雄气重的人，除非已有方，多半三毒俱全，嗜欲深重。

庄子有句最好的话:“其耆(嗜)欲深者，其天机浅。”一针见血，点出了证道的关键。反过来说，嗜欲浅的人，天机就深，就能追求真理。

印度的圣雄甘地教导人“把欲望降到零度以下”。老子主张“为道日损，损之又损，以至于无为”。无为便是不造作，不起私心，也就是简易。做到了便能以简御繁，以不易御变易，便能无不为。

儒家讲“无欲乃刚”，俗话说“人到无求品自高”。一个人修德到摆脱私情私欲的牵扯、什么都可以不要的境地，自然就什么都不怕了! 在孟子就称大丈夫，富贵、贫贱、威武都动他不得。在《易经》就是乾卦《文言传》所称的“刚健中正，纯粹精也”，就能勇猛精进，生生不息。

“易”字还有第四种含义:“生生之谓易。”生了又生，创造永不止息。《易经》的英译，若取 Book of creativity 可能更好。

立象以尽意

确立了《易经》的主旨后，往下我们便可进入易象——亦即整套卦爻符号系统的讨论。这是《易经》被渲染得最神秘，也是最具特色的部分，历来的争议也最多。

象，简单来讲，就是一种象征，用来描述、诠释万事万物的性质、时态，及彼此间互动的关系。

易象的基本单位是爻。阳爻以一实线“⚊”表示，阴爻以两短线构成的虚线“⚋”表示，分别象征宇宙间两种性质截然不同，却又互补相成的事物或能量。至于这种符号的起源，历代有几种解释，但仍以“象男女之形”的说法最直截了当。实线跟虚线就像男女的生殖器官，二者交合，就能滋育后代，生生不息。《系辞上传》说伏羲画卦“近取诸身”，又说“生生之谓易”，正符合这种取象的精神。

由爻发展出卦，所依循的思路大致如下：一是依生生的自然顺序，阴阳爻复制叠加的往上排列过程；二是等下要谈的天、地、人和始、壮、究的观念。

二爻叠置，产生四种情形：“⚌”称太阳、“⚏”称太阴、“⚎”称少阴、“⚍”称少阳。这是所谓的“两仪生四象”，两仪即阴阳爻，由太极本体而生。

三爻叠置，四象生八卦，自然得出：

乾三连（☰）　坤六断（☷）

震仰盂（☳）　艮覆盌（☶）

离中虚（☲）　坎中满（☵）

兑上缺（☱）　巽下断（☴）

以上是《八卦取象歌》，初学者必须要背诵。

八卦也是先民观察自然界，所归纳出的八种重要的自然现象：乾为天，坤为地，震为雷，巽为风，坎为水，离为火，艮为山，兑为泽。依据《说卦传》的释义，分别具有下列八种不同的特性：乾健、坤顺、震动（有朝一日春雷动）、巽入（风势无孔不入）、坎陷（水坑）、离丽（附丽、附着之意）、艮止（不动如山）、兑悦。

八卦由三个爻构成，蕴含了中国传统的天、地、人三才的宇宙观。最上面的爻位代表天，最下面的爻位代表地，中间的爻位就代表于天地之间、顶天立地的人。《中庸》上说，人修德到极致“可与天地参”，“参”一般作“平视”解，表明人的尊贵可与天地齐平，其实就作“三”解，也很切题。

由下而上的三个爻位，也代表事物的发展历程，以始、壮、究（终极）表示，从创生开始，到壮盛，到完了。三画卦称为小成，这表示它虽具规格，却是有限制的。真正不可限量，而且诠释力更精密的是六画卦，也就是一般所谓的八八六十四卦。

六画卦是由三画卦经过一个“重卦”的过程而完成。下面三爻合称下卦，也叫内卦；上面三爻合称上卦，也叫外卦。下卦的始、壮、究后，接着上卦的始、壮、究，这就赋予了一个极为宝贵的意义：终而复始，生生不息。宇宙生命的绵延不绝，历史文化的薪尽火传，都借此象征而获致充分的说明。

当然有人会想：为什么不再往上发展成九画卦，甚至更多呢？答案是没有必要。因为重卦一次，已足可象征生生的过程，再多只是啰唆、烦琐，又并没有多说明什么，不合乎运用象征的精简原则。

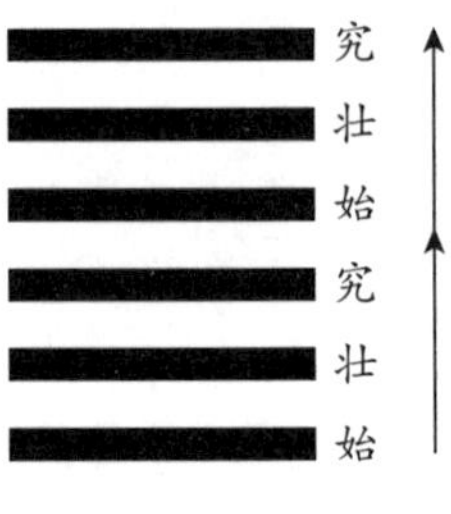

六画卦成立后，原先的天、地、人爻位，重新作了分配：最下面的初爻、二爻为地位，最上面的上爻、五爻为天位，中间的三、四两爻为人位。《说卦上传》称作“兼三才而两之，故六”。

六十四卦的卦名和卦画也是要背的，这是学《易经》的入门功夫，偷懒不得。前人也编了歌诀，以方便记诵：一是《分宫卦象次序歌》，一是《上下经卦名次序歌》。配合前面的《八卦取象歌》，演练熟习后，便可随时由卦名画出卦画，由卦画而得出卦名。

《分宫卦象次序歌》（乾坎艮震为阳四宫，巽离坤兑为阴四宫，每宫阴阳八卦）：

乾为天，天风姤，天山遁，天地否，风地观，山地剥，火地晋，火天大有。

坎为水，水泽节，水雷屯，水火既济，泽火革，雷火丰，地火明夷，地水师。

艮为山，山火贲，山天大畜，山泽损，火泽睽，天泽履，风泽中孚，风山渐。

震为雷，雷地豫，雷水解，雷风恒，地风升，水风井，泽风大过，泽雷随。

巽为风，风天小畜，风火家人，风雷益，天雷无妄，火雷噬嗑，山雷颐，山风蛊。

离为火，火山旅，火风鼎，火水未济，山水蒙，风水涣，天水讼，天火同人。

坤为地，地雷复，地泽临，地天泰，雷天大壮，泽天夬，水天需，水地比。

兑为泽，泽水困，泽地萃，泽山咸，水山蹇，地山谦，雷山小过，雷泽归妹。

《上下经卦名次序歌》：

乾坤屯蒙需讼师，比小畜兮履泰否。同人大有谦豫随，蛊临观兮噬嗑贲。

剥复无妄大畜颐，大过坎离三十备。咸恒遁兮及大壮，晋与明夷家人睽。

蹇解损益夬姤萃，升困井革鼎震继。艮渐归妹丰旅巽，兑涣节兮中孚至。

小过既济兼未济，是为下经三十四。

时与位

往下我们以乾卦为例，进一步阐明卦爻间的关系和意义。乾、坤为父母卦，其他六十二卦都含有乾坤的本质。乾卦是创生之首，一切卦象的基本范型，搞懂了乾卦，便掌握了易理入门的金钥匙。

乾卦六爻皆阳，象征一种发扬惕厉、生生不息的原创力。卦辞为“元亨利贞”，“元”是大始，“亨”是通畅，“利”是顺利有好处，“贞”是固守正道。“元亨利贞”称为乾卦的四德，代表乾卦全卦的特性，一切都充实光辉到极点。这四个字所蕴含的观念，早已深入到中国民间，许多人名、路名及商号都取材于此。

六爻各有爻辞。最下面一爻称为初九，初指爻位，九代表阳爻（六代表阴爻，相关说明往后讲卦时会提到）。初九的爻辞是“潜龙勿用”。

龙是中华民族的图腾，传说能飞能潜，海陆空三栖，而且千变万化，见首不见尾，难以捉摸。皇帝叫真龙天子，父母都望子成龙，良缘绝配称龙凤呈祥，龙又是尊贵、卓越的象征。乾卦就以龙来象征生命力的激进、奋斗成功的历程。

用九。见群龙无首，吉。

上九。亢龙有悔。

九五。飞龙在天，利见大人。

九四。或跃在渊，无咎。

九三。君子终日乾乾，夕惕若，厉，无咎。

九二。见龙在田，利见大人。

初九。潜龙勿用。

乾。元亨利贞。

初九代表奋斗初期，虽有旺盛的企图心，力求上进，但位卑职微，经验稚嫩，实力尚不足以有为，就像龙潜伏在地底下一样，难以施展。这时该做的事就是“勿用”，不必妄想一步登天，好好潜修充实自己，以等待未来可以施展的时机。社会的新鲜人、组织的基层，都应奉此为圭臬。

九二的爻辞是“见龙在田，利见大人”。“见龙”的“见”，读作出现、显现的“现”。初九的龙经过一段时日的潜修，已臻小成，出现在地面的田地上，为众目所睹，大有厚望。这时最重要的，是能遇到赏识他、提拔他的上司，彼此间相互配合，干一番事业。这里的大人，指的是居于君位的九五。五爻与二爻，分居上卦与下卦的中位，彼此是相应的关系（承乘应与是爻位互动的基本原则，稍后即会讲到）。前面讲天、地、人三才时，初、二两爻属地位。初是地下，所以称“潜龙”；二是地上，所以称“见龙在田”，表示已突破坚硬地面的客观限制，准备有所施展了。

九三不称龙，称君子，爻辞是“君子终日乾乾，夕惕若，厉，无咎”。三、四两爻属人位，人道特别艰辛，《系辞传》中即有“三多凶，四多惧”之语。

乾性健，“乾乾”是健而又健。“君子终日乾乾，夕惕若”，是说一个充满了上进心的人，整天不停地干，直到晚上还不休息，好像满怀警惕，深恐落后似的。“厉”是危厉、危险，“咎”是灾祸、罪过。人生奋进的历程中，充满了不可测的风险，只要永远保持冲刺的动力，就不会有什么祸灾与过错。《系辞上传》说：“无咎者，善补过也。”不断从挫折中汲取教训，修正、挺进，望着标杆直跑。

九三这爻真是拼命三郎，许多人在求学或创业的历程中，都经过这段。开夜车、加班、睡办公桌、睡实验室，两眼通红，咬牙切齿，胸中永远有把火在燃烧。

这样努力打拼到九四，由下卦升进上卦，可碰到一个难过的瓶颈了。九四爻辞是“或跃在渊，无咎”。仍不称龙，但主体显然是龙。这条龙在万丈深渊前踌躇满志，跃跃欲试，但多少有些进退两难。往前一步，便是当家做主的九五君位，过去从初到四位的艰苦历练，可说也是为此做准备，但真的已能胜任无虞吗？在台下帮腔唱戏容易，直接挑大梁主导全场又是另一回事。批判别人的领导，至少旁观者清，换自己上台，会不会当局者迷，表现更差呢？

更要命的是，如何处理现阶段与九五的关系？中国自古有“伴君如伴虎”的话，正是提醒人君臣之际的难处。居大臣之位而得民心，或战绩彪炳而功高震主，都是致危之道。汉初刘邦杀功臣的故事脍炙人口，其实每朝每代都少不了这样的戏码——飞鸟尽，良弓藏；狡兔死，走狗烹。这未必是残酷，而是个中涉及的人性几微很值得研究，至少不能逃避，要很理性、很智慧而勇敢地去面对。

所谓“四多惧”，惧什么？除了惧怕升任九五不能称职外，就是怕招九五之忌，在上进的关键时刻阵亡，以致前功尽弃。好在九四是阳爻居于阴位（**初、三、五位为奇数，属阳位，二、四、上位为偶数，属阴位**），本性是阳刚不屈的，所处的时位却须阴柔谦退，这么一刚一柔相济，阴阳调和，就可解消君主的疑忌，而获无咎。

九五是一卦之主，过去皇帝称九五之尊，即由《易经》而来。爻辞是“飞龙在天，利见大人”。乾卦之龙历经潜、见、奔、跃，至此终于跳过龙门，腾飞天际，进入主宰的境界。五位在三才中正属天位，居高临下，无远弗届，所谓男儿得遂青云志，扶摇直上九万里，领导时代风骚，不在话下。这时仍别忘了得“利见大人”，这里的“大人”，指的是九二这个大德之臣。

九二、九五都强调“利见大人”，表明君臣配合关系的重要。红花还得绿叶陪衬，领导和干部其实是互相需要，谁也不能靠唱独角戏获致成功。乾卦《文言传》阐释这段，说“同声相应，同气相求”，所谓“云从龙，风从虎”，人生事业，就是在这样雍容契合的基础上建立起来。

阳刚之气再往前发展到上龙，成了“亢龙有悔”。亢是高亢、直前不返之意，就是冲得太过头了，高得离了谱，到了外太空，对人间世已经不能发挥作用。孤芳自赏，高处不胜寒，这时当然就有悔——“嫦娥应悔偷灵药，碧海青天夜夜心。”《文言传》云：“贵而无位，高而无民。”形容这种处境十分贴切。一般退休领导人、过气的英雄，尝过权力巅峰的滋味，难耐寂寞，回想当年时，便是这般情境。参谋长调参军长，院长改聘顾问，都是“亢龙有悔”。

乾卦六爻的奋斗史大致如此。一般卦象只包括六爻，而乾、坤两卦却还有下文：乾卦是“用九，见群龙无首，吉”。坤卦是“用六，利永贞”。这不是爻辞，而是紧接在爻辞后，总括六爻特性，更深一层的提示。

九和六是阳爻和阴爻的代称，“用”是发挥、运用的意思，“见”还是读作显现、表现的“现”。用九，就是将乾卦阳刚正气运用发挥到淋漓尽致所显现出来的境界，便是“群龙无首”，而这种境界是吉利的。

从初九的潜龙，到上九的亢龙，所处之位虽有高下，所逢之时虽有顺逆，就其阳刚本性而论，却是绝对平等的，没有谁有权任意主宰他人的祸福吉凶，人人就其时位，尽其在我，都能成器成龙。既然都是龙，还需要领袖做什么呢？

“群龙无首”，在一般俗语中已沦为贬义，代表一种混乱失序的状态，而其本义却是高远无极，含蕴深厚，几乎可以作为《易经》，甚至整套中华学术的最高境界。人生历练愈丰富，古往今来的史识愈强，愈能体悟其洞见之深刻。

一般人都欣羡向往“飞龙在天”的时位，总以为大权在握、叱咤风云是人生追求的目标。其实那毕竟是一条窄路，真正的人生大道，还在体认众生平等、群德群性的发扬。“群龙无首”的道理贯彻了，在宗教上即不需要上帝，在政治上就否定了专制独裁。传统所推崇的世界大同的理想，也与此有关。这套思想太重要，运用之妙，存乎一心，往后将再辟专章讨论。

当位得中

由以上乾卦的例证，我们可以知道：卦是象征人生某种情境，而爻则是该情境中不同时位下所有的状态。六十四卦三百八十四爻，已将人生际遇分类剖析得相当透彻入微，更何况卦与卦、爻与爻间还有千丝万缕、密切互动的关系。每一卦每一爻，都非孤立的情境与时位，而是通体相关的。这样组合起来的象征系统，其诠释力既犀利又圆融。《系辞上传》说：“八卦而小成，引而伸之，触类而长之，天下之能事毕矣！”

爻位除了天、地、人三才外，还有两个重要的观念：一是当位，一是得中。

二、五两爻就是得中，因其分居下卦与上卦的中位，不偏不倚，凡事不走极端，恰到好处。得中就爻位来说，是很有利的。

至于当位，是爻性和爻位的配套关系。初、三、五属奇数阳位，二、四、上属偶数阴位。若阳爻居于阳位（如初九、九三、九五），或阴爻居于阴位（六二、六四、上六），就是当位。反之就是不当位，如九二、九四、上九、初六、六三、六五。当位以人事来说，就是称职。事业的选择、职务的安排，合乎量才适性的原则，容易安其位，有所发挥与贡献。爻的当位与否，直接影响该爻的吉凶。

九二跟六五虽然不当位，但得中，利弊相抵，一般都还不坏。九五跟六二既当位，又得中，占尽优势，称为“中正”——取其既中且正之意，正即当位。

承乘应与

当位与得中，是爻本身的资源条件，此外爻与爻间的互动关系也值得注意。

上下邻近两爻，是承乘的关系。下承上，上乘下，组织里的位阶层级，上司与部属的伦理权责，是正常组织里必具的架构。

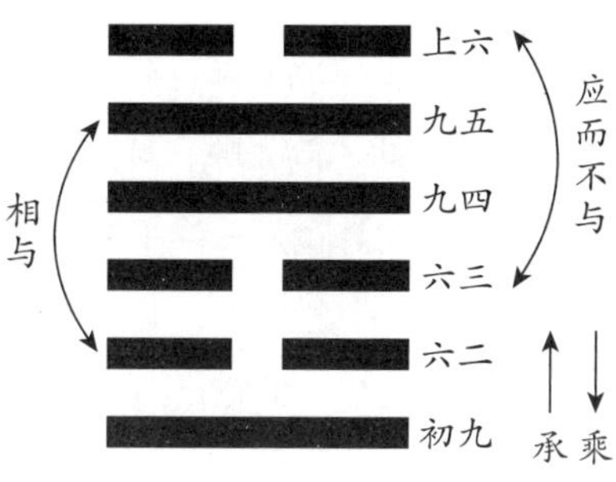

初与四、二与五、三与上，则是应与的关系，这是由三画卦发展成

六画卦，上下卦始壮究的爻位呼应而来。相应两爻若为一阴一阳，根据异性相吸的原理，彼此互动会很激烈，希望克服时空距离的阻碍，结合为一体，这就称为“相与”。若两爻为同性，则难免相斥而格格不入，这就是“应而不与”。

一般人事组织里，谁看谁对眼投缘，拉帮结派，天天纵横捭阖，兴风作浪，就是应与的问题。承乘应与，提醒人除了本身掌握的资源条件外，还须注意周遭情势，人事关系的调和。否则，仍然可能卡死在环境的阻力中，始终不得施展。

有关爻位的特性与吉凶，《系辞传》中有专章讨论，这里只简要提示。前面已经说过“三多凶，四多惧”。固然人道艰难，主要也是因为三、四爻不得中之故。还有“二多誉，五多功”。

由前面乾卦九二、九五的阐析，应不难理解。受称誉，易建功，当然和二、五爻居中位有关。

错综其数

以上是爻与爻间的关系，往下再看卦与卦间的关系。若能掌握卦与卦间的互动，对我们更精确理解一个卦很有帮助，也使我们遭逢情境、思考问题时，能更深入更周全。

首先是错卦和综卦。

错卦又称正对卦、旁通、伏卦或变卦，就是一卦六爻全变，阴爻变阳爻，阳爻变阴爻，所得出之卦。例如乾、坤两卦就是互为错卦，卦性彻底对反（乾刚坤柔）；坎卦跟离卦也是一样（中满中虚，水火异途）。

我们且来看看蒙卦的错卦是什么？

依分宫卦象次序，蒙是山水蒙，上卦艮山（艮覆盌），下卦坎水（坎中满），可画出卦画：

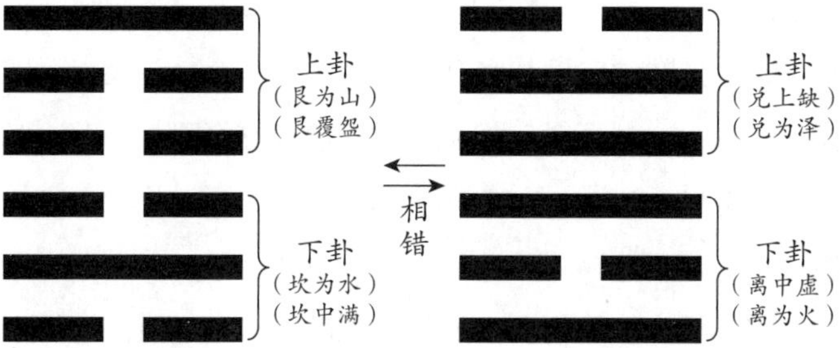

蒙（山水蒙）　　**革**（泽火革）

蒙卦六爻全变后，成为上卦兑泽（兑上缺）、下卦离火（离中虚），泽火革的革卦。蒙是蒙昧无知，革是革命。蒙卦全变，代表启蒙成功，民智已开，当政者的愚民政策不再管用，这时社会就要起革命了。这是错卦的妙境。

综卦又称反对卦或覆卦，就是一卦六爻全部翻转倒置，所成立的新卦。例如损卦和益卦就是互为综卦，一个消耗减损，一个获益增加。但“损益盈虚，与时偕行”，有时摆低姿态，吃亏就是占便宜，先损而后益，有时先益反而后损。这是综卦的微妙处。为了初学者便利，仍然仿上例图解于下：

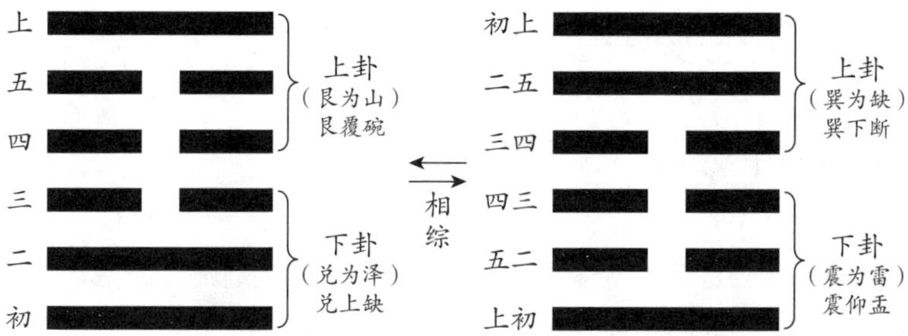

损（山泽损）　　**益**（风雷益）

综卦与六十四卦的先后次序，也有密切关系。前面我们曾提到上下经卦名次序歌：乾坤屯蒙需讼师，比小畜兮履泰否……屯与蒙、需与讼、师与比、小畜与履、泰与否等，就是互为综卦。后卦与前卦间，有相因或相反的承接关系。损益、泰否是相反，屯蒙、需讼是相因。

屯卦（䷂）是乾坤父母卦交合后所生的第一个卦，代表万事万物初生的状态，生命力具体而微，相当稚嫩，需要好好呵护养育，对周遭的环境充满了好奇与未知——这就是蒙（䷃）。既然蒙昧无知，就需要好好教育以启蒙。

需卦（䷄）代表物质需要，具体来说就是饮食之道，为任何生命所必需。但生活资源有限，为了争夺资源往往起纷争，这就是讼（䷅）。吵架若还摆不平，就会打架，进一步升级刀兵，就成了师（䷆）。两方争斗，怕力量不够，四处结盟，这就是比（䷇）……

《易经》有一篇《序卦传》，专门讲这个。卦序给人的启示是：人生的许多情境，有其来龙去脉，前因后果。彻底搞清楚了，对解决当前问题很有帮助。

《易经》还有一篇《杂卦传》，也是针对综卦相因相反的性质立论。六十四卦中，除了乾、坤、坎、离、颐、大过、中孚、小过等八个卦，卦形对称，颠倒后的综卦为其本身外，其他五十六卦，可看成二十八对相综的卦组。通过相综两卦的比较，更能清楚地掌握每一卦的特性：“乾刚坤柔，比乐师忧；临观之义，或与或求……革，去故也；鼎，取新也。”《杂卦传》用字精简，剖析卦性却往往一针见血，给人很大启发。

卦变与中爻

错卦与综卦是卦象整体的变动。错综之外，还有局部的变动，也就是所谓爻变，以及因之而产生的卦变。错卦是一卦六爻全变，另外还有一爻变到五爻变的情形，变化相当复杂。由于牵涉到占筮算卦的方法，往后会有专门介绍，这里只简单例示如下。

乾卦初爻变，成为姤卦。姤是邂逅、相遇的意思。众阳下一阴生，刚柔相遇，乾卦的纯阳体质起了变化。一阴势力尚微，但因卦爻是往上发展的，极可能日渐坐大。所以就阳爻的立场来看，姤之时万不可掉以轻心，必须防微杜渐。

姤卦卦辞：“女壮，勿用取女。”女指阴爻，阴柔的势力愈来愈壮，所以《彖传》说：“不可与长也。”必须遏制她再往上发展。坤卦初六爻辞：“履霜，坚冰至。”和此同一思路。当我们踩到地上霜时，就应预想到不久寒气更甚，地面上的水会结成坚冰，变成纯阴的坤卦。前面说乾、坤两卦是父母卦，其他六十二卦都有乾、坤两卦的影子，于此可见一斑。

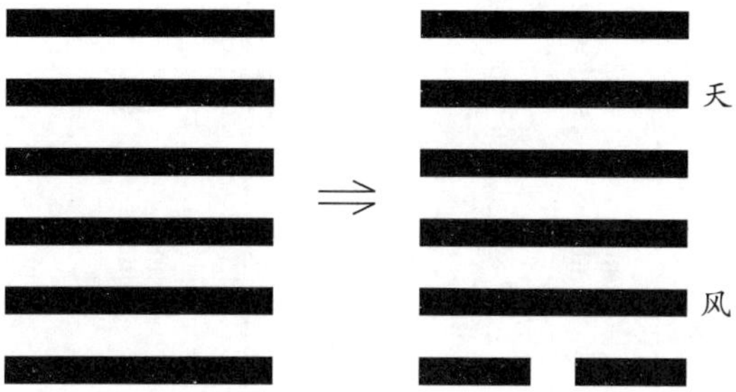

乾　　姤

同样，坤卦初爻变，成为复卦。所谓一元（阳）复始，万象更新，众阴下一阳生，恶劣晦暗的环境又见生机，重燃起无限的希望。身体复元、复健，政治有复国，修德讲复性，讲克己复礼，都是复卦的卦象。

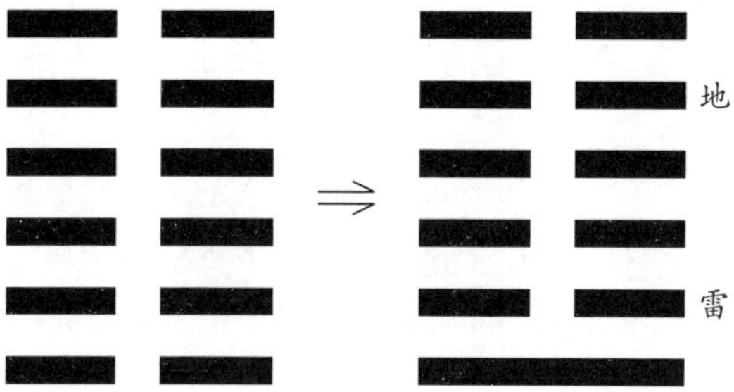

坤（本卦）　　复（变卦）

依此类推，乾卦初、二爻变，成遁卦；初、二、三爻变，成否卦；初、二、三、四爻变，成观卦；初至五爻皆变，成剥卦。坤卦初、二爻变，成临卦；初、二、三爻变，成泰卦（三阳开泰）；初、二、三、四爻变，成大壮；初至五爻皆变，成夬（决绝之意，五阳战一阴，阴阳大对决）。以上阴消阳长、阳消阴长的循环往复的过程，《易经》中称为十二消息卦，也叫十二月卦、十二辟卦（辟是君，当家做主、当月轮值之意），在夏历中分主一年十二个月候，简示如下图：

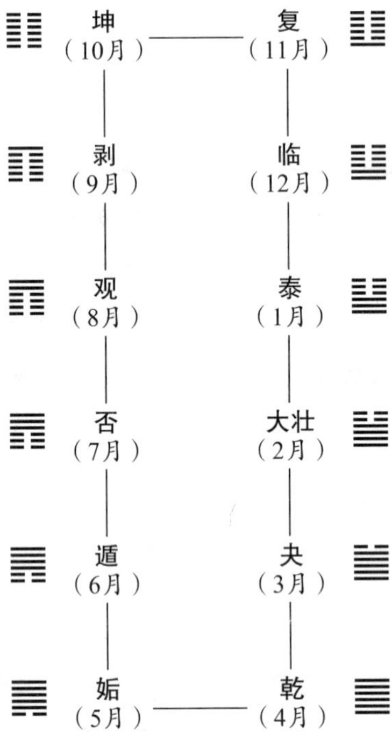

前述乾变姤、坤变复的情形，乾、坤称本卦，姤、复称变卦或之卦（之是何所之，胡适之的之，到哪儿去的意思，英文就是 to）。本卦也称贞卦，变卦也称悔卦。一卦三爻齐变，会产生贞悔相争的情况，往后讲筮法时再细论。

以上错综变序，讲的是卦与卦间的联系，另外还有所谓的卦中卦——情境中隐含的情境，称为互卦或中爻。中爻指的是二、三、四、五中间四爻，二、三、四爻合成一个三画卦，称下互，三、四、五爻合成的三画卦，称上互。《系辞上传》说：“辨是与非，则非其中爻不备。”中爻牵涉三、四人位，表现奋斗历程中是非特多，要完整地判断一个卦象，不能不纳入考虑。

举屯卦为例，下互为坤，上互为艮。坤是众，艮为止，所以屯卦卦辞中有“利建侯”，以治众民；有“勿用”，以止躁动。兹图示如下：

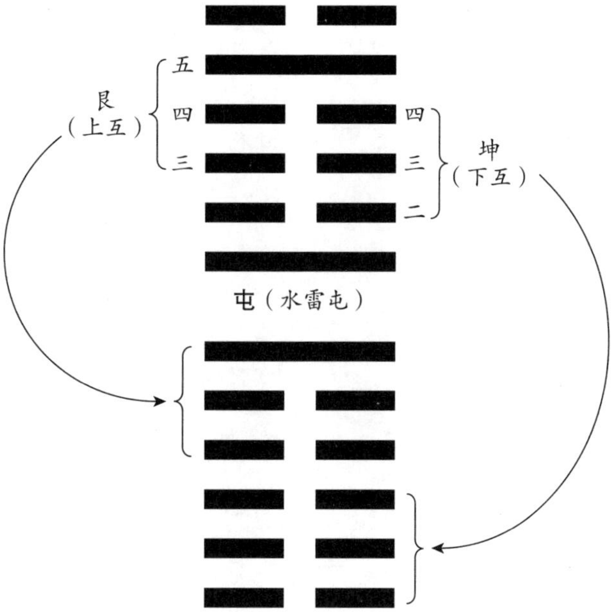

屯（水雷屯）

剥（山地剥）

上互的艮，与下互的坤合起来，又组成剥卦。剥卦的卦辞为“不利有攸往”，与屯卦卦辞中的“勿用有攸往”合拍，告诫人在形势不利、实力尚弱之时，勿轻举妄动。屯卦中隐含了剥卦，影响到其卦性、卦德，以及未来可能的发展，这就是中爻的意义。

卦中卦要再细分其实还有，历代象数家很会在此用心。但对初学者来说，讲完中爻，一般卦爻的知识都已齐备，足够运用的了。

花不少篇幅介绍这些，主要是提醒大家：人生情境无法孤立，而是通体相关、紧密互动的。从哪里来？到哪儿去？可能往哪个方向变化？外界有何限制？有何机会？内在有何条件？有何隐忧？对全局体察得愈深刻，愈能掌握问题的本质，人生重大疑难便能迎刃而解。

第二章　趋吉避凶与义理术数

历代传述《易经》，大致分为义理及术数二派。后者重卜筮，前者讲哲理、重实践。术数《易》源流甚古，后世繁衍的支派也极多，没有专学的传承，一般很难窥其门径，也有不少沦入江湖，成为鬻技谋生的工具，不为士林所重。义理则历代皆有阐扬，影响中国思想文化甚巨。

义理与术数，学虽分途，道源仍一，可能的话，还是不宜偏废。有人尚且主张“未学《易》，先学筮”。其中的道理，往后讲述算卦自能体会。

我个人学《易》二十年，即从义理人手，受过科班的严谨训练，占筮之学虽知其大要，一直未曾深入。近些年，因行事上的特殊机缘，为谋解惑，破例开占，遂与筮法结缘。

经传结构

无论义理或术数，都得研习原典。《易经》的内容，分为经、传两部分。经就是卦画、卦名与卦爻辞，传是最早解释经文的，有《十翼》之称。“翼”是辅助之意，读了《十翼》，能帮助我们了解经文，《十翼》为《彖传》上下篇、《象传》上下篇、《文言传》《系辞传》上下篇、《说卦传》《序卦传》《杂卦传》。《彖传》及《象传》的上下篇，依经文分上下而来。乾卦至离卦，前三十卦为上经；咸卦至未济卦，后三十四卦为下经。

《彖传》是解释卦辞的。例如：乾卦的卦辞是“元亨利贞”。“大哉乾元，万物资始，乃统天。云行雨施，品物流形。大明终始，六位时成，时乘六龙以御天。乾道变化，各正性命，保合太和，乃利贞。首出庶物，万国咸宁。”就是解释“元亨利贞”的《彖传》，前面会以“《彖》曰”标明。“彖”有断的意思，依此论断一卦之义。乾《彖传》音韵铿锵，含蕴深厚，寥寥数字，道出《易经》思想的核心，值得学者深探。本书往后各章，阐述易理，多有述及。

《象传》又分《大象传》跟《小象传》。《大象传》仍就全卦卦象引申，鼓励学《易》，取法天道。例如：乾卦《大象传》是“天行健，君子以自强不息”。坤卦《大象传》是“地势坤，君子以厚德载物”。这两段话，中国人可谓耳熟能详。进取与包容，宇宙间两种最基本的势用，阴阳调和，便能己立立人，己达达人。

又如困卦（䷮），上卦兑为泽，下卦坎为水，水在泽下，表示泽已枯竭。《大象传》据此卦象发挥：“泽无水，困。君子以致命遂志。”干涸的沼泽，了无生意，象征困苦的环境，资源耗尽。君子处此困境，不能怨天尤人，得奋力苦战，拼命也要达成既定的志向。

《小象传》解释每卦的爻辞。例如：乾卦初九，爻辞为“潜龙勿用”，“《象》曰：潜龙勿用，阳在下也。”就是《小象传》。初九之所以不能轻举妄动，是因为地位太低，发挥不了作用。上九爻辞为“亢龙有悔”，《小象传》云：“亢龙有悔，盈不可久也。”日中则昃，月盈则亏，阳气太盛，一定无法长久，必然招致遗憾。

《文言传》只有乾、坤两卦才有，对两卦的卦爻辞作更深一层的阐释与发挥。乾《文言》更是反复申论，不厌其详。“元者，善之长也。亨者，嘉之会也。利者，义之和也。贞者，事之干也。君子体仁足以长人，嘉会足以合礼，利物足以和义，贞固足以干事。君子行此四德者，故曰：乾，元亨利贞。”元德是创造力的根源，所有善行的发轫点，多去培养、体会，人的智慧会有日新又新的成长。嘉美的事物会合在一起，彼此互敬互重，遵守游戏规则，便能亨通无碍。行事不走极端，分寸恰到好处，大家都可获益。坚持重大原则，不以处境顺逆变移操守，这样才能负责任事。创始、亨通、产生效益、择善固执，就是乾卦的四种德行。

“初九曰‘潜龙勿用’，何谓也？子曰：‘龙德而隐者也，不易乎世，不成乎名，遁世无闷，不见是而无闷。乐则行之，忧则违之。确乎其不可拔，潜龙也。’”潜龙是具有创造力，又耐得住寂寞的人，不随波逐流，不征逐虚名，安心隐遁，一点也不郁闷。别人不认同，他也不在乎，自己高兴的事就去做，不喜欢的就不做，世俗的习尚完全影响不了他。

“九二曰‘见龙在田，利见大人’，何谓也？子曰：‘龙德而正中者也。庸言之信，庸行之谨……亢之为言也，知进而不知退，知存而不知亡，知得而不知丧。其唯圣人乎？知进退存亡而不失其正者，其唯圣人乎？’”《乾文言》依循这样的体例，近八百字的剖析，将乾卦的特性讲得淋漓尽致，其中精义无穷，非常值得品读。乾、坤两卦是父母卦，其他六十二卦都有乾、坤的影子，透过《文言传》，深刻掌握其内涵，有助于对全《易》的了解。

《系辞传》长约四千五百字，上、下传各十二章，为通论《易经》的文字。过去讲《易经》，一般都先讲《系辞传》，以明学《易》指归。《系辞传》在中国思想史的价值很高，行文简练，音韵铿锵，也是极好的文章。我自己十几年前，曾利用上下班挤公交车的时间背诵过，至今非常受用，许多独到的心得都受其启发。

《说卦传》讲八卦成卦之理、方位、特性及其所衍伸的卦象。由于取象为列举式，无法涵盖尽易象的灵活多变，与经文所用的卦象也不尽相同。例如：“乾为天，为圜，为君，为父，为玉，为金，为寒，为冰，为大赤，为良马，为老马，为瘠马，为驳马，为木果。”相信现代的读者看了就很头疼。古今器制不同，物象日新又新，《说卦传》宜活看，不必拘执。

《序卦传》讲六十四卦依序相生之理。我们在第一章中讨论综卦时，已讲过“乾坤屯蒙需讼师”一段，原文是这样的：“有天地，然后万物生焉。盈天地之间者，唯万物，故受之以屯。屯者，盈也。屯者，物之始生也。

物生必蒙，故受之以蒙。蒙者，蒙也，物之稚也。物稚不可不养也，故受之以需。需者，饮食之道也。饮食必有讼，故受之以讼。讼必有众起，故受之以师。师者，众也。众必有所比，故受之以比。比者，比也。”

《易经》最后一卦是未济卦（䷿），未济卦前是既济卦（䷾）。“济”是涉水渡河，古代交通不便，渡河是桩艰难的大事。爻辞中每多“利涉大川”之语，以喻勇往直前，克服困难。“既济”是已经度过艰难，从乾、坤开辟鸿蒙以来，历经长期奋斗，终获成功。按理全经应在此作结，从此海晏河清，天下太平。但《易经》偏偏在既济后，又以未济终结，这是先哲观察敏锐、高人一等之处。就像三画卦变六画卦，重卦的观念一样，始、壮、究之上再接始、壮、究。世事的变化，文明的演进，永远终而复始，生生不息。

《杂卦传》很短，才二百五十字，综合比较六十四卦的特性，言简意赅，值得重视。举例来说，同一“故”字，用以点明三个卦的特性：“丰，多故；革，去故；随，无故。”

“故”是已有的成就。既有资源很多，就是“丰”。过去的东西整个不要，就是“革”。完全没有过去的包袱，就是“随”。随和、随遇而安、随机应变，随卦是《易经》里很精彩的一个卦，含有极高的处世功夫。

《十翼》虽然是解释经的，千百年下来，已被后学视为经传一体，代表易学思想的核心。整部《易经》是集体创作，从发端到集大成，至少经过上千年的时间。这么多人的生命经验和生活智慧千锤百炼，流传下来，现代人只要虚怀领受、慧心参悟，肯定对生涯规划有帮助。

权变无方

我们在第一章中，已将《易经》的主旨及易象的基本规律介绍完毕，往下是如何运用的问题。在谈运用之前，有必要先阐扬儒家思想中两个重要而精彩的观念：一是权变，一是时中。

《论语·子罕》里有一段话：“可与共学，未可与适道；可与适道，未可与立；可与立，未可与权。”

人一生中，可能会和许多人一起学习某项学问或技艺，这是共学。由于资赋不同，学习的兴趣和目的也有异，真正以此为专业，全力以赴的只有少数，而钻研有成，卓然自立的就更少了。专家、博士可算是适道的境界，以此为起点，继续进行窄而深的研究，在该领域内有创新突破，受同侪推崇承认，这就是所谓的有一套了，也就是立——站得住了。别人尽管嫉妒，也推你不倒。

但有一套的人往往也有盲点，就是能入不能出，碰到任何事都拿那一套来应付。由于对本身方法、技巧的娴熟，以及该领域基本假设的信念，甚至使他不易欣赏、接纳别的领域的长处。然而出现在实务中的问题，常常不是仅靠一套教科书中的方法就可获得圆满解决，必须针对实况做出不少修正。重大疑难还需要跨领域的通识与合作，配上高度综合的洞察力，才能做出适应的决策。这种既犀利又圆融、熟悉各种方法却不为任何方法所囿限的能耐，就叫作“权”，在《论语》中被推许为学道最高的境界。

“权”本是秤锤的意思，以秤杆称物时，随物体轻重不同，而做恰如其分的移动调整，以求平衡。一般我们说权衡事理，通权达变，就是由此衍生而来。

《易经》专讲变化，强调变动不居，我们在开章明义时已经说过。这里再引一些《系辞上传》的话，以资佐证：“《易》穷则变，变则通，通则久”，“变通者，趋时者也”，“变而通之以尽利”。灵活变通，就是因为死守成方无法解决问题，就是为了趋时尽利、切合事情。

“《易》之为书也，不可远，为道也屡迁。变动不居，周流六虚，上下无常，刚柔相易。不可为典要，唯变所适。”《易经》这部书，讲的道理均切合人生实用，重点在诠释无所不在的变化。人间事总是不停地变来变去，每个领域、每一阶层都不例外，高居上位的可能失势，阶下囚摇身一变，位列朝班。当权派沦为非法政党，街头暴动反孕育出民意英雄。

昔日王谢堂前燕，飞入寻常百姓家。眼看他起高楼，眼看他宴宾客，眼看他楼塌了……

“不可为典要，唯变所适”，真是易学的精髓，若能彻底体悟，可以终生受用无穷。“典要”就是经过创新、锤炼的成套有系统的重要准则。一般成文法、典章制度，各门学科里的基本假设、定理公式，教派里的教义教规，政党的党章党纪，各种主义、意识形态都属之。这些东西当然重要，建立秩序、提供方便，是不可或缺的，但就是不宜把它神圣化，当成是绝对不可侵犯的金科玉律、自明公理，否则便会形成限制，阻碍创新与进步。真正伟大的创造心灵，是没有偶像、没有图腾的。时代不断往前变迁，怎样变化合适就怎样变。逝者如斯，不舍昼夜，伸足入水，已非前水，何来系恋，何来包袱之有？

这种毫无拘碍、权变无方的境界，在《论语》和《孟子》中时有强调。如“君子之于天下也，无适（音 dí）也，无莫也，义之与比”（《论语·里仁》），“适”是专主，一定要如何如何，莫是绝对不行，二者都嫌固执，君子对天下事的态度，最好是不存成见，无可无不可，看怎样做合宜就怎样做。“子绝四：毋意，毋必，毋固，毋我”（《论语·子罕》），也是如此。

再如“执中无权，犹执一也。所恶执一者，为其贼道也，单一而废百也”（《孟子·尽心上》），认定一标准，死抓着不放，其实反而伤害了真理，也放弃了其他解决问题的可能性。正是因为随事权衡的重要，所以连一般的小诚小信都可以不必遵守：“大人者，言不必信，行不必果，惟义所在”（《孟子·离娄上》），“君子贞而不谅”（《论语·卫灵公》）。“谅”就是小诚小信，“贞”则是为人做事的大原则。只要“大德不逾闲，小德出入可也”（《论语·子张》），何必“若匹夫匹妇之为谅也，自经于沟渎，而人莫之知也”（《论语·宪问》）。

孔子自述其为学历程，从十五志于学开始，三十而立，四十而不惑，最终境界是达到了七十而从心所欲不逾矩。这也是权的极致——更少分别心，一切自然流露，举手投足，怎么做怎么合适。

时中之道

通权达变并非没有原则，任意妄为，它的标准就在于趋时尽利，就在于达到“时中”。中道是不走极端，恰到好处，是解决问题的最佳对策。但中道不是个固定不变的死东西，在不同时位、不同情境下，会有不同的中道，这就是时中。《中庸》上说：“君子而时中。”“而”是能的意思，聪明的人能够随机应变，时时刻刻掌握中道，绝不会做不合时宜的事。

《中庸》上还说：“君子素其位而行，不愿乎其外。素富贵，行乎富贵；素贫贱，行乎贫贱；素夷狄，行乎夷狄；素患难，行乎患难。君子无入而不自得焉。”富贵、贫贱、夷狄、患难，是人生极可能遭遇的不同情境，有时容不得人选择。与其挑三拣四、怨天尤人，不如随遇而安、素位而行。“素”有本色、质朴、不尚虚饰之意，并非消极保守，反而是积极找出每一情境、每一时下该做的事，笃实尽责去贯彻。《大学》上说：“君子无所不用其极。”有智慧的人在每一种环境下，都有用尽最高的办法。正因为这样，所以不论进入任何环境，都能得到他最想要的东西（无入而不自得）。

掌握时中的概念后，再回头来看《易经》的爻位，就可体悟二、五爻的得中只是相对的，其实每一个爻位都有其时中。“潜龙”就该“勿用”，勿用就得中，若憋不住想一步登天，一定大凶。“飞龙”时就得“大人造也”——好好舞一舞；若再保留勿用，就是闽南语讲的假仙，就是矫情不识时务。“飞龙”和“见龙”还得懂得“利见大人”，君臣和合、群策群力的重要，不然就会发展成独夫，或断了继续上进之路。这就是二、五居中仍得守的时中之道。“亢龙”时要避免有悔，就得体会物极必反、盈不可久之理。彻底放下既往权势的包袱，勿提当年勇，也不要恋栈还想遥控九五，放手让九五发挥，这是“亢龙”的时中。所谓“君子思不出其位”“不在其位，不谋其政”，即深懂时位的人，绝不会惹人嫌，拿捏分寸精准无比，到哪儿都受人欢迎。

不仅三百八十四爻有其时中，六十四卦也有其时中。例如屯卦就“利建侯”——创业时须培养干部，作人事部署；讼卦就“利见大人”——找到公正无私的仲裁者，排难解纷，但不“利涉大川”（大川比喻风险危难）。内部意见不合时，绝不可以再往前硬干瞎闯。

由此看来，只要掌握时中之道，人生没有不可处之境，所有时位都能人所作为，都能自得其乐。不仅爻位没有尊卑贵贱（群龙无首），卦象也无所谓绝对的吉凶。日日是好日，历程即永恒，道心康强勇健，得免诸劫轮回之苦。这样的彻悟、这样的修养，绝非旦夕可至，所以孔子说：“天下国家可均也，爵禄可辞也，白刃可蹈也，中庸不可能也！”（《中庸》）

趋吉避凶

往下，我们来看看《易经》有什么用处。或者说，要怎样运用《易经》。

《论语》上记载孔子的话：“加我数年，五十以学《易》，可以无大过矣！”这大概是《易经》最平实的效用。学了《易经》，可以让人不再犯重大的过错，这表示还是小过不断——因为时中之道的拿捏甚难。值得注意的是，五十以学《易》和五十而知天命的关联。“天命之谓性”，学《易》会对天人性命有重大体悟，积渐以往，可臻“从心所欲不逾矩”之境，连小过都免了。五十以学《易》，不是说孔子五十岁才开始读《易经》，而是五十岁时各方历练已深，在社会上碰得鼻青脸肿，再回头来看《易经》，恍然大悟而发的感叹——早知有这种高招，以前就不会那样做了……

《史记》上载述，孔子晚而喜《易》，读《易》至“韦编三绝”。韦是牛皮，韦编是古代竹简穿孔捆扎的牛皮绳，等于是现代图书的装订线。孔子读《易》很用功，前后来回翻阅查证，把书都翻破了，牛皮绳断了好多次，竹简散了又装，装了又散。前面五十以学《易》那段话，在《史记》上的记载则是：“若是，我于《易》则彬彬矣！”彬彬是文质彬彬，即融贯配合得很好，知行合一的意思。在社会上有实际奋斗经验、饱历忧患的人，读起《易经》来感受肯定不同。孔子认为多给他数年时间，好好参研易理，再做事出手又会不同。易学的可贵，不在乎那几本破书，学究冬烘也于世道无补，而在于彻底实践易理于生活中，让身心确实受益。

《系辞上传》说，《易经》至少有四种用处："以言者尚其辞，以动者尚其变，以制器者尚其象，以卜筮者尚其占。"制器尚象，是说从易象中可以得到灵感，产生许多创造发明。中国科技史的研究，近年来也以此为一项探讨主题。一言一行，尊奉易理的指示，显然是义理之学的路数。辞变象占中，最神秘和引人注目的，恐怕还是占卜算卦。《易经》的魅力，对大多数人来说，仍是指点迷津。这点毋庸讳言，也不必排拒。

"极数知来之谓占"，易理术数推演精通到极致，且看《系辞上传》活灵活现的描述："君子将有为也，将有行也，问焉而以言，其受命也如向。无有远近幽深，遂知来物。非天下之至精，其孰能与于此？"一个人将要采取行动前，为了确认何种行动正确，提出心中的疑难。易理如响斯应般给出解答。不论所问的事情多远多近，多幽隐深微，都能切中肯綮，让人充分了解事情未来的走向。不是天下最精密的学问，怎么可能达到这种地步呢？

"受命如向"的"向"，除了如响斯应、对答如流外，还有双方面对面坦诚沟通之意。《易经》就像个可说体己话的老朋友，倾听你的疑难，帮你做分析，然后提出建言。有如明镜高悬，绝对公正客观。《礼记·学记》里讲："善待问者如撞钟，叩之以小者则小鸣，叩之以大者则大鸣。待其从容，然后尽其事。"《易》卦的天人问答，互动交感，与此相似，愈重大的疑难，获得的解答往往愈精彩。

光看《系辞上传》的推崇，即可见一斑："《易》与天地准，故能弥纶天地之道。仰以观于天文，俯以察于地理，是故知幽明之故。原始反终，故知死生之说。精气为物，游魂为变，是故知鬼神之情状。"

天地之道、幽明之故、死生之说、鬼神之情状，除了宗教外，世间一般学问是存而不论的。《易经》真有这种通天彻地之能吗？

《易》卦能在中国行之数千年，一定有其颠扑不破的道理。相关的法门和心得，往后谈占卜时再讲，这里先点出一些重要的观念，让大家知道分际。

天人互动

首先，易占绝非宿命论，不然所谓趋吉避凶也就没有意义了。易占进行的方式，基本上是一问一答，占问者就某一特定的问题提出“天问”，这个问题必须明确，而且最好是萦绕心头，经过充分“人算”的重大疑难。推演的程序其实很简单，近似套公式和查表，最后会得出一卦或一爻，或需要合参两卦的贞悔相争的情形，然后根据卦辞或爻辞下判断。所谓“演卦容易断卦难”，真正难在判断上。卦爻辞通常都极精简，言有尽而意无穷，除了须具备良好的古文底子去诠解外，尚须通晓卦象的结构，掌握前述卦与卦、爻与爻间的整体关系，才好针对问题，作出适切的解答，这又非丰富的人生历练不为功。否则只是书生之见，隔靴搔痒而已。

卦爻辞通常会以寥寥数字挑明现状，指出未来可能发展方向，而对策便往往蕴含其中。例如屯卦卦辞：“元亨利贞。勿用，有攸往，利建侯。”“元亨利贞”，与乾卦卦辞完全相同，表明屯卦刚创生，却已具体而微，父母所有的德性一应俱全。

因为实力尚弱，不宜轻易生事，所以戒占者勿用。但中长期还是得有规划，得往前奋斗，不然，创业维艰所为何来？既然这样，现阶段最适合做的就是培养干部，作人事布置。侯是诸侯，也有斥候之意，古代诸侯本来就是天子的斥候，负责监听各地情报，整理分析后呈报中央，以为治理天下的参考。创业初期，必须竭力搜集该行业的各种情报吸收最新信息，以期跟上时代，保持竞争优势。这就是利建侯的精义。占得屯卦，什么不能做，什么该做，看了卦辞指示，应可一目了然。

如前所述，易占的结果，须经过人的诠释和判断，趋吉避凶也需要人去完成。而人是有感情和自由意志的，感情如果蒙蔽了理智，诠断卦象会有偏差，不信邪硬干到底，也会造成吉凶倒置。所以，从提问开始，就在进行极微妙的天人互动。不管天意如何显示，人的心志和行动会影响事件最终的结果。举措合宜，逢凶化吉；处置失当，作孽招灾。

人能、人智的重要，在《系辞传》中也有强调："神而明之，存乎其人。"真正能让易理发挥神效的还是人，俗云天助自助，守株待兔定会落空。这本是常识，但仍有不少人于此产生迷执。

《系辞上传》说："君子居则观其象而玩其辞，动则观其变而玩其占。是以自天佑之，吉无不利。"前面说《易》之用在辞变象占，学《易》的君子深造自得，融会贯通后，生活行事，行住坐卧，都在易理的思维和变化中。"玩"字用得很传神，《易经》的占辞精简古奥，须不断思索玩味，才能得其三昧。但这样就能获得上天保佑，一切都大吉大利吗？

《系辞上传》有明确的说明："佑者，助也。天之所助者，顺也；人之所助者，信也。履信思乎顺，又以尚贤也。是以'自天佑之，吉无不利'也。"上天会帮忙的，是那些顺着天理、因应形势做事的人；别人会来帮忙你，是因为你做事有诚信。天天想着按天理行事、实践诚信原则，再加上懂得尊重和运用其他有智慧、有才德的人，这样的人在社会上当然无往不利，若有神助。

履是脚踏实地。《易经》中有履卦，讲究敦笃实践，不尚空言，更不会心存侥幸，空候机运。诚信的重要，绝非迂腐的老生常谈。《中庸》讲至诚如神、不诚无物，诚信是整个人类社会能正常运作的基础，没有了诚信，就会失序甚至崩溃。现代金融体系中，各种票据就是讲信用的，不仅支票、信用卡如此，就是钞票现金，一样得有政府的信用做后盾。顺不是柔顺没骨头，而是遵循游戏规则，不逆天行事，尚贤是懂得欣赏运用别人的长处，"利见大人"就是尚贤。所有这些，仍是做人做事的基本道理，一点也不神秘。

所以，历代传《易》有句名言："《易》为君子谋，不为小人谋。"《易经》再神，也是人作的，所有的爻辞皆为遏恶扬善、发挥人道着想。君子不保证不涉风险、不遭困厄，但会代为筹谋，指点迷津。小人可能走运，却不必想利用《易经》作恶，例如杀人越货能不能得手、设局陷害别人会不会成功之类。所谓“占者有是德，方应是占”（来知德：《周易集注》），问占者缺德，卦是不可能灵验的。

正因为德行如此重要，所以像孔子这种平日即注重修德、充满自信的人，不会迷信占卜。《论语·述而》记载，孔子有次生病，子路想为他祈祷，孔子说：“丘之祷久矣！”另外，在《子路篇》中孔子还引用《易经》恒卦九三爻辞“不恒其德，或承之羞”，强调平素修德的重要。只要问心无愧，举措合宜，“不占而已矣”！

再者，易占是针对一时一事起问，并非恒常不变。人常说：“怎么好端端，又变卦了呢？”变卦即从《易经》而来。卦是会变的。占者误解经文，应对失当，或客观环境再起变化，都会导致卦变。有些变化慢，尚可再起新占，从容应对，或作中长期的预测。有些则瞬息万变，例如海湾战局，或动荡激烈的股票市场，才刚占完又变了，可说根本就来不及算。易占所显示的变化，绝非机械的宿命论所能樊笼，而是刹刹生新，必须以极敏感、富创意的心灵，活活泼泼去应对。

开物成务

易占只要不迷执，重实践，指引人趋吉避凶，确有神效。但《易经》的用途若仅此而已，那境界就太低了！历代儒林尊奉为群经之首，原因何在？

《系辞上传》有解答：“‘夫《易》，何为者也？夫《易》，开物成务，冒天下之道，如斯而已者也。’是故圣人以通天下之志，以定天下之业，以断天下之疑。是故蓍之德圆而神，卦之德方以知，六爻之义易以贡。圣人以此洗心退藏于密，吉凶与民同患。神以知来，知以藏往。”

开物，是开发各种自然资源及人力资源；成务，是组合运用这些资源，建功立业，完成许多有益群生的事情。《易经》真正的功能，还在己立立人，己达达人，挣脱个人吉凶祸福的羁绊，而往博施济众的大我之道升华。只是天下之大，品类之众，各有其禀性及想法，求其大同谈何容易！通天下之志，深切了解所有人的需要，据此建立共识。定天下之业，这样才能奠定大事业的基础。断天下之疑，解决所有缠绕人心的疑难。蓍草的德行圆通神妙，《易》卦的德行方正智慧，六爻的意蕴提供大家参考。圣人诚心竭虑，潜修易理，研判世情，吉凶祸福，概以社会群体为依归。预测未来的变化趋势，归纳过去的成败经验，当我们走过从前，为的是明天要更好。知来藏往，《易》之大用，舍此何求？

《系辞传》末章下了结论："天地设位，圣人成能。人谋鬼谋，百姓与能。"这真是《易经》十六字心法。圣人创作《易经》，是为了在天地间开发人智，造就人能。人谋是当代人的思想智慧，鬼谋是过去人的经验教训。易占易辞，并非溺古，而是要用古人的智慧，来启发今人的智慧，以因应当代的问题。但这种开物成务的事业，并不是少数人的专利，而是全人类都可以参与的。

第三章　利艰贞：反败为胜的危机管理

“反败为胜”是美国汽车业巨子艾柯卡自传中译本的书名，数年前出版时，在台湾地区造成风行。艾氏在 54 岁的壮龄，人生事业应全美排名第三的克莱斯勒汽车公司之聘，担当振衰起敝的经营重责。往后数年里，他历尽人情的冷暖、商场竞争的现实和残酷，不断忍辱精进，使尽浑身解数，在成本严控、争取融资及畅销新产品开发上，数管齐下，最后终于突破万难，创造了众所瞩目的奇迹。有好事者倡言，他可问鼎白宫，重振美国魂。

美国人似乎有崇拜英雄的癖性。数年前，海湾战争大获全胜的联军统帅施瓦茨科普夫，衣锦还乡后除了出版回忆录，赚得数百万美金版税外，也有人认为他可以竞选美国总统。其实，大战英雄与商场悍将未必适合从政。不同领域须具备不同的专业素养，更何况政治一途有其特殊性。中国有句老话：“万般不与政事同。”颇道出个中三昧。

再者，艾氏的反败为胜已经成为历史。众所周知，这几年美国的汽车工业大走下坡，克莱斯勒在昙花一现后，又陷于经营的泥沼。固然有大环境的不利因素，但艾氏在成功后志得意满，多角化策略失当，也是难以卸责。这就涉及人生处逆境和处顺境都须谨慎的道理，反败为胜至为艰难，反胜为败却太容易。如今，艾柯卡已正式鞠躬下台，人间的教训真是永无止境。卷土重来，二度反败为胜，已经确定毫无机会。

无论如何，克莱斯勒大反攻的那段经验，仍然相当宝贵，旋乾转坤，化危机为转机，也是建功立业必须练达的功夫。世事如潮，浪花淘尽英雄，前行者俱往矣，后继者却还大有人在。

惊险与苦难

明末大儒顾炎武在其代表作《日知录》一书中，提到当时科场之弊，有所谓“拟题”，即现在的考前猜题或考古题之类。考生只读考试范围内的材料，经书原典反而束之高阁，在《易经》部分即删去讼、否、剥、遁、明夷、睽、蹇、困、旅九卦。这九卦都是《易经》中有名的险卦或苦卦，象征人生历程里一些难堪的处境，指引当事者如何妥为因应，趋吉避凶，试想，经生几十年下来不碰不沾，就算高中宦途，一旦遭逢忧患横逆，又当如何应对？粉饰太平，为考试而读书的结果，便造就一帮无用的废才，而精湛实用的易理也不得彰显。

孙中山先生说：“人生不如意事，十之八九。”若此言属实，则茫茫人生真是苦多乐少。佛家视三界为火宅，芸芸众生多在苦海中徘徊，除非识力超群，终是难以解脱。世间诸苦中，又以“求不得苦”最为苛酷。食色、财货、名位、权势，人生必有所求，甚至希圣希贤、普度众生、修齐治平、钻研学问都是求。有所求而不能得到，理想无法在现实中实现，就会苦不堪言。为了化解或减轻这种痛苦，就有“人到无求品自高”“无欲乃刚”“不忮不求”的期许，老子所谓“损之又损，以至于无为”，也是为此而发。打麻将想“门前清，不求人”，就得靠“自摸”。这些都能提供我们在进德修业上莫大的启示。

《系辞传》有云：“作《易》者，其有忧患乎？”又云：“明于忧患与故”“吉凶与民同患。”《易经》是忧患之书，剖析忧患深切著明，消灾解难功效卓著。往下我们就来看看明代士人不敢面对的凶险九卦，以及其他一些艰苦卦爻吧！

利艰贞

首先是明夷卦（䷣），卦象是上卦坤为地，下卦离为火为日。地火明夷，象征光明的太阳落入地平线下，暮色四合，无边的黑暗已经来临。第三章论筮法时，曾以此卦为例，说它是最艰苦的一卦，而且是长期受苦，三两下绝难脱困。明代表明智有本事，夷是受伤害，而且是重挫，明夷就是英雄落难、好人受苦。

遭受明夷时，不少人会怨天尤人，觉得自己既能干，又没有对不起人，怎么会落到如此下场。其实世事历练多了，自然体悟好人没好报根本是天经地义。"善有善报，恶有恶报"，这是佛菩萨针对愚夫愚妇的说法，其意无非是鼓励人行善，警告人别作恶。试想，若是为了有善报才行善，那是什么善呢？"施不望报"应是善行、布施的起码标准。"不是不报，时候未到"，所谓三世因果的但书，仍然欠缺说服力，安慰人的意味居多。真正的人间世，反而好人不长命，祸害活千年。

因此，我常开玩笑，说"善有善报，恶有恶报"根本是威胁利诱，用心固然良苦，实在认不得真。我们在世间行善惩恶，不能仰仗这个！《系辞传》论天道"鼓万物而不与圣人同忧"，老子亦云："天地不仁，以万物为刍狗。"善恶之分，果报如何，还得靠人道的发扬！

明夷的卦辞只有三个字："利艰贞。"鼓励人在艰难困苦的环境下，仍得固守正道，决不可灰心丧志、把持不住而丧失原则。其他卦在爻辞中也有出现"利艰贞"的，例如噬嗑卦九四："噬干胏，得金矢，利艰贞，吉。"大畜卦九三："良马逐，利艰贞，日闲舆卫，利有攸往。"却不像明夷整个卦都笼罩在苦难中，必须艰贞自守，苦撑以待援。

明末大儒黄宗羲有部名作《明夷待访录》，即由明夷卦而来，用的是箕子明夷的典故。箕子是殷纣王的哥哥，纣王无道，苦谏不听，遂佯狂去职。后来周武王灭殷，传说箕子去了朝鲜，还口授武王"洪范"一篇，教以治国大法。殷朝灭亡，箕子当然有失去家国之痛。去国传学，流芳百世，也是利艰贞的一种方式。明朝灭亡，黄宗羲以此自况，可谓见贤思齐，一生治国平天下的学问，希望能“藏诸名山，传之其人”。明夷除了象征孤臣孽子之痛外，还正好隐喻了明朝的灭亡。

明夷《彖传》云：“明入地中，明夷。内文明而外柔顺，以蒙大难，文王以之。利艰贞，晦其明也。内难而能正其志，箕子以之。”箕子的故事已见前，家国内难，无力挽救，却能端正自己的志向，另谋适合出路。文王遭纣王之忌，被拘禁于羑里，还忍痛吞食长子伯邑考的肉酱，三分天下有其二，仍服事殷，故事更脍炙人口。这两位历史上的名人遭逢大难，而能顺利过关，荣获后福，都是善用韬光养晦、明哲保身的功夫。“内文明而外柔顺”是指当事人心知肚明，外表却装作谦卑柔顺，以免触犯暴君，立遭杀身之祸。明夷内卦离，为文明，外卦坤，为柔顺，明白提示了处明夷时应恪守的德行。《大象传》云：“君子以莅众，用晦而明。”一再强调这点。

明夷大难从何而来？又会带来些什么后果？由《序卦传》可以得知端倪：“物不可以终壮，故受之以晋。晋者，进也。进必有所伤，故受之以明夷。夷者，伤也。伤于外者，必反其家，故受之以家人。家道穷必乖，故受之以睽。睽者，乖也。乖必有难，故受之以蹇。蹇者，难也。物不可以终难，故受之以解。解者，缓也，缓必有所失，故受之损。”

这一段是从下经的大壮卦开始，依序讨论晋、明夷、家人、睽、蹇、解、损等卦的因果关系。以企业的发展来看，大壮是日渐强盛，累积了一定的利润和实力后，企业多半会往前冲，扩充投资，多元化经营，等等，这就是晋（䷢）。“物不可以终壮，故受之以晋。”在很多方面都是如此。“受之以”是“接着是”之意。一个人年富力强、精力旺盛，一定会横冲直撞找地方发泄；研究学问，累积知识到一定水平，也会不甘凡近，更上层楼，所谓“积学巨发”，晋级升段，以期位列大师高手之林。

但冲刺过了头，若碰到大环境的剧烈变化，例如经济不景气，能源危机或海湾战争之类，就会变得很惨。市场需求一天天萎缩，业绩持续下降，早先因扩充而产生的设备投资、人员投资及过量的库存，均被套牢而难以回收变现。经常性开销无法降低，挖东墙补西墙，终至周转失灵，陷于长期挨打的苦战，这就是明夷。

明夷久了，企业体质必受挫伤，员工心理也会产生变化，一批批的人才纷纷求去。

经营者劳神苦思，左支右绌，心力疲惫之余，回到家就像船只驶入避风港一样，想寻求暂时的休息与安慰。但不景气的环境下，家家有本难念的经。夫妻俩上班都憋了一肚子气，下班后如楚囚相对，彼此更无好声气，一句话说不妥当，就可能爆发冲突。冷嘲热讽听不入耳，神仙伴侣也会走上分居、离婚之途，这就是睽。睽了之后，子女的教养产生问题，夫妻俩的事业之经营也少了能分担的伙伴，前途自然多艰，这就是蹇。蹇是困顿难行之意，一般须靠众力以济险，所谓风雨同舟，要单帮多半过不了关。艰难困苦终会过去，危机得以解除，这就是解。大难刚过，绷紧的神经一旦松弛，人难免心生懈怠。反应一迟缓，又会有所闪失，带来损害，这就是损。

台湾这几年产业不景气，股市畸形荣景后大崩落，由经济问题引发家庭失和，再造成社会问题的案例，比比皆是。祸源就是因为当初冲得太猛，高唱“爱拼才会赢”，却忘了世事总有胜负两面，人不可能永远胜利成功的。

《孙子兵法》对此有重要提醒：“智者之虑，必杂于利害。杂于利，而务可伸也；杂于害，而患可解也。”聪明人考虑事情，一定详审利弊，成败利钝，两头都得想。绝不会过分乐观，只往好处想；也不会一味悲观，尽往坏处想。往好处想，容易有积极奋战的精神，事情得以伸展；往坏处想，就会有应变的心理准备或具体替案，一旦形势不利，也可以消弭祸患。

《尉缭子》说得更白：“勿急胜而忘败，勿见其利而不顾其害”“知道者，必先图不知止之败，恶在乎必往有功？”这直接打中好大喜功之人的弱点。一些自信过度、赌性坚强的枭雄人物，常常冒险轻进，订立极难达成的目标，结果多半不能实现。强势要求久了，跟随他的干部不断累积挫折感，终至失去信心与再战的勇气。整个团体依据高目标做预算部署，结果达成绩效差距过大，组织的元气也大受挫伤。

这让我想起一则流传已久的寓言：一个乡巴佬，有天在路上捡到一枚鸡蛋。他想向邻居借只母鸡来孵蛋，生出小鸡养大后，鸡生蛋蛋生鸡，累积到五只鸡，再跟隔壁农场换一只羊。同样，母羊生小羊，繁衍到五只羊，再拿去换一头牛。母牛生小牛，依此类推，生生不息。于是最后他便拥有了一大片农场，满山满谷都是他傲人的资产……就在他沉醉于如此美丽的远景时，一不当心踢到块石头，脚下一个踉跄，已将手中的鸡蛋砸得粉碎……

很多人听到这寓言时，嗤之以鼻，认为荒谬可笑，但等到他们自己做事时，却往往犯同样的毛病。凡事尽往好处想的后果可能很严重，开始就鸡飞蛋打还好，运转到中途，遭逢不可测的危机，影响就大了。例如牲口众多时，可能出一阵瘟疫，在借鸡、换羊换牛的过程中，所有的交易谈判也可能触礁。借方说不定跟你要利息，或者拿未来农庄的部分资产作抵……这些都是风险。乡巴佬的如意算盘，其实充满了破绽。

晋与明夷的关系，透过《杂卦传》可进一步了解："晋，昼也；明夷，诛也。"晋的卦象是离火在坤地上，与明夷正相反。"明出地上"象征旭日东升，朝气蓬勃，往着光明的前景直奔。昼是白昼，光天化日，日进无疆；诛是杀伤，动刀兵，残芒退尽。晋与明夷，就是日出日落，两卦相综相因，道尽了世间的盛衰循环、荣枯成败。日落固然肇因于日出，只要信心坚定，应对得法，黑暗终会过去，黎明又将到来。美国文豪海明威有部小说，英文名 *The Sun Also Rises*，拍成电影中译《妾似朝阳又照君》，意境与此相通。太阳依旧会升起，明朝又是出头天。世无艰难，怎显英雄本色？好汉打落牙和血吞，吃得苦中苦（明夷），方为人上人（晋），所以要"利艰贞"。

主人有言

我们再来看看明夷的六个爻，体会一下不同时位的艰难困苦。

初九爻辞："明夷于飞，垂其翼。君子于行，三日不食。有攸往，主人有言。"这是明夷刚开始的时候。前一阶段鼓勇猛进，意气满满，像只大鸟一样，乘云气，负青天，想扶摇直上九万里。不料形势陡变，前景趋暗，不得不修改原先的壮图，收敛起翅膀，寻找安全的地方迫降。为解决生存问题，必须放下身段，四处奔走，以争取实力者的协助支持。《小象传》云："君子于行，义不食也。"环境虽然恶劣，主事者在道义上必须负责到底，为此焦神苦思，席不暇暖，饥不暇食。

艾柯卡六年整顿，频频与厂商、债主谈判，为了争取国会 15 亿美金的贷款，在听证会上声泪俱下，受尽难堪的折辱，这都是尽领导者的本分。

上六。不明晦。初登于天，后入于地。

（初登于天，照四国也；后入于地，失则也。）

六五。箕子之明夷，利贞。

（箕子之贞，明不可息也。）

六四。入于左腹，获明夷之心，于出门庭。

（人于左腹，获心意也。）

九三。明夷于南狩，得其大首，不可疾，贞。

（南狩之志，乃大得也。）

六二。明夷于左股，用拯马壮，吉。

（六二之吉，顺以则也。）

初九。明夷于飞，垂其翼；君子于行，三日不食。有攸往，主人有言。

（君子于行，义不食也。）

明夷

（利艰贞）

有所行动，求人帮忙，对方（主人）即便答应出手，多半对你的落难会有所批评：先前不该冲得太猛，形势判断有问题决策失误之类……总之，听了绝不会好受。但为了取得金主的资助，也只有忍气吞声、虚怀纳受。

六二爻辞："明夷于左股，用拯马壮，吉。"《小象》云："六二之吉，顺以则也。"这是比喻明夷渐深，已经伤及左边的大腿，不良于行。这时必须守住六二柔顺中正之德，一方面韬晦避祸，一方面寻求能拯救大家脱困的人才（例如阳居阳位的九三），像借助良马脚力一样，渐复元气而获吉。国民党的高官马纪壮，取名应受此爻的启发。

九三爻辞："明夷于南狩，得其大首，不可疾，贞。"《小象》云："南狩之志，乃大得也。"九三阳刚当位，居下卦离火巅峰，又与上六祸源（明夷的主因，往下会提到）相应与（一般应与是配合佳，此处则是针锋相对），是明夷全卦希望所系，扭转局面、反败为胜的秘密武器。离卦在后天八卦方位中居于南方，狩猎具有积极进取的攻击性。九三南狩是想擒贼擒王，一举消灭上六这元凶首恶，使全局转危为安。

艾柯卡在最艰苦的时候，仍然全力推动K型车强势新产品的开发，以确保克莱斯勒东山再起的竞争力，而最后也是以此为支点翻上来，就是深具洞识。寓攻于守，反被动为主动，明夷九三很值得落难中人参考。但必须注意"不可疾"——切勿操之过急，而且要"贞"——反攻的实力很难取巧，须按部就班痛下功夫培养。最好的方式，是用点包装的心思，全局仍摆出苦撑哭穷的低姿态，以掩护九三的发展，待时机成熟，再迅雷不及掩耳地出手。如此，便有可能"乃大得也"——收获的丰硕，会跌翻所有人的眼镜！

六四爻辞："入于左腹，获明夷之心，于出门庭。"《小象》云："入于左腹，获心意也。"六四与初九相应与，明夷甚深，苦难久了，对祸患之源已经认识得很清楚，不再像刚开始时初九那样，惶惶不可终日。本身虽无力旋乾转坤，却能心知肚明，知所去就，至少做到明哲保身，不助人为恶。“于出门庭”即出于门庭，有分道扬镳、扬长而去之意。“明夷之心”就是祸源、病灶所在，必须深刻反省才能体悟。“入于左腹”有打入、卧底之意，俗话说“知人知面不知心”，人心惟危，洞烛幽微很不容易。《系辞上传》说，仰观俯察能“知幽明之故”，这是很要紧的真功夫。

六五爻辞：“箕子之明夷，利贞。”《小象》云：“箕子之贞，明不可息也。”六五无力除奸，只能忍辱正志。此爻再举箕子之例，强调“明不可息”的重要。再怎么艰苦，心中那把火绝不能让它熄灭！

上六爻辞：“不明晦，初登于天，后入于地。”《小象》云：“初登于天，照四国也；后入于地，失则也。”在箕子明夷的故事中，上六正当纣王之位，是造成殷末明夷的罪魁祸首，高高在上，阴影笼罩全局。“初登于天，后入于地”，说的正是由晋而至明夷，日出日落的过程。光照四国时，意气何等风发！坠落地平线退出鲜彩耀目的舞台，是因为违反了事业经营的正确法则。

风雨同舟

再来看蹇卦。卦象是上卦坎水，代表险难，下卦艮山，代表静止。水山蹇，象征前有险难，窒碍难行，不得不停止。这是智慧的表现，所以《彖传》云：“蹇，难也，险在前也。见险而能止，知矣哉！”《易经》是主动的，但绝不盲动躁进，而是详审形势下智慧地动。

蹇是由睽来的，夫妻反目、情人分手、股东拆伙、朋友离异都是睽。这些人际的不和，自然造成战力的折损，无法一致对外，局面就难过了。一般人遇到蹇的时候，往往怨天尤人，总怪别人对不起他，而有才德的君子却不是这样。《大象传》云：“山上有水，蹇。君子以反身修德。”碰到难关施展不开，正好反省自己待人行事是不是有问题，应该怎样改进。孟子说：“反求诸己。”这是致圣之功，也是英雄之路。

蹇卦卦辞："利西南，不利东北。利见大人，贞吉。"西南东北，我们第四章论道术分途八卦方位时提过，并非真正的地理方向，而是行事态度的象征。西南属坤，其势包容，象征宽平简缓；东北属艮，其势崎岖陡峭，象征烦苛严急。蹇难时大敌当前，必须捐弃前嫌同舟共济，再不能倾轧内斗，所以"利西南，不利东北"。各派系结盟，也须众望所归的人物出来领导，这便是"利见大人"。蹇和明夷一样，艰困中仍得固守正道，这便是贞吉。

我们来看看蹇卦六爻，为分析方便，先画出全卦如下：

上六。往蹇，来硕。吉，利见大人。

（往蹇来硕，志在内也；利见大人，以从贵也。）

九五。大蹇朋来。

（大蹇朋来，以中节也。）

六四。往蹇，来连。

（往蹇来连，当位实也。）

九三。往蹇，来反。

（往蹇来反，内喜之也。）

六二。王臣蹇蹇，匪躬之故。

（王臣蹇蹇，终无尤也。）

初六。往蹇，来誉。

（往蹇来誉，宜待也。）

蹇

爻辞中充满"往、来"，"往"是往前走、往上发展，"来"是回头后退、向下行。往、来是《易》卦爻位升降的专有名词，泰卦（䷊）称"小往大来"（小指阴爻，大指阳爻），否卦（䷋）称"大往小来"，是典型的例子。蹇卦由于前有险难，所以都称"往蹇"，不宜硬闯。

九五阳刚中正，又有六二相应与，本应有所成就，惜遭蹇时，身陷坎险重围，不得发挥。六二虽有勤王之心，却无力旋乾转坤，只能尽本分默默受苦。"王臣蹇蹇"，是说九五与六二这对君臣都遭蹇难，脱不了身。

“匪躬之故”，“匪”同非，“躬”是自己。两人这么受苦，都不是为了本身的缘故，而是为了整个团队的安危，正所谓“人在江湖，身不由己”。领导人和主要干部因职责所在，慨然扛起“十字架”，心中无怨无悔。所以《小象》云：“终无尤也。”

全局的利多因素，实力所在是九三。就像明夷九三是反败为胜的关键一样，蹇九三阳刚当位，居下卦艮之巅峰，又与上六相应与，为全卦希望所系。但蹇难环境下，仍不宜孤身涉险，艮知止，九三遂回头支持六二，这就是“往蹇，来反”。六二居九三之内，得获强有力的支持，喜不自胜，这就是《小象》所云“内喜之也”。初六不当位，柔弱不能自立，与六四又无应与，当然往蹇，应该暂停等待，还可以获得深明形势的称誉（来誉）。

六四当位无与，看好九三的实力，回头联合九三共同奋斗，这就是“往蹇，来连”。《小象》云：“当位实也。”指的是九三阳刚当位，又具实力，所以六四才“往蹇，来连”。

上六与九三相应与，也下来配合九三，这就是“往蹇，来硕”。“硕”是硕大之意，阳实阴虚、阳大阴小，指的就是九三阳爻。九三居内卦，外卦的上六与其结合，所以称“志在内也”。位高而能礼贤下士，认清合作对象，当然获吉。上六又与九五紧邻，整合九三的目的，也是为了尊奉九五卦主，所以称：“利见大人，以从贵也。”

经过全卦阴阳诸爻的一番串联整合，团队的士气与战力已大为提升，这时再联合发动勤王之师，扭转逆境即指日可待。九五爻辞云：“大蹇朋来。”“朋”不只一方面，而是很多朋友都来相助，对落难中人来说，真是莫大的欣慰。诗云：“最难风雨故人来。”《论语·学而》“有朋自远方来，不亦乐乎”，情境与此相当。当然，九五能感召众人前来协助，也是因为平素行事中规中矩。《小象》云：“以中节也。”说明了得道多助之由。

前面说蹇由睽来，睽是人际不和，因此处蹇、治蹇的关键，就在于消弭歧见，整合众力，这是对症下药。出蹇以后是解，难关解除，当然值得庆贺，但领导者对善后处理绝不能大意，否则又会有所闪失。艾柯卡在反败为胜后，不几年又反胜为败，可能就是在由蹇到解的关口上出了毛病。往下简单地阐述一下解卦的概况。

解卦（䷧）的卦象是上卦震动，下卦坎险，象征已经奋斗出险。《彖传》云："险以动，动而免乎险。"《易经》主动，虽处险难，仍奋动不已，绝不会束手待毙。又云："天地解而雷雨作，雷雨作而百果草木皆甲坼。解之时大矣哉！"这是相当酣畅动人的意象，天地间雷雨大作，百果草木的种子都绽开外壳，生机怒发。《大象传》云："雷雨作，解。君子以赦过宥罪。"难关既过，久受压抑的生命力得到纾解，好生调养，继续往前奋斗，不必计较受难时别人对你的失礼或奚落。所谓"一笑泯恩仇"，这是光明磊落的英雄气度。

解卦卦辞云："利西南，无所往，其来复吉；有攸往，夙吉。"西南是行事宽平简缓，大难刚过，宜将养休息，不宜妄动生事，以期尽快恢复元气，这样才能民心拥戴而获吉。例如楚汉相争时，刘邦入关中，除秦苛法，约法三章，一切从简，就深得个中三昧。等元气渐复，再出发举事，必须及早部署，以免失了先机。"夙"是早，"夙吉"是早下手就吉，整个卦辞显现出一种节奏感，从无所往到有所往，分阶段抓重点，井然有序，镇定如恒。由此也看出，从蹇到解，领导人仍得谨慎周密，一方面让属下放松休息，一方面要为未来的再出发作准备。北宋范仲淹的名句："先天下之忧而忧，后天下之乐而乐。"相当透彻地阐明了其中道理。

有言不信

困卦（䷮）的卦象是上卦兑为泽，下卦坎为水，象征泽水枯竭，资源耗尽。京剧《四郎探母》里的唱词云："我好比浅水龙，被困在沙滩。"人生难免受困，重要的是如何处困境以及脱困。《大象传》云："泽无水，困。君子以致命遂志。”君子的志向不因困境而转移，反而愈磨愈坚，拼命也要达成。

困卦卦辞云：“亨，贞，大人吉，无咎，有言不信。”困而能亨，就在于守正，所谓时穷节乃见，不以逆境而变易操守。这是大人物才有的修养，一般器识不够的小人是办不到的。孔子在陈蔡绝粮，师徒们饿得头昏眼花，子路沉不住气抱怨：“君子亦有穷乎？”孔子回答：“君子固穷，小人穷斯滥矣！”能固穷就无咎，不能固穷，便咎害无穷。

值得注意的是“有言不信”。困境中人无论说什么，别人也不大相信。一般人总是以成败论英雄，虎落平阳受犬欺是很正常的事。信用、威信、信心，一旦受到冲击折损，后果是很严重的，再扳回来得花上数倍的力气。银行融资、厂商贷款，一般有所谓授信额度及信用管理，随授信企业营运状况做调整，而且易收难放，就是这个道理。人与人间，领导与干部间，也有信任额度，超过了即无法再往来或共事。所谓久病无孝子，这时不能再靠往日情谊、组织伦理敷衍度日，必须认清人间的严酷现实，埋头苦战以期过关。事实胜于雄辩，实际做到比说什么都有用。

《彖传》云：“困，刚掩也，险以悦。因而不失其所亨，其惟君子乎！贞大人吉，以刚中也。有言不信，尚口乃穷也。”九二阳爻为初六、六三两阴爻包围，九五、九四两阳爻，又被上六、六三两阴爻所掩盖，这就是君子受困于小人之象。下卦坎险，上卦兑泽，兑通悦，虽遭险难，却能以悦乐精神处之泰然。所谓受苦而没有苦相，这是很重要的处困功夫。一个逆境中的领导人，如果天天摆出一副不堪负荷的样子，部属看了就难受，再坚忍卓绝，也没人愿意跟你长期共事。“刚中”是指九五、九二分居上下卦之中；“尚口乃穷”，挑明了“有言不信”的处境。

六三爻辞云：“困于石，据于蒺藜。入于其宫，不见其妻。凶。”《小象》云：“据于蒺藜，乘刚也；入于其宫，不见其妻，不祥也。”这是困卦中最难受、最凶险的一爻。蒺藜是铁丝网，六三前行，为九四阳刚所阻，后退又被九二刚爻顶住，本身又不当位，与上六也不应与，可谓进退两难。

事业不成，想回家休息，发现老婆不耐贫困也跑了，这真是倒霉到极点。《系辞下传》第五章举此爻为例，发表议论：“非所困而困焉，名必辱；非所据而据焉，身必危。既辱且危，死期将至，妻其可得见邪？”同样受困，还有因何受困的差别。如果是为情为义为群生祸福，虽受困，别人也不减对你的尊敬；如果是为欲为利而受困，绝对得不到同情，声名必遭羞辱。事业发展必须有所根据，如果扎根不牢，选错了据点，一定招致危险。名辱身危、事业失败不说，还可能家破人亡。

《序卦传》云：“升而不已，必困。”困卦之前是升卦，往上升得太快、扩张过速，就容易出毛病。这和明夷之前是晋，有异曲同工之妙。

我心不快

旅卦（䷷）卦象是上卦离为明，也是附丽、依附之意，下卦艮止。象征出外流亡，依附他人的权势庇荫而获苟安。卦辞云：“小亨。旅贞吉。”《彖传》云：“旅，小亨，柔得中乎外而顺乎刚，止而丽乎明，是以小亨旅贞吉也。旅之时义大矣哉！”

旅是漂泊、过渡，没有根基。出外做客，须看主人的脸色，很难挑剔，更谈不上主导权。这种形势下，保平安就不错了，不可能有大作为，所以最多“小亨”。阳大阴小，小又有小心翼翼、柔顺谦退之意。居于客位，当然不能喧宾夺主，所谓强龙不压地头蛇，必须收敛骄气，入境问俗，才能亨通。旅卦之正是柔中谦顺，因此六二、六五获吉，其他阳爻则多风波，甚至凶险不可测。

我们一样画出旅卦六爻（见下页），看看不同时位的情境。

初六虽属阴爻，但不当位也未居中，本身条件太差，格局太小，出外旅行还斤斤计较，别人当然看不起。爻辞云：“旅琐琐，斯其所取灾”。《小象》云：“旅琐琐，志穷灾也。”说中了这种人的毛病。

上九。鸟焚其巢，旅人先笑后号咷。丧牛于易，凶。

（以旅在上，其义焚也；丧牛于易，终莫之闻也。）

六五。射雉，一矢亡，终以誉命。

（终以誉命，上逮也。）

九四。得其资斧，我心不快。

（旅于处，未得位也；得其资斧，心未快也。）

九三。旅焚其次，丧其童仆，贞厉。

（旅焚其次，亦以伤矣；以旅与下，其义丧也。）

六二。旅即次，怀其资，得童仆，贞。

（得童仆贞，终无尤也。）

初六。旅琐琐，斯其所取灾。

（旅琐琐，志穷灾也。）

旅

六二柔中当位，很快就赢得地主的接纳。爻辞云："旅即次，怀其资，得童仆，贞"。《小象》云："得童仆贞，终无尤也。""次"是旅舍，"即次"就是住入旅舍，落地生根。因为受欢迎，所以怀有资财，又得僮仆服侍，生活得和自己家里一样舒适，当然就不会有怨尤。

九三刚亢不中，失去了为客之道，招致主人强烈反弹，境遇很凶险。爻辞云："旅焚其次，丧其童仆，贞厉。"《小象》云："旅焚其次，亦以伤矣；以旅与下，其义丧也。"栖身的旅舍被火烧毁，跟随的助手受不了颐指气使，也纷纷求去，孤悬客境，极为危险。报纸上常有股战消息，大公司与市场主力间，为经营权展开殊死战，双方僵持不下。其实公司派是主人，市场派是羁旅。财大气粗、强势炒作的后果，偶一不慎，可能弄得损兵折将，进退两难，旅卦九三就是很好的写照。

九四阳居阴位，不当位，一切透着勉强。爻辞云："旅于处，得其资斧，我心不快。"《小象》云："旅于处，未得位也；得其资斧，心未快也。"羁旅在外，受人收留。有地方住，还拿些津贴补助，甚至配有保镖（斧是防身利器），但心里就是不痛快。杜甫诗云："已忍伶俜十年事，强移栖息一枝安。"王粲《登楼赋》："虽信美而非吾土兮，曾何足以少留？"

六五爻辞云："射雉，一矢亡，终以誉命。"《小象》云："终以誉命，上逮也。"雉是野鸡，文明爵禄的象征。射雉一箭中的，终获美名和爵命，君德及于上下。这是旅卦中最好的一爻，全由柔顺中正之德所致。

上九亢居高位，得意扬扬，必遭祸害。爻辞云："鸟焚其巢，旅人先笑后号咷。丧牛于易，凶。"《小象》云："以旅在上，其义焚也；丧牛于易，终莫之闻也。"

旅卦由何而来？《序卦传》云："丰者，大也。穷大者必失其居，故受之以旅。旅而无所容，故受之以巽。巽者，入也。"旅卦之前是丰卦，炫耀资产、好大喜功的结果，造成众叛亲离，出外流亡。为了避免四处漂泊无人收容，只得谦退逊顺，这样才能打入陌生环境，落地生根。《杂卦传》云："丰，多故也；亲寡，旅也。"从故旧众多沦落到举目无亲，由繁华到冷清，旅卦实在是人生难处之境。郑板桥诗云："鸡声茅店月，人迹板桥霜。"披星戴月，单寒羁旅，此中凄凉况味，不易与他人言说。李白洒脱，将整个人生历程都看成"天地逆旅，百代过客"。禅机顿悟，有云："莫谓征途苦，千山即是家。"儒学坚忍，强调造次、颠沛必于是。一般凡夫俗子，却还是笃信"在家千日好，出门时时难"。我这些年稍历世故，频频占到旅卦，思前想后，总难免一股异样悲情——旅道多艰，义命也哉？

小人道长

往下我们来看看否、剥、遁三卦。第一章讨论错综变卦时，曾提到十二消息卦，这三卦均属于其中阳消阴长之卦，描述宇宙间两股势力的激荡、纠葛与对决。人生在世，必有胜负竞争。港片《笑傲江湖》主题曲脍炙人口："沧海一声笑，滔滔两岸潮。谁负谁胜出，天知晓！"

否卦（䷋）是典型的坏卦，卦辞云："否之匪人，不利君子贞。大往小来。"天地否闭，人道不行，有才德的君子处此暗世，不宜再出来做事。

贤哲俱隐，豺狼当道，社会环境败坏到极点。否的卦象上卦乾，下卦坤，天气上升，地气下降，二气反向而行，无法交流。《彖传》云："否之匪人，不利君子贞，大往小来，则是天地不交而万物不通也，上下不交而天下无邦也。内阴而外阳，内柔而外刚，内小人而外君子。小人道长，君子道消也。"《大象传》云："天地不交，否。君子以俭德辟难，不可荣以禄。"为了避难，连做好事都得收敛，世道黑暗可见一斑。

否卦之前是泰（䷊）。《序卦传》云："泰者，通也。物不可以终通，故受之以否。物不可以终否，故受之以同人。"由泰之否，从通到不通，再次说明了物极必反的易理教训，而治否之方则在同人（䷌）。《杂卦传》云："同人，亲也。"同人就是亲爱精诚，与人和同，追求一种最美、最和谐的人际关系。世间会有纷争，即因两造之间深闭固拒，无法交流。唯有同人能异中求同，破除森严的壁垒，而臻其大同。

同人卦卦辞云："同人于野，亨。利涉大川，利君子贞。""野"是旷远之地，"同人于野"，表示与人和同无远弗届，没有党派、国家、种族的限制。这样当然是亨通的，也利于渡过一切险难，有才德的君子逢此盛世，自然大可发挥。《文言传》云："贞者，事之干也。"贞是做人做事的基本修养，从否卦的"不利君子贞"，变成同人卦的"利君子贞"，可见对症下药之效。

同人的理想值得肯定，实践同人的过程，却有万般艰难。这由同人卦爻辞变化也看得出来："九三。伏戎于莽，升其高陵，三岁不兴"，"九四。乘其墉，弗克攻，吉"，"九五。同人先号咷而后笑，大师克相遇"。其中充满了钩心斗角与刀光剑影，一点也不平和。经历了多少试探及号啕痛哭，才臻九五相视而笑、莫逆于心之境。同人九五是"先号咷而后笑"，旅上九是"先笑后号咷"，相当有趣的对照。

由此我们可理解，大同世界绝非一蹴而就，必须循序渐进，分阶段抓重点来完成。《春秋》讲据乱世、升平世、太平世，孙中山的建国方略划分军政时期、训政时期、宪政时期，都在说明这层义理。同人三爻至五爻的大动刀兵，等于是军政时期的东征北伐，扫除革命障碍。气度要恢宏、理想要高远，实干却必须讲求方法和魄力，不容幼稚或冬烘。

《系辞传》针对同人九五，有段议论："君子之道，或出或处，或默或语。二人同心，其利断金。同心之言，其臭如兰。"有才德的君子，不论是发表意见，出门行动，还是静处深思，保持缄默，彼此间都能肝胆相照。只要二人同心同德，就没有任何困难不能克服，其联合战力之锋锐，就像出鞘的宝剑一样，寒光四射，削铁如泥。在这种合作无间的默契下，说出来的话，芳香扑鼻，都能温暖对方的心。

《系辞传》又云："夫《易》，圣人之所以极深而研几也。唯深也，故能通天下之志。"同人就是企图沟通天下之人的心志，但要做到这点，必须下极精深的功夫，挖掘出彼此共通的基础，由此发展共识。

以同人治否，能达到否极泰来的功效。否上九爻辞："倾否，先否后喜。"《小象》云："否终则倾，何可长也？"乱极则治，先号咷而后大笑，所以境遇再恶劣，也不必放弃努力与希望。

太极图

剥卦（䷖）的卦象是五阴剥蚀一阳，全局根基尽失，岌岌可危。卦辞云："不利有攸往。"警语明确，不生歧义。《彖传》云："剥，剥也，柔变刚也。不利有攸往，小人长也。顺而止之，观象也。君子尚消息盈虚，天行也。"剥卦时当然不宜积极行动，却得有沉着应付的智慧。顺而止之，从下卦坤顺、上卦艮止而来，即是应付小人狂长的秘诀。老子有云："将欲歙之，必固张之；将欲弱之，必固强之；将欲废之，心固举之；将欲取之，必固与之。是谓微明。"想要遏制恶势力的滋长，不能硬碰硬去对抗，反而应顺势承受，养其骄气，使其成为众矢之的，自招灭亡，就像打棒球用手接球一样，必须顺着飞来的球势，同向后移把球接住，而不是迎向前去硬接，以缓和高速的冲击。"观象"也就是静观其变，小人不会永远得志，等气运转了，恶势力本身暴露出致命的弱点，再出手收拾整治。俗话说：“看你嚣张到几时！”就是这个意思。天地间自然运行的规律，此消则彼长，盈满又转虚，阴极转阳，阳极转阴，没有什么好大惊小怪的。

剥上九爻辞：“硕果不食。君子得舆，小人剥庐。”《小象》云：“君子得舆，民所载也；小人剥庐，终不可用也。”一阳在上，一般说硕果仅存即由此而来，象征天地间最后的一股阳刚正气，尚未被阴暗的势力所腐蚀。君子守得住，就得民拥戴；小人若嚣张过甚，将最后一阳推翻，破坏了阴阳间微妙的机制平衡，所谓覆巢之下无完卵，到头来损人不利己，本身也失去存活的根基（“剥庐”，就是连房子都没得住了）。

剥卦之前是贲卦（䷕）。贲是文饰、包装的意思，包装过度，实质沦丧，就成剥了。剥卦之后是复卦（䷗），众阴下一阳又生，前途又充满了希望。《杂卦传》云：“剥，烂也；复，反也。”文明糜烂到极点后，人心又会回头，所谓返璞归真，剥尽来复，这是《易经》最朴素的天道观。

我们回头看太极图：白色部分代表阳，黑色部分代表阴，阴阳二气相摩相荡而生变化。白色区域内有个黑点，黑色区域内有个白点，表示阳中有阴，阴中有阳。以人事论，全盛时期已埋伏了衰亡的种子，倒霉透顶也还存有一线生机。阳极转阴（姤），阴极转阳（复），就靠这点种子和生机。

韩国的国旗受《易经》文化的影响，正中是太极图，四角为乾坤、坎、离的三画卦。可惜太极图中漏掉了最重要的两只鱼眼（太极图又称双鱼图），灵活变化的关键一失，韩国人民风强悍，行事刚烈，宁折不弯，不知是否与此有关？

遁卦的卦象其下两阴爻浸长，有发展成否卦，威胁到其上四阳的趋势。《彖传》云“遁而亨”，是说君子见机得早，急流勇退而获亨通。《大象传》云：“天下有山，遁。君子以远小人，不恶而严。”小人道长，形势渐坏，君子无力回天，暂时隐遁。一方面与小人严格划清界限，不同流合污；一方面也不必与之正面冲突，露出厌恶不屑的态度。俗话说，宁可得罪十个君子，切勿得罪一个小人。这是处世的基本智慧。

遁的时候，保持情报灵通很重要，因为遁是“与时行也”，“遁之时义大矣哉”(《彖传》语)。只要有心，时势一转，又可复出收拾旧山河。诸葛亮高卧隆中，天下事了如指掌。因南阳乃丰都大邑，人文荟萃，情报渠道畅通无阻——可见他的遁根本就是假的，早就存心待价而沽，一显身手。

综上所述，否、剥、遁三卦，都在处理阴阳消长的对峙关系。依卦象启示，并不鼓励君子克核太甚，与小人势不两立，反而要破除深闭固拒的格局，或交流，或顺止，或暂遁，以期善了。这除了是传统的世故人情外，也和当代热门的对策合拍。双方硬碰硬干到底，不是你死就是我亡，这是零和对策。讨价还价，谈判妥协，寻求共存共荣，则是双赢或双胜策略。目前日本商界出现“竞合”的词语，竞争对手可以转化成合作伙伴，这种趋向很值得重视。

排难解纷

讼卦（䷅）在需卦之后，师卦之前，也是人生事业经营难免遭遇的境况。需代表生存需求，饮食男女、财货名位等。不同的利益团体各有所需，为争取资源，就会争讼不休，若不得适当调解，就会喋血街头、大动干戈。

讼卦卦辞云：“有孚。窒，惕，中，吉。终凶。利见大人，不利涉大川。”“孚”是诚信，两造争讼时，得有解决问题的诚意。“窒”是强制压抑怒气，“惕”是谨慎小心，“中”是不走极端，这些都做得到便吉。争讼不是好事，愈早解决愈好，缠讼经年干到底，必凶。败讼勿论，即便胜诉，也耗损无限心力，而且难免结怨。争讼时，利于遇到公正明智的仲裁者，作出合宜的调解和判决。内部不和，当然不利于往前再涉险难。

讼的卦象是上卦乾刚，下卦坎险。组织里居上位的人刚猛不屈，在下位的人心怀险诈，当然易起争端。韩非子有句名言："上下一日百战。"道尽了个中钩心斗角、各怀鬼胎的情状。讼卦六爻除九五外，皆不当位，都想蠢动惹是生非。九五阳刚中正，爻辞云："讼，元吉。"即卦辞所利见之大人，为全卦能获善终的关键。经过九五的调解和仲裁，其他各爻多放弃争讼而获直。唯独上九硬干到底，其爻辞云："或赐之鞶带，终朝三褫之。"《小象》云："以讼受服，亦不足敬也。"鞶带是官服，表示上九有可能胜诉而获荣禄。但抢来的地位不牢靠，一天中会被三次脱去官服，现代法学用语"褫夺公权"，即由此而来，而且无法赢得别人的尊敬。

兴讼时，排难解纷固然重要，最好是连讼都没有。老子说得好："和大怨，必有余怨。"好的刀口药，不如不拉口，这就需要防微杜渐的功夫。孔子说："听讼，吾犹人也，必也使无讼乎！"讼卦《大象传》云："天与水违行，讼。君子以作事谋始。"做任何事，一开始就得考虑争讼的可能，而及早化解于无形。

讼卦除了指两造间的冲突外，也涵括个人修行上的自讼——即所谓天人交战。除山中之贼易，除心中之贼难。自古圣贤豪杰，都得在这关口上接受磨炼。

需（䷄）的卦象是上卦坎险，下卦乾健。健行遇险，虽有所需，也得暂待。卦辞云："有孚。光亨贞吉，利涉大川。"等待须有诚信，光明亨通，守正则吉，利于渡过一切险难。《易经》处处强调诚信，在号召天下人忍耐眼前的困苦，为光明的远景而奋斗时，更须诚实不欺。若本身即无自信，心存机诈利用，则一定过不了关。

需《大象传》云："云上于天，需。君子以饮食宴乐。"九五深处坎险之中，爻辞云："需于酒食，贞吉。"在困境中等待，尤其是长期等待，须自调养身心，不能一直绷紧备战。该吃就吃，该喝就喝，该玩就玩，气定神闲，从容应对，这才是一流功夫。

春秋时吴越相争，越王句践"卧薪尝胆"的故事脍炙人口。十年生聚，十年教训，坚忍复仇的意志可观，但恐非长期奋斗的正道。事实上，越国灭亡吴国后，代而争霸中原，成就格局有限，而且并无建树，只是苦了吴越两国的百姓。复仇之火，未必能造就人，可能会毁灭人。句践一生，其实乏善可陈，失败时拖着大家一起受苦，成功后又嫉杀功臣。史书上称他“为人长颈鸟喙，可与共患难，不可与共乐”，好一副惨痛的形象！

需初九《小象》云：“需于郊，不犯难行也。”在郊外勒马止兵，不愿亲身涉险，是明智的表现。九三爻辞云：“需于泥，致寇至。”《小象》云：“需于泥，灾在外也；自我致寇，敬慎不败也。”九三阳居阳位，坚刚过甚，冒险犯难的结果，深陷泥沼，一时难以挣脱。这完全是自找的，怨不得人。事已至此，必须审慎小心，步步为营，以免败亡。

师卦（䷆）的卦象是上卦坤顺，下卦坎险。兵行险着，天下归顺，道出战争的真意。坤又代表群众，用兵必须动员众力，趋之赴险。《序卦传》云：“师者，众也。”企业遭遇经营危机时，单靠经营者和干部撑持，是不够的，必须让全体员工都有危机意识和战斗意志，殚精竭虑，共赴险难。

师卦卦辞云：“贞，丈人吉，无咎。”丈人是老成持重、战技精熟的将才，为师卦制胜的关键，在卦中就是指唯一的阳爻九二。其爻辞云：“在师中吉，无咎。王三锡命。”《小象》云：“在师中吉，承天宠也；王三锡命，怀万邦也。”九二正居坎中，得六五授权重用，险中求胜，以遂勤王安民之志。行师首重纪律，绝不能因循散漫，所以初六爻辞云：“师出以律，否臧凶。”“臧”是善，“否臧”是不善，军队纪律不好，必遭凶险。

师卦的特性在《彖传》中有很完整的说明：“师，众也；贞，正也。能以众正，可以王矣！刚中而应，行险而顺，以此毒天下而民从之。吉，又何咎矣！”战争难免杀伤，也要求兵员配合军令，牺牲奉献。只要师出有名，搞清楚为何而战，为谁而战，又能慎选将才指挥调度，以此荼毒天下，群众也会跟从的。

动员整顿，绝勿手软！匹夫之勇、妇人之仁，只会碍事，无法成就师卦之吉。

第四章　动乎险中大亨贞：逆境求生之术

我们在上章中，已将顾炎武所称的凶险九卦，及其他相关卦爻介绍完毕。往下，再来看看另外一些险卦，以增长见识。

创业维艰

屯卦（䷂）是继乾坤之后的第一个卦，我们在前几章中，已提过多次。卦象是上卦坎险，下卦震动，象征人在险难中积极奋动。

屯的象形字为，本义是“初生草穿地”。地面坚硬，却挡不住嫩草怒发的生机，根部盘屈挣扎，终于破土而出。生命初生，必遇险难，呱呱坠地第一声，预示了人生的忧患。生日又称母难日，怀胎十月，孕育生命的历程充满了艰险。

屯卦卦辞云：“元亨利贞。勿用，有攸往。利建侯。”“元亨利贞”是乾卦的四种德性，屯卦全部具备，表示具体而微，继承了先代所有的天性。“元”是本性、良知良能。婴儿初生，淳朴未散，心思无邪，目光清澈，待涉世渐深，受利欲习气污染，元德就蒙蔽不显了。往下的蒙卦，卦辞中有“亨利贞”三字，独不见“元”，即为此意。蒙卦主旨是教育启蒙，教化的目的就是要找回元德，即先儒所讲致良知、复性、求其放心、返璞归真。

生命初生，面对陌生未知的世界，一切还很稚嫩，应养育呵护，培元固本，逐渐累积经验和实力，不宜马上行动。这就是“勿用”，与乾卦初爻“潜龙勿用”相当。短期勿用，中长期还是要往前奋斗，这就是“有攸往”。既然来日方长，现阶段就该尽量充实准备。“侯”是诸侯，亦通斥候的候，古时诸侯就是天子派到各地去的斥候，搜求民隐，以为治理天下的参考。“利建侯”，就是在创业阶段先做好人事部署，并竭尽可能搜集该行业、该领域的一切信息、基本知识、最新发展及竞争状况等。以人生论，孩童在养育无虞后，就得接受教育，以为未来涉世所需，这也是屯卦后紧接着蒙卦的原因。

屯《彖传》云：“屯，刚柔始交而难生，动乎险中大亨贞。雷雨之动满盈，天造草昧，宜建侯而不宁。”这段描写创造的情景相当动人，“不宁”尤其传神，人在创业时精力充沛，恓恓惶惶，精神意态呈高度亢奋，就是不宁。乾卦九三说“君子终日乾乾，夕惕若，厉”，鞭策自己奋力向前，意境与此相通。

《大象传》云：“云雷，屯。君子以经纶。”云是水气，上卦坎水言云，表示屯难时蕴势未发，光打雷未下雨。创业之人此时宜周密规划，积极部署。

接下来看看屯卦的六爻，了解创业各阶段的辛苦。

上六。乘马班如，泣血涟如。

（泣血涟如，何可长也？）

九五。屯其膏。小贞吉，大贞凶。

（屯其膏，施未光也。）

六四。乘马班如。求婚媾，往吉，无不利。

（求而往，明也。）

六三。即鹿无虞，惟入于林中。君子几，不如舍，往吝。

（即鹿无虞，以从禽也；君子舍之，往吝穷也。）

六二。屯如邅如，乘马班如。匪寇婚媾。女子贞不字，十年乃字。

（六二之难，乘刚也；十年乃字，反常也。）

初九。磐桓，利居贞，利建侯。

（虽磐桓，志行正也；以贵下贱，大得民也。）

屯

屯卦六爻里，九五虽为卦主，深陷坎险，行动受限，故爻辞云："屯其膏。小贞吉，大贞凶。"《小象》云："屯其膏，施未光也。"领导人应该为部属谋福利，如及时雨般膏泽下降，才能赢得拥戴。九五为环境所迫，有心无力，无法做大的布施，干点儿小事还可以。

全卦的希望所系在另一阳爻初九，爻辞云："磐桓，利居贞，利建侯。"《小象》云："虽磐桓，志行正也；以贵下贱，大得民也。""磐"是大石，"桓"是大柱，"磐桓"即柱石之臣、国家栋梁之意；另一解为盘旋不进、不动如山。"居贞"是守正，"利建侯"与卦辞相同。初九当下卦震动之初，本身当位，又有六四相应与，条件利于有为。鉴于屯难方殷，沉稳部署；不轻举妄动，的确是中流砥柱的大将风范。如此人才屈居下位，深知民间疾苦，也因此大得民心，掌握了民意基础。

阐明九五、初九二阳爻的境况后，其他四阴爻的吉凶行止，就看它与二阳爻间互动关系而定，基本上仍是承乘应与的法则在主宰。

六二当位，与九五相应与，本为绝配，但因九五深陷险难，一时难以聚首。其下初九阳刚有为，朝夕相处，不免有情，遂陷入唯谁马首是瞻的难局。爻辞云："屯如邅如，乘马班如。匪寇婚媾。女子贞不字，十年乃字。"《小象》云："六二之难，乘刚也；十年乃字，反常也。"屯邅不进，乘马盘旋，从初乎？从五乎？初九示爱并无恶意，只是近水楼台，欲成婚配。经历一段挣扎后，六二仍认定九五乃其对象，婉拒了初九的求婚。"字"是待字闺中的字，为允婚许嫁之意。六二决定坚贞自守，等九五脱险再成婚配，"十年乃字"，像王宝钏苦守寒窑十八年一样。人生有些抉择，就得付出代价。

初九真正的对象是六四，爻辞云："乘马班如。求婚媾，往吉，无不利。"《小象》云："求而往，明也。"六四当位，与初九相应与，虽承九五，仍一心求初九婚配。初九受感应前往，二人相遇，吉无不利，两人的抉择都很明智。

剩下二阴爻，六三与上六不相应与，二者的结果都不好。上六居上卦坎险之极，无人匹配，痛哭流涕不已，爻辞云：“乘马班如，泣血涟如。”《小象》云：“泣血涟如，何可长也？”六三阴居阳位，处下卦震动之极，颇思蠢动，爻辞云：“即鹿无虞，惟入于林中。君子几，不如舍，往吝。”《小象》云：“即鹿无虞，以从禽也；君子舍之，往吝穷也。”

“鹿”通麓，山脚下之意，“虞”是打猎的向导、管理围场的人。“即鹿无虞”，是说接近山脚下打猎，想追逐禽兽，却没有向导带路，结果多半会迷失在山林中。聪明人看出其中的风险，不如放弃行动，往前盲目硬闯，一定不会有好下场。这就像创业投资，最好选择自己熟悉的行业下手，不然就得聘用该业中的专家代为经营，或提供咨询。因为隔行如隔山，术业有专攻，不能仅凭资金充沛和一股蛮勇，就贸然投入全然陌生的领域。很多企业在本业小成后，发展多元化，最后搞得血本无归，便是在这个关口上出了毛病。

综合以上六爻的讨论，可知卦辞里“勿用，有攸往”的精神贯彻全局。初九“磐桓、居贞”，九五“屯其膏”，二、四、上三爻皆“乘马班如”，六二“贞不字，十年乃字”，六三“几，不如舍”，都强调短期勿轻举妄动，长期有脱险希望。六三点明虞人向导的重要，又呼应卦辞和初九爻辞的“利建侯”。

屯是讲创业的卦，万事开头难，屯卦所遇的险难是很自然、必然会有的，这与明夷、蹇、困等卦不同。我这些年，每起意创设一新部门，或成立新的生产线，或代占朋友创业吉凶，总是碰到屯卦，就像不断问占，百分之百会出现蒙卦一样，屡试不爽。

精神感召

企业遭遇危机，久战不利，常会造成人心涣散，一有外界强烈诱惑，便纷纷辞职求去。由于人力资源是企业最大的资产，如何压住阵脚，聚合人心，实是反败为胜的关键要项。

涣卦（䷺）卦辞云：“亨。王假有庙，利涉大川，利贞。”《大象传》云：“风行水上，涣。先生以享于帝立庙。”涣的卦象是上卦巽风，下卦坎水，风吹过水面，掀起一圈圈涟漪四散开去，人际的离散也是如此。“假”同格，感格、感通之意，也是至。“王假有庙”，是说领导人当人心涣散之时，亲临宗庙主持祭祀，借此聚合人心，号召天下共赴险难。庙是一种精神象征，宗庙代表列祖列宗传承的香火，神庙代表天人互动的精微，过去朝廷计议军国大事，往往在宗庙前开会，一方面表示对先人负责，一方面也祈求福佑，《孙子兵法》称之为庙算。

以国家论，庙代表立国精神；以企业论，庙代表创业理念、社风社训；以夫妇论，庙就是初恋情怀，执子之手，与子偕老。这些正是组织或婚姻之所以成立的要件，只是在官僚化运作和岁月的磨蚀中，逐渐被淡忘了，危机时，重新提出来思考反省，刺激人心团结，会有莫大的功效。这种振作的功能，就像搭乘国际航线的飞机，昏睡一场醒来，空姐递上温热的面巾，拭去满脸的尘垢一样，生命又充满了光辉。

涣卦之后是节卦（䷻），卦象为上卦坎险，下卦兑悦，强调悦以行险。卦辞云：“亨。苦节不可贞。”节是节俭、节制、调节，企业在遭逢不景气时，最快想到并采取的对策，便是节控成本，紧缩投资预算，停掉部分生产线，甚至大幅裁员。一般所谓赚管理的钱，由节流产生利润，确实有效可行。但节约不可过度，由奢入俭已是人情所难。若压制到基本生存条件都受影响时，组织必出状况。艾柯卡可以要求管理干部和工人接受减薪，却不能指望别人也跟他一样，只领年薪一块美金，三年里狠心裁掉 33 名副总裁。剩下的两位却半点也不能亏待。牺牲享受，享受牺牲，毕竟是极少数人才能做到。

而且，企业要过关，单靠一味节缩也是办不到的。克莱斯勒痛苦而精彩的节流经验，给人印象深刻，但最后反败为胜，还是靠贷款成功与强势新产品的推出。节流是必要条件，不是充分条件，而且不能因为节流，伤害到了企业的有生战力。艾柯卡当年若将 K 型车的研发计划停掉或减缩，克莱斯勒的历史就得重写。裁员是长痛不如短痛，但人才毕竟是企业最大的资产，非必要不宜轻用。

贞是常道，“苦节不可贞”，是说过度压抑节制不可为常道。这大概也是墨子之学难以普及的原因，摩顶放踵，勤修苦行，对大多数人欠缺吸引力。欲望很可怕，强自压抑失控会更可怕。儒家讲节欲，佛家倡绝欲，在这关头有分歧。

节卦六四爻辞：“安节，亨。”九五爻辞：“甘节吉，往有尚。”安于节制，乐于节制，都是针对“苦节”而言。只有这样，才能真正负重行远，才符合节卦悦以行险的精神。

节卦之后是中孚卦（䷼）。孚是诚信，中孚就是诚于中形于外，百分之百的诚信。卦象为上卦巽顺，下卦兑悦。《彖传》称：“说而巽，孚乃化邦。”《易经》特重诚信，全经处处强调，“孚”字出现频率极高。中孚卦辞云：“豚鱼吉。利涉大川，利贞。”豚鱼是至蠢之物，诚信够了都能感通，所谓精诚所至金石为开，至诚如神，并非迂腐的空话。诚信的范围很广，领导须有威信，做生意要讲信用，交朋友贵在互信。对真理起信仰，对前途有信心等都是。不诚无物，人无信不立，诚信其实是一切做人做事的基础。现代金融体系里通行的各种票据及信用卡，包括政府发行的债券，都不能脱离其范畴。

企业在面临危机时，通常信用会遭受冲击，厂商的货款一延再延，银行的授信日渐紧缩，偶一不慎，有了跳票记录，更会造成恶性循环。员工苦日子过久了，对经营者的领导也会失去信心，指挥调度的威信一失，组织的运作即产生问题。内忧外患处理不当，就可能兵败如山倒，难逃倒闭的厄运。

反过来看，信用可当成一项武器，配合灵活的财务企划，以小钱钓大钱，用未来换取现在，争得生存空间。商场上信用的微妙，相信很多人都有丰富的体验。我个人在过去一年内，就有几次启动信用，产生连锁反应，短短数日度过奇险关口的经历。佛家云：“信智一如。”信心、信仰可以产生智慧，信誉、信用可以创造财富。资产的价值，组织的战力，说穿了不过是信心的反映而已。

《系辞上传》第八章，举实例说明爻象，头一个就选了中孚卦九二，爻辞云："鸣鹤在阴，其子和之。我有好爵，吾与尔靡之。"《小象》云："其子和之，中心愿也。""阴"是山阴隐微不显之处，白鹤在那里发出鸣声，远处的同类听到了，也遥相呼应，彼此真诚相感，同气相求。"爵"本是酒杯，"好爵"意指美酒佳酿，"靡"是共享。好东西要与好朋友分享，正是《论语》上子路讲的志向："愿车马衣裘，与朋友共，敝之而无憾。"

这里不嫌辞费，将《系辞上传》整段抄下来，供大家参考："君子居其室，出其言善，则千里之外应之，况其迩者乎？居其室出其言不善，则千里之外违之，况其迩者乎？言出乎身，加乎民；行发乎迩，见乎远。言行，君子之枢机，枢机之发，荣辱之主也。言行，君子之所以动天地也，可不慎乎？"环境再恶劣，也要尽一切努力确保信用，切勿掉以轻心，轻诺寡信。个人也好，企业也好，荣枯盛衰、是非成败，皆系于此。

维心亨

前述十余卦，泰半与坎（☵）有关，坎就代表风险。水雷屯，坎险震动，是动乎险中；雷水解，就是动而免乎险；水山蹇，见险能止；泽水困，险以悦；水泽节，悦以行险；水天需，健行遇险，贞吉，利涉大川；天水讼，上刚下险，不利涉大川；地水师，行险而顺；风水涣，王假有庙，利涉大川。

坎就是洼陷下去的水坑，世路难行称坎坷，人立身行事确实充满了不可测的风险。爻辞中还有所谓坎窞，即坎中坎，重重险难，难以脱身。坎卦（䷜）的卦象是上坎下坎，所以《彖传》称"重险也"。卦辞云："有孚。维心亨，行有尚。"遭逢险难，仍得重诚信，《彖传》称"行险而不失其信”。“维心亨”，是说不要怀忧丧志，设法调养自己的身心，心里坦荡无碍。“行有尚”，能做到前面两点，往前奋斗就有脱险的希望。前两年，台湾地区流行林强一首歌曲，词云“啥米拢莫惊，向前行”，就唱出坎卦的意境。

坎卦上六爻辞云：“系用徽纆，寘于丛棘。三岁不得，凶。”被人用绳索五花大绑，丢到荆棘丛中，刺得遍体鳞伤，多年也摆脱不了，当然大凶。我去年徘徊歧路时，占到此爻，看了爻辞，真是头皮发炸，频频苦笑。再占如此险境可有善解生门？复得节卦九五：“甘节，吉。往有尚。”以节约渡险，甘之若饴，正是坎卦“维心亨”之意。不忧不惧，笃志前行，环境虽苦，也不以为意了。

坎卦《大象传》：“水洊至，习坎。君子以常德行，习教事。”恶水蜂拥而至，险关接连不断，君子身处危境，仍然心思不乱，该做的照样做，该学的照样学。孟子说“动心忍性，曾（增）益其所不能”。艰难困苦，玉汝于成。进德修业，回归基本面去思考问题，锻炼心志，往往是解决难关最好的方式。

坎卦之前是大过卦（䷛）。卦象为中间四阳爻紧密相连，强健过甚，上下两阴爻势孤力单，虚弱不堪，显得很不平衡。卦辞云：“栋桡，利有攸往，亨。”卦形就像根栋梁，中间载重过甚，两端脆弱不堪负荷，压得都变弯了。《彖传》云：“大过，大者过也。栋桡，本末弱也。”阳大阴小，大过就是阳爻过多、刚坚过甚；本末就是指初六、上六二阴爻，两端柔弱。“刚过而中，巽而说行，利有攸往，乃亨。大过之时大矣哉！”栋梁弯曲，组织面临崩溃，即是因为阳刚过甚，要解这个局，就得巽顺和悦以行事。上卦兑悦，下卦巽顺，显示对症下药之方，能做到，则往前奋斗就有希望，可获亨通。

大过这个卦很有意思，一方面危险得不得了，一方面又提示往前奋斗有亨通希望，关键就在当局者的修养及魄力。《大象传》云：“泽灭木，大过。君子以独立不惧，遁世无闷。”组织快要覆亡，伙伴分道扬镳，领导人却不忧不惧，咬牙承受一切，面对问题默思解决之法。这是非常人的担当，正好对付大过这非常时期的艰险与苦难。“大者过也”，除指阳刚过甚外，也蕴含领导人冲得过火，“万方有难，罪在朕躬”之意。所谓解铃还须系铃人，毅然扛起无限责任的十字架，走荆棘满地的苦路。

《杂卦传》云：“大过，颠也。”九三爻辞：“栋桡，凶。”上六爻辞：“过涉灭顶，凶。”大过的卦形又有棺椁之象，《系辞下传》“制器尚象”一章中有说明。汉朝时人以大过为死卦，在阐明了大过的非常凶险。占卦遇此，先掂量自己是块什么材料，若无胆识魄力，以及化刚为柔的涵养功夫，则多半过不了关。

一般人遇险则止，豪杰之士履险如夷。履卦（䷉）是专讲实践的，卦象为上刚下悦，外刚内悦。卦辞云：“履虎尾，不咥人，亨。”踩在老虎尾巴上，是多么危险的事，却不会被老虎咬，这是何等能耐！一般说伴君如伴虎，乾卦九四写尽细腻之情，跃跃欲试的尴尬与风险，仍不如履卦的光明磊落，坦荡无碍。《彖传》云：“履，柔履刚也。说而应乎乾，是以履虎尾不咥人亨。刚中正，履帝位而不疚，光明也。”

曾子说如临深渊，如履薄冰。九四爻辞云：“履虎尾，愬愬终吉。”踩老虎尾巴，艺高胆大，还是得全神戒备，才有好下场。

《系辞下传》第七章云：“作《易》者，其有忧患乎！”接着举了九个卦，以阐释处忧患的德行，第一个便是“履，德之基也”，敦笃实践是一切德行的基础，《易经》不尚空谈。“履，和而至”，履卦的特色，是心平气和一步一步地走，不怕慢只怕站，不贪功躁进，不雷厉铺张，有点像龟与兔赛跑一样，终究达到目的。“履以和行”，其实蕴含了很深刻的处世智慧，履虎尾得以无咎，秘诀即在此。

初九爻辞云：“素履，往无咎。”《小象》云：“素履之往，独行愿也。”“素履”，就是《中庸》上素位而行的观念，我们在第二章中，讨论权变与时中时提过。“素”就是质朴，不花哨，该干啥就干啥。九二爻辞云：“履道坦坦，幽人贞吉。”《小象》云：“幽人贞吉，中不自乱也。”我个人很喜欢其中意境，曾请懂书法的朋友写了一幅，装裱于办公桌后壁，以为立身行事参考。

静如处子，动如脱兔

最后来谈震（䷲）、艮（䷳）二卦。《说卦传》:“震，动也。艮，止也。”一动一静，人生事业，所思所感，尽在其中。震在八卦中象雷，有朝一日春雷动，惊蛰后万物生机勃发，欣欣向荣。艮象山，深沉厚重，兵法说不动如山。

震卦之前是革卦（䷰）和鼎卦（䷱）。《杂卦传》云：“革，去故也；鼎，取新也。”革命是非常破坏，将昏蒙腐朽的过去一举推翻；鼎是非常建设，在废墟上创建新格局，重组权力中心。震卦就是建立新朝后往下传承，培养接班人的问题。《序卦传》云：“主器者莫若长子，故受之以震。”鼎是代表权力的法器，所谓问鼎中原、三国鼎立。震在八卦中属阳卦，初爻为阳系长男，其他如坎为中男、艮为少男、巽为长女、离为中女、兑为少女，加上乾父坤母，刚好一家八口。依照过去传统，长子主持祭祀、承继权位，使祖宗香火不致中断。专制王朝讲万世一系，现代企业谈永续经营，日本习称二代目，都是震卦的主旨。曾国藩说：“做大事业之人，以培养接班人为第一要义。”孙中山亦云：“革命尚未成功，同志仍须努力。”千秋大业没有及身而成的，必须代代薪火相传，竭力护持。

《说卦传》云：“帝出乎震。”帝是主宰意，人生一切主宰都从行动中来，理论空想无济于事。《易经》尊生主动，震卦堪为代表。

震卦卦辞：“亨。震来虩虩，笑言哑哑，震惊百里，不丧匕鬯。”《象传》云：“震亨。震来虩虩，恐致福也。笑言哑哑，后有则也。震惊百里，惊远而惧迩也。不丧匕鬯，出可以守宗庙社稷，以为祭主也。”

虩虩是惊惧貌，像壁虎游走壁间、紧张四顾的样子，一有风吹草动，立刻闪避，比喻一个人当震撼式的打击来临时，绷紧神经，保持高度戒备。

能够这样小心应付，就可以通过考验，获致亨通。警报解除，人松弛下来，回想紧张过关的经历，笑得很开心。震动的规模非常大，方圆百里远近都受影响。

“匕”是祭祀时盛装鼎食的勺匙，“鬯”是祭祀用的香酒。“不丧匕鬯”，表示虽遇震撼，不为所动，一点也不影响祭祀进行。《三国演义》上记载，曹刘青梅煮酒论英雄那一段，曹操说：“天下英雄，唯使君与操耳！”刘备心一惊，筷子掉在地上，正好一声雷响，掩饰了他的失态，这就是丧其匕鬯。

“惊远而惧迩”，还有一层意思。“而”作“能”解，震惊远方能使近处之人不敢乱动，这是常用的政术。有些王朝政局不稳，内乱频仍，民心思变，当政者为转移人们的注意力，发兵远征他国，取得军事或外交上的重大胜利，自然而然即可弭平内患于无形。震惊百里，威势显赫，蒋百里（*名方震*）先生即取名于此。

我们来看看震卦六爻的情状（见下页）。

震初九爻辞：“震来虩虩，后笑言哑哑，吉。”《小象》云：“震来虩虩，恐致福也；笑言哑哑，后有则也。”爻辞与卦辞、《彖传》几乎雷同，就像屯卦初九“利建侯”一样，充分体现全卦的精神。

六二爻辞：“震来厉，亿丧贝，跻于九陵。勿逐，七日得。”《小象》云：“震来厉，乘刚也。”六二本居中当位，被初九来势汹汹的起身炮打得颇不安稳。“亿”是大，也是预测，“贝”是古代货币。“亿丧贝”，是说六二料想这场冲击会损失不少钱财。“跻于九陵”，便登上高山隐居，暂避风头。“勿逐”，不与初九硬碰硬正面接触。“七日”有循环往复意，一卦六爻，一爻一日，七日便得回头，这和大衍之术求宜变之爻的道理相通。复卦云“七日来复”，否极泰来，剥尽来复，震动再猛终会过去，那时再下山回复原位，损失的东西还可以再得回。《孙子兵法》主张“避其锐气，击其惰归”，是六二应付初九的对策。

▅▅ ▅▅ 上六。震索索，视矍矍，征凶。

震不于其躬，于其邻，无咎。婚媾有言。

（震索索，中未得也；虽凶无咎，畏邻戒也。）

▅▅ ▅▅ 六五。震往来厉，亿无丧，有事。

（震往来厉，危行也；其事在中，大无丧也。）

▅▅▅▅ 九四。震遂泥。

（震遂泥，未光也。）

▅▅ ▅▅ 六三。震苏苏，震行无眚。

（震苏苏，位不当也。）

▅▅ ▅▅ 六二。震来厉，亿丧贝，跻于九陵。勿逐，七日得。

（震来厉，乘刚也。）

▅▅▅▅ 初九。震来虩虩，后笑言哑哑，吉。

（震来虩虩，恐致福也；笑言哑哑，后有则也。）

震

六三爻辞："震苏苏，震行无眚。"《小象》云："震苏苏，位不当也。"六三阴柔不当位，当初九震撼来时，吓得手软脚软，瑟瑟发抖。这时若能提振精神往前干，尚可避免祸灾。六二当位，稍避即回；六三不当位，强制前行。所处时位不同，应对方略亦有异。

九四爻辞："震遂泥。"《小象》："震遂泥，未光也。""遂"同坠。九四不当位，继初九一震之后再震，一鼓作气再而衰，威势减弱很多，像一炮打到软泥上一样，引不起别人重视。一般商战中，抢先推出畅销商品的公司会赚大钱，原创力不够，仿冒跟进的就差很多，也是这个道理。

六五爻辞："震往来厉，亿无丧，有事。"《小象》云："震往来厉，危行也；其事在中，大无丧也。"六五不当位，当连续震动之时，往来皆有险难，须谨慎行事。由于居中，料想不会有太大的损失，可继承祭祀，保守国家。

上六爻辞："震索索，视矍矍，征凶。震不于其躬，于其邻，无咎。婚媾有言。"《小象》云："震索索，中未得也；虽凶无咎，畏邻戒也。"上六居震动之极，惊惧已甚，彷徨四顾，真气萧索，吓成这样，再往前干一定大凶。

好在紧张戒惧，离初九、九四震央独远，不直接承受打击，看到身边人受害，更小心避祸，可获幸免。这副失魂落魄、苟延残喘的狼狈模样，连家里最亲近的老婆，看了都不顺眼，天天啰里啰唆，听了很是难受。

总结震卦的主旨，《大象传》云："洊雷，震。君子以恐惧修省。"震感到来，一波接着一波，得提高警觉小心应付，并深刻反省自己为人行事的缺失。

艮卦我们在第四章谈行占戒律时曾有讨论，主旨是止欲。两座大山横亘于前，不止也得止。《彖传》中有云："上下敌应，不相与也。"初六与六四、六二与六五、九三与上九，皆应而不与，全部抵死，没有互动可能。

几年前，我替一位朋友问占，推算其公司前景，即得艮卦。当时建议他停止往前开发的脚步，调整组织内人事。因为领导与干部、干部与基层间严重不和，无法一致对外，势必不可能再往前冲。他没完全听我意见，只做了局部小幅调整，仍积极拓展业务。不信邪的结果，损失极为惨重，亏大钱不说，勉强维持的人事班底终究崩解。

敌应而不相与，人际可能真的存在生克关系，弥缝强求不得。是耶？非耶？

艮卦的止，并非如槁木死灰，永远不动，而是如《彖传》所言："时止则止，时行则行，动静不失其时，其道光明。"形势不好，暂时停、看、听，装备保养，教育训练，待形势一转，马上又要行动。就算身体停止了，思想仍很活跃，随时在反省和找机会。《易经》毕竟是尊生主动的，讲究剎剎生新。八卦中乾、坤卦辞中皆有"元亨利贞"，离、兑有"亨利贞"，巽有"亨利"，震、坎有"亨"，唯独艮卦全无，因为屈于时势，生机不显。

我们来分析一下艮卦的六爻：

上九。敦艮，吉。

（敦艮之吉，以厚终也。）

六五。艮其辅，言有序，悔亡。

（艮其辅，以中正也。）

六四。艮其身，无咎。

（艮其身，止诸躬也。）

九三。艮其限，列其夤，厉熏心。

（艮其限，危熏心也。）

六二。艮其腓，不拯其随，其心不快。

（不拯其随，未退听也。）

初六。艮其趾，无咎，利永贞。

（艮其趾，未失正也。）

艮

（艮其背，不获其身；行其庭，不见其人。无咎。）

初六爻辞：“艮其趾，无咎，利永贞。”《小象》云：“艮其趾，未失正也。”老子说：“千里之行，始于足下。”脚趾一动，事业忧患就跟着来。“艮其趾”，一开始就戒己妄动。不参与，自然没有咎害。

六二爻辞：“艮其腓，不拯其随，其心不快。”《小象》云：“不拯其随，未退听也。”“腓”是小腿肚，位置较脚趾高。六二当位中正，居艮止之时，本身不想动，但他所跟随的九三阳刚过盛，一心硬闯，劝谏不回。如此便形成进退两难的局面，心里很不舒坦。

九三爻辞：“艮其限，列其夤，厉熏心。”《小象》云：“艮其限，危熏心也。”“限”是人身上下交界处，即腰，“列”同裂，“夤”是背脊肉。九三欲进，六二、初六拖住不进，上下不能协调一致，极为痛苦，背部扭曲欲裂，心中如烈火在烧。

六四爻辞：“艮其身，无咎。”《小象》云：“艮其身，止诸躬也。”六四当位，接受艮止的时运，全身静止不动，不会有咎害。

六五爻辞：“艮其辅，言有序，悔亡。”《小象》云：“艮其辅，以中正也。”辅是脸颊、腮帮子，人讲话时会牵动。“艮其辅”，就是保持沉默，不乱发表议论，以免惹祸招灾。“言有序”，是说其人不言，言必有中，精简切要，令人心服，这样当然一切的悔恨都可以消亡。

上九爻辞：“敦艮，吉。”《小象》云：“敦艮之吉，以厚终也。”“敦”是自然厚重之意，境界较六五更上一层。这时的艮止已不带丝毫勉强，没有压抑的激情，结果当然是吉。“敦”字在易卦中出现三次，除“敦艮外”，还有“敦临”“敦复”，都是无悔无咎而获吉。《中庸》上说：“小德川流，大德敦化。”江海纳百川，兼容并蓄，敦的气象万千。

艮卦从脚趾、小腿肚、腰背、全身、言语到整个人格气象，止欲的功夫层次井然，也是伏羲画卦“近取诸身”最好的例证。《大学》上说知止而后有定，定而后能静、安、虑、得；佛家修止观，讲戒、定、慧，都是艮卦的功夫。“艮其背，不获其身；行其庭，不见其人”，忘我忘物，不见可欲，确是大成境界。《说卦传》云：“成言乎艮。”

十二要项

从《日知录》的九险卦开始，触类旁通，本章和上章一共介绍二十一个卦，扣紧危机管理的主题，多有阐释及发挥。为现代读者理解方便计，再综合整理出十二要项，以为处逆境之参考。

第一是诚信。诚信是立身之本，一切言行变化的根基，不可因环境横逆而改变。坎、讼、需皆须有孚，行险而不失其信；中孚“信及豚鱼”，“孚乃化邦”，更是诚信的代表。传统卦气说，言卦气起于中孚，盛称无形之用乃为大用。信用是组织跟人最大的资产，消灾解难、利涉大川的慈航。

第二是谨慎，需卦九三咎由自取，须谨慎以保不败；屯卦六三“即鹿无虞”，几不如舍，屯难创业，以短期勿用垂诫。震来虩虩，恐惧修省以保平安；“履虎尾，愬愬终吉”。

第三是巽悦。明夷大难，内文明而外柔顺；羁旅漂泊，谦退获小亨。

节卦悦以行险，困卦险以悦；坎卦“维心亨”，大过巽而悦行。需卦“饮食宴乐”，“酒食贞吉”。

第四是晦明。明夷韬光养晦，否卦俭德避难，“不可荣以禄”。遁卦“远小人，不恶而严”。

第五是止欲。蹇卦见险而能止，讼卦“窒惕中吉”；履卦九二“中不自乱”，“幽人贞吉”；艮卦“思不出其位”，“其道光明”。

第六是动众。师卦“能以众正，可以王矣”；蹇卦“利西南”，合众力以济险。解“利西南”，“往得众”；屯“利建侯”，经纶天下。同人于野，“利涉大川”。

第七是坚忍。明夷内难而能正其志，艰贞不息；讼卦窒惕，化解争讼而获吉。蹇六二“王臣蹇蹇，匪躬之故”；困卦“致命遂志”。大过“独立不惧，遁世无闷”；艮卦九三得受熏心之苦。

第八是精神感召。涣卦“王假有庙，利涉大川”；同人极深研几，通天下之志。

第九是寡言。困卦“有言不信，尚口乃穷”；明夷于飞，“主人有言”。“震索索，婚媾有言”；“艮其辅，言有序，悔亡”。

第十是宽容。蹇、解皆利西南之宽平简缓，不利东北之烦苛严急。

第十一是建侯。风雨险难，屯“宜建侯而不宁”；师九二“王三锡命，在师中吉”。

第十二是待时。明夷苦撑待援；蹇极则解，“雷雨作而百果草木皆甲坼”。否极泰来，剥尽来复，君子尚消息盈虚。屯“有攸往”，来日方长；坎“维心亨，行有尚”。需“有孚，光亨贞吉，利涉大川”；艮“时止则止，时行则行，动静不失其时，其道光明”。

以上十二要项，很少涉及专业技能，多偏重在士气、理念、斗志、信心等精神层面，所谓方寸之间的管理。“人心惟危，道心惟微”。治心的功夫做得好，化危机为转机，反败为胜，才有历劫不毁的根基。“惟精惟一，允执厥中”。

第五章　致命的吸引力：男人与女人的战争

《致命的吸引力》是好莱坞拍的一部电影片名，内容刻画男子外遇，后遭惨烈报复的情节，一时也蔚为话题。

男女外遇，或称婚外情，近年来浮上台面，成为顶热门的一级话题，很多人将之列为离婚的主因。电视的声光画面，除单元剧、连续剧大肆渲染外，连卖咖啡与香水的广告也以此为诉求，让明眼人看了怦然心动。梁实秋在《槐园梦忆》里追念前妻，不少读者为之荡气回肠，不久他就续弦另筑爱巢。许多公众人物偕配偶出双入对，俨然神仙伴侣，骨子里却已貌合神离，难以为继。电影《克莱默夫妇》夫妻对簿公堂，《错对冤家》怨偶大打出手，这种由讼卦到师卦的情境，在现实人生里可能并不夸张。单身贵族、未婚妈妈早已退出流行，奶瓶尿布甘之若饴的家庭主妇，以及要小孩不要丈夫的不婚妈妈，逐渐形成新的族群。在我从事的出版行业里，也有不少牺牲婚姻、专心事业的女强人，不能幼吾幼，却一天到晚以及人之幼。所有这些现代社会里光怪陆离的现象，不免让人怀疑婚姻甚至爱情的真谛——小说或戏剧里所标榜的那种海枯石烂、直教生死相许的感情，真的存在于现实中吗？

类似的问题，我在念大学时就想过。歌德笔下的维特，为绿蒂缠绵悱恻，如痴如狂，那种一往不返的激情，感动了多少青春年少？拿破仑在指挥百万大军作战时，尚且随营携带《少年维特之烦恼》以为排遣。设若绿蒂不是另嫁他人，而是与维特结为夫妇的话，后果会怎么样呢？鸳梦得偿，金童玉女能不能白首偕老？

恐怕凶多吉少。以维特的个性来看，婚后外遇的可能性近乎百分之百。追不到手的绿蒂，被幻想过分美化了，可能经不起现实婚姻生活的摧磨，就算不经手柴米油盐，操心是免不了的，妇人会变得唠叨，生产后会发胖……这不见得是绿蒂的责任，而是维特的脑筋有问题。

以此类推，梁山伯与祝英台，罗密欧与朱丽叶呢？这些中西爱情故事的流传，关键也许就在未能结合。那种求不得的苦，那种煎熬的悲情，经文学家的细腻铺陈，才造成了无比巨大的张力，魅惑了一代又一代人。

当然，执子之手，与子偕老，世间美满姻缘的例子也很多。真正的感情具备些什么特质呢？有人说，爱情是盲目的，恋爱中人看不到对方缺点。二十多年前，一本美国小说《爱的故事》莫名地流行一阵，女主角的一句话也成为名言："爱是永远不必说抱歉。"真的吗？

又有人说爱是牺牲，不是占有。"凡事包容，凡事相信，凡事盼望，凡事忍耐，爱是永不止息。"《哥林多前书》这段，念起来很感动人，平和中有力量，但一般凡夫俗子多半做不到。

"你们做妻子的，应该顺服自己的丈夫……因为丈夫是妻子的头。"《以弗所书》这段论夫妻关系的话，在一些教会婚礼上常有吟诵。今日女性意识如此高涨，可能也很难接受了。时潮不断翻新，以后的女性追求独立自主，又会是怎样一番风貌呢？职场妇女家庭事业难以得兼的问题，还会较今为烈吗？

社会上流传说，男人要坏，四十开外。四十岁可能真是人生一个重要的分水岭，没到这年龄的，永远体会不到。孔子说四十不惑，孟子称自己四十不动心，都是针对欲望立言。七年之痒的说法虽嫌陈旧，还是有其统计的基础在。这个问题又当如何安顿呢？

我看这些问题不容易有标准答案，不仅一般人如此，连圣贤英雄都引以为难。许多在前两章的主题"危机管理"上过关斩将的人物，对本章的主题却束手无策，拙劣异常。孔老夫子曾慨叹："唯女子与小人为难养也，近之则不逊，远之则怨。”可见他不很善于处理男女关系，靠得太近了人家不恭敬，离得远些又招抱怨，个中距离分寸好难拿捏。

天地絪缊

《易经》是专讲阴阳的，孤阴不生，独阳不长，阴阳合德才能刚柔有体（《系辞传》语）。阴中有阳，阳中有阴，阴极转阳，阳极反阴，统一中有对待，相反不碍相成。这种素朴的思想，影响了中国人几千年。既论男女感情，我们就来看看在这个题目上《易经》怎么说吧！

> 乾刚坤柔，比乐师忧。临观之义，或与或求……咸，速也；恒，久也。涣，离也；节，止也……睽，外也；家人，内也……姤，遇也，柔遇刚也。渐，女归待男行也……既济，定也。归妹，女之终也。未济，男之穷也。夬，决也，刚决柔也，君子道长，小人道忧也。

以上这段摘自《杂卦传》，随着韵文推进的节奏，感觉上好像也在诉说亘古以来男女欢爱的故事。男人是阳刚的，女性是阴柔的，两性相悦，亲昵在一起时很快乐，吵嘴争执时就很忧伤。大家面对面，你看我我看你，自然产生感应，有付出有追求。看对眼了，来电了，就一见钟情。但往下能否长久仍是问题，处得不好可能分手，相待以礼又凑合一阵。实在不行了，终会离婚，情投意合的就结为夫妇。男人做事业可能有外遇；女子嫁人不宜太主动，得让男子循序渐进。恋爱成熟结婚，告一段落。少女易受成年男子魅惑，克制不住投怀送抱。女人想控制男人，使尽浑身解数；男人企盼自由，竭力挣脱，情爱纷争永不止息。

《系辞下传》解释损卦六三爻辞云：“天地絪缊，万物化醇；男女构精，万物化生。”强调自然交感、专情致一的重要，同时也肯定了男欢女爱如天经地义的正当性。所谓食色性也，饮食男女人之大欲存焉，绝对无可置疑。《中庸》又说："君子之道，造端乎夫妇。"人类社会的形成，文明的递衍，都从男女结为夫妇开始。

感而遂通，天长地久

《易经》上经三十卦从乾、坤开始，下经三十四卦从咸、恒开始，即在阐明此理。

咸卦（䷞）的卦象为上卦兑泽，下卦艮山，正是《说卦传》所云"山泽通气"，六爻全部相应与，沦肌浃髓，充分感通。内止外悦，又象征内心情有所专，弱水三千，只取一瓢饮，外表愉悦，浸润在爱情的光辉中。"咸"字有皆、都意，而且是无心之感（感字去掉心就是咸），真情发露，自然之至。《系辞上传》云："《易》无思也，无为也，寂然不动，感而遂通天下之故。"《易经》的基本原理就是感通，天人之际，物我交融，男女相慕，没有任何例外。

咸卦卦辞："亨，利贞。取女吉。"《彖传》云："咸，感也。柔上而刚下，二气感应以相与。止而说，男下女，是以亨利贞，取女吉也。天地感而万物化生，圣人感人心而天下和平。观其所感，而天地万物之情可见矣！"

"取"同娶，既然两情相悦，结合是吉利的。上卦兑为少女，属阴柔之卦，下卦艮为少男，属阳刚之卦。少男追求少女，屈意承欢，将少女捧得高高的，这是恋爱中人常见的现象。男止女悦，《孟子》中说"慕少艾"，任何人都经历过这个阶段。

恒卦（䷟）的卦象为上卦震雷，下卦巽风，《说卦传》云"雷风相薄"，六爻也是全部相应与，合得来才能长久。上卦震为长男，下卦巽为长女，一动一巽，又有夫唱妇随之象。咸是一见钟情，是恋爱之道；恒是白首偕老，是婚姻之道。咸卦后是恒卦，理所当然。结婚后长男居上，长女居下，与恋爱时苦苦追求的情景大异，不少女人为此大叹今不如昔。但恐怕这是定数，还是坦然接受的好。

恒卦卦辞："亨，无咎，利贞。利有攸往。"《彖传》云："恒，久也。刚上而柔下，雷风相与。巽而动，刚柔皆应，恒。恒亨无咎利贞，久于其道也。天地之道，恒久而不已也。利有攸往，终则有始也。日月得天而能久照，四时变化而能久成，圣人久于其道而天下化成。观其所恒，而天地万物之情可见矣！"

咸卦有感动，有激情，充满兴奋愉悦，令人神往；恒卦则绚烂归于平淡，恩情隽永，历久弥坚。二者都是人生必历的情境，各有其风华精彩，姻缘路上有繁花似锦，也有清凉竹林，随时迁化，不必偏执。

恒初六爻辞："浚恒，贞凶，无攸利。"《小象》云："浚恒之凶，始求深也。""浚"是河川浚渫、挖深河床。"浚恒"是交浅言深，一开始就希望跟对象厮守终生，猴急的结果往往吓退对方，用情再真也是凶，得不到一点好处。

六五爻辞："恒其德，贞，妇人吉，夫子凶。"《小象》云："妇人贞吉，从一而终也；夫子制义，从妇凶也。"有恒为成功之本，认定一个标准，择善固执，终身奉行，当然是不错，女人能这样是美德，男人这样却有所不足了。作为男人是要不停往前创造的，死守善道，会局限了眼光和气势。这里并不存在歧视女性、大男人主义的问题，也没有提供男人婚后不贞、拈花惹草的借口，而是借此象征，讨论阴阳二气的不同：乾以知来，行健不息；坤以藏往，厚德载物。

龙战于野，其血玄黄

坤卦（䷁）上六爻辞："龙战于野，其血玄黄。"《小象》云："龙战于野，其道穷也。"这段爻辞极为有名，每见引用。过去蒙童必读之书《千字文》一开头"天地玄黄，宇宙洪荒"八字，便典出于此，可说已深嵌入中华民族的集体意识。

坤《文言传》进一步解释："阴疑于阳必战。为其嫌于无阳也，故称龙焉；犹未离其类也，故称血焉。夫玄黄者，天地之杂也，天玄而地黄。"物极必反，纯阴的坤卦发展到上六，不能再继续下去了，必须往阳气回转，所以代表乾阳的龙的意象跃跃欲动。因为阴阳二气禀性大不相同，接触后会起激烈的斗争，经历一场血战，才会熔铸出崭新的格局。

金庸小说《神雕侠侣》里的小龙女，就是上六一爻的验证。她一身白衣似雪，长居终南古墓，练的是纯阴的功夫，不通世故，遇到杨过后，懵懂中才渐解男女情爱。走向人世险巇的过程中，还不幸遭全真派道士尹志平非礼。这一段颇激起痴迷读者的义愤，还有数十年不能释怀的，说来好笑，但我以为饶富象征意义。"龙战于野，其血玄黄。"很多人解释就是"男女构精"的描写，意象神韵，十分贴切。金庸小说风靡华人社会，所涉易理亦堪玩味。除小龙女外，如降龙十八掌就是在讲乾卦，一阳指与复卦相通，乾坤大挪移呢，就是泰、否两卦了。

阴阳龙战，欲拒卒迎，牵扯出多少缠绵悱恻、如冤似孽的情怀。坤卦上六发其端，其他卦爻或隐或现，遍历情劫，惨烈亦足动人。

上章论创业维艰时，曾详举屯卦六爻为例，剖析四阴爻与二阳爻间冤孽纠缠的关系。"屯如邅如"，"乘马班如"，"匪寇婚媾"，"求婚媾"，"十年乃字"，"泣血涟如"，道尽世间男女痴慕之情。

蒙卦也是叙述二阳爻与四阴爻间的互动关系。阳爻负责启蒙施教，阴爻虚心承教。九二阳居阴位，刚而能柔，又居下卦之中，施教方式充满爱心、耐心，包容一切，深得诸阴爻的欢心。爻辞云："包蒙吉，纳妇吉，子克家。"《小象》云："子克家，刚柔接也。"上九亢居高位，行事极端暴烈，施教方式多为打击魔鬼，当头棒喝，让人很难承受。爻辞云："击蒙，不利为寇，利御寇。"这种强悍的作风，宜于正当防卫，不宜主动挑衅，所谓害人之心不可有，防人之心不可无即是。上九的正应在六三，本应婚配，但六三紧邻九二，难免受其魅惑，加上一远一近，一刚暴一温柔，便移情别恋。爻辞云："勿用取女。见金夫，不有躬。无攸利。"《小象》

云："勿用取女，行不顺也。"这是替上九设想，劝他不要娶六三这样的女子为妻。因为六三水性杨花，看到九二这种有钱的男人，就迷失了自我，强求无益，不如放弃。

十几年前，台湾发生一桩情杀案。男的赴美攻读数学，女的在台另结新欢，男的请假回来谈判，亟欲挽回情势，无奈"妾心如铁"，苦劝不回。最后一次约在当时台大侧门外的一条巷道，现在好像已归入台大校区，弯弯曲曲的，路旁一排白千层树，光线通常很黯淡。男的有备而去，谈判破裂后，将预藏的汽油往女友身上一倒，擦根火柴点燃，女的惊叫声中，就这样在火光熊熊中玉殒香消，了结一段孽缘。惨案发生时，包蒙的"九二"在不远的侨光堂苦候。击蒙的"上九"后来判了无期徒刑，美国也回不去了。数学念得再高深，也解不了人生的三角方程式，而"六三"为了她的行为不顺，付出了惨重的代价。

上九的暴行，当然要受严厉的批判，有这种刚断的勇气，何不挥剑斩情丝？天涯何处无芳草、利御寇而不利为寇。这种爱太暴戾、太毁灭性了！我们说爱是牺牲奉献，燃烧自己照亮别人，这位老兄却反其道而行，燃烧别人，照亮自己荏弱而狰狞的面目。爱难道就是把你最亲爱的人烧死？

《系辞下传》末章有一段："爱恶相攻而吉凶生，远近相取而悔吝生，情伪相感而利害生。凡《易》之情，近而不相得则凶，或害之，悔且吝。"我每次读到都有无限感慨，人际主观的爱恶，距离的远近，用情的真假，导致吉凶悔吝利害不同的遭遇。情之为物，如剑之两刃，不合则伤，因爱转恨，往往带来无穷的遗憾。

二簋可用享

有次，破例接受一位朋友之托，代占他和一位女同事相处的吉凶，得到损卦（䷨），卦辞云："有孚，元吉，无咎。"强调彼此须以诚信相待。

又云："二簋可用享。"簋是祭器，享是祭祀。二簋表示祭礼很薄，不丰盛，比喻人之相交贵相知心，不在乎形式，有熟不拘礼之意。《大象传》云："君子以惩忿窒欲。"两人相处，有相互欣赏配合得不错之处，也有争执甚烈，俱感痛苦不堪、八字相冲的地方，言辞往来，锋芒相伤，前景未可乐观。损卦一出，我那位朋友相当震动，可谓一针见血，击中要害！

《彖传》云："二簋应有时，损刚益柔有时。损益盈虚，与时偕行。"这点提醒非常重要，熟不拘礼也得看时候，不要总以为至亲好友非得容受你的坏脾气，听你难听的话。过去夫妇讲举案齐眉，相敬如宾，朋友相交讲久而敬之，不重狎昵，不是没有道理的。爱是永远不必说抱歉？恐怕未必！

相对于损卦的"二簋可用享"，萃卦（䷬）则讲"用大牲吉"。想聚合人才，出手必得大方，大牲是牛、羊、猪三牲，祭礼丰盛无比。鼎卦（䷱）亦云"大亨以养圣贤"，掌权的人对干部得重重犒赏，煮一锅活辣喷香的肉汤，让大家分而食之，满意无比，这样江山才稳固。

"爱是不嫉妒"，行于两人之间，可能是对的，若有第三者涉入，必出问题。坤卦"先迷后得主"，须丧朋再得朋；损卦六三"三人行，则损一人；一人行，则得其友"。随卦（䷐）的卦象为在下之爻追随在上之爻，论承乘不论应与。六二爻辞云："系小子，失丈夫。"《小象》云："系小子，弗兼与也。"六三阴柔是小子，初九阳刚属丈夫。六二若跟六三，就得放弃初九，不能脚踏两条船，否则必起纠纷。六三爻辞云："系丈夫，失小子。随有求得，利居贞。"《小象》云："系丈夫，志舍下也。"九四阳刚是丈夫，六二阴柔是小子。六三跟九四，就得舍弃六二，追随有收获，还得守正，不见异思迁才吉。

男女相配，一般总是年龄相当，老夫少妻或老妻少夫比较罕见，《易经》里见于大过卦（䷛），大过就是事属非常之意。大过的九二爻辞云："枯杨生稊，老夫得其女妻，无不利。"《小象》："老夫女妻，过以相与也。"稊是根芽，九二配初九，就像枯萎的杨树又发新芽，老头子得到少女生命力滋润一样，没有什么不好。九五爻辞云：“枯杨生华，老妇得其士夫，无咎无誉。”《小象》云：“枯杨生华，何可久也？老妇士夫，亦可丑也！”“华”同花，上六过极之阴，与九五极盛之阳相配，就像枯萎的杨树再开花，老太婆嫁给小伙子一样。因女性有停经期，无法完成生育之功，勉强结合，难以长久，一般人也很难接受。

大过揭示女性生理的限制，观卦更过分，指出妇人之见不可取。观卦初六爻辞云：“童观，小人无咎，君子吝。”《小象》云：“初六童观，小人道也。”“童观”就是看法幼稚，小人这样可以，君子不能这样。六二爻辞云：“窥观，利女贞。”《小象》云：“窥观女贞，亦可丑也！”“窥观”就是隔着门缝偷看，见解很片面。女人这样可以，男人这样不行。这两爻几乎就是孔子“唯女子与小人为难养也”的翻版，妇女同胞看了，一定勃然大怒，两句“亦可丑也”，流露出鄙夷不屑的心态，像极了洋人喊的 Women Shut up（女人闭嘴）！

王假有家

《序卦传》云：“夫妇之道，不可以不久也，故受之以恒。”又云：“伤于外者，必反其家，故受之以家人。”正常家庭生活的重要，不受时代演变的影响，永远是构成社会文明的基石。家人卦（䷤）卦辞云：“利女贞。”简单三个字，推崇妇女对家庭的重要，这点是男人绝对没法取代的。

家人六二爻辞云：“无攸遂，在中馈，贞吉。”《小象》云：“六二之吉，顺以巽也。”妇女不必有什么事业成就，在家煮饭主持家务就好，这当然是传统社会的观念。九五爻辞云：“王假有家，勿恤，吉。”《小象》云：“王假有家，交相爱也。”“假”同感格的格，也是至的意思，我们在前章讨论涣卦时提过。涣卦是“王假有庙”，家人是“王假有家”。九五阳刚中正，是一家之主，乃至诚爱心持家，大家相亲相爱，不用忧虑，一定是吉的。

九三爻辞云：“家人嗃嗃，悔厉吉；妇子嘻嘻，终吝。”《小象》云：“家人嗃嗃，未失也；妇子嘻嘻，失家节也。”“嗃嗃”是持家过严，招致抱怨。九三过刚不中，易犯此弊，虽会有些伤感情，终能获吉。“嘻嘻”是嬉皮笑脸，狎昵过甚，反而易招遗憾。

今日职业妇女的问题，可能已非家人一卦所可樊笼。如何兼顾家庭及事业，成为女性上班族，所谓 Office Lady 心中永远的痛。毛泽东有句名言：“妇女能顶半边天。”肯定女性同胞在事业上的贡献。今日我们平心看此问题，亦宜有所突破，不必被传统文化牵着鼻子走。北一女校歌中有一句“齐家治国，一肩双挑”，显露强烈的企图心。我在二十多年前第一次听到时，还听成“齐家治国，一箭双雕”，当时即很折服。如今多历世故，尤感其中艰难。

《序卦传》云：“家道穷必乖，故受之以睽。”睽是日渐生分，离异分手。卦辞云：“小事吉。”表示夫妻俩在大事上已很难配合，只在小事上还勉强维持场面。

睽卦上九爻辞：“睽孤，见豕负涂，载鬼一车。先张之弧，后说之弧。匪寇婚媾，往遇雨，则吉。”《小象》云：“遇雨之吉，群疑亡也。”这一段意象生动，极富戏剧性。人际睽违到极点时，一定疑神疑鬼，把自已孤立起来，就怕别人害他。“豕”是猪，“涂”是泥巴，“弧”是弓箭。一个孤立无亲的人，看到猪身上满是泥巴，还看到一车子上都是恶鬼，他拉开弓箭欲射，然后又放下来。原来这些人不是来抢他的，而是来和他婚配的。他放开满腹狐疑和戒心，迎向前去，遇到阴阳和合所下的雨，就会吉祥。

这睽极之爻，我代朋友占到过，正切合当时他信用严重受损的情境。夫妻之间若至睽极，相互猜忌，想必也是如此。阴疑于阳必战，玄黄之血，爱恨交织，不易了局。

姤（䷫）同邂逅的逅，是不期而遇的意思。卦象为五阳下一阴生，表示乾卦纯阳之体已生变化，婚姻生活的外遇便是如此。卦辞云：“女壮，勿用取女。”《彖传》云：“姤，遇也，柔遇刚也。勿用取女，不可与长也……

姤之时义大矣哉！”凡事一发端，就有可能往下发展，尤其是走私的情欲，星星之火足以燎原。有理智的人，最好还是紧急刹车，以免终至不堪收拾的地步。

姤初六爻辞：“系于金柅，贞吉。有攸往，见凶。羸豕孚踯躅。”《小象》云：“系于金柅，柔道牵也。”金柅就是刹车用的金属棒，以此钳制车辆不使前进。若不守正道，一意孤行，一定遭凶。初六这个阴爻，就像头瘦弱的猪一样，轻浮躁动（“孚”通浮），踯躅不安。人内心的情欲也是如此，天人交战，屡屡扣关。

在遭逢外遇的诱惑与挑战，夫妻俩渐至睽极时，弱势的一方有时会委曲求全、粉饰太平，但这未必能解决问题。我有次也算破例，为亲友试过一占，结果得出巽卦上九爻变。爻辞云：“巽在床下，丧其资斧，贞凶。”《小象》云：“巽在床下，上穷也；丧其资斧，正乎凶也。”“资”是资财、资源，“斧”代表刚断。柔顺退让得过了火，像蜷缩在床脚下一样，丧失掉所有的资源和阳刚决断的勇气，这样干一定凶。

永终知敝

最后再来看渐与归妹二卦。这两个卦字面上即与婚姻相关，归妹是少女出嫁，渐卦卦辞云“女归吉，利贞”，主张婚礼当礼法谨严，循之以渐。

渐卦（䷴）卦象是外卦巽顺，内卦艮止。《彖传》云：“止而巽，动不穷也。”慢慢往前进，终有一天达到目的。渐卦六爻以鸿雁飞行为象征，从初爻的“鸿渐于干”（水涯），到上爻的“鸿渐于陆”（同“逵”，天空），循序渐进，井然不乱。鸿雁结伴飞行，或成“人”字，或成“一”字，部伍森严，又有丧偶后不再偶的习性，用来作渐卦的象征，十分贴切。

九五爻辞云：“鸿渐于陵。妇三岁不孕，终莫之胜，吉。”《小象》云：“得所愿也。”这里的“妇”是指六二，与九五相应与。因重重阻碍，很长一段时间不能结合，由于信心坚定，逐渐突破难关，得偿所愿，终于获吉。爻辞以鸿雁飞到丘陵上为象征，居高临下，却顾所来径，内心充满甜蜜的滋味。

九三爻辞云：“鸿渐于陆。夫征不复，妇孕不育，凶。利御寇。”《小象》云：“夫征不复，离群丑也；妇孕不育，失其道也；利用御寇，顺相保也。”九三刚亢不中，躁进不已，失去处渐之道，与上九又不应与，注定不会有好结果。就像丈夫出门，或忙事业，或遭外遇，不回家了一样；“丑”同类，“离群丑”，即离开了与他有最亲密关系的家人。妻子受此打击，不耐寂寞或存心报复，也出轨而怀孕，有了私生子，却因不合法，不敢养育，这样当然凶。为整体幸福计，其实夫妻俩还是应该言归于好，共同来抵御外在的诱惑和打击。

归妹卦（䷵）的卦象是外卦震动，内卦兑悦。少女迷恋长男，心中悦慕，主动投怀送抱，于礼法不合，所以卦辞云：“征凶，无攸利。”《彖传》进一步解释：“征凶，位不当也；无攸利，柔乘刚也。”归妹中间四爻皆不当位，上下卦又都是阴爻压在阳爻上面，淫乱失序，不成体统，所以行动一定不利。

六三爻辞：“归妹以须，反归以娣。”《小象》云：“归妹以须，未当也。”“须”同需，等待之意；“娣”是过去一夫多妻制的产物，偏房、侧室、如夫人、陪嫁丫环等皆属之，比起正房地位差得多。这句话是说，有些女人自视甚高，严格挑剔对象，不绝对满意不出嫁。结果一天天等下去，年华渐老，良缘难再，最后不得已，嫁给人家做小老婆，身价一落千丈。

以前有个关于美国总统林肯的传说，他有天在海滩散步，碰到一位少女，许诺她若沿着海滩捡石头，捡到一粒最大的给重赏，但只有一次机会，不能回头。少女一路走一路捡，一路捡还一路丢，因为她总觉得往前一定还有更大的石头。结果愈到后来石头愈小，后悔不迭，终于两手空空哭了起来。

两年前我占到此爻，问的是公司主力直销部门的发展前景。直销因属人员销售，抽佣计酬，需花在办公设备及组织训练上的投资极高，人员流动性又大，经营起来百般不易。一般同业建立直销系统，都得有先赔三年以上的准备。我们公司也是一样，当时包括开发产品，所累积的投资已很可观，但业绩回报不成比例，真有些进退两难。占到此爻，我心里一惊，也若有所悟。日后的发展果然如此，寄望愈高，失望愈大，而为超高业绩目标所丢下的血本，也极可能收不回来。“归妹以须”，确实不恰当，不合乎生意原理。

但等待也有得善终的。九四爻辞云：“归妹愆期，迟归有时。”《小象》云：“愆期之志，有待而行也。”“愆期”就是耽误了时刻，很慢才嫁出去，仍获美满良缘，没有白等。九四阳居阴位，刚而能柔，居上卦震动之基，象征耐心等待，不鸣则已，一鸣惊人。六三则阴居阳位，本身缺乏远大见识，不安其位，与上六又无应与，盲目等待，遂罹此凶灾。

上六爻辞云：“女承筐无实，士刲羊无血，无攸利。”《小象》云：“上六无实，承虚筐也。”这个爻，我们在第四章“占卜玄机”中已经讲过，象征婚事不成，徒具形式，没有实质效益。归妹卦卦辞已是“征凶，无攸利”，上六爻辞又是“无攸利”，可见行动一定不利，徒做虚功而已。

归妹《大象传》云：“君子以永终知敝。”人情都是希望好，做事业飞黄腾达，婚姻花好月圆，企业永续经营，国家福祚绵长。但人生不如意事十之八九，合理来说，还是得练习往坏处想。俗云：“人无千日好，花无百日红。”成住坏空，兴衰成败，本是人生常理，不必大惊小怪。情之为物，自古误人甚深，痴者自痴，迷者自迷，大概也只有大智大慧者，能光耀透达，圆融无碍吧！

第六章　群龙无首：组织与人事管理

我们在第一章中开宗明义，曾举乾卦为例，说明《易》象的体例及运用。九五“飞龙在天”，象征人的创造力和事业发展至巅峰。《小象》云“大人造也”，那个“造”字用得极传神，发扬惕厉，元气淋漓，云龙风虎，主领时代风骚，可说是人人梦寐以求的境界。但乾卦在讲完六爻后，又揭示“用九，见群龙无首，吉”的总纲，强调“天德不可为首”。这是什么意思呢？

简单来说，《易经》的作者认为，“飞龙在天”并非乾卦的极旨，“群龙无首”才是宇宙人生最高的境界。九是老阳，阳气成熟饱满的象征。“用九”就是将纯阳正气运用发挥到淋漓尽致，届时显现出来的现象是群龙。没有至高无上的领袖，充满了形形色色的创造和变化，以及独立自主又不妨碍他人的生命形态。没有人为的倾轧、宰制，没有资源的垄断、不公，个性尽情发展，却不会破坏群体秩序的和谐。相互感应，相互欣赏，相互扶持，相互激荡进步。佛经上比喻类似境界，有千灯相照、光光相映之语，一片光明灿烂，却不互相干涉。

在乾卦奋进的历程中，由潜而见，由跃而飞，充满了争斗与艰险。偶一不慎，随时可能失速坠落，前功尽弃，能排除万难而“飞龙在天”，绝对是少数的枭雄人物。正因为得来不易，九五掌权以后，多半患得患失，竭力保卫自己的既得利益，不容他人染指。久而久之，与九四产生了微妙的矛盾，和九二的配合也逐渐貌合神离。昔日的革命伙伴，今日的满朝亲贵，都有了设防警戒之心。这么一来，离上九“亢龙”之路也就不远了。

古往今来，这样的历史剧不断地上演。汉初刘邦杀功臣的史实，脍炙人口。韩信被执时感叹：“飞鸟尽，良弓藏；狡兔死，走狗烹。天下已定，我固当烹！”可谓道尽其中无奈与辛酸。句践复国后，赐死大夫文种，可共患难，不愿共安乐；朱元璋借胡惟庸案，大肆诛杀功臣；雍正帝杀年羹尧，血影刀光，具载史册。最妙的是宋代赵匡胤杯酒释兵权的故事，他鉴于自己黄袍加身的际遇，坦率与老战友沟通，说做皇帝很艰难，经常席不安枕。大宝之位人人觊觎，为免彼此嫌猜，不如诸位解甲归田，饮酒相欢，以终天年。功臣听到这样的表态，也大彻大悟，皆愿配合，并称颂皇上此举为“生死人而肉白骨”，救了他们一命。

问题是防了这个，防不了那个，赵匡胤死后，他的弟弟赵光义继位，权力的移转间，就有了许多传说，隋炀帝弑父，背上千古骂名；唐太宗的玄武门事变，逼退老父，兄弟相残，恐怕不只是盛德之累。雍正帝弟兄争位，宫廷喋血，是有名的清宫大案；明成祖起兵靖难，追杀朱元璋长孙建文帝，也搞得轰轰烈烈。再往前推，如晋惠帝时的八王之乱，汉景帝时的七国之乱，都是典型的祸起萧墙。外人不可靠，自家人照样刀兵相向。坤卦《文言传》云：“臣弑其君，子弑其父，非一朝一夕之故。”其故安在？就在九五群龙有首，皇帝人人想当。

宋儒邵尧夫诗云：“帝皇王霸大铺张。”秦始皇出巡，刘邦看了赞叹“大丈夫当如是也”，项羽见了发愿“彼可取而代之”，就此掀动了日后龙争虎斗的风云。汉朝建立，马上得天下的阶段已过，叔孙通制定朝仪。那些立下汗马功劳、拔剑击柱的大老粗，一个个整肃仪容，毕恭毕敬地向皇帝行礼。刘邦受礼后大为满足，说：“吾乃今日知为皇帝之贵也。”这句毫不修饰的话，足以解释一切。

帝王思想铺张开来，历代枭雄摩拳擦掌，趋之若鹜。败亡者勿论，胜利者踌躇满志之余，还会上比古人，以慰寂寞。唐太宗以贞观之治自矜，亦自谓事功不输秦皇汉武，甚至认为古来英雄拨乱之主，没有比得上他的。飞扬跋扈、顾盼自雄的心态表露无遗。

坦白说，在这种打天下争霸较劲的心理下，还能有多少为国为民的存想，我是很怀疑的。再以刘邦而论，史书上两处记载，就令人不寒而栗：一是项羽捉住刘邦的父亲，说要把他烹了，以要挟刘邦就范。刘邦不以为意，反说结义兄弟，我父亲就是你父亲，你要弑父的话，记得分我一杯羹。二是刘邦战败逃亡，项羽军紧追不舍。刘邦为了减轻马车重量，几次将一对亲生儿女推下车，随从救回，他还大怒要杀人。所谓虎毒不食子，这样残忍无情，恐怕不是“为天下者不顾家”一句话就可开脱。对至亲尚且如此，你还期待他能为民谋福利吗？元曲《山坡羊》唱得好：“兴，百姓苦；亡，百姓苦。”英雄豪杰的成败兴衰，不过是苦了陪着唱戏的大众，与国计民生何干？

况且，权力把持久了，再英明的人也难免腐化。《诗》云：“靡不有初，鲜克有终。”古代的专制帝王，近代的法西斯独裁者，很少逃出这样的宿命。家天下的君位世袭制，除了反映私心，也有致命的弱点。所谓富贵不过三代，创业主白手起家，深识艰难，继承的龙子龙孙长于深宫之中、妇人之手，就不易稳得住局面。

为了正本清源，《易经》提出“群龙无首”的主张。天德好生恶杀，天道大公无私，所以“天行健”的乾卦发挥大用时“不可为首”。《文言传》云：“飞龙在天，上治也：亢龙有悔，穷之灾也；乾元用九，天下治也。”“上治”是君主在上位治理人民，久了一定走上亢龙的穷途，招来无限悔恨。“天下治”，则是全天下所有人都参与治理，这就是乾卦用九的极诣。乾元就是太极，一切生中变化的本体，语见乾卦《彖传》：“大哉乾元！万物资始，乃统天。”

《文言传》又云：“飞龙在天，乃位乎天德；亢龙有悔，与时偕极；乾元用九，乃见天则。”九五层天位，本应行天德为民谋福，但因权力斗争，不一定做得到。变成亢龙后，就走上了极端。只有用群龙无首，才能显现出大公无私的自然天理。

《彖传》解释元亨利贞，从大哉乾元开始，到保合太和乃利贞，最后以“首出庶物，万国咸宁”作结，正是呼应群龙无首而来，可谓饶富深意。庶是众，物通人，庶物即众人。元首须从众人中推选出来，不能父以传子，兄以传弟，这样才不起争端，天下万国才都安宁。

革故鼎新

《易经》中有鼎、革二卦，革是非常破坏，鼎是非常建设，革卦卦辞：“己日乃孚。元亨利贞，悔亡。”《彖传》中云：“革而当，其悔乃亡……革之时义大矣哉！”革命难免流血争杀，非必要不宜轻用，只要出发点正确，时机成熟，深获人心，便能成功。一切过程中的遗憾悔恨皆可消亡。“元亨利贞”同乾卦四德，表示革命后又是一番崭新的天地。鼎卦卦辞云：“元亨。”《大象传》云：“君子以正位凝命。”便是相承应的情境。

中国的君主专制发展到明清，臻于极点，君臣关系近乎主奴，最后以辛亥革命告终。其实，远在先秦时，革命思想已经相当成熟，孟子的民贵君轻之说，旗帜鲜明，人所称道。“君之视臣如土芥，则臣视君如寇雠。”“贼仁者，谓之贼；贼义者，谓之残。残贼之人，谓之一夫。闻诛一夫纣矣，未闻弑君也。”言论更是大胆犀利，痛快淋漓。“君有大过则谏，反复之而不听，则易位。”类似的主张，在《孟子》一书中比比皆是。为此，居然还得罪了数千年后的当道，明太祖将他赶出圣庙，下令停止祭祀，并删去书中有碍观瞻之处，可见杀伤力之强。

另一大儒荀子，在这方面也未遑多让：“杀然后仁，夺然后义，上下易位然后贞。”

因为家天下的世袭制是从夏朝开始的，尧、舜禅让就成了历代儒生心目中公天下的典型，先秦时还有“自禹而德衰”之说，是非公道，自在人心。孟子道性善，言必称尧舜。有其立说的背景。“人皆可以为尧、舜。”“舜何？人也。予何？人也。有为者亦若是。”这就打破了人为位阶的悬隔，直接肯定人的良知良能，与佛家众生皆有佛性之论相通。《春秋》与《易经》齐名，有新王革命之说，宣言在太平世时“人人皆有士君子之行”。新王并非传统以暴易暴的打天下的英雄，而是全天下的人民。这些思想都受了“群龙无首”观念的启发，精确新颖，远远超越了当时所处的时代，而被视为“非常异义可怪之论”。

其实，“群龙无首”的境界，比尧、舜禅让高明得多。舜让位于禹还可说，尧让位于舜，又将娥皇、女英二女嫁给舜为妻，结果还是翁婿关系，免不了私相授受之讥。当时歌颂尧、舜禅让，只是借此传说批判现实，另衍新义，与《易经》灵活的象征手法相近，不必于此执着。《孟子》中记载宰予赞叹孔子：“夫子贤于尧、舜远矣！”并非无的放矢，而是思想成就境界的比较。

第五章讨论危机管理，讲到同人卦时，曾以春秋据乱世、升平世、太平世，以及孙中山建国方略军政、训政、宪政时期为例，说明大同社会非一蹴而就，必须分阶段、抓重点去完成。“群龙无首”就是太平世，也是大同世，其具体情境在《礼记·礼运》中有说明：“大道之行也，天下为公。选贤举能，讲信修睦。故人不独亲其亲，不独子其子，使老有所终，壮有所用，幼有所长，矜寡孤独废疾者，皆有所养。男有分，女有归。货恶其弃于地也，不必藏于己；力恶其不出于身也，不必为己。是故谋闭而不兴，盗窃乱贼而不作，故外户而不闭，是谓大同。”

《系辞下传》末章的十六字心法：“天地设位，圣人成能。人谋鬼谋，百姓与能。”最后一句说明了人人皆有良知良能，都可参与开发智慧的大业。梁襄王问孟子：“天下恶乎定？”孟子回答：“定于一。”又问：“孰能一之？”又答：“不嗜杀人者能一之。”再问：“孰能与之？”最后答：“天下莫不与也。”天下人人皆可参与治理，正是乾元用九“天下治”的境界。

既济未济

群龙无首、天下大同的理想诚然高远，衡诸现实，却似乎殊少实现的可能。自有人类以来，就是兵连祸结，争端从未止息。强凌弱，众暴寡，并未因进入现代民主社会而绝迹。“飞龙在天”的向往，依然蛊惑着个人、企业、政党和国家。君位世袭，专制独裁的时代，虽已一去不复返，垄断资源，宰制天下，却还是形形色色的野心家不灭的向往。

尽管如此，崇高的理想仍绝对有存在的价值。《诗》云：“高山仰止，景行行止。虽不能至，心向往之。”正因为心怀理想，才对照出现实的缺陷和不完美，并由此激发改善的动力，不断往完美的理想趋近。“物不可穷也，故受之以未济终焉。”六十四卦终于未济，不终于既济，已经明示完美的理想永无达成的一天，能达成的，就不是最高的理想。历来大宗教、大学派所标举的最高境界，基督的地上天国，佛家的极乐世界，儒者的大同世、太平世、群龙无首，什么时候实现过？

其实，理想若真的完成了，那样的人生是相当可怕的。往前不再有梦想，没有诱因激发创造的灵感，没有上进的动力，久了生机自然遏绝。这就是既济卦卦辞“初吉终乱”的道理。《易经》讲的是刹刹生新，永不止息，既济后接着未济，这才不可限量。“群龙无首”肯定个体生命的独立自主，解除一切人为的束缚与造作，就是要良知良能畅达开来，富有日新，永无止境。

以简御繁

有了上述认识，就不会斤斤于人生愿欲的必偿与否，而可将“群龙无首”的理念，落实于组织与人事管理中，作适切的发挥运用。

管理工作的基本原则就是化繁为简，以简御繁。组织规模愈大，事务经纬万端，这个原则就愈重要。人事管理近年来渐趋热门，由于管理的对象是人，“羊羔虽美，众口难调”，难度相当高。除了一般征员、出勤、福利、考核外，组织规划与教育训练的工作日益重要，不少公司的人事部已改称人力资源部，视人才为企业的最大资产，竭力维护调养、鼓舞增值。

《孙子兵法·势篇》有云：“治众如治寡，分数是也。”“分数”就是分层负责，这是管理多数人如同管理少数人的唯一秘诀。一切大组织必须依循的基本规范。因为一个人的心力有限，不可能事必躬亲，管到组织里每一个基层的成员。军中过去有所谓三三制，一个连三个排，一个排三个班，这样军、师、旅、团、营、连、排层层节制，便构成如身使臂、如臂使指的指挥体系。除非重大事变，一般严禁越级早报，而上级也不能随便直接去管下级的部属，否则便是干涉了彼此的职权。一个营现在通常管四到五个连，营长所直接带领的就是各连连长，加上副营长，总共不过六七人，这些人合起来，就等于是营务会议。只要彼此权责明确，密切沟通，便可以管好五六百人的部分，如果每一级职位都没有断层，以此类推，师长、军长、总司令，像海湾战争联军统帅施瓦兹科夫那样，率领六七十万大军，其实他天天面对、真正带领的，还是六七人而已。

这个以简御繁的分数原则，在现代管理学上称为“管理跨度原则”，就像两根支柱间的横梁一样，跨度太大，会经不起载重而崩裂，人的直接管理范围也是有限的，超过了，一定照顾不周。根据社会科学的研究，人数以在六七人为宜，聪明才力大的，可能多至十人，才具差的再少点儿。开会的经验也是如此，人数太多了，一定没有效率，真要集思广益，深入讨论，六七人差不多刚好。前面说一个营的领导阶层治理营务，等于形成经常性的营务会议，六七人的配置亦与此相合。另外，研究团体动力学（Group Dynamics）者也指出，小团体较大团体有功力、有创意，最佳成员组合，也是七到九人左右。IBM的营销组织，一位经理带业务员不得超过十人，一旦超过，就另设新单位，应该也是基于同样的考量。

掌握了分层负责的要点，再大的组织、再多的成员，都可以规划成环环相扣、层层节制的众多小的群体。群体内充分沟通，充满创意和干劲，群体间联系紧密，无碍整体目标的推行。《孙子兵法·势篇》续云："斗众如斗寡，形名是也。""形名"在古代军中是金鼓旌旗，即指挥通讯，指的是整体的联络。韩信在刘邦面前吹嘘，带兵多多益善，没有止境，恐怕就是深切体悟了以上的原则。

韩信讲这话时，已经是第一次被诬告谋反，为刘邦所擒之后。在上司面前夸耀，总是招忌，刘邦听了没好气，问韩信既然这么神勇，怎么会被他掳住了。韩信回答说，我只会将兵，陛下却懂得将将。

将将之道，是人事管理上另一项重要的课题。中国的帝王学讲君臣异道，诸子百家论高层治术，都于此有精湛的发挥。组织的最高领导人，不仅不应躬亲庶务，连运筹帷幄的才学智慧，都得韬晦内敛。他的天职就是知人善任，让能力强的干部去尽情发挥。这层道理说得最透彻露骨的，当属韩非，他在《韩非子·八经篇》中有段名言："下君尽己之能，中君尽人之力，上君尽人之智。"天底下最笨、最蠢的君主，做事时才会用尽浑身解数，自己去处理一切烦剧，结果搞得油尽灯枯，而别人却在一旁看热闹。比较高明一点的君主，懂得用组织的力量，让各级干部去卖命。最厉害的领导人，斗智而不斗力，通过充分授权和最终考核，榨尽干部的智慧，而他坐享其成。

韩非在《扬权篇》又说："上有所长，事乃不方。矜而好能，下之所欺。"君主本身太能干，事情反而不容易做好。这是因为执行的干部动辄得咎，心头压力大，最后干脆放弃，推回给君主自己来完成。如此一来，干部既推卸责任，又少了尝试错误的学习机会，自然无法成长，而君主则多做了干部该做的事，难免耽误本身的职分。久而久之，主从关系颠倒，组织当然不健康。"上下易用，国故不治。"并非危言耸听。

《吕氏春秋·勿躬篇》亦云："夫君人而知勿恃其能、勇、力、诚、信，则近之矣！"做领导的除了不要逞能、斗勇使力外，连个人的诚信都不可以仰仗，最好都用别人的。表面上看起来，真是滑头到了极点，等于是现代企业的负责人，拒用个人的信用为公司担保贷款。如此划清界限，主要还是深知君代臣职之害，矫枉过正，严守本分所致。同书《君守篇》云："大圣无事，而千官尽能。"

君臣异道则治，同道则乱，并非哪一家派的独见，而是诸子百家共同的主张。最古的如《尚书·益稷》："元首丛脞哉，股肱惰哉，万事堕哉！""丛脞"就是啰里啰唆，专管烦琐细务。国家元首如果这样，股肱之臣乐得没事做，国家政事就会走下坡。较近的如《贞观政要·论谦让》："若其位居尊极，炫耀聪明，以才陵人，饰非拒谏，则上下情隔，君臣道乖。自古灭亡，莫不由此也。"

另外，如老子宣称君代臣职是"代大匠斫，希有不伤其手矣"，庄子认为"古之王天下者，知虽落天地，不自虑也；辩虽雕万物，不自说也；能虽穷海内，不自为也"。君王不是不能干，才智通天，辩才无碍，但既为君上，就不要求表现与臣下争锋。魏晋时有部奇书，叫《人物志》，专门讨论人才品鉴的问题，针对君德，就有如下的批语："聪明平淡，总达众材，而不以事自任。"本身聪明绝顶，却能平淡若愚，锋芒内敛，竭力鼓舞诱导有潜力的臣下去表现，这才是领导成功的关键。

君臣之职既分，大部分的工作已经由臣下承担，那么君王做什么呢？《墨子·所染篇》云："善为君者，劳于论人，而佚于治官。"君王的天职，就是努力发掘、选用人才，然后付以重任。古代社会的宰相，身系国家安危、政治良窳，任用确须严谨慎重。不管花多少时间、多少心力去评核，只要用对人，都是值得的。

道理虽然是这样，世间太多的领导者却做不到，尤其那些才华惊世、英雄气重的，更是如此。中国历史上就有两位代表性人物，足资警惕：一是秦始皇，二是诸葛亮。

秦始皇雄才大略，灭六国，统一天下，本身又历经残酷的宫闱斗争，得登大位，算得上是个一等一的人物。他处理政事精勤敬业，每天批公文到深夜，乐此不疲。当时的公文是竹简，堆满案头，重达几十斤。工作量如此繁重，也跟他刚愎自用、大权独揽、独裁有关，连个放心分劳的人都没有，最后当然是把自己累死。五十岁便去世，万世一系的美梦也告瓦解冰消。

诸葛亮在蜀汉末期，以一隅之师北伐中原，和魏将司马懿对峙于五丈原。蜀军有使者至魏营，司马懿向他打探诸葛亮近况，使者回答丞相吃得很少，工作很忙，每天晚睡早起，军中凡罚二十军棍以上的案件，都得他亲自料理。司马懿一听，便断言诸葛亮将不久于人世，果如其言。当时蜀汉虽然人才凋零，应该也不至于如此凄惨。秦皇蜀相，皆开了自己最大的玩笑，鞠躬尽瘁，死而后已。要说他们不了解授权的重要，恐怕很难让人相信，这里面可能存在着某些人性的因素。

替手理论

我们在第六章讲震卦时，曾阐述鼎革后延续香火，培植接班人的重要。过去的专制王朝，由嫡长子承继大位；今日的政经团体，则可由才德兼备者经票选出任，甚至可由一群精英分子或一套合理的制度，来接续运转。

“群龙无首”给我们观念的启发，就在铲除天纵圣明、朕即国家的迷思，肯定人人皆有诱导向善、成器成龙的潜质。活用到人事管理上，即须注重培元固本的教育训练工作，提升组织成员的素质，随时做好各层领导接班的准备。一旦现职的领导出问题，组织照样运转，不会有人亡政息的风险。

许多枭雄人物自信过度，总以为别人不如自己，权力把持久了，也不愿轻易交出，不管是分层授权，还是训练替手，都有被架空的疑忌。其实组织管理的基本原则，就是没有任何人是绝对不可或缺的，总经理、董事长如此，总统也不例外。

托夫勒 20 世纪 90 年代新著《未来的战争》，分析未来的社会，可能出现网络型的弹性企业组织，鼓励员工的自主性，重视资讯的流通及反馈，随机创意研发，以补传统金字塔形官僚组织的不足。这种想法很有意思，与《易经》"群龙无首"的意境颇有相应，他所提的"超象征型经济"，也可以《易》卦的符号系统去体会。至于危机管理时的备用系统，以及英国政坛行之有年的影子内阁，也和我们这里强调的替手观念相通。"不可为典要，唯变所适"，时潮不断翻新，人类尽可在组织设计上继续发挥大胆的创意，以适应崭新的需求。为了化解群龙有首的紧张局面，先在心态上练习放开，培养成功不必在我的胸怀，才是正本清源的不二法门。

老子说："生而不有，为而不恃，长而不宰，是谓玄德。""玄德"同天德，生生不息，不可为首，所以不占有、不依恃、不宰制。"功遂身退，天之道。"恰到好处时急流勇退，万勿恋栈把持，因为"天下神器，不可为也。为者败之，执者失之"，愈把持，愈没有；愈放开，愈有。

《尚书·秦誓篇》有一段话，为《大学》所引用，形容一个完全没有嫉妒心的人的表现，很值得做领袖的人参考："若有一介臣，断断兮无他技，其心休休焉，其如有容焉。人之有技，若己有之；人之彦圣，其心好之。不啻若自其口出，实能容之。"看到别人的长处，就像自己拥有一样，别人的高明见解，就同自己说出的一样，绝不嫉妒，确实真心欣赏。这么有气量的人，别人当然乐意为他所用，而他也就成了自然而然的领袖。

《易经》的临卦（䷒）就是讲管理、讲政术的。卦辞云："元亨利贞，至于八月有凶。"君临天下，治理万民，与乾卦同德，但这种统治方式是不稳定的。

八月，在十二消息卦中是指观卦（䷓），与临卦互综。换句话说，由于人人都想做主宰，形势一旦逆转，就有可能变凶。

如何化解这样的矛盾呢？《大象传》云："君子以教思无穷，容保民无疆。"居上位者绝不可以行愚民政策，要组织长治久安，必须诱导组织的每一个成员，都懂得用心思考，具备独立判断、解决问题的能力。韩非说“上君者，尽人之智”，出发点或不同，看出成败的关键，倒是一致的。

临卦上面四阴爻与下面二阳爻相对，如何处理好彼此的对待关系，直接影响吉凶。初九“咸临，贞吉”，九二“咸临，吉无不利”，“咸”即是感，也同“皆”，“咸临”就是大家都参与治理，这就不着痕迹地化解了矛盾。六五爻辞云：“知临，大君之宜，吉。”“知”同智，六五的做法开明通达，与九二相应与，让九二、初九皆得发挥长才，参与治理。这是第一流领导者的风范，充满了政治的智慧。

“群龙无首”的意境高远无极，以哲学本体论或宗教的角度讲，可以讲得很深。本章纯就组织与人事管理的实践层面来谈，不涉玄虚。依大衍之术的占法，占到乾卦六爻全变，须以“用九。见群龙无首，吉”。断占，以出现的概率论，接近于零。最高理想永无实现之日，于此又得一证。

第七章　时间方程式:《易经》的时变哲学

上章讲“群龙无首”，提到一个领袖人物应具备的素养，须知人善任，分层授权。本章和下一章，则讨论领导者另一项本事，即洞烛先机和适正决策。

世间万事万物，无时无刻不在变化之中，要掌握变化趋势，在每一时点寻出解决问题的最佳对策，实在不容易。以这几年的国际政局而论，就充满了难解的变数，像数学中多元高次联立方程式一样，没有特殊机缘和超人的智慧，很难有圆满的解决。我常想，世间多以成败论英雄，但题目太难其实是考不出程度的。大学时考微积分，一场劫杀下来，不论资优资劣，通通面无人色，最后分数要开平方乘十，或加一百除二来调节，与此殊无二致。

《系辞下传》云:“《易》之为道也屡迁，变动不居，周流六虚，上下无常，刚柔相易，不可为典要，唯变所适。”这一段点出易理随时变化，难以捉摸。“六虚”指一卦的六个爻位，当然也象征宇宙人生各个不同情境。时移势转，盛衰成败即循环尤定；人生如戏，生旦净末丑，扮演的角色也可能互易。

《系辞下传》又云:“《易》之为书也，原始要终，以为质也，六爻相杂，唯其时物也。”面临问题，须追溯其发生原因及演变背景，借此归纳推求可能的结果，这是《易》卦的本质。六爻阴阳相杂，则显示历程中随时变动的现象。

“通其变，使民不倦；神而化之，使民宜之。易穷则变。变则通，通则久，是以自天佑之，吉无不利。”（《系辞下传》）再好的东西，一成不变久了，都会让人厌倦，所以必须与时俱进，体会人心的变化，作合时宜的修正。这样就能得到上天的福佑，行事畅通无阻，大吉大利。

“变通者，趣时者也”（《系辞下传》），“变而通之以尽利，鼓之舞之以尽神”（《系辞上传》）。懂得变通的人，永远赶得上时代，能将资源做最有效的运用，群众受其鼓舞激励，也能把潜力发挥到极致。

“君子藏器于身。待时而动。何不利之有？”光有一身本领，时机不对，也不能成事。聪明人懂得藏锋，等时机到了才发动，自然无往不利。

当机立断

《系辞下传》云：“君子见几而作，不俟终日。”又云：“几者，动之微，吉之先见者也。”“几”同机，机会、时机、商机、兵机、机密等，都是这个机。变动还不明显，只现出一点端倪和迹象，必须高度敏感的人才感受得到，这就是几。事情尚未执行，还在暗中筹议、计划阶段，只有极少数人知道的，也是几。知几的人，才能掌握变化趋势，预测未来，有祸患则未雨绸缪，有机会则提前下手。“见几而作”，是行动中人很重要的素养，逮到机会绝不放过，一天也不等待。

一般我们说领袖人物“日理万机”，而非日理万事，就是阐明领导人的天职不在躬亲庶务，而在高瞻远瞩、预断形势，然后计划筹议，立案推行。他的才华主要表现在判断正确、决策精当，而非专业技能的娴熟。一个人的心力有限，每天同样二十四小时，执行万事是不可能的，计划万事却还绰有余裕。

“日理万机”这个成语出自《尚书·皋陶谟》：“兢兢业业，一日二日万几。无旷庶官，天工，人其代之。”“无”即勿，“旷”是空，“无旷庶官”，就是不要尸位素餐，使众官职形同虚设，应该让大家都忙起来。天工人代，推崇人能、人智，是很伟大、很具气魄的思想。这个观念与我们在第二章中讲过的开物成务结合起来，就成了明代宋应星的《天工开物》一书。

《系辞下传》云："知几其神乎？"看准变化的趋向，绝不容易，须下很深的功夫研究。"夫《易》，圣人之所以极深而研几也。唯深也，故能通天下之志；唯几也，故能成天下之务。"知几才能成事，开物成务得从知几入手。

乾卦《文言传》解释九三一爻云："知至至之，可与几也。""与"是参与，"与几"是参与变化、主导变化。九三"终日乾乾，夕惕若，厉"，知道自己奋斗的目标何在，也真的努力达成目标，这样的人当然知几。"知至至之"，有点像军中射击教练打飞靶，或高射机枪打飞机。由于目标是移动的，瞄准时必须取前置量，算好子弹和目标飞行的速度及方向，啪一声打个正着。

参与机要，预知未来，通常得有保密的素养。《系辞上传》云："乱之所生也，则言语以为阶。君不密则失臣，臣不密则失身，几事不密则害成，是以君子慎密而不出也。"又云："言行，君子之枢机。枢机之发，荣辱之主也。言行，君子之所以动天地也，可不慎乎？"一般算卦也讲天机不可泄露，机关、机密、机微、机巧、心机，"机"字一定带着隐秘性，一旦揭露就不值钱了。

看到好机会，立刻下手是知几；测知风险，急流勇退，同样是知几。前面篇章我们讲过，屯卦六三爻辞："君子几，不如舍，往吝。"不做盲目的冒险，在原始林前悬崖勒马，是智者的行为。

与时偕行

乾卦《彖传》云："大明终始，六位时成，时乘六龙以御天。""大明"象征乾卦生生不息的创造力，终而复始，大放光明。创进的历程划分为六个不同的时位，或潜、或见、或跃、或飞，随时变化，运用自如，就像驾驭六条龙腾飞天际一样。这一段是解释“元亨利贞”的“利”字，可见趋时尽利，必须灵活变通。

九二“见龙在田”，《文言传》云：“时舍也。”“舍”是居止，“时舍”就是暂时停留于此。九二小有所成，深富发展潜力，未来还不可限量。

九三“终日乾乾”，《文言传》云：“与时偕行。”整天拼命干，永远跟着时代走，一点也不盲目。“乾乾因其时而惕，虽危无咎矣！”提高警觉，保持战备，也是因应时变，不是瞎紧张。

九四“或跃在渊”，《文言传》云：“君子进德修业，欲及时也，故无咎。”身处重臣之位，易遭嫌猜，须把握时间勤恳进修，做好自己分内的工作，以止谤释疑。

上九“亢龙有悔”，《文言传》云：“与时偕极。”人物跟着时代一起走到了尽头，主领风骚的高潮已过，不得不有悔。

九五“飞龙在天，利见大人”，《文言传》云：“大人者，与天地合其德，与日月合其明，与四时合其序，与鬼神合其吉凶。先天而天弗违，后天而奉天时。”大人境界，人能、人智皆修为到极致，天地日月，四时鬼神，皆与之齐乎相合。《中庸》上说“与天地参”，孟子说“万物皆备于我”，孔子说“从心所欲不逾矩”，都是大人境界。“后天而奉天时”，是严守法度，遵循时变；“先天而天弗违”，则是更高一层的打破成规的创造，只要确有发明，连天地也不能违背。

坤卦《文言传》云：“坤道其顺乎！承天而时行。”坤卦最主要的德性是柔顺，但柔顺并非软弱没有骨头，而是配合乾卦的阳刚奋进，与之协作无间。乾卦《彖传》称“大哉乾元”，坤卦《彖传》云“至哉坤元”。“至”与“大”不同，并非一般所谓至高无上之意。“至”的象形字为，象征鸟从高空往下俯冲，尖喙触及地面，二者密合无间。至即到，抵达目标、达到标准。“至哉坤元”，是说坤卦的本性善与乾配合，乾发展到什么境界，坤就跟着发展到什么境界，一点也不落后。因此，乾既然“时乘六龙以御天”，坤顺承乾，当然也与时偕行。

坤卦六三爻辞云：“含章可贞。”《小象》云：“含章可贞，以时发也。”“章”是美德，收敛含蓄，等时机成熟才发露出来，正反映了承天而时行的卦性。

学而时习之

“时”的观念，非仅《易经》强调，传统经典、各家各派无不重视。最著名的，如《论语·学而篇》首章：“学而时习之，不亦说乎？”

坊间一般白话注解，往往这样翻译：求学问能时时去温习它，不是很快乐吗？其实，“习”是练习、演练、印证之意。整句的含义是说，我们研究学问，不要光看理论，必须以当代发生的事情、崭新的经验去印证它。这样，所学才能落实，体会才亲切。四书五经、诸子百家、东西文化，都得作如是观，古典才能灵活运用于现代，才和我们的生命、生活产生实质的联系。《易经》的占卜就是很好的例子。卦爻辞若当书或上古故事看，必起厌烦心，浑然不知所谓；若与本身的生活经验、亟待解决的疑难结合，再三涵泳体悟，那获益就太丰富了！这样活学活用，才真的快乐。光是读书时时去温习它，有什么快乐呢？根据我们以前在学校的学习经验，那不是违心之论吗？

孟子称颂孔子为圣之时者，说他：“可以速而速，可以久而久，可以处而处，可以仕而仕。”换句话说，出处进退因时而异，一点也不拘执，正是《中庸》上讲的“君子而时中”。《论语》是孔子言行的记载，《学而》首章开宗明义，揭示时的观念，以为求学之方，可谓非常合宜。

“时中”的观念，我们在第二章已经讲得十分清楚。《中庸》重诚，亦云“故时措之宜”，可见随时居中、举措合乎时宜的重要。

孟子书中，论时的还有两处：一是“识时务者为俊杰”，二是“虽有智慧，不如乘势；虽有镃基，不如待时”。时务就是当务之急，聪明能干的人处理事情，懂得分轻重缓急，然后抓重点下手。“镃基”是农具，再齐备也得配合农时，才能播养作物。乘势待时的观念很重要，时势所至，自然瓜熟蒂落，水到渠成；时势不利，怎么强求也是枉然。

一般说英雄造时势，时势造英雄。时势是众力所趋，众心所向，只要一发动，个人很难与之抗衡。英雄只是看准了潮流方向，顺势而为，因时成事。所以多半还是时势造英雄，英雄造时势相当罕见。含义与此相通。时代考验青年，是“后天而奉天时”；青年创造时代，则是“先天而天弗违”，须有绝大创造力、行动力才办得到。

老子云：“事善能，动善时。”做事贵乎能干，行动贵乎因时。可见要成大事，光有主观条件，没有客观时势配合，还是不行。占卦称违筮不祥，行事则违时不祥。

不仅做事如此，社会的礼法制度也应因时制宜。《礼记·明言》：“礼，时为大。”法家的《商君书》则云：“礼法以时而定，制令各顺其宜。”

精察时变

乾、坤以外，各卦各爻也都充满了时变的观念。我们且一一审视：

蒙卦（䷃）《彖传》：“蒙亨，以亨行时中也。”启蒙能致亨通，所谓茅塞顿开，这是适时施行机会教育的功效。

比卦（䷇）《彖传》：“后夫凶，其道穷也。”字面虽没有时，却深含时义。比是比附、亲近。两起人马互相拉帮结派，激烈竞争，拿不定主意，动作慢的，一定吃亏。

大有卦（䷍）《彖传》：“其德刚健而文明，应乎天而时行，是以元亨。”火天大有，下卦乾刚健进取，上卦离睿智文明，顺应自然，随时行动，当然大亨通。

贲卦（䷕）《彖传》：“观乎天文，以察时变；观乎人文，以化成天下。”“贲”是文饰、包装之意。星河亮丽，仰观天象，斗转星移，可以察识时刻的变化。人文制度，礼仪三百，威仪三千，可借此教化天下。

贲就是文质彬彬的文，文胜质则史，包装过度，造成金玉其外，败絮其中，并不可取。贲卦上九爻辞：“白贲，无咎。”文饰到了极点，返璞归真，由绚烂归于平淡，没有咎害。日本商品的精致包装，天下驰名，前些年也起反动，出现所谓无印良品，在百货卖场自成一区，就是“白贲，无咎”。

无妄卦（䷘）《大象传》：“先王以茂对时，育万物。”无妄是真诚不虚妄，主张人不要轻举妄动，否则易作孽招灾。“茂”是勤勉的意思，古代先王精勤政事，按照时序作育万物，时候不对，绝不妄动。《论语》上有“节用而爱人，使民以时”的话，意义与此相通。

《杂卦传》云：“大畜，时也。”依《彖传》解释，大畜是“刚健笃实辉光，日新其德”，《大象传》云：“君子以多识前言往行，以畜其德。”合乎《大学》“苟日新，日日新，又日新”的标准。自强不息，每天都有新的进境，充分体证了与时俱进的精神。

损卦（䷨）《彖传》：“二簋应有时，损刚益柔有时。损益盈虚，与时偕行。”簋是祭器，二簋代表祭礼很薄，人际相处在乎真情，不在乎形式。但也不能一直如此，熟不拘礼久了，还是会出毛病，招致怨望。此损彼益，彼消此长，损益是相对的，也是随时变化的。益卦《彖传》亦云：“凡益之道，与时偕行。”

升卦（䷭）《彖传》：“柔以时升，巽而顺。”往上晋升，必须用柔道。累积资历，巽顺事人，时机到了，才有飞黄腾达的机会。《大象传》云：“君子以顺德，积小以高大。”

井卦（䷯）初六《小象传》：“井泥不食，下也；旧井无禽，时舍也。”井原本是供给水源、民生所必需的设施，因为年久失修，井底淤塞，水源枯竭，而为民所弃。不但人不来打水，连鸟都嫌脏不来了。“时舍”就是为时代所舍弃，无法再发挥功用。这和乾卦九二“见龙在田”的“时舍”不同，那个“舍”是舍止、停顿的意思。我每次读到井卦，都会联想到中华文化，正是因为年久失修，乏人激浊扬清，以致遗留下一堆糟粕，而为时人所弃，实在可惜。

艮卦（䷳）《彖传》：“时止则止，时行则行。动静不失其时，其道光明。”艮卦的义理，我们在前章谈危机管理时，已经讲解得很清楚。

丰卦（䷶）《彖传》：“日中则昃，月盈则食。天地盈虚，与时消息。”资产丰厚，事功壮盛，人生得意之时切勿忘形。巅峰过后可能走下坡路，必须注意持盈保泰。

节卦（䷻）九二《小象传》：“不出门庭凶，失时极也。”节的卦义为收敛、节制。

初九被九二挡在前面，无法出击，所以爻辞云：“不出户庭，无咎。”《小象》续称“知通塞也”。知道前行受阻，此路不通，于是甘受节制，闭门不出，不惹祸灾。九二前临二阴爻，出路已畅通无阻，再不出门即痛失时机。同为阳爻，时势不同，出处进退亦有异。

小过卦（䷽）《彖传》：“过以利贞，与时行也。”占到小过卦，最好放低姿态，寻求善了，大事化小，小事化无。即便有所调整，也只适合小幅度，不宜大规模。卦辞云：“可小事，不可大事。”又云：“不宜上，宜下。”《大象传》说得也很清楚：“君子以行过乎恭，丧过乎哀，用过乎俭。”这是处小过这个特殊时刻应注意的事。

既济卦（䷾）九五《小象传》“东邻杀牛，不如西邻之时也；实受其福，吉大来也。”杀牛是大祭，却不如薄祭效果好。本爻主旨为不重形式铺张，看重实惠及时惠。

时义大矣哉

除了以上诸卦爻外，还有十二个卦特别强调时变的观念，分别在《彖传》最后系以“时义大矣哉”“时用大矣哉”“时大矣哉”的批语。遇到这些卦时，须特别注意时机时势的掌握，偶一不慎，即有可能错失良机或招致败亡。

豫卦（䷏）的卦象为上卦震动，下卦坤顺。顺理顺势以动，所以成功的希望很大。卦辞云："利建侯行师。""建侯"是人事部署，"行师"是动员群众赴战，皆需相当高昂的斗志。豫是快乐的意思，而且是独乐乐不如众乐乐。《大象传》云："雷出地奋，豫。先王以作乐崇德。"培养气氛，鼓舞斗志，是豫卦成功的关键。

九四是全卦唯一的阳爻，豫卦由之而成，为众望所归。爻辞云："由豫，大有得。勿疑，朋盍簪。"《小象》云："由豫大有得，志大行也。""由豫"即由之而豫，"盍"同合，"簪"是束发的饰物。众阴爻依附九四，就像发簪束起一头乱发一样，整齐有致。即得众力拥戴，往前建功立业，必可大成。

六二当位中正，也是豫卦中很重要的一爻，爻辞云："介于石，不终日，贞吉。"《小象》云："不终日贞吉，以中正也。"蒋介石先生的名号，介石、中正，即出于此。"于"同如，其介如石，表示操守耿介，坚刚如石，不可移易。《系辞下传》针对此爻，大有发挥。

> 子曰："知几其神乎？君子上交不谄，下交不渎，其知几乎？几者，动之微，吉之先见者也。君子见几而作，不俟终日。《易》曰：'介于石，不终日，贞吉。'介如石焉，宁用终日，断可识矣。君子知微知彰，知柔知刚，万夫之望。"

本章的主旨，知几应变，几乎全部涵括在内。介如石，静如处子，是有守；不终日，动如脱兔，是有为。"微"是几微，"彰"是彰显。"知微知彰"，即见微知著，对时变高度敏感，有精准的预测力。这样的人再懂得刚柔互济，当然可领袖群伦，为千万人所仰望。

《彖传》云："豫，刚应而志行。顺以动，豫。豫顺以动，故天地如之，而况建侯行师乎？……豫之时义大矣哉！"我好几次面临重大的人事部署，都占到豫卦，每次也毫不犹豫地依卦施行，结果都很顺畅。

随卦（䷐）的卦象为外卦兑悦，内卦震动。内动外悦，象征内心实有所主，企图心很旺盛，外表却显得很欢喜随和，让人不起戒心。卦辞云：“元亨利贞，无咎。”大通利正，与乾卦同德。随和处世，随机应变，随遇而安，没有什么咎害。

《杂卦传》云：“随，无故也；蛊，则饬也。”“故”是已然之迹，“无故”就是没有任何成见、包袱、身段，机变灵活之至，无适无莫，无可无不可。《论语》上称孔子毋意、毋必、毋固、毋我，孟子甚至说“大人者，言不必信，行不必果”，都是深臻化境的随的功夫。“蛊”是事物有败坏的迹象，必须以严正的手段来整饬，如火如荼，不讲情面。随和蛊（䷑）互为综卦，也互为错卦，两者关系极为密切。一松一紧、一弛一张，都是处世极重要的功夫。

《新约圣经·马太福音》上记载，耶稣派遣十二门徒去传教，临行嘱咐他们：“我派遣你们，好像羊进入狼群中，所以你们要机警如同蛇，纯朴如同鸽子。”世路险巇，光靠初生之犊的理想与热情，不足以成事。想要改造社会，必须一方面保持纯朴善良的本性，一方面修炼机敏灵活、与世周旋的功夫。耶稣自己身历患难，了解学生出去可能遭遇的考验，这段话充满了爱心和睿智。

我记得上小学时有一首歌，其中一段歌词为：“看我们少年英豪，要把社会齐改造！”当时大家唱得很起劲，很大声，然而几十年的世故历练下来，才晓得少年英豪多半都被社会改造了。比较起来，耶稣的教训宝贵得多，经得起世事的摧磨与沧桑。机警如蛇，纯朴如鸽，正是“随。元亨利贞，无咎”。

《大象传》云：“泽中有雷，随。君子以向晦入宴息。”“向晦”是天快暗的傍晚时分，该休息的时候就休息，绝不再勉强工作。这是随应生理时钟的自然节奏，很舒服，很雍容，一点也不紧张。

《彖传》云：“随，刚来而下柔，动而说，随。大亨贞，无咎，而天下随时。随之时义大矣哉！”随下卦震为长男，上卦兑为少女，长男侍候少女，宽容娇纵，无可无不可，不会去坚持什么。天下万事万物，都是随时而动。“随之时义”，也有些版本写“随时之义”，都通。

遁卦（䷠）的卦象底下二阴滋长，形势对阳刚不利，敏感的人得认真考虑去留的问题。九三“系遁”，恋栈不舍，很难过，很疲惫，勉强留下来，也不容易有大作为。九四“好遁”，已有挥剑斩情丝、毅然割舍之意。九五“嘉遁”，不但闪，还闪得很漂亮，让任何人都没话讲。上九“肥遁，无不利”，本无守国重责，距离阴爻最远，亦无任何应与关系，遁得轻轻松松，半点遗憾也没有。

所处时位不同，该不该遁？怎么遁？考量也会不同。遁也不见得就永无复出机会，形势不利，避避风头，形势转了，再出来任事，人生以退为进的时候多得是。《系辞下传》云：“尺蠖之屈，以求信也；龙蛇之蛰，以存身也。”《太公六韬》云：“鸷鸟将击，卑飞敛翼；猛兽将搏，弭耳俯伏；圣人将动，必有愚色。”鸟兽虫鱼都懂得屈伸之理，身为万物之灵的人类，怎么可以拘执呢？

遁的道理，乾卦《文言传》说得最好：“亢之为言也，知进而不知退，知存而不知亡，知得而不知丧。其唯圣人乎？知进退存亡而不失其正者，其唯圣人乎？”亢龙之所以有悔，就是因为该遁的时候不遁，总想鞠躬尽瘁，死而后已。老子说：“功遂身退，天之道。”确实值得热衷于功业名利之人参考。

《彖传》云：“遁亨，遁而亨也。刚当位而应，与时行也。小利贞，浸而长也。遁之时义大矣哉！”因遁而致亨通，保全令德令名，个中时机的判断太重要了。

姤卦（䷫）的卦象为五阳下一阴生，表示危机潜伏，祸端已萌，不可掉以轻心，须及早下手防堵。姤同邂逅的逅，表示阴阳间不期而遇。婚姻的外遇就是姤；君臣相合，如鱼得水，像刘备遇诸葛亮也是姤。依卦序，姤卦之前是夬卦（䷪）。夬同决，五阳决一阴，象征旧局面、旧势力间的摊牌决战。胜负定了以后，又产生新的局面，有了新的遇合，这就是姤。

《彖传》云：“姤，遇也，柔遇刚也。勿用取女，不可与长也。”这是讲防微杜渐，怕阴柔的势力坐大，是姤卦不好的一面。“天地相遇，品物咸章也；刚遇中正，天下大行也。”这是讲姤卦好的一面，与旧势力彻底决裂后，又面临新的机遇，应当好好把握。“姤之时义大矣哉！”人生际遇，稍纵即逝。夫妇结合，朋友相交，也是人海茫茫中极难得的机遇。十年修得同船渡，百年修得共枕眠，实应善自珍惜。

旅卦（䷷）的卦象为内卦艮止，外卦离明，离又是附丽、附着、依附之意。《彖传》云：“旅，小亨。柔得中乎外而顺乎刚，止而丽乎明，是以小亨旅贞吉也。”羁旅漂泊，寄人篱下，蒙明主收留，当然得柔顺客气，也不可能发挥大作用，最多获小亨。由于离开自己的家乡和基业，人生地不熟，处处得谨慎小心。“旅之时义大矣哉！”当此时刻，什么该做，什么不可以做，一定得掌握好分寸。

时大矣哉

颐卦（䷚）的卦象为上卦艮止，下卦震动。上九跟初九二阳爻，就像人的上下颚，中间四阴爻像牙齿，上下咀嚼即可以进食。颐是养的意思，饮食以养身体，修德以养心志。《大象传》云：“君子以慎言语，节饮食。”“节饮食”是因为病从口入，“慎言语”是由于祸从口出。

颐卦《彖传》云：“颐，贞吉，养正则吉也。观颐，观其所养也。自求口实，观其自养也。”人要自食其力，勿求他人供养，修行也得自正性命，任何师友皆爱莫能助。孟子自称知言，善养浩然之气，就是养正。北京有颐和园，老人称颐养天年，修身养性皆与颐道有关。

初六爻辞：“舍尔灵龟，观我朵颐。”《小象》云：“观我朵颐，亦不足贵也。”灵龟象征人的灵明自性，“朵颐”是嘴里塞满食物大嚼，腮帮子鼓鼓的样子，一般说“大快朵颐”即由此而来。舍弃本身自性不去开发，尽看别人吃得很过瘾，完全违背了颐养之道。王阳明主张致良知，有诗云：“抛却自家无尽藏，沿门托钵效贫儿。”初六的不足贵，即因不自求口实之故。

《彖传》续云：“天地养万物，圣人养贤以及万民，颐之时大矣哉！”人能自养以后，便可进一步养人。民以食为天，养民必须先照顾其饮食无缺。自觉以后，方能觉人。孟子讲先知觉后知，先觉觉后觉，穷则独善其身，达则兼善天下。佛家讲自觉是罗汉境界，自觉觉人是菩萨境界，觉行圆满则成佛。

《礼记》云：“君子食时不力珍。”饮食不力求珍美，什么时节就吃该时节自然供应的食物。《论语》云：“学而时习之。”“学”通觉，自觉、觉人，都须因应时代而修法设教。这些都是调养身心、“颐之时大矣哉”的道理。

大过卦（䷛）正好是颐的错卦。大过之时，全民失养，组织崩解在即。若能咬牙苦撑，解开危局，又可获养，变回颐卦。大过即大过平常之意，非常人逢非常事，成非常局面，危如累卵，生死一线。我们在第六章中，剖析已很透彻。“大过之时大矣哉！”英雄豪杰，此时除了镇定如恒、不忧不惧外，多半得打出胜负手，以赌命一搏。

解卦（䷧）的卦象为上卦震动，下卦坎险，奋动出险，苦尽甘来。《彖传》云：“天地解而雷雨作，雷雨作而百果草木皆甲坼。”倾盆大雨，积郁尽散，花树润泽后迸发生机，又欣欣向荣。“解之时大矣哉！”真是令人欣喜的时刻。

革卦（䷰）的卦象是上卦兑悦，下卦离明。当一个社会的下层民众都明白了，而上层也心悦诚服时，就是革命适当的时机。《彖传》云：“天地革而四时成，汤武革命，顺乎天而应乎人。革之时大矣哉！”革命是非常手段，惊天动地的大事，所谓四方风动。孙中山的辛亥革命，就足以当之。《大象传》云：“君子以治历明时。”再次强调了时令、时潮的重要。

时用大矣哉

坎卦（䷜）的卦象表示深陷重重险难。《彖传》云：“行险而不失其信。

维心亨，乃以刚中也。行有尚，往有功也。”九二、九五阳刚居中，临危不乱，坚守诚信，内心始终维持通达，往前奋斗必有功效。

“天险，不可升也；地险，山川丘陵也。王公设险以守其国，险之时用大矣哉！”除了履险如夷外，一流高手还可以反过来运用坎险。因险设防，一夫当关，万夫莫敌。《孙子兵法》云：“兵士甚陷则不惧。”人就怕拼命，破釜沉舟，背水一战，往往置之死地而后生。商场中，有时欠债的人最大，逼急了，反而不能确保债权，这都是险势的妙用。

睽卦（䷥）的卦象为上卦离，火势向上，下卦泽，水势下流，二者反向而行，故成睽违之局。卦辞云：“小事吉。”原先的革命同志，亲密战友，至此已貌合神离，只有在一些场面或枝节小事上，还勉强维持关系。

《彖传》云：“天地睽而其事同也，男女睽而其志通也，万物睽而其事类也，睽之时用大矣哉！”天地悬隔，养长万物的事功则相同；男女迥异，生育后代的心志却相通；万物不同，依其特性可类聚群分。看出宇宙间相反相成的至理，懂得从异中求同，随时发挥睽的作用，真是不简单啊！

《大象传》云：“上火下泽，睽。君子以同而异。”更进一步发挥睽的道理，还得同中求异。君子与人和合，却保持本色，不必同流。民主政治各陈己见，不碍和谐与政务推行。合中有分，同中存异，才是一个进步、成熟社会的表征。

天下事合久必分，分久必合。睽的时候不必怕，亦无须伤感，得懂得睽之时用，合睽有术。一般员工向老板要求加薪，以离职要挟，或老板对员工绩效不满，以开除威胁，都是用睽之道。

蹇卦（䷦）的卦象为上卦坎险，下卦艮止，遇险而止，寸步难行。破蹇之道，在群策群力，众志成城，孤军奋斗是没有希望的。《孙子兵法》中说，吴人与越人为世仇，互相痛恨到极点，当其同舟而济，遇风，相救如左右手。这就是“蹇之时用大矣哉”！大敌当前，平时的一些嫌隙都不会再计较，反而倍加亲近。当政者掌握个中心理，操纵形势，借此消除派系矛盾，一泯恩仇，是常见的政术。商场中以风险利益套牢对方，借此化敌为友，也是蹇道的运用。

明儒来知德《周易集注》一书，于豫卦《彖》注中云：“六十四卦，时而已矣！事若浅而有深意，曰时义大矣哉，欲人思之也。非美事，有时或用之，曰时用大矣哉，欲人别之也。大事大变，曰时大矣哉，欲人谨之也。”

豫、随、遁、姤、旅五卦，特重时宜，称“时义大矣哉”。颐、大过、解、革四卦，皆重大事故，称“时大矣哉”。坎、睽、蹇三卦，皆难堪逆境，懂得因势运用，则可化媸成妍，称“时用大矣哉”。这十二卦奥义无穷，深入钻研，发为妙用，于人立身行世极有帮助。

王弼在《周易略例》一书中点题：“夫卦者，时也；爻者，适时之变者也。”又云：“犯时之忌，罪不在大；失其所适，过不在深。”失误时机，万事难成，这是事功中人最大的罪过。

刹刹生新

《孙子兵法·虚实篇》云：“战胜不复，而应形于无穷……水因地而制流，兵因敌而制胜。故兵无常势，水无常形，能因敌变化而取胜者，谓之神。”

兵法贵随机应变，运用之妙，存乎一心。战胜是没有固定模式的，每一场战役，取胜的方法最好都不同，这样才不致招式用老，被敌人识破。兵无常势，因敌变化，与易理强调的“不可为典要，唯变所适”完全相通，充分体证了时义的重要。

水的意象，让人想起孔子的川上之叹：“逝者如斯夫，不舍昼夜。”伸足入水，已非前水，后浪推涌前浪，淘尽千古英雄。荣枯盛衰，是非成败，往事霸图，真个儿是繁华似梦，一切都在轰轰的时间之流中湮逝。

第八章　决策研究

上章讨论时变，强调时机时势的掌握，本章则在知几的基础上，分析影响决策的因素。《易》卦描绘世相，是时间方程式，以 F（t）代表，极深研究希望做好预测（Prediction）。开物成务，趋吉避凶，则有赖不断睿智的决策（Decision），以解决错综复杂的疑难，可以 Q → A（Question and Answer）表示。预测是知，决策是行，无论义理或术数，都在知行合一中展开。

大衍之术，一根蓍草就叫一策，以四十九策分合演算，显现六爻卦象，借此以断吉凶，这就是“决策”一词的由来。后世所称计策、策略、策划，都依此衍生。

体察时变，预测未来趋势，然后做判断、下决策，这是个人生涯规划所必需，也是团体领导人的天职。任何误断误判，小则个人损失招灾，大则严重影响组织的生存，甚至涂炭生灵，祸国殃民。因此，拥有决策权的人，所担负的成败责任亦极可观。若决策时限仓促的话，其内心压力之沉重，也就可见一斑。

举例来说，二战期间诺曼底登陆，盟军统帅艾森豪威尔的决策压力就很大，面对积压如山的各方面的军情分析与报告，如何选定登陆的时间和地点？万一决策失误，百万精壮就可能送入虎口，灰飞烟灭。《孙子兵法》上说：“故知兵之将，生民之司命，国家安危之主也。”

决策理论

一般社会科学的百科全书中，大多列有 Decision Making 一条，统括言之，大致将决策分为个人决策和集体决策两类。个人决策比较单纯，通常又以两种心理变量来分析：A 心理变量（Activation）及 K 心理变量（Knowledge）。

K 心理变量指的是人的认识系统，对资讯的感知、加工与储存，是比较客观的层面。A 心理变量则是指人的激发系统，包括情感、动机、目的及隐私，是比较主观感性的层面。一般个人思考问题作决策，会受这两种心理变量的交互影响，理智战胜感情，或感情冲昏理智。

集体决策复杂得多，除了须考虑每一决策成员的两种心理变量外，还涉及彼此间的利益冲突与协调，以及谈判、沟通和仲裁的技巧。由于建立共识相当不易，决策的达成可能旷日费时。至于集体决策与个人决策何者较为有效，得视遭遇问题的复杂性而定，问题愈复杂，超过了个人的认识能力范围，即须集思广益，来设法厘清、解决。

所有决策都有风险，因之产生后果承担的问题。个人决策风险集中，好汉做事好汉当，集体决策风险分摊，压力便不那么大。决策时一定受某些条件限制，如周遭形势、可调度资源，以及时间压力等，通常都是在重重限制下，尽可能求出最优解。变数过多，难以从容分析时，就要抓重点，简化决策过程，甚或援用先例，少输为赢。决策者的主观意图可能是最难掌握的，却往往是形成决策的真正关键。

执两用中

一些好大喜功的枭雄人物，常纵其好恶，作出许多让其他人很难过的决策来。政治上的勤远略，开疆拓土；商业上的追逐高业绩，扩充规模，导致民生凋敝，财库空虚。我们在第五章讨论晋卦与明夷卦时已有点破，这里再提出来以资儆戒。

《孙子兵法·九变篇》云："智者之虑，必杂于利害。杂于利，而务可伸也；杂于害，而患可解也。"《作战篇》亦云："不尽知用兵之害者，则不能尽知用兵之利也。"

聪明人作决策，一定权衡利害，两头都想，绝不会只往好处规划。做生意的人都知道风险与利润的关系，一般来说，总是成正比。想获取高利润，所冒的风险也随之增高，获利的过程若须环环相扣，那风险就更大了。为稳妥计，甚至在决策时先作最坏打算，若评估己方承受得了冲击，那就什么也不用怕了。

另一兵法大家尉缭子，针对前项人性弱点，也有直接的提醒："勿急胜而忘败，勿见其利而不顾其害。""知道者，必先图不知止之败，恶在乎必往有功？"所谓先立于不败之地，不求必胜必成，这是兵家共识，并没有什么神秘和侥幸。

《司马法》云："凡两，是谓战权。"权衡战争胜负，一定利害两端都想，这是决策的基本规律。

践墨随敌

《孙子兵法》十三篇，首篇始计，末篇用间。始计是以用间为基础的，换句话说，决策要精当，必须掌握第一手的珍贵情报。《始计篇》最后，有一段论庙算的话：

> 此兵家之胜，不可先传也。夫未战而庙算胜者，得算多也；未战而庙算不胜者，得算少也。多算胜，少算不胜，而况于无算乎？吾以此观之，胜负见矣！

古代出兵征战，须先在国家宗庙前聚会，计议胜负得失，这叫庙算。

一方面表示隆重负责，一方面祈求列祖列宗福佑。庙算时分析敌我实力，决策战略方针，有点像现代的沙盘推演，算得愈精准，实战的把握愈大。一般来说，多算胜少算，少算胜无算。至于多少是有胜算，专家的看法是超过百分之六十即可，因为人间无完算，没有百分之百绝对获胜的事。若执着于准备的周详与计划的完美，非到绝对可靠才出手，则依据风险与利益的关系，一切完备之时，最佳机会多半已经消逝。战争讲兵机，商场讲商机，皆刹刹生新，难以捉摸，不可能等人的。

同样，由于战场形势千变万化，始计立定以后，实战时还得随机应变，甚至大幅修改原订计划。《孙子兵法·九地篇》有云："践墨随敌，以决战事。"墨是木匠用的工具，以墨线盒定出纵横的尺度。"践墨"就是比喻依照预定的法度进行，"随敌"则是因应敌方的动向，而做弹性的修改应变。完全没有计划不行，太拘泥计划也不成。

众议权一

决策一般都有征询各方意见的过程，以为立案参考。《尚书·大禹谟》："无稽之言勿听，弗询之谋勿庸。"道听途说，没有根据的话不能听，未经征询意见的谋划不要用。《中庸》上说："舜其大知也与？舜好问而好察迩言，隐恶而扬善，执其两端，用其中于民。"舜大智若愚，施政时很喜欢征询别人的意见，坏的扬弃，好的采用，斟酌利弊得失，作出最佳的决策。所谓智者千虑，必有一失，三个臭皮匠，胜过诸葛亮，多听些意见总不碍事。

但集思广益也有限度，最后决策毕竟是少数人，甚至是一个人的事，权责无可旁贷。俗云："筑室道谋，三年不成。"自己家盖房子，却到马路上去问陌生人意见，这样没有主见，三年也无法落成。有则流传很广的寓言，说父子二人上街，父亲骑马，儿子步行，路人见了批评父亲不照顾幼小。父亲连忙下马，换儿子乘骑，走了一段，又有人骂儿子不孝顺。父亲再上马，两人共骑，路人又批评虐待动物。最后干脆两人都下来，却成了暴殄天物。这么动辄得咎，完全是决策者无能。其实路人事不干己，说完就忘了，随口批评，不负责任，根本不必理会，理会也理会不完。

法家名著《商君书·更法第一》："愚者暗于成事，知者见于未萌。民不可与虑始，而可与乐成……论至德者不和于俗，成大功者不谋于众……夫常人安于故习，学者溺于所闻，此两者，所以居官而守法，非所与论于法之外也……故知者作法，而愚者制焉；贤者更礼，而不肖者拘焉。拘礼之人，不足与言事；制法之人，不足与论变。"

这段话说得音韵铿锵，霸气十足，本是商鞅劝秦孝公变法图强，在秦廷上与保守派大臣激辩的言辞。"知者见于未萌"，正是知几的观念。世上的一级头脑，整天孜孜矻矻，都是在琢磨这个几。学术的突破、艺术的创新、商业的投资判断、政治的兴革，皆须高度敏感的心灵及炉火纯青的专业素养，不是一般庸庸碌碌的人所可承担。精英分子看准了，只管下手，不必去理会那些反对意见，反正成功以后，享受成果，还是少不了他们一份。

"常人安于故习，学者溺于所闻"，批评真是一针见血，说出了这两种人的毛病。一般人惧怕变革，并不是因为有什么透辟的看法，而是习惯安定，想保障既得利益。学者专家读了一堆理论，拥有学位，不一定具有洞见，超过他专业的东西，根本无从想象。有人将意识形态（Ideology）翻译成"意底牢结"，正是"学者溺于所闻"，能入而不能出的最佳写照。自古成大功、立大业的人，绝对脱俗，一定不冬烘。这两关不过，什么功业壮图都是荒唐梦想。

法家刻严冷峭，政治的现实感强，不搞什么"询于刍荛"的把戏。参谋意见是要听的，但最终决策权一定牢控在手。所谓众议权一，兼听独断，卧榻之旁，岂容他人酣睡？筑室道谋、父子骑马的事，不可能在法家的舞台上发生。

清朝康熙大帝在位六十年，文治武功，赫赫勋业，堪称国史第一明君。他留给子孙的庭训有八个字："戒急用忍，决定不移。"决策前不要仓促孟浪，意气用事；决策后就贯彻到底，不要三心二意，轻言改变。

《易经》蒙卦（䷃）卦辞："初筮告，再三渎，渎则不告。利贞。"有时凭第一感决策就是正确的。瞻前顾后，再三考量，反而掺杂了私欲，不能理直气壮。"渎"是亵渎，也是烦渎，反反复复，徒乱人意，无法有效决策。《论语》上记述季文子三思而后行，孔子不以为然，说："再，斯可矣！"想得太多太久，反而会想岔。就像下围棋的人长时间思考，有时殚精竭虑三小时，却下出一手最臭的棋。

师卦（䷆）六五爻辞："长子帅师，弟子舆尸，贞凶。"《小象》曰："长子帅师，以中行也；弟子舆尸，使不当也。"师卦是讲战斗，行师用兵须将权专一。"尸"是主，"舆"和舆论的舆同义，即众，"舆尸"是众主，即令出多门，将权不一。君王派长子为主将出征，又安排一些庶出的次子掣肘监控，这样干一定凶。

政心无情

人生在世，不可能没有感情。亲情、爱情、友情，组织伦理，江湖道义，有所为有所不为，总不能无情无义。但组织运作必须公私分明，否则遗患无穷，这也是事功中人的共识。历朝历代以女祸亡国者且不说，多少英雄豪杰即因情关未净，辛苦建立的基业毁于一旦。现代商场中，为朋友两肋插刀，因而拖垮本身企业的，亦在所多有。古人诗词中吟唱："问世间，情是何物？直教生死相许。"回荡激越，却也充满风险。

《系辞下传》云："爱恶相攻而吉凶生，远近相取而悔吝生，情伪相感而利害生。"吉凶、悔吝、利害，皆因人际爱恶而起。一般人爱之欲其生，恶之欲其死，圣贤豪杰独能爱而知其恶，恶而知其美。负决策重任的人，身系组织安危，绝不能感情用事。《孙子兵法·火攻篇》云："主不可以怒而兴师，将不可以愠而致战。合于利而动，不合于利而止。怒可以复喜，愠可以复悦。亡国不可以复存，死者不可以复生。"

明用稽疑

下面我们来看一段《尚书》上记载，古代朝廷决定重大施政的过程，出自《洪范九畴》。"洪"是大，"范"是法则规范，"洪范"就是治国大法；"畴"是类，"九畴"是九类。今日民主国家宪法分成几章、几条，《洪范九畴》就是古代的宪法，传说是由殷朝遗族箕子口授周武王，也有说与《洛书》相关。往下我们看的一段，是九畴中的第七，称为"稽疑"。稽是考求同异，稽疑就是施政上有重大疑难，为此召开御前会议，集思广益，以谋解决。

> 择建立卜筮人，乃命卜筮。曰雨，曰霁，曰蒙，曰驿，曰克，曰贞，曰悔，凡七。卜五，占用二，衍忒。立时人作卜筮，三人占，则从二人之言。

《尚书》是有名的佶屈聱牙、辞意晦涩，但这章还好。古代重大施政须进行占卜，为此专设卜筮的官职，有点像国策顾问，现在企业界也有不少老板，聘请某某大师，以各种奇才异能提供服务，共襄决策。卜用龟，雨、霁、蒙、驿、克是烧灼龟甲后，出现的五种裂纹，筮用蓍草，贞、悔代表本卦变卦或内外卦。"忒"是变，"衍忒"就是用以上卜筮的方法推演事态的变化。"时"同是，设立这些人作卜筮，三个人占算出来的结果，若有两人相同，则采纳。这就是少数服从多数，以降低推演过程中失误的可能性。

汝则有大疑，谋及乃心，谋及卿士，谋及庶人，谋及卜筮。

君王若有重大疑难，首先在自己内心中思虑盘算。没有把握，再找高级干部来商量，听取幕僚群的参谋意见。若仍犹疑难定，再派人四处探访民意，侦测民心向背。所有这些协调沟通做完后，万一还拿不定主意，就得进行卜筮。这和我们在占卜玄机中强调的原则相符，三分天意，七分人事，在卜筮前应用尽人智思考，人智已穷，才试占天意。

天意也不是什么很神秘的东西，个人或群体难以控制的自然或大环境因素，包括问占主体体系外的不可测知的互动状况，例如景气循环，就是天意。人的智慧很了不起，但由于人性中蕴含有许多不易突破的限制，例如形形色色的欲望、傲慢与偏见等。有些通过深刻反省，足以自知，但难以断根，有些则根本探测不到。所有这些都会妨害认知的准确性。占卜就是要通过某种人力无法干涉的操演程序，推求出最核心的真实事态。君意、官意、民意，再怎么公正导引，仍有可能只是反映某些优势利益团体的期望而已。天意则能跳出这些人为的框框，单刀直入，显示问题，并暗示解决方向。

汝则从，龟从，筮从，卿士从，庶民从，是之谓大同。身其康强，子孙其逢吉。汝则从，龟从，筮从，卿士逆，庶民逆，吉。卿士从，龟从，筮从，汝则逆，庶民逆，吉。庶民从，龟从，筮从，汝则逆，卿士逆，吉。汝则从，龟从，筮逆，卿士逆，庶民逆，作内吉，作外凶。龟筮共违于人，用静吉，用作凶。

整套稽疑的程序完成后，大致分成六种状况，以及五方面的意见。从是同意，逆是反对。为了分析方便，列表说明如下：

	君王	卿士	庶民	龟	筮	吉凶
一	○	○	○	○	○	大同。身其康强，子孙其逢吉。
二	○	×	×	○	○	吉
三	×	○	×	○	○	吉
四	×	×	○	○	○	吉
五	○	×	×	○	×	作内吉，作外凶。
六	○	○	○	×	×	用静吉，用作凶。

注：○：从　×：逆

第一种状况全票通过，自天佑之，吉无不利。不仅本身受福，政通人和，连后代子孙都受庇荫，逢吉就是大吉。这当然最理想最圆满，称为大同。

第二、三、四种状况，就是少数服从多数。人虽有异议，天意却支持。三比二，推行起来仍会吉利。值得注意的，是君王本身反对，若居于少数，仍得退让。

第五种状况，官民皆有异议，天意亦有分歧。由于龟大于筮，君权威重，虽居二比三的劣势，仍可推行一些内部事项，例如冠婚祭祀等，但对外出师征伐则万万不可。

第六种状况，天意与人意完全相违，这显示人算不如天算，一定有某些致命的隐患没掌握到。最好少安毋躁，重新检讨，安静守常则吉，妄动则凶。

天意方面，由于龟大于筮，所以未讨论筮从龟逆的情况。上古时占卜，以龟为主，筮应属于辅助验算的地位。

《系辞传》末章的十六字真言："天地设位，圣人成能，人谋鬼谋，百姓与能。"谋及乃心，谋及卿士是人谋，谋及庶人是百姓与能，谋及卜筮就是鬼谋。人死曰鬼，易经卦爻辞并非玄之又玄的神谕，而是几千年前，先民艰苦生活历练的总结。

决策模型

《系辞传》中有好几段谈到卜筮，讲得神乎其神：

> 以卜筮者尚其占。是以君子将有为也，将有行也，问焉而以言，其受命也如向。无有远近幽深，遂知来物，非天下之至精，其孰能与于此？参伍以变，错综其数。通其变，遂成天地之文；极其数，遂定天下之象。非天下之至变，其孰能与于此？《易》，无思也，无为也，寂然不动，感而遂通天下之故。非天下之至神，其孰能与于此？夫《易》，圣人之所以极深而研几也。唯深也，故能通天下之志；唯几也，故能成天下之务；唯神也，故不疾而速，不行而至。(《系辞上传》)

“受命如向”，有问必答，有答必准，不受远近幽深的时空限制，都可以预知未来将发生的事情，不是天下最精确的学问，岂能达到这样的境界？参伍错综，卦变爻变，彻底搞通所有变化的来龙去脉，心中有数，便能不忧不惧，不是天下最懂变化的学问，岂能达到这样的境界？无思无为，寂然不动，靠感通互动，即可测知天下事所以然之故，不是天下最神妙的学问，岂能达到这样的境界？

至精、至变、至神，这样高明的道术，当然值得世间一流头脑深入钻研。研究愈深刻，愈能了解天下人的心志；预测愈精确，愈能完成天下人的大事。沉着镇定，心平气和，轻轻松松就突破困难，完成任务。

> “……夫《易》，开物成务，冒天下之道，如斯而已者也。”是故圣人以通天下之志，以定天下之业，以断天下之疑。是故

蓍之德圆而神，卦之德方以知，六爻之义易以贡。圣人以此洗心，退藏于密，吉凶与民同患。神以知来，知以藏往……探赜索隐，钩深致远，以定天下之吉凶，成天下之亹亹者，莫大乎蓍龟。(《系辞上传》)

《易经》包括尽天下的道理，开发资源，建功立业。圣人借此沟通天下人的心志，成就天下的事业，决断天下的疑难。蓍草的德性圆通神妙，易卦的德性方正理智，六爻的时义在《易经》中讲得很清楚。圣人借易经修行，锻炼心志，深思慎行，是吉是凶，都与群众共患难。蓍草的神妙在预知未来，易卦的智慧系因综合了前人宝贵的经验，探索事态最幽深隐秘的层面，作最深远的考量，以确定天下事的吉凶。让天下人勤勉做事，力争趋吉避凶的，没有比蓍草和龟甲再灵验的了。

能说诸心，能研诸虑，定天下之吉凶，成天下之亹亹者。是故变化云为，吉事有祥，象事知器，占事知来。(《系辞下传》)

在心中反复思索《易经》的道理，揣摩事态的变化，以图趋吉避凶，是很过瘾、很喜悦的事。由人的一言一行，可看出事态的变化，吉祥的事情必有预兆，占卜可以预知未来。

《中庸》与《易经》相表里，同样强调：“至诚之道，可以前知。国家将兴，必有祯祥；国家将亡，必有妖孽。见乎蓍龟，动乎四体。祸福将至，善，必先知之，不善，必先知之。故至诚如神。”

大陆学者欧阳维诚著《周易新解》一书，将六十四卦，每一卦都看成是一个六维的布尔向量，阴阳爻代表不利和有利的因素，六爻叠置起来，即构成思维决策的数学模型，而卦爻辞则是解释决策模型的例题。这种想法，舍弃了传统承乘应与的关系，显得狭隘单调，但点出《易经》与决策的密切联系，也颇有创获。

六十四卦，三百八十四爻，皆可用来决策，而夬卦（䷪）更是决策过程的描写。五阳对决一阴，最上面的阴爻，象征众人心中难缠的疑惑，不弄清楚，不得释然。卦辞云：“扬于王庭，孚号有厉。告自邑，不利即戎，利有攸往。”《彖传》云：“夬，决也，刚决柔也。健而说，决而和。扬于王庭，柔乘五刚也。孚号有厉，其危乃光也。告自邑，不利即戎，所尚乃穷也。利有攸往，刚长乃终也。”

“夬”同决，就是决策，以信心和勇气解决疑难。“扬于王庭”，即付诸公议，将问题摊在大庭广众前来讨论。“孚号有厉”，以诚信号召与会群众，勠力解决问题。公平、公正、公开。“告自邑”，告诉自己组织内的同志。“不利即戎”，问题没弄清楚前，不要贸然行动。“利有攸往”，讨论清楚了，大伙儿再一起往前干。“刚长乃终”，最上阴爻也变为阳，夬卦变成乾卦，疑难冰释，定案行动。“不利即戎，利有攸往”，正合乎前面讲的康熙帝庭训：“戒急用忍，决定不移。”

我有几次面临重大兴革，自己难以定案，都占到夬卦，遂召开会议，集思广益以解决之。人生决策，实在很难，成败所系，荣辱攸关，浸淫易理，于此确有裨益。世之豪杰君子，盍兴乎来？

第九章　甲子春秋：中国史上的六甲轮回之说

天下大动的1984

明月几时有，
把酒问青天。
不知天上宫阙，
今夕是何年。

苏轼的《水调歌头》，据清人刘体仁的评论，说是“天问之遗也”。中国文学史上的“天问体”起自屈原，这位汨罗投江的诗人面对茫茫宇宙，有他规模极大的困惑：“天何所沓？十二焉分？日月安属？列星安陈？”从天地的生成及十二辰次的划分，一路追问到日月星辰的系属和陈列。这些问题不仅当时的人无法解答，其实就是到了今日也仍然是个悬案。开天辟地的事固不必说，便是日月星辰的排列与秩序，也绝非仅凭现代天文学的成就便足以掌握。前两年美国的航行者二号太空船将探测土星的最新资料送回地球时，就引起了天文学界极大的震撼，许多科学家都承认：人类现有的天文学知识还贫乏得可怜，土星光环里那种种奇异的现象，几乎对所有既定的科学定律提出了挑战。如此看来，这天问的传统还有得延续，人类注定要在这条路子上夸父逐日了。

或许便是基于这种对科技探索不完全信任的心理，在趋近公元2000

年的 20 世纪 80 年代里，占星术及与其氛围相似的一些学问，又有死灰复燃的趋势。小自个人的命理流年、存亡休咎，大至整个时代的态势动向，都有人援用古老的说法予以预测。《推背图》、大预言，无论属中属西，绘声绘影，姑妄听之之余却也惊心动魄。

三十多年前英国作家奥威尔的一本小说，在世界掀起讨论的热潮下，经过报纸杂志的渲染，同样成了茶余饭后脍炙人口的主题。

姑且不论所有这些说法究竟有多少事实的依据，人一辈子要赶上这么多中西象征系统的辐辏，也着实不易。“姑妄言之妄听之，豆棚瓜架雨如丝。”生业之余，针对几种说法“聊斋志异”一番，也算不负这段因缘。

六甲轮回的中国史

中国以干支纪时，据说始自三皇中的天皇氏，又说黄帝时命大挠氏以天干配地支（枝）而始作甲子，总之是够遥远的了。若按照辛亥革命后，中山先生以民国元年元旦相当于黄帝纪元四千六百零九年十一月十三日的算法，则第一个传说中的甲子年应为公元前 2697 年，从那时到现在一共经过了七十八个甲子，刚好是六的倍数。有一种说法便是在这个六字上做文章，而将“天下大动”的轮回数从七十八节缩到十三。通过这个简单却稍嫌机械的模式去追溯，我们能探寻出什么样的结果呢？

三百六十年前的那个甲子年，是明朝倒数第二个皇帝明熹宗的天启四年（公元 1624 年），根据名小说家金庸在《袁崇焕评传》中的描述，熹宗是个痴爱木工的昏君，军国大事都落到了宦官魏忠贤的手中处理。魏忠贤是明史上坏出了名的大奸巨恶，那年正是他遭左副都御史杨涟弹劾二十四大罪，东林党的知识分子与东厂的特务集团彼此斗争最烈之时。当时国内外的局势，是东北的满洲已成莫大边患，而境内又不断有民变兵乱。更值得注意的是整年里天灾不断：二月、三月及十二月，在山海关、北京、南京等地发生规模极大的地震（史书上的记载相当生动，用字极为强烈，如："宫殿动摇有声""坏城郭庐舍""地复屡震""地震如雷"等）；七月，徐州附近黄河决堤，城中水深丈余，州治迁到了云龙山上去；六月，全国各地都下大雨雹。

再往前推六甲子，是南宋灭亡前七年（宋理宗景定五年，公元1264年）。其时贾似道专权误国，临安府学生叶李、萧规上书斥责，结果被贾黥面且发配福建。当年若按照传统迷信的说法，天象颇有异变，最大的就是七八月间有彗星出现，"光烛天，长数十丈"，经过了五十多天才化灭。七月，京城还有一次大火。

公元904年是唐末，三年后朱全忠便篡唐而开始了所谓的五代十国。公元544年是南北朝，北朝那时已分成东魏、西魏，南朝则由造成以后当和尚吃素的梁武帝统治，当年没有什么大事可记。公元184年是东汉灵帝中平元年，黄巾军造反，天下大乱；灵帝怕党人与黄巾军合谋，大赦党人，解消了前后二十年之久的党锢之祸，然而国事已不可为。公元前177年是西汉文帝三年，文帝一般说来算是个好皇帝；五月，他用张释之为廷尉，有人从长安的中渭桥下走过，惊动了他的圣驾，捕交廷尉后，张释之依法只科以罚金，而文帝能在盛怒下接受"法者，天子所与天下公共也"的正论，殊为不易。

公元前537年是春秋末期鲁昭公五年，离孔子作《春秋》"获麟绝笔"的哀公十四年尚有五十六年，距春秋时代开始（所谓元年春王正月）的鲁隐公元年已有一百八十六年。按公羊家三世义整套象征系统的说法，此时已迈入"人人皆有士君子之行"天下为公的太平世；故而夏天时莒大夫牟夷据牟娄、防邑，兹邑降鲁这桩史实，到夫子笔下就处理成了"夏，莒牟夷以牟娄及防兹来奔"的《春秋》经文。在牟娄与防兹之间加一"及"字，是表示公私分明，前者是公邑，后二者是私邑的缘故。

根据以上的叙述，似乎"六甲轮回"的说法还颇有一些道理。除了汉文帝、梁武帝那两次外，明末、宋末、唐末、汉末都是天下大动之时，其中尤以明末的那一次最让人触目惊心。当然，这里还涉及一个祸福主体的问题。老子《道德经》上说："祸兮福之所倚，福兮祸之所伏。"大往小来，阴消阳长，宇宙大化总是故故不留，刹刹生新。就整体长远的观点来看，有时塞翁失马，确实焉知祸福。这和《易经》卜卦断卦的历程有点相似，卜卦近乎套公式运算，所占出的卦爻辞出入总是有限，但断卦就难了，占者的势位德能是否与占辞相应还大有计较。例如，一个卑鄙猥琐的标准小人若占到乾卦，不仅不能"元亨利贞"，反而可能有最坏的遭遇；又如占者德能俱佳，虽然占到了不好的卦爻，一样会留有无限的生机。这就是传统讲"《易》为君子谋，不为小人谋"的道理。所以孔子说"不卜而已矣"，又称"丘之祷久矣"，真正的趋吉避凶全在于平素的德业修行，临时抱佛脚、行险侥幸终究是不济事的。因此，个人的命理流行固然与进德修业有关，整个时代的气运也还是系于当代所有人集体的作为。至于祸福吉凶的评估，则仍应以多数人的遭遇为准，而不在乎旧朝新朝的几家欢乐与悲愁。元曲作家张养浩的《山坡羊》里一句"兴，百姓苦；亡，百姓苦"，最能提醒人这无比重要的一点。

另外，便是祸福范围的问题，六甲轮回既然在中国史上表现得煞有介事，那么在同时代的西方如何呢？有趣的是几乎毫无影响，上述的每一个年头都平淡无奇、乏善可陈。这是不是表示甲子玄机（假定确有这股神秘的主宰力量）只能在中国世界流行而无法捞过界呢？一套人为的象征系统是不是会受其创制时的时空条件限制，难以放诸四海而皆准呢？如果是这样，那么两套不同的象征系统间又应如何转译而获得沟通？沟通后有没有可能汇流而合并成一套更普遍、更完备的系统？这些问题若继续追索下去，只怕会没完没了，还是暂且打住吧！

无论如何，像这类偏神秘性的理论基本上是属于统计性的，由于关涉的对象太广泛也太复杂，所需处理的变数太多；故而不太可能做到绝对精确的程度。六甲轮回就是一个很好的例子，"每隔三百六十年天下大动一次”的基本观念事实上就嫌过于简化，人文世界的现象千变万化，哪里是套用几个简单的公式就足以全盘掌握的呢？归纳的通则也许是必要的，但还得能容纳许多例外的情形成立。换句话说：面对庞杂无章的原始资料，我们是需要条分缕析地整理出一些规律性，但实际应用时，不可对这些规律性太过执着，而必须考虑在每一个具体情境中种种新生的变化，随时作灵活弹性的运用，“知常容变”才是一个成熟的人文理论应有的形态。《易经・系辞传》上说“《易》之为书也不可远，为道也屡迁。变动不居，周流六虚，上下无常，刚柔相易。不可为典要，唯变所适。”真是做了最适切的说明。中国传统经学强调“《诗》无达诂,《易》无达占，《春秋》无达例”，也是基于这点认识而有的立论。

1984 超级甲子年

一般夏历年是分成廿四个节气，依次分别为：立春、雨水、惊蛰、春分、清明、谷雨、立夏、小满、芒种、夏至、小暑、大暑、立秋、处暑、白露、秋分、寒露、霜降、立冬、小雪、大雪、冬至、小寒、大寒。闰年时则可能有双立春的情形，也就是一年内会过廿五个节气。眼前这个甲子年尤其特殊，由于闰了一个十月小，而头一个立春又在大年初三（阳历是 2 月 4 日）的缘故，竟然出现了双立春、双雨水一共廿六个节气的情况。头一个雨水是在正月十八（阳历 2 月 19 日），第二个立春是在腊月十五（阳历已到了 1985 年 2 月 5 日），第二个雨水则挤在腊月除夕最后一天赶上了班（1985 年 2 月 20 日）。这种机缘不能不说相当罕见，据懂历的人说，差不多要上千年才会出现这么一次。如此说来，我们真是撞上了个千载难逢的超级甲子年了。至于双立春、双雨水会带来些什么影响，倒也没有什么明确的说法，但至少几方面的概率巧合，已够让人咋舌的了。

中国史上的天人感应说

总归以上的种种说法，我们可以发现，所有这些象征系统背后都有一个基本假设，那就是天人感应的原理。天地间的各种自然变化，日月星辰的时序安排，都会对孕育于其中的人产生许多可测及不可测的影响；而人事的美恶休咎，也会反映到自然界，引发许多罕见的征验。人的悲欢离合与月的阴晴圆缺除了类比的关系外，还可能有某些神秘的关联与牵引。这个问题要讲得大了，跟整个中国思想的性质都有关，这里且不做深入的讨论，仅就和本文主题相关的几点略做分析如下。

中国史籍中一向有记灾异的传统，清朝康雍年间编的《古今图书集成》在《历象汇编》里专门列有“庶征”一典，包括天变、日异、月异、星变、风异、云气异、霾雾异、虹霓异、雷电异、雨灾、露异、雹灾、旱灾、火灾、光异、寒暑异、丰歉、疫灾、地异、山异、石异、火灾、水异、冰异、人事异、人异、血肉异、梦、谣谶、声音异、宫室异、器用异、饮食异、神怪异、禽异、鸡异、兽异、鸟异、牛异、犬异、鼠异、鳞介异、虫豸异、蝗灾、草木异等部，将历朝历代所发生的大小灾异集于一书就充分显示了传统重视灾异的精神。“庶征”是“众验”的意思，语出《尚书·洪范》：“天乃锡禹《洪范九畴》……次八曰念用庶征。”“庶征”的内容则为：雨、旸、燠、寒、风。意思是说，自然界雨、旸、燠、寒、风五气的变化是因时而至，所以作为诸般人事的应验。“念用庶征”就是教人见到这些自然变化得深自警醒，善修人事以免天咎。

《春秋》上记的灾异相当多，其叙事简洁的笔法亦为后代史书树立了典范。如“螟”“螽”“无冰”“大饥”“无麦苗”“秋大水”“冬不雨”“大雨雹”“夏大旱”“秋有蜮”“冬多麋”“梁山崩”“雨螽于宋”“夏齐大灾”“有鸜鹆来巢”“九年春宋火”“庚辰大雨雪”“九月癸酉地震”“冬十月雷霜杀菽”“已卯晦震夷伯之庙”“三月癸酉大雨震电”“秋七月有星孛入于北斗”“自十有二月不雨至于秋七月”“十有六年，春，王正月，戊申，朔，贾石于宋五。是月，六鹢退飞，过宋都”“十有四年，春西狩获麟”等，我们几乎可以在每一本史书中都见到类似的句型。至于传统的《公羊传》注疏，更是大谈灾异，将天人感应的理论发挥到极致。如“石者，阴德之专者也；鹢者，鸟中之耿介者，皆有似宋襄公之行。襄欲行霸事，不纳公子目夷之谋，事事耿介自用，卒以五年见执，六年终败，如五石六鹢之数，天之与人，昭昭著明，甚可畏也”。又如“螽犹众也，众死而坠者，群臣将争强相残贼之象。是后大臣比争斗相杀，司城惊逃，子哀奔亡，国家廓然无人，朝廷久空，盖由三世内娶，贵近妃族，祸自上下，故异之云尔”，以及“鹳鹆犹权欲，宜穴又巢，此权臣欲国，自下居上之征也，其后卒为季氏所逐”，等等。

当然，我们今日来看这些理论，很多都已不合时宜，万难采信，但若就此一味嗤之以鼻，完全抹杀它的价值，却也未免失之浮躁。汉儒讲究天人感应的阴阳五行之说，固然受了时代的限制，牵连附会的成分很大，但其中也并不是没有用心良苦之处。董仲舒在他著名的《天人三策》中论称：“臣观天人相与之际，甚可畏也。国家将有失道之败，而天乃出灾害以谴告之。不知自省，又出怪异以警惧之。尚不知变，而伤败乃至。以此见天心之仁爱人君，而欲止其乱也，自非大无道之世，尽欲扶持而安全之，事在强勉而已矣。”谈灾论异，耸人听闻，其实终极的目的还是在劝导人君“强勉而已矣”。孔子作《春秋》详记灾异，其用心更为平实，据董子《春秋繁露》所释：“至意虽难喻。盖圣人者，贵除天下之患。贵除天下之患，故《春秋》重而书天下之患遍矣。以为本于见天下之所以致患，其意欲以除天下之患。”由此可见，汉儒喜言灾异，还未必就是对天人感应的说法深信不疑，而是借着当时流行的天儆天诫的说法，多少予专制君权相当的限制。同样，这种做法发展到后来，历代的皇帝亦每每利用消弭灾异的理论，达到其扫除异己、借刀杀人的目的。例如汉成帝时杀宰相翟方进的事，哪里是因为“荧惑守心”，根本就是政术上的借题发挥，不管星象如何异变，翟方进恐怕都死定了。阴阳五行之说与专制王朝的政教结合，并不完全是信仰在发挥力量，其中绝对有相互利用的成分在。我们再由历代开国君主的制造祥瑞，什么白帝子、赤帝子及紫气东来之类，更可见出个中机关。“智者创述，愚者守之”，许多东西当热闹看看可以，实在认不得真。

危机四伏的1984？

再者，中国思想虽然多谈天人合一，但强调的重点却往往落在人能创造上。《尚书·皋陶谟》中“天工，人其代之”的主张，气魄极大；《易经·系辞上传》“开物成务”“知周乎万物而道济天下”的态度也不可忽视（明代宋应星的科技名著《天工开物》便是上述两观念结合而定的书题）。“天地设位，圣人成能，人谋鬼谋，百姓与能。”《系辞传》末章这段话，将人在天地之间的创造活动看得极重，而“先天而天弗违，后天而奉天时”更将天人之际微妙的辩证关系交代了出来。“天道鼓万物而不与圣人同忧”，人道与天道合中毕竟有分，同中判然有异。所谓“先天下之忧而忧”，谈灾论异，虽然讲的是天道，真正忧心的却还是圣人。因此，《易经》的卜筮、《春秋》的灾异、《尚书》的庶征祸福，个中都寓有人道极深的用意。民初大儒马一浮先生在《复性书院讲录》的“洪范约义序说”中，有一段话说得很清楚：“知帝天皆一性之名，则知畀锡非同符瑞，知灾祥即惠逆所兴，则知福极皆由自取。虽应《洛书》之数，实自然之理，而非有假于神异也。虽立卜筮之法，特询谋之详，而非专于蓍龟也。学者苟能寻此数端，亦可弗迷于众说。”

走笔至此，已是癸亥年丁未日（1984年1月14日，腊月十二）朔风凄紧的暮冬清晨，眼前这个不同凡响、微妙神秘的甲子年已日渐逼近。公元1000年前夕，中古欧洲妖言横行，世界末日的恐慌，以基督神谕的姿态造成当时的人心惶惶；结果钟声敲过，一切安吉无事，徒然留下庸人自扰的笑柄。如今2000年将届，世界形势已大非昔日可比，核武器的毁灭威力令人常怀“浩劫后”的忧惧，人类辛辛苦苦创制累积的文明，真是会在这代人的昏昧中付之一炬吗？“明月青天几时有？我今停杯一问之”，李白、苏轼，可谓大哉天问，然而现代人更应重视的，恐怕还是“天道远，人道迩”百劫淬砺的人文精神。1983年国际局势的险恶，已让人卧不安枕。“天作孽，犹可违；自作孽，不可活。”与其惊灾惧异，莫不如反求诸己，承敝起新，拨乱反正，同谋人类的太平之境。正是：

但愿人长久，
千里共婵娟。

第十章　天龙八部论《易经》

《易经》为群经之首，自古即称难读，有天书之称。由于创作的时代悠久辽远，从传说伏羲画卦起，到孔子集大成后经传逐一齐备，整个发想、推演乃至编纂定稿的过程，长达数千年，所使用的文字又极为精练，常有一字多义及意在言外的情形，以致解经者人言人殊，莫衷一是。《四库全书》收书三千多种中，《易经》部分就占了四百多种，现代人若以一月一种的速度阅读，也要花上三四十年才能看过一遍。这还只是收录进库的书种，若连那些未收录的，以及《四库全书》之后近现代人的著作在内，恐怕都有上千种，人一生肯定无法尽读。

易学流传分义理、术数二宗，前者启迪思考重实践，后者精算衍象推未来，见仁见智，数千年来各自发展出庞杂的体系。虽然良莠不齐、媸妍并见，现代人沙里淘金，仍能有不少惊喜的发现。

晚近科学昌明，世态大变，研《易》者又有科学《易》的呼吁与提倡，析理亦能自圆，可惜举证未见富实，看来尚有一段漫长的路子要走。

这些年来，易学研究在世界各地又有复燃的趋势，姑不论专业水平及热衷的动机如何，在人类高智文明的发展上，总是一段难得的缘法。

遥想《周易》以卜筮之书的外貌逃过秦火，不知跨世纪后，以唯变所适著称的经王又会有番怎样的表现？

比之匪人

留美学者傅伟勋前些年罹患癌症，一生治学讲学，在哲学和宗教的领域中推阐生死的奥秘，而今亲临其境，备尝千古艰难，挑战自是不同。在与病魔搏斗的历程中，又积累不少真实的领悟，遂成《死亡的尊严与生命的尊严》一书。台湾地区学界因此缘法，倡议在大专院校设立“死亡学”的课程，稍后或嫌名称不适当，又改称“生死学”，一时之间也能酿成风潮。

曾有一本由美国精神医师执笔的译作《前世今生》在坊间大畅销，流风所及，触发对轮回以及生前死后世界的热烈探讨，电视上所谓的催眠术也大行其道，芸芸众生如痴如狂，随着大师们的操控起舞。很多现代人内在生命的缺乏主宰，精神欲求的泛滥无归，于此更见一斑。

某大学因应时尚，也办了一系列探讨死亡的讲座，我亦受邀以《易经》的观点阐述看法。实在来说，颇感困惑，不过仍接受挑战。《易经》虽称天人之学，思维的层次甚高，所有论断仍然基于实证，经传全文两万多字，无一不从血泪中得出。孔子说：“未知生，焉知死。”生前死后的世界，任何人都不可能有实际经验，即使濒临死亡，仍然不能算数。那么，捕风捉影、自欺欺人，如何能成学问？轮回之说，难通之处甚多，魏斯医生的前世疗法本身即破绽百出，其实以科学而论，他那本书根本就没有证明什么。乱世人心如麻，会趋之若鹜也无足怪。

为了准备演讲，我将《易经》全部又仔细看了一遍，经典畅演生生之象，尊生主动，不涉玄虚。八卦相重为六十四卦、始壮究后接着始壮究，既济之后以未济终焉。虽强调终而复始之义，与轮回旨趣可完全不同。《易经》重时，处处提醒人时义大矣哉，逝者已矣，来者难测，最应把握的还是当下眼前，未能事人，焉能事鬼？与其追逐前世或来生，莫不如今世老实修行。《系辞传》中有言鬼神，人死曰鬼，有遗爱在人、精神不朽者称神，这和一般宗教上的鬼神观也不同。神明之德代表宇宙人生的固有大能，若开发合宜，可往前伸展而有无穷无尽的创造，由于人能弘道，非道弘人，所以神而明之，存乎其人。肉身有时而尽，智慧贡献无穷，所以“人谋鬼谋，百姓与能”。

比较耐人寻味的，当推《系辞上传》第四章：“《易》与天地准，故能弥纶天地之道。仰以观于天文，俯以察于地理，是故知幽明之故。原始反终，故知死生之说。精气为物，游魂为变，是故知鬼神之情状。”

“幽明之故”尚可解释成事物表里内外的关系，台面上和台面下的真实情状，借着仰观俯察可确切掌握，“死生之说”“鬼神之情状”，又如何知晓呢？“原始反终”“游魂为变”，说得过于简略，难明所以。《系辞传》作者对此难解的生死问题，真有超绝的慧悟吗？

《中庸》和《易经》相表里，其中亦有一段费人疑猜：“子曰：‘鬼神之为德，其盛矣乎？视之而弗见，听之而弗闻，体物而不可遗。’”看不见，摸不着，体察万事万物却又不能否认它的存在，无定在而无所不在，孔子此处所言鬼神，究竟指的是什么？

以上的疑惑，大概只能存而不论。《系辞传》往下所述，又回归正轨：“乐天知命，故不忧；安土敦乎仁，故能爱。”仁者不忧己私，前世无凭，来生缥缈，乐观奋斗，当下即是，爱人爱物，超脱轮回，方证无上菩提。

依经观想已毕，似有所悟，亦若有所失。蒙眬中突发奇想：何不用大衍之占一试？不管结果如何，或根本违反《易》数的范则，至少也是游戏文章，对听者有个交代。

Q1：真有“前世今生”吗？

A1：比卦（䷇）六三爻变，依例应以爻辞断占：“比之匪人。”《象》曰：“比之匪人，不亦伤乎？”

看了答案后，我真有些惊异莫名。比卦主旨为比附、结盟、互助，以扩充实力、增强生存的信心。但六三之爻不当位，上无应与，急于投靠却找错了对象。“匪”同非，比之非人，达不到合作目的，当然会有损伤。

人会有探索前世的冲动，多半在现世不安其位，希冀来生，也是与生俱来的欲壑难填，吃了碗里看着锅里，总想占尽便宜或补偿损失。偏偏上无应与、美梦难圆，空逐一世，耗尽心神。互助应找同类，修己才能安人，荒废当世实务，向往非人世界，这不是糊涂吗？

“比之匪人”，意蕴深长，玄机既已启动，干脆继续请益：

Q2：人的智慧能探测前世吗？

A2：谦卦（䷎）不变，依例以卦辞断占：“亨，君子有终。”

谦卦一出，天意更是昭然若揭。人的智慧是很了不起，但面对这种问题，还是应该谦虚，知之为知之，不知为不知，承认一些必有的限制，不预设立场，不自寻烦恼。谦卦的《彖传》有云：“天道亏盈而益谦，地道变盈而流谦，鬼神害盈而福谦，人道恶盈而好谦。”满招损，谦受益，天地人鬼神皆不例外。既然如此，还有什么好疑惑的？

演证至此，想起孔子在《论语》中的话：“务民之义，敬鬼神而远之，可谓知矣！”以及“祭神如神在”的滑头态度，不免由衷佩服夫子的高智。毋意，毋必，毋固，毋我，易简而天下之理得矣！

人心惟危

易占为何会精确，其间真正的作用机制究竟如何，实在并不容易明了。我目前的假说是这样：《易》卦以阴阳爻为基本单位，六十四卦暗合电脑二进位制的数理，整部《易经》就像座高度压缩的资料库，精练的卦爻辞中涵藏着极丰富的信息。占卦时，占者以念力启动，将心中的疑虑输入，经过快速寻址后，资料库再通过占筮程序将答案输出，占者根据卦象解码断占，以为趋吉避凶之参考。

由于意念主导整个占筮过程，所推衍显现出来的卦象，除代表主题范围内的物象、事象、众生相外，也可能反映出当事人的心象。以此而论，活用易占可探测重要对手的真正意图，甚至用来测谎。一般断案上的测谎器，借着和疑犯间的问答，测其心跳、体温、血压等参数的变化，而决定其陈述的真伪，对普通人可能有效，对喜怒不形于色的大奸巨恶就不行。易占不用任何仪器，直入幽微，且属遥感探测，对方根本防不胜防，稍弛戒备即现出原形。

据此再作推衍，知人知面难知心，人际酬酢总是假的时候居多，所谓害人之心不可有，防人之心不可无，我们在人海升沉，不能不培养些自保的智慧。既然大家都“逢人只说三分话，未可全抛一片心”，成功立业须同心同德、明辨敌友之时，事起仓促，造次与颠沛间，如何精确判断？政争激烈，非我同类，其心必异，纵横捭阖，如何取舍？兵不厌诈，生死一线，用间与反间，如何明鉴真伪？商场多诡谲，虚虚实实，动静出入，如何征信？情海生波澜，爱恨交织，孰为真情，孰为假意？《系辞上传》云：“《易》无思也，无为也，寂然不动，感而遂通天下之故。非天下之至神，其孰能与于此？”静坐感通，洞见幽隐，我自己就有好几回难忘的经验。“夫《易》，圣人之所以极深而研几也！唯深也，故能通天下之志；唯几也，故能成天下之务；唯神也，故不疾而速，不行而至。”人心机微，关乎吉凶成败甚巨，值得深入探究；不疾能速，不行能至，显示念力传播无远弗届。

易占测心，观人之外应该还能观己，观人重在自卫，观己志在修德。反身而诚，善莫大焉。

有一次，一个女孩婚姻发生问题，自占得中孚卦（䷼），六三、初九两爻可变，未值宜变之位，依例以卦辞断占：“豚鱼吉，利涉大川，利贞。”中孚是百分之百的诚信，信及豚鱼，小处用心，可渡过一切险难。卦虽如此，两个动爻却如实反映了她内心中的矛盾。

初九爻辞云：“虞吉，有他不燕。”《小象》云：“初九虞吉，志未变也。”“虞”是安乐，做到就吉。若存有其他想法，自寻烦恼就不会快乐，《小象》强调志未变，提醒当事人保持初衷。

六三爻辞云：“得敌，或鼓或罢，或泣或歌。”《小象》云：“或鼓或罢，位不当也。”情海生变，佳偶成敌。想鸣鼓进攻，念及恩情又作罢；时而伤心欲泣，时而高兴欲歌。战与不战间，女心千万难。

有一次，我为自己一些烦恼困惑不解，为断除心魔，乃深自占断，竟得临卦（䷒）初、二、五、上四爻皆动，又未值宜变之位，依例应任四爻齐变，而得观卦（䷓），以观卦卦辞为主断占：“盥而不荐，有孚颙若。”

临、观二卦相综相续，实为一体两面。《杂卦传》云：“临观之义，或与或求。”临是面对治理，强调服务和奉献，观是保持距离，塑造美感而有所需求。遇临之观，表示服务的热忱已经变质，其实存有强烈的渴求，“元亨利贞”未实现，形势逆转为“至于八月有凶”。基督教称“施比受有福”，佛家力言求不得苦，既然如此，还是收摄心神、返归本位吧！

因为一念之转，造成吉凶异位，所以历代占筮皆强调正心诚意的重要。心思愈专注，愈可能得出最佳解，心思不净，杂念纷呈，可能出现次佳解，甚至完全离谱而不具任何参考性。蒙卦卦辞云：“初筮告，再三渎，渎则不告，利贞。”即为最有名的戒律，清净心一旦蒙尘，自然会影响占筮的准确度。另外，如比卦强调“原筮，元永贞”，观卦“盥而不荐，有孚颙若”，都是基于类似的考量。

大衍补遗

《系辞上传》明文记载，大衍之数的占筮法，经高亨窥破“天地之数五十有五”的玄机、确立变卦法之后，应为所有现存占法中最有理论根据、最精密，也最生动的法门。有关其方法的介绍，我在第三章“占卜玄机”中已有陈述，近些年来即占即学，深悟其妙，谨将最新的心得稍做披露，以就教海内外方家，并供易学同好参研。

六爻营数相加，得出卦的营数，最小为三十六，最大为五十四，永远比天地之数五十五少，这点相当耐人寻味。人算不如天算，人工无论怎样经营，人智如何腾挪求变，都不可能逆天而行，逾越了自然的范畴。孙悟空精擅变化，筋斗云倏忽来去，却跳不出如来佛的手掌心。人本身亦属自然的产物，既是观众，也是演员，都有其观点上的限制，一卦中多爻思变的情况下，必得运用天地之数减去卦的营数，以决定客观宜变的时位。这就是形势比人强，天时地利人和，总体的趋势大过个体的考量。世间固然多矛盾，世态仍以相对稳定者居多，变卦绝不容易。

一卦六爻，超过三爻思动，又未值宜变之位，本卦即呈现不稳而往变卦趋动，若恰好三爻动，则形成拔河式的“贞悔相争”局面。这是高亨变卦法的精义，揆诸事理人情，颇能自圆其说，但我们还可深入推阐：过半数通过，合乎民法则，但世间事未必皆然。以上是依爻的数量演变，而爻的品质，亦即对全卦影响力的大小，应该列入考量。

六爻中，五爻为君位，主导全局，影响力无与伦比。五爻若动，无论客观形势宜不宜变，本卦均呈现高度不安。二爻为下卦中位，象征在野的意见领袖，二、五爻间的互动为最重要的配合关系，影响全卦甚巨。四爻为功高震主的权臣之位，一言一行亦动见观瞻。以上三爻合构成全卦稳定的基础，三爻若动，虽遇贞悔相争，多半往悔卦变动，而须以悔卦卦辞断占。初爻位卑职微，上爻失位势穷，三爻阳则过刚不中、阴则不当位，此三爻势力分散、影响有限，若逢贞悔相争，多半留滞原卦，无力往悔卦变动，仍以本卦卦辞为主断占。

依此类推，凡重量级的爻可变，即使未逢宜变，仍有可能径自变动，而须以爻辞论占。若可变之爻到达半数，还可能带动三爻齐变，变成以悔卦卦辞断占。

因此，我于 1992 年问公司业绩所占得之剥卦（䷖），五爻可变，虽未值宜变，因影响重大，仍依六五爻辞“贯鱼以宫人宠，无不利”变化，而彻底扭转了剥卦卦辞“不利有攸往”的局面。

四爻动，未值宜变，依例应任四爻全变为之卦，以之卦卦辞论占，前节所举“遇临之观”观为范例。但若不变的两爻为五、二配或五、四配呢？能不能挡住本卦的变动？二爻动，未值宜变，依例本卦不动，仍以本卦卦辞断占，前节所举中孚初、三爻动即为一例。但若欲变之爻深具实力的五、四配或五、二配呢？两爻之间既无明显冲突，又配合良好的话，能不能带动两爻齐变而生变卦呢？

还有，以五、四、二位为主力重爻是一般而论，六十四卦中，仍因卦之时义而有初、三、上位为关键爻的情形，届时又另当别论。例如复卦（䷗）一阳复始，初爻挂帅；姤卦（䷫）一阴潜生，不可轻忽；升卦（䷭）“柔以时升”，“积小以高大”，初六“允升大吉”。谦（䷎）卦九三劳谦，万民敬服。颐卦（䷚）上九供养全局，“利涉大川”；艮卦上九“敦艮吉，以厚终”。以上诸爻若动，皆须考虑爻辞内涵，以及可能牵动全卦变化的情形。

三爻以上动，若值宜变，该爻即变，以该爻爻辞断占，不会产生多爻齐变的情况。由人性设想，非常合理：卦中有动爻，就像组织中有个性极强者或异议分子一样，爻辞即代表其意见或主张，未值宜变，表示其意见未受重视，失意者彼此串联，可能一起变天颠覆原卦，此即三爻以上由贞之悔的情形。若某一动爻恰值宜变，表示其个人主张已受肯定，可放手施为，这种情形比联合叛变风险低且利益高，他当然选择本身爻变，而以其爻辞占断全卦吉凶。

爻变以爻辞为主断占，而非以变卦卦辞，其实并不难理解：爻本意为效、为交，仿效天下之变、为两卦之交。严格来说，爻辞代表群体中个体特色的凸显，静爻时不彰，动爻时急欲表现，再值宜变，主客观条件配合即大放异彩，释出潜蕴的能量。爻变归爻变，个体出头仍得重视整体的和谐，爻仍属卦中一分子，并未严重到全卦都得变动的地步。真正的变卦是由未值宜变的诸爻齐变所造成，或贞悔相争，或由贞之悔。占筮时遇爻变，表示本卦中该爻的个别作用已发动，爻辞所言，即预示了未来的趋势发展。

爻和所属卦的关系，当如王弼在《周易略例》中所言：“夫卦者，时也；

爻者，适时之变者也。”爻辞创作，除考虑本身当位得中等条件外，亦比较和其他爻间承乘应与的互动关系，更重要的是须依从卦之时义，奉之为最高圭臬。例如随卦（䷐）重当下眼前，随机应变，所以爻位只论近距离的承乘，不论远距离的应与关系；又如无妄卦（䷘）重固有自发之诚，不假外求，所以初九无应与往吉，其他诸爻相应与，反而惹疾招灾。爻之吉凶受制于卦之时义，爻随卦转，个人再特立独行，也摆脱不了时代环境的深刻影响。

爻辞既然参考卦之时义而作，爻变即不可能逾越原卦适用的范围，亦即尚未造成卦变，所以不以变卦卦辞断占。

爻和卦的关系，若以组织架构视之，可将六爻的平面符号改绘成近似金字塔的沙漏状立体：老子云：“贵以贱为本，高以下为基。”任何组织，阶层愈低，成员愈多，初爻代表最基层，五爻居君位，为金字塔的顶尖，上爻失势过时，代表退休阵营。上卦为居高位的管理阶层，以五爻为核心；下卦为中低位的基层势力，以二爻为代表。上下卦的互动决定全卦的特性，朝野协商、府会制衡，关乎施政的品质。

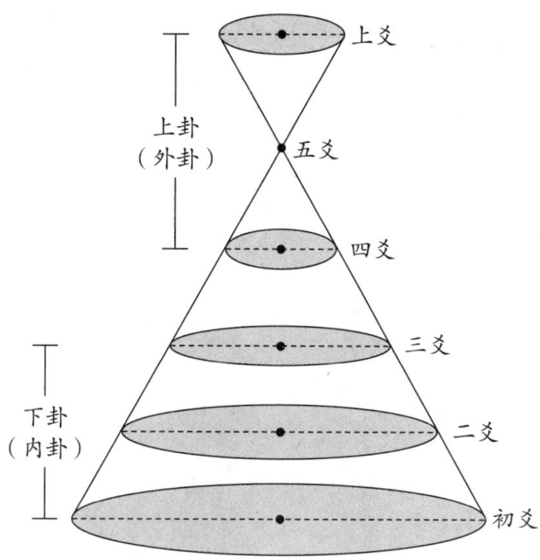

大衍之法，三变定一爻，变余所剩之策只有 36、32、28、24 四种，亦即揲之以四的总次数为 9、8、7、6 四个营数。9 为老阳、6 为老阴，二者可变；7 为少阳、8 为少阴，二者不变。9 变为 8，6 变为 7，阳极转阴，阴极转阳。四营亦四时，自然界春夏秋冬的气候变化，即为大衍中 7 量变升温为 9，9 质变降温为 8，8 量变再降温为 6，6 质变升温变回 7 的过程。

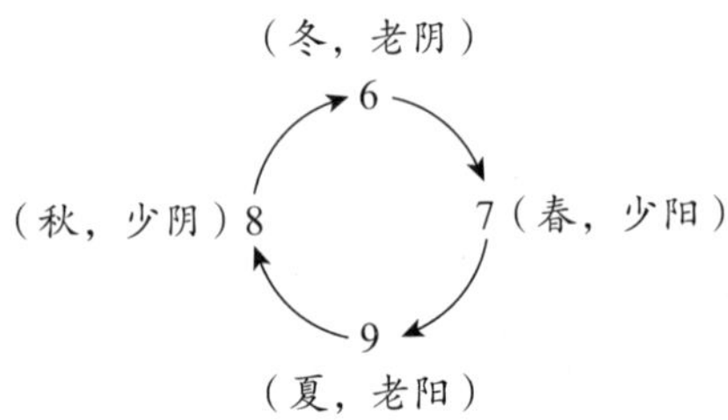

占卦时，6、7、8、9 出现的概率各为何呢？

半年前，我在某大学《易经》班的讲堂上提出这个问题，并公布自己上千卦的统计结果。

下课后，学员邱云斌前来请益，以表列演算即可得出同样结论（看下页）。看了后，我不禁暗道惭愧，易学以简易立教，我怎么当局者迷、化简为繁了？

邱的算式大致如下：

甲、总策数：49（第一变）

分二之组合	（右） 14 15 16 17 18 19 20 21 22 23 24 25 26 27 28 29 30 31 32 33 34 35 36 ⋯⋯ （挂一）（−1）（−1）（−1）（−1）⋯⋯⋯⋯⋯⋯⋯⋯⋯⋯⋯⋯⋯⋯⋯⋯⋯⋯⋯⋯⋯⋯⋯⋯⋯ （左） 35 34 33 32 31 30 29 28 27 26 25 24 23 22 21 20 19 18 17 16 15 14 13 ⋯⋯					
揲四后之余数	（右） 1 2 3 4 （左） 3 2 1 4	1 2 3 4 3 2 1 4	1 2 3 4 3 2 1 4	1 2 3 4 3 2 1 4	1 2 3 4 3 2 1 4	1 2 3 ⋯ 3 2 1 ⋯	⋯ ⋯
一变后余策总和	44 44 44 40	44 44 44 40	44 44 44 40	44 44 44 40	44 44 44 40	44 44 44 ⋯	⋯

由表可清楚看出，一变后余策 44 的概率为 3/4，余策 40 的概率为 1/4。

乙、总策数：44（第二变）

分二之组合	（右） 11 12 13 14 15 16 17 18 19 20 21 22 23 24 25 26 27 28 29 30 31 32 33 34 35 ⋯ （挂一）（−1）（−1）（−1）（−1）⋯⋯⋯⋯⋯⋯⋯⋯⋯⋯⋯⋯⋯⋯⋯⋯⋯⋯⋯⋯⋯⋯⋯⋯ （左） 33 32 31 30 29 28 27 26 25 24 23 22 21 20 19 18 17 16 15 14 13 12 11 10 9 ⋯						
揲四后之余数	（右） 2 3 4 1 （左） 1 4 3 2	2 3 4 1 1 4 3 2	2 3 4 1 1 4 3 2	2 3 4 1 1 4 3 2	2 3 4 1 1 4 3 2	2 3 4 1 1 4 3 2	2 ⋯ 1 ⋯
二变后余策总和	40 36 36 40	40 36 36 40	40 36 36 40	40 36 36 40	40 36 36 40	40 36 36 40	40 ⋯

丙、总策数：40（第二变）

分二之组合	（右）	10	11	12	13	14	15	16	17	18	19	20	21	22	23	24	25	26	27	28	29	30	31	…… ……
	（挂一）	（−1）	（−1）	（−1）	（−1）	……	……	……	……	……	……	……	……	……	……	……	……	……	……	……	……	……	……	……
	（左）	30	29	28	27	26	25	24	23	22	21	20	19	18	17	16	15	14	13	12	11	10	9	…… ……
揲四后之余数	（右）	1	2	3	4	1	2	3	4	1	2	3	4	1	2	3	4	1	2	3	4	1	2	… …
	（左）	2	1	4	3	2	1	4	3	2	1	4	3	2	1	4	3	2	1	4	3	2	1	… …
二变后余策总和		36	36	32	32	36	36	32	32	36	36	32	32	36	36	32	32	36	36	32	32	36	36	… …

由第二变之二表可看出，二变后余策为一变后余策减掉 4，或减掉 8。如原策数为 44，则二变后必为 40 或 36，而概率各为 1/2。如原策数为 40，则二变后必为 36 或 32，概率各为 1/2。

丁、依此类推，三变后余策应为二变后余策再减掉 4 或 8，其概率亦各为 1/2。归纳前述，整理如下：

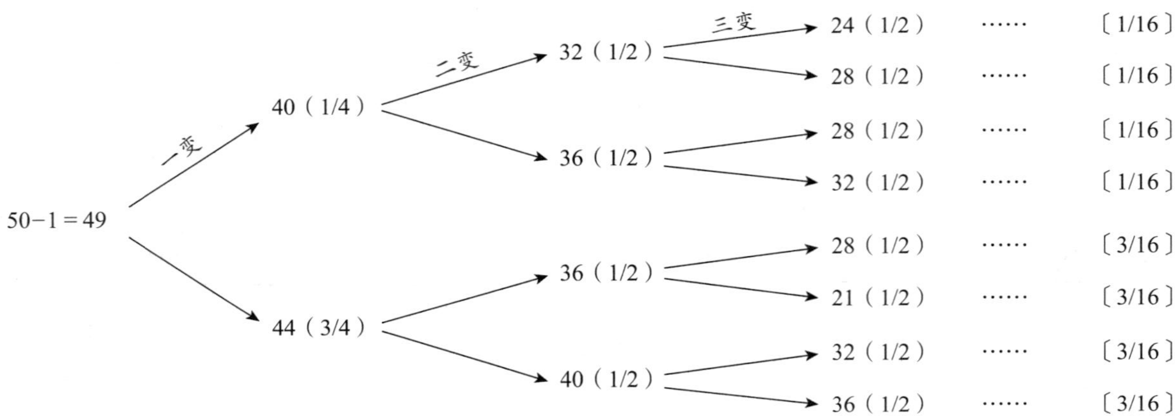

注：（　）内为每变出现概率。
［　］内为二变后之总概率。

由最后表列可知：三变之后，余策 24，即变 6（老阴）的概率为 1/16；余策 28，变 7（少阳）的概率为 5/16；余策 32，变 8（少阴）概率为 7/16；余策 36，变 9（老阳）的概率为 3/16。

根据以上结果，我们发现：

一、6 与 8、7 与 9 之概率和各为 8/16，亦即阴阳爻出现之概率各半，合乎长期的自然法则。

二、6 与 9 的概率和为 4/16，亦即占到变爻的概率为 1/4，世事仍以相对稳定时居多。有趣的是，老阳的概率为老阴的 3 倍。这表示阳性躁动多变，阴性沉静难变，证诸物理人情，完全合辙。世间男女情爱，男人的热情很快就燃烧到最高点，却也迅速消逝，女人的反应就缓慢内敛得多，却比较隽永持久。痴心女子负心汉，看来不是假话。

三、8 的出现几率最大，近乎一半，表示世间人、事、物的惰性相当可观，变动改革大不易。

四、不论阴爻或阳爻，要到第三变才确定，且概率各半，无法事先侦知。生儿育女，难以操控自如；英雄功业，为佛为魔，盖棺方能论定。

五、乾卦（䷀）六爻全变，“群龙无首”的出现概率甚低；坤卦（䷁）六爻全变，“利永贞”更是绝无仅有。老子称：“知我者希，则我者贵。”用六更强于用九，无为而后能无不为。“天下之至柔，驰骋天下之至坚，无有入无间。”6 为至柔，阴极转阳变成 7，所以坤卦《文言》云：“坤至柔而动也刚。”9 为至坚，阳极转阴变成 8。一般状况下，刚克柔，所以 7 概率小于 8 的概率。特殊状况下，至柔反过来克至刚，所以 6 的概率远小于 9 的概率。物以稀为贵，以少统多，本是《易经》卦爻的判断准则。

贞胜吉凶

《易经与现代生活》成书后，以文会友，给自已开拓了一些新机缘，也添了些无为的困扰，“吉凶悔吝生乎动”，凡此种种，倒也不算始料未及，其中最常遇到的，还是《易经》义理面和术数面的争议。

朱邦复先生以电脑治《易》，有闻于时，近两年隐居台东都兰山下，积极整理易占案例，亦为世所艳称。去年他编写的《易经明道录》出版，我对前面三十几页的一些观念有兴趣，遂将自己著作寄去一套结缘，很快即收到他的回函。信中除了些客套话外，直言“为学之人，千信之美，未若一字之正”，而对我抨击术数《易》“有陷于机械宿命论之嫌”不甚以为然，认为我所持的态度是知识界的标准态——四平八稳，不偏不倚。既卜之信之，却又疑之斥之，令后学者难以适从，自我亦产生矛盾，于天机人性间徘徊往返，而失去了更上层楼的良机。易占神准，其理安在？不可思议还是不愿思议？信末且为易理请命，希望我能以科学家追求并维护真理的立场，慎思此一大问题。

易学道术分途，义理与术数间的辩证关系，以及截至当时为止，我对两方面认识的深浅，其实已在书中讲明。面对朱先生的指教，一时间也不易妥善回复，后来还是先去一函，简单陈述看法，俟后有见面机缘再议，他也随后寄赠创作中的书稿磁盘二张。前些时阅报，得知他因空候“产业东移”未至，已离开花东，转赴加拿大，倒是失去了彼此再印证学问的机会。

徐文生兄浪迹新闻界，攻研术数《易》多年，见我书后亦有参证辩解之思。彼此由生趋熟，相与往还，倒互有些惊喜的发现，针对一些时事问题，通过不同的进路断占，也常能殊途同归，不谋而合。大衍之法他已能掌握，深感卦爻辞蕴涵生命力之强韧，反倒是我始终对干支套卦、生克运化不求甚解，也或许真是因缘未至。

还有些朋友，热衷于理财，不管是哪种预测法门都兼收博览，期以综合判断趋吉避凶，偶有函电相邀，我也来者不拒，协助断占，却从来不代为演算。趋利避害，本属人之常情，不必大惊小怪，只是三分天意七分人事，个中分际掌握失衡者，也在所多有。子夏说：“虽小道，必有可观者焉，致远恐泥，是以君子不为也。”拘泥过甚、平添忌讳，可就本末倒置了。

有位老兄以易占玩股票，初时占则屡中，颇为顺手，而后却在一回关键性的战役中失利，欠下数百万的债务。还钱还是小事，信心受挫才叫人难受。后来回头检视所占卦象，发现忙中出错，将“不利有攸往”的剥卦看成形势一片大好的晋卦（䷢），资金投入，当然血本无归。易理仍然准确，而这个致命的错误，是由于以方格纸为卦单，六四阴爻刚好画在粗轴线上，以虚为实，误认为九四阳爻的缘故。人算不如天算，一心营求，反致颠覆。是耶？非耶？

汉代易学学者京房，盛演八宫、纳申、五行、卦气诸说，集术数《易》之大成，喜言灾异，锋芒毕露，终因得罪当时权臣而遭杀身之祸，印证了其师焦延寿的预言：“得我术以亡身者，京生也！”工于谋人，拙于谋己，精算世事却不能自保无咎，这样的智慧值得效法吗？

《系辞上传》云：“方以类聚，物以群分，吉凶生矣！”《系辞下传》则云：“变动以利言，吉凶以情迁。是故爱恶相攻而吉凶生，远近相取而悔吝生，情伪相感而利害生。凡《易》之情，近而不相得则凶，或害之，悔且吝。”天下事都是物以类聚，是我非彼，爱恶相攻，就产生吉凶。“吉凶者，失得之象也；悔吝者，忧虞之象也。”（《系辞上传》）此得彼失，忧乐无常，得亦未必全幸，失亦不足深忧。豪杰之士必须从这种主观相对的吉凶中超脱出来，使小我私情往大我升华，而做到“吉凶与民同患”。

“吉凶者，贞胜者也。”贞是客观的真理正道，层次比吉凶要高。贞未必吉，可能凶，可能厉，可能吝，有时杀身成仁，舍生取义，正道所在，不论吉凶。《说卦传》开宗明义，说圣人作《易经》的目的，是“和顺于道德而理于义”，义理之学正因此而生，“穷理尽性以至于命”，无怨无尤，下学而上达，这才是最正确的命理观。

前些时读《诸子治要》，见《仲长子·昌言》所云，至合事理，谨录于后，以供学《易》者砥砺：

欢于报应，喜于珍祥，是劣者之私情。

人事为本，天道为末，不其然与？故审我已善，而不复恃乎天道，上也；疑我未善，引天道以自济者，其次也；不求诸己而求诸天者，下愚之至也！

利用安身

《易经》特重实用，字字不落空言，经传中处处可见“用”字，从第一爻“潜龙勿用”开始，一路用九、用六，“用说桎梏”“用冯河”“用行师”“用见大人”“用涉大川”“用拯马壮”“用大牲”“利用禴”“藏诸用”“备物致用”“兴神物以前民用”“制而用之”“利用出入”“民咸用之”“迭用柔刚”……

除了正面运用外，也作反面运用：坎陷艰险，恰好用以锻炼意志或设险防敌，“险之时用大矣哉”！人际睽违，同而异，异而同，借派系矛盾达到目的，“睽之时用大矣哉”！王臣蹇蹇，风雨同舟，敌忾同仇，“蹇之时用大矣哉”！

《系辞下传》云：“精义入神，以致用也。利用安身，以崇德也。过此以往，未之或知也。”研究易理到最高境界，仍是为了经世致用，活用《易经》的智慧确可安顿身心，自保无咎，一步步累积实践的经验，进而造福人群。除此以外，那些怪力乱神、虚无缥缈的东西，我们都不真正知道是怎么回事。未能事人，焉能事鬼？未知生，焉知死？

卦爻辞的创作，充满了人文精神，以之断占，必须精确掌握，以免差之毫厘，谬以千里。归妹卦（䷵）“征凶，无攸利”，凶由征来，当事者克制欲望，勿存幻想，不征即不会凶。大畜卦（䷙）“利贞，不家食吉，利涉大川”，贞才有利，不贞即不利，畜不以正，往下吉利全部作废。困卦（䷮）“亨贞，大人吉”，小人受困则不吉。大过卦（䷛）栋桡，若能独立不惧、遁世无闷，则利有攸往，亨。

《系辞上传》云："神而明之，存乎其人。"形势预警，或有天机，趋吉避凶可事在人为。根据太极图阴阳变化的理论，阴中有阳，阳中有阴，阴极转阳，阳极转阴，天无绝人之路，处境再艰险，仍有亨通之道。六十四卦三百八十四爻，一爻一世界，一卦一乾坤，其中穷凶极恶的悲惨世界在所多有，观象玩辞，善体言外之意，照样激发智慧，找得出应对的最高办法。

举例来说，既济、未济，一成一败，占者遇此，如何筹谋？生门何在？

既济卦（䷾）卦辞云："亨小，利贞，初吉终乱。"《大象传》云："水在火上，既济。君子以思患而预防之。"

上经终于坎、离，下经终于既济、未济，其间皆有深意。既济、未济由三画卦的坎、离组成，熟悉了水火之性，即可巧妙搭配运用，以掌控成败。火性炎上、水性润下，本质迥异，行动方向相反。既济上卦坎、下卦离，水在火上，上卦下行、下卦上行，正是互动交流、相反相成之象，所以初期能成功。一旦相处久了，基本矛盾凸显，必然水火不容，最后又归于散乱，整体来看，亨通是有限的。接触的蜜月期间，为防水火相伤，还得小心翼翼、力持正道，以免祸患上身。

一般状况下，水灭火，但容器中的水会被底部燃烧的火所蒸发，这就是《孙子兵法》所称的"五行无常胜"。换句话说，占筮遇既济，本身若处低位，对手居高位，低位之火为防被上水消灭，即须设置一道屏障将敌我隔开，不要走得太近。如此保持距离，可策安全，而且隔空传热，时间一久，反居上风，既趋初吉，又避终乱。本身若处高位，则须撤除屏障，充分运用相反相成的功效，另外早做部署，终乱时迅速转换。若情境中无明显的对待关系，而系指事而言，则勿轻易定型，保留或培养继续往大亨变动的可能，再不然就先赚眼前小亨，勿作过高期望，随时做好全身而退的准备。

未济卦（䷿）卦辞云："亨。小狐汔济，濡其尾，无攸利。"《大象传》云："火在水上，未济。君子以慎辨物居方。"

未济上卦离、下卦坎，火在水上，上卦上行，下卦下行，各行其是，全无交集，当然不能成功，但也避开了矛盾摩擦，保留实力，未来还有亨通的机会。既济坎险在前，先明后险，初吉终乱；未济坎险在后，若能涉险不亡，前途光明在望，可称初乱终吉。

未济的生门，即在终而复始，一波未平一波又起，兴风作浪，薪尽火传。这一波不行了，不必逞强过涉，憋住气再作下一波甚至下下波的打算，只要资源和实力仍在，终有成功的机会。留得青山在，不怕没柴烧，何必孤注一掷、招祸殒身？世界中一千零一夜的故事，即为运用未济而奏效的显例。故事若讲完，苏丹要杀头，那就想办法制造高潮，永远让它未完待续，拖得一久，实力者听得入迷，连杀人的刑令都忘了。

《孙子兵法·势篇》有云："善出奇者，无穷如天地，不竭如江河。终而复始，日月是也；死而复生，四时是也。"由此来看，营造激情，搞到饮酒濡首、不知节制的地步，连未来的机会也消耗殆尽。小狐狸渡河，功亏一篑，败在智谋与经验仍不足，若是修养功深的老狐狸渡河，就不这么玩了！

天衣无缝

《易经》属集体创作，时空跨距相当的大，但最后所呈现出来的作品结构，却如八面玲珑的琉璃宝塔，鬼斧神工，晶莹剔透。料想周秦之际，必有一以贯之、集大成式的删述整理，前贤深慧高智，实在难以企及。

卦因爻生，爻随卦转，爻象与卦象密切相关，个体和群体福祸相依。爻与爻间、卦与卦间，承乘应与、错综变化，人际互动，国际交流，地球村的时代里已无任何孤立的情境。最妙的是卦中有卦，杂物撰德，辨是与非，则非其中爻不备。一般讨论互卦，仅就二、三、四、五爻依次组合，民初周善培著《周易杂卦证解》，却慧眼独具，将初、上两爻一并纳入，推衍出一卦中藏有五六个互卦，彼此交互影响，遂决定母卦各爻辞之吉凶。此论确发前人之所未发，所举例证亦丝丝入扣、圆通无碍。如此，则爻辞之写作更是通体相关、环环相扣，这怎么办到的呢？从那一爻先写起？还是文章本天成，妙手偶得之？

《序卦传》前人多有批评，认为联系牵强，王船山断定“必非圣人之书”，而熊十力先生则持异议，认为“非圣人不能作”，并以人类文明推衍进化的观点，从乾、坤开天辟地解释到同人卦，义理甚有可观。我这些年研《易》，静观世变，深觉卦序大有道理。

蛊为惑乱失正，亦为整治积弊、厉行改革，故言“干父之蛊”。需要改革是因为时代变迁，不得不然，所以蛊卦前是随卦。随即随时变化、不守故常。随卦之前是豫卦，卦辞“利建侯行师”，六二爻当位中正，其介如石，更引人联想。豫卦万众一心，斗志激昂，时间一久难免松弛战备，如随卦一样无可无不可，又须振作民气，效法蛊卦整饬纪纲。拨乱反正若获成功，格局气象一新，但操持不易稳定，可能变质转凶，那就是观卦。

随卦“元亨利贞”，蛊卦“元亨利”，没有“贞”，表示蛊乱失贞，为谋拯济乃积极干蛊。上爻“不事王侯，高尚其事”，号召全民改革。“贞者，事之干”，勇于干事可重现贞德，所以临卦又“元亨利贞”。

积怨过深，终至阴阳分裂大对决，此即夬卦。失势者愤而出走，旧缘断后，在外又有新的机遇，即为姤卦。夬、姤相综，一体两面，野火烧不尽，春风吹又生，外患方除，内忧又生。零散的新势力不能成事，遂成立新组织以聚合人才，此即萃卦。九五、九四两阳爻统御四阴，为争领导权又产生新的矛盾，若能顾全大局、弃私为公，团体绩效才能发展成长，所以萃卦后接着是升卦。

以某人大有卦六五主政为例，新官上任应力持谦和，避免树敌，才能顺利入豫卦。豫即众乐，团队向心力强。谦卦六爻全吉，《彖传》盛赞谦德，极言天地人鬼神皆害盈而福谦，宇宙间一切有形无形的力量相助，当然“亨，君子有终”。满招损，谦受益，这是千古不变的真理。

然而，大有之后能谦，可不容易。半年后，某人已成各方箭靶，长此以往，可能大耗精神、加速折旧；“希望与快乐之城”也愈难实现。“谦谦君子，卑以自牧”，不树敌即能广结善缘，化阻力为助力。其实以大有的雄厚资源，所谓富在深山有远亲，交朋友特别容易。吉凶祸福之机，成败兴衰之决，序卦之理，岂容轻忽？

第十一章 《易经》与生涯规划

现代人喜欢谈生涯规划，在诡谲多变、浮嚣动荡的浪潮中，总想理出些头绪，找到自己终生奋斗的目标。流行歌曲《我的未来不是梦》，歌名即相当程度地反映了这种内心的渴盼。

古人讲立志，认为是一个人立身行事的基本要项。《论语》《孟子》二书中多有强调：士尚志、养志、持其志无暴其气、匹夫不可夺志。“志”字的解释，前儒有训为“心之所之”，也有训为“心之所主”的。显然后者较精确，因为心之所之、衷心向往的，也可能是欲望，而欲望正是志气的大敌，是一个人在修行养志的历程中必须调控的负面因素。孟子说：“养心莫善于寡欲。”又自称：“我四十不动心。”不动心就代表养心有成，不再受欲望所牵累，这是传承孔子“四十而不惑”的道统。

《易经》的《彖传》和《象传》，尤其《小象传》中出现很多“志”字，较古的卦爻辞中却一个也没有，这很值得重视。例如：“志行正也、上合志也、志在外也、志在内也、志在君也、志舍下也、志上行也、志未变也、志未得也、志未平也、志末也、大得志也、志大行也、志疑也、志治也、志穷也、信以发志也……”卦爻辞创作的时代，可能还没有“志”的观念，创作者主要在观象系辞、建立象征。而《象传》的作者极重视“志”的意涵，以此诠释卦义和卦爻间的密切互动。同人卦专讲如何发展健康和美的人际关系，《彖传》中即出现“唯君子为能通天下之志”的期许，《系辞传》循此理路，强调“极深研几”，因为“唯深也，故能通天下之志；唯几也，故能成天下之务”。圣人创作《易经》的目的，就是为了“通天下之志，定天下之业，断天下之疑”。

爻辞中有几处出现“疾”字，疾就是毛病、欲望，足以消磨志气，妨害人的成就。例如遁卦九三爻辞：“系遁。有疾，厉，畜臣妾吉。”《小象》云：“系遁之厉，有疾惫也；畜臣妾吉，不可大事也。”遁卦阳消阴长，形势趋暗，知几君子应明哲保身，急流勇退。九三离二阴爻最近，深受牵绊，恋栈不去，造成精神上痛苦不堪，同流合污，更难有所作为。正因为欲望如此可怕，所以损卦《大象传》讲“惩忿窒欲”，六四爻辞云：“损其疾，使遄有喜，无咎。”豫卦六五爻辞云：“贞疾，恒不死。”损是去掉，贞是镇住，都是修行中克制欲望的功夫。复卦的卦形为五阴下一阳生，所谓一元复始，万象更新，复性、致良知、明明德、求其放心、克己复礼，先儒心性之学的要旨尽在于斯。卦辞云：“出入无疾，朋来无咎。”行动不受欲望的羁绊，阳气日盛，自然君子道长，小人道消。

德国社会科学大师韦伯（Max Weber）有两篇脍炙人口的演讲：*Science as a Vocation* 及 *Politics as a Vocation*。中文译为《学术作为一种志业》及《政治作为一种志业》。志业和一般仅求糊口的职业不同，而是结合了从事者的才性和兴趣，充满了献身的使命感，它不仅是工作，而是职业、生涯。我们谈生涯规划，亦应作如是观。

《易经》中有蛊卦（䷑），卦旨是革除积弊，勇于任事。上九爻辞：“不事王侯，高尚其事。”王侯是管理众人之事的政治职位，责无旁贷，但因涉及权力斗争，往往耗尽心神，不能真正为民服务。其实国家兴亡，匹夫有责，关心时事并非政治中人的专利。孙中山勉励人立志做大事，不要做大官。在今日愈趋多元化的社会中，循政治以外的途径而对时局有贡献，并不困难。

“高尚其事”，就是提醒人行行出状元，每人量才适性，择一专业全力以赴，都能有所成就。《小象》云：“不事王侯，志可则也。”跳脱利欲权势的争逐，尽心敬业，这种海阔天空的伟大抱负，当然值得效法。

了解自我

要做好生涯规划，首先彻底了解自我，量才适性说来容易，精确掌握却很困难。人性复杂幽微，又存在许多限制和弱点，不下一番深刻内省的功夫，不易得其真相。老子说：“知人者智，自知者明。”了解别人需要智慧，毕竟旁观者清，有法可循；了解自己则因当局者迷，更得有高明的洞识，才能鉴别清楚。

我们先看太极图：白色部分代表阳刚之气，黑色部分代表阴私欲望，阴阳二气交互摩荡，此消彼长，象征修行者内心的天人交战。白色区域内有一黑点，黑色区域内有一白点，表示阳气即使全盛，仍无法将私欲斩尽杀绝，好人有可能做坏事；同样，坏透了的人心中仍有一线良知，放下屠刀即可立地成佛。

太极图

《尚书》上说：“惟圣罔念作狂，惟狂克念作圣。”为善为恶，成圣成狂，常在一念之间。众生皆有佛性，众生亦皆有魔性，创造的另一面就是毁灭，实在不可掉以轻心。

佛家圣典《心经》开头便说：“观自在菩萨，行深般若波罗蜜多时，照见五蕴皆空，度一切苦厄。”“观自在”就是观世音，菩萨是要自觉觉人的，大慈大悲寻声救苦，必须本身先领悟。观自在正是自觉的功夫，观不是泛泛地看，而是在实践中深入洞察，了解自己的本性究竟为何。生命观照愈透彻，人格发展即愈成熟。

《易经》中有观卦，含义极深，我们来研究一下爻辞。

上九。观其生，君子无咎。
（观其生，志未平也。）

九五。观我生，君子无咎。
（观我生，观民也。）

六四。观国之光，利用宾于王。

六三。观我生，进退。

六二。窥观，利女贞。

初六。童观，小人无咎，君子吝。

观

初六“童观”，是说观人观事，看法很幼稚，很肤浅。一般人胸无大志，奶瓶尿布凑合一生，倒也无妨，豪杰之士这样甘于凡近就不行了。

六二“窥观”，是说透过门缝窥视，见解很片面，受限制，井底观天就是这样，视野不辽阔。旧社会的妇女不与外事，自然造成了所谓的妇人之见，在讲求行动的男人世界里，没有什么参考性。

六三“观我生”，眼界已大有提升，对自我才性的了解也有了头绪。在人生奋斗历程中，因应形势，是进是退，往往徘徊歧路，颇费斟酌。

六四由下卦跃进上卦，居高远眺，观念更上层楼。这时所蓄积的才学，已能辅佐明君，而对社会人群有贡献。耶稣的十二门徒，佛教的诸地菩萨，孔门的七十二贤，就相当于这个时位。“观国之光”，正是今日观光事业一词的出处；唐朝时起兵反对武则天的骆宾王，则由“利用宾于王”而取名。

九五“观我生”，和六三不同。六三的我是个体生命的小我，九五的我则是群体生命的大我，所以《小象》云：“观我生，观民也。”九五是君位，本身才德蔚然大观，足为世法，仍念兹在兹，体察众生的喜怒哀乐和吉凶祸福，而思有所拯济。各大宗派的创教人物就是如此，观民还不只是观一世之民，而是贯串过去、现在、未来的一切众生。《彖传》云：“大观在上……中正以观天下……下观而化也……圣人以神道设教而天下服矣！”观卦发展到九五，可谓登峰造极。

上九“观其生”，“其”是自己，对人生虽有高超的妙悟，心胸却不够宽广，离群索居，任化逍遥，没有博施济众的宗师气象。《小象》云：“志未平也。”这种对生命的观照孤高而偏颇，可谓过犹不及。

观卦各爻才性不同，成就各异，一个人若想造就自己或教育他人，亦得掌握因材施教、因时进修的原则，所谓“中人以下，不可以语上”，否则教育效果必然大打折扣。因此《大象》云：“风行地上，观。先王以省方观民设教。”

各正性命

乾卦《彖传》云：“乾道变化，各正性命。”这句话给人的启示很大。创造力的表现，生命的开展可以有各式各样的形态，因才适性，不拘一格。人生的奋斗，最重要的是找到适合自己发展的路，而且良师益友只能领进门，真正成就还得靠个人。

《易经》中有颐卦，颐是养的意思，北京有颐和园，老年人退休称颐养天年，饮食以养其体，节欲以养其心。颐卦卦形为䷚，像极了人的嘴，上下二阳爻像上下唇，中间四阴爻就是牙齿。《大象传》云：“君子以慎言语，节饮食。”这是因为病从口入，祸从口出。卦辞云：“贞吉。观颐，自求口食。”《彖传》解释得好：“颐贞吉，养正则吉也。观颐，观其所养也。自求口实，观其自养也。天地养万物，圣人养贤以及万民。”

看一个人是否有出息，就看他如何调养自己身心。“自求口实”即自食其力，大丈夫立身行世，最起码得做到这点。物质生活不求人，精神修养更得自强自立。颐卦初九爻辞：“舍尔灵龟，观我朵颐，凶。”《小象》云：“观我朵颐，亦不足贵也。”灵龟象征人的灵明自性，放弃自己内在的潜能不去开发，看别人大快朵颐心生羡慕，这样做一定凶。王阳明诗云：“抛却自家无尽藏，沿门托钵效贫儿。”任何人都有良知良能，《易经》讲开物成务，就是要深入探究，将其发扬光大。心经讲自在，禅宗修自性佛，都在这关键上有所提醒。

《易经》的大小《象》这方面的思想也很强，如乾卦《大象》：“君子以自强不息。”晋卦大象：“君子以自昭明德。”谦卦初六《小象》：“谦谦君子，卑以自牧。”复卦六五《小象》：“敦复无悔，中以自考。”履卦九二《小象》：“幽人贞吉，中不自乱。”需卦九三《小象》：“自我致寇，敬慎不败。”解卦六三《小象》：“自我致戎，又谁咎也？”总之，福是自求多福，祸是自作孽，吉凶悔吝，皆在于自性明与不明。《大学》强调“勿自欺”“皆自明”，学《易》君子依此修炼，终能达到“无所不用其极、无入而不自得”的境界。

因时当位

《易经》的爻象征时位，初、三、五为阳位，二、四、上为阴位，阳爻居于阳位，或阴爻居于阴位，称为当位，反之则是不当位。当位在人事上的意义，就是称职，就是量才适性正确的生涯规划。爻若不当位，又不居二、五中位，一般多凶，往下我们举些实例来看。

鼎卦的卦形为䷱，卦义为掌权以建设新社会。卦中九四阳居阴位，即不当位，爻辞云：“鼎折足，覆公𫗧，其形渥，凶。”鼎是象征权力的法器，鼎的脚断了，里面的肉汤打翻洒了一地，一副惨兮兮的样子，正所谓覆巢之下无完卵，社会群体的建设前功尽弃。怎么会这么惨呢？就是因为九四安排不当。孔子在《系辞传》中批评：“德薄而位尊，知小而谋大，力小而任重，鲜不及矣！《易》曰：‘鼎折足，覆公𫗧，其形渥，凶。’言不胜其任也。”九四本事不够，却占据近君的高位，勉强任事，必遭祸患，他个人失败无所谓，遗憾的是社会公众也跟着一起倒霉。《小象》云：“覆公𫗧，信如何也？”大有怪罪之意。

解卦的卦形为䷧，卦中六三阴居阳位，也是才不称位的显例，爻辞云：“负且乘，致寇至，贞吝。”《小象》云：“负且乘，亦可丑也；自我致戎，又谁咎也？”“负”是背包袱走路，古代劳动人民没有车坐，奔走营生；“乘”是坐车，有官职有地位的人才有此待遇。“负且乘”，是贱民居高位，当然不称职，而且会招致反弹，成为众矢之的，这样干下去一定没有好结果。

晋卦卦形为䷢，下卦三阴爻蒙六五提携上进，却为九四阳爻所阻，气势因而不顺畅。九四阳居阴位，爻辞云：“晋如鼫鼠，贞厉。”《小象》云：“晋如鼫鼠，位不当也。”鼫鼠又名五技鼠，见于《荀子·劝学篇》，据说“能飞不能上屋，能缘不能穷木，能游不能渡谷，能穴不能掩身，能走不能先人”。这就像社会中的某些人，为学浅尝辄止，浮泛无根，所谓样样通样样松，没有一项专业的看家本领，偏偏还窃据高位，阻碍别人上进，成为社会进化的绊脚石。生涯规划做到这个地步，算是彻底失败。

困卦卦形为䷮，六三阴居阳位，更是困中之困，爻辞云：“困于石，据于蒺藜，入于其宫，不见其妻，凶。”《小象》云：“据于蒺藜，乘刚也；入于其宫，不见其妻，不祥也。”蒺藜是丛生多刺的植物，卦中是指九二，六三据于九二阳爻之上，称为乘刚。《易》例柔乘刚多凶，人事欲胜理亦然。“石”指九四阳爻，也是坚硬难以超越。六三夹在二阳爻之间，可谓进退失据，本身又不安其位，困窘已极。事业压力大，想回家找寻安慰，又发现老婆不耐贫困跑了，真是雪上加霜，无所逃于天地之间。孔子在《系辞传》中对此爻亦有批判：“非所困而困焉，名必辱；非所据而据焉，身必危。既辱且危，死期将至，妻其可得见邪？”规划人生，切莫选错了据点，不仅自寻烦恼，还可能招来杀身之祸。

归妹的卦形为䷵，主旨为少女出嫁找归宿，人修炼一身才学找恰当工作发挥，也是归妹。过去的知识分子“习成文武艺，货与帝王家”，鲜少独立作为，这是没有出息。卦辞云：“征凶，无攸利。”明白批判归妹的不当。卦中二、三、四、五爻皆不当位，三、五阴爻分别乘于二、四阳爻之上，又构成“柔乘刚”，象征欲望蒙蔽公理。六三夹处二阳爻之间，时位尤差，爻辞云：“归妹以须，反归以娣。”《小象》云：“归妹以须，未当也。”“须”同需，等待之意。娣是侧室、妾、如夫人、陪嫁丫鬟，总之地位不高。六三自恃姿色，满心想嫁个好丈夫，挑三拣四、眼高于顶，结果错过了一个又一个还不错的机会。岁月消逝，年华渐老，良缘绝配益发不可能，最后迫于形势，草草收场。人生规划也是如此，看准了就得出手，不要这山望那山高，始终定不下来，成就当然有限。

恒卦卦形为䷟，所谓有恒为成功之本，人固守某项专业，下一辈子精勤的功夫，自然容易成功。但那项专业得与才性相合，才易如鱼得水，引发出想象力和创造力来。若透着勉强，凑合一辈子也达不到最高境界。九四爻辞云："田无禽。""田"是狩猎，追寻很久打不到猎物，一定是位子选错了，所以《小象》云："久非其位，安得禽也？"

综上所述，要作好生涯规划，当以了解自我为第一要义。太极图首先提醒人志向与欲望的冲突；观卦教人如何洞悉人性、扩大视野；颐卦强调一切反求诸己、自立自强的重要。鼎九四、解六三、晋九四、困六三、归妹六三、恒九四等六爻，以惨烈的反面形象，凸显了不当位的严重性。《易经》哲理宏深，卦爻象除了指物象、事象外，也丰富地反映了当事者的心象，若能善体斯旨，对探索自我的内心世界大有裨益。《易经》的英文译名，有音译为"I Ching"的，不少外籍学生初学时念错，将"I"念为第一人称的"I"。若就探索自我这个角度来看，倒误打误撞，好像又碰对了。《系辞上传》称深明《易经》的人能"知幽明之故"，人的外在行为表现，与其内心深处的想法有密切关系。易象探赜索隐，在测心术方面有卓绝的成就。

前面说一个人观照生命愈透彻，人格发展愈成熟，这在乾卦《文言传》有明证："元者，善之长也"，"君子体仁，足以长人"。"元亨利贞"的元，是人的内在本性，一切创造力的源头。"长"不是长官的长，而是成长的长，阴消阳长的长，有英文中 growing 的意味，"善之长"不是静态，而是动态的。人性若开发恰当，能不断生出美与善，而且永无止境。学《易》君子体悟了这种生生不息的动力，实践于生活中，他的人格便能一天天成长。

认识环境

除了了解自我外，认清所处的客观环境也很重要。所谓形势比人强，任何人都不可能突破大环境的限制，而与汹涌的时潮正面相抗。形势也不是哪一个人造成的，而是社会上群力交推，一旦蕴蓄成形，即沛然莫之能御。景气循环，民心向背，行业趋势都是如此。人要在社会上实际发挥作用，不能只讲求自我才性的供给面，还须注重外在形势的需求面，否则供需一旦失衡，天大的本事也不得施展。《孙子兵法》云："知彼知己者，百战不殆。"人生在世，最大的敌人，一是自我，二是形势。两样都彻底辨识清楚，便能立于不败之地。百战不殆，与敬慎不败、积中不败及学《易》可以无大过相通，稳妥务实，合乎《易经》的基本思路。一般以讹传讹，说"知己知彼，百战百胜"，既非孙子原意，也与人生现实抵触，误导人骄横浪漫，反而种下失败的根苗。

前面讨论爻的居中当位，以之论断吉凶，这是爻本身条件的问题。此外，爻与爻之向还有承、乘、应、与的互动关系，以随卦为例，图示于下，承乘是上下相邻两爻间的关系，应、与是上下卦相呼应两爻间的关系，任何组织内都存在类似的人际网络。若想在人群中发挥作用，辨清阻力和助力，这些关系都得彻底搞清楚。前述解、困、归妹三卦的六三爻，本身不当位，承乘皆刚，动弹不得，与上六又不相与，远近无援，人际关系坏到极点，当然凶吝。

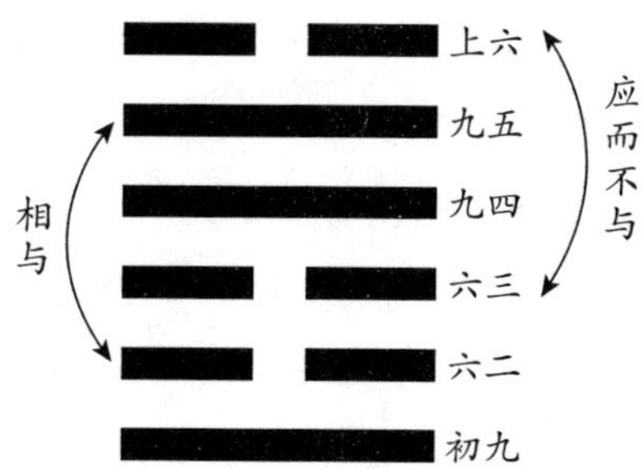

随卦

小环境的爻位关系清楚后，还得进一步掌握大环境的卦与卦间的关系。一卦六爻阴阳全变，成为错卦；六爻全部颠倒，成为综卦。六十四卦前后相因相反的关系，称作卦序；一卦部分爻变动，造成许多变卦；卦中二三四五爻，另组成互卦或中爻……这种种变化多端、错综复杂的关系，正象征人世的恢诡谲怪与多姿多彩，六十四卦、三百八十四爻所交织成的世相，物物相感，息息相通。真正精神的形势判断，得先建立圆融无碍的大局观，这是《易经》最精彩也最难练达的功夫。

慎选目标与力行计划

了解自我与认清环境后，接下来的便是依据供需谨慎选定终生奋斗的目标，并竭尽可能贯彻执行。乾卦九三是最好的榜样，其爻辞云：“君子终日乾乾，夕惕若，厉，无咎。”《小象》云：“终日乾乾，反复道也。”

“乾”是健，“乾乾”是健而又健。君子立定志向后，便专心敬业，整天奋斗，到晚上都不休息。这么拼命上进，同时保持高度戒备，前途即使有风险，亦无大碍。“道”是选定的专业，“反复道”是念兹在兹、用尽研修的功夫，《系辞传》所谓“极深研几”，磨透了便能有所创获。《文言传》云：“知至至之，可与几也。”知道自己奋斗的目标。也确实努力达成，这样的人不成功都很困难。

值得注意的是，“乾乾因其时而惕”以及“终日乾乾，与时偕行”。世事多变，无论外在形势或内在自我，都是与时推移、变动不居的，随着修行境界的提高，今日之我往往大异于昨日之我。因此，君子在奋斗历程中，亦得随时留心客观环境及主观条件的变化，而作弹性的修整。

《孙子兵法》讲始计，重庙算，实际决战时，又讲践墨随敌，因机变化。生涯规划也是如此，初始计划必须要做，却不宜太执着。漫长的人生旅途，事态发展往往出人意料，“有意栽花花不发，无心插柳柳成荫”的案例，比比皆是。另外，长期奋斗不可能一口气跑到终点，最好分阶段、抓重点来完成。

一般人的生涯规划，做到以上各点已相当周延。《易经》最实用的功能，本来即在预测未来的基础上作精当的决策，人人活用易理，应该都能趋吉避凶，开物成务。但还有一些涉及群生祸福的非常事业，往往不能及身而成，而需要好几代人延续的努力。这时就得将心胸放宽，不以一世成败论英雄，只要念兹在兹，夙夜精勤，成功何必在我？《系辞传》末章："天地设位，圣人成能，人谋鬼谋，百姓与能。"应是生涯规划的极致。

第十二章　开天辟地：乾、坤二卦综论

宇宙是如何创生的？生命怎样形成？人在天地间的地位如何？若说过去不可得，那么未来会如何？这些难以致诘、不可思议的问题，在现代宇宙科学的强力探索下，似乎也逐渐有了眉目。虽然尚无确凿证据，目前最为人接受的是所谓的“大爆炸理论”（Big Bang Theory）——宇宙约诞生于一百五十亿年前，温度无限高、密度无限大，最初三分钟内快速扩张、降温，再过几百万年，各式各样的原子开始出现，然后形成简单分子；几十亿年后，宇宙物质凝聚成星系与恒星，稳定的行星如地球则形成于四十六亿年前。最原始的生命形态在三十多亿年前即已出现，而万物之灵的人类，可能也经历了长达数百万甚至上千万年的漫长演化。

《易经》六十四卦以乾、坤二卦开宗，由此启动一切错综复杂的变化。《易纬乾凿度》云：“乾坤，阴阳之根本，万物之祖宗。”《序卦传》开章即称：“有天地，然后万物生焉，盈天地之间者唯万物。”以乾、坤为天地，下接生命诞生的屯卦。《系辞传》则称乾、坤为“《易》之缊”“《易》之门”，断言“乾坤毁，则无以见易；易不可见，则乾坤或几乎息矣！”

然而，乾坤毕竟不等同于天地。《说卦传》只说“乾为天”“坤为地”，并未说乾即天、坤即地。乾除了为天外，还为圜、为君、为父、为玉、为金等；坤除了为地，亦为母、为布、为釜……“为”字的用法很活，正代表了《易经》立象的精神，以英文来说，不是is，而是as。《系辞传》云：

"法象莫大乎天地。"天地是乾坤最大的取象，却仍不能尽乾坤之义。比较起来，《杂卦传》称"乾刚坤柔"，以及《说卦传》云："乾，健也；坤，顺也。"才道出了乾坤的基本要义。

《系辞传》末章云："夫乾，天下之至健也，德行恒易以知险；夫坤，天下之至顺也，德行恒简以知阻。"发挥乾健坤顺的意涵，并归之于易简，以此而知天下之险阻。这又呼应《系辞传》首章："乾以易知，坤以简能……易简而天下之理得矣！天下之理得，而成位乎其中矣！"易简是良知良能，公正客观、无私无我，知天下之理、成天下之事的关键全在于此。传统称颂天地之德，每云："天无私覆，地无私载。"亦合乾坤易简之象。

乾坤更重要的定义，应为《系辞传》首章再前的两句："乾知大始，坤作成物。"乾主导一切的创始，坤配合乾落实万事万物的生成。乾卦《彖传》云："大哉乾元，万物资始，乃统天。"坤卦《彖传》云："至哉坤元，万物资生，乃顺承天。"元即一切生生的本体——太极，乾元、坤元为太极的一体两面，不称乾之元、坤之元，径称乾元、坤元，又显示体用不二之义。熊十力先生专著《乾坤衍》一书，广衍乾、坤二《彖传》之义，归结乾为生命、心灵的总称，坤为物质、能力的总名。《系辞传》云："乾，阳物也；坤，阴物也。阴阳合德，而刚柔有体。以体天地之撰，以通神明之德。"阴阳刚柔，乾坤合德即为心物合一之论，而天地间的生生化化，皆不能逾越此范畴。如此，则乾坤已不只是《序卦传》中宇宙论（Cosmology）的含义，而有了本体论或存有论（Ontology）的地位。

《系辞传》又云："一阴一阳之谓道，继之者善也，成之者性也。""一"字是动词，"一阴一阳之谓道"，即太极生两仪，点出上述乾元、坤元之义。由于"继之者善"，故而乾卦《文言传》称："元者，善之长也。"坤卦《文言》亦称："积善之家，必有余庆。"传统儒家的性善论，在此有间接的表述。至于《大象传》，所谓"天行健""地势坤”，则依循《易经》的取象法则，以天地为乾坤之象。

时乘六龙以御天

乾。元亨利贞。

“元”有大、始之意，代表时空位序上的最高点，为一切生生创造的本源。“亨”即通，人天通、人际通、人事通达无阻。“利”表示有生产利益，有绩效和实际贡献。“贞”为固守正道、行事的基本法则。乾即为生命、心灵的总称，无中生有、开物成务，必然具备“元亨利贞”的特性。

《文言传》称“元亨利贞”为四德，乾为天，故亦为无私无我、乐善好生的天德。六十四卦中，除乾为四德纯备外，另有坤、屯、随、临、无妄、革六卦，卦辞中亦见“元亨利贞”四字，只是各有附加条件，必须做到了才“元亨利贞”，才与天合德、和乾卦一样伟大。还有些卦具备其中三种德性，如蒙、需、同人、离、咸、恒、萃、兑、涣、小过、既济等，有“亨利贞”而无“元”；如蛊，有“元亨利”而无“贞”。此即表示蒙、咸等卦元德不显，须致力启蒙复元以求完美，而蛊卦则惑乱失正，须找回贞德以拨乱反正。依此类推，还有具二德、一德，甚至完全缺德者。学《易》者以“元亨利贞”为指标，看卦辞即可对卦性有概括的了解。

《彖》曰：“大哉乾元，万物资始，乃统天。云行雨施，品物流形。大明终始，六位时成，时乘六龙以御天。乾道变化，各正性命。保合太和，乃利贞。首出庶物，万国咸宁。”

“乾元”即太极，“大哉”是赞辞，赞叹创造本原的伟大，万事万物都借着它开始。由于天地亦为太极所造，所以称统天。“云行雨施”，象征天地之间造化之机洋溢；“品物流形”，于是一类一类的物畅旺滋生。

“大明”即指乾元光明四达、肇建万有的德行,《大学》所谓“在明明德”、晋卦《大象传》称“自昭明德”即同此意。“终始”指终而复始、生生不息,《易经》八卦因而重之成六十四卦，始壮究之后接着始壮究，以及既济之后接着未济，都在阐明此旨。“大明终始”，是说德的光明永不止息，意同《中庸》所云:“道也者，不可须臾离也，可离非道也！”“六位”即指爻的六位，始壮究、始壮究，皆因时而成，不同的时位，有不同的做法。乾卦六爻以龙取象，“六龙”代表各种不同阶段的变化，“时乘六龙”是说随时变化，且能充分掌握主导的优势。人若做得到这一点，就可以驾驭天地的变化。乾元统天，人能驭天，只要能参透创造的奥秘，人都可以比天地还伟大！《荀子·天论》有云:“大天而思之，孰与物畜而制之？从天而颂之，孰与制天命而用之？望时而待之，孰与应时而使之！”气魄雄伟，大有乾卦《彖传》的精神。

《彖》文至此，可说是解释卦辞“元亨”二字，往下再发挥“利贞”的含义。“乾道变化”，创生万物，各有其本性与天命，顺其自然正常发展尊重其个性，再修润调节以保障群体的和谐。《中庸》开宗明义:“天命之谓性，率性之谓道。”《说卦传》称圣人作《易》“将以顺性命之理”，此即“各正性命”。老子云:“万物负阴而抱阳，冲气以为和。”刚柔互济、阴阳和合，此即“保合太和”。二者都做到，才达到“利贞”的境界。“乃利贞”的“乃”字，有艰难转折之意，可见“元亨利贞”——生命修成正果之不易。

既要尊重个体的独立，又要保障整体的和谐，那么人类社会究竟怎样设计才好呢？“首出庶物，万国咸宁”道出了一针见血的答案。“庶物”即众人，元首必须从众人之中推举出来，天下万国才都会安宁。中国自古有尧舜禅让、天下为公的理想，对三代以后的君位世袭持严格的批判，孟子时尚有“自禹而德衰”的说法。乾卦重创造，创造力的发扬必须普及全民，而不应为一家一姓的帝王所垄断。天下为公称“大同世”，人人在大处求同，却不碍彼此个性的歧义。“咸”为无心之感，天下万民自然而然、和谐感通，落实了乾卦的天德境界。

《象》曰："天行健，君子以自强不息。"

宇宙诸天体亘古以来运转不息，学《易》君子亦应效法其刚健进取的精神，自立自强、永不懈怠。此处标举"自强"二字，教人自师其性、一空依傍，师父领进门，修行在个人，完全不假外求。

群龙无首

初九。潜龙勿用。《象》曰：潜龙勿用，阳在下也。

初九、九二为地位，初九居最下，有潜伏之象，故称潜龙。气候未成，位卑职微，不适合有任何行动，故称"勿用"。"阳在下"一语，足以说明一切。

用九。见群龙无首，吉。

（用九，天德不可为首也。）

上九。亢龙有悔。

（亢龙有悔，盈不可久也。）

九五。飞龙在天，利见大人。

（飞龙在天，大人造也。）

九四。或跃在渊，无咎。

（或跃在渊，进无咎也。）

九三。君子终日乾乾，夕惕若，厉，无咎。

（终日乾乾，反复道也。）

九二。见龙在田，利见大人。

（见龙在田，德施普也。）

初九。潜龙勿用。

（潜龙勿用，阳在下也。）

乾

九二。见龙在田，利见大人。《象》曰：见龙在田，德施普也。

九二为地上之位，出潜离隐，故称“见龙在田”。田是古代农业社会从事生产的主要场所，“在田”的“在”字，显示九二落实苦干的精神。九二居下卦之中，和居上卦之中的九五相应，若蒙九五提携，事业的发展会更加顺利，故称“利见大人”。人生奋斗应以服务为目的，九二对社会的贡献绩效卓著，故称“德施普”。《彖传》所谓“云行雨施，品物流形”，正是“德施普”的境界。佛家讲布施，分财施、无畏施、法施三种，财施使人免于匮乏，无畏施使人免于恐惧，法施教导人自正性命、得享身心自在。博施济众是尧、舜都难以圆满达成的功德，乾卦九二大雄无畏、勇猛精进，志量足以当之。

九二爻变，成同人卦（䷌）。上与九五之君相应，下与初九之民相亲，“利见大人、德施普”，正合同人之象。

九三。君子终日乾乾，夕惕若，厉，无咎。《象》曰：终日乾乾，反复道也。

九三居下卦之终，为求更上层楼，整天健而又健地奋斗，不断鞭策自己，到晚上都保持警惕不休息。“厉”是危险不安，表示动荡的环境里充满竞争；“厉”也是激励、砥砺、咬紧牙关振作之意，这么全力拼斗，可获无咎。“反复道”，在自己的专业领域上不断努力，精益求精。九三为人位，不称龙称君子，自强不息，善尽做人的责任。

九三爻变，成履卦（䷉）。“履虎尾，不咥人，亨。”实践的风险虽高，由于处之有道，故得亨通。“夕惕若，厉，无咎”，正合敦笃实干、履险如夷之象。

九四。或跃在渊，无咎。《象》曰：或跃在渊，进无咎也。

九四挺进上卦，为一人之下、万人之上的权臣之位，由于逼近九五至尊，产生取而代之、功高震主的问题。一方面跃跃欲试，进窥大位；一方面战战兢兢，如临深渊。或跃或在渊，“或”字用得神妙，将九四进退未定的微妙情境描绘得淋漓尽致。无论如何，《易经》还是鼓舞人上进的，九四在悬崖边跳跃虽险，只要保持谨慎，仍可无咎。

九四爻变，成小畜卦（䷈）。以小搏大，密云不雨，威权的压力相当沉重，正合“或跃在渊”之象。

九五。飞龙在天，利见大人。《象》曰：飞龙在天，大人造也。

九五居乾卦君位，当位中正，大权在握，有“飞龙在天”之象。下和九二相应，若得代表民间势力的大德辅佐支持，江山会更稳固，故称“利见大人”。九二、九五俱云“利见大人”，可见人生事业须讲究合作，领导与干部、上层和下层、政府与民间，其实是相互需要，谁也少不了谁。《小象》云“大人造也”，“造”是无中生有、大肆创造，九二和九五合德，携手共创一番事业。

九五爻变，成大有卦（䷍）。火在天上，大放光明，拥有一切资源，正是“飞龙在天”之象。

《系辞传》论中爻，有云：“三多凶，五多功。”五为君位，容易建立功业；三居下卦之极，竞争激烈多凶险。“二多誉，四多惧。”二居下卦之中，与五相应却仍保持距离，多蒙赞誉；四逼近至尊，伴君如伴虎，彼此的利益势必起冲突，就得多加小心。以乾卦而论，五在天、二在田，一飞一见，多功多誉；四在渊、三惕厉，人位总是多惧多凶。《系辞传》又云：“辨是与非，则非其中爻不备。”三、四居六位之中，各方辐辏，人世必多是非。

上九。亢龙有悔。《象》曰：亢龙有悔，盈不可久也。

上九居天位之上，过于高亢，阳气盈满到极点，快往阴处转了。一卦的君位在九五，上九已失实权，必然有悔。初九“潜龙勿用”是不及，上九“亢龙有悔”是太过，过犹不及，皆无法发挥实际作用。由潜至亢，从地下到天上，上穷碧落下黄泉，又见出事物发展的时序，《系辞传》云：“原始要终，以为质也。六爻相杂，唯其时物也。其初难知，其上易知，本末也。初辞拟之，卒成之终。”初九为本始，既取潜龙为象，自然发展到上九，以亢龙为终。

《系辞上传》第八章以此爻为例，发抒孔子的看法：“‘亢龙有悔’，子曰：‘贵而无位，高而庶民，贤人在下位而无辅，是以动而有悔也。’”上九地位高贵，却不掌实权，没有群众基础，有才干的人碍于九五的威权，也不敢出来帮忙，因此一行动就有悔咎。

一般卦至此已结束，乾、坤两卦却还有用九、用六二则，九、六是乾阳和坤阴的代表，加一“用”字，表示总结之意。《杂卦传》云：“乾刚坤柔。”宇宙中就是阳刚和阴柔两股势力在激荡，怎样才能调配运用得恰到好处呢？

用九。见群龙无首，吉。《象》曰：用九，天德不可为首也。

阳刚的精神发挥到淋漓尽致，所显现出来的境界是“群龙无首”，大家都是龙，自立自强、自动自发，不需要任何人再来领导，而这绝对是吉的。天德普施，无私无我，一切众生皆有佛性，在创造的本源上真正平等，既无造物主，也不需要救世主。

“群龙无首”是《易经》中真正的见道之言，可说是乾卦甚至整部《易经》的最高境界。《春秋》太平世的世相为“人人皆有士君子之行”，孟子主张“人人皆可为尧、舜”,《礼记·礼运》揭橥“大道之行也，天下为公”。这些观念皆与“群龙无首”相通。

乾卦六爻，潜、见、跃、飞、亢诸龙竞舞，勿用有悔，多凶多惧、多誉多功，人世间的竞争惨烈。卦云“元亨利贞”，爻除九二、九五互相需要，“利见大人”之外，无一爻全吉。“飞龙在天”固然意气风发，容易展布构想，一人独治却难免走上私心自用的专制之途，带给其他人及社会更多的苦难。古往今来，多少雄才大略的枭雄人物造成生灵涂炭？“大人造也”，创造的另一面往往就是毁灭！乾卦的“元亨利贞”，真得“群龙无首”才终获吉。

“群龙无首”的理念运用到哲学思维上，就是“体用不二”，即体发用，即用证体。套上儒家内圣外王的框架，则为内圣无神、外王无君。《彖传》末“首出庶物，万国咸宁”，即为此而发，在诠解毕“元亨利贞”之后加此一语，以确保天德无私，真是苦口婆心，大有深意。

用九并非爻辞，却又属经非传，本身还有“天德不可为首”的《象传》解释，体例可谓相当特殊。若依传统说法，孔子始作十翼，则经文中“群龙无首”的观念早已存在，这就很耐人寻味。若说是写传的人补入，以树立思想的规范，于义并无不可，于史却证据难合。“群龙无首”除《周易》外，最早见于《左传·昭公二十九年》蔡墨论龙：“《周易》有之。在乾之姤曰：潜龙勿用。其同人曰：见龙在田。其大有曰：飞龙在天。其夬曰：亢龙有悔。其坤曰：见群龙无首，吉。”在乾之坤，表示六爻全变，潜、见、跃、飞、亢群龙皆动，任何时位皆受肯定与尊重，乾卦“元亨利贞”的生命力彻底激发，占筮遇此，不以坤卦卦辞，而以用九断占。鲁昭公二十九年，孔子约四十岁，其时《周易》经文中已有“群龙无首”四字，应非出自夫子手笔。

西南得朋

坤。元亨，利牝马之贞。君子有攸往，先迷后得主。利西南得朋，东北丧朋。安贞吉。

乾卦“元亨利贞”，四德纯备，坤卦亦四德俱全，但有很多附加条件，做到了才与乾合德。坤卦所利之贞为“牝马之贞”，牝马即雌马，老子尚柔，五千言中有“玄牝”之喻。马有健行之象，按“说卦传”应为乾卦的象征，坤卦取牝马之象，兼有健、顺二义。雄马为主，带头疾奔，雌马为从，紧跟在后而至并驾齐驱。阴阳刚柔相与偕行，调节配合得恰到好处，这便是“利牝马之贞”的精义，既不僭越，也不落后。

虽然如此，坤阴浊重，往前发展毕竟有坠落之虞。乾为心，轻灵自在；坤为物，易受拘碍。心主乎物，不生烦恼；物违乎心，百苦从集。欲望一旦蒙蔽了理智，生命的真宰一失，表现便每况愈下，必须及时猛省，借观心修行而回复正道，这便是“先迷后得主”。

“利西南得朋，东北丧朋”，自古众说纷纭，莫衷一是。其实这是依上古所传的八卦方位之说，进一步强调坤卦应有的作为。《说卦传》第五章明述后天八卦方位，巽居东南、离正南、坤西南、兑正西，从东南到正西半壁皆属阴卦范围；乾居西北、坎正北、艮东北、震居东方，偏东北半壁皆属阳卦范围。坤阴应安居西南半壁的阴卦方位，不僭越侵犯阳卦的势力范围，则阴阳各安其位，相得为朋，这样是最合乎双方利益的。若坤阴不守本分，侵居东北半壁的阳卦领域，则阴阳关系立刻对立紧张，甚至冲突相战，即成“东北丧朋”。阴以阳为朋，得朋代表相反相成，阴阳和合、刚柔互济，丧朋则孤阴不生、独阳不长，斫丧了创造的生机。这是“生生之谓易”的大关键，绝对轻忽不得，因此经文最后以“安贞吉”作结——坤卦既“利牝马之贞”，就得安守其贞，以获终吉。

《彖》曰：至哉坤元，万物资生，乃顺承天。坤厚载物，德合无疆。含弘光大，品物咸亨。牝马地类，行地无疆。柔顺利贞，君子攸行。先迷失道，后顺得常。西南得朋，乃与类行；东北丧朋，乃终有庆。安贞之吉，应地无疆。

坤元即乾元，只是表现的形态不一样。“至哉”并非泛泛的赞辞，“至”字的古文象形为，象征飞鸟俯冲至地，尖喙触及地面那一刹那时的情景，引申为达到目标、密合无间之意。“至哉坤元”，赞美坤卦善于配合乾卦，乾冲刺到那里，坤就跟进发展到那里，虽分主从，结果同样伟大。乾卦称“万物资始”，为无形的生机，坤卦称“万物资生”，有了具体的造型。乾元称“统天”，表明创造本源的优位性，坤元称“顺承天”，强调阳主阴从、心物合一的重要。

乾象天，称“云行雨施”，坤象地，称“坤厚载物”。大地在四时运行、天象变化下滋养万物。阳施阴受，乾坤合德，生育之功同等伟大，故称“德合无疆”。宏大指乾德广大无边的开创力，坤德完全包容含受，使之具体成形，发扬光大。乾卦称“品物流形”，坤卦称“品物咸亨”，阴阳合顺，生机畅达。咸为无心之感，天造地设，一切自然而然。《系辞传》有云：“天地细缊，万物化醇；男女构精，万物化生。”乾行施，坤含合，宇宙为一大天地，人为一小天地，生生之妙，可谓具体而微。

阴以阳为朋，阴阳合为类。乾为马，故为坤地之类，牝马之喻更点出健顺合德之义。天马行地，一切高远的理想为之落实，故称“行地无疆”。柔顺利贞，即“利牝马之贞”。学《易》君子往前奋斗，途中易受私欲迷惑而偏离了正轨，只要即时悔悟、顺从天理行事，还能回复常道。坤阴应静守西南方阴柔的分寸，配合乾阳行事，若侵入东北方阳刚的领域，必然造成冲突。阳大阴小、阳主阴从毕竟是天地的正理，阴阳交战后恢复平衡，坤阴退居其位，最后还是有好下场。“庆”有阴阳相遇、皆大欢喜之意。谨依正道，安分守己而获吉，正合乎大地与天合德之道。“应地无疆”“行地无疆”“德合无疆”，《象传》中三“无疆”，显示阴阳和合、刚柔互济才是天长地久之道。“乃顺承天”“乃与类行”“乃终有庆”，三个“乃”字，刻绘艰难转折之情，坤卦舍己从人的器量，实在修为不易！

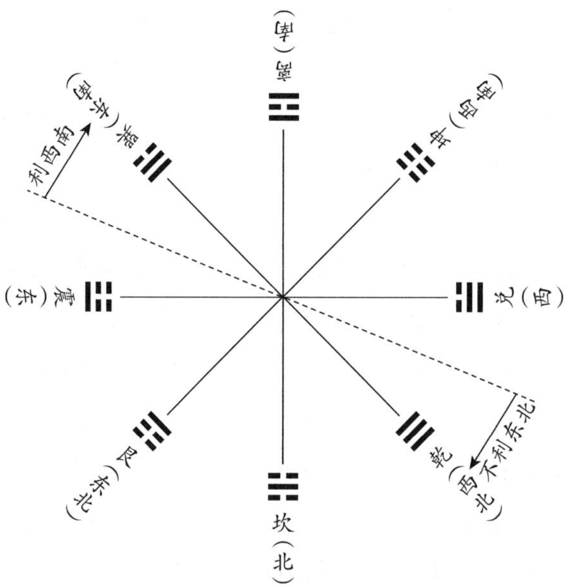

后天八卦图

《象》曰：地势坤，君子以厚德载物。

坤德深厚包容、承载万物，学《易》君子应取法其博大的气势，培养与他人共事的胸襟和能耐。以乾自强，以坤容物，一直是中国传统训勉人的要旨。天行地势，用字亦有计较：天体运行为自然之理，山河大地、高低起伏则显现曲折之势。宏观宇宙，星罗棋布、万象森然，运转似无窒碍；实落大地，才发现险阻崎岖，行动不易。天行必须配合地势，才能巨细靡遗，长养不息。人间世的奋斗也是一样：据理失势，行事万般艰难；占势失理，虽得逞一时，长久必败。其实，整部《易经》就在讲理、势二字，教人依理顺势的重要，乾、坤二象已见端倪。坤卦不断强调“牝马之贞”“西南得朋”，以及“先迷后得主”，即因权势私欲会让人堕落腐败，必须依循天理、理势合一才是正道。

黄裳元吉

初六。履霜，坚冰至。《象》曰：履霜坚冰，阴始凝也；驯致其道，至坚冰也。

初六为坤阴之始，寒气凝结成霜，若顺势发展下去，会冻结成坚冰，敏感的人一踩到霜，就会想到未来可能形成坚冰的局面。人心私欲之萌也是如此，一旦踏出了错误的第一步，愈来愈习惯原谅自己，长此以往，必将寡廉鲜耻，无所不为。《易经》强调知几应变，本爻履霜之戒，即提醒人防微杜渐，勿以恶小而为之。“潜龙勿用”称“阳在下”，“履霜坚冰”称“阴始凝”，乾、坤二卦的《小象传》，第一爻出现了阴阳的观念。爻代表时位，“阳在下”表明位，“阴始凝”强调时。

六二。直方大，不习无不利。《象》曰：六二之动，直以方也；不习无不利，地道光也。

六二中正当位，为坤之正位，坤德之美尽于此爻见之。“直方大”三字含蕴甚深。“大哉乾元”，唯天为大，《易》例阳大阴小，“大”即代表乾阳的境界。“方”是有形体、有界域，亦同“仿”，效法学习之意。古语天圆地方，说的不是形体，而是讲天道地道。天道圆，神生不测；地道方，效法天道以免拘碍过甚，老子所云“地法天”即是。“直”是本然的生命状态，未经任何习染私欲所扭曲，孔子说“人之生也直”，孟子浩然之气为“直养而无害”，人生自度度人都得“举直错诸枉”。《系辞传》又云：“夫乾，其静也专，其动也直。”直是乾的动相，却见于坤六二的爻性中，此即易理所标榜的阳极转阴、阴中有阳。正因为坤中含有乾的基因，所以通过学习，才能摆脱形体的拘束，而与乾一样伟大。“不习”的“习”指后天的利欲染习，坤效乾，修成正果，清净自在，故称“不习无不利”。

老子有云：“吾之所以有大患者，为吾有身。及吾无身，吾有何患？”私欲去而公理彰，乾坤合德，这是道德最高的表现。

用六。利永贞。

（用六永贞，以大终也。）

⚋ 上六。龙战于野，其血玄黄。

（龙战于野，其道穷也。）

⚋ 六五。黄裳，元吉。

（黄裳元吉，文在中也。）

⚋ 六四。括囊，无咎无誉。

（括囊无咎，慎不害也。）

⚋ 六三。含章可贞，或从王事，无成有终。

（含章可贞，以时发也；或从王事，知光大也。）

⚋ 六二。直方大，不习无不利。

（六二之动，直以方也；不习无不利，地道光也。）

⚋ 初六、履霜，坚冰至。

坤

（履霜坚冰，阴始凝也；驯致其道，至坚冰也。）

六三。含章可贞，或从王事，无成有终。《象》曰：含章可贞，以时发也；或从王事，知光大也。

初六“履霜”、六二“直方”，两爻皆属地位，六三进入多是非忧患的人位。阴居阳位，易招凶险，须韬光养晦以避咎。“章”是美是明，“含”是内敛不发，这样做最合适，故云“含章可贞”。“王事”是为众人服务的政治之事，阳主阴从，故称“从王事”，加一“或”字，文气生动。乾九四“或跃在渊”，坤六三“或从王事”，四居上卦之始、三居下卦之终，皆属进退两难之境。因为坤阴不居主导之势，故而无成，但能有其善终。老子云：“夫唯不争，故天下莫能与之争。”“无成有终”是很重要的政治智慧，人生“靡不有初，鲜克有终”，有终很不容易。

虽然“含章可贞”，也不是永远含藏不发，而是要看恰当时机，时机成熟照样大发特发；“无成有终”见似消极，其实正是积极而深沉的智慧，坤德“含弘光大”，正因为能含，所以光大。爻辞是经，平铺直叙；《小象》是传，反面见义。

六三爻变，成谦卦（䷎）。谦亨，君子有终，谦尊而光，正与爻义相合。

六四。括囊，无咎无誉。《象》曰：括囊无咎，慎不害也。

六四进入上卦，为功高震主的多惧之地，更须倍加小心。“括”是固结不解、凝滞不行之意，“括囊”是用绳子将袋口系紧，象征为人谨言慎行，半点口风不露。这么做当然无咎，可也无誉。其实人生的咎和誉往往伴随而至，所谓名满天下，谤亦随之。孟子又云：“有求全之毁，有不虞之誉。”世俗的毁誉，不必太认真。处于六四的敏感时位，咎致罪、誉致疑，皆非好事，还是谨慎自持，以免遭政治迫害。

六五。黄裳，元吉。《象》曰：黄裳元吉，文在中也。

六五为坤卦君位，虚中任贤，不刚愎自用，和一般九五的领导风格不同。黄裳之喻相当隐晦，却含蕴甚深：黄为中色，代表中道，也是尊贵的象征，历代皇帝穿黄袍即显此义；裳为下衣，以遮蔽、美化下体。六五称黄裳而不称黄衣，表示居上位而不自高自大，懂得尊重及运用民间的智慧和力量，这样做上下一定和睦，国家社会充满了蓬勃的生机，故称元吉。经天纬地为文，“文在中”即内在美，坤六五卑己尊人，用众人之能以领导社会，这是最上乘的帝王之道。

《易经》以乾、坤二卦开宗，乾卦九五“飞龙在天”不言吉，只提醒“利见大人”，免因刚愎自用而入亢龙穷途，最后再以用九“见群龙无首”而获吉。坤卦六五黄裳则言元吉，爻称元吉者共十二则，六五居其三，九五居其二，以社会整体的元气论，六五尤胜九五。

《系辞下传》有一章论“制器尚象”，举乾坤为例，阐发人类政治文明的精义：“神农氏没，黄帝尧舜氏作。通其变，使民不倦；神而化之，使民宜之。《易》穷则变，变则通，通则久，是以自天佑之，吉无不利。黄帝、尧、舜垂衣裳而天下治，盖取诸乾坤。”随着时代变迁，政治人物得懂得掌握民心趋向，调整施政，使老百姓不觉得厌烦，甚至欢欣鼓舞、乐在其中。穷、变、通、久为《易经》的大原则，乾刚坤柔、阳变阴化，阴极转阳、阳极转阴，充分验证了变易之道。“垂衣裳而天下治”，即所谓无为而治，重民养民而不扰民，正合“群龙无首”“黄裳元吉”之义。

坤卦六五的领导风格，在其他一些与政事密切相关的卦中亦可见到，且也发挥了重大的效果。例如，如日中天、资源雄厚的大有卦，革命后齐心建设的鼎卦，化解矛盾、激励团队成长的升卦，改革积弊、变法图强的蛊卦，以及全民政治的临卦等，都是六五当家。临卦“元亨利贞”，蛊卦“元亨，利涉大川”，升、鼎、大有诸卦皆“元亨”。“黄裳元吉”，不亦宜乎？

上六。龙战于野，其血玄黄。《象》曰：龙战于野，其道穷也。

上六阴极转阳，穷则变，故而出现了龙的意象。古代城内称国，城外称郊，郊外称野，野又象征荒远辽阔之地。“龙战于野”，表示阴势坐大，阳刚出而干涉，主动邀击于郊外，绝不手软放松。坤阴只要一逾越分寸，必遭痛击，无所逃于天地之间。《彖传》所谓“东北丧朋”，即指此而言。阴阳相战，双方必有损伤，故称“其血玄黄”。玄为黑中带赤之色，又有幽远之意，正为万古星空的天体景象，黄则为大地的色彩，传统蒙童必读的《千字文》开章首句“天地玄黄，宇宙洪荒”即据此爻而来。

初六履霜，若不能杜渐防微，上六龙战，即为坚冰之至。《说卦传》论乾之象，有云乾为寒为冰，寒冰有坚刚之性，阳极象阴、阴极象阳，《易》卦取象相当巧妙。“坚冰至”的至，若作“至哉坤元”的至解，又有刚柔互济、阴阳和合的含义，龙战虽不得已，战后阴毕竟不能敌阳，还复安贞之吉，又成生生不息的局面。

因此，坤上六的爻象亦有人解释为男女交媾的情境，“龙战于野，其血玄黄”，倒也十分贴切。复以《说卦传》论之：震为龙为玄黄，又为长子；坎为血卦，为中男。龙战于野，其血玄黄，已孕育了震、坎二卦的卦象。依卦序，乾、坤父母卦交合后，第一个生出来的为屯卦（䷂），水雷屯，上坎下震，“刚柔始交而难生，动乎险中大亨贞”。玄黄之血，既为阳施阴受，又为胎产之象，紧绷的杀机中居然孕育了崭新的生命！天地造化之妙，委实不可思议。

用六，利永贞。《象》曰：用六永贞，以大终也。

用六是将坤柔的精神发挥到极致，利于永远固守正道。坤的牝马之贞，不论奋斗的过程中是“西南得朋”，或“东北丧朋”，最终仍得乾阳之主，以获安贞之吉。阳大阴小，“以大终”的“以”字，有与、因、用、凭借、能控制左右之意，“至哉坤元”，坤阴的最高境界与乾阳完全合一。坤卦从“阴始凝”到“以大终”，正是“先迷失道，后顺得常”，历尽诸劫而修成正果。

依筮法论，遇乾之坤以用九断，遇坤之乾则以用六断，坤六爻全变成乾，正是“以大终”。老子有云：“玄德深矣，远矣，与物反矣，然后乃至大顺。”用六将坤顺之德发挥到极致，与阳大合一，正是六六大顺之象，占筮遇此之概率最低，尚且为用九“群龙无首”的三分之一，稀罕到了极点。老子又云：“天下之至柔，驰骋天下之至坚。”用六至柔，六变为七，用九至刚，九变为八，七与八出现之概率为五比十，物以稀为贵，无论变前变后，至柔皆克至刚。以大终，借力使力、因阳用阳，这才是臻于化境的最高智慧。老子云：“善用人者，为之下。是谓不争之德，是谓用人，是谓配天，古之极也。”

第十三章　龙战于野：乾、坤《文言传》析论

《易经》以乾、坤二卦开宗，阐明天地间创始滋生、阳刚阴柔之理，其他六十二卦皆为乾、坤交合所生。“乾，阳物也；坤，阴物也。阴阳合德，而刚柔有体。以体天地之撰，以通神明之德。”《系辞传》这段话，明白点出乾、坤为生生之门的重要性。《周易》经传于乾、坤二卦不厌其详，反复申明，除《系辞传》多章提到外，另立《文言传》深入解析。《文言传》为十翼之一，仅论乾坤，不及其他各卦，其理安在？《文言传》的“文言”二字又是什么意思？

传统说法有认为“文言”的文和周文王姬昌有关，这显然不符合事实，且受囿于文王重卦或作卦辞以立易学规范的迷思甚巨。《文言传》中全系“子曰”，为记载孔门师生问答的“或问体”，孔子解《易》多另有发挥，丝毫看不出有墨守周文的倾向。卦辞、爻辞是否为文王父子所作，姑且勿论，文王重卦是绝对错误的。

若说伏羲画卦，仅为三画的八卦，经数千年至文王才演成八八六十四卦，不但不合思想自然演进的过程，且与诸多史实或传说抵牾。三画的八卦太静态，根本就没用！刚柔相摩、八卦相荡成六十四卦，始壮究之后接着始壮究，才有了终而复始的生生之义、上下内外的对待关系，以及错综复杂的各式变化。《系辞下传》第二章叙述伏羲始作八卦，以下举了十三卦为例，说明易象与人类文明演进的关系，第一为象征渔猎时期的离卦，尚属八卦之一，第二、第三为象征农耕及商业时期的益

卦（䷩）及噬嗑卦（䷔），就得六画卦了，而据传文记载，时当神农氏时期，黄帝、尧、舜氏的政治文化取诸乾坤，其后的八个卦全属六画的六十四卦。依此看，文王重卦之说相当离谱。

就算《系辞传》该章并非史实，而是追封的象征手法，《周易》之前亦有《连山》《归藏》之说，皆为六十四卦的体系，仅首卦为艮或坤之不同而已。再者筮法源远流长，三画卦根本不能占，占筮义理两无着，文王羑里演《易》若只有八卦的素材，他又凭空能得到些什么启示呢？

《说卦传》前两章言圣人作《易》，有云生蓍、倚数、立卦、生爻，以及“兼三才而两之，故《易》六画而成卦。”六画卦在作《易》的范围内，近乎一气呵成。伏羲画八卦之后，应该不会太久即重成六十四卦，这是很合理的推想，华夏文化成熟之早，令人惊叹。

传统高估周文王在《易经》上的贡献，除了《周易》美化先人外，和《系辞传》的两处说法亦有关：“《易》之兴也，其于中古乎？作《易》者，其有忧患乎？”“《易》之兴也，其当殷之末世、周之盛德邪？当文王与纣之事邪？”虽然语义为揣测，却大有引导的功能。无论如何，《易》之兴和《易》之作还是两件事，不能混为一谈。文王和纣王斗法那一段，可能会刺激易学振兴，却和《易经》创作无关。

现存《周易》经传定本，应和集大成的孔子有莫大关系，孔子是圣之时者，对传统经典皆有批判式的继承，依《中庸》的说法：“仲尼祖述尧舜，宪章文武；上律天时，下袭水土。”孔子思想崇尚尧舜之公，文武小康之治仅列为参考，除了见贤思齐的法先王外，还直接向天地之道学习。《论语》上记述孔子生平思想的变迁，大致可分三期：“郁郁乎文哉！吾从周。”应为第一阶段，这里也提出了文的观念，周朝人文之盛，令初出茅庐的孔子心向往之。“甚矣吾衰也！久矣，吾不复梦见周公。”为第二阶段，对周公之道已产生了怀疑和不满。“如有用我者，吾其为东周乎？”为思想成熟的最后阶段，对周文已彻底超越，自己有一套更高的想法了！

“文王既没，文不在兹乎？”文代表人文道统，须与时俱进，不能故步自封，历史上的周文王已逝，他或许在当时有所贡献，并不代表还完全符合现在的需要。薪尽火传，文化要有活力，还得今人扛起责任，随时创新。孟子亦云："待文王而后兴者，凡民也！若夫豪杰之士，虽无文王犹兴。"文德之王是个虚位，豪杰之士若有建树，人人足以当之。《春秋·公羊传》畅言"法其生，不法其死"，主张学活的文王，不要学死的文王，即一语道破个中意蕴。

《易经》卦爻辞中不见文字，传中则多处可见：天文、人文、天地之文、鸟兽之文、文明等。除最浅的文饰之意外，意境皆非同小可。文字的造形象征文理交互深入，以易理言之，即阴阳交错：阴中有阳，阳中有阴，阴极转阳，阳极转阴。《系辞传》有云："道有变动，故曰爻；爻有等，故曰物。物相杂，故曰文；文不当，故吉凶生焉。"一卦中六爻阴阳相杂，即称为文，吉凶悔吝皆由此生出，可见文的重要。

乾、坤二卦，六爻纯阳纯阴，若不加以说明，很容易让人误解，以为乾坤无文。其实，由乾坤经传看，乾中有坤象、坤中有乾象，乾极会转坤、坤极也会转乾，完全合乎生生之变的太极思维。因此，乾、坤二卦再以《文言传》深入阐析，抉发卦中阴阳相杂的意蕴，而其他六十二卦本即阴阳爻相杂，又本乾坤之文以变化，就不必再逐卦烦言了！"文"字的最高解释为"经纬天地"，乾象天，坤象地，天地之道亦须《文言传》一以贯之。

"文"字已如上说，《文言传》的"言"字亦有计较。言和语不同，依《说文解字》，直言曰言，论难曰语，发端曰言，答难曰语。言有直言无隐、一言道破，颇正式隆重之意。《文言传》一开始即解释"元亨利贞"四字，毫不隐晦迂曲，正是言的风格。

进德修业

《文言传》共一千多字，乾《文言》近八百字，就爻、《彖》反复解释，一波高似一波，最后推出极高的理境。坤《文言》仅二百五十六字，乾主坤从，乾卦既已讲解清楚，坤卦即不必多言了。

元者，善之长也。亨者，嘉之会也。利者，义之和也。贞者，事之干也。君子体仁，足以长人；嘉会足以合礼；利物足以和义；贞固足以干事。君子行此四德者，故曰：乾，元亨利贞。

这一段是解释乾卦的卦辞“元亨利贞”，和《彖传》以本体论的角度切入不同，《文言传》提出四德的说法，将天道落实到人事上来施行。

“善之长”的“长”为生长、成长之意，词性上应为动名词，即英文 growing。元为天地间生生不息之几，在人则为仁心仁德，君子深切体证天地万物与我为一的至理，即能使人性之善不断扩充成长，永无止境。孟子道性善，荀子讲性恶，至于孔子则未明确表态，《论语》上只有“性相近，习相远”的词语。《文言传》为孔子之学，以“善之长”释元，再证以《系辞传》中所云：“一阴一阳之谓道，继之者善也，成之者性也。”似乎基本上还是肯定性善的。

“嘉之会”的“嘉”，一般释为美善，更精确的意义为“双喜”——两方面都满意。双喜之会自然亨通无阻，人际交往、人天互动，若能到嘉的境界即合乎礼，《系辞传》有云：“观其会通，以行其典礼。”俗云“嘉偶天成”，阴阳相配恰到好处就是嘉。嘉为古代五礼之一，《周礼》有“以嘉礼亲万民”之语。《易经》用字，独喜曰喜、双喜曰嘉、众喜曰庆，影响的规模各自不同。

随卦（䷐）九五爻辞云：“孚于嘉，吉。”九五随上六，以人间权势的顶峰，衷心信服天下为公的至理，如此大道之行，必然亨通无阻。遁卦九五爻辞云：“嘉遁，贞吉。”九五与六二相合，心甘情愿隐退让贤，成就一段美事。

孟子严义利之辨，《易经》则从第三个字起即言“利”，且称利为“义之和”，恰当的事情凑在一起不生冲突就是利——利是资源的最佳运用。利的重点不在利己，而在利人利物，当然，若私利与公利不冲突，谋私利亦无妨。《易经》尚利用，经传中处处可见利用之辞。趋吉避凶、开物成务，皆以利用与否为指标。

贞为固守正道，干事必以贞为前提。贞虽未必吉，特殊情况下可能凶、厉、吝，但人生处世仍得重视贞德。《系辞下传》首章云：“吉凶者，贞胜者也。”正道所在，不论吉凶！“天地之道，贞观者也；日月之道，贞明者也；天下之动，贞夫一者也。”天长地久，日月运行，可观能明，皆因有贞德长存，在与天地同量的观点下，一时相对的吉凶实不足道。

蛊卦“高尚其事”，“干父之蛊”，不断强调“干、事”二字，即因“贞者，事之干”——必须借着积极干事以拨乱反正，寻回贞德。蛊卦前为随卦，“元亨利贞”四德俱全，蛊卦卦辞则“元亨，利涉大川”，而不见“贞”字。干蛊成功进入临卦，又见“元亨利贞”。随、蛊、临三卦的演变，充分证明贞固足以干事之理。

《文言传》诠释完卦辞后，开始以师生问答的“或问体”，逐爻解释爻辞。

> 初九曰“潜龙勿用”，何谓也？子曰：“龙德而隐者也。不易乎世，不成乎名，遁世无闷，不见是而无闷。乐则行之，忧则违之。确乎其不可拔，潜龙也！”

“而”即能，龙德能隐很不容易，潜龙的修为在夫子的描述下，显得生机勃勃，充满了人格世界巨大的张力：不随世俗的习尚改变自己的操守，不征逐虚名，隐遁起来心里连闷都不闷，不被世人肯定也不在乎，高兴做的事就做，不高兴的就不做，完全自肯自信，任何人都无法动摇他。

《易经》中另有遁卦，“遁之时义大矣哉”，该遁的时候就得遁。“遁世无闷”亦见于大过卦《大象传》：“君子以独立不惧，遁世无闷。”大过为濒临崩溃的乱世，君子因守身有道，不忧不惧。“不见是”的“是”字，颇有深意，《系辞传》云：“《易》有太极，是生两仪。”“是为太极”即道的代称，一阴一阳，生生不息，但在潜龙之时却可以深藏不露。“潜龙勿用”为开天辟地第一爻，“不见是而无闷”；未济上九为最后一爻，以“有孚失是”告终。天地间的生生化化，终而复始，永无穷尽。《论语 · 里仁篇》有云：“君子去仁，恶乎成名？君子无终食之间违仁，造次必于是，颠沛必于是。”这里的“是”即指仁。“君子体仁，足以长人”，“元者，善之长”，“潜龙勿用”为生生之几，元德尚不显，故称“不见是”，“见”读作“现”字更好。仁德为立身根本，成名为细微末事，所以“不易乎世，不成乎名”，“君子去仁，恶乎成名”？

大本立定，“本立而道生”，先则勿用，继则大用，有守而后有为。老子云：“善建者不拔。”潜龙“确乎其不可拔”，培元固本，树立人生奋斗永不动摇的根基。

九二曰“见龙在田，利见大人”，何谓也。子曰：“龙德而正中者也。庸言之信，庸行之谨，闲邪存其诚，善世而不伐，德博而化。《易》曰：‘见龙在田，利见大人。’君德也。”

九二正居下卦之中，故称“正中”，为民间领袖的位置，此时利于见到居中正之位的九五，朝野合力，共谋国家社会的福祉。“庸”是平常，最平常的言论也要守信，最平常的行为也要谨慎，《中庸》亦云：“庸德之行，庸言之谨……言顾行，行顾言。”“闲”为门中横木，预先防制之意。“闲邪存其诚”，即去伪存诚、遏恶扬善，《系辞传》云：“成性存存，道义之门。”“伐”是夸耀，“善世而不伐”，对社会有实际贡献却不居功；“德博而化”，善行广施，化成天下。《论语 · 公冶长篇》有云：“愿无伐善，无施劳。”

初九隐而不见，九二“见龙在田”，“龙德而隐”变成了“龙德而正中”，蕴养有成，立身行道，既有“不成乎名”的修养，自然“善世而不伐”。“君德也”三字，重逾千钧，虽无君位，已备具君德。孔子对弟子的称许，有时相当大胆，例如：“雍也可使南面。”南面称王，有德者居之，本来即非任何人的专利。君者群之首，君若作群字解，九二“利见大人”、博施济众，亦为群德的表率。

> **九三曰“君子终日乾乾，夕惕若，厉，无咎”，何谓也？子曰：“君子进德修业，忠信所以进德也，修辞立其诚，所以居业也。知至至之，可与几也；知终终之，可与存义也。是故居上位而不骄，在下位而不忧，故乾乾因其时而惕，虽危无咎矣！”**

九三、九四居人位，皆言进德修业。《易经》每以德、业并称，如盛德大业、崇德广业，德重内修，业尚外拓，内外兼修，人生才圆满无遗憾。尽己之谓忠，与人交须讲信，忠信永远为进德之本。修辞立诚，和庸言之信的理路相通，发表任何意见必须存诚务实，出自内心，万勿自欺欺人，如此赢得众人的信任，便可守住基业。

九三居下卦之终，懂得总结前一阶段的奋斗经验，提炼出精实可用的原则，以作为下一阶段行动的参考，这就是“知终终之，可与存义”。下卦只是小成，到上卦全程历尽才是大成，“知至”是了解自己的终极目标，“至之”是确实努力达成目标，这样的人完全懂得时机的变化，与时俱进，自强不息。“可与几”的与，和“可与存义”的与一样，为参与、涉入乃至合而为一之意，爻际关系承乘应与的与，亦和此义相通。

《易经》主旨即在于知几应变，九三充分了解自己在时空中的定位和奋斗的意义，当然居下卦之上位而不骄傲自满，在上卦之下位而不忧虑前途，只管因时顺势埋头苦干，保持战备，虽然历程中多艰险竞争，皆能无咎。

九四曰“或跃在渊，无咎”，何谓也？子曰：“上下无常，非为邪也；进退无恒，非离群也。君子进德修业，欲及时也，故无咎。”

九四跃居上卦，进入人生奋斗一个新的关口，应付得当可更上层楼，处置失宜也可能摔下万丈深渊。上进下退虽然无常，却不是为了个人的私欲，而是始终关怀社会群体的祸福。九二讲“闲邪存其诚”，九四则“非为邪”；九二修群德，九四非离群。乾卦六龙的精进不息，一以贯之。《系辞传》云：“二与四，同功而异位，其善不同。二多誉，四多惧，近也。”九二、九四位虽有异，为群体谋幸福的心迹相同。九二离九五远，共事不生矛盾，多受称誉；九四距九五近，伴君如伴虎，战战兢兢。

《系辞传》云：“《易》之为道也屡迁，变动不居，周流六虚，上下无常，刚柔相易。”政治情势的变迁总是无常的，而为国为民的心志不应受影响。《论语·微子篇》记载孔子遇长沮、桀溺二隐士那段，所谓避人之士与避世之士，孔子最后感叹：“鸟兽不可与同群，吾非斯人之徒与而谁与？”道出了儒家的真精神，与即承乘应与的与，不论得失顺逆，永远和群众站在一起！《易经》崇尚“群龙无首”，《荀子》讲“民生在群”，《系辞传》则称：“圣人以此洗心，退藏于密，吉凶与民同患。”

进德修业是做人的责任，但得学而时习之，赶上时代的发展需要，才能发挥作用而获无咎。九三“乾乾因其时而惕”，九四“欲及时”，人生时机时势的掌握太重要了，一旦失时，必然有咎。

无妄、大畜二卦相综，一重内心修为，一重事业开拓，正合传统内圣外王之旨。《杂卦传》云：“大畜，时也；无妄，灾也。”此为互文见义，无妄、大畜皆须重时，不合时即有灾，因此无妄卦《大象传》强调：“君子以茂对时，育万物。”大畜卦初九《小象》则云：“有厉利已，不犯灾也。”进德修业必须及时与几，否则灾必及于身。

九五曰“飞龙在天，利见大人”，何谓也？子曰：“同声相应，同气相求。水流湿，火就燥；云从龙，风从虎。圣人作而万物睹。本乎天者亲上，本乎地者亲下，则各从其类也。”

九五终于一飞冲天，荣登大宝，从潜龙起的长期历练有了施展的机会，这时最重要的一为在天，依天理之公行事，勿从私情私欲用人，二为寻求才德兼备的好干部，同心协力谋求社会整体的福利。九二、九五皆言“利见大人”，正所谓“同声相应、同气相求”，彼此分居上下卦之中，备具中德，理念接近，遂结成共事伙伴。自然界水流过的地方就潮湿，火往干燥处烧；传说龙一出现，常有云雾环绕，虎一跃动疾风大作，这些都是声气相通的原理。社会上有杰出的领导人兴起，必然吸引群众跟随，以争睹其辉煌的政绩。九五居上卦天位，九二居下卦地位，各有其号召群众的魅力，彼此再能相合，局面自然开阔可观，《系辞传》云：“方以类聚，物以群分。”类通感应的规律，主导人间的祸福吉凶。

上九曰“亢龙有悔”，何谓也？子曰：“贵而无位，高而无民，贤人在下位而无辅，是以动而有悔也。”

这一段亦见于《系辞传》，孔子解释“亢龙有悔”全无异辞。上九高贵而无九五位，在下位的贤人碍于九五的威权，亦无法前来辅佐，一有行动必生遗憾。《易》例阳刚太过招悔，阴柔太过称吝，亢龙之悔即因过刚所致。老子云：“贵以贱为本，高以下为基。”上九一意孤行，基本全失，遂至势穷理乖。

乃见天则

潜龙勿用，下也。见龙在田，时舍也。终日乾乾，行事也。

或跃在渊，自试也。飞龙在天，上治也。亢龙有悔，穷之灾也。乾元用九，天下治也。

“潜龙勿用”是因为地位低下，难以发挥作用。“见龙在田”就不同了，“时舍”的“舍”是止的意思，为时运所止，表示众目所瞩，成了时代的中坚。“终日乾乾”，奋战不息，实际负责任事。“或跃在渊”，在危险而敏感的情境里试炼自己，看看合不合适更上层楼。“飞龙在天”，终于取得最高领导的位置，主宰全局，展布构想。“亢龙有悔”，失去群众基础，穷途招灾。“乾元用九”，创造的全体发挥大用，突破垄断与独裁，让全天下的人都参与治理。上治与天下治不同，飞龙的困局只有以群龙共治来转化。

潜龙勿用，阳气潜藏。见龙在田，天下文明。终日乾乾，与时偕行。或跃在渊，乾道乃革。飞龙在天，乃位乎天德。亢龙有悔，与时偕极。乾元用九，乃见天则。

“潜龙勿用”，阳刚之气内敛含藏而不发；“见龙在田”，时运既至，大发特发以放射光明。乾九二爻变，成天火同人，正是天下文明之象。“终日乾乾”，辛苦奋斗必须与时俱进，不能脱离时代。“或跃在渊”，创造之道又进入了一个崭新的境界，“不可为典要，唯变所适”。“飞龙在天”，终于立于可行天德的大位，天德好生尚公，最高领袖应该替天行道。“亢龙有悔”，随着时代的变迁而走入了穷途。“乾元用九”，创造群龙共治之局，才能真正表现出大公无私的客观真理。“位乎天德”不一定能行天德，“群龙无首”才能保障天德的具体实现。

蛊卦讲“干父之蛊”，拨乱反正，上九爻辞云：“不事王侯，高尚其事。”《小象》云：“不事王侯，志可则也。”《彖传》则称：“蛊元亨而天下治也。”“天下治”即天下太平，志可则因见天则，皆为乾元用九之功，而实际的做法在“不事王侯”，彻底废除垄断资源的家天下制度，还政于民，大道之行也，天下为公。国家兴亡，匹夫有责，做大事而非做大官，人人尚其事，正合“群龙无首”之旨。

“干父之蛊”含义甚深，干蛊必须铲除祸源，否则于事无补。中国数千年的帝制才是蛊乱之源，此制不除，永远启人觊觎，争杀祸乱相循，伊于胡底？蛊卦上九为干蛊的最高境界，于此有大彻大悟。

懂得了天则的含义，对明夷上六《小象》所称“失则也”就更豁然开悟。明夷为暴君专政之卦，上六正为祸源，倒行逆施，残民以逞私欲，完全失去了天理，所以九三应南狩以诛除之。

乾元者，始而亨者也；利贞者，性情也。乾始能以美利利天下，不言所利，大矣哉！

前面两段揭示“乾元用九”的最高法则，此段即顺势着重乾元来诠释《彖传》。太极大本一立，自然能够亨通，有元必有亨，六十四卦卦辞罕有独言元而不见亨者，即为征验。利贞二字合言，主要针对本性所生之情易有偏失，欲以性正情、发而皆中节之故。天命之谓性，喜怒哀乐之未发谓之中，亦即性，已发即谓之情，情就容易流于不正，而衍生许多祸福烦恼。《易经》演生生之象，为论情之书，特别重视情的导正和节制，故以利贞言性情。

咸、恒、萃三卦皆论情，卦辞不见元，有亨利贞，爻辞多不吉，深受情苦，此中实大有深意。大壮卦辞仅利贞二字，《彖传》则云：“正大而天地之情可见矣！”咸、恒、萃三卦《彖传》则为：“天地万物之情可见矣！”天地无私，其情正大，万物多私，情之所见即当不得正大二字。“乾道变化，各正性命，保合太和，乃利贞。”乾卦《彖传》言性命为体，《文言传》言性情为用，无论体用，皆利于贞。

乾元一动，不仅能亨，且能普利，所谓计利当计天下利，以最美的利益去利天下，让大家受惠，本身还不居功自夸，这种精神真是伟大啊！《论语·阳货》："天何言哉？四时行焉，百物生焉。天何言哉？"不言所利亦有无所不利之意，表示博施济众，无分别心。

《文言传》解释元亨利贞，有分论，有合论。四个字分开谈即四德，两个两个谈，即始而亨和性情，一气呵成即乾始能以美利利天下，不言所利大矣哉。元亨利贞其实是个整体，而元更重要，一元复始万象更新。

大哉乾乎！刚健中正，纯粹精也；六爻发挥，旁通情也；时乘六龙，以御天也；云行雨施，天下平也。

这一段再就《彖传》中"云行雨施""时乘六龙"的观念予以发挥，为乾卦总论作结。"刚"是无私欲，"健"是不止息，"中"是喜怒哀乐之未发、无过与不及，正是恰到好处，"纯"是不杂，"粹"是去芜存菁，"精"是提炼到化境。"刚健中正，纯粹精"，可说是给乾卦定性的七字诀，亦为修持内圣的功夫，所谓"惟精惟一，允执厥中"。佛家鼓舞修行，称大雄无畏，勇猛精进，可与乾卦之理相参。

刚健中正为立本论性，"六爻发挥"则起用论情，"旁通"二字意同"曲尽"，曲尽其情为做事必须练达的外王功夫。喜怒哀乐爱恶欲为人际相处所必有，亦为吉凶祸福所由生，这些不彻底弄清楚，行事一定处处碰壁。《诗经》有云："他人有心，予忖度之。"将心比心，简练揣摩非常重要。《大学》称为"絜矩之道"："所恶于上，毋以使下；所恶于下，毋以事上"，最后推出"民之所好好之，民之所恶恶之"的结论。《中庸》则称"致曲"，用尽比证推求的功夫，以掌握人心变动的机微，才能化成天下。

《说卦传》云："观变于阴阳而立卦，发挥于刚柔而生爻。"一卦上下六爻，爻际互动有承乘应与的关系，爻性变动又有错综复杂的衍化，最适合来象征人情的交往，故称"六爻发挥，旁通情也"。《易经》主旨即在求通，人情直通不易，就求旁通，虽然旁通，仍不失正道。《系辞传》云：

"旁行而不流。"黄河九曲，终向东流，大的规范始终精持，此即性情利贞之义。"范围天地之化而不过，曲成万物而不遗"，"不过"即不流，"曲成"即旁通。

全体起用，性情合一，内外兼修之后，就能主动掌握任何时机时势的变化，而作出最精确灵敏的反应。"云行"是依理造势，"雨施"是实际造福人群，博施济众，天下太平。"天下平"为乾卦的终极境界，和"天下治""见天则"完全一致。

天人合一

往下进入乾卦《文言传》的最后一段，又重论六爻，理境续有翻新。

> 君子以成德为行，日可见之行也。潜之为言也，隐而未见，行而未成，是以君子弗用也。

《文言传》讲进德修业，重视实际的行为表现，我们领悟了《易经》的道理，必须应用于日常生活之中，对自己及他人有好处，才不落空。潜龙因时机尚未成熟，没法有所表现，勉强做也不可能成功，所以不轻举妄动。

> 君子学以聚之，问以辨之，宽以居之，仁以行之。《易》曰："见龙在田，利见大人。"君德也。

君子求学，宜多方接触，大量累积各种知识，然后慎思明辨，搞清楚里面的关系，有了心得后还得以宽和平易的态度去涵养，最后再彻底实践于生活中。"见龙在田"，出潜离隐，就是这样的学行历程。君者群之首，君德实即群德，见龙和潜龙不同，群众关系非常重要，"仁以行之"的"仁"，正是人际互动的理想规范。“宽以居之”的“宽”也很重要，学养难以速成，该潜的时候得潜，该见的时候才见。

九三重刚而不中，上不在天，下不在田，故乾乾因其时而惕，虽危无咎矣！

九三阳居阳位，又处于下乾上乾重刚交际，过刚不中，既不在当权的天位，又不在众所瞩目的田位，夹在飞龙与见龙之间，承上启下很难自处。这时必须卯上全力埋头苦干，随时保持警惕，才能渡过动荡而竞争的难关，得保无咎。

九四重刚而不中，上不在天，下不在田，中不在人，故或之。或之者，疑之也，故无咎。

九四亦处于上乾下乾重刚交际，不在二、五中位，也不在“君子终日乾乾”的主要人位，处境更难，面对功高震主的敏感问题，必须深自警惕，保留应变的弹性，才能无咎。“或跃在渊”的“或”字，用得极为传神，或跃或在渊，既然进退两难，就做好进退两可的身心准备，所谓狡兔三窟，不要在政治迫害中轻易牺牲。三、四皆属人位，三多凶，四多惧，为人难，爻辞皆言无咎，即表示很容易有咎，必须小心应付才能无咎。“重刚”的重，即重卦的重，三画卦因而重之成六画卦，上下内外交际之处特别艰难。

夫大人者，与天地合其德，与日月合其明，与四时合其序，与鬼神合其吉凶。先天而天弗违，后天而奉天时，天且弗违，而况于人乎？况于鬼神乎？

“飞龙在天”和“见龙在田”皆“利见大人”，那么大人境界究竟为何？《论语·泰伯篇》:“唯天为大，唯尧则之。”尧懂得则天，依天则行事，传贤而不传子，即为大人。天无私覆，地无私载，日月无私照，天地日月的大公无私值得人效法学习。大本立定以后，还须重视时序的变化，春夏秋冬四时的更迭，即给人丰富的启示。人死称鬼，其中有重大贡献、遗爱在人者称神。“与鬼神合其吉凶”，表示重视历史，懂得从先民的奋斗经验中汲取智慧，以趋吉避凶。《系辞传》云:“天地设位，圣人成能；人谋鬼谋，百姓与能。”读圣贤书，其实就是以鬼谋启发人谋，活用前人的智慧以解决当今的问题。

《系辞传》又称:“天地之道，贞观者也；日月之道，贞明者也；天下之动，贞夫一者也。”人的行动须效法天地之公和日月之明，才有伟大的贡献。“法象莫大乎天地，变通莫大乎四时，悬象著明，莫大乎日月。”天地日月四时是最大的学习对象，学臻此境即为大人。“广大配天地，变通配四时，阴阳之义配日月，易简之善配至德。”易简即公正客观、无私无我，这是最高的德行，由则天而来。此处言配，人道配合天道，天人合一即为大人境界。

人一旦修到大人境界，即与天地齐平。乾卦《彖传》称:“大哉乾元，万物资始，乃统天。”又称:“时乘六龙以御天。”统天御天，表示人一旦参透创造的奥秘，甚至可以超越天地而有更高的表现，这就是“先天而天弗违”，至少也能依天理天时行事而不出差错，这就是“后天而奉天时”。既然连天地之大，都不能违反大人的行事，一般人和历史的经验就更不可能了——换句话说，绝对的真理是“放诸四海而皆准，百世以俟圣人而不惑”的！

亢之为言也，知进而不知退，知存而不知亡，知得而不知丧，其唯圣人乎？知进退存亡而不失其正者，其唯圣人乎？

亢龙的毛病，就在阳刚过度，只知进不知退，只知存不知亡，只知得不知丧，凡事尽往好处想，结果物极必反，事与愿违而招致失败。要避免亢龙之悔，得修习圣人的标准：知道世事皆有二端，该进时进、该退时退、该存时存、该亡时亡，永远做得恰到好处，永远不失正道。

依《文言传》最后对于乾卦九五及上九的义理发挥，大人当为《易经》修行的最高德位，而圣人其次，再往下则为贤人、君子等。董仲舒引《古论语·尧曰篇》有云："有始有卒者，其唯圣人乎？"辞气和此章相近，有始有卒、善保令终，即因"知进退存亡而不失其正"，一般人做不到，只有圣人才做得到。《中庸》称述孔子："仲尼祖述尧舜，宪章文武；上律天时，下袭水土。"前两句是效法前圣先贤，"与鬼神合其吉凶"，后两句则直接从天地学习，短短十六字，说的正是大人境界。

值得注意的是，乾《文言传》最后为何不再提用九而径以"不失其正"终章？全传释爻共四遍，仅中间两次提"乾元用九"，起首跟终结则未及，释《彖》至"时乘六龙""云行雨施"，亦不及"首出庶物，万国咸宁"，其理安在？

"乾元用九"是总纲，也是终极境界，在中间揭示"天下治""乃见天则"，正合由浅入深、层层转进之理，而以大人释九五、圣人释上九，已针对二爻的弱点立论，将用九的最高理想导入，期许飞龙能行天则、亢龙能进退无悔。释《彖》"云行雨施"，以"天下平"作结，实即用九之义。乾《文言》以"不失其正"终篇，又有拨乱反正之意，《春秋》有"俟后圣"之旨，人生就是进退存亡，圣人能不失其正，万变不离其宗，故可寄予厚望。

黄中通理

坤至柔而动也刚，至静而德方，后得主而有常，含万物而化光。坤道其顺乎？承天而时行。

坤《文言》一开始即综论《彖传》，“元亨利贞”四德在乾《文言》已讲述清楚，不必再重复了。“坤至柔而动也刚”一句，几乎涵盖尽整部老子的思想。老子尚柔，善于以柔克刚，所谓“天下之至柔，驰骋天下之至坚”，柔能克刚，即因柔中蕴刚、柔极能转刚之故。老子深论治术，有云：“民不可脱于渊，国之利器不可以示人。”利器即刚，不可以示人，故而以柔蓄刚。《周易》之前有《归藏》，以坤卦为首，不知和老子思想的渊源可深？以筮法论，至柔为老阴，阴极转阳，六动成七变少阳，故称“动也刚”。占筮遇老阴的概率最低，约为老阳的三分之一、少阴的七分之一，物以稀为贵，至柔之动威力相当惊人。坤为民，民可载舟，民可覆舟，所谓“至愚而神”——平时看着不起眼，一旦忍耐不了爆发出来谁也挡不住。

坤的动相谈过，再谈静相。“至静而德方”的“方”，即六二“直方大”的“方”，意同仿，效法学习之意。乾坤合德是坤卦的主旨，坤卦效法学习的对象即乾卦，因此往下谈“后得主而有常”——乾主坤从，“先迷后得主”，阴阳和合才是常道。“含万物而化光”，赞美坤与乾合德后生养万物的大能，《彖传》言“含弘光大”、六三“含章可贞”，坤德重“含”。

乾健坤顺，顺天理、顺人性、顺形势，顺绝非软弱无能之意，“承天而时行”即将顺德诠解至尽。天行健，坤道言时行，正是合德之象。老子云：“玄德深矣，远矣，与物反矣，然后乃至大顺。”

> 积善之家，必有余庆；积不善之家，必有余殃。臣弑其君，子弑其父，非一朝一夕之故，其所由来者渐矣！由辩之不早辩也。《易》曰：“履霜，坚冰至。”盖言顺也。

往下开始论爻，坤卦初爻与上爻宜对看，代表欲念初萌以及积恶难返、大欲灭身的情状。履霜阴气初见，踏上错误的第一步；坚冰阴势已成，再回头已是百年身。“盖言顺”的“顺”，和“坤道其顺乎”的“顺”不同，顺从私欲积习、日趋下流，完全违背了天理。阴极转阳，既不能防之于始，只有战之于终，用刚硬流血的手段强加矫正。坚冰之象，依《说卦传》应属乾（为寒、为冰），坤极转乾，故言“坚冰至”。

“元者，善之长”，正是“积善”，福报不可限量；“履霜，坚冰至”，却是“积不善”，造业深重。“余”是用不完、想象不到，善或恶一旦积累不止，就会产生这种失控的效果。《易经》重积重畜，卦有小畜、大畜，离卦则“畜牝牛吉”；大有卦九二《小象》云“积中不败”，显示大有非旦夕可致；小畜上九《小象》称“德积载也”，以小搏大突破僵局，堪称功德圆满。“庆”为皆大欢喜，一家有庆，兆民赖之。“殃”为玉石俱焚，祸及无辜，所谓“城门失火，殃及池鱼”。祸国殃民，使天下百姓承受无妄之灾，皆由执政之家积不善所致。余庆、余殃的观念，对照凸显家天下及乱制的可怕，兴亡百姓皆苦，极不足恃。

“臣弑其君，子弑其父”，其实说的是一件事，历朝历代为了争夺政权，至亲成仇、宫廷喋血之事在所多有。“自禹而德衰”，三代以后便已形成这种积习难改的局面，故称“其所由来者渐矣”。“早辩”的辩，通明辨是非的辨，用言论或行动都应早做批判，不容枭雄盗国有丝毫假借，此处一旦放松，后祸即很难收拾。《史记·太史公自序》有云：“《春秋》之中，弑君三十六、亡国五十二，诸侯奔走不得保其社稷者，不可胜数。察其所以，皆失其本矣。故《易》曰：‘失之毫厘，差以千里。’故曰：‘臣弑君、子弑父，非一旦一夕之故也，其渐久矣！’”此段与坤《文言》完全同调，《春秋》拨乱反正，《史记》上承《春秋》，孔学真正一以贯之。“失之毫厘，差以千里”，不见于今本《易经》，而在《易纬》，用以诠释“履霜，坚冰至”非常贴切。

《易经》非常重视“辨”字，除本爻外，乾九二《文言》称“问以辨之”、履卦《大象传》“君子以辨上下，定民志”、同人卦《大象传》“君子以类族辨物”、大有卦九四《小象》“明辨晳也”、困卦为“德之辨”、复卦“小而辨于物”、井卦“以辨义”、未济卦《大象传》“君子以慎辨物居方”、《系辞传》

论中爻“辨是与非”，人生在世，慎思明辨的功夫实不可少。

直其正也，方其义也。君子敬以直内，义以方外，敬义立而德不孤。直方大，不习无不利，则不疑其所行也。

坤六二当位中正，为坤卦主爻，充分表现柔顺利贞的坤德。“直”为人性本然之善，也是坤德须保有的正理，“方”为效法乾德，这是坤应该做的事。君子以敬的功夫内修，存养扩充本然之善，又以配合天道的作为发展外王的事业。敬和义皆修为有成后，乾坤合德而刚柔有体，立身行世即不会遭人疑忌、陷于孤立，到处受人欢迎。《论语·里仁篇》：“德不孤，必有邻。”坤卦利西南得朋，“得朋”即不孤。

阴虽有美，含之，以从王事，弗敢成也。地道也，妻道也，臣道也。地道无成而代有终也。

“含章”的章，《文言》作“美”解，表示有一套。坤德重含藏不发，虽有韬略，不轻易展现，秉此精神从政，亦谨守干部的分际，不敢僭越专主，只协助上司将任务完成。“地道也”至“臣道也”三句应为衍文，可能是后儒的注解混入传文，亦多少暴露出旧时代儒生思想狭隘的格局。

天地变化，草木蕃。天地闭，贤人隐。《易》曰：“括囊，无咎无誉。”盖言谨也。

天地变化、乾坤合德，草木自然茂盛；天地闭塞不交，生机停滞，贤人就会隐居。坤六四“括囊”，谨言慎行以保无咎，即为“贤人隐”之象。功高震主、伴君如伴虎，君臣间的对待关系太敏感，不能不韬光养晦。世间咎誉每每并至，名满天下，谤亦随之，有咎就有誉，无咎亦无誉。

“天地闭，贤人隐”似否卦，“天地变化，草木蕃”似泰卦，否、泰二象同现于六四一爻，可谓意味深长。政局严酷、各色恐怖盛行，处高位者即噤若寒蝉，以求明哲保身；政治一旦清明开放，威权解消，良相又尽心佐国。泰通否塞，一生一灭，往往存乎一念之间。孟子说得好：“君之视臣如手足，则臣视君如腹心；君之视臣如犬马，则臣视君如国人；君之视臣如土芥，则臣视君如寇雠。”

由此引申可见，“括囊”只是城府甚深之人的外现之象，其内里可能生机澎湃，我们切勿对此种人轻下论断。坤六三“含章可贞”，因时而发，“或从王事”，其智光大，“坤至柔而动也刚”，屈伸俯仰之间，就可能天地变色！

君子黄中通理，正位居体，美在其中，而畅于四支，发于事业，美之至也！

六五“黄裳，元吉”，天玄地黄，黄为坤的代表色，又为象征中道的颜色，六五居上卦之中的君位，故称“黄中”，又称“正位”。裳为下体之服，比喻众民，不称黄衣而称黄裳，实即孟子所谓“民为贵，社稷次之，君为轻”之意。《左传》云：“民受天地之中以生。”黄中在民，才是通达人间的至理。“居体”即居下体，“四支”即四肢，指股肱，皆指天下臣民而言。虽居下体，却当正位，天民之性、天民之智一旦启蒙开发，整个国家社会必然生机畅旺，这种群龙共治的局面才称得上是最美的事业啊！六三含章未发，六四括囊固结、天地否闭，直到六五才大彻大悟，大通大发印证了“天地变化，草木蕃”之象。

阴疑于阳必战，为其嫌于无阳也，故称龙焉；犹未离其类也，故称血焉。夫玄黄者，天地之杂也，天玄而地黄。

上六“龙战于野”，为阴极转阳之象，亦象征天理和人欲的冲突。“疑”亦作拟，阴势坐大，快要和阳齐平了，自然引起阳的猜忌，嫌于无阳即专断独行、目无尊长。龙为乾卦取象，代表阳刚势力，出而干涉，遂有龙战之辞。阴以阳为类，阴虽一意孤行，仍未能真正脱离阳的控制，阴阳相抗，遂有流血之象。天玄地黄，“其血玄黄”代表两败俱伤，天地之杂已非“刚健中正，纯粹精”的境界矣！

上六阴极遭疑，阴阳关系处理不当，六二“直方大”，不疑其所行，阴阳和合；乾卦九四“或跃在渊”，或之者，疑之也。“君子不处嫌疑间”，瓜田李下，总招非议，带来无穷烦扰。董仲舒《春秋繁露》有云：“别嫌疑，异同类。”人生甚多似是而非、似非而是之事，必须冷静分析、判别清楚。

天地之杂虽然为玄黄血战，一战之后必有胜负，又会回复阴阳间动态的平衡。“物相杂，故曰文。”整篇《文言传》其实就在谈天地之杂——乾卦中有坤象，坤卦中有乾象，乾极转坤，坤极转乾。所谓孤阴不生、独阳不长，这是天地造化之理的机微——“犹未离其类也”，真是一语道破。

坤《文言》亦未释“用六，利永贞”，这只是因为阴阳和合之理已在各爻阐发近尽，而“黄裳元吉”又呼应“群龙无首”，“美之至”已达到“至哉坤元”的标准。坤为民，用六为六爻全变，正是民智全开、“人人皆有士君子之行”之象——“以大终也。”阳大阴小，小变成大，远近大小若一，这不正是《春秋》太平世的终极理想吗？

第十四章　度一切苦厄：屯、明夷、蹇三卦综论

《易经》以八卦立象，八卦的基本要义见《说卦传》："乾，健也；坤，顺也……坎，陷也；艮，止也……"其中坎卦所代表的险陷和艮卦代表的阻碍，尤其值得注意。人生不如意事十之八九，江湖人险心更险，世路崎岖，历阻涉险实为必有之义。《系辞传》首章云："乾以易知，坤以简能。"又云："易简而天下之理得矣！天下之理得，而成位乎其中矣！"真知力行，修为全在易简——无私无我、公正客观。人生要有大成，必须勤修乾、坤二卦所代表的基本面，才能深识险阻、在世不染。《系辞传》末章云："夫乾，天下之至健也，德行恒易以知险；夫坤，天下之至顺也，德行恒简以知阻。"易简即能知天下之险阻，《系辞传》以乾坤立教，首尾衔接、一理贯通。

按《易经》卦序，乾、坤开天辟地后，即遭逢一连串的艰难险阻：水雷屯（䷂），动乎险中，外间险难方殷；山水蒙（䷃），外阻内险，无所适从；水天需（䷄），健行遇险，难以突破；天水讼（䷅），外健内险，极度不和；地水师（䷆），兵行险招，荼毒天下；水地比（䷇），比之所在亦险之所在，伴君如伴虎，结盟的朋友随时可能出卖你。风天小畜（䷈），似乎脱离了险境，却因以小搏大、实力悬殊，而致密云不雨、有流血恐惧的苦境；天泽履（䷉），履虎尾不咥人，风险之高，只能战战兢兢、如履薄冰。历经八个卦的锤炼，好不容易地天泰（䷊）了，又因持盈保泰失宜，立刻转为天地否（䷋），陷入黑暗痛苦的深渊。造化弄人，其若是乎？

不仅上经如此，下经以咸、恒起首，自然感通、天长地久，男女恋爱结成夫妇，才要开展幸福人生，接着天山遁（䷠）——内部产生阻碍，有人就后悔想逃婚了！佛家说三界是火宅，苦海无边、回头是岸，依《易经》卦序所演，还真有几分道理。

《序卦传》云："有天地，然后万物生焉。盈天地之间者唯万物，故受之以屯。屯者，盈也。屯者，物之始生也。物生必蒙，故受之以蒙。"

屯的象形字为，本义是"初生草穿地"。嫩草的根在地底下盘屈前进，时机成熟后，钻破坚硬的地面，开出两瓣绿芽，展现充沛难遏的生机，这就是屯。《易经》以屯来象征天地间一切新创生的生命和事业，创业维艰，万事起头难，屯就有险难之意。天地间充满了形形色色的生命，以盈释屯，提醒人除了本身的生存外，也要尊重其他的生命形态。屯卦后是蒙卦，童稚无知，必须吸收资讯、接受启蒙。

《杂卦传》云："屯，见而不失其居。""见"同现，"居"为固守之意，"而"即能。刚刚创生的新生命，气息清新，未受尘世污染，良知良能俱全，就是屯。道家崇尚自然，返璞归真，每以婴儿、赤子为象征，即通屯卦之理。以创业来说，创立以后还得能守成，不论往后遭逢多少难关的考验，仍须坚持初创时的理想，作永续经营的打算，这也是现而不失其居。

明夷卦（䷣）可能是《易经》中最痛苦的一卦，光明受伤，充满了对周遭现实的无力感。《序卦传》云："进必有所伤，故受之以明夷。夷者，伤也。伤于外者必反其家，故受之以家人。"明夷之前为晋卦（䷢），晋为旭日东升、向着光明的远景前进，然而有日出就有日落，往前冲刺太猛，环境一变就可能受挫伤。人在外奋斗受挫，一定会回到家里寻求安慰，因此明夷之后为家人卦（䷤）。

《杂卦传》云："明夷，诛也。"光明受伤、时代黑暗必有原因，人不能坐以待毙，必须找出祸源，以群策群力彻底铲除。孟子说："闻诛一夫纣矣！未闻弑君也。"恭行天讨天罚，为民除害就是诛。

蹇是跛足之意，表示形势险恶、寸步难行。《序卦传》云："乖必有难，故受之以蹇。蹇者，难也。物不可以终难，故受之以解。”蹇卦（䷦）之前是睽卦（䷥），睽卦之前是家人卦。明夷对社会所造成的伤害，可能祸及家庭，导致亲人失和、反目成仇，这就是睽。睽乖以后，力量分散，更无法应付外界的问题，即为蹇。蹇难之时，若能捐弃前嫌、风雨同舟，终会渡过难关、解除危机，所以蹇卦之后是解卦（䷧）。《杂卦传》云：“蹇，难也。”

屯、明夷、蹇三卦，皆遭险难、艰苦备尝，却又各有各的肇因、形势及对策。《心经》有云：“观自在菩萨，行深般若波罗蜜多时，照见五蕴皆空，度一切苦厄。”人生必遇患难，遭受挫折不必怨天尤人，重要的是如何深刻内省，借此激发出解决问题的智慧。

利建侯

> 屯。元亨利贞。勿用，有攸往。利建侯。《彖》曰：屯，刚柔始交而难生，动乎险中大亨贞。雷雨之动满盈，天造草昧，宜建侯而不宁。

屯卦为乾、坤交合后所生的第一个卦。阳施阴受，内卦乾阳入坤阴、一索而得长男为震，有了跃动的生机；外卦阳入阴中、再索而得中男为坎，又赋予具体的外形。内动外险，注定了生于忧患，屯卦之难完全出乎自然。既然如此，在险难中奋斗求生以致亨通，亦属天经地义。

“元亨利贞”为乾卦所具备的浑沦一体的四种德行，代表宇宙间生生不息的基本动力；坤卦卦辞亦云“元亨，利牝马之贞”，四德备具，仅表现贞德的方式有异。屯卦为乾坤交合所生，“见而不失其居”，故而亦“元亨利贞”，正所谓具体而微。由于生命力尚稚嫩，短期内不适合有大动作，但中长期是要往前奋斗的，这个时候最应该做的就是“建侯”。

“建侯”是《易经》中极重要的观念，除屯卦“利建侯”外，豫卦“利建侯行师”、比卦“建万国，亲诸侯”、晋卦“康侯用锡马蕃庶，昼日三接”，人生重大行事皆从“建侯”起始。“侯”是古代封建的官爵，受天子之命治理四方，不时还得将地方上的民情汇报中央，等于是天子的斥候。“侯”亦通时候的候，夏历有七十二候，为五天即一变的自然界现象，古代有占候之学，配合时序决定行止。“建侯”总括来说，就是设官分职、发展组织，以深入搜集自然界及社会上的重要资讯，作为决策行动的参考。因为世事经纬万端，一个侯不够，还得设诸侯以测其全。屯卦既属创业阶段，为免盲目奋斗，当然得“利建侯”。

屯卦上坎水、下震雷，有雷雨之象，虽然蕴势未发，已显现蓬勃壮盛的生机。《序卦传》称“屯者，盈也”，《彖传》则云“雷雨之动满盈”，天地絪缊、混沌初开，一个崭新的大时代就快来了！“天造草昧”、洪荒初辟，正是需要大创意、大干劲的时候，有心人当好好建构组织，片刻也不能休息啊！

《象》曰：云雷，屯。君子以经纶。

坎水上升成云，干打雷不下雨，表示蕴势、造势的阶段，君子取法此象，为未来的事业人生做好规划。“经纶”本义为治丝，“经”是理其绪而分之，“纶”是比其类而合之，纵横交织、分工合作，一幅幅瑰丽的锦绣于焉诞生。《中庸》有云：“唯天下至诚，为能经纶天下之大经，立天下之大本，知天地之化育。”“经纶”就是缜密布局、经营管理。

《周官》（《周礼》）以组织严密见长，经文开宗明义即称：“惟王建国，辨方正位，体国经野，设官分职，以为民极。”屯卦艰难缔造，之所以“动乎险中大亨贞”，全靠了“建侯”与“经纶”。

几不如舍

屯卦为二阳四阴之卦，创业须阳刚之才，阴柔不能济事，而九五深陷险中，行动不得自由，全卦的重心和盼望都落在初九一阳上。

初九。磐桓，利居贞，利建侯。《象》曰：虽磐桓，志行正也；以贵下贱，大得民也。

“磐”是大石，“桓”是大柱，“磐桓”比喻初九根基深厚，堪为国家栋梁之材。这么有分量、有担当，却不躁进，所志所行皆固守正道，甘居下位，从容布局，如此当然大得民心，便于往后的施为。

初九阳居阳位，又当下卦震动之主，所谓“帝出乎震”，勤于经营基层而终于主导全局。卦辞“元亨利贞”，爻辞“利居贞”；卦言“利建侯”，爻亦言“利建侯”，屯卦全卦的精神在初九一爻中表现得淋漓尽致。六十四卦，乾刚坤柔是基本面，屯可视为生生之后的第一卦，而初九恰为第一爻，好的开始是成功的一半，一开始就得守正、就得建侯。《杂卦传》释屯为“见而不失其居”，初九“利居贞”，完全呼应卦旨。

上六。乘马班如，泣血涟如。
（泣血涟如，何可长也？）

九五。屯其膏，小贞吉，大贞凶。
（屯其膏，施未光也。）

六四。乘马班如，求婚媾，往吉，无不利。
（求而往，明也。）

六三。即鹿无虞，惟入于林中。君子几，不如舍。往吝。
（即鹿无虞，以从禽也；君子舍之，往吝穷也。）

六二。屯如邅如，乘马班如，匪寇婚媾。女子贞不字，十年乃字。
（六二之难，乘刚也；十年乃字，反常也。）

初九。磐桓，利居贞，利建侯。
（虽磐桓，志行正也；以贵下贱，大得民也。）

屯

《左传》中对屯卦也有很精当的诠释：“屯固比入”“屯厚豫乐”。人生创业必须打好稳固深厚的基础，尔后的发展才可大可久，初九厚实居下、生气勃勃，正有此象。一般大楼兴建，习惯立碑“磐基永固”，初九“磐桓”即申明此义。台湾地区每年颁发“磐石奖”，奖励创业绩优的厂商，亦妙合屯卦卦旨。

始无今有称“建”，老子有云：“善建者不拔。”《文言传》称赞乾卦初九为“确乎其不可拔，潜龙也”。这些都与屯卦初九之象相通。真正的大事业，绝对须重视基础建设，培元固本，以期传之久远。

初九爻变，成比卦（䷇）。比卦《大象传》称：“建万国，亲诸侯。”卦辞则强调“元永贞”及“不宁方来”，正合屯初九“利居贞，利建侯”之旨。屯固比入，入是双方深入交往、情谊稳固，初九一爻贯通二卦卦理。

“建中”的校歌，前几句是这样的：“东海东，玉山下，培新苗，吐绿芽，春风吹放自由花。为梁为栋，同支大厦，看我们重建灿烂的新中华！”新苗绿芽，正是“屯”字之象，善加培育，待春风一来便可盛开花朵、自由纾放。栋梁支大厦，磐桓利居贞，亦为屯卦卦象卦理的充分体现。

九五。屯其膏。小贞吉，大贞凶。《象》曰：屯其膏，施未光也。

“膏”指恩泽，“屯其膏”是说恩泽不能下施，老百姓难以受惠。九五居君位，理应照顾民众，却因深陷坎险之中，行动不得自由，在政绩上打了折扣。小人怀惠，因此对九五的忠诚自然就有问题，九五想要号令约束都难以称心如意。乾卦《文言传》：“贞者，事之干也。”处在九五的环境，小干还吉，大干必凶。若以“贞”作“正”字解，就是纠正之意，民众若有不当，稍事纠正还能收效，严格管束可没人理你。

《尚书·洪范》论卜筮决疑，当“卿士逆、庶民逆”之时，君王“作内吉，作外凶”。祭祀冠婚等国内小事还行得通，出外作战的大事，由于官民皆反对就不能做了，这道理和屯卦九五类似。

相较于初九的“大得民”，九五的“施未光”真成强烈对照，所谓形势比人强，一动一坎，君臣名实可谓上下易位矣！

九五爻变，成复卦（䷗）。九五涉险受伤，须善自调养、徐图恢复，“小贞吉，大贞凶”，亦合复卦《大象》：“先王以至日闭关，商旅不行，后不省方。”

六二。屯如邅如，乘马班如，匪寇婚媾。女子贞不字，十年乃字。《象》曰：六二之难，乘刚也；十年乃字，反常也。

屯、邅是遭遇困难、不易行进的样子，“乘马”是四匹马拉一辆车，“班如”是行止未定、步调不一致。“如”是语尾副词，《易经》取象用如字，显得生动灵活。六二和九五中正相应与，本是绝配，因九五深陷险中，一时难以结合，下乘初九之动，阴乘阳、柔乘刚，又颇受情欲蒙蔽理智的诱惑，徘徊在二阳之间，难以抉择。“匪寇婚媾”在《易经》中出现三次：屯六二、贲六四、睽上九。“匪”同非，非寇婚媾教人明辨敌友，九五毕竟是六二该婚配的对象，不应抛弃而与初九苟合。再放宽来说，连初九亦不宜视之如寇，双方只是不合适，不必非得闹翻，人生交朋友还来不及，哪里可以随便制造敌人？这些都考虑清楚后，六二作了决定：固守正道，不嫁给初九，宁愿苦等十年，待九五脱险后再嫁给九五。女子许婚曰“字”，所谓待字闺中；“十年”在《易经》中代表很漫长的光阴，乃有艰难转折之意；“反常”即回复正常的道理，屯难只是一时，人还是应该找到最适合自己的归宿。

六二爻变，成节卦（䷻）。当位以节，中正以通，六二固守贞节，完全发挥了本身爻位爻性的美德。

六四。乘马班如，求婚媾，往吉，无不利。《象》曰：求而往，明也。

六四阴居阴位，和阳居阳位的初九相应与，也是绝配，由于上承九五，又遇初九、六二的一番纠缠，也不免犹豫一阵。屯难之时，阴柔无力济屯，必须求阳以自辅，既然初九是理想对象，就毅然决然去配合。这是很明智的，没有什么不恰当。

六四爻变，成随卦（䷐）。阳主阴从，刚来而下柔，动而悦，恰合屯六四与初九互动之象。

前述四爻双双成对后，剩下六三、上六二阴爻，同性无法配对，阴柔又无力自主，遂造成往下的局面。

六三。即鹿无虞，惟入于林中。君子几，不如舍，往吝。《象》曰：即鹿无虞，以从禽也；君子舍之，往吝穷也。

“鹿”同麓，“即”是追逐迫近，“禽”为禽兽的总称，指猎物。“虞”是古代管理山林的职官，深知地形地物，皇族出猎时用之为向导。六三阴居阳位，爻性不足以有为，爻位却要求有表现，遂不自量力拼命追逐猎物。当猎物跑到山脚下，一头钻进原始森林中时，由于缺乏向导带路，前途险不可测，六三遂陷入两难：继续深入毫无把握，放弃追逐又心有未甘。有智慧的君子当机立断，停止盲目的追逐，因为他知道逞强深入一定讨不到任何便宜。“舍”也是止的意思。

“几”是变化的征兆，知几应变是《易经》的主旨。看到好机会迅速下手是知几，拒绝魔鬼的诱惑、急流勇退也是知几。经济学有所谓“机会成本”的观念，机会的选择是要成本的，时间资源太宝贵，经不起消耗浪费。六三若不肯认输，追逐到底，就算还能全身而退，已经是亏大了！人生与其做这种无谓的意气之争，不如将时间心力投注在其他更有效益的活动上。“《易》为君子谋，不为小人谋。”六三不中不正，处下卦震动之极、前临上卦不测之险，很容易犯错。爻辞称“君子几”，即为智者设想，劝其悬崖勒马，若当事者为小人，多半会一意孤行，迷失在原始森林中而不得出。

屯卦是讲创业的，六三的情境常见于企业多元化经营、介入陌生领域之时，所谓隔行如隔山，若无熟悉该领域的专家协助，实不宜贸然从事。屯卦“利建侯”，“无虞”即代表未建侯，盲目摸索当然不利。强龙难压地头蛇，治理陌生的新地区必得善用当地人，才易有所斩获。

六三爻变，成既济卦（䷾）。既济“亨小利贞，初吉终乱”，《大象传》又称：“君子以思患而豫防之。”所以屯六三“君子几，不如舍，往吝”。美军打越战、前苏联攻阿富汗，陷入泥沼，久战不利，正合此象。

上六。乘马班如，泣血涟如。《象》曰：泣血涟如，何可长也？

上六当屯难之极，才位俱柔，又乘于九五之上，阴乘阳、柔乘刚不利，完全无能处理局面，软弱畏惧地哭出血来，这样子怎么行呢？血是阴阳交战之象，上六设险困陷九五，结果自身难保，可谓不识时务。

综观屯卦全局，处处可见短期勿用、中长期有所往的精神，而有所往就得建侯，否则必然不利。初九磐桓不动，守正待时；九五“屯其膏”，“大贞凶”；六二、六四、上六皆“乘马班如”，难定行止；六二弃近乘之初九而待远应之九五，六四弃近承之九五而往远应之初九，皆不图近利而期远功。六三逞强妄动，上六坐以待毙，皆因未能建侯而致吝咎。

屯卦建侯于初九而非九五，实在大有深意。孟子有天爵、人爵的观念，王侯将相是人爵，仁义忠信是天爵，可大可久的人生事业须重天爵，而非人爵。九五居君位为人爵，照样入险而不可恃；初九处民间基层，磐桓居贞为天爵，后望无穷。屯代表清新可喜的新生命，元亨利贞，具体而微，自然不取蒙尘的九五，而重视朴实有力的初九。初九一强，顺势发展，九五之险也能解除，所谓根深叶茂、本固枝荣，孟子则说：“修其天爵而人爵从之。”《左传·昭公七年》有一段记载卫灵公获立的故事，以《周易》筮占得屯卦及屯初九，史朝解释“利建侯”为：“嗣吉何建？建非嗣也！”“嗣”是世袭的继承人，“建”是另行选贤，九五即嗣，初九即建，将相本无种，男儿当自强！

《春秋》微言大义，有“讥世卿”的观念，认为公卿大夫应选贤能而用之，不应父死子继。由“世卿非礼”再往上推，即能得出“世君亦非礼”的结论——屯卦为确保元亨利贞，建侯于初九第一爻，义理完全相通。

用晦而明

> 明夷。利艰贞。《彖》曰：明入地中，明夷。内文明而外柔顺，以蒙大难，文王以之。利艰贞，晦其明也，内难而能正其志，箕子以之。

明夷下卦离为日为明，上卦坤为地，有太阳下山、光明陨落之象。内卦离为文明，外卦坤为柔顺，又显示出处明夷之时的最佳对策，内心光明守正，外表却不与恶势力直接冲突，顺势顺理以承担重大的苦难。“晦”即不明，“晦其明”有装糊涂、韬光养晦以明哲保身之意。“内难”表示造成苦难的祸源出自内部，所谓家丑不可外扬，既不愿同流合污，又不好勾结外人来对抗，进退之间，精神格外痛苦，这时能做的只有端正自己本身的志向。

殷朝末年，商、周之间的一段斗争，在中国史上始终脍炙人口。文王羑里之囚的许多传闻，不论是否真实，三分天下有其二仍服事殷，已表现超人的忍耐力和涵养，以此应付明夷的环境，可谓恰如其分。纣王专暴，箕子与其为兄弟关系，无力制止亦不忍去父母之国，留在内部继续周旋，亦合“利艰贞”之义。

《易经》六十四卦的《彖传》中，引史实明义的例子极少，除明夷的文王、箕子外，只有革卦提汤武革命，晋卦的康侯还是复述卦辞而已。其实以大义立论，汤武革命仍为世袭制度下的改朝换代，文王、箕子也并未深悟时代之所以明夷之理，跳脱不出天下为家的小康格局。久年的媳妇儿熬成婆，以暴易暴、治乱循环，实不足为万世法！以《彖传》的叙理结构及文脉推敲，这些其实都是赘疣。“文王以之”“箕子以之”，乃至汤武革命，更像是早期的旁注误入本文，再不然就是居心叵测的伪饰了。

《象》曰：明入地中，明夷。君子以莅众，用晦而明。

“莅众”是居上位治理群众，“用晦而明”是治道的要术，所谓水清无大鱼，不痴不聋不做阿家翁，领导人过度精明、律下太严，反而会乏人跟随、难以成事。老子云：“俗人昭昭，我独昏昏；俗人察察，我独闷闷。”又云：“明道若昧”“其政闷闷，其民淳淳；其政察察，其民缺缺。”可谓深得个中要领。明夷上卦坤为众为民、内卦离为深藏之明，《大象传》依此悟得“用晦而明”之术，真是善于观象、别出心裁。

南狩之志

明夷卦的君位不在六五，而在上六，居高临下，阴影笼罩全局。

⚋ 上六。不明晦，初登于天，后入于地。

（初登于天，照四国也；后入于地，失则也。）

⚋ 六五。箕子之明夷，利贞。

（箕子之贞，明不可息也。）

⚋ 六四。入于左腹，获明夷之心，于出门庭。

（入于左腹，获心意也。）

⚊ 九三。明夷于南狩，得其大首，不可疾，贞。

（南狩之志，乃大得也。）

⚋ 六二。明夷于左股，用拯马壮，吉。

（六二之吉，顺以则也。）

⚊ 初九。明夷于飞，垂其翼。君子于行，三日不食。有攸往，主人有言。

（君子于行，义不食也。）

明夷

上六。不明晦。初登于天，后入于地。《象》曰：初登于天，照四国也；后入于地，失则也。

晦即不明，“不明晦”有加重语气之意，表示由明入暗、日趋下流。“初登于天”“后入于地”，正是日出又日落之象。照临四国之时，何等光彩？由盛转衰，完全是因为丧失了处世的原则。

上六柔暗居明夷之极，正为明夷全卦之祸源，在文王与纣王的故事中，即相当于纣王的角色，暴君当政，造成时代莫大的黑暗。明夷初九至六五爻辞皆言“明夷”，表示光明皆受挫伤，上六独言“不明晦”，真是千夫所指，元凶首恶之意昭然若揭。“晦其明”“用晦而明”“不明晦”，辞意各有不同，皆由明夷一象而生。

《诗经・大雅》：“天生烝民，有物有则。”任何事物都有其客观的理则，一旦肆意违背或破坏，必然带来社会的混乱。上六为一卦之主，不能以身作则，立法者毁法，天下事焉有可为？

初九。明夷于飞，垂其翼。君子于行，三日不食。有攸往，主人有言。《象》曰：君子于行，义不食也。

初九当明夷之始，又承续晋卦前冲之势，故有“明夷于飞”之象。鸟在空中飞行，因环境骤变而受了挫伤，立刻收敛翅膀，找安全的地方迫降。君子为了纾解困难，四处奔走求助，几天都难得好好吃顿饭，还要到处受气，被人批评得体无完肤。虽然如此，为了生存也必须忍耐。

初九爻变，成谦卦（䷎）。谦谦君子，用涉大川，虽有不食之厄、言语之讥，仍摆出最低的姿态，逆来顺受，以换取劣势下存活的机会。

六二。明夷于左股，用拯马壮，吉。《象》曰：六二之吉，顺以则也。

中国古代尚右，“夷于左股”表示受伤不算严重，但已影响行动能力，这时得赶快去找匹壮马来代步，以期脱离险境。六二柔顺中正，有离卦附丽之德，懂得依附实力者、借力使力而得亨通。“壮马”即指九三，为全卦唯一有希望铲除上六之爻。六二上承九三，阴承阳、柔承刚，关系相当好。上六失则致晦，六二顺以则得吉。

涣卦初六爻辞亦云：“用拯马壮，吉。”《小象》云：“初六之吉，顺也。”壮马指其上之九二，为拯涣的主力之一。初六上承九二，关系正常，合乎爻际互动的原则。

明夷六二爻变，成泰卦（䷊）。上下交而其志同，六二、九三合力以除明夷之患，“小往大来，吉亨”。

六四。入于左腹，获明夷之心，于出门庭。《象》曰：入于左腹，获心意也。

明夷之心象征祸源、造成时代黑暗的主要因素，即上六。六四进入上卦坤地，得窥罪恶渊薮中的内情，有“入于左腹”之象，既无力铲除祸源，又不愿同流合污，遂迈出门庭、扬长而去。六四阴居阴位，洁身远遁，处明夷之世，这也是常见的一种人生态度。

英国小说家康拉德著有《黑暗之心》（*Heart of Darkness*）一书，以非洲深处的探险隐喻人性内藏的黑暗，后来好莱坞导演科波拉将之改拍成电影《现代启示录》，背景换成越战，以渲染美国人的梦魇。“人心惟危，道心惟微”，江湖险人心更险，明夷之心实在有必要深入了解。《易经》强调“知幽明之故”“明于忧患与故”，一旦获明夷之心，有实力则与民除患，无实力至少也可不助人为恶。

六五。箕子之明夷，利贞。《象》曰：箕子之贞，明不可息也。

《易经》经文引史实为例者，卦辞仅晋卦言康侯，爻辞则有泰、归妹六五“帝乙归妹”，既济九三“高宗伐鬼方”、未济九四“震用伐鬼方”，以及明夷六五“箕子之明夷”等。如前所述，箕子与纣王为至亲，内乱而能正其志，合乎卦辞利艰贞之义，六五和上六最近，遂引箕子明义。“明不可息”，最黑暗之时亦不放弃内心的一点光明，这种坚持相当重要。

九三。明夷于南狩，得其大首，不可疾贞。《象》曰：南狩之志，乃大得也。

九三阳刚当位，居下卦离明巅峰，和上六相应与，在明夷一卦中代表针锋相对、有实力诛除暴君的角色。“南狩”一词即《春秋》微言大义所在，南方为离明，南面而王代表向明而治，“南狩”则代表向明而狩——为了使社会重见光明，兴兵革命推翻暴政。“大首”即元凶首恶，指上六，“得其大首”表示革命成功、擒贼擒王。“仲尼志在《春秋》。”“南狩之志”在解民于倒悬，“乃大得”表示转折艰难、成功不易。拨乱反正得循序渐进，万不可操之过急，故称“不可疾贞”。

春秋新王革命讲三世义：据乱世、升平世、太平世。每个阶段有不同的工作重点，革除积习旧敝，实非一蹴而就。明夷九三爻变，成复卦。出入无疾、七日来复，一元复始、万象更新，正是南狩不可疾贞之象。《春秋》讲“三世必复”“俟后圣”，只要最后能突破时代的黑暗，成功都不必在我！

《春秋》最后一条：“十有四年，春，西狩获麟。”麟是仁兽，获麟象征复性成功、仁满天下。南狩之志、西狩获麟，经学宗旨，一以贯之。

离卦（䷝）上九爻辞有云：“王用出征，有嘉折首。获匪其丑，无咎。”《小象》云：“王用出征，以正邦也。”“王”即新王，“出征”即南狩，“折首”即得其大首，“正邦”即拨乱反正。折首之后并非取而代之、以暴易暴，而是天下为公，“见群龙无首，吉”。离上九为上经最后一爻，当上卦离明巅峰，“大人以继明照于四方”，责任深重，和明夷九三旨趣相通。

综观明夷六爻，除六五外皆得正位，本身条件不错，却因上六高高在上胡作非为，造成全体受伤、万马齐喑的局面。初九、六二、九三爻辞以明夷为句首，首当其冲，民间受难深重；六四、六五爻辞以明夷居句中，政府亦受制而无能为力；上六不言明夷，言不明晦，本身昏暴，专以伤害别人为事。世袭制专断独裁之可怕、元凶首恶之必除，于此可见。“南狩之志”是要彻底解决问题，以免“初登于天，后入于地”的历史剧一再重演，因此文王、箕子、汤武革命皆未深悟明夷之心，其实他们都是革命的对象，全在南狩的范围内！南狩通复卦之理，复见天地之心，以天地至公无私之心去对治黑暗龌龊的明夷之心，便是明夷全卦的宗旨。

反身修德

蹇。利西南，不利东北。利见大人，贞吉。《彖》曰：蹇，难也，险在前也。见险而能止，知矣哉！蹇利西南，往得中也。不利东北，其道穷也。利见大人，往有功也。当位贞吉，以正邦也。蹇之时用大矣哉！

蹇外卦坎险、内卦艮止，既显示外险内阻的形势，又指出见险而止的对策，不妄动、不逞强才是行事的智慧。后天八卦方位，兑西、坤西南、离南、巽东南，阴卦皆在西南半壁，震东、艮东北、坎北、乾西北，阳卦皆在东北半壁。坤卦卦辞强调“利西南得朋，东北丧朋”。阴柔者应谨守分寸，在阴柔的领域内扮演好自己的角色，切忌跨越到属于阳刚领域的东北方，搞乱了主从的关系。以阴居阴，就能得到阳刚朋友的协助，以阴居阳，必定造成阴阳关系的紧张。蹇卦形势严峻，遭逢困难，必须用柔安静固守、广结善缘，不宜用刚躁动惹祸、制造仇怨，此即“利西南，不利东北”。蹇难的局面中，利于见到有实力、有气度的大人，坚守正道即吉。

以卦的结构来说，九五一阳往居坤中承担险难，当位中正以整合全局，有大人之象。五多功，故云“往有功”。蹇难之时虽然不好受，却可作反面运用而创造伟大的绩效。《孙子兵法·九地篇》：“夫吴人与越人相恶也，当其同舟济而遇风，其相救也如左右手。”蹇卦承睽卦而来，大敌当前，原有的内部矛盾反而缓和，以共御外侮。殷忧启圣，多难兴邦，“蹇之时用大矣哉”！

坎、睽、蹇三卦皆处逆境，而其《彖传》末尾皆称“时用大矣哉”，老子云：“反者道之动，弱者道之用。”人生必须懂得反面利用的智慧，顺水推舟以突破困局，反败为胜。

《象》曰：山上有水，蹇。君子以反身修德。

人遭逢蹇难，最容易怨天尤人，很少检讨自己。《易经》的主张则不同，一切反求诸己，如乾卦“自强不息”、晋卦“自昭明德”、颐卦“自求口实”、需卦九三“自我致寇”、解卦六三“自我致戎”，成败顺逆，都得自己负责。孟子的名言：“万物皆备于我矣！反身而诚，乐莫大焉。强恕而行，求仁莫近焉。”深刻内省以了悟世情、增长实践的能力，才是人生的至乐，如此才能身处蹇难不以为苦。困卦泽无水，资源枯竭，须另凿新井、挖掘潜在资源以求生，否则只能“致命遂志”；蹇卦山上有水，当前的险难本身就是资源，以此为磨炼个人心性、促进内部团结的机缘，正所谓“动心忍性，曾益其所不能”。

大蹇朋来

蹇卦二阳四阴，阴柔本身无法济蹇，须和阳刚建立良好关系、借阳刚之力以同舟共济。九五深入险中为全局领导，九三止之于内以稳定基层，其他阴爻则分别与二阳爻呼应结盟，共渡险难。

初六。往蹇，来誉。《象》曰：往蹇来誉，宜待也。

初六为蹇难之始，柔弱乏力，往前干一定蹇，必须留在原位等待时机，如此便会获得明智的称誉。

六二。王臣蹇蹇，匪躬之故。《象》曰：王臣蹇蹇，终无尤也。

六二当位中正，上和九五相应与，本是君臣同心协力的大有可为之局，无奈时遭蹇难，动弹不得，王也蹇，臣也蹇。“躬”是自己，“匪”同非，“匪躬之故”是说大环境的蹇难为众力交推所成，和六二本身德行无关，既然如此，也就没什么好怨尤的，留在自己岗位上继续奋斗。

海峡两岸的恩怨情仇由来已久，当前的僵局以佛家的术语来说是“共业”——业力未消以前，亿万人都得为此受苦，难得解脱。不过若从积极面思考，共业也可解释成共同的事业，群策群力，众志成城，消弭历史罪孽，为后代子孙谋福。

上六。往蹇，来硕。吉，利见大人。
（往蹇来硕，志在内也；利见大人，以从贵也。）

九五。大蹇朋来。
（大蹇朋来，以中节也。）

六四。往蹇，来连。
（往蹇来连，当位实也。）

九三。往蹇，来反。
（往蹇来反，内喜之也。）

六二。王臣蹇蹇，匪躬之故。
（王臣蹇蹇，终无尤也。）

初六。往蹇，来誉。
（往蹇来誉，宜待也。）

蹇

九三爻辞云："往蹇，来反。"《象》曰："往蹇来反，内喜之也。"

九三阳刚当位，深具实力，但独力难以济蹇，居下卦之巅、前临上卦坎险，毅然放弃硬闯，回头整合内部，如此六二获得奥援，自然欣喜异常。以中爻的观点来看，九三其实亦在坎险中，"往蹇"是必然的，"来反"则很明智。《大象传》所谓"反身修德"，就是"来反，内喜之"——"反身而诚，乐莫大焉。"九三爻变，成比卦（䷇）。阴阳结盟，互助合作，总体实力因而增强。

家人卦上九《小象》云："威如之吉，反身之谓也。"同人卦九四《小象》云："乘其墉，义弗克也；其吉，则困而反则也。""困而反则""往蹇来反"，"反身之谓""反身修德"，易理圆融，一以贯之。

六四。往蹇，来连。《象》曰：往蹇来连，当位实也。

六四阴柔，前往必蹇，必须回头联合九三，九三阳刚当位有实力，是结盟的好对象。六四爻变，成咸卦，柔上而刚下，二气感应以相与，患难之中因彼此资源互补而结合。

九五。大蹇朋来。《象》曰：大蹇朋来，以中节也。

九五阳刚中正，为蹇卦之主，深入承担险难，下和阴柔中正的六二相应与，阴阳和合、刚柔互济，一切配合得恰到好处。阴以阳为朋，九五阳入阴中有朋来之象，蹇卦利西南得朋、利见大人，既然精诚合作，再大的险难也能过关。九五爻变，成谦卦（䷎）。谦亨君子有终，摆出低姿态同舟共济，终于突破难局。

上六。往蹇，来硕。吉，利见大人。《象》曰：往蹇来硕，

志在内也；利见大人，以从贵也。

上六阴柔居蹇卦之极，前往必蹇，下和内卦九三相应与，回头与其呼应结盟，终能获吉。“硕”即大，《易经》阳大阴小，“硕”指九三阳爻。“大人”指九五，为领导抗蹇的尊贵之位。上六蹇极将终，言“吉”言“利见大人”，正呼应卦辞所言“利见大人，贞吉”。上六爻变，成渐卦（䷴）。循序渐进，耐心整合资源，终于突破蹇难。渐卦《彖传》有云：“进得位，往有功也；进以正，可以正邦也。”和蹇卦《彖传》所称“利见大人，往有功也；当位贞吉，以正邦也”句型相似，如出一辙。

蹇卦六爻，除初六外全部当位，表示本身立场都站得住，《彖传》称“当位贞吉，以正邦也”。这是过蹇难的先天条件。济蹇不能孤军奋斗，必须精诚团结、安内攘外，所以爻辞多云“往蹇”。来硕、朋来、来连、来反、来誉，“往”是孤身前往，“来”是回头找朋友或停留原处以待变，往来表示蹇难时人际互动的重要。六二“王臣蹇蹇，匪躬之故”，也有人在江湖身不由己、鞠躬尽瘁之意，坚守岗位、甘苦自尝，故爻辞独不言“往、来”。

九三为民间有实力者，上获六四来附、上六相应，本身再回头与六二结盟，借此遂和九五取得呼应，全局串联成一气，一致对外、突破蹇难。这种多层次的整合，正是“利西南”卦旨的体现——西南得朋，所以九五“大蹇朋来”。六四迁就九三，若以局部关系而论，阴乘阳、柔乘刚本来是不利的，但风雨同舟之时，吴越世仇尚且相救如左右手，什么宿怨、争议都得暂时搁置。《系辞传》云：“三与五，同功而异位……其柔危，其刚胜邪？”蹇卦九三、九五阳刚当位，分工合作，终成解蹇之功。

再以卦象看，蹇卦内阻外险，跋山涉水需要各方面的人才，群策群力、众志成城，这也是卦旨“利西南，不利东北，利见大人”的缘由。《易经》以知险阻、济苦厄为能事，蹇卦堪称极佳的范例。

第十五章　远离颠倒梦想：蒙、解二卦综论

佛家《心经》有云："心无挂碍。无挂碍故，无有恐怖。远离颠倒梦想，究竟涅槃。"

《易经》中有蒙（䷃）、解（䷧）二卦。蒙是蒙昧无知、欲望蒙蔽了真理、看不清楚事情的真相，所以需要启蒙。解是解脱、解放、解决、解除、解套、解消、和解、化解、排难解纷、消灾解难、冤家宜解不宜结、解铃还须系铃人。蒙卦内险外止，无所适从；解卦内险外动，挣脱危局。政治的蒙、教育的蒙，乃至文化的蒙，都得耐心启发、循循善诱，以解除僵化对峙的危机。

《序卦传》云："物生必蒙，故受之以蒙。蒙者，蒙也，物之稚也。物稚不可不养也，故受之以需……物不可以终难，故受之以解。解者，缓也。缓必有所失，故受之以损。"

蒙卦之前为屯卦，屯是"物之始生"，为乾坤开天辟地以后的第一卦。新生的生命童稚无知，且容易受到后天习气的污染，故而需要教育，这就是蒙。稚嫩的生命须从外界摄取资源，以成长壮大，所以蒙卦后接着是需卦（䷄）。

解卦之前是蹇卦，蹇是环境很困难、寸步难行之意。再困难的局面只要处理得当，都会过去，这就是解。危机解除，形势趋缓，备战的心志一松弛，又会有所闪失，所以解卦后接着为损卦（䷨）。

《杂卦传》云："蒙，杂而著……解，缓也。"

蒙卦表示当事者陷入混沌杂乱的情境，虽然如此，却能借良师益友的启蒙，而茅塞顿开、重见光明。解卦解决问题，事缓则圆。

童蒙求我

> 蒙。亨。匪我求童蒙，童蒙求我。初筮告，再三渎。渎则不告，利贞。

蒙卦陷入混乱，前景不明，但仍有亨通可能。卦辞劈头一个“亨”字，安定困境中的人心。“匪”同非，非我求童蒙，而是“童蒙求我”，点出教育启蒙的大原则。“童蒙”指无知的受教者，“我”指施教者。受教者要有虚心求学的诚意主动求教，施教者再针对其困惑与需要教导，不宜好为人师，主动灌输宣讲。“礼闻来学，不闻往教”。这并非高傲，而是唯有这样才易收效。教学互动、教学相长，必须双方面心门打开，沟通才会良好，任何一厢情愿的要求都会影响施教的品质。《吕氏春秋·劝学篇》：“往教者不化。”就是这个道理。

筮是占以决疑，人在陷入疑难时，正是蒙卦的情境。占卜贵诚，起心动念，通过蓍草的分合演算，得出卦象，即为天意垂告的标准答案，占者依理行事即可。若心思不净、杂念纷呈，一而再、再而三地起占追问，就构成了对易道的亵渎或烦扰，天人互动的线路一断，所得出的卦象也不再具有参考性。因此，整个占筮的过程必须正心诚意，才利于得到善解。

“初筮告，再三渎，渎则不告，利贞。”蒙卦这段卦辞是易占中很有名的戒律。占筮如此，教学亦复如是。学生诚心提问，老师尽心解答，重点在启发学生的创意思考。《论语·述而篇》：“不愤，不启；不悱，不发。举一隅，不以三隅反，则不复也！”《礼记·学记》又云：“善待问者如撞钟，叩之以小者则小鸣，叩之以大者则大鸣。”这里面都蕴含了极深刻的教学智慧。

《彖》曰：蒙，山下有险，险而止，蒙。蒙亨，以亨行时中也。匪我求童蒙，童蒙求我，志应也。初筮告，以刚中也。再三渎，渎则不告，渎蒙也。蒙以养正，圣功也。

蒙卦上卦艮山、下卦坎险，为山下有险、窒碍难行之象，既然身陷险境，不宜贸然行动，停下来想想办法，这就是蒙了。蒙能亨通，是因为了解时中的道理，在任何环境下都会善用资源，以获取最高的效益。教学是互动的，但必须学的人主动去求，此响彼应，才会有良好的教学效果，佛经说“心心相印”，以我心印证佛心，就是“志应”。蒙卦施教的主爻为九二，阳刚居下卦之中，负责启群阴之蒙，初六上承教化、六五又相应与，虚心问难，九二竭诚以告，彼此均能获益。六三位不当、阴乘阳，六四和九二不相应，失去受教的条件，违反了启蒙的正道，所以得不到教化的好处。人生不怕蒙昧，就在混沌迷乱的环境中学习经验、培养智慧，见贤思齐，就有道而正焉，造次必于是，颠沛必于是，这就是好学，就是成圣成贤的修行功夫。

蒙卦卦辞首言“亨”，末言“利贞”，不见“元”字，表示本性的大能不显，所以才会蒙昧迷失。屯卦具体而微，“元亨利贞”四德俱全，蒙卦涉世渐深，元德立刻丧失，可见人生后天习染的可怕。启蒙的主旨即在求放心、致良知、恢复元德。蒙卦的中爻，以三、四、五爻为上卦坤，二、三、四爻为下卦震，合成互卦地雷复（䷗），表示蒙中有复——复性、复元，克己复礼，天下归仁焉。蒙卦九二当互卦复之初九，正为生机所在、蒙昧诸阴取法师范的对象。

《三字经》起首：“人之初，性本善；性相近，习相远。”人之初即为屯卦，性本善，故而元德纯备；性相近，习相远，由屯入蒙，习气渐深，元德不显。“苟不教，性乃迁；教之道，贵以专。”入蒙即须启蒙，重视教育，否则易积重难返、日趋下流，而教育的道理贵乎专心致志，所以卦辞强调“初筮告”。

《象》曰：山下出泉，蒙。君子以果行育德。

蒙上卦艮山、下卦坎水，有“山下出泉”之象，所谓“在山泉水清，出山泉水浊”，人一入世就容易受污染，由屯入蒙，这是定数。处蒙之时，必须坚毅修行、培养道德，以图复性。内卦坎，有刚中之德，“有孚，维心亨，行有尚”，故称“果行”；外卦艮，止欲去私、笃实辉光，故称“育德”。

包蒙击蒙

蒙卦六爻，二阳四阴，阳实阴虚，阳爻代表内在富贵的施教者，阴爻代表虚心求教者。由于所处时位不同，二阳施教的风格亦有异。

九二。包蒙，吉。纳妇吉，子克家。《象》曰：子克家，刚柔接也。

“包蒙”是有教无类，包容一切蒙昧无知，充满了爱心和耐心，九二刚而能柔、居下卦之中，遂有此象。爱的教育，循循善诱，结果为吉。妇指四阴爻，纳妇以婚姻为喻，形容九二的教化广被，来者不拒。阴阳和合，教学相长，九二承担启蒙的重任，克尽厥责，就像男子能承担家务一样。“刚柔接”，指出教学活动的双向性，以爻位关系而论，则主要是指九二和六五相应与。

上九。击蒙，不利为寇，利御寇。

（利用御寇，上下顺也。）

六五。童蒙，吉。

（童蒙之吉，顺以巽也。）

六四。困蒙，吝。

（困蒙之吝，独远实也。）

六三。勿用取女，见金夫，不有躬，无攸利。

（勿用取女，行不顺也。）

九二。包蒙，吉。纳妇吉，子克家。

（子克家，刚柔接也。）

初六。发蒙，利用刑人，用说桎梏。以往，吝。

（利用刑人，以正法也。）

蒙

六五。童蒙，吉。《象》曰：童蒙之吉，顺以巽也。

六五居全卦君位，虚怀若谷，不耻下问，有“童蒙”之象。卦辞所谓“童蒙求我”，“童蒙”即指六五，“我”则指九二。“顺”是内心顺服真理，“巽”是入，外貌谦恭、礼贤下士才得入学问之门。童蒙吉，包蒙亦吉，充分说明教学相长、彼此均能获益的道理。

《中庸》上推崇舜“好问而好察迩言”为具有大智慧；孟子亦佩服舜“舍己从人，乐取于人以为善”的功夫；《论语》则称“夫子温、良、恭、俭、让以得之”。这些都是“童蒙之吉”的范例。

老子云：“善者，吾善之；不善者，吾亦善之。德善。”又云：“受国之垢，是谓社稷主；受国不祥，是为天下王。”这种无分别心、一视同仁的包容态度，则与包蒙纳妇的原理相通。

施教者的胸怀远大，但受教者资质禀赋不一，并非每个人都能获童蒙之吉。六三阴居阳位不当位，又乘于九二阳刚之上，象征欲望蒙蔽了理智，遂不堪承教，其爻辞云：“勿用取女，见金夫，不有躬，无攸利。”《小象》云：“勿用取女，行不顺也。”

六三和上九相应与，本应承受上九的教诲，却因近邻九二，受阳刚美质的吸引而动了心，遂丧失了自己本有的立场，这样做是得不到任何利益的。“金”喻刚，“金夫”指九二；“躬”是自己，“不有躬”指六三失去自我。“取”同娶，“勿用取女”是为上九设想：六三这种女人见异思迁，行为不端，不要娶她为妻。

六三爻变，蒙卦成蛊卦（䷑）。蛊卦风落山，女惑男，淫乱失贞，正合六三“勿用取女”之旨。六三不堪承教，包蒙无效，得换个教育方式，由其正应上九来施行。

上九。击蒙，不利为寇，利御寇。《象》曰：利用御寇，上下顺也。

上九居高临下，当蒙昧已极之时，采用最严厉的手段管教六三，以期当头棒喝，震醒愚顽。这种方式虽无不可，但有重要条件——“利御寇，不利为寇。”寇是强盗，比喻外来的引诱或威胁，人在学习的过程中误入歧途，即为遭寇。为了矫枉而过正，最后仍可得乎中，这是“利御寇”。“为寇”则是以此为常，不分青红皂白，一律严惩以收速效，管教的本身都出了问题，长远来看，也达不到教育启蒙的目的。

包蒙击蒙，恩威并施，只要合乎因材施教的原则，启蒙时应可相得益彰、灵活运用。六五童蒙，孺子可教，九二遂包蒙以启之；六三行不顺，顽劣不堪，上九遂击蒙以惩之，而收上下顺之实效。

上九爻变，蒙卦成师卦（䷆）。师卦大动刀兵，行险而顺，以此毒天下而民从之，正合击蒙之象。

不论击蒙包蒙，六三、六五皆有承受管教而脱离蒙昧的机会，若六四则连受教的机会都没有，其爻辞云：“困蒙，吝。”《小象》云：“困蒙之吝，独远实也。”

六四阴居阴位，本身条件不错，但和九二、上九二阳爻皆不相应，和初六应而不与，初六属阴，亦无能启六四之蒙，外缘差到极点。遍访名师不得，遂终生困于蒙昧，不能解脱，坐井观天，格局狭隘得不得了。阳实阴虚，蒙卦中唯有阳爻能教化人，六五、六三、初六皆与阳爻相邻，或承乘或应与，多少欣沾化雨，唯独六四远离阳爻，无缘受教，遂致“困蒙之吝”。

困也是六十四卦之一，象征资源枯竭、难以有为。六四既困且蒙，不易突破。蒙六四爻变，成为未济卦（䷿），再次说明了仅靠己力难成大器的情境。《白虎通》云：“学者，觉也。”教育是先知觉后知、先觉觉后觉，启蒙的过程中，良师益友非常重要。六四时位所限，只能坐困终生。

初六。发蒙，利用刑人，用说桎梏。以往，吝。《象》曰：利用刑人，以正法也。

初六为蒙昧之始，阴居阳位，一切都需要前辈的启发教导，故称“发蒙”。“利用刑人”以下，自古解释纷纭，平添不少葛藤。很多人以为“刑人”就是严格体罚、不打不成器之意；“桎梏”是刑具，比喻蒙昧中人智慧未开、心灵闭锁的状态，而“用说桎梏”则是以教育手段协助蒙童开慧。《小象》补注“以正法也”，更加深了这种误解，把好端端的启蒙教育弄成严刑峻法、杀气腾腾的入伍训练了。

其实“刑人”的“刑”是典型、范型之意。《诗经·大雅·思齐》：“刑于寡妻，至于兄弟，以御于家邦。”《礼记·礼运》：“刑仁讲让，示民有常。”《论语·里仁》：“君子怀刑。”“刑”都是以身作则、做好榜样，而不是打打杀杀。

初六上承九二，九二包蒙，言教不如身教，以无比的爱心和本身实际的作为感化初六，以解脱蒙童心灵的桎梏。上九击蒙是针对相应与的六三，且属蒙昧已极的不得已之举，跟初六毫无关系，严格管教之说于理无据。初六为蒙昧之始，刚开始接受教育就打一顿，将带给幼小心灵多大的伤害？如果“刑人”指体罚，那就不是“用说（脱）桎梏”，而是戴上桎梏了！“以正法也”不是申明纪律，就地正法，而是说施教者以身作则，学问知识才有尊严、才有生命，才是应依循的正道。《彖传》称“蒙以养正”，即呼应此处的“以正法也”。“初筮告”，初六虚心求教，得诚敬以告：六三“再三渎”，渎才不告，才用得着上九击蒙的手段。

依广义的中爻，即卦中卦的理论，蒙卦以二、三、四爻为上卦震，以初、二、三爻为下卦坎，再合成雷水解（䷧），表示蒙中有解，正是用脱桎梏、解脱痴迷，远离颠倒梦想之象。“解，缓也。”循循善诱，耐心化解，怎么会一开始就击蒙呢？

“以往，吝”和上文“用说桎梏”之间，有一语气的转折，省略了“否则”二字，这在中文行文中并非罕见。爻辞全意即指：若不以身教的方式施行爱的教育，以正道启发初六之蒙，随意放牛吃草的话，蒙童这样发展下去，路子一定愈走愈窄，人格生命都不可能健全成长。

包蒙、击蒙、童蒙、发蒙、困蒙，蒙卦六爻所含蕴的教育理念，真是析理入微、深刻而丰富啊！

利西南

解。利西南，无所往，其来复吉。有攸往，夙吉。

解卦依卦序在蹇卦之后，大难方消，宜休养生息，不适合再有任何举动。西南属阴柔安静的一方，后天八卦方位中，坤居西南、兑正西、离正南、巽居东南，西南半壁皆属阴卦范围，象征宽平简缓，解卦依此行事即有利。“来复”同复卦卦辞所言：“七日来复，利有攸往。”代表元气渐复、形势转佳，这时就得积极往前奋斗了！但得注意：趁早下手才吉。“夙”依《说文解字》是“早敬”之意，诗书每言“夙夜”，所谓

“执事虽夕不休”，谨慎从事，从早到晚都不休息，大有乾卦九三“君子终日乾乾，夕惕若，厉，无咎”之义。孟子有“平旦之气”的说法，认为人在黎明之际头脑清新、良知良能焕发，正是朝气蓬勃、大有可为之时。解卦在恢复元气之后再出发，拈出“夙”字，静极转动，可谓意味深长。

《彖》曰：险以动，动而免乎险，解。解利西南，往得众也。其来复吉，乃得中也。有攸往夙吉，往有功也。天地解而雷雨作，雷雨作而百果草木皆甲坼。解之时大矣哉！

解外卦震动、内卦坎险，有奋斗出险、动而免乎险之象。“往得众”指九四，一阳往居坤卦而为之主，坤为众、帝出乎震，故称“得众”。《说卦传》称“震，一索而得男”。乾坤始交、阳入阴中，正为此象。“其来复吉”指九二，一阳来居坤中以历险，《说卦传》称“坎，再索而得男”。乾坤再交，阳入阴中之象。九四得众，民心拥戴；九二得中，冒险犯难。二阳合力济险，遂成“有攸往，夙吉”之功。《系辞传》有云：“二与四，同功而异位，其善不同。”解卦二阳分工合作之局，堪称范例。

一索再索，乾坤既交，阴阳和合，遂沛然下雨，原先蹇卦所遗留的紧张情势彻底化解。解上卦震雷、下卦坎雨，又有雷雨大作之象，雨水滋润了百果草木，雷声惊起了久蛰的生机，硬壳绽开、冒出新芽，天地间一片欣欣向荣的景象。解卦所代表的时代变化，真是太重要了！

前面解析蒙卦初六时，以广义的互卦理论，证明蒙中有解——发蒙、用脱桎梏，正合此处“百果草木皆甲坼”之象。易象回环互证、息息相关，真是精妙至极。

《象》曰：雷雨作，解。君子以赦过宥罪。

危机已过，矛盾化解，过程中的一些冲突和不快都不必再计较，赦免过错、宽减罪刑，冤家宜解不宜结。“渡尽劫波兄弟在，相逢一笑泯恩仇。”这才是解决宿怨的极境。

公用射隼

由卦辞、《彖传》及《大象传》，可知解卦分阶段、抓重点以解决问题的主旨、方法及特色，往下还可在爻辞中得到进一步的印证：

初六。无咎。《象》曰：刚柔之际，义无咎也。

初六为解之始，当蹇难之后，正是“利西南，无所往”之时，上承九二、远应九四，与卦中二阳爻均有良好呼应，刚柔互动、阴阳和合，理应无咎。坎卦六四顺承九五，爻辞亦言“终无咎”，《小象》则称“刚柔际也”，此为上坎，解则为下坎，刚柔之际，皆见出险难互助之情。

解之初六仅言“无咎”二字，精简已极，见出作者不欲生事、务求简静之情。六十四卦中，另如否之六三“包羞”、恒之九二“悔亡”、大壮九二“贞吉”、兑之上六“引兑”，亦皆二字。《系辞传》称：“圣人之情见乎辞。”《文言传》称：“修辞立其诚。”寥寥二字，皆可推想当日创作之情。

九二。田获三狐，得黄矢，贞吉。《象》曰：九二贞吉，得中道也。

“田”是田猎，狐性狡诈，象征隐藏于内部的祸患。解卦继蹇卦之后，必有许多后遗症待处理——蹇时大难当头，只得风雨同舟、共御外侮，蹇难一过，彼此又会开始内斗。解内卦坎险，九二又居险中，知几察微，能获隐伏之情，故有“田获三狐”之象。既知险情便得处理，黄为中色、矢表示像箭一般直，得黄矢是说除内奸须中而且直，不可公报私仇、株连无辜，亦不宜刺激过甚、反成更大的祸害。

上六。公用射隼于高墉之上，获之，无不利。

（公用射隼，以解悖也。）

六五。君子维有解，吉。有孚于小人。

（君子有解，小人退也。）

九四。解而拇，朋至斯孚。

（解而拇，未当位也。）

六三。负且乘，致寇至，贞吝。

（负且乘，亦可丑也；自我致戎，又谁咎也？）

九二。田获三狐，得黄矢，贞吉。

（九二贞占，得中道也。）

初六。无咎。

（刚柔之际，义无咎也。）

解

九二爻变，成豫卦（䷏），卦辞云：“利建侯行师。”“建侯”便能占候，摘发隐情、知几应变，正合“田获三狐”之象。同样，初六爻变，成归妹卦（䷵），卦辞云：“征凶，无攸利。”因为征凶，所以解之初才“无所往”，静养以获无咎。

六三。负且乘，致寇至，贞吝。《象》曰：负且乘，亦可丑也；自我致戎，又谁咎也？

六三不中不正，夹处在九二、九四两阳爻之间，有负四乘二之象，故称“负且乘”。阴乘阳、柔乘刚，象征欲望蒙蔽了理智，丑态百出，相当不利。小人自不量力，窃据高位，容易结怨树敌、启人觊觎之心而入侵，这完全是自找的，谁也不能怪，这样干下去，路子一定愈来愈窄。

《系辞传》中有孔子对此爻的批判："子曰：'作《易》者，其知盗乎?《易》曰："负且乘，致寇至。"负也者，小人之事也；乘也者，君子之器也。小人而乘君子之器，盗思夺之矣！上慢下暴，盗思伐之矣！慢藏诲盗，冶容诲淫。《易》曰："负且乘，致寇至。"盗之招也！'"

古代平民没有车子坐，背着包袱往来奔走以谋生，这是负；做官的则可坐车，以示尊贵，这是乘。"负且乘"，表示庸碌之人得据高位。坐在车上还背着包袱，又象征积习过深、不能与时俱进，而且患得患失的情状。这种情形，表示组织的人事安排陷入混乱，居上位者轻授名器、漫不经心，处下位者逞强斗狠、争先卡位，如此必然招致外敌入侵。自己有宝物，不好好收藏，等于教贼人来抢你；女人打扮得花枝招展，等于教别人来轻薄。解卦六三之爻，提醒人注意本身的弱点，内忧方致外患，小盗盗财、大盗盗国，皆因乘虚而入。

九四。解而拇，朋至斯孚。《象》曰：解而拇，未当位也。

解上卦震为足，六三居震足户之下，有拇之象；"而"通"尔"，"解而拇"，指示九四摆脱六三的攀附和纠缠，彻底划清界限。《彖传》所称"利西南，往得从"。即指此爻。坤卦利西南得朋，《易经》阴以阳为朋，九四入上卦坤成震而为之主，故称"朋至斯孚"。"孚"指刚柔互济、阴阳和合，九四毅然决然甩开六三的包袱，往上卦开拓新境界，自然能得到六五、上六的欢迎，彼此配合做一番事业。九四阳居阴位不当位，心有余力仍未足，仅能"解而拇"，还谈不上除奸解患。

九四爻变，成师卦（䷆）。《大象传》称"容民畜众"，《彖传》称："能以众正，可以王矣！"畜众用众，正合解九四"往得众""朋至斯孚"之象。前面分析九二爻变，成豫卦，"利建侯行师"，摘发隐伏的内患；此爻变成师卦，安内接着攘外。解卦消灾解患，全靠二、四两阳爻发挥影响力、支撑大局。

六五。君子维有解，吉。有孚于小人。《象》曰：君子有解，小人退也。

六五居解卦君位，乘四应二，拥有阳爻实力者的支持，解除患难大开大阖，不仅君子得解，连小人亦受感化，原先紧绷的对峙局面因而化解。《论语·颜渊篇》樊迟问仁问智，孔子答曰爱人、知人，又申称“举直错诸枉，能使枉者直”。“错”是对治、攻错之意，举用正直的人以教化邪曲不正的人，使其亦归于正，这是“政者，正也”的究竟义。所以，子夏进一步开导攀迟：“舜有天下，选于众，举皋陶，不仁者远矣！汤有天下，选于众，举伊尹，不仁者远矣！”“不仁者远矣”即“小人退也”，是指小人化善，转而与君子同调，并非赶尽杀绝或驱逐出境——“举直”是知人、“错诸枉”是爱人，仁智双全，才能化解仇怨、消弭对立。《论语·为政篇》哀公问政，孔子亦回答：“举直错诸枉，则民服。”解“利西南”，“往得众”，六五举用九四、九二以教化六三，正合此义。

老子亦云：“善者吾善之，不善者吾亦善之，德善。信者吾信之，不信者吾亦信之，德信。”领导人必须无分别心，有孚于小人，才见出气度恢宏。解卦《彖传》称“百果草木皆甲坼”，即有雨露均沾、皆大欢喜之意。解决问题，这才是最高境界——Solve the Problem 不如 Dissolve the Problem！

上六。公用射隼于高墉之上，获之，无不利。《象》曰：公用射隼，以解悖也。

上六为解之终，也是全卦唯一当位之爻，居高临下，当震动之极，除奸解难的时机已完全成熟。“隼”是猛禽，暗喻六三，上六和六三应而不与，负锄奸重责。“公用”即用公，是双关语，指秉持众意、公正解决祸患，和九二获狐“得黄矢，贞吉”相通。“墉”是城墙，“高墉之上”

表示有民意做靠山、居优势，以此除奸，必可达到目的，不会有什么后遗症。六五大度包容在先，已经仁至义尽，若仍有据隅顽抗、冥顽不灵者，上六再出手解决悖害，孰曰不宜？

孔子在《系辞传》中对此爻亦有发挥："《易》曰：'公用射隼于高墉之上，获之，无不利。'子曰：'隼者，禽也；弓矢者，器也；射之者，人也。君子藏器于身，待时而动，何不利之有？动而不括，是以出而有获，语成器而动者也！'"

工欲善其事，必先利其器，有了利器之后，还得像老子所说的："国之利器，不可以示人。"韬光养晦，深藏不露，等待最恰当的时机才出手。"括"是固结不解、凝滞迟延之意，"动而不括"，表示出手迅捷、流畅奔放，毫无后顾之忧。"藏器于身，待时而动"，戒匹夫之勇；"动而不括"，无妇人之仁。解上六兼而有之，合乎行动家狠、准、稳的要旨，当然出而有获，一举解决问题。

坤卦六四爻辞云："括囊。无咎无誉。"《小象》称："慎不害也。"用绳将袋口束紧，不露一点口风，谨言慎行，以避免功高震主所带来的政治迫害，这是纳气存身的智慧。解上六"动而不括"，将束缚羁绊完全松开，又成了凌厉无前的大勇。《系辞传》云："尺蠖之屈，以求信也；龙蛇之蛰，以存身也。"人生动静之间，其节奏有如此者。

解卦九二、九四为支撑全局的二阳爻，九二居下卦坎中，九四居三、四、五爻所合成的上互卦坎中，刚中历险、柔包刚外，正是"国之利器，不可以示人"之象。九四居上卦震动之始，已有动而免乎险、安内攘外之思，但时位未当，遂"藏器于身"，先解脱束缚与六三划清界限，经六五无所不解、完全放开的怀柔处理，再继之以上六当位威势的彻底解决。这种分阶段、抓重点的解决问题的机慧，值得深入学习。

六三"负且乘，致寇至"，包袱特重，和解卦松绑解脱的主旨，格格不入，在全卦中为众矢之的、内忧外患的代表。九二获狐、上六射隼、九四解拇、六五有孚于小人，皆指六三而言。九四对付六三先隐忍而后动的方法，正是《孟子》中所说的“国人皆曰可杀，然后杀之，是谓国人杀之”。用众借力，以铲除国贼，“有攸往，夙吉”！

解至上卦始有脱险之象，故下卦不言解，上卦经传方言“解而拇”“君子维有解”“以解悖”。孔子读《易》，在《系辞传》中两引解卦爻辞以立论，其重视程度可见一斑。六三是解的对象，为问题所在；上六是解的方法，提出了完美的解答。整部《易经》，借六十四卦、三百八十四爻之象，其实都在演证解决疑难的道理。Question and Answer（Q→A）、Prediction and Decision（P→D）。“致寇至”，出而有获；“有攸往，夙吉”……解利西南，更见智慧，由学术史上许多伟大发现可知：绷紧心智、强探力索，往往百思不得其解；适度松弛、从容涵养，恰恰无心用，恰恰用心时，反而神解焕发，大有创获。庄子庖丁解牛之喻，得心应手，以神遇而不以目视，亦可为解卦旁证；而卦辞中从“无所往”到“有攸往”的精彩历程，又似老子谈古之善为士者所述的情境：“孰能浊以静之徐清？孰能安以久，动之徐生？”

第十六章　滔滔两岸潮：需、讼、晋三卦综论

《易经》中有需卦（䷄），需即供需的需，表示生存需要，又同须，有等待之意。海峡两岸，无论基于何种观点都是相互需要，但意识形态及制度的差异过大，融合非一朝一夕之功，必须耐心等待、俟机而进。需上卦坎险、下卦乾健，有健行遇险、躁进必凶之象。台湾数十年的政经建设就像下卦，必须突破海岛格局往外发展，大陆市场就像上卦，需之所在，且属长线运作。

《序卦传》云："物稚不可不养也，故受之以需。需者，饮食之道也。饮食必有讼，故受之以讼。讼必有众起，故受之以师。"

需卦之前是蒙卦。蒙是幼稚无知、看不清真相，为免盲目摸索、身陷险境，就得培养智慧，以确保生存发展的需要。民以食为天，需卦谈的就是最基本的饮食问题——如何免于匮乏？资源有限、需求无限，就会产生竞争，彼此各执一词，互不相让，这就是讼。再调理不好，愤而动武，这就是师。

《杂卦传》云："需，不进也；讼，不亲也。"需、讼二卦相综，凡有需求，即易兴讼，造成人际极不亲和，所以必须谨慎处理彼此的需要，不得轻举妄动。

有需要，又不能轻易前进，那么在苦苦等候的时候该做些什么呢？人生苦短，光阴无价，生命可经不起白白的浪费。

需卦六爻全变，成晋卦（䷢）。需、晋相错，亦称旁通，换句话说，

二卦卦理虽然相反，卦体结构却十分相似。需卦中有晋象，晋卦中有需象，欲解决需卦的问题，除了正面依循需卦的卦理外，尚可从晋卦中悟出反面操作的道理。

《序卦传》云：“物不可以终壮，故受之以晋。晋者，进也。进必有所伤，故受之以明夷。夷者，伤也。”

晋卦之前是大壮，四阳齐进，实力雄厚，必然往前冲刺，这就是晋。冲过了头，环境一旦改变，可能重挫而受伤，这就是明夷。《杂卦传》云：“晋，昼也；明夷，诛也。”晋上卦离明、下卦坤地，是日出之象；明夷下卦离明、上卦坤地，是日落之象。晋、明夷二卦相综，表示有日出就有日落，有光明就有黑暗，人生成败兴衰为必有之义，不要看得过重。

晋是进，需是不进，反向旁通的智慧就在需中晋——不进而进。正面的目标风险过大，费时难成，不如釜底抽薪、另辟蹊径，新领域经营有成后，还可能间接促进原目标的完成——山重水复疑无路，柳暗花明又一村。《系辞传》云：“曲成万物而不遗，通乎昼夜之道而知。”旁通曲成，人生解决问题的智慧无穷无尽，看山不是山，看山又是山，完全不必拘碍和执着。

饮食宴乐

> 需。有孚，光亨贞吉，利涉大川。《彖》曰：需，须也，险在前也。刚健而不陷，其义不困穷矣！需有孚，光亨贞吉，位乎天位，以正中也。利涉大川，往有功也。

需卦（䷄）坎险当头，正是大川之象。下卦三阳气势虽盛，面对波涛汹涌，亦不得不谨慎行事。《系辞传》末章云：“夫乾，天下之至健也，德行恒易以知险。”乾刚无私无染，健行而不躁进，知险而不陷于险，自无困穷之理。《中庸》有云：“君子居易以俟命，小人行险以徼幸。”这种耐心等候的修养，实为人生成事所必需。

长期等待除了耐心外，还得有真诚的信心，绝不能自欺欺人。卦辞首重“有孚”，以此为“光亨贞吉，利涉大川”的基础条件。九五爻位于上卦的天位，正居坎中，和下卦三阳爻同德相应，为有孚之象。下三爻不畏艰险、群阳并进，终能突破阴爻的封锁而与九五相合。坎卦卦辞云：“有孚，维心亨，行有尚。”九五为坎中一阳，有刚中之德，行险而不失其信，故能往而有功。

《象》曰：云上于天，需。君子以饮食宴乐。

需卦坎上乾下，有水汽上天成云，甘霖未降，须耐心久候之象。既然急不得，有作为的君子干脆平常心以待，该吃就吃、该喝就喝、该玩就玩，绝不因长期不可必的目标，而牺牲了当下即是的生活情趣。需卦讲饮食之道，饮食并不是勉强吃饱喝足就算数，食衣住行育乐，民生六大需要都得照顾周全。

敬慎不败

初九。需于郊，利用恒，无咎。《象》曰：需于郊，不犯难行也；利用恒无咎，未失常也。

初九离坎险最远，有在郊野等待之象，不必冒险犯难，谨守常道即能无咎。乾卦的德性是“恒易以知险”，初九居乾卦之始，保持距离，以策安全，充分表现了冷静的智慧。前面说“饮食宴乐”，也是“利用恒”。险难当前，日子照过，惶惶不宁也解决不了问题。耐心、信心、恒心、平常心，总之涉险就得设法“维心亨”，做好方寸之间的管理。

▅▅ ▅▅ 上六。入于穴，有不速之客三人来，敬之，终吉。
（不速之客来，敬之终吉；虽不当位，未大失也。）

▅▅▅▅ 九五。需于酒食，贞吉。
（酒食贞吉，以中正也。）

▅▅ ▅▅ 六四。需于血，出自穴。
（需于血，顺以听也。）

▅▅▅▅ 九三。需于泥，致寇至。
（需于泥，灾在外也；自我致寇，敬慎不败也。）

▅▅▅▅ 九二。需于沙，小有言，终吉。
（需于沙，衍在中也；虽小有言，以吉终也。）

▅▅▅▅ 初九。需于郊，利用恒，无咎。
（需于郊，不犯难行也；利用恒无咎，未失常也。）

需

九二。需于沙，小有言，终吉。《象》曰：需于沙，衍在中也；虽小有言，以吉终也。

九二离险渐近，就像在河岸边沙地上等待一样，表面上像是干的，沙土中已有伏流在漫延。九二阳刚居中，保持镇静，不轻举妄动，虽然会招致一些流言批评，却宽容不予理会，反正清者自清，浊者自浊，最后仍然获吉。

"衍"字依《说文解字》，为"水朝宗于海"貌，所谓黄河九曲终向东流，《中庸》亦云："小德川流，大德敦化。"人生行世，但求依理顺势，一些世俗的批评根本不必计较。

九三。需于泥，致寇至。《象》曰：需于泥，灾在外也；自我致寇，敬慎不败也。

九三离险更近，已经到了河水边的泥泞地带，灾难就在身外不远，偶一不慎即可能滑落水中。偏偏九三阳居阳位，自以为是，过刚不中，暴虎冯河的结果，招来外敌入侵。这时必得立刻修正，保持敬慎才能不败。

《易经》中另有解卦，其六三爻亦云“致寇至”，《小象》解释：“自我致戎，又谁咎也？”人生很多敌人都是自找的。解六三阴居阳位，慢藏诲盗；需九三刚愎自用，陷入泥沼。《孙子兵法》有云：“知彼知己，百战不殆。”解六三自不量力，不知己；需九三逞强轻敌，不知彼。老子亦云：“祸莫大于轻敌，轻敌几丧吾宝。”荀子论兵，则称“敬敌无旷”。这些都可以作为敬慎不败最好的注脚。

需九三爻变，成节卦（䷻）。下三阳“需于郊”“需于沙”“需于泥”，一路小心谨慎，摸索前进，如今濒临险滩，更须节制，以免功亏一篑。

六四。需于血，出自穴。《象》曰：需于血，顺以听也。

经过长期的等待，积健为雄，终于挺进上卦坎险之地。穴是藏阴之所，六四阴居阴位，逼近坎险中心的九五至尊，以阴抗阳，有自穴而出、受伤流血之象。以小搏大，以弱击强，必须用柔顺听从的功夫与上周旋，否则难逃玄黄血战、两败俱伤的下场。

六四爻变，成阴阳大对决的夬卦（䷪）。一阴出穴，成众矢之的，若不安顺以听，随时有被消灭的危险。

九五。需于酒食，贞吉。《象》曰：酒食贞吉，以中正也。

九五阳刚中正，为需卦之主，虽陷坎险之中，却酒食宴乐、镇静如恒，待时机成熟，下三阳前来相合，自可安然脱险而获吉。需卦讲饮食之道，九五需于酒食，《大象传》“君子以饮食宴乐”，充分反映卦旨。

九五爻变，成泰卦（䷊）。阴阳充分交流沟通，光亨贞吉，利涉大川。

上六。入于穴，有不速之客三人来，敬之，终吉。《象》曰：

不速之客来，敬之终吉；虽不当位，未大失也。

上六阴居阴位，当需卦之终，有入于穴、回归本位之象。“不速之客”即指下三阳，“需于郊”“需于沙”“需于泥”，步步为营，动作迟缓。慢虽慢，毕竟突破阴爻的封锁而与同德之九五会合。既然如此，上六放弃围堵和对抗，诚敬招待来临的三阳，可获“终吉”。

“速”亦为召请之意，“不速之客”即超出望外、不请自来。人生尽多意外，反正不管遇到谁，一律诚敬以待。敬敌无旷、敬众无旷、敬事无旷，总不至于出大毛病。九五为需卦之主，三阳冒险前来，以酒食宴乐招待，可谓名正言顺。上六不当主位，临时出面待客，只要诚意够，也没有什么大碍。

上六爻变，成小畜卦（䷈）。一阴入穴居中，畜止五阳，必须谨慎斡旋，以保终吉。

《系辞传》云：“其出入以度，外内使知惧。”需六四“出自穴”、上六“入于穴”，或顺或敬，皆知临事而惧，进退有度。前五爻皆言需，上六不言需，表示需极将终，大势已定，长期的奋斗等候已经有了结果。

《论语·子路篇》有云：“无欲速，无见小利。欲速则不达，见小利则大事不成。”人生在世，必有所需，候时而进，方能大成。

作事谋始

讼。有孚。窒惕中吉，终凶。利见大人，不利涉大川。《彖》曰：讼，上刚下险，险而健，讼。讼，有孚，窒惕中吉，刚来而得中也；终凶，讼不可成也。利见大人，尚中正也；不利涉大川，入于渊也。

讼上卦乾刚、下卦坎险，居上位者刚强凌人，处下位者心怀叵测，当然易起争端。若以内外论，一个人内心险诈，也敢强硬行事，亦能兴讼。

争讼不是好事，两造须以诚意解决问题，这就是有孚。需、讼二卦相综，为一体两面、相应俱起，卦辞首重有孚，可见皆须以诚信为本。

讼端既起，为了避免激烈冲突，必须竭力克制自己的情绪，随时保持警惕，言行恰到好处才能获吉，若是互不相让、坚持干到底一定凶。卦中九二阳刚陷于二阴之中，有不得伸展的窒塞之象，屈居下位，亦得适度地让步才行。损卦《大象》云“惩忿窒欲”，“窒”的功夫相当重要。

两造兴讼，各执一词，欲断其是非，必须找公正客观、德位俱佳的人来仲裁。卦中九五为讼卦之主，阳刚中正，恰为大人之象。争讼既起，自当以裁断是非、排难解纷为首务，不能再冒重大风险往前挺进，否则内外煎逼，一定坠落深渊、万劫不复。

《象》曰：天与水违行，讼。君子以作事谋始。

讼上卦乾天，往上健行；下卦坎水，往下流动。两者方向相反，有争讼之象。兴讼绝非美事，与其裁断是非，不如早绝讼源。孔子说：“听讼，吾犹人也，必也使无讼乎！”这是洞悉人事的千古名言。“作事谋始”非常重要，凡事不能尽往好处想，一开始就须考量未来发生争端的可能性，从而早做防范。归妹卦《大象》云：“君子以永终知敝。”讼卦称“作事谋始”，一始一终相呼应，易象的作者深知人世艰难。

《系辞传》云：“乾知大始。”又云：“乾，天下之至健也，德行恒易以知险。”知始知险为乾卦刚健的本性，讼上卦为乾，深知与下卦坎险相处之道，故《大象传》称“君子以作事谋始”。

终朝三褫

初六。不永所事，小有言，终吉。《象》曰：不永所事，讼不可长也；虽小有言，其辩明也。

初六居讼之始，和他人会有些言语冲突，但只要牢记不可缠讼的道理，话讲清楚即可，不必意气用事，如此终可获吉。“其辩明”的辩，亦作分辨之辨解，如坤卦《文言》：“由辨之不早辨也。”讼不可长、讼不可成，传文一再强调，初六本身不当位，更得分辨清楚。

九二。不克讼，归而逋，其邑人三百户，无眚。《象》曰：不克讼，归逋窜也；自下讼上，患至掇也。

九二为下卦坎险之主，和上卦乾刚之主九五应而不与，矛盾深重，遂起争讼。但以下讼上，实力不足，不可能获胜，遂逃回自己辖区，韬光养晦，摆出最低的姿态，因而免灾。古代三百户的城邑规模很小，表示九二极度收敛、无心进取。楚汉相争时，刘邦不敌项羽，入蜀烧绝栈道，以示无意中原，即为本爻之象。“逋”是逃，争不赢就跑，绝不自取祸患，“掇”即拾取之意。“眚”是人祸，本义为眼中有翳，“无眚”表示眼光清澈、看得清形势，不逞强自无灾祸。

上九。或赐之鞶带，终朝三褫之。
（以讼受服，亦不足敬也。）

九五。讼元吉。
（讼元吉，以中正也。）

九四。不克讼，复即命，渝，安贞吉。
（复即命，渝安贞，不失也。）

六三。食旧德，贞厉，终吉。或从王事，无成。
（食旧德，从上吉也。）

九二。不克讼，归而逋，其邑人三百户，无眚。
（不克讼，归逋窜也；自下讼上，患至掇也。）

初六。不永所事，小有言，终吉。
（不永所事，讼不可长也；虽小有言，其辩明也。）

讼

老子有云："国之利器，不可以示人。"九二阳刚处于二阴之间，以柔掩刚、不露锋芒，卦辞所称"有孚，窒惕中吉"，即指此爻而言。

六三。食旧德，贞厉，终吉。或从王事，无成。《象》曰：食旧德，从上吉也。

六三和上九相应与，在讼卦中亦成两造，相应故讼，相与故退让不抗争到底。德有善德、恶德之分，讼为恶德，上九强凌弱，六三不敌，顾念相与之情，忍气吞声，放弃争讼，故称"食旧德"。虽然合乎阴柔的正道，阴居阳位，强忍下来心里可不好受，过程中也颇有风险，但最后获吉。这种消极退避的态度，若用于从政，本身是不能成就的。

本爻脱胎于坤卦六三："含章可贞，或从王事，无成有终。"心中有光明，却含藏不发，固守阴柔的本分，以之从政，不能主导形势，但会有好的结果。

九四。不克讼，复即命，渝，安贞吉。《象》曰：复即命，渝安贞，不失也。

九四不当位，上承九五中正，两刚之间大有矛盾，上下起讼。九四理势皆弱，不可能胜诉，若知难而退，回归到应守的本分，懂得变通，仍可获吉。

同人卦九四和九五间亦关系紧张，其爻辞云："乘其墉，弗克攻，吉。"《小象》云："乘其墉，义弗克也；其吉，则因而反则也。"情形与讼九四类似，"弗克攻"即"不克讼"，"困而反则"即"复即命"。《诗经》称："有物有则。"万事万物皆有其不易的法则，九四既不占理，又居弱势，当然不能逞强。《杂卦传》云："同人，亲也；讼，不亲也。"无论亲与不亲，二主力爻间照样钩心斗角、杀机重重。

九五。讼元吉。《象》曰：讼元吉，以中正也。

九五阳刚中正，为讼卦之主，亦即卦辞中所利见之大人，公正客观裁断是非，故获元吉。

上九。或赐之鞶带，终朝三褫之。《象》曰：以讼受服，亦不足敬也。

“鞶带”是官服，代表荣华利禄。上九不当位，居讼之极，有恃刚强争、缠讼到底之象。虽然可能侥幸胜诉、抢到利益，却无法赢得别人的尊重，由于伤品败德、树敌结怨，还可能在一个上午间三次被剥下官服，暴起暴落、乍得乍失。现代法律用语“褫夺公权”即因此爻而来，“褫”即剥夺之意。

孟子有天爵人爵之说，仁义忠信、乐善不倦是天爵，公卿大夫是人爵。人爵并不可靠，赵孟之所贵，赵孟能贱之。赵孟为晋卿，引申为威权势力的代表。讼卦上九拼命抢来的就是人爵，“终朝三褫”说明了俯仰由人、贵贱无常。

上九爻变，成困卦（䷮）。柔掩刚，阴困阳，利欲熏心，因讼成困。讼卦辞言“终凶”，亦指此爻而言。

昼日三接

晋。康侯用锡马蕃庶，昼日三接。《彖》曰：晋，进也。明出地上，顺而丽乎大明。柔进而上行，是以康侯用锡马蕃庶，昼日三接也。

晋上卦离，为丽为明，下卦坤，为地为顺，有明出地上、旭日东升之象。日出东方，照亮大地，象征文明进化、朝气蓬勃。“顺”是顺天理、顺人性、顺形势；“丽”是附丽相承、接续不已；“大明”同乾卦《彖传》所云“大明终始”，象征良知良能的光辉无所不照。“顺而丽乎大明”，表示完全按照真理前进，一点儿也不偏离。离卦以柔中为德，坤卦以柔顺为性，合成晋卦亦以柔为主。“柔进而上行”，指六五居晋卦君位，虚中待下，诚心提携接引初六、六二、六三三阴爻上进。晋、需二卦旁通，需卦主旨以九五居坎中，和下三阳同德相应，亦为接引之意。刚引刚，柔引柔，二卦结构类似，只爻性相反，遂成不进与进二种截然不同的格局。

“康侯”为一象征，字面的意义是安国之侯，亦即政绩斐然、使国泰民安的好官。《尚书·益稷》：“元首明哉！股肱良哉！庶事康哉！”“康”的原义为谷实充足，民以食为天，自然康乐富强。由于表现卓越，遂蒙天子召见慰勉，且多加赏赐。“蕃庶”是众多，“锡马蕃庶”表示备极恩宠；“三接”为古代天子遇诸侯之礼，包括三飨、三问、三劳，“昼日三接”表示一天之内接见多次。“康侯用锡马蕃庶，昼日三接”，正是功在国家，深受表扬的加官晋爵之象。

然而，这与《彖传》所云“柔进而上行”有何相干？升官发财就是“顺而丽乎大明”吗？康侯若受天子之赐，则在卦象中指何爻而言？九四属刚不可能，六三低处下卦亦不当侯之象，六五为君位更不合适。况且，康侯用的“用”字作何解释？

《象》曰：明出地上，晋。君子以自昭明德。

“明德”即本心道心、良知良能，人皆有之；“自昭明德”即王阳明所称“致良知”，将人性的内在光辉完全显露出来，就像旭日东升一样，洋溢着蓬勃的朝气。《大学》一书开宗明义：“大学之道，在明明德，在亲民，在止于至善。”正是晋卦之象。

“明明德”是自觉，“亲民”是觉人，“止于至善”是大家一起进德修业，往最高的理想趋进。孟子主张“人人皆可为尧、舜”，《春秋经》太平世的境界为“人人皆有士君子之行”，《易经》乾元用九“见群龙无首，吉”。这些至善之境，都得从“自昭明德”开始。先知觉后知，先觉觉后觉，已“明明德”者即康侯，独善其身后还得兼善天下，接引人为善以亲（新）民——这才是“昼日三接”的真意。“昼日”即人人皆具备的明德，新民为善必须以此为基础，人同此心，心同此理，诉诸良知以教育民众、改造社会。“三接”表示接引的民众不设限制，什么人都可度化，亦即循循善诱、有教无类之意。“昼日三接”，弘法明道，气势磅礴，孟子称赞大舜下结论：“君子莫大乎与人为善。”能与人为善的就是康侯，康侯并非人爵，而是天爵！尧舜为康侯，孔子为康侯，人人皆可为尧、舜，人人皆可为康侯。“舜何？人也！予何？人也！有为者亦若是。”

以爻位象征而论：“昼日”即上卦离明，为光天化日、人人取法的标准；“康侯”即位居离卦之中的六五，为先知先觉的表率；“三接”则指接引下卦三阴爻，下卦坤为民众。“康侯用昼日三接”，正是先觉者以明明德的方法新民，教化成功，即可臻“人人皆有士君子之行”的至善之境。六五本身亦为阴爻，和代表全民的下三爻同德相应，表示“首出庶物”——杰出的领导人出自民间，君权并非神授，将相本无种，男儿当自强！康侯人人可致，尧、舜人人可为。晋卦重视阴爻，“柔进而上行”“顺而丽乎大明”，充分显露以民为本、尊民重民的思想。

康侯既是天爵，“锡马蕃庶”亦非君赐，而属天赐——明德自性是无尽的宝藏，开发成功可有无穷的妙用。佛经有云：“性生万法。”天赐良马，行健不息，蕃衍众多，生生永不绝。“康侯‘用’锡马蕃庶，昼日三接”——体悟自性，即可以此为法宝普度群生，激励世间善的循环。康侯是主格，积极主动地发挥良知良能的大用，晋卦的卦辞卦象深涵至理，实在不可轻忽视之。

六五既居晋卦君位，何以称“康侯”不称康君呢？此中亦有深意。侯通斥候的候，亦通时候的候，自然界的风云变幻、时运推移，人间世的众生百态、民心趋向，都得透过“侯”来搜集掌握，以为个人立身行事、国家大政推行的参考。康侯表示时代的气运已至，可以启发民智、培养民力，大步往前跃进了！晋卦之前是大壮卦（䷡），连续四阳，基础厚实，正是理直气壮、足以别开生面之时。屯卦“利建侯”，创业维艰，发展组织，精心布局，侯指初九，象征打好根基；豫卦“利建侯行师”，组织斗志高昂、战力充沛，侯指九四，叱咤风云，主控全局；晋卦康侯指六五，和平导引民智，社会富强康乐。卦序推衍，由屯经豫发展至晋，时代的中心需求（侯）亦由初位、四位而进至五位。

需、晋二卦相错，由不进旁通至进，其变化的关键即在于时。需卦健行遇险，时候未至，必须耐心等候；晋卦“明出地上”，至，可以大展宏图。需、讼二卦相综，需之不当易起争讼，即便讼胜，或有“终朝三褫”之忧，富贵不可长保。需若避开两造的正面冲突，旁通至晋，则有“锡马蕃庶”“昼日三接”之喜，民智化育无穷。需、讼、晋三卦错综复杂的关系，关乎盛衰成败，非常值得全体中国人思考。问题只在于“时候”是否真的已至？《易经》屡言“时之义大矣哉”，强调时机、时势的精确掌握间不容发，差之毫厘，失之千里，且看未来的历史评断吧！

再者，晋与明夷相综，日出恒有日落相伴，“明出地上”之时，须防明入地中之险。“晋，昼也；明夷，诛也。”《杂卦传》所称乃相互见义，晋昼即表示明夷为夜，明夷诛即暗示晋为赏。赏什么呢？“锡马蕃庶”“昼日三接”即天赐天赏，以奖掖后知后进；诛什么呢？明夷暴君当政，伤民之明，造成时代的黑暗，必须揭竿而起，诛除独夫。孟子有云：“闻诛一夫纣矣，未闻弑君也！”晋与明夷两卦，正说明了“民为贵，社稷次之，君为轻”的道理。

明夷《大象传》称：“君子以莅众，用晦而明。”“莅众”是治理群众，含晦包容、宽以待人。晋卦《大象传》称“君子以自昭明德”，则是发扬自性、严以律己。不论日出日落、环境顺逆，《大象传》立论总站在民众一边，鼓舞人往光明正道去奋斗。

传统儒生注解《易经》，往往囿于帝制格局，思想不易突破；近代六经皆史的主张，又混淆了经、史该有的分际，因此所作的诠释多有拘碍。其实，在《易经》“立象以尽意”的精神下，不仅康侯为象征，连文王、帝乙、高宗等都是象征，不过是借事明义而已。《易经》与《春秋》相通，《易经》立象、春秋设况，皆非史实所能樊笼，孟子说得好：“其事则齐桓、晋文，其文则史。孔子曰：‘其义则丘窃取之矣！’”

失得勿恤

初六。晋如摧如，贞吉。罔孚，裕无咎。《象》曰：晋如摧如，独行正也；裕无咎，未受命也。

初六代表最基层，当晋卦之始，有心上进，故为“晋如”之象，由于经验不足，必然会遭遇挫折，又有“摧如”之象。虽然进展不顺利，只要把持初衷、坚守正道，自己一个人埋头苦干，终能获吉。“罔孚”是指初六道行尚浅，未孚众望；“受命”是接受职务任命，初六刚出道，尚未承担责任，故称“未受命”。人生处此情境，大可宽裕自养，不必躁进，自能无咎。

六二。晋如愁如，贞吉。受兹介福，于其王母。《象》曰：受兹介福，以中正也。

六二中正当位，上和主爻六五相应，大蒙提携，故有受福于王母之象。“介”是大而分明之意，“受兹介福”，正是“顺而丽乎大明”。既蒙提携，便有官守，便得忧劳国事，故有“晋如愁如”之象。初六“摧如”，六二“愁如”，无论在不在位，都得固守正道才吉。

上九。晋其角，维用伐邑，厉吉，无咎，贞吝。

（维用伐邑，道未光也。）

六五。悔亡，失得勿恤。往吉，无不利。

（失得勿恤，往有庆也。）

九四。晋如鼫鼠，贞厉。

（鼫鼠贞厉，位不当也。）

六三。众允，悔亡。

（众允之，志上行也。）

六二。晋如愁如，贞吉。受兹介福，于其王母。

（受兹介福，以中正也。）

初六。晋如摧如，贞吉。罔孚，裕无咎。

（晋如摧如，独行正也；裕无咎，未受命也。）

晋

六三。众允，悔亡。《象》曰：众允之，志上行也。

“允”是信从之意，“众允”表示六三从初六起的奋斗已为大家所接受，柔进而上行，众志成城，当然悔亡。六三阴居阳位不当位，本宜有悔，却因群众基础雄厚而扭转形势，亦为《易》卦“三多凶”的异例。晋卦重民，所谓爻随卦转，六三居下卦坤民之首，遂以此取胜。初六“罔孚”，六三“众允”，亦见日久见人心之效，此所以“摧如”“愁如”之时仍得守正。

“允”字亦见于升卦初六：“允升，大吉。”《小象》补注：“上合志也。”上升成长须从最基层做起，全心全意追求发展，才能促进整体绩效。“允升”之理，和晋卦“众允，悔亡”之旨相通。

九四爻。晋如鼫鼠，贞厉。《象》曰：鼫鼠贞厉，位不当也。

九四阳居阴位不当位，又卡在六五和下三爻之间，阻断了“柔进而上行”之路，违反晋卦重民的主旨，虽然自以为固守正道，结果却危厉不安。鼫鼠是有点儿像兔子的大老鼠，又名五技鼠，据说能飞不能上屋、能爬树不能爬到树顶、能游泳不能渡过山涧、能打洞不能掩身、能走又走不到别的动物前头。换句话说，样样通、样样怂。这样学无专精的人窃据高位，当然患得患失，为了贪权固宠会不计一切打压异己，本身遂成了阻碍社会进步的既得利益阶层。《荀子·劝学篇》云：“鼫鼠五技而穷。”时代潮流毕竟不能抗拒，终有一日仍会将这些障碍彻底淘汰！

鼫鼠之喻，令人联想到秦朝丞相李斯的故事：李斯入秦，即有仓中之鼠有余粮、远胜过沟中之鼠的感喟。世间征逐富贵者，皆有鼫鼠之志，韩非因此招忌丧身，而李斯最后亦命丧法场，不得自保。

晋卦九四爻变，成剥卦（䷖）。五阴上剥一阳，根基尽失，“不利有攸往”，覆巢之下安有完卵？

六五。悔亡，失得勿恤。往吉，无不利。《象》曰：失得勿恤，往有庆也。

六五为晋卦之主，负导引民众之责，阴居阳位宜有悔，因大方向正确，悔恨得以消亡。推行既定政策的途中，必然遭受许多质疑和挫折，完全不必忧虑一时的得失，坚定信念往前奋斗，终能获吉，不会有什么不利。众喜曰庆，只要对全体人民有好处，还担心什么呢？汉儒董仲舒有名言：“正其谊不谋其利，明其道不计其功。”千秋事业不必及身而成，相对于九四的患得患失，六五的“失得勿恤”即见出胸怀的伟大。

上九。晋其角，维用伐邑，厉吉，无咎，贞吝。《象》曰：维用伐邑，道未光也。

上九以阳爻居晋卦之极，钻进了牛角尖，进无可进，退亦不能。这时能做的只有就地取材，转而整顿内部以谋生存，虽然危厉，仍能自保获吉。无咎是无咎，形势已不允许有大作为，怎么干都难突破，回旋的空间愈来愈窄了！乾卦《文言传》有云："亢之为言也，知进而不知退，知存而不知亡，知得而不知丧。其唯圣人乎？知进退存亡而不失其正者，其唯圣人乎？"上九之吝，即因冲刺过度，知进而不知退，晋卦明出地上的光芒转趋暗淡，快往明夷转了！

晋卦柔进而上行，顺而丽乎大明，全卦六爻，利柔不利刚，因此初六、六二贞吉，六三、六五悔亡，九四、上九贞厉、贞吝。卦旨重在六五以同德接引下三爻，不重阴阳相应与，因此六五"往有庆"、六二即"受兹介福"，九四和初六相应与，不但不提携，反而打压使初六"摧如"。上九和六三相应与，自顾不暇也帮不上忙，六三还是靠众阴爻拥护才得"悔亡"。

需卦旁通晋，善巧变化，由不进而进，另辟蹊径而臻曲成之功；晋卦旁通需，要想上进亦须深识民心需要，才能走出光明的坦途。晋六五之所以不计得失，往前奋斗，表现出信心、耐心、恒心和平常心，即肇因于此。《易经》错卦之妙，令人叹为观止。

第十七章　纵横天下：师、比二卦综论

中国的最高兵书《孙子兵法》主张："百战百胜，非善之善者也；不战而屈人之兵，善之善者也。"军事行动是为了达成政治目的，如果不采取行动同样办得到，以最少的成本产生最大的效益，何乐而不为呢？非战非攻，全己全敌，兵不动而利可全，这才是兵法上乘。落实来说，就得伐谋、伐交，重视谋略战、外交战的高度运用，以期兵不血刃，达到目的。

春秋战国时有所谓纵横家，如苏秦、张仪之流，倡合纵连横之说，远交近攻之样，活跃于列国政坛，此即伐谋伐交，其祖师爷鬼谷子据说更是个中高手。今传《鬼谷子》一书于此多有发挥，不少章句思路，几乎就是孙子兵法的换骨脱胎。

《易经》中有师、比二卦，师是用兵动众，比是比附结盟，一言军事，一论外交，二者交相为用，关系极为密切。

《序卦传》云："讼必有众起，故受之以师；师者，众也。众必有所比，故受之以比；比者，比也。比必有所畜，故受之以小畜。"师卦之前是讼卦，吵架、谈判解决不了问题时，才会打架、动兵，兵凶战危，没有人愿意轻易尝试。一旦劳师动众就希望取胜，本身实力不足，便会寻觅盟邦，结成统一战线，这就是比。一战时的协约国与同盟国，二战时的同盟国与轴心国，乃至冷战时期的北约与华约，都是比卦的显证。结盟以后，整体实力有所蓄积，但彼此也会产生些相处上的矛盾，这就是小畜。

《杂卦传》云："比乐师忧。"结盟互助，各取所需很快乐；刀兵一动，生死搏斗则令人担忧。企业买收合并、策略联盟非常遂意，公司派、市场派争夺经营权，忧患就深了。

容民畜众

师。贞，丈人吉，无咎。《彖》曰：师，众也；贞，正也。能以众正，可以王矣！刚中而应，行险而顺，以此毒天下而民从之，吉，又何咎矣？

兵者不祥之器，不得已而用之。劳师动众必须合乎正道，以使师出有名。穷兵黩武的侵略战争为天下唾弃，为民除害、抵御外侮则无可争议。"丈人"指老成持重、练达时务的将才，为师卦获吉的关键。《孙子兵法》有云："知兵之将，民之司命，国家安危之主也。"

"能以众正"，以同因，凭借群众的力量维护正道，可以王天下。师卦下卦坎险，上卦坤顺，主爻九二阳刚居下卦之中，上和六五之君相应与，有大将获君授权在外征战之象。兵行险着，顺势而动，以此荼毒天下，而老百姓仍愿跟从，当然吉而无咎。

《象》曰：地中有水，师。君子以容民畜众。

外卦坤地，内卦坎水，地中含水有容畜之象，所谓养兵千日用兵一时，平时就得备战。古代屯田，寓兵于农，即出于此意。

师出以律

初六。师出以律，否臧凶。《象》曰：师出以律，失律凶也。

军队最重要的就是纪律，服从上级命令，齐一行动，兵法上所谓“法令执行？赏罚孰明？”由此可以知胜负。“臧”是善，“否臧”是不善，不守纪律出兵必凶。初六不当位，上承九二阳刚将才，居出师之始，故首明纪律以避凶。

《左传·宣公十二年》有云：“师出顺成为臧，逆为否。”臧否又有成败胜负之意，“否臧凶”亦可解释为：若不守纪律，无论胜负皆凶。“师出以律”与“否臧凶”之间，语意转折，含了“否则”“不然”的省略语。

上六。大君有命，开国承家，小人勿用。
（大君有命，以正功也；小人勿用，必乱邦也。）

六五。田有禽，利执言，无咎。长子帅师，弟子舆尸，贞凶。
（长子帅师，以中行也；弟子舆尸，使不当也。）

六四。师左次，无咎。
（左次无咎，未失常也）

六三。师或舆尸，凶。
（师或舆尸，大无功也。）

九二。在师中吉，无咎，王三锡命。
（在师中吉，承天宠也；王三锡命，怀万邦也。）

初六。师出以律，否臧凶。
（师出以律，失律凶也。）

师

九二。在师中吉，无咎，王三锡命。《象》曰：在师中吉，承天宠也；王三锡命，怀万邦也。

九二为全卦唯一阳爻，居下卦坎险之中，上和六五之君相应与，正是受君命出征的战场指挥官之象。“承天宠”表示深受天子宠信，威怀万邦亦由“王三锡命”、多加恩赏而来。授权如此之专，可保吉而无咎。“在师中吉”的“在”字，强调亲身参与的临场感，战场情势千变万化，须主将随机制宜，无法由后方遥控。《孙子兵法》云：“将能而君不御者胜。”九二即卦辞中所称“丈人”，卦爻辞皆言吉而无咎。

六三。师或舆尸，凶。《象》曰：师或舆尸，大无功也。

“舆”是众，所以社会公意称舆论，“尸”同尸位素餐的尸，为主其事之意。“舆尸”即众主之、事权不专，此为行军大忌。六三阴居阳位，才柔志刚不当位，居九二将才之上，阴乘阳不利，有僭越分权之象。如此号令不一，军士无所适从，必败致凶。

六四。师左次，无咎。《象》曰：左次无咎，未失常也。

“左次”即退舍，战斗形势不利时，撤退以保持实力，不打没有把握的仗，此乃兵家常事。六四阴居阴位当位，居上卦坤顺之始，不贪功躁进，故有此象。《孙子兵法》云：“不若则能避之，故小敌之坚，大敌之擒也。”敌我强弱悬殊时，若暴虎冯河、行险侥幸，只会招致败亡的羞辱。《孙子兵法》又云：“战道不胜，主曰必战，无战可也。进不求名，退不避罪，唯民是保，而利于主，国之宝也。”该退就退，君命有所不受，这才是大将风范。

六五。田有禽，利执言，无咎。长子帅师，弟子舆尸，贞凶。《象》曰：长子帅师，以中行也；弟子舆尸，使不当也。

田地有鸟兽侵入，践食庄稼，必须强力驱除，以维护生命财产的安全，“田有禽”比喻敌国入侵，“利执言”是宣战声讨，由于抵御外侮，师出有名，故而无咎。“长子帅师”是说六五派遣九二出征，“弟子舆尸”是又派六三去监控掣肘，这样干很不恰当，一定落败招凶。命将不专是行军大忌，于六三、六五爻辞再三强调，正因为这是人性弱点，生怕尾大不掉，威胁到君主本身的安全。六五为师卦之主，号召全民抗战，委任将才领军，充分体现了“贞，丈人吉，无咎”的卦旨。

上六。大君有命，开国承家，小人勿用。《象》曰：大君有命，以正功也；小人勿用，必乱邦也。

上六为师卦之终，表示战争结束、论功行赏的时期。“大君”指天子，开国承家，功大者封为诸侯，功小者封为大夫。这时须注意，勿以国家名器滥行酬庸，一些道德操守及治国才能不足的人，不可以让他们担当重任，否则恃宠而骄，必出问题。马上得天下，不可以马上治天下。作战以取胜为主，只要能披坚执锐，什么人都可能参酌任用；战后休养生息，勠力建设，就得用学行严谨的治国人才。

后夫凶

比。吉。原筮，元永贞，无咎。不宁方来，后夫凶。《象》曰：比，吉也；比，辅也，下顺从也。原筮，元永贞，无咎，以刚中也。不宁方来，上下应也。后夫凶，其道穷也。

比卦（䷇）与师卦俱为一阳五阴之卦，唯一的阳爻为成卦之主，众望所归。师九二居臣位，为领军出征的大将；比九五居君位，为众人争相靠拢的领导核心。

结盟互助基本上是好事，弱国依附强国，干部追随领导，彼此配合做一番事业。但世间结盟关系往往不稳固，日久生变、凶终隙末者甚多，反而带来无穷的困扰，因此结盟时须追本溯源，仔细推敲以定行止。“原筮”的“原”，即推原、追根究底之意，与《系辞传》所云“原始反终”“原始要终”的易道精神相通。筮以决疑，有推算抉择之意。“原筮”，即针对结盟的需求和本质深入检讨，有所悟后再决定是否结盟。

“元”为大始，表示有开创性，局面会愈来愈宽广；“永”是持续性，彼此结盟能不能处得久？“贞”同正，关系正不正？相合以道义即正，利益结合即不正。这些根本问题都彻底搞清楚，若满足“元永贞”的条件，双方结盟即可无咎。

九五阳刚居上卦之中，当位中正，条件极佳，全局又无竞争者，为当然的领袖人物，下卦坤顺，表示下民一致拥戴顺从，“不宁方来”，形容上下诸阴爻惴惴惶惶、争相投靠九五的情状；“后夫凶”则是指上六，乘于九五之上，负固不服，犹疑观望，以此遭凶。

《象》曰：地上有水，比。先王以建万国，亲诸侯。

比上卦坎水，下卦坤地，水漫流于地面上，两者密合无间，象征不同势力间的互助合作。先王观比象，建立万国，亲近诸侯，以发展组织、巩固政权。

“建侯”的观念在《易经》中相当重要，除比卦外，如屯卦卦辞亦云“利建侯”，《彖传》且云：“天造草昧，宜建侯而不宁。”正呼应比卦的“不宁方来”。领导找干部，干部找领导，双方皆积极广结人脉，作人事部署。豫卦卦辞云：“利建侯行师。”组织强大，士气高昂，即能行军作战。晋卦卦辞云：“康侯用锡马蕃庶，昼日三接。”建侯有成，尽心公事，致使国泰民安，天子召见慰勉，多方赏赐。

侯除了是重要官职外，也有斥候、气候等情报来源之意。古代诸侯即为天子的情报员，分权治理，搜集民情，以供中央施政参考。诸侯表示情报渠道来源非一，可多方参证，而不致受蒙蔽。《系辞传》末章云：“能说诸心，能研诸侯之虑，定天下之吉凶，成天下之亹亹者。”世事变迁有迹可循，有心人深入研究各方情报来源，即能洞悉世情，预断天下事的吉凶，以建立丰功伟业。候即随时变化的重要现象，夏历中有七十二候，如桃始华、白露降之类，显现节气变迁的征候。易道极深研几，通志成务，知几必得占候，占候必得建侯。“建万国，亲诸侯”，天下事即能了如指掌，各路英雄自然纷纷投靠，“不宁方来”。

王用三驱

比卦领导中心既立，其他各爻吉凶，即视其与九五所发展的关系而定。

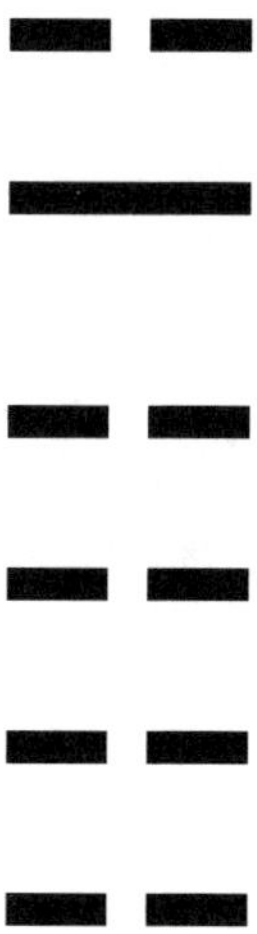

上六。比之无首，凶。

（比之无首，无所终也。）

九五。显比，王用三驱，失前禽，邑人不诫，吉。

（显比之吉，位正中也；舍逆取顺，失前禽也；邑人不诫，上使中也。）

六四。外比之，贞吉。

（外比于贤，以从上也。）

六三。比之匪人。

（比之匪人，不亦伤乎？）

六二。比之自内，贞吉。

（比之自内，不自失也。）

初六。有孚，比之无咎。有孚盈缶，终来有他吉。

（比之初六，有他吉也。）

比

初六。有孚，比之无咎。有孚盈缶，终来有他吉。《象》曰：比之初六，有他吉也。

初六位卑职微，离九五最远，彼此间没有任何直接关系，就凭一股至诚愿与九五结盟。“缶”是瓦器，象征朴实无华，“有孚盈缶”形容存诚务实，没有一点虚假，如此用心，最后会有想象不到的好结果。“有他吉”表示分外之吉，所谓“积善之家，必有余庆”，至诚如神，福报会超过预期。《易经》有“自天佑之，吉无不利”的观念，孔子解释说：“佑者，助也。天之所助者，顺也；人之所助者，信也。履信思乎顺，又以尚贤也，是以自天佑之，吉无不利也。”初六当下卦坤顺之始，顺理顺势，诚心尊奉九五贤者，正合乎天佑的条件，故而“终来有他吉”。

六二。比之自内，贞吉。《象》曰：比之自内，不自失也。

六二居内卦之中，上和九五相应与，关系纯正密切，故而获吉。六二当位中正，本身条件极佳，虽与九五结盟，并未丧失立场。

六三。比之匪人。《象》曰：比之匪人，不亦伤乎？

“匪”同非，“比之匪人”是说找错了合作对象。六三阴居阳位不当位，与九五搭不上关系，和上六勉强相应又不相与，且上六本身遭凶，在争相结盟的环境下，六三陷于孤立，颇受挫伤。

六四。外比之，贞吉。《象》曰：外比于贤，以从上也。

六四居外卦之始，上承九五，因近就便，结盟毫无问题，本身亦当位，关系纯正。但比起六二的不失自我，已稍逊一筹。

九五。显比。王用三驱，失前禽，邑人不诫，吉。《象》曰：显比之吉，位正中也；舍逆取顺，失前禽也；邑人不诫，上使中也。

“显比”的显，是显赫、光明磊落的意思。九五当位中正，为比卦之主，资源条件丰厚，行事光明正大，以吸引人才投奔。“三驱”是过去帝王田猎之礼，三面合围，网开一面，以示君有好生之德，不赶尽杀绝。如此行猎，一定有漏网的禽兽，君王的属下也任其逃脱，不去追究。“王用三驱”比喻九五气度宽宏，吸纳人才绝不强求，来者不拒，去者不追，如此行事，可获吉祥。

上六。比之无首，凶。《象》曰：比之无首，无所终也。

上六为比卦之终，当众相结盟之时，徘徊观望，不敢为天下先，待形势已定之后，再图结盟，已为人所弃，孤立遭凶。卦辞中之后夫凶即指此爻。无首是不首倡、不早动之意，有观风向、准备捡现成便宜之嫌，理应不得善终。

比卦继师卦的生死斗争而来，难免有霸气，虽有“三驱”之诫，仍以实力强弱、派系结盟为主，故而其后仅能小畜，盟友间依然矛盾重重。无妄卦标榜诚信，重自我充实，故而其后可以大畜，局面就宽阔开朗得多。《论语·为政篇》记述孔子的看法：“君子周而不比，小人比而不周。”可谓对比卦的深层批判。

第十八章　功高震主：小畜、履二卦综论

少年时读历史，发现每朝每代都有诛杀功臣的史实，无论当初君臣创业如何患难与共，似乎都难保证彼此关系能获善终。彼时血气方刚，总觉得当事者严重失德，不足为训。而今阅历日深，对个中关窍颇有体会，倒不敢轻下论断。为君难，为臣不易，兔死狗烹之事固然所在多有，祸起萧墙、逼宫篡弑亦史不绝书。这种君臣间的深刻矛盾，并不是旧时代的专利，放眼当今社会、官场、商场，类似的冲突几乎无日无之。看来这应属人性所必有，压抑遮掩不得，只是若想化解，还需要极高深的智慧。

《易经》乾卦九四爻辞云："或跃在渊，无咎。"九四之龙经历长期修炼，已经挺进上卦，站在悬崖边了，往前奋力一跃，可能腾空成为飞龙，也可能坠入万丈深渊，摔得粉身碎骨。跃跃欲试间，那个"或"字极传神。《文言传》云："或之者，疑之也。"为什么犹疑彷徨呢？"九四重刚而不中，上不在天，下不在田，中不在人，故或之。"上不着天，下不着地，也不再是九三一心埋头苦干的时期，处在上下两乾卦重刚之间最敏感的位置，进退两难，痛苦极了。《系辞传》云："四多惧。"所谓功高震主、伴君如伴虎，九四之惧实在其来有自。《小象》云："或跃在渊，进无咎也。"乾卦毕竟是鼓舞人上进的，只要戒慎恐惧，可保无咎。

或跃在渊是四多惧的原型，其他各卦四爻于此亦有发挥。坤卦六四爻辞云："括囊，无咎，无誉。"《小象》云："括囊无咎，慎不害也。"把

自己像个口袋一样扎起来，不露一点口风，做个没有表现、没有声音的人，主要目的就是怕惹祸上身。大有卦九四爻辞云："匪其彭，无咎。"《小象》云："匪其彭无咎，明辨哲也。""匪"同非，"彭"是声势壮盛。"匪其彭"即压低姿态、韬光养晦，这是居高位重臣明哲保身的智慧。同人卦九四爻辞云："乘其墉，弗克攻，吉。"《小象》云："乘其墉，义弗克也；其吉，则困而反则也。"登上城墙窥探敌情，图谋不轨，却发现九五实力坚强、无隙可乘，遂放弃进攻的意图，仍回到九五的阵营，因知难而退获吉。

除了四位的爻例外，《易经》中还有小畜、履二卦深论此项主题。小畜卦（䷈）的卦形为六四一阴牵制五阳，《易》例阴小阳大，小畜即以小畜大、以臣畜君之意。《孟子·梁惠王篇》中有一段，说齐景公召太师，为他作"君臣相悦"之乐，乐歌中有一句"畜君何尤"，孟子解释："畜君者，好君也。"畜是蓄积培养，也是谏止之意。《孝经》上说："将顺其美，匡救其恶。"做臣子的有义务畜君之美，止君之恶，忠言虽然逆耳，出发点却完全是善意的。

不过，干部向领导进言，尤其是碰到那些刚愎自用的长官，其中的风险实在太高，以致大多数人不愿轻试，宁可希意承旨，以保平安。这种滑头的态度，孟子斥为"逢君之恶"，他的理想是"惟大人为能格君心之非"。

履卦（䷉）的卦形亦为一阴五阳，只是阴爻降到下卦之上的三位。"履"是脚踏实地、敦笃实践之意。《系辞传》强调"作《易》者，其有忧患乎？"有所谓九德之卦，履卦居其首："履，德之基也。"实践是一切德行的基础，空谈、妄想都无济于事。"履和而至"，不怕慢，只怕站，心平气和一步步往前干，终会达到目的。"履以和行"，根据《尔雅·释言》，履就是礼。《荀子·大略》亦云："礼者，人之所履也。"而礼之用和为贵，人际相处以和为上，尽量避免冲突。

《序卦传》云："比必有所畜，故受之以小畜。物畜然后有礼，故受之以履。履而泰，然后安，故受之以泰。”比是相互结盟，领导找干部、干部找领导，在一起久了固然力量有所蓄积，彼此间也会产生深刻的矛盾，这就是小畜。要化解冲突，必须讲礼以明上下分际，重和以消弭紧张，这就是履。履做到了，上下交而其志同，又可一致对外，就成了泰。

《杂卦传》云：“小畜，寡也；履，不处也。”以小畜大，实力所限，能畜者寡，难成大气候。实践须往前迈进，不能停留在原处。

履卦也是有高度风险的，卦爻辞中多见“履虎尾”之词，踩老虎尾巴，其惊险可知。伴君如伴虎，批龙鳞、蹈虎尾，犯颜直谏自古便是大臣心中具有的无限压力。《尚书·君牙》：“心之忧危，若蹈虎尾，涉于春冰。”《诗经》亦云：“战战兢兢，如临深渊，如履薄冰。”坤卦初爻“履霜，坚冰至”提醒人防微杜渐。大壮卦《大象》云：“君子以非礼弗履。”阳气过盛容易出事，须以礼节之。离卦初爻：“履错然，敬之无咎。”抬起脚，心思彷徨不定，不知要如何迈出第一步，谨慎从事方能无咎。

密云不雨

小畜。亨。密云不雨，自我西郊。

以小畜大，若能畜之以道，最终可获亨通，但过程中就像乌云密布，却不降雨一样，气氛极为窒闷，当局者都非常难受。“自我西郊”是站在唯一阴爻六四的立场来看，西属阴方，郊居城外，从西郊兴云作雨，成功的公算本就不高。根据中国民间谚语：“云往东，一场空。”云由西郊往东吹，多半下不成雨，这是几千年来农业生活的观测经验。

《彖》曰：小畜，柔得位而上下应之曰小畜。健而巽，刚中而志行，乃亨。密云不雨，尚往也。自我西郊，施未行也。

六四阴居阴位，与上下五阳爻相制衡，正是“柔得位而上下应之”，据关键点以小畜大的格局。下卦乾健，上卦巽顺，九二、九五皆阳刚居中，志在健行，而又能以巽顺的态度发展，速度虽慢，最后可获亨通。“乃亨”的乃，有艰难之意，表示急不得。眼下虽浓云密布，整个情势还在往前发展，六四支撑全局的作用尚未彻底发挥。

小畜的精义在以巽止健，调节阳刚发展的速度，以免冲刺过度造成灾难。但本身实力毕竟有限，畜得了一时，畜不了永久，迟早会被阳气突破，所以当事者须注意与时推移，早做绸缪。这和大畜卦（䷙）不同，山天大畜上止下健，本身具备畜止阳刚的实力，操控得好，可调整成另一个崭新的局面——不家食吉，利涉大川。刚健笃实辉光，日新其德……

《象》曰：风行天上，小畜。君子以懿文德。

巽为风，代表政令教化，所谓“君子之德风，小人之德草，草上之风必偃”。“风行天上”，表示膏泽未施，教化未及于民，属于造势阶段。“懿”是美化，“文德”与道德相对，偏重于理论、言辞、威仪、文采等外在形式面，即所谓“文胜质则史”，小畜时须尽量美化这方面。道德的要求较此严格，重敦笃实践，即所谓“文质彬彬”，里外如一。小畜时迫于形势，未必能发挥作用，大畜时局面开阔，就可充分表现了——“君子以多识前言往行，以畜其德”。

夫妻反目

往下我们深入小畜卦的内部结构，看看诸爻互动的情状。

初九。复自道，何其咎？吉。《象》曰：复自道，其义吉也。

初九阳居阳位，本身完整自足，但和六四相应与，很容易受其引诱被收编，好在乾阳根基深厚，站稳立场不受畜止，仍回到自己应走的路上来。如此守分，哪里会有咎害呢？在道理上绝对是吉的。

小畜初九的表现，很有乾卦初九“潜龙勿用”的风骨，且看《文言传》的评论：“不易乎世，不成乎名，遁世无闷，不见是而无闷。乐则行之，忧则违之。确乎其不可拔，潜龙也。”不因为世俗的趋向而改变操守，不为争逐虚名而到处作秀，隐居起来，心里一点都没有不痛快，不被大家称赞说对也毫不在乎。高兴做的事就去做，不想干的事就不做。完全自立自主，我行我素，真的没有人能动摇他，这就是潜龙。

九二。牵复，吉。《象》曰：牵复在中，亦不自失也。

九二阳居阴位，不当位，受六四权臣招抚，难免心动，又见初九保持本色不上套，考虑后，仍与初九同一步调，也回到阳刚该走的路上来，这样也吉。九二最后能不自失立场，除了受初九连带影响外，跟本身居下卦之中也有关系。

九三。舆说辐，夫妻反目。《象》曰：夫妻反目，不能正室也。

“舆”是车，“辐”是车轮的辐条，也有说辐应为輹，指的是固定轮轴的革绳，大畜卦九二爻辞即为“舆说辐”。总之，舆脱辐表示车子无法再行进。九三居下卦巅峰，阳刚过甚。六四阴爻乘于其上，阴乘阳象征因欲苟合，九三接受六四的畜养，二者结为夫妇。但势利之交难以久长，蜜月期过后，必然反目成仇。不能正室，再怎么疏导、整合都是枉然。

上九。既雨既处，尚德载。妇贞厉，月几望，君子征凶。

（既雨既处，德积载也；君子征凶，有所疑也。）

九五。有孚挛如，富以其邻。

（有孚挛如，不独富也。）

六四。有孚，血去惕出，无咎。

（有孚惕出，上合志也。）

九三。舆说辐，夫妻反目。

（夫妻反目，不能正室也。）

九二。牵复，吉。

（牵复在中，亦不自失也。）

初九。复自道，何其咎？吉。

（复自道，其义吉也。）

小畜

有孚挛如

六四。有孚。血去惕出，无咎。《象》曰：有孚惕出，上合志也。

六四位据要津，以一阴应付上下五阳，阴阳力量的对比极不平衡，若不能取得九五的信任与授权，且本身以诚信待人的话，根本就没有成功的机会。伴君如伴虎，若专擅弄权、行事失分寸而冒犯虎威，随时都有人头落地的危险。

为六四筹谋，必须认清形势，向九五输诚，配合君王的意愿行事，只有这样，才能免去流血牺牲的恐惧，而得保平安。“血去惕出”形容六四“四多惧”的处境，真是入木三分。“上合志”，与老板同一步调，其实是六四欲自安安人唯一的选择，所谓“做事不由东，累死也无功”。世道本来如此，匡君之恶、格君心之非，理论上不是不可能，要做得圆融可得有绝顶功夫！

《易经》中言血，多表示阴阳相战、两败俱伤，原辞见坤卦上六爻辞：“龙战于野，其血玄黄。”《文言传》进一步阐明：“阴疑于阳必战，为其嫌于无阳也。”“疑”或作拟，阴的势力发展到极点，快要与阳分庭抗礼了。重臣权倾天下，几乎目无君上，所谓一山难容二虎，彼此相互猜疑，必然不免一战，一战就有杀伤。

坤卦上六，鹿死谁手尚未可知，小畜卦六四若与九五交战，则自取其辱、必败无疑。“上合志”固然迫于形势，不得不如此，君臣之间若能真心合作，也是一段美事。《礼记·儒行篇》有云：“儒有合志同方，营道同术。”理念接近，方法相同，其他心结矛盾就不必太计较了。《系辞传》释同人卦云：“二人同心，其利断金。”那境界就更高了，只是在小畜卦里可是千难万难。

九五。有孚挛如，富以其邻。《象》曰：有孚挛如，不独富也。

诚信是相互的，六四有孚以避祸，九五有孚以成功，君臣间的互信基础稳固，才能保障小畜格局的亨通。“挛如”形容彼此的亲密关系，就像一卵双胞的兄弟一样，相互激励，相互扶持。正因如此，本是同根生，相煎何太急？玄黄血战实无必要，确应避免。

“富以其邻”，“以”是因的意思，九五之富是因为六四尽责畜止而来。《尚书·益稷》：“臣哉邻哉！邻哉臣哉！”君臣共事，职分上下，情同朋友近邻，不宜擅用威权，有福共享，有难同当。以又有能左右控制之意，九五以六四为杠杆的支点创造财富，与下卦三阳共享，“不独富”本是领导人应有的气度和作为。

上九。既雨既处，尚德载。妇贞厉，月几望，君子征凶。《象》曰：既雨既处，德积载也；君子征凶，有所疑也。

小畜蕴势到最后，终于突破平衡点，沛然下雨，阳气接受阴气的畜止，阴阳和合，功德圆满。“尚德载”的“载”是积满、满载之意，推崇六四畜止之功。大有卦九二《小象》云：“大车以载，积中不败也。”同样强调长期积载的功效。小畜六四顾全大局，一路委曲求全，中间虽然阴阳严重失调，发生舆脱辐的乱象，终因获得九五信任，转危为安。“既处”的处，即安处不进之意，“密云不雨”过程中的阴阳对立与冲突，已经获得解决。

问题是天下事物极必反，旧的矛盾过去，新的矛盾又会滋生。妻子权势过大，威胁到丈夫的尊严，月亮即将全圆盛满，便与太阳争辉。“妇贞厉”，为阴方设戒，见好就收，功成身退，雄猜之主往往可共患难，不可共安乐，若执迷不悟一直畜止下去，虽正亦危。“君子征凶”，则为阳方考量，阴势暴涨，形成尾大不掉之局，继续发展下去，会有逼宫篡弑的凶险。

《易经》中言血，代表阴阳相伤，雨则代表阴阳和合。小畜从“密云不雨”到“既雨既处”，刻画一段矛盾对立到恩仇俱泯的历程。另外，如睽卦上九为疑神疑鬼的睽极之爻，最终云：“匪寇婚媾，往遇雨则吉。”《小象》云：“遇雨之吉，群疑亡也。”搞清楚别人是来跟他和好，不是来抢他的，心结化解后，误会得以冰释。又如夬卦九三：“君子夬夬独行，遇雨，若濡，有愠，无咎。”阳气过盛，一意孤行，容易与人冲突，必须调整和谐，以保平安。鼎卦九三：“鼎耳革，其行塞。雉膏不食，方雨亏悔，终吉。”火烧得太旺，鼎耳烫得变形，插不进铉，无法移动，空有满腹美味的野鸡肉，也不能为人享用。这时必须调节火候，注意个人和外界的对待关系，才能稍减遗憾，终于获吉。

再如解卦，《彖传》有云：“天地解而雷雨作，雷雨作而百果草木皆甲坼。解之时大矣哉！”《大象》云：“雷雨作，解。君子以赦过宥罪。”难关已过，郁闷解除，雷声隆隆，大雨倾盆，植物受滋润后绽开封闭坚硬的外壳，又欣欣向荣起来。天地间阴阳和合之功，导致生机酣畅淋漓，在着眼未来形势一片大好之时，过去的矛盾恩怨皆可不必计较。

小畜卦以小畜大，以弱搏强，其作用原理尚可跳脱出臣谏君的格局，而广泛运用于国际外交上。六四虽小，战略位置重要，为本身利益及大局着想，必须审慎处理和九五的对待关系。反之，九五基于同样理由，亦宜善待六四，不应仗恃威权，以大压小。

《孟子·梁惠王篇》有云："齐宣王问曰：'交邻国有道乎？'孟子对曰：'有。惟仁者为能以大事小，惟智者为能以小事大。以大事小者，乐天者也；以小事大者，畏天者也。乐天者，保天下；畏天者，保其国。'"大国怀仁，小国运智，各取所需，和平共存，这才是敦亲睦邻之道。

《老子》一书于此亦有发挥："大国以下小国，则取小国。小国以下大国，则取大国。故或下以取，或下而取。大国不过欲兼畜人，小国不过欲人事人。夫两者各得其所欲，大者宜为下。"为谋双赢，大小双方都得有所忍让，而且大的一方态度更重要。"有孚挛如，富以其邻。"小畜九五的表现，值得天下强国深思。"既雨既处"或玄黄血战，常系一念之间。

履虎尾

履虎尾，不咥人，亨。

踩老虎尾巴，居然不被老虎咬，还能达到亨通，这是什么功夫？

《彖》曰：履，柔履刚也。悦而应乎乾，是以履虎尾不咥人，亨。刚中正，履帝位而不疚，光明也。

履卦（䷉）上卦乾刚为父，下卦兑悦为少女，正是老子所谓："天下之至柔，驰骋天下之至坚，无有入无间。"以悦应健，以柔克刚，乾刚虽暴，伸手难打笑脸人，这是履险如夷的秘诀。柔悦的功夫发挥到极致，确如老子所言："陆行不遇兕虎，入军不被甲兵。兕无所投其角，虎无所措其爪，兵无所容其刃。"

“刚中正”指九五，领导人内省不疚，行事光明磊落，不会睚眦必报，秋后算账。这也是履卦得获亨通的重要原因。

《大象传》云：“上天下泽，履。君子以辨上下，定民志。”乾天在上，兑泽在下，人间世的任何组织要发挥功能，仍得分辨上下，讲究伦理，如此人心才会安定。《论语·八佾篇》上说：“君使臣以礼，臣事君以忠。”君臣关系是双向对待的，其中已蕴含孟子后来的激烈推论：“君若视臣如土芥，则臣视君如寇雠。”履卦是《易经》中谈礼的卦，君臣相待以礼，彼此谨守分寸，自然便能消弭伴君如伴虎的紧张与矛盾。

履道坦坦

小畜卦发展到最后为“既雨既处”，绷紧的形势豁然开朗，阴阳休兵，安养生息。《杂卦传》云：“履，不处也。”进入履卦，又得往前迈进，不能再静止不动。

初九。素履，往无咎。《象》曰：素履之往，独行愿也。

“素”是质朴、本色之意。初九涉世未深，刚开始实践，秉其本色行事，初生之犊不怕虎，这样子往前干，也能平安无事。世路险巇，社会中人际交往总是虚伪居多，初九不随波逐流，当然关系也不易开展，只有埋头干自己想干的。道家崇尚自然质朴，不喜虚饰，如老子即认为：“朴虽小，天下莫能臣也。”又说：“执大象，天下往，往而不害，安平泰。”大象即朴实无华，以此涉世，不为利欲机心所害，反而得保平安，身心通泰。人若能始终保持本色，谁也不能把你怎么样。

“素”的观念在儒家亦极为重要。《论语》有云：“绘事后素。”画画前先以白粉打底，然后再上色彩。彩是文，素是质，文质彬彬，然后君子。履卦是讲礼的，礼之本在质，不在烦琐的仪式，所以履卦初爻强调“素履，往无咎”。另外，如贲卦（䷕）是专讲文饰与包装的，但讲究到最后，上九爻辞却云：“白贲，无咎。”雕琢落尽，返璞归真。除了始终如一，《中庸》还有因应时变“素位而行”的思想：“君子素其位而行，不愿乎其外。素富贵，行乎富贵；素贫贱，行乎贫贱；素夷狄，行乎夷狄；素患难，行乎患难。君子无入而不自得焉。”人只要大本立得定，处任何环境都能有为有守，发挥作用。

九二。履道坦坦，幽人贞吉。《象》曰：幽人贞吉，中不自乱也。

有了初九的功夫打底，九二的修持遂见出风采。“幽人”是指罕与世俗交往、清励自守的人，不慕虚名，不攀权势，坦坦荡荡，我行我素。九二阳刚居中，坚定不移，不受外界浮华世界的引诱而乱了脚步。诸葛亮《出师表》名句：“苟全性命于乱世，不求闻达于诸侯。”以及《诫子书》中的“淡泊以明志，宁静以致远。”正是履卦九二的意境。

上九。视履考祥，其旋元吉。
（元吉在上，大有庆也。）

九五。夬履、贞厉。
（夬履贞厉，位正当也。）

九四。履虎尾，愬愬终吉。
（愬愬终吉，志行也。）

六三。眇能视，跛能履。履虎尾，咥人凶。武人为于大君。
（眇能视，不足以有明也；跛能履，不足以与行也；咥人之凶，位不当也；武人为于大君，志刚也。）

九二。履道坦坦，幽人贞吉。
（幽人贞吉，中不自乱也。）

初九。素履，往无咎。
（素履之往，独行愿也。）

履

六三。眇能视，跛能履。履虎尾，咥人凶。武人为于大君。《象》曰：眇能视，不足以有明也；跛能履，不足以与行也；咥人之凶，位不当也；武人为于大君，志刚也。

六三就不行了，六三阴居阳位，不当位，系卦中唯一阴爻，欲制衡上下五阳，又势必有所表现，以求履道之亨。由于先天不足，勉强上阵的后果，往往左支右绌，力不从心，就像独眼能看但看不清楚、跛脚能行却行不利索一样。六三以阴柔之质扛阳刚重任，风险之高，如同踩老虎尾巴，一不小心即惨遭虎吻，落得尸骨无存。武人草莽气盛，行事欠冷静周详，不宜居高位领袖群伦。《孙子兵法》有云："主不可以怒而兴师，将不可以愠而致战；合于利而动，不合于利而止。怒可以复喜，愠可以复悦，亡国不可以复存，死者不可以复生。故明君慎之，良将警之，此安国全军之道也。"六三才柔志刚，愚而好自用，贱而好自专，招灾惹祸可说是必然的事。

同样"履虎尾"，卦辞云"不咥人，亨"，六三爻辞却称"咥人凶"，可见易理的精致细密。卦是大环境，就整体立论，履道有获亨的条件；爻是特定时位的变化凸显，六三形势不利，步步杀机。

再与小畜卦六四比较，同属卦中唯一阴爻，履卦六三不当位，小畜卦六四得位而上下应之，一凶一无咎，一步之差，后果完全不同。

视履考祥

九四。履虎尾，愬愬终吉。《象》曰：愬愬终吉，志行也。

九四阳居阴位，不当位，下有不自量力的六三耀武扬威，上邻九五刚愎自用的君主，当然如履虎尾凶险无比，必须戒慎恐惧，最后才能达成自己的志向而获吉。"愬愬"二字连用，以强调紧张的程度。这种语法在《易经》中常见，例如乾卦九三君子“终日乾乾”、夬卦九三“君子夬夬独行”、震卦“震来虩虩、笑言哑哑”等。

履卦六三“咥人凶”，九四“愬愬”，正合乎《系辞传》所云：“三多凶，四多惧。”三、四皆属三才中的人位，看来做人真是辛苦。

九五。夬履，贞厉。《象》曰：夬履贞厉，位正当也。

九五阳刚中正，正是履卦履虎尾的威权所在。“夬”即夬卦的夬，音同怪，义同决，有不顾一切障碍、冲破网罗之意。世间雄才大略的君主，往往自信过度、乾纲独断，听不得他人进言，这就是“夬履”。“夬履”可看成是夬卦跟履卦二者的交集，履卦以柔履刚，夬卦以刚决柔，产生冲突矛盾，刚猛太甚，有违履道重和的主旨。虽然领导者名正言顺有此威权，长此以往，决策难免失误，部属不易心服，即可能埋伏下不测的危机。“厉”是危险，也是阳气过甚、剑拔弩张，那种精神状态很不平衡的样子。

由“贞厉”二字，可见人生固守正道未必圆善，仍有可能遭危遭凶，或者路子愈走愈窄，这就是爻辞中还有贞凶、贞吝的道理。“元亨利贞”的贞，当然是美德，也是人生常道，但在一些特殊情境下，过分择善固执，反成窒碍。

履卦《彖传》云：“刚中正，履帝位而不疚，光明也。”九五爻辞却云“夬履贞厉”，和前面六三的讨论一样，见出卦的大环境与爻的特定时位不同。

上九。视履考祥，其旋元吉。《象》曰：元吉在上，大有庆也。

“祥”即善，亦通“详”，为审慎周详之意。“视履考祥”，是说实践到最后，回顾来时路，彻底算个总账，检讨自己的所作所为，以评定功过是非。“其旋元吉”，意同《孟子・尽心篇》所云：“动容周旋中礼者，盛德之至也。”履卦是讲礼的，礼也就是理，过去所作所为都合乎天理，不逾分妄为，当然能获善终，成就美德。坤卦《文言传》云：“积善之家，必有余庆。”

履卦上九启示人：实践是检验真理的唯一标准。祸福吉凶，绝大部分仍系于人的智慧与作为，不必迷信缥缈的天命。《系辞传》云：“履信思乎顺，又以尚贤也，是以自天佑之，吉无不利也。”又云：“神而明之，存乎其人。默而成之，不言而信，存乎德行。”

“视履考祥，其旋元吉”，除了前述的终极检讨外，还有温故而知新、鉴往察来的积极意义。“旋”作动词周旋解，表示既往实践历程中每一个应对进退的转折点，若作翻转生新解，更能和元吉的开创意蕴相合。总结历史的经验，从中汲取宝贵的教训，能帮助我们趋吉避凶、形塑未来，这才是履卦重敦笃实践的真义。

第十九章　否极泰来：泰、否二卦综论

《易经》中有泰、否二卦，为三阴三阳上下对峙之卦，既相错又相综，深切讨论相反相成、矛盾统一的问题，很值得人深思。

《序卦传》云："履而泰，然后安，故受之以泰。泰者，通也。物不可以终通，故受之以否。物不可以终否，故受之以同人。"

泰卦之前是履卦，履即敦笃实践，讲理重和，以消弭更前一卦小畜卦"密云不雨"的紧张情势。小畜以阴畜阳、以小搏大，正合乎某些斗争的基本格局。能务实依履卦行事，即可国泰民安，阴阳两面充分沟通交流，而避开了玄黄血战、两败俱伤的危机。持盈保泰很不容易，操持不当会迅速转化到其对立面——否塞不通的情境。欲解消否境，必得通天下之志，积极建立共识，开拓和谐融洽的人际关系，这就是同人。

依此看来，成语"否极泰来"恐怕是安慰人的话，卦序演证的其实是泰极否来。人生好景得来不易，乾、坤开天辟地，屯、蒙养育教育，需、讼争取资源，师、比纵横捭阖，小畜、履费心斡旋，才营造出三阳开泰的盛况。结果福没享够，一下子又否了！由泰转否容易，由否转泰可难上加难。人各有志，通天下之志谈何容易？老子有云："和大怨，必有余怨。"关系一旦搞坏了，就很难回复到原点。

《杂卦传》云："否泰，反其类也。"上天下地为否，旋乾转坤成泰；穷则变，变则通，天壤悬隔为否，水乳交融成泰。通与不通彻底对反，吉凶迥异。

裁成辅相

泰。小往大来，吉亨。

易例阳大阴小，爻位向上曰往、向下称来。泰卦三阴在上三阳居下，故称小往大来。

《彖》曰：泰，小往大来，吉亨。则是天地交而万物通也，上下交而其志同也。内阳而外阴，内健而外顺，内君子而外小人。君子道长，小人道消也。

天清地浊，下卦乾阳之气往上腾，上卦坤阴之气往下沉，形成互动交流之象。阴阳合德，刚柔互济，万事万物遂生长不息。组织上层领导与基层干部沟通密切，理念相同，自然政通人和。内卦纯阳，行健不息，外卦坤阴，顺理顺势而为，外柔内刚，外圆内方，正是最理想的处世风格。阳爻象征君子，阴爻代表小人，内外表示重视程度的差异，和《春秋》“内其国而外诸夏，内诸夏而外夷狄”之用法相同。君子位居核心，小人在外围接受指导，如此行事，可获吉亨。

《象》曰：天地交，泰。后以财成天地之道，辅相天地之宜，以左右民。

在泰卦这么好的客观环境里，豪杰之士当然得善加利用。“后”即君王，“财”同裁，“辅相”是协助帮忙，“左右”同佐佑，庇护照顾之意。裁成辅相均在彰显人能人智的伟大，在自然的基础上巧妙加工，使其更加美好、更适人居。“玉不琢，不成器；人不学，不知义”，天地自然生养万物，只是提供了无限可能，开发运用、积极创造犹待人为。《尚书》主张“天工人其代之”,《易经》强调“开物成务”,又称“神而明之,存乎其人”。因应自然、改造自然,以人道参赞化育的态度非常明确。

无平不陂,无往不复

初九。拔茅茹,以其汇,征吉。《象》曰:拔茅征吉,志在外也。

茹是根,汇同类,所谓物以类聚,将同一类的茅草连根拔起,省得分批处理太麻烦。初九当通泰之始,正是宏图大展打基础的时候,选拔人才、部署资源,宜作长远规划,一气呵成。连根拔显示彻底举用、全心投入,因其类即举一反三,集中相关资源的力量。这样往前奋斗,当然获吉。初九居内,和外卦的六四相应与,有心拓展交流、刚柔互济。

上六。城复于隍,勿用师,自邑告命,贞吝。
(城复于隍,其命乱也。)

六五。帝乙归妹,以祉元吉。
(以祉元吉,中以行愿也。)

六四。翩翩,不富以其邻,不戒以孚。
(翩翩不富,皆失实也;不戒以孚,中心愿也。)

九三。无平不陂,无往不复。艰贞无咎,勿恤其孚,于食有福。
(无往不复,天地际也。)

九二。包荒,用冯河,不遐遗。朋亡,得尚于中行。
(包荒得尚于中行,以光大也。)

初九。拔茅茹,以其汇,征吉。
(拔茅征吉,志在外也。)

泰

一般经济建设要有大成就,必须重视经贸往来,并彻底做好交通、能源等基础设施,改善投资环境。

以爻位关系而言，初九位居最下，故以“茅茹”为象。“以其汇”，即指九二、九三同类之阳。初九发动后，就像火车头一样，带动九二、九三往前挺进。初九爻变，泰卦变成升卦（䷭）。升卦主旨为团队成长，由初六基层推动全卦往上升，就像“地中生木”“积小以高大”一样。

九二。包荒，用冯河，不遐遗。朋亡，得尚于中行。《象》曰：包荒得尚于中行，以光大也。

九二居下卦之中，上和六五相应与，处于泰卦阴阳交流的关键位置。“包荒”是包容荒凉，不以上卦坤阴贫困落后为嫌；“用冯河”，不靠任何工具徒步过河而与阴爻接触；“不遐遗”，绝不因对方距离太远就弃置不顾。“包荒”表示有器量，心胸无限宽广，具备爱心仁德；“用冯河”堪称有胆，勇气过人；“不遐遗”是有见识，智慧超绝。阳实阴虚，九二资源雄厚，却不骄傲自满，智、仁、勇三达德兼备，有胆、有识、有量，确是成大事的材料。

蒙卦九二“包蒙”，不以六五童蒙无知而拒教，遂能刚柔互济、教学相长而获吉。泰卦九二“包荒”，毅然渡彼岸协助开发，放长线钓大鱼，本身亦迟早获益，居二位就能想到五位，“不遐遗”显现眼光远大。谋虑深远的人，一定不甘于凡近，所以“朋亡”——不要只跟身边的人混，要积极跨出去和不同类的人接触。以爻位来说，九二之朋即指同类之阳初九，所谓“弃近承，取远应”，雄才大略，气宇不凡。

老子有云：“受国之垢，是谓社稷主；受国不祥，是为天下王。”包荒含垢，同人于野，这是启动天地交泰的枢机。《系辞传》云：“范围天地之化而不过，曲成万物而不遗。”泰卦九二的作为完全合乎中道，事业必可发扬光大。

九三。无平不陂，无往不复。艰贞无咎，勿恤其孚，于食

有福。《象》曰：无往不复，天地际也。

“陂”是倾斜不平。天地间任何平坦的东西，久了没有不变成倾斜的，过去的形势还会再回头。阴极转阳，阳极转阴，太极图所显示的变化原理，没有任何例外。九三位居上下卦阴阳交界，即将由乾入坤，小往大来、阳气主导的局面逐渐逆转，阴势回头又占了上风。就阳方来说，形势日益艰困，必须固守正道才能无咎。虽然如此，只要体悟变动不居本是常理，不必忧虑环境变化，顺其自然与阴方接触，还是能生存得不错，得享福报。

“无平不陂，无往不复”，可能说中了自然宇宙的奥秘。不仅地球是圆的，依爱因斯坦的广义相对论推衍，整个时空结构都是弯曲而非平直的。《易经》的作者仰观俯察，对天地造化的机微真有惊人的洞识！

六四。翩翩，不富以其邻，不戒以孚。《象》曰：翩翩不富，皆失实也；不戒以孚，中心愿也。

阳富阴不富，阳实阴虚，六四处阴阳交界，带头和阳方交往。“以其邻”，指同为阴爻的六五、上六。上卦三阴爻一起和下卦三阳爻互动交流，就像蝴蝶翩翩飞舞下降一样。阴阳交孚，完全顺乎自然天性，不必特别要求就办得到。六四和初九相应与，以其邻对以其汇，三阴齐降和三阳并进，正是“上下交而其志同”，大势所趋，挡也挡不住！九三“勿恤其孚”，六四“不戒以孚”，阴阳交际处心境的转换相当微妙，总之皆以顺其自然，勿大惊小怪为要。

六五。帝乙归妹，以祉元吉。《象》曰：以祉元吉，中以行愿也。

“帝乙”据说是商纣王的父亲，殷代帝王多以天干为名，如盘庚、太甲、武丁之类。“归妹”是少女出嫁，《易经》中另有归妹一卦。“帝乙归妹”即王族贵女下嫁，若得配贤者则可获幸福，“元吉”有阴阳合德、生生不息之意。六五居上卦之中，为泰卦君位，下和九二相应与，诚心交流往来，遂有此象。

依中爻即卦中卦的观念，泰卦中间四爻，二三四合为兑卦（☱），三四五合为震卦（☳），下兑上震成为归妹卦（䷵）。泰卦中涵藏了归妹卦，归妹卦六五爻辞亦云“帝乙归妹”，故而泰卦六五与其同象。六五降尊纡贵，中以行愿，九二高攀，得尚于中行，后世娶公主为妻称为“尚主”，“尚”有尊奉、重视之意。两爻分居上下卦之中，主导阴阳交流，显示裁成辅相须以中道行事。

《论语·子路篇》上记载孔子的感慨：“不得中行而与之，必也狂狷乎！狂者进取，狷者有所不为也。”《公冶长篇》亦载孔子困于陈蔡时的想法：“归与！归与！吾党之小子狂简，斐然成章，不知所以裁之。”

狂者过刚，狷者过柔，须经裁成辅相的功夫，以合乎刚柔互济的中道。裁成以柔济刚、修剪适中；辅相以刚济柔、资助提携。

上六。城复于隍，勿用师，自邑告命，贞吝。《象》曰：城复于隍，其命乱也。

“隍”是城池，即护城河。筑城时就地取材，在城址前挖土建墙，墙建好后，池也完成了。“城复于隍”，象征国破家亡，城墙倒了，土石回填城池，一切又恢复到建墙前的原状。上六泰极转否，故有此象。命有气运之意，其命乱表示气数已尽，人力难以回天。这个时候，不要再妄图抗拒作无谓的挣扎，而应冷静地告诉自已辖区内的民众，沉着应变。这样做虽然正确，前途也必然黯淡了。

上六和九三相应与，“无平不陂，无往不复。”早已预警了“城复于隍”

的结局。见几得早，做好持盈保泰的准备；尚可艰贞无咎，于食有福。若执迷不悟、恃泰而骄，一旦泰极否来，兵临城下，就悔之晚矣！

不利君子贞

否之匪人，不利君子贞，大往小来。《彖》曰：否之匪人，不利君子贞，大往小来，则是天地不交而万物不通也，上下不交而天下无邦也。内阴而外阳，内柔而外刚，内小人而外君子。小人道长，君子道消也。

否卦的结构和泰卦正好相反，卦辞、《彖传》亦呈强烈对照。上卦乾阳之气往上进，下卦坤阴之气往下坠，变成各行其是，双方没有交集。天地不交则万物不生，上下不交则组织形同虚设。内柔外刚，色厉内荏，处世必招悔怨。小人当道，君子被逐出核心，世道愈来愈黑暗了。

否卦“大往小来”，结算自然亏损，以经贸来说等于有逆差；泰卦“小往大来”，等于有顺差，自然国力日强。

“否之匪人”，卦名直贯卦辞而下，和“履虎尾”“同人于野”“艮其背”同例，文气相当灵活，有脱口而出的况味。“匪”同非，否卦之时黑暗无比，是非不明，已成非人世界。君子虽然仍得固守正道，形势对其不利却是显然的。

《象》曰：天地不交，否。君子以俭德辟难，不可荣以禄。

环境既然如此恶劣，据理力争也不会有好结果，为免招忌白白牺牲，君子连做好事都得收敛。又不能放弃原则跟小人同流合污，所以也不可以出来做官。

老子自称：“我有三宝，持而保之：一曰慈，二曰俭，三曰不敢为天下先。”《史记》评论老子之道“以深为根，以约为纪”。凡事俭约收敛、韬光养晦是老子全身远害的法宝，却不像是勇猛精进、持志不懈的儒者行径，尤其不似《大象传》的立论风格。

《象传》解释卦辞，分析卦的结构，陈述客观而自然；《大象传》则另起机杼，以积极奋发的观点阐明人事。坎卦凶险万状，《象传》云：“君子以常德行，习教事。”蹇卦寸步难行，《象传》云：“君子以反身修德。”困卦资源耗尽，《象传》云：“君子以致命遂志。”大过卦濒临崩灭，《象传》云：“君子以独立不惧，遁世无闷。”剥卦危如累卵，《象传》云：“上以厚下安宅。”皆显现超凡的冷静功夫和奋战到底的意志。独独否卦，讲出俭德又避难这样没有出息的泄气话来，这是怎么回事呢？

《论语·宪问篇》原宪问何谓耻，孔子回答：“邦无道，穀，耻也。”穀即做官食禄。《卫灵公篇》孔子称赞蘧伯玉为君子，因为他“邦无道则可卷而怀之。”《泰伯篇》孔子更明确主张：“危邦不入，乱邦不居。天下有道则见，无道则隐。邦有道，贫且贱焉，耻也；邦无道，富且贵焉，耻也。”依此看来，否之时“不可荣以禄”是对的，但俭德避难就值得商榷了！国家兴亡，匹夫有责，不当官并不代表放弃一切。

中华古籍传世久远，微言大义有不少遭后儒窜改者，以免遭时君之忌。孟子有云：“其详不可得闻也！诸侯恶其害己也，而皆去其籍。”道统与政统的冲突自古有之，除秦火外，其实历朝历代都有禁书、焚书之事。否卦是黑暗时代的表征，作《易》者当有大悲大智的体悟，从而垂训示人。《大象传》是不是因此得罪当道，而被改掉了本来面目呢？这个问题，我们等爻辞分析完了再回头检讨。

休否倾否

初六。拔茅茹以其汇，贞吉亨。《象》曰：拔茅贞吉，志在君也。

泰、否两卦，不仅卦辞、《象传》对称，初爻爻辞亦近乎全同，所差只在泰卦征吉志在外，否卦贞吉志在君。泰卦形势佳、景气旺，重在拓基兴利，故而征吉。否卦形势差、景气衰，重在固本除害，故称贞吉。泰卦尚交流，志在与外界接触；否卦内外不通，志在突破僵局以求生，九五为休否之君，故而寄予厚望。

“拔茅茹以其汇”，在泰卦是指彻底举用人才、周密部署资源，作一系列长远的规划开发，在否卦则是指铲除一切不正常或不利的因素，弃卒保帅，准备过冬。景气盛衰之初，发展迹象并不明显，只有知几的人才会早做应变的准备，该冲则冲，该守则守，因此泰、否二卦的初爻貌似而神违。《系辞传》有云：“其初难知，其上易知，本末也。”否卦初六深谋远虑，除贞吉外，尚且获亨。

初六爻变，否卦变成无妄卦（䷘）。无妄卦强调一开始即须守正，若起妄念妄想，稍一不正，轻举妄动即有灾祸，不利于往后的发展。否卦初六正本清源，正合此意。

六二。包承，小人吉，大人否亨。《象》曰：大人否亨，不乱群也。

否卦发展到六二，阴气更盛，虽承应九五阳刚中正之君，由于上下不交，九五无法纠正六二的偏失，等于包庇其为非。在这种情势下，小人反而获吉，大人受压抑不能亨通。所谓方以类聚，物以群分，世道一坏，忠奸立判，彼此泾渭分明，无法合流。

上九。倾否，先否后喜。
（否终则倾，何可长也？）

九五。休否，大人吉。其亡其亡，系于苞桑。
（大人之吉，位正当也。）

九四。有命无咎，畴离祉。
（有命无咎，志行也。）

六三。包羞。
（包羞，位不当也。）

六二。包承，小人吉，大人否亨。
（大人否亨，不乱群也。）

初六。拔茅茹以其汇，贞吉亨。
（拔茅贞吉，志在君也。）

否

“大人否亨”的“否”，除作否定解外，亦有否塞不通之意，如此则“否亨”意指身否道亨——外在世界虽已动弹不得，内心世界却心安理得、生机畅旺。鸟兽不可与同群，既为大人，就坚持原则，不屑与小人同列。

六二爻变，否卦变成讼卦（䷅）。讼卦“天与水违行”，大人、小人分成两造，你走你的阳关道，我过我的独木桥。“有孚，窒惕，中吉”，“有孚，维心亨”，身遭险难，信道弥坚。

“包承”的“包”指阳包阴，《易》卦中多有此例：如泰卦九二“包荒”（包六五）、蒙卦九二“包蒙”（包六五）；姤卦九二“包有鱼”、九四“包无鱼”、九五“以杞包瓜”（皆包初六）。“包承”的“承”指六二遥承九五，如师卦九二小象：“在师中吉，承天宠也。”蛊卦六五小象：“干父用誉，承以德也。”皆为二、五爻的对应关系。

六三。包羞。《象》曰：包羞，位不当也。

六三爻辞非常精简，只有“包羞”二字，痛心疾首，不欲多言。世道坏到极点，众人寡廉鲜耻、无所不为。“包”指上九包六三，仍因上下不交，阳无法化阴，只能任其作恶。

六三爻变，否卦变成遁卦（䷠）。天地闭贤人隐，连讼都不讼了！否乱之下，是非颠倒，不少人晚节不保，随波逐流。恒卦九三爻辞称："不恒其德，或承之羞。"包承包羞，每况愈下，六二尚有大人小人之分，六三已堕落成一团漆黑了！以爻位来说，六三阴居阳位不当位，上无应与扶持，遂有此象。

九四。有命无咎，畴离祉。《象》曰：有命无咎，志行也。

九四阴极转阳，由坤入乾，景气开始复苏。"命"指天命气运，亦指九五休否之君命，九四承命以动，可获无咎。初六休否之志，至此可望施行。"畴"为类，"离"即离卦之离，为附丽、附着之意，"祉"是福祉。"畴离祉"是说九四一动，同类皆连带受福，原先僵硬固闭的局面又开始有了生机。

九四爻变，否卦变成观卦（䷓）。九五大观在上，下观而化，仰观以祈福报，正合畴离祉之意。

九五。休否，大人吉。其亡其亡，系于苞桑。《象》曰：大人之吉，位正当也。

"休否"是将否道休止之意，九五当位中正，有责任转否为安。阳刚的力量至此终于发挥效用，"大人吉"和六二的"小人吉"恰成对照。世道否乱已久，难以一朝回复，九五虽位高权重，亦无力彻底解决问题。"苞桑"是丛生的桑树，根深蒂固，质柔而强韧。"系于苞桑"等于稳固基盘，不会再灭亡。"其亡其亡"是深自警惕语，"系于苞桑"则为当下所采行的对策。

关于此爻，《系辞传》里有一段发挥："子曰：'危者，安其位者也；亡者，保其存者也；乱者，有其治者也。是故君子安而不忘危，存而不忘亡，治而不忘乱，是以身安而国家可保也。《易》曰：“其亡其亡，系于苞桑。”’”治乱兴衰无常，人必须居安思危，培元固本，才得以保全。

苞桑根植于地，柔韧丛生，其实是暗喻一般民众，看着不起眼，团结起来却力量惊人，真正推翻否局，必须全民都有深刻的觉醒。九五以危机意识号召民众，开诚布公，启迪民智，期以群策群力克竟全功。“系于苞桑”，也回应了初六的“志在君也”。“拔茅茹以其汇”，和“系于苞桑”异象同工，终始一贯，都重视基层经营，民惟邦本，本固邦宁。

九五爻变，否卦变成晋卦（䷢）。“康侯用锡马蕃庶，昼日三接”，安国之侯用尽种种方法，导引鼓舞民众上进，自己做国家的主人。明出地上，照亮了黑暗的否局。

上九。倾否，先否后喜。《象》曰：否终则倾，何可长也？

“倾否”是彻底推翻否局，比“休否”更进一步。上九居上卦乾阳巅峰，积健为雄，虽不当位，却凝聚群众力量而解决了问题。

上九爻变，否卦变成萃卦（䷬）。人文荟萃，相聚以正，众志成城，得获亨通。孙中山说恢复民族主义的方法有二：能知与合群。九五“休否”，唤起民众为能知；上九“倾否”，即为合群之效。“萃”字本义为丛生草木，和苞桑、茅茹之象亦相呼应。

以此看来，否卦极重群德：初六“以其汇”、六二“不乱群”、九四“畴离祉”、九五“系于苞桑”。由于休否之君不能彻底终结否局，仅在过程中起催化作用，所以初六《小象》所云“志在君”，更真切的意义应为“志在群”。《春秋公羊传》释经第一条“元年、春、王正月”云：“元年者何？君之始年也。”一语双关，“君之始年”即群之始年，意谓天下为公，真正属于群众的时代来临了。否卦之后接着是同人卦，“同人于野”“通天下之志”，而非“同人于朝”，所以“拔茅茹以其汇”是为拨乱反正做准备，志不在休否之君，而在倾否之群。

泰否二卦相错相综，为三画的乾坤所组成，代表天地造化、自然气运的推衍。泰卦上六“城复于隍”，称“其命乱”，要人“自邑告命”；否卦九四“畴离祉，有命无咎”。泰卦六五“以祉元吉”、九三“于食有福”。天命及福祉的观念贯串全局，然而泰卦讲裁成辅相，否卦强调休否倾否，正是：“虽曰天命，岂非人事哉？”

泰极否来，“城复于隍”，九三“无往不复”已预警在前，从初九到九三真是好景不长。否极泰来，倾否后喜，六三包羞可没半点征兆，显示愈近光明之前愈黑暗。倾国倾城，泰城崩坍似乎很容易，否城颠覆就极困难，人生不如意事确实十之八九。

依前述，泰卦的中爻为归妹卦。归妹“征凶，无所利”，肇因于阴掩阳、柔乘刚，亦即欲望蒙蔽了理智，贪功躁进终至一场空，正合“城复于隍”之象。否卦的中爻依例推衍为渐卦（䷴），循序渐进，因时往来，终于达到目的。渐卦以鸿雁为象，雁行成群结队、部伍严整，正含以群力倾否之旨。若说倾否为拨乱反正、渐臻大同（序卦以同人继否，即为此义），则中爻的渐卦启示人倾否的步骤即《春秋公羊传》所谓的三世义——据乱世、升平世、太平世，分阶段抓重点完成革命。归妹躁进，迅速致凶，所以泰卦兴旺时短；渐卦沉稳厚重，缓慢有成，因此否卦漫漫难熬。

为什么上地下天为泰，上天下地为否？此处恐怕更有深意。《系辞传》开章明义，说：“天尊地卑，乾坤定矣。卑高以陈，贵贱位矣。”极可能是世及乱制下钳制思想的紧箍咒，和同传中的“为道也屡迁，变动不居，周流六虚，上下无常，刚柔相易，不可为典要，唯变所适”，格调大异。其实在上未必尊贵，处下亦非卑贱，何况天上地下的图像，以现代宇宙学来看，根本毫无意义。茫茫太空，渺渺地球，天旋地转，何来上下？

泰卦三阳在下，表示民间富贵无比、生机旺盛，三阴居上，容民保民、厚德载物，朝野和谐，国泰民安，所以名泰。否卦反其道而行，当政者聚敛无度，民间残破空虚，君若视民如土芥，则民视君如寇雠，所以名否。

老子有云："贵以贱为本，高以下为基。"《尚书》则称"天听自我民听"，又称"天明畏，自我民明威"。无论泰否，都不敢忽视民意，而重视基层经营。两卦初爻皆以茅茹为象，兴利除害，巩固基盘。大过卦初爻："藉用白茅，无咎。"大过是栋梁弯曲的濒临崩盘之局，细心照顾基层，以白茅垫底，可保无咎。《系辞传》云："夫茅之为物薄，而用可重也。"民心印证天心，民智似愚而神，断不可掉以轻心。包羞之时，"天地闭，贤人隐"；倾否以后，又"天地变化，草木蕃"。"茅茹""苞桑"皆可能奋发怒放、欣欣向荣！

综合以上所有的讨论，更可见出否卦《大象传》"俭德辟难"的不当。古经是否曾经篡改，已悠远难证，我们能不能触类旁通、另立新象呢？

例如："天地不交，否。大人以承敝起新，与民除患。"

第二十章　世界大同：同人、大有二卦综论

大同思想是中国传统儒学最重要的观念，四书五经皆有强调，而以《礼记·礼运大同篇》为代表。

> 大道之行也，天下为公。选贤举能，讲信修睦。故人不独亲其亲，不独子其子，使老有所终，壮有所用，幼有所长，鳏寡孤独废疾者，皆有所养。男有分，女有归。货恶其弃于地也，不必藏于己；力恶其不出于身也，不必为己。是故谋闭而不兴，盗窃乱贼而不作，故外户而不闭，是谓大同。

“二战”后，联合国成立，中国为创始会员国，曾镌刻此文于大理石上，赠予在美国纽约的联合国总部。

《礼记》原典上，与大同对立的制度称小康，是所谓“货力为已，大人世及以为礼，城郭沟池以为固”。中国自夏朝以后家天下的政体，其间政绩不错的称小康，真正的大同之治可从未实现过。这种体制由于在最高权力的传承上不合理，且易引起纷争，被先秦儒家批判为“乱制”，期望正本清源，拨乱反正，回复到上古尧、舜禅让的公天下的体制。

值得注意的是，尧舜事业是否确有其事，并不真正重要，托古改制的目的，是把理想寄托在未来，并随着权力根源的合理化，破私为公，进一步去规划和谐理想的社会形态。《春秋》基于“俟后圣”的理念，主

张新王革命，新王和历史上曾经出现过的旧王不同，因“人人皆有士君子之行”而有了全民政治的含义。

《春秋》以二百四十二年鲁史的记载为材料，寓意说理，创造了独特的微言大义的褒贬体例，依其宗旨，将该段历史划分为据乱世、升平世、太平世。据乱世的笔法为“内其国而外诸夏”，即详述鲁国内政，其他中原列国事迹，除非意义重大，多略而不提。升平世的笔法为“内诸夏而外夷狄”，表示鲁国内政已洽，开始注重中原大事。太平世的笔法则为“夷狄进至于爵，远近大小若一”。象征中原政教已进化成熟，关心的范围扩及含夷狄在内的全天下，所有国家、种族、文化的界域已经打破，人同此心，心同此理，共谋人类文明的幸福与发展。

以上的理想架构，当然不合乎历史事实，东周政教的演变其实是愈来愈乱，这就是经学和史学的差别。《春秋》这种借事明义的特殊笔法称为“设况”，和《易经》的立象、《诗经》的比兴类似，基本上都是思想创作中象征的运用。

大同思想还启发了孙中山先生，建国方略中军政、训政、宪政三时期的划分，正是《春秋》三世义的翻版。孙先生给人题字，最喜欢写“博爱”和“天下为公”。

相应于太平世、大同世的理念，《易经》提出的是“见群龙无首，吉”。以此总纲破除任何形式的宰制与私欲，并于一些重要的卦爻辞中演证类似的境界，提示实现的步骤和道术：例如革、鼎两卦，临卦，随、蛊两卦的上爻和井卦上爻，以及本章讨论的同人、大有二卦。

同人即与人和同，积极发展最美、最和谐的人际关系，同不是滥同、雷同，而是求在人性共通处的大同。大同即容许小异，发展群性依然尊重个性。《论语》上说：“礼之用，和为贵，先王之道斯为美，小大由之。”不管地位高低，任何人在任何事上，总不希望与人发生尖锐的冲突，人毕竟是社会的动物，不宜离群而索居。老子论处世之道，亦云：“挫其锐，解其纷，和其光，同其尘。”为了人际的和谐，不露圭角，不显锋芒，也不算什么牺牲。

同人做到了，自然就能大有。个人亲和力强，朋友就多，组织人脉坚实，事业拓展顺利；民心赤诚拥护，国家长治久安。《系辞传》云：“富有之谓大业。”又云：“崇高莫大乎富贵。”大有就是资源丰厚，众望所归。

《杂卦传》云：“大有，众也；同人，亲也。”语义显豁，点出卦性。《序卦传》云：“物不可以终否，故受之以同人。与人同者，物必归焉，故受之以大有。有大者不可以盈，故受之以谦。”否卦是天地不交万物不通，久了一定得变化，同人强调人际交通，正好破解否道。大有之后易生骄慢，必须谦冲处世，才能长保富贵。

同人于野

> 同人于野，亨。利涉大川，利君子贞。

“野”是旷远之地。古代城中称国，城外称郊，郊外即野，野代表广袤无垠。“同人于野”，是说与人和同，无远弗届，不受任何国界、种界的限制。能做到这个地步，当然亨通无阻，利于渡过一切艰难险厄。《周礼》上说：“惟王建国，辨方正位，体国经野。”既关怀国内事务，对全世界人类所居之处亦有经略的构想。

> 《彖》曰：同人，柔得位得中而应乎乾，曰同人。同人于野，亨，利涉大川，乾行也。文明以健，中正而应，君子正也。唯君子为能通天下之志。

同人卦（䷌）上卦乾健，下卦离明，唯一的柔爻六二阴居阴位，当位得中，又与同居中正的九五相应与，主客观条件均属上乘。“应乎乾”的乾，可指上卦乾的代表九五，亦可广义地指全卦所有阳爻。

一阴虚中应五阳，借阳刚行健之力，渡过大川般的险难。文明以健，即观念清楚，行动积极。否卦环境恶劣，“不利君子贞”，同人形势绝佳，“利君子贞”。既然中正而应，君子可以按正道办事了。

“通天下之志”是极高、极难的功夫，所谓人各有志，不能相强，天下之大，品类之众，要建立具体共识，谈何容易？《系辞传》云：“圣人以通天下之志，以定天下之业，以断天下之疑。”又云：“夫《易》，圣人之所以极深而研几也。唯深也，故能通天下之志；唯几也，故能成天下之务。”要想通志成务，得下极精深的功夫，去研究事理的机微、形势变化的机微，以及人心人性的机微。探索得愈深，愈能在纷异的表象下发现共同点，然后据此建立理论，展开行动。

《大象传》云：“天与火，同人。君子以类族辨物。”依八卦方位之说，先天八卦乾南坤北，后天八卦离南坎北，乾卦与离卦同居南方，先天为体，后天为用，体用不二，这是天火同人的术理依据。类族辨物是很重要的入手功夫，对人、事、物各项问题，都得分门别类，彻底弄清楚其中异同，不容含混笼统。同人不是雷同、混同，更不是政治宣传上的统一口径，收编乖乖牌，而是在人性深处建立共识，求其大同。董仲舒在《春秋繁露·十指篇》有云：“别嫌疑，异同类。”连同类都得细心甄别出其间微妙的相异处，绝不轻忽放过；事理似是而非、似非而是，人有不虞之誉、求全之毁，这些就是嫌疑，必须分判清楚。《春秋》能论衡史事，一字褒贬，就靠这种洞察入微的严谨功夫。

中国思想恢廓宏大，精义入神，许多人惊叹其天人合一理境之高，往往竞逐光影、奢言妙悟，而忽略了其义界森严、敦笃实践的基本面，因而招致空泛疏阔之讥。天人合一可能是终极境界，但绝非入手功夫，天人之间其实相异处甚多，不容粗疏含混。《系辞传》云：“鼓万物而不与圣人同忧。”天道无心成化，人道有意兴革，欲通天人之际，先得别嫌明微。

《系辞传》首章：“方以类聚，物以群分。”伏羲画卦，“以通神明之德，以类万物之情”，易辞“其称名也小，其取类也大”，易象“引而申之，触类而长之，天下之能事毕矣”。类字是《易经》思想的关键字。乾卦《文言传》亦云：“本乎天者亲上，本乎地者亲下，则各从其类也。”正因为各从其类，所以同人之先，必须“类族辨物”，然后由近及远，推广出去，渐臻大同。

先号咷而后笑

“同人于野”是总目标，往下我们来看看六爻中具体的实践过程。

上九。同人于郊，无悔。
（同人于郊，志未得也。）

九五。同人先号咷而后笑，大师克相遇。
（同人之先，以中直也；大师相遇，言相克也。）

九四。乘其墉，弗克攻，吉。
（乘其墉，义弗克也；其吉，则困而反则也。）

九三。伏戎于莽，升其高陵，三岁不兴。
（伏戎于莽，敌刚也；三岁不兴，安行也。）

六二。同人于宗，吝。
（同人于宗，吝道也。）

初九。同人于门，无咎。
（出门同人，又谁咎也？）

同人

初九。同人于门，无咎。《象》曰：出门同人，又谁咎也？

门是划分内外的界限，既欲同人，必须出门。初九居同人之始，勇敢迈出家门，四处广结善缘，本身又当位，自然无咎。所谓四海之内皆兄弟，门内虽然亲情洋溢，门外却也海阔天空，男儿志在四方，不能为门庭所限。

《易》卦中还有几处以门取象，如随卦初九《象传》：“出门交有功，不失也。”节卦九二《象传》：“不出门庭凶，失时极也。”皆鼓励人出门闯荡，以免丧失时机。

《论语·颜渊篇》记载仲弓问仁，孔子说：“出门如见大宾。”吴起论将，则云：“出门如见敌。”仁者爱人，出门交际敬谨谦和，兵家备敌广出门戒惧非常。总而言之，出门是拓宽生活领域、开展事业的起点。

六二。同人于宗，吝。《象》曰：同人于宗，吝道也。

“宗”是宗族、宗主之意，此处即指九五。六二与九五相应与，本系绝配，但同人的卦义是要大同天下，不宜只与理念接近、谈得来的人交往，所以六二就吝了。吝就是小家子气，难成大事。《论语》上说：“君子周而不比，小人比而不周。”“比”是亲比，结派系搞小圈子，“周”是泛爱众，无分别心。“同人于野”是不独亲其亲，不独子其子，“同人于宗”则是独亲其亲，独子其子，“比而不周”的局限是很明显的。

九三。伏戎于莽，升其高陵，三岁不兴。《象》曰：伏戎于莽，敌刚也；三岁不兴，安行也。

六二是同人卦中唯一阴爻，为群雄竞逐的对象。九三乘于其上，颇思染指，又惧九五实力坚强，不敢正面相抗，遂在草丛中设下埋伏，并登上山丘窥探敌情。由于九五、六二相应与，彼此当位居中，同人关系坚定无比，实在无懈可击，九三虽经三年之久，也不敢动兵。

九四。乘其墉，弗克攻，吉。《象》曰：乘其墉，义弗克也；其吉，则困而反则也。

九四也对六二有兴趣，登上城墙想伺机行动，度德量力后发现没有胜算，遂放弃攻击。这种急流勇退的判断是明智的，使九四由原先的为情所困而返回了正道。

九五。同人先号咷而后笑，大师克相遇。《象》曰：同人之先，以中直也；大师相遇，言相克也。

九五与六二相应与，却遭九三、九四挑战干扰、最后被迫出动大兵，显示实力而解决问题，终得与六二相遇。有情人终成眷属，先哭后笑，先难后获。“同人之先”即“同人先号咷而后笑”的省略词，会有这样的好结果，是因为九五居中正直，经得起考验。相遇除了指与六二结合外，也有与九四、九三前嫌尽释，言归于好的意味。所谓不打不相识，相逢一笑泯恩仇，处同人之世，领导人应有这样的认知与气度。

由九三到九五，历尽钩心斗角、刀光剑影的过程，卦为同人，爻与爻间的互动可一点儿也不和顺，可见同人的终极理想很难实现，现实的人际关系，还是充满了机诈、矛盾和冲突。崇尚和平，可不能没有武备。这也是《春秋》三世义循序渐进、拨乱反正的考量，太平世绝非一蹴而就，而须历经长期的奋斗。同理，民主宪政也不是旦夕可致，得经过军政时期扫除革命障碍，训政时期全民民主教育，才有付诸实践的可能。

《系辞传》云：“同人，先号咷而后笑。子曰：‘君子之道，或出或处，或默或语。二人同心，其利断金，同心之言，其臭如兰。’”孔子针对同人九五爻发抒感慨，君子之交，贵相知心，无论做事或不做事，谈话或静默，只要两人心志相通，就可克服一切困难，至诚的友谊下说出来的话，气味像兰花一样芬芳，都能温暖对方的心。二人同心、义结金兰就有这样的神效，若万众一心，当然无往不利了。

上九。同人于郊，无悔。《象》曰：同人于郊，志未得也。

城外称郊，上九位居偏远，不涉入前述政争，故而无悔，但亦未尽同人之善，故称志未得。

遏恶扬善

大有卦卦辞只有“元亨”二字，与鼎卦相同。众望所归，资源丰厚，行事自然亨通。元有大义及创始义，大有除了规模壮盛外，也充满了开拓和创造。

《彖》曰：大有。柔得尊位，大中而上下应之，曰大有。其德刚健而文明，应乎天而时行，是以元亨。

大有上卦离明，下卦乾健，唯一的柔爻六五得居君位，上下五阳爻与其相应，为其效命。阳大阴小，大有即有大，拥有众阳之意。六五虚中应阳，礼贤下士，借阳刚健行之力，配合时势以成就大业，因此元亨。

大有卦六五的虚中任贤，可谓君道的典范，领导人的天职在知人善任，不在躬亲庶务。《韩非子·八经篇》有云：“下君尽己之能，中君尽人之力，上君尽人之智。”《吕氏春秋·君守篇》亦云：“大圣无事，而千官尽能。”自己不表现，诱导所有人贡献智慧，这才是以简驭繁的最高手段。《人物志·流业篇》云：“主德者，聪明平淡，总达众材，而不以事自任也。”大有上明下健，应天时行，正合乎主德的要件。

《孟子·公孙丑篇》上说：“子路人告之以有过，则喜。禹闻善言，则拜。大舜有大焉：善与人同，舍己从人，乐取于人以为善。自耕稼陶渔以至为帝，无非取于人者。取诸人以为善，是与人为善者也。故君子莫大乎与人为善。”这一段几乎可作为大有卦六五的注解。禹跟子路的虚心受教，已经难能可贵；舜的善与人同，将别人的长处融会贯通成自己的长处，更是出神入化。

董仲舒的《春秋繁露》一书，精论治术，大有可观，其中《立元神》一篇，谈“体国之道”更是字字珠玑：“欲为尊者，在于任贤，欲为神者，在于同心。贤者备股肱，则君尊严而国安，同心相承，则变化若神。”“同其心然后可以致其功，是以建制之术，贵得贤而同心。”《易经》同人、大有二卦相综，实为一体两面，于此更可深悟。

《象》曰：火在天上，大有。君子以遏恶扬善，顺天休命。

大有上离下乾，离为火，亦为日。盛阳当空，霞光普照，大千世界一片光明，正是大有之象。“休”是美，“顺天休命”即承顺上天的美命。《中庸》首句：“天命之谓性，率性之谓道，修道之谓教。”乾卦《彖传》云：“乾道变化，各正性命。”人性也是自然的产物，依太极图所示，兼具善恶两种根性，天理人欲、公私、群己，往往交战于胸中。人要超凡入圣，修养伟大人格，就得存天理去人欲，化私为公，舍己为群，这就是“遏恶扬善，顺天休命”。

除了修己自治外，为政治人也需要遏恶扬善。扬善不成问题，企管理论有所谓“扬长原则”，即用人要用其长处。“遏恶”却与传统惯称的“隐恶”不同，对坏人坏事绝不隐讳姑息，一定施予正面打击。揆诸实理，“遏恶扬善”才合乎赏罚原则，对改善社会有双重效益，“隐恶扬善”则纯属乡愿，一负一正，等于做了虚功。

《繁露·盟会要篇》有云：“盖圣人者，贵除天下之患……天下者无患，然后性可善。”“善无小而不举，恶无小而不去，以纯其美。”这正是“遏恶扬善，顺天休命”的《春秋》版。《易经》和《春秋》齐名，为经学双璧，其中义理大可互通。

积中不败

往下我们来逐条审视大有诸爻，体会一下处盛境时的情状。

初九。无交害，匪咎，艰则无咎。《象》曰：大有初九，无交害也。

初九居大有之始，离六五之核心最远，和九四又不应与，无所交往，因而亦不受伤害。

“匪”同非，无交无害，不是什么坏事。大有之初，资源仍在原始积累阶段，实力有限，不宜挥霍浪费，艰贞自守即无咎。“交”的含义很深，孟子说：“物交物，则引之而已矣！”又云：“上下交征利，而国危矣！”人和外界环境相交，易受物欲牵引，急逐不返，必受伤害。台湾地区四十年经济建设成功，民生富裕，却也养成财大气粗、奢靡浮华的社会风气，这就是“交害”。回首过去勤俭打拼、吃地瓜粥的日子，实应“勿忘初艰”，这就是“艰则无咎”。

大有初九，无交亦无害，同人上九，无悔亦无得，两卦相综，二爻情境亦相似。

九二。大车以载，有攸往，无咎。《象》曰：大车以载，积中不败也。

九二阳刚居中，上与六五之君相应与，实力坚强，可承担重任，就像一辆装满了货物的大车子一样，往前行进，不会有任何灾害。积中不败，颇能代表易理的风格。孔子说读《易》可以无大过，需卦九三《小象》云“敬慎不败”，《孙子兵法》云：“知彼知己，百战不殆。”人生奋斗不可能百战百胜，也不应如此要求，重要的是立于不败之地，永远经得起劫难和考验。

上九。自天佑之，吉无不利。
（大有上吉，自天佑也。）

六五。厥孚交如，威如，吉。
（厥孚交如，信以发志也；威如之吉，易而无备也。）

九四。匪其彭，无咎。
（匪其彭无咎，明辨皙也。）

九三。公用亨于天子，小人弗克。
（公用亨于天子，小人害也。）

九二。大车以载，有攸往，无咎。
（大车以载，积中不败也。）

初九。无交害，匪咎，艰则无咎。
（大有初九，无交害也。）

大有

“中”是时中，“积中”是处任何时位都能寻出最佳对策，发挥最大能量，一次做对、两次做对、每次都做对，累积起来成就当然可观。孟子说集义养气，荀子云积善成德，现代人强调日行一善，都是积的功夫。《繁露·立元神篇》说得更好：“天积众精以自刚，圣人积众贤以自强。”处大有之世，厚储人脉，才能负重行远，开拓事业。

九三。公用亨于天子，小人弗克。《象》曰：公用亨于天子，小人害也。

下卦健行至九三，资源已经相当丰厚，这时该做什么呢？“公”是双关语，一是过去封建社会公侯的公，一是天下为公的公。“亨”通享，朝献之意。九三的公侯朝见六五的天子，贡献相当财物以示忠诚，君臣之间情谊亨通无阻。这有点像现代民主国家的大企业，利润和资产累积到一定程度后，会捐献出部分以从事公益活动，由于六五是国家社会的领导人，所以由他代表接受。“小人弗克”，是说这种回馈社会、促进公益的行为小人办不到，因为斤斤计较、一毛不拔之故。《小象》进一步说“小人害也”，害即初爻无交害的害，小人会吝啬，是因为被物欲所害。

宋儒张载在《正蒙·大易篇》中有云：“《易》为君子谋，不为小人谋。”卦爻辞阐析事理，明断吉凶，主要为君子筹谋，激励其发挥人智人能，不为小人行险侥幸，这是很重要的易学观念。大有卦九三，君子能以公心亨通于世，小人因私欲致害败身，吉凶迥异，即是很好的例证。

九四。匪其彭，无咎。《象》曰：匪其彭无咎，明辨晳也。

“匪”同非，“彭”是声势壮盛。九四实力强大，但不当位，且邻近六五之君，所谓功高震主，伴君如伴虎，绝对不宜张牙舞爪，为明哲保身计，必须韬光养晦摆低姿态，才可无咎。乾卦九四“或跃在渊”，《系辞传》云：“四多惧。”九四之龙跃跃欲试，可能跳过龙门，成了“飞龙在天”，也可能跌入万丈深渊、粉身碎骨，为免前功尽弃，必须戒慎恐惧。“明辨晳”的“晳”，不只是大体明白，而是事理的每一层、每一项、每一条都彻底明白，世路人情精通熟透。

大有卦初九、九二、九四，三爻不言吉利，只称无咎，可见持盈保泰很不容易，一不小心即易有咎。正如老子所云：“持而盈之，不如其已；揣而锐之，不可长保。金玉满堂，莫之能守；富贵而骄，自遗其咎。”

六五。厥孚交如，威如，吉。《象》曰：厥孚交如，信以发志也；威如之吉，易而无备也。

“厥”是其，“孚”是诚信，“交如”是相互感应。六五虚中居尊，诚心与诸阳爻交感，也获得诚意的回报。上下以诚信相合，固然甚美，但仍不宜泛滥无节打成一片，混淆了君臣的分际。

《论语》上说："君子不重则不威。"君子自重，不怒而威，平易中自生威仪，不必设机心防备，别人一样不敢侵犯，当然获吉。同人卦九五"大师克相遇"，大有卦六五"威如吉"，有文事者必有武备，而大有六五的境界似乎更高一筹。《大象传》称"遏恶扬善"，"厥孚交如"是扬善，"威如"即遏恶。六五的"交如"，和初九的"无交害"大不相同，因时位迥异之故。

上九。自天佑之，吉无不利。《象》曰：大有上吉，自天佑也。

上九未必是指那个人，而是揭示一个观念，作为大有卦的终极理念和最高境界，易卦中确有这样的体例，如鼎卦上九、井卦上六、随卦上六、蛊卦上九等皆是。自天佑之的观念，在《系辞传》上有完整的说明："自天佑之，吉无不利。子曰：'佑者，助也。天之所助者，顺也；人之所助者，信也。履信思手顺，又以尚贤也，是以自天佑之，吉无不利也。'"

上天帮忙的，是那些顺着天理、因应时势做事的人；别人会帮助你，是因为你讲诚信。一个人能实践诚信原则，思考依理行事，再加上懂得尊重人才，运用人才，自然像有上天保佑一样，做事无往不利。西谚云天助自助，《中庸》称至诚如神，都在强调人能人智的重要，毫无迷信色彩。

六五的"厥孚交如，信以发志"，《彖传》的"大中而上下应之，应乎天而时行"，以及《大象传》的"顺天休命"，正是"履信思乎顺，又以尚贤"。

"自天佑之，吉无不利"，在《系辞传》中还出现两次：一是："君子居则观其象而玩其辞，动则观其变而玩其占，是以自天佑之，吉无不利。"另一是："《易》穷则变，变则通，通则久，是以自天佑之，吉无不利。"易理贵乎变通，学《易》在乎精熟，思之思之，鬼神通之，行之行之，众人助之。同人于野，大有天佑，亘古人类的伟大理想尽在于斯！

第二十一章　卑以自牧，建侯行师：谦、豫二卦综论

《易经》主旨为趋吉避凶，吉与凶为人生祸福的两个极端，介乎其间的还有悔与吝。悔通常表示阳刚之气过盛，例如乾卦上九“亢龙有悔”，若能善自调节、以柔济刚，则可获悔亡或无悔；吝为阴柔之气太甚，格局小、路子窄，例如蒙卦六四“困蒙，吝”，必须奋力开拓、以刚济柔，才得舒坦。

依《系辞传》诠释，“吉凶悔吝生乎动”，吉凶涉及成败得失，悔吝是小毛病，而无咎则是“善补过”——人生在世，必犯过错，知过能改，善莫大焉。圣如孔子，读《易》可以无大过，《易经》因此亦称悔过或寡过之书。“惧以终始，其要无咎，此之谓易之道也。”《易经》的道理并不神秘，就在教导人立身行世，始终无咎。

从历史来看，这其实是难以企及的高标准，许多才智一流的人物都做不到。韩非洞察人性幽微，著述集法家斗争理论之大成，枭雄如秦始皇读了且为之倾倒，但韩非入秦，不到一个回合就被打下擂台，被毒死在监狱。商鞅变法强秦，为中国史上唯一改制成功的英雄，却因得罪少主，惨遭车裂之刑。吴起以兵法传世，功业显赫，最后在楚国变乱中被乱箭射死。京房衍《易》，纳甲、八宫别出心裁，奠立后世术数《易》的基础，却因妄言灾异，四十余岁即遭政治迫害，算计他人吉凶精准无比，怎么轮到自己就迷糊了呢？

司马迁作《史记》，论断数千年人事得失，本身却不能避祸，惨罹酷

刑；班固作《汉书》，以此讥评，结果他自己最后亦“身陷大戮”——这是范晔作《后汉书》时的慨叹。那么，范晔呢？后来还不是牵涉谋反被杀！死时才四十八岁，四子一弟亦同死于市。工于谋人，拙于谋己，真是才智人生的最大教训！

《诗经》有云：“靡不有初，鲜克有终。”任何人都有意气风发的时期，轰轰烈烈一段后，却往往羞羞惭惭收场。人生变幻无常，始终无咎，谈何容易？“有始有卒者，其唯圣人乎？”董仲舒所引《论语》之言，的确不是无的放矢。

中国传统典籍分成经、史、子、集四部。经、子皆属思想创作，但经书的地位一直高于子书，抛开学统与政统的纠结不谈，两者处世之方确有高下之别。子书一般均相当锐利，看得准、下手狠、拿得稳，解决问题亦有速效。经书则涵融浑厚，全面化解人生矛盾，朝夕不易见功。子书讲对付，比强比诈，充满竞争意识，韩非“上下一日百战”、吴起“出门如见敌”的看法堪为代表。经书重化解，秉持中道，存异求同，与《论语》“出门如见大宾”的主张恰成强烈对照。阴阳对峙，敌我斗争，相激相荡，伊于胡底？感而遂通，仁者无敌，才是冲气以为和的人生大道。

随卦初九：“出门交有功。”同人卦初九《小象》：“出门同人，又谁咎也？”人生处处险阻，建功立业，交朋友还来不及呢？怎么可以随便树敌？

《易经》中有谦卦（䷎），六爻全吉，在六十四卦中绝无仅有，可能便是人生最上乘的处世功夫。中国历来崇尚谦德，对谦恭有礼、逊让不争的人评价甚高。尧、舜禅让表现政治的风度，两人被推为表率，孔子删《书经》即以尧舜事迹开端，《尧典》上对尧赞誉备至：“允恭克让，光被四表。”“允”是真心诚意不作假，“克”是能够克制私欲、竭力办到，衡诸后世赤裸裸的权力争夺或虚伪矫饰，尧的表现确实难能可贵。“能以礼让为国乎何有？”能勘破让国这一关，不迷执成功必得在我，政治气象必然不同。

功成不居、谦冲处世，其实并不吃亏。《尚书》上说：“满招损，谦受益，时乃天道。”自然规律就是如此，老子在这方面更是多有发挥，而总括以“夫唯不争，故天下莫能与之争”。《论语》主张“不忮不求”，“夫子温、良、恭、俭、让以得之”——这些都是谦卦原理的妙用。

《序卦传》云：“有大者，不可以盈，故受之以谦。有大而能谦，必豫，故受之以豫。豫必有随，故受之以随。”

谦卦前是大有卦，一阴统合五阳，资源丰厚、功业鼎盛。这时绝不可骄奢盈溢，必须压低姿态，谦和处世，如此便能长保富贵安乐，也一定会吸引更多人来追随，所以谦卦后接着是豫卦（䷏）和随卦（䷐）。

“豫”的字义相当丰富，除了和乐外，还有豫防、豫备及犹豫之意。《礼记·学记》称：“禁于未发之谓豫。”《荀子·大略》云：“先患虑患谓之豫。”《春秋元命苞》且云：“豫之言序也。”为了维护现有的秩序、保住群众的和乐，采行必要的戒备措施，就是豫。人生哀乐无常，乐极往往生悲，既济卦初吉终乱，《大象传》即云：“君子以思患而豫防之。”《系辞下传》第二章，由伏羲画卦讨论制器尚象，也提到豫卦：“重门击柝，以待暴客，盖取诸豫。”重重防卫、机动预警，以抵御外敌入侵，保障生命财产的安全，这是人类文明演进必有的一个面相。凡事豫则立，不豫则废，豫卦充分反映了《易经》知机应变、趋吉避凶的精神。

依《说文解字》，“豫”的原始意义为“象之大者，不害于物”。“豫”其实是一种动物，体躯庞大，个性温驯。老子有云：“豫焉若冬涉川，犹兮若畏四邻。”“犹”也是一种动物，体躯较小，犹和豫行动时瞻前顾后，多疑而审慎，所以便衍生出“犹豫”一词。老子以此形容“古之善为士者，微妙玄通，深不可识”的情状，正与其“不敢为天下先”的主张切合，也和《易经》“惧以终始，其要无咎”的风格相类。

有了以上的理解，我们再去读老子名句：“执大象，天下往，往而不害，安平太。”可能又会有不同的联想。谦、豫二卦相综，实为一体两面，谦以修己，豫以和众，两卦精义在老子《道德经》中皆有发挥。

《杂卦传》云：“谦轻而豫怠也。”谦德虚己待人，自视甚轻；豫乐过度，易生懈怠。

《系辞传》讨论作《易》者的忧患意识，列有九卦，在首重实践的履卦之后，就是谦卦。“谦，德之柄也。”持谦处世，无往不利。“谦，尊而光。”将自己看轻反而赢得别人尊重，发光照亮世界。“谦以制礼。”人际相处之礼，就建立在人人谦让的基础上。谦卦六爻全变为履卦（☰☱），“君子以非礼弗履”，“履以和行”，所谓“礼之用和为贵”，谦、履两卦相错旁通，皆为忧患九德的入手功夫。

称物平施

谦。亨，君子有终。

谦和能致亨通，“有终”二字最美，也最难。我们在前面已举了许多例证，说明多少英雄人物皆不得善终，而谦卦居然办到了。

《彖》曰：谦，亨。天道下济而光明，地道卑而上行。天道亏盈而益谦，地道变盈而流谦，鬼神害盈而福谦，人道恶盈而好谦。谦尊而光，卑而不可逾，君子之终也。

谦卦（☷☶）上卦坤，象征地道卑而上行，原本卑微的得居高位；下卦艮一阳在上，乾刚之性圆满具足，有天道下济而光明之象，贤能者甘居下位，全心护持奉献，当然和顺亨通。日中则昃，月盈则亏，水满则溢，盈科而后进，自然界充满了亏盈益谦的现象；鬼神为造化之机，屈伸往来，骄盈者败、谦卑受福，为不变的公理；恶盈好谦尤属人之常情。天地人鬼神，宇宙间一切有形无形的力量，均协助谦道，当然尊崇而光显，处世姿态虽低，却没有人能欺负他、超越他。这是谦谦君子终获福报的自然真理。

《象》曰：地中有山，谦。君子以裒多益寡，称物平施。

谦卦上坤下艮，为地中有山之象，山高地卑，隐高于卑，正合谦卦本旨。“裒”字不见于《说文解字》，一般解释为减少之意，减多益寡以求平等、消弭争端。这种讲法很成问题：社会上多有多的道理，少有少的原因，单从表面加加减减岂能解决问题？《易经》谈生生、重创造，讲求实质的真平等。《尔雅·释诂》将“裒”解作“聚”，引取、聚集之意。聚多益寡，从扩大生产面解决资源匮乏及分配不均的问题，现状无论是多是寡，先将饼做大，通过合理的供需机制，逐步调整不当分配的现象。换句话说，目标为均富而非均贫。

“裒多益寡”重生产，往下的称物平施才是谈分配。称是权衡轻重、恰如其分之意。资源聚足之后，看对象决定出最合情理、最公平的分配原则。只有这样，才能保障实质的社会正义，才合乎谦卦讲礼重和的精神。

不富以其邻

初六爻。谦谦君子，用涉大川，吉。《象》曰：谦谦君子，卑以自牧也。

谦是保持低姿态，初六阴柔居谦卦最下，谦卑到了极点，故称“谦谦”。君子以此行世，可安然渡过一切重大险难，而获吉祥。“牧”是养，以卑自养，充分利用不树外敌的大好环境自我修养，姿态低，心胸广，更容易真正学习到东西。

六二爻。鸣谦，贞吉。《象》曰：鸣谦贞吉，中心得也。

谦为一阳五阴之卦，成卦主爻为九三，亦即谦德的代表。六二上承九三，受九三影响起而唱和，故称“鸣谦”。“鸣”即推广文宣，以期发扬光大。谦本不宜鸣，由于六二中正当位，真心受感召，故而获吉。

谦

上六。鸣谦，利用行师，征邑国。
（鸣谦，志未得也；可用行师，征邑国也。）

六五。不富以其邻，利用侵伐，无不利。
（利用侵伐，征不服也。）

六四。无不利，㧑谦。
（无不利㧑谦，不违则也。）

九三。劳谦君子，有终，吉。
（劳谦君子，万民服也。）

六二。鸣谦，贞吉。
（鸣谦贞吉，中心得也。）

初六。谦谦君子，用涉大川，吉。
（谦谦君子，卑以自牧也。）

九三。劳谦君子，有终，吉。《象》曰：劳谦君子，万民服也。

九三阳居阳位，为谦卦核心，尽心贡献所长，功业卓著，却谦退不居。这样难得的人才，当然万民拥戴，得享善终。卦辞称“君子有终”，九三称“有终，吉”，完全反映卦情。

《系辞传》针对此爻，有所发挥：“劳谦，君子有终，吉。子曰：‘劳而不伐，有功而不德，厚之至也，语以其功下人者也。德言盛，礼言恭。谦也者，致恭以存其位者也。’”“伐”是夸耀，“劳而不伐”即《论语》上颜渊之志：“无伐善，无施劳。”有功劳却能不夸耀、不自以为德，生命力真厚实到了极点。功成不居，甘处下位，德行盛大，执礼谦恭。谦德之大用，就在极力发扬恭敬处世的精神，以保存量才适性的最佳时位。

“位”的观念在《易经》中相当重要，一卦六爻即代表了从低至高种种不同的时位，所谓“大明终始，六位时成”。位与时不可分。位与爻性的配合也很重要，阳爻居阳位、阴爻居阴位称当位，反之，则不当位，当位即称职，在岗位上易发挥而有成就。人生理想若欲付诸实践，必须取占量才适性的时位，否则即落空谈或大打折扣。《系辞传》云：“天地之大德曰生，圣人之大宝曰位。”又云：“天地设位，圣人成能。”天地造化，生生不息，人则谨守岗位，积极创造。亢龙有悔，即因贵而无位；革命剧变，称为上下易位；鼎卦取新，首重正位凝命；艮卦止欲，君子思不出其位。

位既然这么重要，既得之，必患失之，所以得存其位。《系辞传》云：“何以守位？曰仁。”仁者必爱必敬，处处化敌为友，故称仁者无敌。谦道卑己尊人，人性恶盈好谦，存守其位，当然没有问题。

“致恭”的致，是推广扩充到极致之意，也是传统经典中的关键字，如致中和、格物致知、经世致用、致命遂志等。谦卦九三之所以获吉，就得力于这个“致”字的功夫。六十四卦，三爻多凶，若为六三则不当位，若为九三过刚不中，而谦卦九三却一枝独秀、光照全局。

“劳谦”的劳，依《周礼·夏官司马》有“事功”之义。九三一阳陷于众阴之中，有坎卦之象。《说卦传》云：“劳乎坎……坎者，水也……劳卦也，万物之所归也。”老子称：“上善若水。水善利万物而不争，处众人之所恶。”又云：“江海所以能为百谷王者，以其善下之。”劳谦君子之所以万民服，有其自然的理数在。

谦卦九三爻变，成为坤卦。《说卦传》云：“致役乎坤……万物皆致养焉。”大地藏无尽，勤劳资有生，厚德载物，无成有终，亦与“劳谦”之理相通。

六四。无不利，㧑谦。《象》曰：无不利㧑谦，不违则也。

“㧑”同挥，以手却物、避而不敢当之貌。六四处于六五君爻及九三主爻之间，地位敏感特殊，为防猜忌，退让不敢当阳爻之承。能如此发挥谦德，即不违反四位多惧的道理，故无不利。

六五。不富以其邻，利用侵伐，无不利。《象》曰：利用侵伐，征不服也。

六五处上卦之中的君位，负聚多益寡、称物平施之责，本身阴虚不富，是因为所有资源已与邻人共享。倘若这样谦和还有抱怨不服者，则出兵侵伐，以维持秩序。由于谦和在前，功德深厚，会获得众人的谅解，并无不利。

“侵、伐”二字程度深浅不同，《春秋公羊传》云：“粗者为侵，精者为伐。”《周礼》称：“贼贤害民则伐之，负固不服则侵之。”“侵”是浅攻示警，若达不到吓阻的目的，则大张旗鼓深入攻击讨伐。

六五“征不服”，九三“万民服”，可见居君位的六五不如九三得人心。谦道本宜居下位，六五高高在上，已失谦卑之义，故须动武以保障和平。

上六。鸣谦，利用行师，征邑国。《象》曰：鸣谦，志未得也；可用行师，征邑国也。

六二上承九三，深受直接影响，称鸣谦；上六下应九三，受间接感召，亦称鸣谦。六二居下卦中正之位，有内修之德，鸣谦贞吉；上六居全卦之终，已乏真实力道，难获善意回应，故称“志未得”。既达不到目的，亦兴师征讨，但实力不如六五远甚，只能在自己辖区内逞逞兵威。六五侵伐，是远征邻国；上六“征邑国”，是荡平内乱。

上六位高至极，更违谦卑之义，亦有行师之象。谦卦后接着是豫卦，利建侯行师，耀武扬威的姿态更著。谦极转豫，故而六五、上六皆见刀兵。

六五爻变，谦卦成蹇卦（䷦），蹇为风雨同舟、共御外侮，所以不富因其邻，“利用侵伐，无不利”。上六爻变，谦卦成艮卦（䷳），上下敌应不相与，故“志未得”，思不出其位，故仅能行师征邑国。

两岸问题上，大陆“鸣谦”，呼吁和平统一；但不放弃行师解决台湾问题，并强调事属中国内政，外力不得干涉，即为谦卦上六之象。

谦而至行师征伐，虽属不得已，亦可见永谦、永终之难。卦辞言“君子有终”，爻过九三后却渐渐把持不住，这点相当发人深省。统括而言，谦卦下三爻吉、上三爻利，全卦无一凶悔吝之辞，确属难能可贵的上上之卦。

雷出地奋

豫。利建侯行师。《彖》曰：豫，刚应而志行，顺以动，豫。豫顺以动，故天地如之，而况建侯行师乎？天地以顺动，故日月不过，而四时不忒。圣人以顺动，则刑罚清而民服。豫之时义大矣哉！

谦、豫俱为一阳五阴之卦。谦九三阳刚退处于下卦之上，劳谦以德服众；豫九四独阳进出于上卦之下，威力撼动人心。“建侯”是《易经》中极重要的观念，人事部署、设官分职、搜集资讯、发展组织都是建侯；“行师”是动员群众、奋起赴战。“建侯行师”，由点而线而成面成体，再由体起用，以达成组织目标。

屯卦“利建侯”，创业维艰，先打基础建立组织，还谈不上行师。豫卦万众一心，斗志高昂，时机已成熟，故“建侯行师”。

豫卦（䷏）上震下坤，上动下顺、内顺外动，九四一阳独领风骚，上下各阴爻群起响应，充分发挥组织战力，故志行而得豫。《说卦传》云：“帝出乎震……万物出乎震。”人生一切主宰，从行动中来，万事万物随着主宰欢欣鼓舞、积极奋发。九四居上卦震动之主，主导全局变化，正合建侯行师之旨。

顺理顺势以行动，连天地自然的运行也不过如此，何况人事上的“建侯行师”呢？非成功不可！天地以顺动，日月运行皆不失度，春去秋来也绝无差错。圣人以顺动，民众自然拥戴，用不着严刑峻法。处豫之时，时机、时势的精确掌握可太重要了！

《象》曰：雷出地奋，豫。先王以作乐崇德，殷荐之上帝，以配祖考。

豫上卦震雷，下卦坤地，有雷出地奋、惊动四方之象。古代的政治领袖领悟豫卦的卦象，作乐以崇德报功，举行盛大的祭祀，以歌颂上天的福佑，并感念祖先的遗泽。《礼记·乐记》云：“奋至德之光。”王者功成作乐，以促进和谐、增进团结。

谦以制礼，豫以作乐，谦、豫二卦接续相综，礼乐之道亦寓于其中。

介石知几

初六。鸣豫，凶。《象》曰：初六鸣豫，志穷凶也。

九四为成豫之主，初六和其相应与，彼唱此和，故称“鸣豫”。可是初六阴居阳位不当位，自守不正，随他人乐声起舞，邀宠之情甚切，人穷志短，以此致凶。

谦极转豫，谦上六鸣谦志未得，豫初六鸣豫志穷凶，皆因中无实德，而致每况愈下。

上六。冥豫，成有渝，无咎。

（冥豫在上，何可长也？）

六五。贞疾，恒不死。

（六五贞疾，乘刚也；恒不死，中未亡也。）

九四。由豫，大有得。勿疑，朋盍簪。

（由豫大有得，志大行也。）

六三。盱豫悔，迟有悔。

（盱豫有悔，位不当也。）

六二。介于石，不终日，贞吉。

（不终日贞吉，以中正也。）

初六。鸣豫，凶。

（初六鸣豫，志穷凶也。）

豫

六二。介于石，不终日，贞吉。《象》曰：不终日贞吉，以中正也。

“于”同如，“介如石”，是说立场坚定明确，像石头一样不可移转。“介”字的意义相当丰富，凡物分为两间称介，彼此保持距离、界限分明。六二当位中正，自守坚确，不受九四影响，彼此划清界限，各行其是，故称“介如石”。这是寂然不动、清静无为的一面，而当豫之时，充满了行动的机会。只要好机会一来，六二也会毫不犹豫立刻反应，连一天都不等过完。这是感而遂通天下之故、至动无不为的一面。

《系辞传》针对此爻，亦有发挥：“子曰：‘知几其神乎！君子上交不谄，下交不渎，其知几乎！几者，动之微，吉之先见者也。君子见几而作，不俟终日。《易》曰：“介于石，不终日，贞吉。”介如石焉，宁用终日？断可识矣！君子知微知彰，知柔知刚，万夫之望。’”

知几才能应变，这是《易经》中最重要的观念。“几”是刹那间的变化、一切趋势发展的征兆，掌握住“几”就能料事如神、趋吉避凶。做生意讲商机，作战讲兵机、军机，修道重天机，政治领导日理万机，当机立断，危机就是转机。六二在一片亢奋的豫乐气氛中，保持冷静，不随着九四的乐声起舞，这是“上交不谄”；跟初六也严守分际不厮混，这是“下交不渎”。世事上下无常，权势无定，不必为了一时的权力布局昏了头脑，而牺牲原则去酬应。正因为如此冷静，一旦绝好机会来临时，马上就能看出而采取适当的行动。学《易》君子见微知著，做事懂得刚柔互济，该柔时柔、该刚时刚，如此必能建功立业，而为千万人所仰望。

六二爻变，豫变成解卦（䷧）。解先利于无所往，待元气恢复后，又利于“有攸往，夙吉”。这和“介如石”而后“不终日、见几而作”的节奏完全一致。时机一至，愈早愈快下手则吉。解之时大矣哉，豫之时义大矣哉，都强调时机、时势的精确掌握。

六三。盱豫悔，迟有悔。《象》曰：盱豫有悔，位不当也。

“盱”音须，张目上视。六三阴居阳位不当位，上承九四主爻，立身不正，瞪大眼睛注意九四的一举一动，专心揣摩上意，期盼得到关爱的眼神垂青。偏偏九四不领情，六三有时会表错态，尴尬懊悔不堪，等到下回该表态时，不免迟疑而丧失了机会，又遭悔恨。

六三的表现和六二正好相反：“盱豫悔”对“介于石”，“迟有悔”对“不终日”。豫之时义大矣哉，六二动静自如，达到满分，六三进退失据，无一是处。

六三爻变，豫变成小过卦（䷽）。小过行过乎恭，屡次矫枉过正却难以得乎中，结果悔之又悔，正合“盱豫”之义。

九四。由豫，大有得。勿疑，朋盍簪。《象》曰：由豫大有得，志大行也。

九四为全卦主爻，豫卦由之而成，故称“由豫”。一阳占据高位，独领时代风骚，其他阴爻皆来归附，以其为轴心运转，正是意气风发、大行其志之象。“盍”同合，“簪”是女子头上束发的饰品。“朋盍簪”是说各方朋友来归，统合在九四的旗帜下，就像一头乱发被簪子梳拢一样。九四拥有这样强大的整合力，大可积极行事，不必再犹疑。“勿疑”的含义很多，除了自信外，也有功高震主、勿让六五怀疑，以及勿让天下人怀疑之意。

九四爻变，豫变成坤。“坤厚载物，德合无疆”，正合“朋盍簪”之义。

六五。贞疾，恒不死。《象》曰：六五贞疾，乘刚也；恒不死，中未亡也。

六五居君位，乘于九四阳刚之上，典型的功高震主之象。“疾”是心腹大患，六五和九四相处，如坐针毡，好在仍居上卦之中，大义名分仍在，还镇得住九四，带病延年，一时间也不容易灭亡。

六五爻变，豫变成萃卦（䷬）。萃卦九五、九四二阳争锋，矛盾深重，得“除戎器，戒不虞”，恰合豫卦六五的处境。

豫是和乐，六二、六五不言豫，皆守中道。六二静晦不为豫，六五乘刚不敢豫。孟子云：“生于忧患，死于安乐。”又称：“内无法家拂士，外无敌国外患者，国恒亡。”六五贞疾虽然辛苦，却能恒不亡。

《易经》中每以“疾、喜”对言：损卦初九“损其疾，使遄有喜”，兑卦九四“商兑未宁，介疾有喜”，无妄卦九五“无妄之疾，勿药有喜”。阴乘阳、柔乘刚为疾，象征欲望蒙蔽了理智，疾愈则喜。豫卦六五有宿疾缠身，难得痊愈，故不喜不豫。过去旧社会流行给病患冲喜，又称帝王生病为“不豫”，典故应出于此。

上六。冥豫，成有渝，无咎。《象》曰：冥豫在上，何可长也？

“冥”是昏沉、睁不开眼睛的样子，和六三“盱豫”正相反。上六阴柔居豫卦之终，有耽于逸豫、乐极生悲之象，长此以往，必出问题。这时得懂得穷则变，立刻改弦更张，从逸乐中清醒过来，才能无咎。

豫极转随，随卦初九“官有渝，贞吉”，豫卦上六“成有渝，无咎”，一脉相承，皆提醒人注意变通，绝不能一成不变，自遗其咎。

以全卦六爻来看，九四虽为风靡全场的灵魂人物，却也不易相处，凡与之有关者皆烦恼消耗、疲惫不堪：初六鸣豫凶，六三盱豫悔之又悔，六五贞疾仅得不死，上六冥豫差点儿致咎。只有六二特立独行，与之划清界限，才得贞吉。卦言“利建侯行师”，爻际交往却充满了矛盾，所谓一将功成万骨枯，豫卦所启示人的可真是深远啊！

第二十二章　松紧之间：随、蛊二卦综论

“随”是随从、追随，讲的是人事上的主从关系，彼此相互配合做一番事业。随也是随喜、随缘、随和、随遇而安、随时变化、随机应变，被动中转化主动的相当高级的处世功夫。《易经》讲变动不居，主张“不可为典要，唯变所适”，随卦堪称最好的范例。

“蛊”原义为皿中虫，即传闻中苗疆蛊毒那套，引申为人事积久败坏、蛊惑失贞之意。所谓“富不过三代”，创业者白手起家，深历艰难，一般均保有相当的忧患意识，但继承者习于安逸，因循怠惰，久了就会失去对外界环境变迁的敏感，颟顸、官僚、僵化，终至完全丧失竞争力而败亡。这时就需要豪杰之士奋起，勇于面对现实，革除积弊，再造事业组织的第二春，这称作“治蛊”。国史上几次变法图强，以及前述风行全球的改革开放，正是蛊卦卦旨的体现。

简要来说，“随”是提醒人留心时变，跟上发展的趋势，“蛊”则是承敝起新、积极整顿。《杂卦传》云：“随，无故也；蛊则饬也。”“饬”即整饬，认真追究，绝不姑息养奸。“故”是已然之迹，“无故”就是不囿于既有的成就，不固执己见，不绷紧身段，不背历史包袱，灵活变通，弹性十足。相对于随的无故，《杂卦传》中还有“丰，多故也……革，去故也”。既有资源众多，就是丰，但得当心持盈保泰，否则日中则昃，月盈则食，接着可能走下坡。过去的东西完全不要，一切另起炉灶，就是革，革命比蛊的变法还要彻底而激烈！

《序卦传》上说：“豫必有随，故受之以随。以喜随人者必有事，故受之以蛊。蛊者，事也。有事而后可大，故受之以临。临者，大也。”随卦之前是豫卦，豫是喜乐之意，卦辞云“利建侯行师”，独乐不如众乐，所以一定有许多人前来追随。众人相处，若逸乐过度，组织会趋于败坏，这时就需要有人勇于任事，出来整顿。整顿成功，又开创一片新的天地。“临”即君临天下，表示重新掌控全局。蛊卦之后接着临卦，所谓“治起于衰乱之中”，拨乱反正，给人无限的盼望。

随卦（䷐）六爻全变（阴变阳，阳变阴）即为蛊卦（䷑），表示二卦卦性彻底对反，这是相错的关系。随卦六爻上下倒置亦为蛊卦，这是相综，表示彼此有相因或相反的承接关系。六十四卦中，既相错又相综的，只有泰否、随蛊、渐归妹、既济未济四组，矛盾统一，相反相成，运用之妙，存乎一心。

天下随时

随卦卦象为外卦兑悦，内卦震动，表示与人相处随和喜乐，中心却实有所主（帝出乎震，帝为主宰意），外圆内方，不露圭角。《中庸》上称君子“和而不流”，老子主张“挫其锐，解其纷，和其光，同其尘”。不尚狷介，不立崖岸，与群众打成一片，才能真正发挥作用。

> 随。元亨利贞，无咎。《彖》曰：随，刚来而下柔，动而说。随，大亨贞，无咎，而天下随时。随时之义大矣哉！

随卦（䷐）下卦震为长男，上卦兑为少女，成熟男子伺候年轻姑娘，曲意承欢，无可无不可，不会去在乎什么。初九阳爻居于六三、六二两阴爻之下，九四、九五两阳爻居于上六阴爻之下，阳刚干才摆低姿态对阴柔者谦让，这样行动自然不易摩擦，相对肯定和乐。元亨是大通，肯舍已从人，随和处世，到哪里都受人欢迎。但得注意，随道仍得从善从正，不能毫无原则随波逐流，利贞才无咎。

“元亨利贞”是乾卦的四德，体现纯粹精一、行健不息的原创力。随卦也“元亨利贞”，多了“无咎”二字，表示随时变化合乎创造的本义，但随得不好也可能出毛病，成了随意、随便。学《易》者须掌握其中分寸，以免差之毫厘，谬以千里。

除乾卦及随卦外，还有五个卦也是四德俱全。坤卦卦辞云：“元亨，利牝马之贞。”牝马即母马，象征柔顺健行的坤德，厚德载物与自强不息，一体两面，充分配合。屯卦卦辞云：“元亨利贞，勿用，有攸往，利建侯。”乾坤合德，第一个创生的即屯卦。涉世未深，本性未受污染，当然元亨利贞，由于生命力尚稚嫩，需呵护培育，短期内切勿轻举妄动，为了往后中长期的奋斗目标，需广量吸收资讯、部署人脉。临卦卦辞云：“元亨利贞，至于八月有凶。”八月在十二消息卦中是指观卦，临观相综，一与一求，可能互相转化。临卦其实在讲全民政治，若能落实主权在民，当然元亨利贞，但配套的社会条件相当严苛，实践过程中稍一不慎，可能变质转凶。

无妄卦卦辞云：“元亨利贞，其匪正有眚，不利有攸往。”“无妄”是不妄想、不妄动，克己复礼，至诚如神，本应“元亨利贞”，但把持不易，一念不善即可能涉入邪魔，动辄得咎。最后是革卦，卦辞云：“已日乃孚，元亨利贞，悔亡。”

旧社会统治阶级败坏到极点，革命思想深入人心，时机成熟后，一举推翻旧制，一切从新开始，又是“元亨利贞”。虽属非常破坏，因目标正确，行动审慎，过程中所产生的种种遗憾皆可消亡。

全德七卦，乾卦最纯粹而完美，其他六卦都有但书，是有条件的“元亨利贞”。体会卦义时，与乾卦对照，能悟出许多精湛的道理。

《易经》特重时义，每卦每爻无不阐发此理，其中又有十二个卦，在《彖传》中格外强调运用时机的重要，分别是：豫、随、遁、姤、旅“时义大矣哉”；颐、解、革“时大矣哉”；坎、睽、蹇“时用大矣哉”。随卦既属“元亨利贞”全德之卦，又为十二时卦之一，重要性可见一斑。

随卦《大象传》云：“泽中有雷，随。君子以向晦入宴息。”“晦”是夜暗，“向晦”即入暮时分。君子日出而作，日入而息，按照自然时刻起居作息，绝不勉强挑灯夜战，精神意态舒畅而从容。下卦震雷居东方，上卦兑泽居西方，亦表示一天日出到日落的运程。随卦称“天下随时”，天地万物都依自然的节奏滋养运转。

出门交有功

现在我们来看看随卦六爻的情境。由于卦义重随遇而安、随时变化，爻位论承乘不论应与，即初随二、二随三、三随四、四随五、五随上，一脉相承，当下即是。

> 初九。官有渝，贞吉。出门交有功。《象》曰：官有渝，从正吉也；出门交有功，不失也。

“官”是主守，即一个人所奉持的思想观念，“渝”是变。“官有渝”，就是能甩开意识形态的包袱，而做合乎时宜的变动，只要确实选对了正确的方向，一定是吉的。初九位卑职微，往上发展必须广结善缘，出门去结交那些社会上有实力、有成就的人，绝不轻易丧失机会。

随

上六。拘系之，乃从维之，王用亨于西山。

（拘系之，上穷也。）

九五。孚于嘉，吉。

（孚于嘉吉，位正中也。）

九四。随有获，贞凶。有孚，在道，以明。何咎？

（随有获，其义凶也；有孚在道，明功也。）

六三。系丈夫，失小子。随有求得，利居贞。

（系丈夫，志舍下也。）

六二。系小子，失丈夫。

（系小子，弗兼与也。）

初九。官有渝，贞吉，出门交有功。

（官有渝，从正吉也；出门交有功，不失也。）

《论语·卫灵公篇》中，子贡问如何推行仁道，孔子回答："工欲善其事，必先利其器。居是邦也，事其大夫之贤者，友其士之仁者。"这就是"出门交有功"，选择够分量的人物追随，打好人事基础，将来一旦有事，各方都有个照应。行仁不是空话，必须具备实际的影响力，而坚实的人脉经营，正是锋锐的利器。

六二。系小子，失丈夫。《象》曰：系小子，弗兼与也。

阳大阴小，六三阴柔是小子，初九阳刚属丈夫。六二上系六三，就得放弃初九，绝不能脚踏两条船，这是社会上讲求随道很重要的一条戒律。商场讲信誉，官场讲忠诚，没有特殊理由，叛将总是惹人非议，而政争时更不能随意站队——那太危险了！

六三。系丈夫，失小子。随有求得，利居贞。《象》曰：系丈夫，志舍下也。

六二阴柔是小子，九四阳刚属丈夫。六三追随九四，自然放弃六二，所谓人往高处爬，这是随卦诸爻以下随上的意旨。“志舍下”，也不是不用下，而是力图上进，否则随攀随丢，如何累积群众基础？九四有阳刚之才，为近君的权臣，六三跟对长官，营求颇有收获，但不能贪得无厌，得守分守正才吉。另外，若以时而论，“志舍下”表示不背感情包袱，绝不留恋过去，一心一意往前看，这正是“随无故”的境界。

九四。随有获，贞凶。有孚，在道，以明。何咎？《象》曰：随有获，其义凶也；有孚在道，明功也。

随到九四，遭逢难过的关口了。一路攀上来，进居高位，坐拥大权，正是功高震主、伴君如伴虎的敏感情境。若志得意满，行事稍失分寸，不管怎么干都是凶的！要化解这种险境，可得下真功夫。“有孚”是向上表示诚意，宣誓效忠；“在道”是做事中规中矩，合乎道理；“以明”即借此表明心志，归功于上。楚汉相争时，萧何负责后勤补给，为刘邦尽心尽力，却屡遭猜忌，虽不断有人指引过关，以兴汉第一功的相国之尊，最后还是免不了一场莫须有的牢狱之灾。人世险巇，一句“其义凶也”道尽个中三昧，政争中的人性本来如此，没有什么好不服气的。

从“贞凶”二字，可看出易理的通达。“贞”是固守正道，尽己所当为，自然应该赞美，但不保证大吉大利。一般状况下，“贞吉”“利贞”“利居贞”总是成立的；特殊情境，“贞凶”“贞厉”“贞吝”照样可能。所以，有些爻辞还出现“可贞”与“不可贞”的考量。人生在世，当然该认真，但有时又不宜过分认真，还是那句话：“不可为典要，唯变所适。”

九五。孚于嘉，吉。《象》曰：孚于嘉吉，位正中也。

“孚”是诚心信服，“嘉”是美善。九五位居权势巅峰，人事上已无可追随，这时须随善——追随真理，所谓从善如流。本来从初爻一路随上来，委曲婉转，就是为了有朝一日推行理想，施展抱负。乾卦《文言传》：“亨者，嘉之会也。”随卦以下随上，区分主从，但人际相处还是双向的，彼此以善道、正道相随，这是很美的事，一定吉利。

远近大小若一

就爻位象征来说，上六代表美善，是九五衷心信服的真理，其爻辞云：

上六。拘系之，乃从维之。王用亨于西山。《象》曰：拘系之，上穷也。

这段非常费解，历代名儒捕风捉影也很难摸到边。

“王用亨于西山”是一段历史典故，“王”指周文王的祖父，称太王，“西山”即岐山，是周朝龙兴之地。传说太王积德行义，人民非常拥戴，后遭戎狄外患，为免人民受战祸之苦，甘愿去国以换取和平，由原居地豳迁徙至岐山。结果人民扶老携幼，前来追随，从此奠定了周朝王业的基础。“拘系”是用绳索绑在一起，“从维”是再加上一道，都是维系人心的功夫，拘系、从维，形容彼此紧密相随、甘苦与共，任何外力也无法使之分开。这正是随卦最高的境界，已经随到没有距离、彼此融合为一体了。这时也不再有主从的划分、人我的对立，传统世界大同“远近大小若一”的理想，《易经》乾元用九“见群龙无首吉”的主张，于焉体现。爻辞依传统讲法是周公所作，随卦最上乘举其祖先大获民心的成功案例，以释“拘系、从维”之理。孔子作《小象》，补注“上穷也”，“穷”不是困穷，而是穷极穷尽之穷，即随道至此已臻化境，穷于赞叹之意。

孔子作《春秋》，即事言理，颇多微言大义，其象征笔法与《易经》，堪称双璧。史书上记载，《春秋》写到鲁哀公十四年春“西狩获麟”时绝笔。麟是麒麟，和《易经》的龙一样，在先民心目中极为稀罕且尊贵，如生儿子叫喜获麟儿，不易求称凤毛麟角等。“西狩获麟”，是当时大官叔孙氏出猎，他的车夫钮商猎获了一只麒麟，由于钮商地位低贱，时人皆以为不称，独孔子取为祥瑞。麟是仁兽，有王者则至，贱民获麟，象征人为的阶级观念已经泯除，仁德满天下，正是《春秋》标榜太平世“人人皆有士君子之行”的最佳隐喻。解经的《公羊传》叙述孔子见麟后，潸然落泪，感叹：“吾道穷矣！”就是说，《春秋》写到这里，孔子一生的思想抱负已经发展到最高境界。

随卦上六《小象》“上穷也”，与此同调，皆为上智者最高理想的显现。“王用亨于西山”，历史上的周太王运用随道，在岐山大获亨通，成就一段小康的事业，后世的豪杰之士奋发兴起，更进一步推向大同，不也该当仁不让吗？

了解其中奥义，会更体悟九五“孚于嘉”的不易。大权在握，不谋己私，却信服自由平等的政治理想，竭力推动其实现。孙中山倡导革命，民国成立后，不恋栈权位，堪称天下为公的典范；这跟世间一般掌权者患得患失、紧紧把持的霸权心态，大相径庭，而随卦的主旨却在放开——随无故，放开意识形态、放开名利包袱、放开心胸。君子以向晦入宴息，到了该休息的时候就休息，绝不再勉强做事，鞠躬尽瘁死而后已，只会塞住了后人上进之路。随上卦兑为悦，上六正当悦体，表示只有这样才能民心大悦，才能大亨贞无咎。前儒解释此爻，说王是九五，上六负固不服，遂强制拘执其随从，既不脱专制格局，也违背了随卦“刚来而下柔，动而悦”的卦义。

老子有云：“为者败之，执者失之。是以圣人无为，故无败；无执，故无失。”无为无执，正是随卦的精义所在。

除了随人之外，九五、上六二爻也验证了以人随天，终至天人合一之义。天道无私，九五居人事之极，再往上只有随天、则天，所谓“唯天为大，唯尧则之”，尧舜禅让一直是传统用来阐扬天下为公理念的象征。

王用亨于西山，亨也通享，即诚心祭祀、以人通天之意。孚于嘉，除了随善外，也代表随时得中，达到如拘系从维般与时变合一的境界。《尚书·尧典》称赞尧："百姓昭明，协和万邦，黎民於变时雍。""雍"就是和合，教导人民有时变的观念，懂得从善随时，终至与时相合，这是帝尧最伟大的政绩。

先甲三日，后甲三日

蛊卦卦象为上卦艮止，下卦巽顺，象征社会上层的人安逸没有作为，下层的人柔懦因循，久了自然产生许多积弊，走上腐化败亡之路。

> **蛊。元亨，利涉大川。先甲三日，后甲三日。《彖》曰：蛊，刚上而柔下，蛊。蛊，元亨，而天下治也。利涉大川，往有事也。先甲三日，后甲三日，终则有始，天行也。**

蛊上卦艮山为少男，下卦巽风为长女，长女侍候少男，有引诱蛊惑之意。《左传》上释蛊卦有"风落山，女惑男"之语，狂风振摇山木，长女情挑少男，其势迅猛难当。台湾地区南部垦丁风景区，每年十月起至翌年四月，东北季风大作，秒速达二十米，能吹翻人车，即有名的落山风。1967 年好莱坞名片《毕业生》，描叙主题为妇人色诱少男，都具象地显现了蛊卦的情状。

艮刚居上，巽柔处下，初六阴爻在九二、九三两阳爻之下，六四、六五两阴爻在上九阳爻之下，此即"刚上而柔下"，巽而止是致蛊之由。元亨是大通，利涉大川是利于渡过一切艰难险阻，此二句是说环境虽已蛊坏，若面对现实积极治理，仍可振衰起敝，重获亨通。元有创始义，蛊元亨表示除恶务尽，一切又重新开始，而且可臻"天下治"的境界——《易经》中，仅见"乾元用九，天下治也"。从最坏到最好，所谓旋乾转坤，治蛊得宜就有这种功效。

由“蛊元亨”，可看出《易经》“神而明之，存乎其人”的生命力。客观形势再坏，主观的能动性仍有可能扭转一切，是以卦辞中每多绝处逢生之语，例如：“困亨”——困境中仍有亨通之道；“大过，栋桡，利有攸往亨”，承受压力太大，栋梁都弯曲了，组织危在旦夕，居然还利于往前奋斗，获致亨通；“坎，有孚，维心亨，行有尚”，凶险不断，一时难以脱险，仍然坚持信念，心思不乱，往前行进必有希望。

治蛊可获元亨，实际的过程却绝不轻松，“利涉大川”已经预示了重重险阻，“往有事”，表示往下的工作项目还多着呢！《序卦传》训蛊为事，即因此而发。历史上凡推行改革者，必然遭逢既得利益的守旧派的反扑，韩非所谓“五蠹”、商鞅所称“六虱”，其盘根错节势力之强大，绝对不容轻视。而一般民众又习于故常，对求新求变的东西缺乏安全感，不愿主动配合，这些都构成社会极大的惰性（或称惯性），必须施以巨力才能克服，才能使其重新发动运转——当前企业改造的招牌词“Re-engineering”之精义亦在此。

中国历史上唯一变法成功的英雄商鞅，在其代表作《商君书·更法第一》里，将治蛊的情境及理念披露得淋漓尽致：“愚者暗于成事，智者见于未萌，民不可与虑始，而可与乐成……法者，所以爱民也；礼者，所以便事也。是以圣人苟可以强国，不法其故；苟可以利民，不循其礼。常人安于故习，学者溺于所闻。此两者，所以居官而守法，非所与论于法之外也。三代不同礼而王，五霸不同法而霸，故智者作法，而愚者制焉，贤者更礼，而不肖者拘焉。拘礼之人，不足与言事；制法之人，不足与论变。”“前世不同教，何古之法？帝王不相复，何礼之循？……各当时而立法，因事而制礼。礼法以时而定，制令各顺其宜。”

何以要治蛊？就是因为时代变了，旧方法不足因应新的时代，无法解决新的问题。这也是随蛊两卦相因相综的道理所在，思想上打通了这一关，就能破除情面，无所顾忌地下手整顿。

“先甲三日，后甲三日”是治蛊的要点，历代注解众说纷纭，难有定论。大致来说，甲为十天干之首，代表政令之始，在蛊卦就是公布变法之时。“先甲”是在变法前，先彻底研究清楚积弊产生的原因；“后甲”是在变法后，判断可能引起的反应，以早做绸缪准备；“三日”是形容往前往后推衍的深远。因为“先甲三日”，对旧弊了然于胸，治蛊能对症下药；因为“后甲三日”，部署严谨周密，提高成功的公算。

王安石变法，失之急躁，激起新旧党争，又误用小人，败坏改革大业。戊戌百日维新，更是欲速不达，光绪帝作为靠山也嫌实力不足，待守旧派央得慈禧太后插手，新政便告瓦解冰消。商鞅变法强秦成功，却因得罪少主不能自保。这些史例，都证明治蛊大不易，必须周延审慎，做好万全的准备。“先甲三日，后甲三日”做到了，便能终结旧制，另立新局——“终则又始，天行也。”

《象》曰：山下有风，蛊。君子以振民育德。

社会蛊坏之时，人心习于颓靡，欲变法图强，就得振作民气，并培育其生活于新社会的道德。这与随卦“向晦入宴息”的顺其自然不同，而是竭力号召、积极整饬，严格训练民众跟上时代。

干父之蛊

初六。干父之蛊，有子，考无咎。厉，终吉。《象》曰：干父之蛊，意承考也。

蛊卦诸爻多言“干父之蛊”，“干”即“贞者，事之干”的干，承担、匡正之意。“父之蛊”，即前代所遗留下来没做好的事。真正的孝子贤孙，才能正视历史错误，弥补前人过失。父死称考，有子如此，父亲亦能含笑九泉，生平功业可谓后继有人。“厉”是危险，也是紧张、伤感情之意，“干父之蛊”需破除情面、大刀阔斧地改革，当然充满了不安与风险，但只要方向正确，最后还是吉利的。“意承考”的“意”字，用得特别妙，批判式地继承貌似叛逆，实则去芜存菁、发扬光大，用意绝对是善的。若亦步亦趋、萧规曹随，就成“迹”承考了！

爻辞言“考无咎”，还有细密的计较：“干父之蛊”最好等父亲去世之后再动手。《论语·学而篇》论孝道，有云：“父在观其志，父没观其行。三年无改于父之道，可谓孝矣！”儿子接掌大权，前三年依循旧章，一则表示对父亲的孝心，二则释旧臣之疑，以保障政权的安全过渡。改革者若按捺不住，急于新官上任三把火，既不给前人颜面，又一定会带来动荡不安，这是干蛊的大忌。

上九。不事王侯，高尚其事。

（不事王侯，志可则也。）

六五。干父之蛊，用誉。

（干父用誉，承以德也。）

六四。裕父之蛊，往见吝。

（裕父之蛊，往未得也。）

九三。干父之蛊，小有悔，无大咎。

（干父之蛊，终无咎也。）

九二。干母之蛊，不可贞。

（干母之蛊，得中道也。）

初六。干父之蛊，有子，考无咎。厉，终吉。

（干父之蛊，意承考也。）

蛊

孟子体察人性相当透彻，他解释古代易子而教的考量时说：“父子之间不责善，责善则离，离则不祥莫大焉！”孔子在《论语》中也说：“事父母，几谏。见志不从，又敬不违，劳而不怨。”父亲健在时，还是得听父亲的，当面顶撞即便占理也伤情，最好技巧地避免。父子之间有伦理，商场跟官场也有伦理，面折廷争可能伏下杀机。韩非所谓“说难”“批逆鳞”，绝非无的放矢，聪明人应该懂得个中关窍——这不是理论，而是人性的真实。

政权的转移需“意承考”，文化的传承亦当如是。中华文化源远流长，挟泥沙而俱下，一样得基于时义认真筛捡，不能照单全收。“干父之蛊，有子，考无咎。厉，终吉。”

九二。干母之蛊，不可贞。《象》曰：干母之蛊，得中道也。

九二与六五阴柔之君相应与，所以称“干母之蛊”。母子之间比父子之间更认不得真，虽然干蛊，必须保留些弹性。九二阳居阴位，处下卦之中，又遇到个阴柔的对象，得中道而行，才会有圆满的结果。

九三。干父之蛊，小有悔，无大咎。《象》曰：干父之蛊，终无咎也。

九三阳居阳位，过刚不中，认真干蛊的过程中容易造成摩擦，可能略有遗憾，但由于大方向正确，最后还是不会有大毛病。

六四。裕父之蛊，往见吝。《象》曰：裕父之蛊，往未得也。

裕是放任纵容，正与干蛊相反。六四阴居阴位，柔弱过度，不敢匡正前人的过失，如此以往，必出毛病，也得不到一心企盼的苟安。六四在腐败的体制下当位，且位高权重，又是既得利益的代表，自然得过且过，反对改革。

六五。干父之蛊，用誉。《象》曰：干父用誉，承以德也。

六五居君位，负干蛊主责，但爻性阴柔难以独挑大梁，由于与九二相应与，遂起用九二推动改革。九二阳刚居中，以刚中之德承应六五，君臣合力干蛊，也能成就一番事业。《系辞传》云："二多誉，五多功。"九二形象清纯，知名度高；六五用人得当，树立功勋。宋神宗起用王安石，光绪帝用康有为，就是用誉。

高尚其事

上九。不事王侯，高尚其事。《象》曰：不事王侯，志可则也。

这段辞意不难，但历代解经多有误失。王侯是政治职位，"不事王侯"是不从事政治职务，但国家兴亡，匹夫有责，仍以其他形式贡献自己的才智。孙中山说："要做大事，不要做大官。"治蛊人人有责，并非政治中人的专利，现代社会日趋多元，所谓行行出状元，要有真正建树，更不限于政治一途。

孔子作《春秋》，针对当时家天下的世及制有严厉的批判，并提出正本清源公天下的主张，据《史记·太史公自序》的记载，《春秋》的宗旨在"贬天子，退诸侯，讨大夫"，等于是打倒当时主宰家国天下的一切特权阶级。《礼记·儒行篇》承袭师说，亦有"不臣天子，不事诸侯"之语。天下之所以蛊乱，富贵之所以不过三代，就是因为政权私相授受——王侯本身就是蛊乱之源！与其让王侯的后代"干父之蛊"，不如根本取消王侯，让全天下人来参与治理。"蛊元亨，而天下治也"，《彖辞》真正的意蕴在此。"乾元用九，天下治也"，治蛊成功，即能体现《易经》"群龙无首"的最高意境。

随卦讲主从，由初爻出门交有功，一路上系下舍，到上爻拘系从维，最后合而为一泯除了主从。蛊卦讲治乱，一路"干父之蛊"，到上爻"高尚其事"，根本废除了王侯。两卦的最上爻，一为开放随善的化境，一为积极任事的典范，或弛或张，一体两面地显示了人世间最高的真理。

了悟了这个，便知《小象》“志可则”的“志”非同小可。《史传》称孔子“志在《春秋》”，《春秋》之志在拨乱反正、天下为公，这样恢宏的理想，当然值得效法。历代注解将“不事王侯”讲成隐退，置身事外，甚至擅改“高尚其事”为“高尚其志”，以符合传统隐士的自命清高。这是完全误解了蛊卦的真意，而且全《易》爻辞无一“志”字，“志”字大量出现是在《彖传》和《小象》中，亦即传说由孔子所作的部分。随卦上爻“王用亨于西山”，旧注也将其解释为退隐林泉，还要九五去强逼就范。这些都显示传统人士思想格局的狭隘，不是在朝为官，就是在野逍遥，钟鼎山林必居其一，确实需要蛊卦上爻所揭示理念的刺激。

《易经》六十四卦中，一般上爻都不大好，这是因为物极必反的关系，乾卦上九“亢龙有悔”即为显例。但否卦、损卦的上爻反而不错，坏运走尽后，否极泰来，损极转益。还有些卦的上爻好得不得了，但不是一般世俗的富贵利达，而是脱胎换骨、超凡入圣的最高境界。除了随、蛊两卦外，如鼎卦上九的“鼎玉铉，大吉，无不利”。艮卦上九“敦艮，吉”，井卦上六“井收勿幕，有孚元吉”，大畜上九“何天之衢，亨”，贲卦上九“白贲，无咎”，大有上九“自天佑之，吉无不利”，履卦上九“视履考祥，其旋元吉”，都体现极高明的大德敦化的气象，值得学《易》者深入了悟。

蛊卦卦辞中有“元亨利”三字，不见贞德，表示蛊乱失贞，而治蛊即为了拨乱反正。《文言传》云：“贞者，事之干也。”所以得“干父之蛊”。爻辞中一再强调干与事，期望振作民气以复贞德。依《序卦传》，治蛊成功即进入临卦，临卦卦辞又具“元亨利贞”四德，易理致密，真是丝丝入扣。

《礼记·杂记下》有云：“张而不弛，文、武弗能也；弛而不张，文、武弗为也。一张一弛，文、武之道也。”人生应世，就像调理弓弦一样，有时需绝对认真，抖擞精神任事，有时又不能绷得太紧，得稍为松弛以保留弹性。随、蛊两卦，一松一紧，相错相综，确实是处世最上乘的功夫。

第二十三章　施比受有福：临、观二卦综论

《易经》中有临卦，卦辞云："元亨利贞，至于八月有凶。""元亨利贞"同乾卦的四德，格局饱满开阔，正是形势一片大好，怎么又会到八月由吉变凶呢？历代对这一句警语的解释颇多疑义，难有定论，而今闰八月之书一出，不免拨动人心弦，似乎又多了一种在字面上附会的可能。

按《序卦传》的排列，临卦之前是随卦跟蛊卦。随是讲时代变迁，必须因应时潮而有所调整；蛊接着讲变法改制，彻底整饬盘根错节的旧势力。改革若成功，威权解消，就进入全民参与治理的临卦。临卦的格局极佳，生机勃勃，但不稳定，有隐忧，操持稍一不当，就有可能翻盘转凶。

"临"是临事、临民，即管理众人之事，专论政治之卦。《中庸》云："聪明睿知，足以有临。"政治家必须豁达大度，精明过人，才能君临天下，领袖群伦。《论语·述而篇》中记载孔子教训子路"暴虎冯河，死而不悔"不可取，"临事而惧，好谋而成"才是正确的做事态度。惧不是害怕，而是深知世事艰难，小心谨慎，选择最好的方法去完成。所谓"如临深渊，如履薄冰"。临卦须防"至于八月有凶"，履卦踩虎尾而不遭反噬，不战战兢兢怎能过关？

临卦的后面是观卦。《序卦传》云："蛊者，事也。有事而后可大，故受之以临。临者，大也。物大然后可观，故受之以观。"整顿积弊谈何容易，必须有所事事，全力以赴。改革成功确实了不起，又是个崭新开阔的局面，值得大家观察取法。

"观"在《说文解字》上的解释为"谛视也"，不是泛泛地看，而是深入用心地看。一般我们说观念、直观、主观、客观、人生观、国际观，都涉及思维运作。佛家云修止观，还有"观自在"亦即观世音菩萨，运用最深的妙智慧照察人性，发现五蕴皆空，决心度一切苦厄。《诗经》的教化可以兴观、群、怨，春秋时季札观乐于鲁"叹为观止"；孔子教人"视其所以，观其所由，察其所安"，孟子主张"观其眸子"，以洞察人品高下。"观"字的意义及分量，在中国古典中屡见强调。

《杂卦传》云："临观之义，或与或求。"临、观两卦相综，其间的关系颇为微妙。政治管理众人之事，当为人民谋福利，这就是施与；人民服役纳税，希望政府保护其生命财产的安全，这就是要求。我们用心观察别人，别人也仔细看我们，人际互动总是双向的；正面看是施予，反面看是要求，表面看是施予，骨子里可能却在要求。每个人都以为自己公正客观，其实只是相互主观。教学相长、权责相对、男女相慕，都是"或与或求"。扩大来说，天地间刚柔相摩，八卦相荡，都不能逾越互临互观、Give and Take 的机制和范畴。

教思无穷

临。元亨利贞，至于八月有凶。《彖》曰：临，刚浸而长，说而顺，刚中而应。大亨以正，天之道也。至于八月有凶，消不久也。

"临"的卦象为二阳爻在下，四阴爻在上，与一阳在下、五阴在上的复卦相较，阳气渐盛，实力大有成长。下卦兑悦，上卦坤顺，九二阳刚居中，和六五相应与，阴阳上下对待的关系毫无猜忌，悦乐和顺，当然大通利正。天地自然运行的道理，阴消阳长，阳极转阴后，变成阳消阴长，盛衰循环、形势逆转之事在所多有，实宜居安思危，预做防范。

请看一年十二月，所谓“十二消息卦”的图解。

临卦为十二月，冬日将尽，春意渐生，观卦为八月，已入仲秋肃杀时节。“至于八月有凶”，就是指的临观互综，“或与或求”的对待关系弄不好，“刚浸而长”的大好局面可能转变为刚浸而消。临卦比复卦强盛，变成观卦后，就有可能往剥卦走了，而剥卦孤阳硕果仅存，绝对是不利有所往。

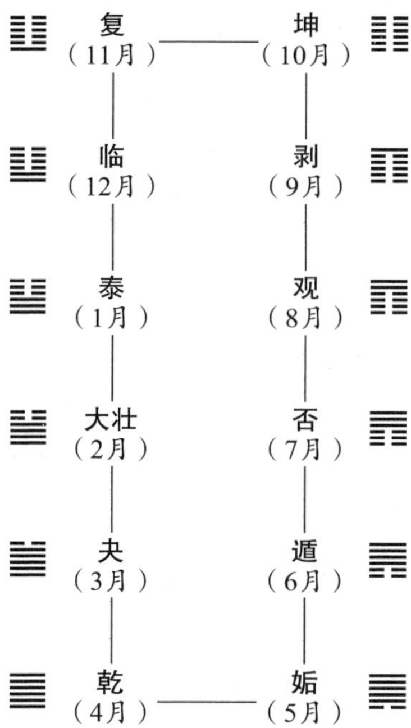

落实来讲，政治本来是为民众谋福利的，若一旦变质成向民众剥削，施予变为要求，格局就坏了。《论语》说：“百姓足，君孰与不足？百姓不足，君孰与足？”临卦二阳在下，象征民间充实富裕，全局亦因而稳定，若转为观卦（䷓）二阳高高在上，以下全部空虚，局势就危险了。

“至于八月有凶”，前人有解释为由临之遁的。周历的八月相当夏历的六月，即十二消息卦中的遁卦（䷠）。临、遁相错，“临”是面对现实，“遁”是逃避责任。政事贵乎担当，以天下为已任，急流勇退、明哲保身终非为政上乘，所以由吉转凶。

颇值得注意的是临卦的《大象传》。

> 《象》曰：泽上有地，临。君子以教思无穷，容保民无疆。

临卦下泽上地，高下相临。执政君子教导民众，必须让民众学会自己思考问题，独立判断问题，这样才能培育出具有想象力与创意的人才，国家各项建设才能无穷无尽，成就不可限量。容民保民，免于恐惧，免于匮乏，积极创造，永无止境。临卦讲全民参与，必须先做好民众教育的工作，下悦上顺，民众乐于学习，政府包容引导，不尚威权，不制造对立恐怖，不走愚民政策、斫丧社会长远生机的错路。临卦之所以“元亨利贞”，全系于此。

临的下卦为兑，兑有悦也有说之意，所谓“学而时习之，不亦说乎？有朋自远方来，不亦乐乎？”兑卦的《大象传》云：“丽泽，兑。君子以朋友讲习。”临卦的全民教育，造就民主素养，就有这样雍容和乐的气息。

反之，若不积极培养民气，而钳制打压的话，广施教化变质成残民以逞，即“至于八月有凶”。

大君之宜

> 初九。咸临，贞吉。《象》曰：咸临贞吉，志行正也。

初九阳刚得位，上与六四相应与，基层厚实无比。“咸临”的咸同咸卦的咸，有两层意义：一为感，而且系无心之感，表示男女相悦，人际感通出乎自然，不掺杂任何功利目的；一为皆、同，即没有人例外，大家一起来。咸卦居下经之首，男欢女爱，天经地义，接着是恒卦，执子之手，与子偕老。《中庸》云：“君子之道，造端乎夫妇。”《系辞传》云：“感而遂通天下之故。”人类文明即由这阴阳两性的互动感通而来。

“咸”的道理发挥运用到政治上，就是“咸临”。政府与民众必须充分沟通交流，每一个国民都有参与政治或关心政治的权利，民众是国家真正的主人。

九二。咸临，吉，无不利。《象》曰：咸临吉无不利，未顺命也。

九二阳刚居中，上与六五之君相应与，当然吉无不利。《小象》强调“未顺命”，是说六五虽为国家领袖，九二自有主见，并不完全顺从他的命令，而六五也能包容接受。

初九、九二皆言咸临，已将临卦主权在民、全民政治的意蕴完全揭露。乾卦用九“见群龙无首”，《春秋》太平世人人皆有士君子之行，孟子倡民贵君轻，又言人人皆可为尧、舜，经义相互发明，一以贯之。

上六。敦临，吉，无咎。
（敦临之吉，志在内也。）

六五。知临，大君之宜，吉。
（大君之宜，行中之谓也。）

六四。至临，无咎。
（至临无咎，位当也。）

六三。甘临，无攸利，既忧之，无咎。
（甘临，位不当也；既忧之，咎不长也。）

九二。咸临，吉，无不利。
（咸临吉无不利，未顺命也。）

初九。咸临，贞吉。
（咸临贞吉，志行正也。）

临

六三爻。甘临，无攸利。既忧之，无咎。《象》曰：甘临，

位不当也。既忧之，咎不长也。

“甘”是甜言蜜语、逢迎谄媚。六三阴居阳位，不中不正，和上六又不应与，面临其下二阳滋长，遂巧言令色，极力巴结，一般政治上的虚伪宣传、骗取选票便是如此。但初九、九二根柢厚实，不吃这套，“甘临”的结果毫无所获，必须及时修正，才能无咎。《系辞传》云：“无咎者，善补过也。”六三先甘后忧，返回到临卦的正道。若以变卦的理论来看，六三爻变即成泰卦（䷊），“天地交而万物通，上下交而其志同”，阴阳二气充分沟通交流，政局至此，当然无咎。

六四。至临，无咎。《象》曰：至临无咎，位当也。

“至临”的至，同坤卦《彖传》所云“至哉坤元”的至，象形字为，《说文》释云：“鸟飞从高下至地。”鸟从高处俯冲，尖喙触及地面，二者密合无间，象征坤道与乾道充分配合的德性。乾阳往前创造发展到多大，坤阴就毫不落后跟进到多大。六四阴居阴位当位，和初九相应与，完全能包容配合日益增长的民气，当然无咎。《大学》有云：“民之所好好之，民之所恶恶之，此之谓民之父母。”洞察民心向背，同民好恶，这是最简易也最有效的为政之道。

六五。知临，大君之宜，吉。《象》曰：大君之宜，行中之谓也。

“知”同智，六五为临卦之主，和九二相应与，充分做到虚中任贤、鼓舞民气的境界，这是政治领导人最高的智慧。

《中庸》上孔子赞美舜：“舜其大知也与！舜好问而好察迩言，隐恶而扬善，执其两端，用其中于民。”孟子接着发挥：“大舜有大焉：善与人同，舍己从人，乐取于人以为善。自耕稼陶渔以至为帝，无非取于人者。取诸人以为善，是与人为善者也。故君子莫大乎与人为善。”舜最聪明的地方，就在不刚愎自用，善于吸收运用别人的长处，集思广益，作成最好的决策。高层领导决不在乎自己逞能，而贵乎用人得当，这是诸子百家论政的通义，千言万语都不能逾越其范畴。《韩非子·八经篇》有云：“下君尽己之能，中君尽人之力，上君尽人之智。”“知临”就是尽人之智，用人的人得享成功，被用的人充分发挥，创意源源不绝，事业蒸蒸日上，前面《大象传》强调“教思无穷”正是这个境界。《中庸》下结论：“唯天下至圣，为能聪明睿知，足以有临也。”

上六。敦临，吉，无咎。《象》曰：敦临之吉，志在内也。

“敦”是朴实厚重、气象万千。《中庸》称“小德川流，大德敦化”，老子讲江海下百川，《诗经》的教化在温柔敦厚。“敦”代表人生练达成熟、丰盈饱满的境地。“志在内”，是说虽然位居绝顶，仍有心提携后进，一起为大环境奋斗。初九、九二都在内卦，和上六并无直接关系，但上六修到“敦”的境界后，一般承乘应与的互动规则根本就不重要了，这么有爱心和耐心，当然吉而无咎。

“敦临”和“知临”相比，一是仁者的境界，一是智者的境界。“知临”固然绝顶聪明，懂得组合运用别人的资源以成事，但多少还存在着利用的心理。“敦临”渣滓浑化，举止自然，才是真正的厚道。“知及之，仁不能守之；虽得之，必失之”。《论语·卫灵公篇》中孔子的提醒，颇值得留心高层治术的人参考。明代吕新吾在《呻吟语》一书中，推崇最高的人才资质为深沉厚重，而非磊落豪雄与聪明辩慧，亦与此意相通。临卦的格局，在咸临、甘临、至临、知临之后，确实需要以敦临来压阵，以成就“元亨利贞”。

最后录一段《尚书·秦誓》上的话，为临卦作结：

若有一个臣，断断兮无他技，其心休休焉，其如有容焉。人之有技，若己有之；人之彦圣，其心好之，不啻若自其口出，实能容之，以能保我子孙黎民，尚亦有利哉！

神道设教

观。盥而不荐，有孚颙若。《彖》曰：大观在上，顺而巽，中正以观天下。观，盥而不荐，有孚颙若，下观而化也。观天之神道，而四时不忒。圣人以神道设教，而天下服矣！

“盥”和“荐”是古代宗庙祭祀的仪式。主祭人在祭祀前，先以盆水将手洗干净，然后舀祭酒洒于地面，以求神降临，这是盥；往后将牛羊猪等祭品上供，则称为荐。盥的时候，心思专注，庄严肃穆；荐的程序则烦琐拖沓，心志易乱。正因如此，主祭人往往只亲身参与盥的阶段，荐的仪式则由助祭者代劳。《论语·八佾篇》上记孔子的观感：“禘自既灌而往者，吾不欲观之矣！”禘是五年一次的大祭，“灌”同盥，始祭之时虔诚精一，确有天人相通的盛况，观礼之人深受感动，再往下上供的烦琐仪式，祭品虽丰厚，已经落入下乘，不足观了。

“盥而不荐”的观念，主要即在阐明祭祀首贵诚信，不在乎祭品丰厚，沟通交流重精神实质，不在外表形式。孔子回答林放问礼之本：“礼，与其奢也，宁俭；丧，与其易也，宁戚。”这种重质不重文的精神，在《易经》中亦处处可见。损卦卦辞强调“有孚，元吉，无咎”，并言“二簋可用享”，“簋”是盛黍稷稻粱的容器，以二簋祭祀，祭品极薄，但只要心存诚信即无碍。萃卦六二及升卦九二皆云：“孚乃利用禴，无咎。”“禴”是薄祭，只要诚信，与人相聚共事或发展成长都没问题。既济卦九五更明言：“东邻杀牛，不如西邻之禴祭，实受其福。”大事铺张，奢侈浪费未必能获天宠，真心实意，朴实无华反倒容易成功。

“盥而不荐”和蒙卦卦旨亦有相通之处：“初筮告，再三渎，渎则不告，利贞。”这是历代传筮法有名的戒律，提示人占筮时诚意的重要。人心中有疑才需要占筮，只要心诚意正，算出来的卦象便是标准答案；若溺于私欲，一而再，再而三占问，想逼出心目中理想的答案，便构成了对易道的亵渎与烦扰。天人交通的线路一断，整个占筮行为便成无效。“人心惟危，道心惟微；惟精惟一，允执厥中。”占筮的时间一长，心志便不容易集中，种种私心杂念乘乱纷起，当然会影响算卦的准确性。

儒家修身强调初发善念，兵家对阵靠一鼓作气，围棋高手信第一感，都是对变化机微的掌握。占筮问天，也可以视为广义的祭祀，“初筮告，再三渎”，正是“盥而不荐”。《礼记·经解》称“易”之教为“絜静精微而不贼”，“再三渎”就是贼，动作过多，执迷太甚，反而成为《易》之流弊，伤害了易道。

“颙若”的“颙”，依《说文》解释就是“大头”，或作“严正貌”，另外也有仰望、向慕之意。“有孚颙若”，形容主持政教的领袖精诚治国，望之俨然，臣民衷心仰慕敬服。古代祭政合一、政教合一，临、观二卦即在阐发此义。观卦是《易经》中宗教色彩最浓厚的一个卦，借着宗庙的祭礼，既明天人互动的精微，又发高层治国的理念。风地观，下顺而上巽，下卦坤代表广土众民，上卦风象征政治教化——“君子之德风，小人之德草，草上之风必偃。”

观卦（䷓）卦象二阳爻在上，四阴爻在下，正是“大观在上”；九五阳刚中正，以观天下，言为世表，行为世法，十足领袖的模样。道教的宫殿称观，和观卦的卦形类似。俗云上梁不正底梁歪，反之，大观在上，刚健中正，就能影响下观而化。“政者，正也。”为政必须先正己，而后能正人，这是放诸四海而皆准的道理。“为政以德，譬如北辰，居其所而众星共之。”全天星空绕着璀璨的北极星旋转，这就是“大观在上”的意境。

“下观而化”，不是靠威权政令或虚伪宣传，而是道德力量和实际政绩的潜移默化。《论语·阳货篇》记载孔子的感慨：“天何言哉？四时行焉，百物生焉。”老子亦有崇尚不言之教及“我无为而民自化”的主张。为政不在多言，而在敦笃实践，修己以安百姓。

“四时不忒”的“忒”，音 tè，差误之意。春去秋来，寒来暑往，自然世界的规律运作精确无比，不会有任何失误。人文政治社会的治理，也应该效法，而做到井井有条。“天之神道”与“圣人以神道设教”，“神”字在这里都是动词，意同伸展的伸，即发挥得淋漓尽致，发扬光大到最高境界。天道的奥妙，在一年四季的更迭中见出，圣人取法天道，为了弘扬天道而设立政治教化的标准。“以神道设教”的“以”同因，即为了什么目的、基于什么考量之意。

“神”字作动词用，在《系辞传》中常见，例如：“通其变，使民不倦，神而化之，使民宜之。”“圣人以此斋戒，以神明其德夫？”“显道神德行。”又如：“神而明之，存乎其人，默而成之，不言而信，存乎德行。”这段《系辞上传》的终结语，和观卦“神道设教”的意境完全吻合。

“神”字若作名词用，也不是一般宗教信仰上的神，而是天人之理，或《易经》修为的最高境界。《系辞传》上也有许多恳切的提示：“阴阳不测之谓神。”“神无方而易无体。”“知变化之道者，其知神之所为乎？”“《易》，无思也，无为也，寂然不动，感而遂通天下之故。非天下之至神，其孰能与于此？……唯神也，故不疾而速，不行而至。”“变而通之以尽利，鼓之舞之以尽神。”“神以知来。”“利用出入，民咸用之，谓之神。”“知几其神乎！”“精义入神，以致用也……穷神知化，德之盛也。”《说卦传》亦云：“神也者，妙万物而为言者也。”

总而言之，“神道设教”绝非故作神秘，假借宗教或类似宗教的力量以愚民和治国，而是用尽最高的办法，将最高的真理充分体现，落实于人生——其实这就是《易经》创作的目的！伏羲始作八卦，是为了“以通神明之德，以类万物之情”。乾坤阴阳合德而刚柔有体，便可“以体天地之撰，以通神明之德”。

《象》曰：风行地上，观。先王以省方观民设教。

“风行地上”，遍及万物，正是教化大行之象。“省方”是巡狩四方，领导人到各地去考察民情，以决定施政的方针。俗云：“一方水土一方人。”各地民情有异，政教施行的方式亦得因应而有所不同。临观之义，或与或求，一与一求间，就涉及供需的市场机制，必须考虑施与对象的真正需求，以采行最合适且实惠的供给方式。以政治来说，就是因地制宜；以教化来说，就是因材施教。

佛家讲布施，除财施外更重法施。众生皆有佛性，所以须普施，在观卦就是“风行地上”；众生资质不齐，又得因机说法，就是“观民设教”。前面说“神道设教”，是发愿弘法，而“观民设教”则是将之落实，要有功德，就得勤于“省方”——我不入地狱，谁入地狱？确实接触众生，深刻了解其悲苦喜乐，才能寻声救苦，慈航普度，在《易经》则称：“吉凶与民同患。”

观我生

有了以上的体认，往下看观卦各爻，便如智珠在握，一目了然了。

初六。童观，小人无咎，君子吝。《象》曰：初六童观，小人道也。

初六阴居阳位不当位，和六四又不应与，本身条件不够，上面又乏人提携指导，初出茅庐，一切的观念都很幼稚肤浅，正是所谓愚夫愚妇、升斗小民的见识。一般老百姓这样，倒也无所谓，奶瓶尿布也是人生，但怀有远大抱负的人这样就不行了。

上九。观其生，君子无咎。

（观其生，志未平也。）

九五。观我生，君子无咎。

（观我生，观民也。）

六四。观国之光，利用宾于王。

（观国之光，尚宾也。）

六三。观我生，进退。

（观我生进退，未失道也。）

六二。窥观，利女贞。

（窥观女贞，亦可丑也。）

初六。童观，小人无咎，君子吝。

（初六童观小人道也。）

观

六二爻辞云：“窥观，利女贞。”《象》曰：“窥观女贞，亦可丑也。”

六二阴居阴位，当位中正，又和九五相应与，照讲是不错。但观卦诸爻利近不利远，离卦主九五愈近的，亲炙九五的教化，得见宗庙之美、百官之富，本身的思想观念也能提升。六二远观九五，心虽仰慕，毕竟知之有限。“窥观”是从门缝里往外看，视野不辽阔，看法很片面。古代女子不接外室，观念狭隘，正好用来说明六二阴居阴位的情境。“利女贞”，女人这样可以，男人这样就不行了。

初六见识浅薄，六二妇人之见，都不是成大事的材料，这两爻正是孔子感叹“唯女子与小人为难养也”的翻版。

六三。观我生，进退。《象》曰：观我生进退，未失道也。

六三阴居阳位不当位，居下卦巅峰，观念修为已有小成，反省其人生经验，若思悟有得，可能更上层楼到上卦，也可能难以突破，又退回到“窥观”“童观”的凡夫境界，这是修行中人常遇的情境。

六四。观国之光，利用宾于王。《象》曰：观国之光，尚宾也。

这是“观光”一词的出处，原意为考察一个国家的施政，若为其政绩和理念所吸引，留下来为领导人辅佐服务，就是“利用宾于王”。唐朝武则天当政时，跟她唱反调的骆宾王即以此取名。六四当位，本身条件优秀，上承九五，深受提携启发，正是宾王之象。以弘扬教化来说，孔子的七十二贤，耶稣的十二门徒，释迦的诸地菩萨，即为观光宾王之位。

九五。观我生，君子无咎。《象》曰：观我生，观民也。

九五为观卦之主，中正以观天下，思想人格已臻圆熟大成，影响力无远弗届，各大宗派的创教人即当此位。六三的“观我生，进退”，是指小我，九五的“观我生”是指大我，所以《小象》才称“观民也”。

《中庸》有云：“君子之道，本诸身，征诸庶民。”真正的大道，不能只靠自己的思维和体验而建立，一定要所有人都能接受才行；甚至观民都不止观一世之民，过去现在未来的芸芸众生，都得在人性的共通处加以研究。《系辞传》称“通天下之志”为同人卦的极境，道理与此相通。正因为如此，《中庸》才续称：“质诸鬼神而无疑，百世以俟圣人而不惑。”知天知人，道贯千古。“是故君子动而世为天下道，行而世为天下法，言而世为天下则。远之则有望，近之则不厌。”望之俨然，即之也温，近悦远来，天下风从。

上九。观其生，君子无咎。《象》曰：观其生，志未平也。

其是自己，九五兼善天下，上九又回到独善其身。一则因阳居阴位不当位，二则居观卦之极，想得太过头了，本身固然绝顶聪明，逍遥其中，却难为芸芸众生所理解和依循，孤高自赏，心志难平。《中庸》称“知者过之”，就是这种境界，远不如九五中正以观天下，能发挥实际的作用。

同人卦强调出门同人，是《论语》所谓的“出门如见大宾”；观卦以祭明政，则是“使民如承大祭”。“临观之义，或与或求”，“至于八月有凶”，阐明施比受有福。另外，亦可如是思维：临卦从至临、知临到敦临，以对待、导引民间的咸临，强调政治的平民化，以成上下共治、元亨利贞之局。观卦“大观在上”，“盥而不荐”，“神道设教”若把持不当，变质成上下睽隔，英明领袖神化自己成“现人神”，就是“至于八月有凶”了！

第二十四章　软硬兼施：噬嗑、贲二卦综论

《易经》中有噬嗑一卦，卦形相当特殊，《彖传》称："颐中有物，曰噬嗑。"颐卦（䷚）上下二阳、中含四阴，有口腔之象，上卦艮止、下卦震动，和人咀嚼进食的动作惟妙惟肖。由于中无阻碍，颐养起来格局相当通畅。噬嗑卦（䷔）就不同了，上下二阳间，多了九四这个障碍，成了如鲠在喉、必欲除之而后快的形势。"噬"即咬，"嗑"同合，噬嗑即用劲咬合以铲除障碍。卦辞云："亨，利用狱。"《大象传》称："雷电，噬嗑。先王以明罚敕法。"显见噬嗑是用尽最强硬的手段，以达成统合的目的。

然而九四位据要津，深具实力，遭噬之时必定强烈反弹，硬干起来可能两败俱伤，所以人间的争斗往往辅以巧言机诈，希望降低成本、软硬兼施而达到目的。噬嗑卦后是贲卦（䷕），贲即文饰、包装。噬嗑是人吃人，贲是人骗人，二卦相综，实为一体两面，都是乱世人间修罗场的景象。

《序卦传》云："可观而后有所合，故受之以噬嗑。嗑者，合也。物不可以苟合而已，故受之以贲。贲者，饰也。致饰然后亨，则尽矣，故受之以剥。"噬嗑之前是临、观二卦。"临"是全民政治，强调自由开放，格局开阔但不稳定，容易滋生乱象。"观"有宗教意味，领导人民为众所观仰。临、观相综，一体两面，或与或求，分寸很难拿捏。临卦所谓的"至于八月有凶"，其实就是指个人自由泛滥过度所带来的祸患，上下交征利，

谁也不怕谁，谁也不服谁。观卦强调虔诚敬肃、神道设教，却依然挽回不了急速堕落的人心，上九爻辞“观其生，君子无咎”，《小象》补注：“志未平也。”可谓意味深长。九五“观我生”，万民拥戴；上九“观其生”，冷落一旁，志意未平，欲一别苗头，遂启往下噬嗑相争之局。

争权夺利，其实是赤裸裸的生死之争，又怕吃相难看、惹人非议，双方都会加以美化、粉饰，这就是贲。苟合也有大小悬殊、两下不相称之意。噬与反噬，总有实力较强的一方，并吞对方虽占优势，生吞活剥对己方未必有利，所以必须文饰。

文饰有其必要，但不可过度，否则成了文胜于质，全做表面功夫，最后一定穷途，现有的一点亨通都会耗尽。贲卦之后接着是“不利有攸往”的剥卦，给人很大的警惕。

《杂卦传》云：“噬嗑，食也；贲，无色也。”孟子痛陈乱世之敝，曾有“率兽食人，人将相食”以及“率土地而食人肉”等激切之语。为了求生存，强凌弱、众暴寡，相争相砍，即噬嗑之象。贲是人生彩绘，权位名望，光辉灿烂，然而五色令人目盲，沉溺过甚必然迷失真性，返璞归真才是终极之乡。食色性也，人之大欲存焉，噬嗑与贲二卦道尽人世景象；而以五色释贲，大有佛家“色即是空”的洞识。

《系辞传》有云：“日中为市，致天下之民，聚天下之货，交易而退，各得其所，盖取诸噬嗑。”噬嗑卦上卦离明、下卦震动，有日正当中、万头攒动的市集之象，象征古代商业的兴起。噬嗑的谐音即“市合”，交易以求食，商场中的严酷斗争亦充分反映了噬嗑卦的卦性。

明罚敕法

噬嗑。亨。利用狱。《彖》曰：颐中有物，曰噬嗑。噬嗑而亨。刚柔分，动而明，雷电合而章。柔得中而上行，虽不当位，利用狱也。《象》曰：雷电，噬嗑。先王以明罚敕法。

噬嗑之亨，在于用法律刑罚使对方就范，如雷之威、如电之明。下卦震动，上卦离明，有动而明、无枉无纵之象。震卦刚猛、离卦和柔，虽用刑而能刚柔互济；六爻三阳三阴错杂分开，象征明辨忠奸，“刚柔分”是“动而明”的先决条件。噬嗑卦九四一阳梗于卦中，有除内奸之意，“明罚敕法”是为了保全大局、伸张正义，不可借机公报私仇、铲除政敌。

六二、六五柔爻分居内外卦之中，行事合乎中道；六五上行居君位，主持狱政，公正廉明。乱臣贼子，人人得而诛之，不在乎当不当位。《春秋繁露·盟会要第十》有云：“盖圣人者，贵除天下之患。”同书《符瑞第十六》亦称：“务除天下所患。”圣人并非君主，未必掌握政权，但依《系辞传》的主张：“圣人以此洗心退藏于密，吉凶与民同患。”既然与民同患，进一步即可拨乱反正、与民除患。

噬嗑卦的“明罚敕法”，与先秦法家“必罚明威”的主张相近，法家多半精于用术，又和噬嗑斗争之旨相合。无论官场或商场，在权力斗争重于一切的考虑下，法律往往沦为政争的工具，这又是噬嗑一卦落实时很难免的弊端。

小惩大诫

往下我们进入噬嗑六爻的世界，看一看噬与反噬激烈相争的情状。

初九。屦校灭趾，无咎。《象》曰：屦校灭趾，不行也。

“校”是木制的刑具，“屦”是鞋，亦同拘，这里作动词用，像穿鞋一样在脚上戴刑具，以限制行动。“灭”是掩没、看不见之意，刑具太大，低头看不见脚趾了。如此略示薄惩，犯人若及时悔悟，可获无咎。

《系辞传》对此爻有发挥：“子曰：‘小人不耻不仁，不畏不义，不见利不劝，不威不惩。小惩而大诫，此小人之福也。《易》曰：“屦校灭趾，无咎。”此之谓也。’”

对付冥顽不化的人，不能讲仁义，只有劝之以利或惩之以威，给他受些教训，以免继续犯错，这其实是对他好。初九为噬嗑之始，出手即不客气。

六二。噬肤灭鼻，无咎。《象》曰：噬肤灭鼻，乘刚也。

“肤”是鲜嫩柔脆的肉，狠狠一口咬下去毫无阻碍，连鼻子都埋没在肉里了。这是比喻除恶务尽，不敢掉以轻心，轻罪重罚之意。六二下乘初九之刚，坐卧不宁，也是他用全力去咬的缘故。虽然使劲儿大了些，但达到了除奸示警的目的，所以无咎。

上九。何校灭耳，凶。
（何校灭耳，聪不明也。）
六五。噬干肉，得黄金，贞厉，无咎。
（贞厉无咎，得当也。）
九四。噬干胏，得金矢，利艰贞，吉。
（利艰贞吉，未光也。）
六三。噬腊肉，遇毒，小吝，无咎。
（遇毒，位不当也。）
六二。噬肤灭鼻，无咎。
（噬肤灭鼻，乘刚也。）
初九。屦校灭趾，无咎。
（屦校灭趾，不行也。）

噬嗑

六三。噬腊肉，遇毒，小吝，无咎。《象》曰：遇毒，位不当也。

腊肉经烟熏久藏，易有陈腐而浓重的气味，吃起来肠胃可能不适应，会出些小毛病，没有大妨碍。六三阴居阳位，本身实力不强，铲除积弊遭遇一定程度的反弹。

九四。噬干胏，得金矢，利艰贞，吉。《象》曰：利艰贞吉，未光也。

“干胏”是干肉带骨，很不好咬，比喻极难缠的对手。九四为国之重臣，负除奸巨任，只能全力以赴。“金”喻其刚坚锋利，“矢”喻其正直，刚直无私、无枉无纵正是执法大员应有的操持。《论语》上记载，孔子批评申枨多欲，不算刚者，又赞美史鱼正直，邦有道如矢，邦无道如矢，正好点出噬嗑九四应具备的条件。即便如此，还难以在短期内解决问题，必须艰难守正、坚持原则到底才能获吉。九四为全卦唯一获吉之爻，虽然战胜，却付出了不少代价。孔子说：“听讼，吾犹人也。必也，使无讼乎？”相噬不祥，即使取胜仍不足贵，所以称“未光”。九四一阳陷于二阴之中，互坎卦，和屯卦九五“屯其膏”情境相似，其《小象》亦称：“施未光也。”

“金矢”为古代诉讼时所用的担保物，有点像今日缴纳的诉讼保证金，一来遏止无事兴讼，二来也象征公正廉明。《周礼·秋官司寇》有云：“以两造禁民讼，入束矢于朝，然后听之。以两剂禁民狱，入钧金，三日，乃致于朝，然后听之。”

六五。噬干肉，得黄金，贞厉，无咎。《象》曰：贞厉无咎，得当也。

六五柔中，为用狱之主，干肉虽不像“干胏”那样坚韧，因六五柔弱，相对之下亦颇难对付。“黄”为中色，坤卦六五《文言》云：“黄中通理，正位居体。”金仍喻坚刚无私，“得黄金”，表示六五须无私无我、以中道行事。这么严格要求自己，干起事来还是有风险，辛苦无比，由于立场正确、手段适中，仍能无咎。

上九。何校灭耳，凶。《象》曰：何校灭耳，聪不明也。

“何”同荷，脖子上戴着沉重的刑具，连耳朵都看不见了，凶险无比。上九为噬嗑之终，在“屦校灭趾”时未及时悔悟，继续毁法乱纪，终至恶贯满盈，遭受严酷的刑罚，反应多么迟钝啊！

《系辞传》对此爻亦有解读：“善不积，不足以成名；恶不积，不足以灭身。小人以小善为无益而弗为也，以小恶为无伤而弗去也，故恶积而不可掩，罪大而不可解。《易》曰：‘何校灭耳，凶。’”

“勿以善小而不为，勿以恶小而为之”；“积善之家，必有余庆；积不善之家，必有余殃”。未慎之于始，遂败亡于终。噬嗑从初九到上九，可谓天理昭彰。解卦亦为六十四卦之一，《大象传》云：“君子以赦过宥罪。”噬嗑卦上九背着沉重的枷锁，罪大而不可解，已经没有回头的机会了！

噬嗑以卦象论，九四为横梗其中的心腹大患，为被噬者，初九、上九则为噬人者；以爻象论，九四反成了用刑除奸的噬人者，初九、上九变为被噬者。这点非常有意思：人世相争，噬人者人恒噬之，每人都以为自己绝对正确，用尽严酷的手段打击对方。其实茫茫尘世，孰为魔？孰为佛？怕是难有定论，许多时候就变为“成者为王败者为贼”了！

六二、六三、九四，从“噬肤”到“噬干胏”，一层难似一层；九四“得金矢”、六五“得黄金”，操守严格却仍遭强烈反噬；灭趾、灭鼻、灭耳乃至灭身，人间相噬之惨，令人难以卒睹。

人文化成

贲。亨，小利有攸往。《彖》曰：贲亨，柔来而文刚，故亨。

分刚上而文柔，故小利有攸往。天文也；文明以止，人文也。观乎天文，以察时变；观乎人文，以化成天下。

噬嗑以强硬手段求亨，贲以文饰求亨，文饰之亨不耐久，只能小利有所往。质胜文则野，文胜质则史，文质彬彬当然最好，退而求其次，宁质勿文——这是中国传统的见解，贲卦卦辞以寥寥数字交代清楚。

所谓文饰，即指刚柔间杂、阴阳交错，五颜六色、多姿多彩。《系辞传》云："道有变动，故曰爻。爻有等，故曰物；物相杂，故曰文。"代表变动的阴爻、阳爻相错杂，即构成织锦般的文采。"文不当，故吉凶生焉。"阴阳相杂还得有理致、恰到好处，否则就惹出麻烦和是非。

三阴三阳的卦中，阴阳相间杂、对比谐衡且饶富理致的就是贲卦，内卦离明，光辉灿烂，外卦艮止，适可而止，可说是"文而当"的典范。孟子有云："充实之谓美，充实而有光辉之谓大。"艮卦厚实、离卦文明，光华内敛，有大家风范。坤卦六五爻辞云："黄裳元吉。"《小象》补注："文在中也。"《文言传》更加以发挥："君子黄中通理，正位居体。美在其中，而畅于四支，发于事业，美之至也！"贲卦即"文在中""美之至"。

"柔来而文刚"，指六二爻来居下卦之中，以文饰其上的九三爻，阴承阳、内文明，故而亨通；"分刚上而文柔"，指上九居上卦之巅，以文饰其下的六五，阳乘阴、外艮止，故而行动收敛，小利有所往。阴阳承乘对待关系恰当，成就还不错的格局。

"柔来而文刚"也是人生行事很重要的道术，《老子》五千言的精华皆在于此，所谓"国之利器，不可以示人"，劲气内敛、韬晦藏锋，然后待时而动，自然无往不利。"刚上而文柔"，窥机远害，处处不敢为天下先，迈不开大步，只能小利有所往。

"天文也"前面应有脱文，很多人猜测为"刚柔交错"四字。日月交辉、星罗棋布，伏羲仰观天象，触发《易》卦创作的灵感，可谓一大事因缘。内文明、外艮止，明明德以止于至善，正是《大学》之道以人学天的纲领。

深入研究宇宙万象，以领悟随时变化的自然规律；洞察人性幽微，以建立可大可久的文明社会。

贲卦《彖传》在分析卦的结构、阐释完卦辞的含义后，拉高视角，谈起天文人文的观念，赋予贲卦崇高的价值。这种笔法相当值得注意，亦见于姤、归妹二卦。姤卦五阳下一阴生，《彖传》严戒“勿用取女，不可与长”，杜渐防微之意极明显；但接着笔锋一转，又谈“天地相遇，品物咸章也。刚遇中正，天下大行也。”积极肯定随机碰撞的创造性。姤卦究竟是吉是凶，则系于“始之时义大矣哉。”归妹卦卦辞云：“征凶，无攸利。”几乎是典型的坏卦，然而《彖传》在阐释之前，先肯定归妹为“天地之大义也！天地不交，而万物不兴。归妹，人之终始也”。人就是人，不要先安个礼教的框框去限制它，视之为绝对的罪恶。

老子云：“万物负阴而抱阳，冲气以为和。”任何情境、任何事物，都有阴阳两面、利弊两端，我们最好全方位地观察，从中找出最佳的平衡点，以作最高价值的运用。贲卦重文饰，有流于虚浮的形式主义之弊，却因刚柔交错、多姿多彩，又可视为文明、文化的象征。人文化成，自古即是中华传统的理想，礼乐教育、典章制度，都在培育成熟的人格、建立祥和有品位的社会。经典中的“文”字含义深广，若作最高的解释，则为“经纬天地”。贲卦若至此境界，则已完全摆脱虚饰的疑虑，而成了光辉灿烂的至德大业了！《彖传》解经，出现此惊人之笔，足见当时创作者的不凡器识。

西哲康德曾谓，仰瞻天上的日月星辰，俯察人心中的道德法则，此二者愈深入省思，愈增惊叹与敬畏之感。伏羲仰观俯察、近取远取，始作八卦，以通神明之德，以类万物之情。天文浩渺，人文深邃，以人合天，精思无穷。今日宇宙科学日进无疆，架设在地球轨道上的太空望远镜，已能将数十亿年前星球诞生历程拍摄下来，供世人共赏。这种强烈的视觉冲击，应能启发现代人更精致的人文思维才对。一画开天地，此其时耶？

《象》曰：山下有火，贲。君子以明庶政，无敢折狱。

“庶政”是一般例行的行政事务，“折狱”是断人生死的重大决策，必得明辨是非、审慎处理，且须以实力为后盾。贲卦内明外止，文胜于质，欠缺真正的实力，所以只能处理好日常事务，不宜作重大决断。传统批评“文人无行”，“行”若作行动力讲，于此亦甚切。贲卦不够刚断，无法像噬嗑卦那样明罚敕法。官场、商场许多台前的人物，表面光彩，却不是真正的实力者，噬嗑时仍得靠后台老板支持才行，这就是贲卦的限制，所以卦辞强调“小利有攸往”。

六十四卦《大象传》中，谈到狱政的有五个卦，除贲卦与噬嗑卦外，尚有丰、旅、中孚三卦。丰卦内明外动，和贲卦内明外止不同，掌握丰厚资源，知行合一，故而《大象传》称：“君子以折狱致刑。”

“折狱”在先秦经典中常见：孔子自诩“片言可以折狱”，听一面之词即可掌握全面案情，思虑之精、推理之明，可以想见。《春秋》明辨大是大非，汉朝初年且以春秋决狱。人生事关生死存亡的重大决断，就是决狱，确实马虎不得。

《说苑·反质篇》《孔子家语·好生篇》《吕氏春秋·壹行篇》皆有记载：孔子当年自筮，得贲卦，喟然仰而叹息，意不平，谓贲“非正色也”。孔子志在用世，却无法掌握现实政权以实践抱负，终至著述传世，成了素王，匹夫而为百世师，天之斯文赖斯人以传。贲之精义，孰吉孰凶，还真正难说得很。

白贲无咎

初九。贲其趾，舍车而徒。《象》曰：舍车而徒，义弗乘也。

初九为人生文饰之始，开始接触花花世界，却仍保有朴素的阳刚美质，宁愿安步当车，慢慢前进，也不慕求虚荣或求快而坐上车子。“贲其趾”，与艮卦初六“艮其趾”、咸卦初六“咸其拇”、大壮初九“壮于趾”、夬初九“壮于前趾”等同一取象原理，所谓“千里之行，始于足下”，脚趾一动，吉凶祸福、人生的种种忧患就跟着来了。

六二。贲其须。《象》曰：贲其须，与上兴也。

“须”有二义：一为胡须之须；一为等待之须，需卦《彖传》云：“需，须也。”归妹六三爻辞云：“归妹以须。”

贲卦九三至上九，互成颐卦（☶☳），颐之本义为人的面颊。六二正居颐之下，有胡须之象。古代男子皆蓄须以为美饰，正合贲卦文饰之意。须既附着于面，不能自主，得随颐而动，此即等待之意。

六二上承九三，以柔文刚，亦步亦趋，随九三而动，故称“与上兴”。孟子说：“待文王而后兴者，凡民也。若夫豪杰之士，虽无文王犹兴。”六二阴柔难以自主，在贲卦的格局里只能是凡民。社会上许多依附权势、为人摇旗呐喊的，就是贲卦六二。

九三。贲如濡如，永贞吉。《象》曰：永贞之吉，终莫之陵也。

九三为离明巅峰，光辉灿烂到极点，一阳陷于上下二阴之间，被文饰奉承得都快淌出水来。这时须保持清醒，始终依正道行事，不要在名利权欲的浮华世界里汩没了真性情。阳刚美质不为阴柔文饰所伤害，最后仍保持清白而获吉。

六二至六四互坎（☵），故有“濡如”之象，人生光彩到极点之时，也是本性丧失最危险之际。既济、未济二卦，小狐狸渡河，或“濡其尾”，或“濡其首”，成败之间总有损伤。未济卦上九“饮酒濡首，亦不知节”；贲卦九三得保永贞之吉，即因在世不染、知所节制之故。

贲

上九。白贲，无咎。

（白贲无咎，上得志也。）

六五。贲于丘园，束帛戋戋，吝，终吉。

（六五之吉，有喜也。）

六四。贲如皤如，白马翰如，匪寇婚媾。

（六四，当位疑也；匪寇婚媾，终无尤也。）

九三。贲如濡如，永贞吉。

（永贞之吉，终莫之陵也。）

六二。贲其须。

（贲其须，与上兴也。）

初九。贲其趾，舍车而徒。

（舍车而徒，义弗乘也。）

六四。贲如皤如，白马翰如，匪寇婚媾。《象》曰：六四，当位疑也；匪寇婚媾，终无尤也。

贲卦文采至九三最盛，进入上卦艮止后，逐渐韬光养晦、由文返质。“贲如”是文，“皤”同白，为质。“贲如皤如”，即徘徊于文采与质朴之间，犹疑不易自决。“翰”本为鸟羽，“白马翰如”，形容白马疾奔像长了翅膀一样快速。六四和初九相应与，对初九的阳刚美质心向往之，心思所主就同白马疾驰一般。人生在社会的大染缸中搅和，抹黑漂白、沾上许多流俗的色彩，在厌倦了斗争之时，往往会想回到涉世之初的年少情怀，即为此爻所喻情境。然而人在江湖，身不由己，六四下乘九三，二者俱当位而荣显，脱离是非圈谈何容易？“匪”同非，“匪寇婚媾”是说初九毕竟是六四应亲和的对象，绝非仇敌，只要真心以求，最后仍能达到愿望而无悔恨。

“匪寇婚媾”一词，亦见于屯卦六二、睽卦上九。人际相处，爱恶相攻而吉凶生，远近相取而悔吝生，情伪相感而利害生，实在万般艰难，认清楚孰者为寇、孰者为婚媾，当可减少好多误会与遗憾。“白马翰如”

意境甚美，心醉神驰，无累一身轻。

六五。贲于丘园，束帛戋戋。吝，终吉。《象》曰：六五之吉，有喜也。

“丘园”是乡野田园，上卦艮山，故有丘园之象。上九超然物外，六五深致尊重，即为“贲于丘园”。“戋戋”是很少，“束帛”是赠礼，礼轻人意重，贲极反本，不在乎形式的丰盛。虽然看来有些小气，最后仍然获吉。

上九。白贲，无咎。《象》曰：白贲无咎，上得志也。

上九居贲卦之终，历尽沧桑后返璞归真，七彩色光合成白色，由绚烂归于平淡，留得清白在人间，终偿夙愿，故而无咎。这是修行的大成境界，《杂卦传》所谓“贲，无色也”，正指此爻而言。

临、观二卦后，继之以噬嗑与贲，往下再继之以剥、复，时代气运之转，个中玄秘非常值得深思。个人意志伸张过度，造成社会秩序失控，乱象纷呈，噬与反噬、诈与反诈，相激相荡，伊于胡底？剥卦一阳浮居五阴之上，根基全失，危如累卵，“不利有攸往”警世之意甚深。然而剥极而复，社会在遭受强烈冲击之时，同样亦会有种种振奋人心、拨乱反正的努力。观卦深刻内省，富宗教情操；噬嗑明罚敕法，以法律保障社会正义；贲卦人文化成，以文化教育陶冶性灵、培养新时代所需要的人才。相综两卦，一体俱生，阴极转阳、阳极转阴，阴中有阳、阳中有阴，《易经》的太极思维启发我们深观世相——最混沌动荡之际，亦不必绝对失望，一元复始，其见天地之心乎！

第二十五章　剥尽来复：剥、复二卦综论

抗战期间，名儒马一浮先生曾在四川乐山成立书院，刻经讲学，期于世道人心有补，书院名为“复性”——显然对当世有极强的针砭意味。书生谋事、战乱兴学，成功的概率自然很低。复性书院早成过去，然而创建当时的那股深沉的忧患感，却历久弥新。时隔一甲子，今日人欲横流的嚣腾乱象，可不又得从根本做起、好好复性吗？

《易经》中有剥、复二卦，相综相续、一体俱生，攸关时代气运之转，非常值得重视。剥、复皆为一阳五阴之卦。剥卦一阳浮于五阴之上，根基全失、危如累卵；复卦一阳兴起于五阴之下，其势虽微，生机无穷。

《序卦传》云：“贲者，饰也。致饰然后亨则尽矣，故受之以剥。剥者，剥也。物不可以终尽，剥穷上反下，故受之以复。复则不妄矣，故受之以无妄。”

剥卦之前是贲卦，专尚文饰，表面功夫过度必然造成社会风气败坏，仅有的一点儿亨通都会耗尽。易理穷则变，只要能守住阴中之阳，即有阴极转阳的契机，此即剥尽来复。一元复始，万象更新，一切又有了真实充盈的新生命，复卦之后接着是无妄卦，“元亨利贞”四德俱全。

《杂卦传》云：“剥，烂也；复，反也。”五阴上剥一阳，从根上烂起，因此必须返归根本以对治，才能力挽狂澜。

《系辞传》论忧患九德，继履、谦二卦之后即为复卦：“复，德之本也。”一阳在下、存诚务实，为一切德行的根本。《大学》云：“物有本末，事有

终始，知所先后，则近道矣。”又称：“自天子以至于庶人，壹是皆以修身为本。其本乱，而末治者否矣！”乱世道德沦丧、上下交征利，其病灶即在大本不立。以《易》卦六爻而论，初爻为本、上爻为末，复卦一阳初始，故称为德之本。

“复，小而辨于物”，此处的“物”即格物之物，含义极广，一般所谓的人、事、物皆在内。复卦一阳居于五阴之下，形小势微，故名为“小”；“而”即能，小虽小，基础扎实，具体而微，能够发挥大用，明辨世间一切事物之理。

《易经》非常重视“辨”的功夫，处处慎思明辨、剖析入微。同人卦《大象传》云：“君子以类族辨物。”开展人际关系，首先得将交往对象分析得清清楚楚，才智、心性、专长、优缺点，不容一丝含混。未济卦《大象传》云：“君子以慎辨物居方。”做事失败，往往肇因于对象认识不清，以致方法也用错了，所以必得审慎。坤卦初六“履霜，坚冰至”，《文言传》断论：“非一朝一夕之故，其所由来者渐矣！由辨之不早辨也。”见微知著、杜渐防微，才能知几应变，趋吉避凶，坤卦初六爻变即为复卦，内在理路完全相通。

另外，如大有卦九四：“匪其彭，无咎。”《小象》断云：“明辩晢也。”讼卦初六《小象》：“虽小有言，其辩明也。”履卦《大象》：“君子以辨上下，定民志。”乾卦九二《文言》：“君子学以聚之，问以辨之。”以及《系辞传》所称：“辨吉凶者存乎辞”，“若夫杂物撰德，辨是与非，则非其中爻不备”，“困，德之辨也”，“井以辨义”，皆显示分辨功夫的重要。

“复以自知”，此处的知含蕴很深，并非一般知解之意。《系辞传》首章开宗明义：“乾知大始。”又云：“乾以易知。”乾卦《彖传》则称：“大明终始。”乾卦六阳纯备，主导一切生生创造，贯彻终始；复卦一阳初现，为生生之几，自知自始。老子云：“知人者智，自知者明。”复卦之明由乾卦大明而来。

综合《系辞传》对复卦的三次诠释，我们当可领悟：复卦所示，实即传统所谓“道心惟微”——孟子称本心、良心、四端之心，王阳明称良知。《大学》云：“欲修其身者，先正其心。”心正而后身修，所以复为德之本。“致知在格物”，良知发用，即能穷究事理，所以“复以自知”，“小而辨于物”。

《易经》主旨在“开物成务”，主张“备物致用，立成器以为天下利”，期以“知周乎万物而道济天下”“曲成万物而不遗”。开物、备物、周物、成物，皆得从辨物开始，复卦的一阳始现，就有这样的重要性。《大戴礼记》仍存有《小辨》一篇，相当耐人寻味。

“复”的观念在《老子》一书中亦屡见强调：“万物并作，吾以观复。夫物芸芸，各复归其根。归根曰静，是谓复命。复命曰常，知常曰明。”“常德不离，复归于婴儿……常德不忒，复归于无极……常德乃足，复归于朴。”“既知其子，复守其母，没身不殆……见小曰明，守柔曰强。用其光，复归其明，无遗身殃，是为习常。”这些均可与复卦原理相参照。

《易经》本身也有很多“复”字，“复”的生机及其变化可谓无所不在：乾卦九三《小象》：“终日乾乾，反复道也。”小畜卦初九：“复自道，何其咎？吉。”及九二：“牵复，吉。”泰卦九三：“无往不复。”及上六：“城卦复于隍。”睽卦初九：“丧马勿逐，自复。”解卦：“其来复吉。”渐卦九三：“夫征不复。”

厚下安宅

剥。不利有攸往。《彖》曰：剥，剥也，柔变刚也。不利有攸往，小人长也。顺而止之，观象也。君子尚消息盈虚，天行也。

剥卦属十二消息卦之一，阴柔的势力狂涨，剥蚀了原本阳刚的美质，全局支撑的根基完全空虚，当然不利于再往前发展。有智慧的人处于这种极端危险的情境，也不必过于慌张，仔细观察整体恶化的趋势，谋求对治之道。剥卦下坤上艮，有顺而止之之象。“而”即能，顺能止之，逆不能止之，表示不宜以在上孤阳与其下五阴正面对抗，而须釜底抽薪，找出对方的弱点，因势利导，将局面和缓、稳定下来。易理阴极转阳，阳极转阴，阴中有阳，阳中有阴，只要善于观象，一定可以找出活路。

剥卦五阴变一阳、观卦四阴变二阳，剥卦顺而止之，六五变九五，扳回一城即成观卦。《彖传》所云“观象也”，亦可作如是观。

复卦（䷗）五阴下一阳生，势孤力单，称“小而辨于物”，若往上再生一阳，即成临卦（䷒）。《序卦传》称：“临者，大也。”一位之差，由小变大。十二消息卦变化之妙，值得注意。

剥卦《大象传》云：“山附于地，剥。上以厚下安宅。”上卦艮为山，下卦坤为地，剥卦有山附于地、层层剥落的风化之象。“厚下安宅”是从卦象的反面立论，剥卦之危在于底盘空虚，欲有所拯济即须培元固本、加厚地基，将集中在上层的资源转输至下层，如此便可转危为安、重获稳定。老子有云：“贵以贱为本，高以下为基。”《尚书》称：“民惟邦本，本固邦宁。”《论语》：“百姓足，君孰与不足？百姓不足，君孰与足？”居上位者必须深明此理，剥削、聚敛，其实是自取灭亡。坤卦《大象传》云：“君子以厚德载物。”《系辞传》称：“安土敦乎仁，故能爱。”仁民爱物，使百姓安居乐业，政权自然巩固。

孟子主张居仁由义，屡言仁为“天之尊爵，人之安宅”，又称“仁为人心”，道理和“厚下安宅”相通。剥极而复，复即为仁心。

硕果不食

初六。剥床以足，蔑贞，凶。《象》曰：剥床以足，以灭下也。

“蔑”同灭，侵削之意。剥卦卦形就像张床，初六位居最下，相当于床脚，阴虚不实，象征床脚已被侵蚀腐烂，失去了支撑床板的正常功能，当然凶。

剥

上九。硕果不食，君子得舆，小人剥庐。

（君子得舆，民所载也；小人剥庐，终不可用也。）

六五。贯鱼，以宫人宠，无不利。

（以宫人宠，终无尤也。）

六四。剥床以肤，凶。

（剥床以肤，切近灾也。）

六三。剥之，无咎。

（剥之无咎，失上下也。）

六二。剥床以辨，蔑贞，凶。

（剥床以辨，未有与也。）

初六。剥床以足，蔑贞，凶。

（剥床以足，以灭下也。）

六二。剥床以辨，蔑贞，凶。《象》曰：剥床以辨，未有与也。

“辨”为床脚之上、床板之下的分辨处，以人身比喻，就相当于膝盖关节部位。“剥床以辨”，表示侵蚀恶化的情形往上蔓延，当然更凶。六二上无应与，恶劣的形势中找不到任何合作的对象。

六三。剥之，无咎。《象》曰：剥之无咎，失上下也。

六三处群阴之中，独和上九相应与，无迫阳之意，做法和上下诸阴不同，等于身在曹营心在汉，故而无咎。

六四。剥床以肤，凶。《象》曰：剥床以肤，切近灾也。

六四继续剥阳，已逼近上九身旁，等于是侵蚀到了床面栖身之处，直接影响安危。一般所谓兵临城下、迫在眉睫、切肤之痛，即为此爻情境。

六五。贯鱼，以宫人宠，无不利。《象》曰：以宫人宠，终无尤也。

六五居君位，为群阴之首，本应带头剥阳，但上承上九，关系亲近，反而发挥其整合力，率领群阴向上九输诚。这种大彻大悟和旋乾转坤的魄力，使其终无遗憾，而以无不利圆满收场。鱼和宫人均喻群阴，一“贯”一“以”，如同古代后妃率宫女求宠于君王，化解矛盾对立，彼此皆大欢喜。六三“剥之无咎”，先使恶化的形势稍微缓冲，六五再运用影响力，彻底解决问题。《彖传》所云：“顺而止之，观象也。”正指此而言。五阴剥一阳，乍看之下形势危殆无比，细分析却有六三、六五二阴大可利用，完全不必绝望。剥卦阴阳消长之机，给人启示甚深。

上九。硕果不食，君子得舆，小人剥庐。《象》曰：君子得舆，民所载也；小人剥庐，终不可用也。

上九为剥卦焦点所在，一阳浮寄于五阴之上，象征天地间最后仅存的一点正气。“硕”是丰硕肥大，“硕果不食”代表阳刚美质保留完整，未受破坏。《说卦传》称“乾为木果”，为本爻取象的根据。“舆”是车，可载重致远，带领民众渡过难关；“庐”是屋顶，遮蔽风雨，使人民有立身之地。《说卦传》称“坤为大舆……为众”，剥下卦坤，正有此象，一阳在上，又有庐之象。民众行止，离不开舆和庐，剥卦一阳五阴其实相反相成，若和平共存则互惠互利，若斩尽杀绝则互蒙其害。《大象传》主张“厚下安宅”，“小人剥庐”，失去栖身之所，即不能安宅了！

"硕果不食"，亦有不为时所用、暴殄天物之意。《论语·阳货篇》记载孔子欲应佛之召时的解释："吾岂匏瓜也哉？焉能系而不食？"意象正同此爻。另外，井卦初六"井泥不食"、九三"井渫不食"亦有此意，一直到九五"井冽，寒泉食"，才突破困局，发挥大用。

天地之心

复。亨。出入无疾，朋来无咎。反复其道，七日来复，利有攸往。《彖》曰：复亨。刚反，动而以顺行，是以出入无疾，朋来无咎。反复其道，七日来复，天行也。利有攸往，刚长也。复，其见天地之心乎！

一元复始，万象更新，故而亨通。《杂卦传》称"复，反也"。《彖传》称"刚反"，又称"反复其道"，皆有剥极而反、回归正道之意。内卦震动，外卦坤顺，表示内在生命自有主宰，清新而自然地跃动，行事顺乎天理、顺乎人性，不受欲望的牵扯，所以或出或入，没有任何毛病。《易》例阴阳相应为朋，初九一阳在下，六四和其相应与，受其影响感化，前来相助，得免孤军奋斗之咎。循此以往，不断在正道上努力，所谓得道多助，朋友会愈聚愈多，阳刚的势力往上茁壮成长，远景自然看好。《易经》一卦六爻，一爻当一日，七日即表示经历一个盛衰循环。"七日来复"，祸福相推，天道好还，只要根基尚在，形势再坏也不必绝望。

震卦六二："跻于九陵，勿逐，七日得。"登高避祸，不要心疼损失而强求追逐，风波过后，仍会失而复得。既济卦六二："妇丧其茀，勿逐，七日得。"女人丧失了车帘，不方便出外行走，不必急着去找，仍会复得。睽卦初九："丧马勿逐，自复。"遗失了马匹，不用拼命去找，它自己会回头。这些都是"七日来复"观念的验证，不过值得注意的是，以上三爻本身皆当位，和复卦初九一样，自己坐得正、行得正，才经得起一切考验。

“复，其见天地之心乎！”《彖传》最后的结语有甚深感喟。复是本心、仁心、良心、道心——“天命之谓性，率性之谓道”，所以人心可以证天心。《孟子》云：“尽其心者，知其性也；知其性，则知天矣！存其心，养其性，所以事天也。”《中庸》则称：“唯天下至诚，为能尽其性；能尽其性，则能尽人之性；能尽人之性，则能尽物之性；能尽物之性，则可以赞天地之化育；可以赞天地之化育，则可以与天地参矣！”这些都可与复卦之理相发明。《孟子·告子篇》中，引用孔子的话说：“操则存，舍则亡，出入无时，莫知其乡。惟心之谓与？”我们以之和复卦《彖传》“出入无疾，朋来无咎”相比照，复卦明心见性之义就更清楚了。宋儒张载脍炙人口的名句：“为天地立心，为生民立命，为往圣继绝学，为万世开太平。”典据即出于此。

《象》曰：雷在地中，复。先王以至日闭关，商旅不行，后不省方。

复下卦震雷，上卦坤地，有雷在地中、隐而未发之象。一阳在下，其势尚微，须善自存养，以利后图。复属于十二消息卦之一，时当夏历十一月，节气则相当于冬至。冬至这天，白昼最短、夜晚最长，冬至以后，白昼渐长、夜晚渐短，正合乎复卦一阳生后“朋来无咎、利有攸往”之象。冬至进补，其意即在调养元阳。过去的政治领袖在冬至这一天封闭关卡，商旅停止通行，自己也不去巡视各地。

复卦（䷗）的错卦为姤卦（䷫），其《大象传》云：“天下有风，姤。后以施命诰四方。”五阳下一阴生，为防微杜渐，领导人下命令全程监控。“至日闭关”，静以养阳；“施命诰四方”，动以制阴。姤卦亦为十二消息卦之一，时当夏历五月，节气则相当于夏至。夏至之后，阴气渐盛，昼短夜长，亦合乎卦辞“女壮，勿用取女”之象。汉儒董仲舒以冬至、夏至为“天地之中”，《春秋繁露·循天之道篇》云：“天有两和，以成二中，岁立其中，用之无穷。”“两和”指春分、秋分，“二中”即夏至、冬至。“中者，天地之所终始也。”以太极图来看，姤即白区中的黑点，为阳中之阴，复即黑区中的白点，为阴中之阳。二中之用，奥妙无穷。

复卦“后不省方”，观卦《大象传》则云：“先王以省方观民设教。”“省方”即亲自巡视各地，以了解民间需求，从而决定施政的标准，这和姤卦仅下命令通告四方也不同。

不远复

初九。不远复，无祇悔，元吉。《象》曰：不远之复，以修身也。

复卦全卦的精华即在初九一爻。人生修行复性的过程中，很容易受诱惑而犯错，只要知过能改，很快回到正道上来，就不至于造成大的遗憾。这是生命元气的表现，循此以往，必能获吉。“祇”是至，也作“大”解，不至于悔、无大悔，已是人生极难修得的境界。

《系辞传》记有孔子当年读此爻的感想：“颜氏之子，其殆庶几乎！有不善，未尝不知；知之，未尝复行也。”

颜渊是孔子的爱徒，孔子对其称誉备至，其去世时也为之哀痛逾恒。颜渊的本事据说是不迁怒、不贰过，看似平易，其实难到极点。“复以自知”，知善知恶是良知，所以有不善未尝不知；因为不贰过，所以“知之，未尝复行”。一阳复始，见天地之心，正代表人性中一点善几，操则存，舍则亡，而颜渊差不多办到了。孔子称许他“其心三月不违仁”，克己复礼为仁，颜子被后世尊为“复圣”，可谓实至名归。子贡说颜渊“闻一以知十”，正是“小而辨于物”。

上六。迷复，凶，有灾眚。用行师，终有大败。以其国君凶，至于十年不克征。

（迷复之凶，反君道也。）

六五。敦复，无悔。

（敦复无悔，中以自考也。）

六四。中行独复。

（中行独复，以从道也。）

六三。频复，厉，无咎。

（频复之厉，义无咎也。）

六二。休复，吉。

（休复之吉，以下仁也。）

初九。不远复，无祇悔，元吉。

（不远之复，以修身也。）

复

六二。休复，吉。《象》曰：休复之吉，以下仁也。

“休”同美，《论语》说：“里仁为美。”六二柔顺中正，下乘初九，有服善之德，受初九感化而行仁道，故称“休复”。先知觉后知，先觉觉后觉，初九自复，六二“休复”。或生而知之，或学而知之，及其知之一也。初九元吉，六二吉。

六二以初九为仁，桃仁、杏仁，果实核心内的生机即为仁。剥卦上九“硕果不食”，即便果肉遭食尽，只要核仁尚存，掉落地上，换个新环境仍可能开花生叶、再现生机。剥极而复，复初九上接剥上九，正是“穷上反下”，义理、象征完全切合，可谓丝丝入扣。

人生无论经营什么，复性、复健、复元，都得深悟“硕果不食”、休复以下仁之理。

生物学界有件轰动的大事：美国加州大学的华裔科学家沈育培，以人工培育千年古莲成功。莲子展现神奇的生命力，发芽抽枝，亭亭玉立。这种死灰复燃的例子，真是活生生的复卦原理、天地之心的显示！

六三。频复，厉，无咎。《象》曰：频复之厉，义无咎也。

六三阴居阳位，不当位，处下卦震动之极，亦有再而衰、三而竭之象。虽受卦义及初九的影响，勉强从善，仍心力不足、屡复屡犯。《中庸》云：“或困而知之，及其知之一也。”“或勉强而行之，及其成功一也。”虽然危厉不安，“频复”总比不复强，故而无咎。《系辞传》云：“无咎者，善补过也。”《论语》称：“过则勿惮改。”皆为此爻意境。

六四。中行独复。《象》曰：中行独复，以从道也。

六四和初九相应与，众阴爻之中和初九的关系最好，“中行”是秉中道而行。初九一阳在下，道心惟微，六三“频复之厉”，人心惟危。六四中行独复，惟精惟一，允执厥中。“中行独复”，实即行中复独，中与独皆指初九。《中庸》云：“莫见乎隐，莫显乎微，故君子慎其独也。喜怒哀乐之未发，谓之中……中也者，天下之大本也。”《大学》云：“所谓诚其意者，勿自欺也……故君子必慎其独也……此谓诚于中，形于外，故君子必慎其独也。”复为德之本、天地之中、正心诚意之道，六四全依初九行事，故称“以从道也”。

初九“修身”、六二“下仁”、六四“从道”，亦通《中庸》所称：“修身以道，修道以仁。”初九自复，似颜渊其心三月不违仁；六三“频复”，似孔门其他弟子“日月至焉而已矣”。六四“中行独复”，则相应于孔子的感慨：“不得中行而与之，必也狂狷乎？”一切秉中道而行，谈何容易？

六五。敦复，无悔。《象》曰：敦复无悔，中以自考也。

“敦”即笃厚，六五居复卦君位，历经自复、休复、频复、独复之长期修炼的历程，心性功夫已厚实无比，为“大德敦化”的境界。初九“不远复"，无大悔；六五"敦复，无悔"，涵养已至炉火纯青。六五居上卦之中，以中道反求诸己，"复以自知""中以自考"，《易经》处处强调深明自性的重要。

《论语·颜渊篇》有云；"克己复礼为仁。一日克己复礼，天下归仁焉！为仁由己，而由人乎哉？"复卦初九"自复"、六五"敦复"，"为仁由己"；六二"下仁"、六三"频复"、六四"从道"，则为"天下归仁"。复卦从初九至六五，阐释相当严谨的修行次第。《系辞传》云："安土敦乎仁，故能爱。"即为"敦复"的境界。

上六。迷复，凶，有灾眚。用行师，终有大败。以其国君凶，至于十年不克征。《象》曰：迷复之凶，反君道也。

上六物极则反，在复性、复健或复国的过程中终于迷失了方向，所谓差之毫厘，失之千里，相当凶险。"眚"原意为眼中长的翳，引申为利欲熏心所生的祸患。"有灾眚"，表示走错路后，天灾人祸并至。主其事者不但不知悔改，还动兵据隅顽抗，结果大败。"以"是及，及其国君凶，国家战败，领导人当然要扛一切责任，绝不会有好下场。国家经此一役，元气大伤，十年之久都不能恢复战力，这种领导人民走向毁灭的方式，当然是错误的。

上六为上卦坤之极，以广义的互卦论，六三至上六、六二至上六均可互成坤卦，而上六皆为坤之极。坤卦先迷失道，上六"龙战于野，其血玄黄"，因敌阳而至穷途。坤为众，所以复卦上六有迷复、劳师动众而致覆败之象。

上六之迷，是因复成迷、当局者迷，本身还以为走的是正路，其实早已走火入魔，结果自身难保且祸国殃民。复见天地之心，迷复变成了明夷之心，成败善恶系于一念之间，人生修正之难，令人触目惊心。老子感慨："人之迷，其日固久。"庄子亦云："人之生也，固若是芒乎？"

佛家则称“众主无始时来颠倒”，怎么办呢？

《系辞传》云：“圣人以此洗心退藏于密，吉凶与民同患。”《易经》是洁静精微之学，唯其洁静，故能精微，淡泊以明志，宁静以致远，方能避开惨烈的迷复之凶。

第二十六章　内外兼修：无妄、大畜二卦综论

孙中山先生曾说，中国有一套最有系统的政治哲学，就是《大学》中所阐析的“格致诚正，修齐治平”的道理，推崇为中国固有的智识。庄子称华夏学术为内圣外王之道，暗而不明，郁而不发，后世学者不见大体，遂使道术为天下裂。这些其实都是相当中肯的评断，只可惜现代人更难听入耳，也确实不知其所以了。

孔子五十因《易》而知天命，又说学《易》可以无大过，《易经》就是内外兼修的宝典，《系辞传》和《文言传》上每每德业并提，以此为可大可久之事。进德修业、盛德大业、崇德广业，不言而信，存乎德行，举而措之天下之民谓之事业。

《易》卦中有无妄、大畜二卦，一重内心修为，一重事业开拓，相续相综，一体两面，值得现代人深入体会，以为安身立命之参考。

“无妄”即勿起妄念、不生妄想、勿轻举妄动之意，亦即正心诚意、谨言慎行。人能做到一切真实不欺妄，才能广量蓄积资源，往前不断开拓，这就是“大畜”。

《序卦传》云：“复则不妄，故受之以无妄。有无妄，然后可畜，故受之以大畜。物畜然后可养，故受之以颐。颐者，养也。”无妄之前是复卦，五阴下一阳生，有复性、复命、回复到正道之意。阳气虽微，良知良能已经显露，真实的生命逐渐展开。大畜卦之后是颐卦，饮食以养身体，正气以养心神，养贤以拓事业，养民不忝所生。

《杂卦传》云：“大畜，时也；无妄，灾也。”人学习新知，储备资源，得合乎时宜，藏器于身是为了待时而动。《论语》开宗明义，即强调“学而时习之”。无妄注重一念之诚，妄想妄动必然招灾。

匪正有眚

无妄。元亨利贞。其匪正有眚，不利有攸往。《彖》曰：无妄，刚自外来而为主于内，动而健，刚中而应。大亨以正，天之命也。其匪正有眚，不利有攸往，无妄之往，何之矣？天命不佑，行矣哉？

无妄卦（䷘）内卦震动，外卦乾健，九五阳刚中正，下和六二相应与，全卦充满了生命力。初九为内卦震动之主，所谓帝出乎震，主宰生机发动。震为长子，乾为父，震卦之刚是由乾刚所生，内卦初九之刚自外卦乾刚而来，其具体含义实即《中庸》所称“天命之谓性”，所以《彖传》接着讲“大亨以正”是天之命。“元亨利贞”同乾卦四德，正是天命流行的表征。六十四卦中四德俱全的，除乾卦外，另有坤、屯、随、临、革及无妄六卦。乾卦代表天理天命，“刚健中正，纯粹精”，其他六卦皆有习染，“元亨利贞”附有条件但书，做到了才合乎天理，做不到就陷溺人欲，就不会“元亨利贞”。

无妄卦的但书即“匪正有眚”，“匪”同非，“眚”是人祸，原意为眼睛上长的翳，即人欲蒙蔽了天理，看不清事情真相，妄思妄行，所以招祸。正心诚意是无妄，心念偶一不正即“有眚”，可见人心把持之难，为善为恶、成佛成魔，常系于一念之间。一旦不正，差之毫厘失之千里，当然不利于往前行动。出发点就错了，勉强往前闯，又能闯出什么名堂？既然违反天命的客观规律，得不到上天的佑助，还行动做什么？

《象》曰：天下雷行，物与无妄。先王以茂对时，育万物。

无妄上卦乾天，下卦雷动，一片生机澎湃。“无妄”是天命，是至诚，是一切生生之本。“与”是参与，万事万物都离不开诚，离不开客观真理，《中庸》称“不诚无物”。与意同爻位承乘应与的与，感应合一、水乳交融，《中庸》称“至诚如神”。“物与无妄”，亦即前贤所称“民吾同胞，物吾与也”。

宇宙是一大天地，人是一小天地，一花一世界，一叶一太极，反身而诚，万物皆备于我。《系辞传》末章下结论：“天地设位，圣人成能，人谋鬼谋，百姓与能。”孟子回答魏襄王，说“不事杀人者能一之，天下莫不与也”，都是出于同一理路。

《中庸》说至诚能参赞天地之化育，使万物并育而不相害，所以《大象传》亦称“茂对时，育万物”。“茂”是勤勉，也是壮盛之意。“对时”是强调培育万物得配合时令，不仅动植物如此，人才的养成也是一样，必须“学而时习之”，不能和时代脱节，否则就无法发挥作用。

前面说“大畜时也”，藏器待时，因时蕴养，和“茂对时，育万物”意旨完全相通。无妄、大畜二卦相续相综，实为一体两面，于此又得一证。

勿药有喜

初九。无妄，往吉。《象》曰：无妄之往，得志也。

初九阳刚当位，为无妄之始，象征人心中初发善念，亦即孟子所谓的恻隐之心等四端。良知之感，良能之动，当然获吉。志是心之所主，初九为主于内，故而得志。

《易经》重视初发之诚，除无妄初九外，如蒙卦“初筮告，再三渎”，比卦“原筮，元永贞”等，皆为显例。

六二。不耕获，不菑畬，则利有攸往。《象》曰：不耕获，未富也。

六二阴居阴位，乘于初九纯刚之上，所思所行已沾染功利境界。“菑”是才开垦一年的生田，“畬”，音 yú，是已垦两三年的熟田。“耕获”是开始耕种就想收成，“菑畬”是才开垦一年，就希望田地像开垦两三年般成熟，这就是急功近利，就是妄想。“不耕获，不菑畬”，才是正确的工作观，只问耕耘不问收获，不揠苗助长，不画饼充饥，才利于往前奋斗。《易》例阳富阴不富，六二不富，和九五相应与，见九五之富而心动，遂生妄想，“未富也”三字，点破六二的迷执，等于在说还早着呢。汉儒董仲舒脍炙人口的名句：“正其谊不谋其利，明其道不计其功。”后一句亦有作“修其理不急其功”的，义理正和此爻相通。

六三。无妄之灾，或系之牛，行人之得，邑人之灾。《象》曰：行人得牛，邑人灾也。

六三阴居阳位不当位，离初九善机更远，终于妄动招灾，住在村邑里的人出外放牛，因有事暂时离开，将牛随便系在树旁，心想一定没问题，结果刚好有外乡人路过，顺手牵走了牛，邑人回来发现牛没了，大叹倒霉，遭此无妄之灾。“无妄”亦可解作无望，无所期望、没有料到之意。其实人生充满了不可测的风险，无妄之灾并不奇怪，顺其自然，得失之心不要太重，塞翁失马，焉知非福？行人得牛，焉知非祸？

上九。无妄，行有眚，无攸利。
（无妄之行，穷之灾也。）

九五。无妄之疾，勿药有喜。
（无妄之药，不可试也。）

九四。可贞，无咎。
（可贞无咎，固有之也。）

六三。无妄之灾，或系之牛，行人之得，邑人之灾。
（行人得牛，邑人灾也。）

六二。不耕获，不菑畬，则利有攸往。
（不耕获，未富也。）

初九。无妄，往吉。
（无妄之往，得志也。）

无妄

九四。可贞，无咎。《象》曰：可贞无咎，固有之也。

九四阳居阴位不当位，阳刚之气不够纯粹，须进一步固守正道，恢复先天本具的固有智慧，才得无咎。

九五。无妄之疾，勿药有喜。《象》曰：无妄之药，不可试也。

九五纯刚中正，为无妄卦之主，代表天理天命，本应毫无瑕疵，但和六二相应与，受阴柔人欲拖累，产生了毛病。这种毛病不要乱服成药，得靠本身内在的力量去克服它，顺其自然，即可康复。

人性就像太极图的结构一样，阴阳交旋，有善有恶，而且阴中有阳、阳中有阴，错综复杂，天人交战。“无妄之疾”指的就是人类与生俱来的欲望，食色性也，饮食男女，人之大欲存焉，虽然会带来种种痛苦，却不宜也无法以人为的方法根除。古今多少宗门大德，深识欲望的可怕，为求解脱众生无尽苦，倡导苦行绝欲，悲愿可观，却鲜能成功。一旦阴极转阳，阳极转阴，操持失控走火入魔，下场更不堪收拾。摩顶放踵、舍身饲虎，都是“无妄之药”，切切不可尝试，佛经言“留惑润生”，反倒透出高明的识见，人生能修的还是节欲，顺性纯情，冲气以为和。

无妄是顺自然，自然界有其阴阳谐衡、不药自愈的调节能力，不宜乱施人工，反而破坏了微妙互动的生态机制，今世的环境污染即为殷鉴。中医理论讲药补不如食补，亦可为无妄九五之辅证。

上九。无妄，行有眚，无攸利。《象》曰：无妄之行，穷之灾也。

上九阳居阴位，刚柔驳杂，又居卦终穷极之地，妄动招祸，争不到任何利益。灾自外来，眚由自取，上九一意孤行，天灾人祸并至。老子云：“复命曰常，知常曰明。不知常，妄作凶。”违反客观规律做事，难得善终。

纵观无妄全卦，爻位相应与者反而不佳，或易出毛病，不相应与者倒吉或无咎，表示不重外在关系，而重自我内在生命的充实。九四言“固有之”，九五称“不可试”，自正性命、不借外力的主张极为明显。初九纯刚未散，和九四不相应与，在六爻中生机最旺，得志获吉。其他诸爻，一会儿疾，一会儿灾，人性天命的修为试炼，可谓备极艰辛。

不家食吉

大畜。利贞，不家食吉，利涉大川。《彖》曰：大畜，刚健笃实辉光，日新其德。刚上而尚贤，能止健，大正也。不家食吉，养贤也。利涉大川，应乎天也。

大畜卦（䷙）内卦乾健，外卦艮止，象征一个人内在的生命力已经很充沛，急欲往外施展，但举止行动仍十分审慎，步步为营，不冒险轻进。阳大阴小；唯天为大，“畜”是养，也是止，“大畜”即循序渐进，培养阳刚正气，以期止于至善。“刚健笃实辉光”是乾、艮二卦交相为用的成果，以此往前奋斗，日新又新，格局气象愈来愈壮阔。

上九一爻阳刚高居极顶，以深厚高明的识力照顾全局，崇尚贤德，惜才育才，完全合乎正道。舞台既然如此宽敞，各类人才纷纷出来任事，以贡献所长，不再局限在自己家中过活，这就是“不家食吉”。“尚贤”接着“养贤”，使人尽其才，众志成城，当然利于渡过一切险难。“应乎天”，仍指下卦乾天刚健而言，弃私为公，自强不息。

《象》曰：天在山中，大畜。君子以多识前言往行，以畜其德。

内卦乾天，外卦艮山，有“天在山中”之象。“大畜”即畜大、畜天，天大山小，如何能畜？此处的“天”是指无形无相的智慧、天理而言，古代圣哲的“前言往行”堪为表率，值得我们广泛学习，以激发本身的智慧，畜养今世的善行。“识”音志，意同《论语》“默而识之”，是心会神通，而不仅是记诵，这样求得的才是活的学问。学海无涯，智慧无量，人生进德修业的愿力亦无穷，日新又新，止于至善。

佛经破除一般人对形相大小的迷执，有云芥子之微可以纳须弥山，性含万法、心心相印，山天当然可以大畜。又现代电脑以极微的晶片，负载极多的信息，也是大畜之象。《易经》经传全文，不过两万多字，却涵藏了无穷无尽的智慧，这种高度压缩的创作结构，更是大畜的神妙典范。

《易经》中另有小畜卦（䷈），唯一阴爻六四，夹处在上下五阳爻之间，借着和九五建立互信，以小搏大的杠杆原理平衡全局，竭力周旋的结果，仅得“密云不雨”，不如“不家食吉”远甚。小畜卦以巽止健，只能使巧劲儿借力打力；大畜卦以艮止健，沉稳厚实不动如山。小畜卦“君子以懿文德”，重外在风仪文采；大畜卦“以畜其德”，则为真实光辉的内在生命。小畜卦之前是比卦，大畜卦之前为无妄卦，加强外在关系仅能小畜，充足本身实力，才能大畜。小畜卦六四和九五间矛盾深刻、冲突紧张，大畜卦六四和六五有志一同，厚储实力。若以现实生活相况，小畜六四正是郁闷、窒闷的处境，在九五的强大压力下；腾挪求生，若有朝一日，九五爻变成六五，彼此化干戈为玉帛，小畜卦即变为大畜卦。

何天之衢

初九。有厉，利已。《象》曰：有厉利已，不犯灾也。

初九居下卦乾刚之始，容易躁进，上和六四相应与，在大畜止健的卦义下，表示接受六四之畜止，前有二阳挡道，硬闯也很危险，最好停下来，以免遭遇灾难。

九二。舆说輹。《象》曰：舆说輹，中无尤也。

“舆”是车，“輹”是联结车厢跟轮轴的革绳，一旦松脱，车子即无法行进。“说”同“脱”。九二居下卦之中，上和六五相应与，心甘情愿接受六五之畜止，就像舆脱輹一样，自动停止前进，心中毫无怨尤。

九三。良马逐，利艰贞。日闲舆卫，利有攸往。《象》曰：利有攸往，上合志也。

九三处下卦乾刚之极，积健为雄，已成千里良驹，颇思一跃而出，逐鹿中原。由于过刚不中，易出毛病，仍宜艰难守正。“闲”是熟习，“舆卫”是车马防卫，“日闲舆卫”，即精益求精，每天操演为生存搏击的战技，和乾卦九三“终日乾乾，夕惕若厉”的情境相通。前临二阴，《易》例阳遇阴则通，上和上九应而不与，在大畜止健的卦义下，表示不再接受畜止，长期蕴养已经成熟，利于往前挺进。

六四。童牛之牿，元吉。《象》曰：六四元吉，有喜也。

爻位进入上卦后，转成畜止下卦、培养后进的角色功能。六四当位，下和初九应与，负有训练初九的任务。初九初生之犊，不识社会艰险，乱冲乱闯易惹事端，六四为防患未然，在牛犄角尚未成形前，加一道横木以为限制，彼此皆获大吉，往前发展甚有希望。

六五。豮豕之牙，吉。《象》曰：六五之吉，有庆也。

六五居君位，下和九二相应与，负责畜止九二。九二居下卦之中，实力坚强，就像未驯服的野猪，齿牙锋利，很难对付。“豮”音 fén，去势之意，公猪阉割后野性尽消，空有其牙，不足为患。“豮豕之牙”，即正本清源、从关键要害处下手，以彻底解决问题。六五经验老到，止健有术，因此获吉。

上九。何天之衢，亨。
（何天之衢，道大行也。）
六五。豮豕之牙，吉。
（六五之吉，有庆也。）
六四。童牛之牿，元吉。
（六四元吉，有喜也。）
九三。良马逐，利艰贞。日闲舆卫，利有攸往。
（利有攸往，上合志也。）
九二。舆说輹。
（舆说輹，中无尤也。）
初九。有厉，利已。
（有厉利已，不犯灾也。）

大畜

“有庆”和“有喜”不同，所谓“一人有庆，兆民赖之”，六五权高势重影响大，六四影响小，庆大于喜。六四元吉，见机早，弭祸患于未形；六五亡羊补牢一刀切，仅仅得吉。六四抢时得先机，六五位高影响大，可谓各擅胜场。卦名大畜，三、四、五三爻的爻辞分别以马、牛、猪为喻，畜养的品种甚多，正合大畜之义。

上九。何天之衢，亨。《象》曰：何天之衢，道大行也。

“何”同荷，担当负荷之意，“衢”，为四通八达之地。上九畜极而通，就像庄子寓言中的大鹏鸟一样，绝云气，负青天，扶摇直上九万里。“何天之衢”是“不家食”的最高境界，直下承担全宇宙的责任，为天地立心，为生民立命，为万世开太平，大道之行，天下为公。

无妄重诚，实即《中庸》一书命意所在；大畜知止，印证《大学》全书的纲领条目。圣贤血脉，尽在于斯。

第二十七章　生死之间：颐、大过二卦综论

孟子以“养生丧死无憾”为王道之始。《易经》中有颐、大过二卦，一论养生，一论治死，相错相续，析理入微。“颐”本义为面颊，咀嚼食物时会牵动，人需饮食以养身体，故而引申为养，除养身外，养心养性、养贤养民亦包括在内。“大过”即超负荷、大过非常之意，一般人承受不起可能彻底崩溃，非常人依凭智慧胆识，却可立非常之功。

《序卦传》云：“物畜然后可养，故受之以颐。颐者，养也。不养则不可动，故受之以大过。物不可以终过，故受之以坎。”

颐卦之前是大畜卦，广泛蓄积实力后须注意调养，供养充足后，才可以发为重大的行动。非常行动仅限于非常时期，不可一用再用，否则必然深陷险难，所以大过之后接着为坎卦。

《杂卦传》云：“大过，颠也；颐，养正也。”负荷过重可能颠覆全局，救亡图存必须胆大心细。修养身心得依循正道，稍有偏失即出问题。

自求口实

颐卦（䷚）卦形为二阳包外、四阴居中，正像人的口腔，上卦艮止、下卦震动，又与人进食的动作相合。噬嗑卦（䷔）称“颐中有物”，其卦形与颐卦类似，仅四位为阳爻，成为如鲠在喉的形势，必欲除之而后快。颐卦中四爻全虚，格局通畅，可以安心接受供养。

颐。贞吉，观颐，自求口实。《彖》曰：颐贞吉，养正则吉也。观颐，观其所养也。自求口实，观其自养也。天地养万物，圣人养贤以及万民。颐之时大矣哉！

颐养之道，唯正方吉。大畜卦言“利贞”，颐卦言“贞吉”，可谓一脉相承。蒙卦讲启蒙教育，拔除习染，亦云蒙以养正。我们观察一个人是否成材，就看他用什么方式来修养他自己。西谚有云：“We are what we eat.”吃什么就长什么，饮食即养生，同样，学什么就变成什么，教养塑造人格。人生在世，物质供养方面得自食其力，精神修为则得自识其性，良师益友只能领过门，修行学道完全在个人，这就是“自求口实”。

一个人做到充分自养、独善其身后，还应进一步兼善天下。天地蕴养万物，圣人培育贤能以照顾万民，聪明才智愈大的，供养服务的范围就愈大。自觉觉人还得注意时机的掌握，才能发挥宏大的效益。

《孙子兵法》云：“治众如治寡，分数是也；斗众如斗寡，形名是也。”组织要发挥战力，必须分层负责，并且重视整合联系。同样，教养万民亦须培育贤能以贯彻执行，并确立彼此的工作共识，不能事必躬亲。圣人养贤以及万民，套用孙子的语法，可称述为“颐众如颐寡”。

《易经》重时，六十四卦三百八十四爻，无不以时为尚，因时则吉，失时则凶。颐、大过、解、革四卦称“时大矣哉”，豫、随、遁、姤、旅五卦称“时义大矣哉”，坎、睽、蹇三卦称“时用大矣哉”，这十二卦的时机掌握与运用更为重要。颐、大过卦皆强调时，生死关头，成败之机，万万轻忽不得。

《象》曰：山下有雷，颐。君子以慎言语，节饮食。

颐上卦艮山，下卦震雷，为上止下动、山下有雷之象。外实中虚，既酷似人口，又须防范病从口入、祸从口出。饮食过度伤身，言语失节招祸，都违反了修养身心的正道。

虎视眈眈

颐卦六爻相生相养的关系颇为复杂，不过大抵皆依循几项基本原则：阳养阴、上养下、自养而后养人。

初九。舍尔灵龟，观我朵颐，凶。《象》曰：观我朵颐，亦不足贵也。

初九阳刚当位，居颐养之始，应以埋首自养为上，不必奢言养人。由于上和六四相应与，六四以虚求实，借初九的阳刚美质供养自己，如鱼得水，大快朵颐，初九受六四所惑，自损元阳，当然凶。“尔”指初九，“我”指六四。“朵”是动而下垂之貌，“朵颐”即尽情吃喝。“灵龟”象征初九的灵明自性，传说龟可不饮不食、自养于内，道家练龟息术，可耐饥渴。初九居内卦之初，当位自足，正有灵龟之象。可惜初九又处下卦震动之始，受六四诱惑，不守本性，躁动致凶。天爵自尊吾自贵，初九根基未稳即以阳滋阴，所以不足贵。

初九之凶，给人很多启示：阳养阴固然正确，下养上却违背了供养的原则。己立而后立人，己达而后达人，初九未充分开发自性，急于奉献，反而躐等致凶。《论语·先进篇》上记载，子路使子羔为费宰，孔子批评他“贼夫人之子”，过早起用青年才俊，其实是在斫丧人才。《公冶长篇》中，孔子使漆雕开仕，漆雕开推辞说：“吾斯之未能信。”孔子大感高兴。人生事业，来日方长，准备不够不必急于出手，以免灵龟蒙尘。

六二。颠颐，拂经，于丘颐，征凶。《象》曰：六二征凶，行失类也。

六二阴虚，不能自给自足，因下乘初九阳刚，遂求初九供养，上求养于下，颠倒了颐养之道。阴乘阳不利，初九供养六四已嫌不足，自然无法满足六二所需。六二达不到目的，转而求上九供养，又无任何承乘应与的关系，上九没有供养的义务，这已违反了常道，往求必凶。六二和六五应而不与，两阴不相给养，多方落空，遂成求不得的征凶之局。

“拂”字依《说文》解释，为“过击”，击而过之，有要求太过之意；“拂”引申作违戾，“拂经”即违反常道。上九为上卦艮山之巅，有丘之象。六二先“颠颐”，又“于丘颐”，汲汲求养不得，令人悲悯。当位反凶，主要是颐养之时，阴虚不能自主，而爻际互动关系又差的缘故。

上九。由颐，厉吉，利涉大川。

（由颐厉吉，大有庆也。）

六五。拂经，居贞吉，不可涉大川。

（居贞之吉，顺以从上也。）

六四。颠颐，吉。虎视眈眈，其欲逐逐，无咎。

（颠颐之吉，上施光也。）

六三。拂颐，贞凶。十年勿用，无攸利。

（十年勿用，道大悖也。）

六二。颠颐，拂经，于丘颐，征凶。

（六二征凶，行失类也。）

初九。舍尔灵龟，观我朵颐，凶。

（观我朵颐，亦不足贵也。）

颐

六三。拂颐，贞凶。十年勿用，无攸利。《象》曰：十年勿用，道大悖也。

六三不中不正，更不能自养，仗恃着和上九阳刚相应与，又当下卦震动之极，多欲妄动，需索无度，这样干必定凶。为六三筹谋，最好节制欲望，十年都勿向外索求，否则物极则反，招致严重反弹，没有一点好处。“拂颐”

的拂，即有违反常道、需求过度之意。颐卦强调“贞吉”，六三本身不正，虽有上九应与，仍然致凶。

六四。颠颐，吉。虎视眈眈，其欲逐逐，无咎。《象》曰：颠颐之吉，上施光也。

六四起脱离浮躁震动的下卦，进入笃实厚重的上卦，阴居阴位当位，和初九相应与，求养于初九而获吉。“眈眈”是紧盯不放、视近而志远，“逐逐”表示欲望炽烈而积极。“虎视眈眈”形容六四志不在小，一方面锁定初九获取供养，一方面还在打上九的主意。虽然野心勃勃，行动却不躁进，而上九负全卦颐养之责，所施广大，故六四吉而无咎。“上施光”的“光”亦作“广”字解，“上”即指上九。同样“颠颐”下求，六二凶、六四吉，主要是因为一属下卦震、一属上卦艮体之故。初九宜自养于内，故称“龟”，六四求养于外，故称“虎”。

六五。拂经，居贞吉，不可涉大川。《象》曰：居贞之吉，顺以从上也。

六五居颐卦君位，照理应负颐养之责，但本身阴虚难以办到，好在顺承上九阳刚，可借上九之力供养全局。六五只要认清形势，守正无为则吉，不可亲冒险难。居上失职，违反常道，故称“拂经”。虚中任贤，沉稳厚重，仍然获吉。

上九。由颐，厉吉，利涉大川。《象》曰：由颐厉吉，大有庆也。

上九居上卦艮止之极，修养深厚无比，全卦诸爻赖之得养，故称“由颐”。“由”即由于、凭借之意。因为供养的责任重大，难免危厉，得战战兢兢全力以赴才吉，利于渡过一切艰难险阻。“大有庆”表示全局获养、功德圆满，正所谓“一人有庆，兆民赖之。”六五没实力，不可涉大川，上九实力雄厚，“利涉大川”。

豫卦（䷏）为一阳五阴之卦，唯一阳爻九四爻辞有云：“由豫，大有得。”表示全卦由之而豫乐，和颐卦上九“由颐”一样，都是独挑大梁的硬角色。“由豫”能“大有得”，“由颐”“大有庆”，辛苦尽力都得到了最好的回报。颐卦下卦震动，三爻全凶，上卦艮止，三爻全吉。六三为动之极，结果“道大悖”，上九为止之极，结果“大有庆”。颐养之道，沉稳厚重则吉，轻浮躁动必凶，卦辞云“贞吉”，“贞”即有沉稳宁静之意，初九自给自足，勿旁羡他求，上九自颐颐人，道义深重。中四爻嗷嗷待哺，非颠即拂，上下求人供养，没一个老实正经，养贤养民谈何容易？六三以上九为靠山，多欲妄求，上交嫌谄；六四取养于初九，含藏不发，下交不渎。

遁世无闷

大过卦（䷛）卦形与颐卦正好相反，四阳居中，二阴包外，阳刚之气过盛且集中，阴柔的势力被阻隔于两端，脆弱且分散。阴阳分布极不平衡，整体结构随时有崩溃的危险。

> 大过。栋桡，利有攸往，亨。《彖》曰：大过，大者过也。栋桡，本末弱也。刚过而中，巽而说行，利有攸往，乃亨。大过之时大矣哉！

阳大阴小，大过即阳气过盛。四阳二阴的分布情形，就像栋梁中间过重、两端太弱一样，必难以负荷而挠屈下垂，一日超过承载的平衡点，即可能永久断裂。《系辞传》云：“其初难知，其上易知，本末也。”初爻为本，上爻为末，树根为本，树梢为末。大过初、上二爻皆阴，故称“本末弱”。阳刚虽然太过，九五、九二分居上下卦之中，仍能掌控情势，不为过激行动。下卦巽顺，上卦兑悦，以柔济刚，“巽而说行”，仍利于往前奋斗，终于获亨。“乃亨”的乃，有艰难转折之意，从栋桡的危险情势，转化为利有所往的亨通局面，确属非常人的非常功业。

大过之时，危如累卵，生死一线，英雄豪杰却能镇定应付，旋乾转坤，反败为胜。救亡图存，时机的精确判断与掌握可太重要了！孟子说：“养生者，不足以当大事，惟送死，可以当大事。”大过卦有棺椁之象，汉朝人评为死卦，和专论养生的颐卦比起来，更得慎重处理。

《象》曰：泽灭木，大过。君子以独立不惧，遁世无闷。

大过卦上卦兑泽，下卦巽木，有泽水淹没了树木之象。泽水本来应该滋润树木，泛滥成灾后反而摧毁了树木的生机，这就是大过。若以木当舟船看，“泽灭木”就是翻船，所以上六爻称过“涉灭顶”，水可载舟，水可覆舟，恶水行船，半点大意不得。

虽然这么危险，豪杰之士照样坦然面对，特立独行，力挽狂澜，一点也不害怕。万一形势不利，必须暂时隐避，也能坚持自己原则，绝不同流合污，即使与所有人都切断了来往也不在乎，心里连闷都不闷。

“遁世无闷”完全是真功夫，一般人绝难做到，亦见于乾卦《文言传》：“龙德而隐者也，不易乎世，不成乎名，遁世无闷，不见是而无闷。乐则行之，忧则违之。确乎其不可拔，潜龙也。”

栋桡栋隆

初六。藉用白茅，无咎。《象》曰：藉用白茅，柔在下也。

大过之所以栋桡，肇因于阳刚太甚，欲拯济危局就必须以柔济刚，巽而悦行。初六近承九二、远应九四，竭力发挥巽顺谦柔的功夫，以调理阴阳。“藉用白茅”，是以祭祀上供为喻，用洁白的茅草垫着祭品，充分表现恭敬虔诚的心意，姿态如此之低，当然无咎。

上六。过涉灭顶，凶，无咎。
（过涉之凶，不可咎也。）
九五。枯杨生华，老妇得其士夫，无咎无誉。
（枯杨生华，何可久也？老妇士夫，亦可丑也。）
九四。栋隆，吉，有它吝。
（栋隆之吉，不桡乎下也。）
九三。栋桡，凶。
（栋桡之凶，不可以有辅也。）
九二。枯杨生稊，老夫得其女妻，无不利。
（老夫女妻，过以相与也。）
初六。藉用白茅，无咎。
（藉用白茅，柔在下也。）

大过

孔子在《系辞传》中对此爻发表看法：“苟错诸地而可矣！藉之用茅，何咎之有？慎之至也。夫茅之为物薄而用可重也，慎斯术也以往，其无所失矣！”其实祭品摆在地上就够诚意了，再用干净的白茅草垫着，真是谨慎到了极点。茅草这个东西不值钱，却可以作重大的运用。一个人若秉持着这一套谨小慎微的方法去待人处世，必然无往不利，不会有任何失误。

初六就时位来说，也是大过之始，“藉用白茅”，自然敬慎不败，就不会犯重大过错而造成栋桡的局面。孔子慨叹“五十以学《易》，可以无大过”，正是这种心情。人生处世，周到细心很重要，多做事少说话，避免树敌，广结善缘，尽量化阻力为助力，即可立于不败之地。

九二。枯杨生稊，老夫得其女妻，无不利。《象》曰：老夫女妻，过以相与也。

九二阳刚居中，下有初六相承，阴阳和合，就像原已枯萎的杨树又长出了新的嫩芽，又像老男人娶了少女为妻，生命重获滋润一样，虽然有些罕见过火，非常时期也得从权，为了重现生机，并没有什么不好。

九三。栋桡，凶。《象》曰：栋桡之凶，不可以有辅也。

九三过刚不中，在诸阳爻中问题最大，所以和卦辞同象，明判栋桡之凶。以全卦论，和上六相应与，上六居末，影响有限，前临九四、九五两阳，又多阻隔，难获以柔济刚之效。以下卦看，二阳压于一阴之上，阴虚不堪负荷，亦有栋桡之象。不可以有辅，说明了九三如乾卦上九亢龙般的情境。

九四。栋隆，吉，有它吝。《象》曰：栋隆之吉，不桡乎下也。

九四阳居阴位，自损阳刚而获吉。“栋隆”和“栋桡”恰恰相反，因超负荷而弯曲的梁柱又弹回去了，自然转危为安。以全卦论，九四和初六相应与，可能会受到新生阴柔的影响，反使阴气过盛，这样路子就窄了。“不桡乎下”，即指九四勿受初六牵制，才可保本身“栋隆之吉”。以上卦看，二阳上承一阴，底部坚实无虞，故有栋隆之象。栋桡、栋隆，调理刚柔贵乎恰到好处，过与不及，则凶或吝。

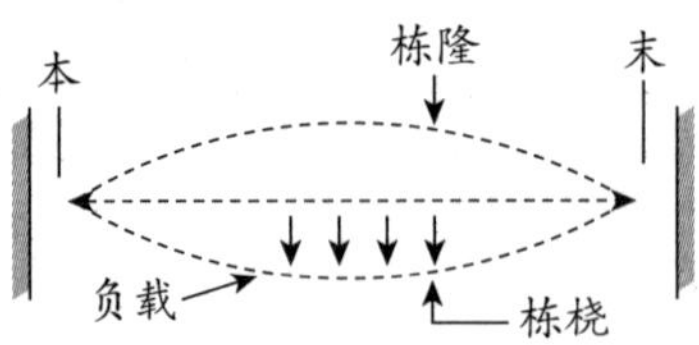

“不桡乎下”，提醒人若已成栋梁之才，就不必再有什么个人私欲的后顾之忧，牺牲奉献，承担大任，再想东想西就太小器了。

九五。枯杨生华，老妇得其士夫，无咎无誉。《象》曰：枯杨生华，何可久也？老妇士夫，亦可丑也。

九五当位中正，阳气极盛，上承上六，以居末极弱之阴调剂过盛之阳，就像枯萎的杨树再开花，或老太婆配给小伙子一样，回光返照，昙花一现，必然难以为继。不能成生育之功，虽然暂时无咎，可也不是什么光彩的事。

上六。过涉灭顶，凶，无咎。《象》曰：过涉之凶，不可咎也。

上六居大过之末，危局已经铸成，下乘九五阴乘阳不利，远应九三亦发挥不了作用，勉力以赴的后果，就像涉越汹涌的河川一样，惨遭灭顶之凶。上六有心济难，却无力回天，知其不可为而为之，其志可悯，虽然壮烈牺牲，也不可咎责。

大过卦诸爻，以上下卦分成完全对称的爻组，爻辞亦呈现有趣的对比：九三"栋桡"对九四"栋隆"；九二"枯阳生稊"对九五"枯杨生华"，老夫少妻对老妻少夫；初六"藉用白茅，无咎"，上六"过涉灭顶，凶"。

大过之所以造成，由于阳盛阴衰，本末皆弱，就像组织中领导太强、基层太弱一样，再好的企划决策都难以落实执行，久而久之，自然形成强干弱枝、头重脚轻的脱节局面。为了济困扶危，卦中六爻遂刚柔互动，进行调整，有的成功有的失败。与其毁之于终，不如慎之于始，白茅无咎，因救其本于未过之先，过涉灭顶，由于救其末于已过之后。大过本末弱，上下二阴调剂阳刚；颐卦上下二阳供养群阴，则可称本末强。颐卦六爻全变成大过卦，表示调养失衡、分配不均，人可能生病，组织可能崩溃。拯济若无效，大过卦变为坎卦，即深陷重重险难，难以脱身；豪杰之士饱历忧患若能挺住，坎卦六爻全变成离，又重见光明。上经最后四卦，大死大生、大赢大输、大起大落，变动非常剧烈。一个大时代气运将终之际，一切变化加速，令人目不暇给、难以适应，或许就是这样吧？

第二十八章　水深火热：坎、离二卦综论

《易经》八卦以天地雷风水火山泽取象，代表自然界八种基本的势用，交相互动，产生六十四卦，以此描述宇宙间无穷尽的事相。《说卦传》云："坎，陷也；离，丽也。"水坑水洞使人陷溺其中，难以自拔，人生行路亦多坎坷，到处都充满着不可测的风险。"丽"是附丽、附着之意，火必须附着在物件上，才能燃烧，干柴烈火一拍即合，人生不能遗世而独立，必须在感情和事业上有所定着，否则难以发挥作用。

《易经》分上下经，上经三十卦，以乾、坤开天辟地始，以坎、离水火妙用终；下经三十四卦，以咸、恒男女交感始，以既济、未济向未来无穷开放终。天地是男女之本，水火组合成既济未济。通晓自然之性，即了解男女之情；深识水火之性，即可巧妙运用以掌握成败。

《序卦传》云："物不可以终过，故受之以坎。坎者，陷也。陷必有所丽，故受之以离。离者，丽也。"坎卦之前是大过卦，四阳聚中二阴包外，刚柔失调，负载过重，有崩坍之虞，非常时期建非常之功则可，以此为常，必陷险难。险难中人随波浮沉，为免灭顶，一定四处攀缘，挣扎求生，所以坎卦之后，接着是代表附丽的离卦。商场中常见赌性坚强的枭雄，好大喜功，扩张过速，结果深陷债务，难以自拔，为谋求生，又到处觅人支持，拖累的范围愈来愈大，即为上经最后三卦的情境。

《杂卦传》云："离上而坎下也。"水性趋下，火势上扬，这是自然界中，显而易见的两种不同的运动方向。

《说卦传》云："离也者，明也。万物皆相见，南方之卦也。圣人南面而听天下，向明而治，盖取诸此也。"火光明亮，照耀万物纤毫毕见，引申为光明磊落，聪明睿智。在后天八卦方位中，离属南方，南面而王已成中国政治的传统。"坎者，水也。正北方之卦也，劳卦也。万物之所归，故曰劳乎坎。"坎居北方，与离卦正成对待，南面而王，北面称臣，君王无为而治，臣下劳苦奔走，委任责成，这是为政的大体。

维心亨

习坎。有孚，维心亨，行有尚。《彖》曰：习坎，重险也。水流而不盈，行险而不失其信。维心亨，乃以刚中也。行有尚，往有功也。天险，不可升也；地险，山川丘陵也；王公设险以守其国。险之时用大矣哉！

八纯卦中，唯独坎卦前加一"习"字。"习"本义为"鸟数飞"，小鸟学飞，不断振翅，引申为重复练习之意。坎卦上坎下坎，重重险难，波折不断，实为人生处世所必经，不习惯也不行。只要在险难中动心忍性，学到生存奋斗的搏击技巧，便可不忧不惧，坦然面对。"孚"是诚信，一切生命力量的根本，无论外在环境多困苦艰险，也不能放弃，就像黄河九曲终向东流一样，逝者如斯，不舍昼夜，永不止息盈满。坎卦九二、九五皆阳刚居中，象征险难中人意志坚强、胸怀宽广，以此涉险必有希望。

天高无极，不可攀升；山川险要，道阻且遥。王公运用自然的险势，以高其位，以守其国，使群下难以染指，外敌无法入侵。环境虽险，可作反面运用，以化媸成妍，习坎之余还能用坎，这才是通达深透的智慧。不过要注意，行险用险可侥幸于一时，难逞志于永久，"时用"和"常用"

毕竟不同。

《象》曰：水洊至，习坎。君子以常德行，习教事。

“洊”音 jiàn，相续不断之意。前浪后浪，波涛汹涌，漫无际涯，君子不忧不惧，进德修业不稍间歇。外在无比艰险的环境，反而提供了豪杰之士绝佳的学习机会。《论语》开宗明义，强调“学而时习之，不亦说（悦）乎”，坎险之时，修习教事，锻炼意志，正是“维心亨”，“险之时用大矣哉”！

坻既平

初六。习坎，入于坎窞，凶。《象》曰：习坎入坎，失道凶也。

“窞”音 dàn，水坑中的小穴，亦即坎中坎。坎卦刚中方能涉险，初六阴居阳位不当位，柔弱不能自立，勉强涉险，结果陷入更深的底洞，难以自拔，当然大凶。坎卦继大过卦而来，大过卦最末一爻上六“过涉灭顶，凶”，为防“灭顶”，坎卦初六准备习坎，可惜不识水性，泳技不精，无法脱险。

九二。坎有险，求小得。《象》曰：求小得，未出中也。

九二阳刚居下卦之中，可以历险，但阳居阴位不当位，力量不够充实，仍陷于险难中未能摆脱，既然不能有大作为，就求小有所获。长期涉险，需要培养无比的耐心。

上六。系用徽纆，寘于丛棘，三岁不得，凶。
（上六失道，凶三岁也。）

九五。坎不盈，坻既平，无咎。
（坎不盈，中未大也。）

六四。樽酒，簋贰，用缶。纳约自牖，终无咎。
（樽酒簋贰，刚柔际也。）

六三。来之坎坎，险且枕。入于坎窞，勿用。
（来之坎坎，终无功也。）

九二。坎有险，求小得。
（求小得，未出中也。）

初六。习坎，入于坎窞，凶。
（习坎入坎，失道凶也。）

（习）坎

六三。来之坎坎，险且枕。入于坎窞，勿用。《象》曰：来之坎坎，终无功也。

“之”即往，六三居上下卦之间，往也险来也险，本身阴柔不当位，乘于九二阳刚之上，益发不利。“险且枕”，形容与险为邻、坐卧不安的情状。这时绝对不可轻举妄动，否则不但无法脱险，还会愈陷愈深，再难挽救。

六四。樽酒，簋贰，用缶。纳约自牖，终无咎。《象》曰：樽酒簋贰，刚柔际也。

“樽”是酒器，“簋”是饭盒，“贰”是配附，“缶”是瓦罐。全句的意思是说，送上一壶酒，配以一盒饭，酒壶饭盒都用粗劣的瓦罐替代。“约”是简约，“牖”是窗户，以上的粗酒淡饭从窗口送进来，真是简陋到了极点。六四进入上卦新险，柔顺当位，上承九五阳刚中正之君，欲借九五之力以脱险，遂进呈酒食。由于处境维艰，一切克难从简，九五体谅心意也不见怪，结果得保平安。“纳约”的约，除简约外，也有缔结约盟之意。一阴一阳合力济险，算是坎卦中的一段佳话。“牖”是内外交际的透光之处，患难中争取实力者支持，须从其心智清明处切入才易奏效。换句话说，“樽酒、簋贰”不是重点，以诚意打动其心坎，深通刚柔之际的微妙，才是关键。

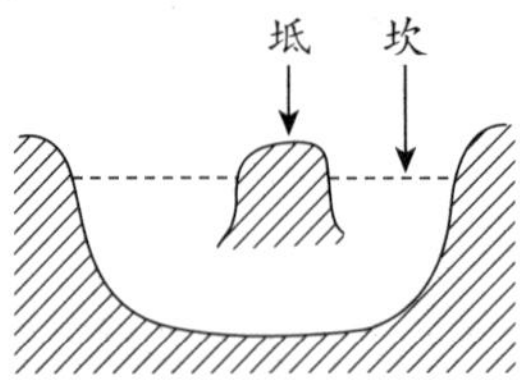

“际”即阴阳交界之处，一般称人际、国际、交际等不同主体间的互动，影响祸福吉凶甚巨，不可掉以轻心，以小事大、以柔制刚，更须战战兢兢。古代纵横家的祖师鬼谷子，为此研发出揣摩、忤合、飞箝等术，虚实往来，以动人主视听。庄子高慧，以庖丁解牛、得心应手为喻，解决问题须从脉络间隙处下手。老子深沉，标榜天下至柔驰骋天下之至坚，无有入无间。“间”就是际，以太极图的观念来看，任何事物都有间，只要掌握了间，就可巧妙运用，一般所谓派遣间谍、挑拨离间即是。

九五。坎不盈，坻既平，无咎。《象》曰：坎不盈，中未大也。

九五阳刚中正，为坎卦中最具实力的代表人物。一般河川水势皆源险流平，从初六起的湍流，至六四、九五已经和缓甚多，主客观条件的改善，使得脱险有望。“坻”音 chí，水中高地。“坎不盈”和“坻既平”为对文，坎水若盈满了，就会淹没水中坻。政治上打压异议分子，以图统一口径、只手遮天，即同此象。九五的做法与此相异，坎中水位不让它盈满，恰与“坻”顶齐平，既保留“坻”的立场，又不失整体的动态平衡，如此行事可保无咎。

“中未大”，表明九五不敢骄盈自满，小心翼翼处理政治上的障碍与矛盾。“坎不盈”才能继续往前奔流，《彖传》云“水流而不盈，行险而不失其信”，正指九五而言。六四“纳约自牖”，向九五输诚，九五“坎不盈”，与六四之祇平等相待，彼此在险中均不失诚信，当然行有功。

上六。系用徽纆，置于丛棘，三岁不得，凶。《象》曰：上六失道，凶三岁也。

“徽纆”是捆绑犯人的绳索，“丛棘”是丛生的有刺植物，古时的牢狱土墙上遍植丛棘，以防犯人脱逃。上六处坎险之极，阴柔乘于九五阳刚之上，遂有此象。深陷牢狱，三年都不能脱险，当然大凶。有人说，坎卦为周文王当年亲身经历的情境，故而称习坎，上六“系用徽纆”、六四“纳约自牖”，都有羑里之囚的影子。《系辞传》云：“《易》之兴也，其当殷之末世、周之盛德邪？当文王与纣之事邪？是故其辞危。”《易经》义理深湛入微，和文王遭受迫害，做过政治犯有绝大的关系，正因为现实的忧患太深、太残酷，才逼出绝处逢生的智慧。“危者使平。”冤冤相报，权力的倾轧永无已时，为谋解脱，就得“坎不盈，祇既平”，持平化解冲突，彼此和平共存。

明两作

离。利贞，亨。畜牝牛，吉。《彖》曰：离，丽也。日月丽乎天，百谷草木丽乎土，重明以丽乎正，乃化成天下。柔丽乎中正，故亨，是以畜牝牛吉也。

“离”是附丽，有附着、依随、相继之意。兑卦《大象传》即云：“丽泽，兑。君子以朋友讲习。”上泽下泽称丽泽，上坎下坎称习坎。“离”有网罟之象，网目相连，中空外实，人际网络、信息网络皆可依次搭建起来。

日月之明，由于悬挂在天空，百谷草木欣欣向荣，因为根植于土地。人类建树文化也得依据正道，日新又新，不断发扬光大。坎卦以刚中涉险，意志坚定；离卦以柔中相丽，虚怀若谷，六二中正当位，导致全局亨通。牛性柔顺，牝牛更是柔中之柔，畜养如牝牛般至柔之性，以达到终极目的而获吉。

《象》曰：明两作，离。大人以继明照于四方。

“作”即兴起，后明继前明而起，有薪尽火传之象。大人为《易经》中最高的德位，对人类文明负有无尽的责任，依乾卦《文言传》的定义：“大人者，与天地合其德，与日月合其明，与四时合其序，与鬼神合其吉凶。”基督教勉励人发光作盐，佛教称光明普照，《易经》上经以“继明照于四方”作结，都对人类未来寄予无限的盼望。

继明接在习坎之后，坎、离二卦相错，更见出《易经》作者的深意。人生在世，必遇患难，只要动心忍性，学习到克服艰险的智慧，就能摇身一变，败步复活，再造生命事业的第二春。文王在忍辱负重、遍历艰险后，终于兴周灭殷。尧传舜、舜传禹为典型的继明，舜在接位前“历试诸艰”，承受尧的种种试炼，禹则尽心水利，与坎险搏斗十余年，都是置之死地而后生、习坎进而继明的显例。

离为火，火的发明使人类由茹毛饮血跃入熟食的时代，充分代表文明的演进，希腊神话中，普罗米修斯因盗天火而受罚，可见离火继明的不同凡响。习坎继明，大死大生，希腊神话中亦有凤凰鸟自焚后在灰烬中再生的传说。

履错然

初九。履错然。敬之，无咎。《象》曰：履错之敬，以辟咎也。

初九阳刚当位，处求明之始，如临深渊如履薄冰，生怕一步踏错，难以回头。“错然”是阴阳交错、理欲纷呈，事情千头万绪，不知如何下手的样子。离为日，初九为旭日东升，所谓一日之计在于晨，早起时面对一天的繁忙事务，须收摄心神，谨慎规划，按部就班处理，方可无咎。

“履错然”是相当重要的行事修养，世事多歧，不可能样样称心如意，必须能耐烦剧，才足以成事。蒙卦称“杂而著”，杂乱中能调理思绪，排除欲望的干扰，而使理智昭显；恒卦称“杂而不厌”，环境再混乱也不生厌离之想，恒存定知定见，以担负事责。这些皆与“履错然”的意境相通。

六二。黄离，元吉。《象》曰：黄离元吉，得中道也。

六二当位中正，为离卦的主爻。黄是中色，坤六五黄裳元吉，离卦六二“黄离，元吉”，形势一片大好，充满了厚德载物的生命气息。初九为日出，当青春年少，六二为日正当中，春秋鼎盛。

上九。王用出征，有嘉折首，获匪其丑，无咎。
（王用出征，以正邦也。）
六五。出涕沱若，戚嗟若，吉。
（六五之吉，离王公也。）
九四。突如其来如，焚如，死如，弃如。
（突如其来如，无所容也。）
九三。日昃之离，不击缶而歌，则大耋之嗟，凶。
（日昃之离，何可久也？）
六二。黄离，元吉。
（黄离元吉，得中道也。）
初九。履错然，敬之，无咎。
（履错之敬，以辟咎也。）

离

九三。日昃之离，不击缶而歌，则大耋之嗟，凶。《象》曰：

日昃之离，何可久也？

九三过刚不中，居前明之末，有日薄西山、来日无多之象。“耋”音dié，七老八十之意。一般人处凄凉老景，贪生畏死，哀愁怨叹不已，是招凶之道。豪杰之士发愤忘食，乐以忘忧，不知老之将至，敲击瓦器唱歌，洋溢着乐天知命的情怀。吉凶祸福，境由心造，正成强烈对比。

九四。突如其来如，焚如，死如，弃如。《象》曰：突如其来如，无所容也。

九四起离道乃革，进入继明阶段，可惜阳居阴位不当位，违反了离卦利贞之戒，一把火烧得猛烈无比，却不为上下所容，终至玩火自焚，死无葬身之地。一般心浮气躁，不依正道骤起兴革，或私心自用、欲火焚身者，即为此爻情境。《易经》三百八十四爻中，凶险之爻不在少数，却也罕见如此酷烈者，清代学者乔莱称此为第一凶爻。

前面说懂得用火是人类文明的一大进步，但用之不当、火势失控，也非常的恐怖，《孙子兵法》有《火攻篇》，所谓“侵掠如火”，残害生灵莫此为甚。现代核武器的发明，更是人类文明挥之不去的梦魇，核爆的闪光与蕈状云的图像，恰似九四爻辞所示，一切付之一炬，人间刹那转成地狱。

六五。出涕沱若，戚嗟若，吉。《象》曰：六五之吉，离王公也。

六五柔中但不当位，也不满足利贞的条件，乘于九四阳刚之上，受火势熏灼亦不利。环境险恶，惊惧不能自持，以致涕洒横流、哀叹不已。继明之君沦落至此，表现可谓相当离谱，最终获吉，是靠了上九王公的帮助。六五以柔丽刚，上攀上九强臣，故称“离王公”。

上九。王用出征，有嘉折首，获匪其丑，无咎。《象》曰：王用出征，以正邦也。

上九居离明之极，光照天下，有如明镜高悬，洞见幽隐。九四、六五负继明之责，却因暴虐失正和软弱无能，没有承继得好，离卦至末，上经将终，为拨乱反正，上九遂膺王命出征。“嘉”是美善，显示出征有了最好的结果。“折首”是诛除首恶、擒贼擒王，“匪”同非，“丑”同类，获非其类即胁从罔治，不追究那些附从作恶的人，如此恩威并施，可保无咎。

前面说尧、舜禅让、道统相传为典型的继明，舜传禹本亦光明磊落，却没想禹再传启，而开了家天下的恶局，孟子批判“自禹而德衰”，实为孔门精义。离卦九四、六五狼狈为奸，继明不善，最后要靠上九，以至明至公之道来正本清源——贬天子、退诸侯、讨大夫。《春秋》的微言大义，在《易经》卦爻辞里处处得到印证。

由此看来，上九的“王”并非指六五，而是代表全民的新王，“有嘉折首”，则是彻底解消家天下的乱制，而回归公天下的正道——嘉代表真理，和随卦九五“孚于嘉吉”的意蕴相同。六五《小象》所云“离王公”，恐怕也是一语双关，王是天下人心所向往的新王，公是天下为公。六五由惊惧哀泣转而获吉，不回归正道是办不到的。九四、六五所经历的生死恐怖、颠倒梦想，也象征世及制下，为争夺皇权相互砍杀，芸芸众生所饱尝的痛苦——“焚如，死如，弃如”，颠沛流离、哀悲无告。九四继明时的一念之差，一己之私害尽了天下苍生！

上经从乾卦第一爻“潜龙勿用”起始，发展至离卦最末一爻“王用出征”作结，由“勿用”到“用”，由隐而未现到大放光阴，义理结构谨严，首尾呼应，创思之精，令人叹为观止。

坎卦重诚，离卦重明，坎离相错以终上卦，又与《中庸》之道相合：“诚身有道，不明乎善，不诚乎身矣。”“自诚明，谓之性；自明诚，谓之教。诚则明矣，明则诚矣！”“天命之谓性，修道之谓教”，所以坎以习教事，离以继明照四方。

第二十九章 “曾经拥有”与“天长地久”：咸、恒二卦综论

《易经》中有咸、恒二卦，列为下经之首，阐论夫妇之道、人伦之始。当此阴阳裂变、人心迷茫之际，值得我们深入品味。

《序卦传》云：“有天地，然后有万物；有万物，然后有男女；有男女，然后有夫妇；有夫妇，然后有父子；有父子，然后有君臣；有君臣，然后有上下；有上下，然后礼义有所措。夫妇之道，不可以不久也，故受之以恒。恒者，久也。”天地孕育万物，男女结为夫妇，种族繁衍后形成人类社会，父子君臣、上下礼义自然发展而出。《中庸》云：“君子之道，造端乎夫妇。”《系辞传》云：“天地絪缊，万物化醇；男女构精，万物化生。”一切人类文明皆以夫妇关系为基石，基石若松动，社会即易失序失常，所以必须讲究恒久之道。

咸同感，且是无心之感，男女两性相慕，完全顺乎自然，初时并无掺杂功利机心在内，孟子所称“慕少艾”者即是。咸又是皆、全之意，表示阴阳感通没有任何人例外，而且是全心全意的付出与承受，没有半点虚假。《系辞传》云：“《易》无思也，无为也，寂然不动，感而遂通天下之故。非天下之至神，其孰能与于此？”《易经》的基本要义就是感通，男女相感，人际交通，天下的万事万物莫不密切相关。一爻一世界，爻与爻间、爻与卦，乃至卦与卦间，都存在千丝万缕的互动关系，一即一切，一切即一。人若能正心诚意，修到去私不染、无思无为的最高境界，就

能声入心通，瞬间了悟天下事之所以然。《中庸》云：“至诚如神。”宣称至诚之道可以前知，即是咸卦原理的最高运用，义理所以肯綮、占卜所以精准，皆基于此。

《杂卦传》云：“咸，速也；恒，久也。”咸是心志感通，起念转念倏忽来去，传讯的速度极快，就像《西游记》中象征人心灵的孙悟空（所谓心猿）乘筋斗云一样，瞬间可达十万八千里之遥；猪八戒则象征肉体的欲望，食色性也、好逸恶劳的丑态。西行途中，灵肉之间常起争执，值得注意的是主人翁唐僧多半听猪八戒的，这才是取经证道的真实修炼历程。灵感、创意的精神力虽然无远弗届，还是需要一段冷静凝练的过程才得以成形，这就是恒的功夫。男女恋爱时的热情亦然，投缘可能迅速燃烧到最高点，但结合后，仍得接受婚姻生活的长期考验，能否成就美满姻缘，即系于能不能恒。孙悟空有活力有创意，任性胡为时也有强烈的破坏性，为免泛滥无归，观音佛遂设计了紧箍咒来节制它——人心猿意马、思虑过度时会头痛不堪！

关于恒卦，《系辞传》中多有着墨，在赞叹“作《易》者其有忧患乎”那章，所谓三陈九卦之德时，即点出恒卦的特性：“恒，德之固也。”“恒以一德。”“恒，杂而不厌。”恒是固守常道，永续不绝，咸感之速须继之以恒常之久，才得真正落实。恒是一心一德，贯彻始终，不轻易见异思迁。恒是虽处杂乱情境，却不起厌离之想，恒存定知定见的德性。

山泽通气

咸。亨，利贞，取女吉。《彖》曰：咸，感也。柔上而刚下，二气感应以相与。止而说，男下女，是以亨利贞，取女吉也。天地感而万物化生，圣人感人心而天下和平。观其所感，而天地万物之情可观矣！

咸上卦兑泽为少女，下卦艮山为少男，少男卑居少女之下，情有所专止，正是恋爱中人倾心追求的景象。柔卦居上，刚卦居下，山泽通气、异性相吸，自然爱悦非常。彼此感情到这个地步，当然亨通利贞，可以论及婚嫁，结果一定是吉的。

由男女相感推扩到天地相感，以及圣人领导群众，感召人心而致天下和平，咸卦的作用原理无所不在。我们深入体悟感通的道理，天地万物之情都能了如指掌。

除咸卦外，恒、萃、大壮诸卦亦言及天地万物之情：恒卦是“观其所恒，而天地万物之情可见矣”，萃卦是“观其所聚，而天地万物之情可见矣”，大壮则是“正大而天地之情可见矣”。《易经》立生生之象，为论情之书，伏羲画卦，仰观俯察、近取远取，皆为“通神明之德，类万物之情”。感而遂通、天长地久、物以类聚，正是芸芸众生一切有情世界最重要的基本原则。大壮卦仅言天地，不及万物，因为“唯天为大”，天地正气至公无私，众生难以企及，标准相当严格。

还有一点值得注意，咸卦卦辞仅有“亨利贞”，不见“元”字。若依乾卦四德俱全的说法，咸卦元德不显，而其卦旨即在通过一切努力以寻回元德。元是大始，生生之本，亦即《中庸》所谓“天命之谓性”。

性和情有区别：性是“喜怒哀乐之未发”，也就是中，是“天下之大本”，纯粹无私无我；情则是既发以后的喜怒哀乐爱恶欲，就难免褊狭走极端，必须设法节制，使其恰到好处，若能“发而皆中节”，就是和，是“天下之达道”。一个人能“致中和”，性即情，情即性，从心所欲皆不逾矩，自然“天地位焉，万物育焉”，而可“与天地参矣”。“参”是平视、齐平，天、地、人三才一样的伟大。咸卦重情，情意之动若能顺性无私，不偏激、不坠落，就与乾、坤两卦境界相同——“元亨利贞”，四德俱全。

六十四卦中，四德俱全的共有七个卦，乾、坤、屯、随、临、无妄六卦属上经，下经中仅有革卦“元亨利贞”。传统的说法，上经三十卦偏重天道，以乾、坤起始，下经三十四卦则重人事，以咸、恒居首。开天辟地、具体而微、随时变化、阴消阳息、至诚不虚，皆天道自然流行，不假安排；人道要上合天德非常不易，唯有革命的大公无私、积极奋斗、再造新天地的魄力勉强及之。乾坤“元亨利贞”，咸、恒“亨利贞”，从天性发展到人情，《易》分上下经，阐明终而复始的生生之道，与三画卦重叠发展成六画卦相似。人道若盛，可突破一切限制与天地相齐。乾卦九四《文言传》云：“或跃在渊，乾道乃革。”九五则云：“飞龙在天，乃位乎天德。”革命顺天应人，时义甚大，不可轻忽视之。

《象》曰：山上有泽，咸。君子以虚受人。

山泽通气，润泽万物，人际交往亦得虚心真诚以待，才能畅通无阻。无思无为、寂然不动就是虚，毋意、毋必、毋固、毋我就是虚。只有虚中无我，才能真实感通，才有可能顺性纯情，致中和而与天地参。

憧憧往来

咸卦六爻皆相应与：初六与九四、六二与九五、九三与上六。《彖传》所云“二气感应以相与”，在爻的配对上亦完全成立，阴阳合德，刚柔有体。

初六。咸其拇。《象》曰：咸其拇，志在外也。

爻辞中的“咸”字即念感，初六为感应之始，受九四阳爻相应与的影响，大脚趾蠢蠢欲动，想往前迈进，而与外卦的九四相配。老子云：“千里之行，始于足下。”《易》卦中初爻以足趾取象者，有咸、艮、大壮、夬、贲、噬嗑等，所谓“近取诸身”，足趾是人身体最低下的部位，正与初位相当。咸、艮二卦从初位到上位，全以人身部位取象，主要是因为一谈感应、一论止欲，皆与人的肉身密切相关，如此取象，《易》有亲切感。

上六。咸其辅颊舌。

（咸其辅颊舌，滕口说也。）

九五。咸其脢，无悔。

（咸其脢，志末也。）

九四。贞吉，悔亡。憧憧往来，朋从尔思。

（贞吉悔亡，未感害也；憧憧往来，未光大也。）

九三。咸其股，执其随，往吝。

（咸其股，亦不处也；志在随人，所执下也。）

六二。咸其腓，凶，居吉。

（虽凶居吉，顺不害也。）

初六。咸其拇。

（咸其拇，志在外也。）

咸

六二。咸其腓，凶，居吉。《象》曰：虽凶居吉，顺不害也。

“腓”是小腿肚，位置高于脚趾，人欲往前迈步，小腿肚会先动。六二受九五应与的影响，颇思躁动，然而前有九三、九四阻挡，九三乘于其上，与九五形成争夺情势，更容易产生困扰。《系辞传》云：“爱恶相攻而吉凶生，远近相取而悔吝生，情伪相感而利害生。”多角关系处理不好，还可能由爱生恨，带来无穷遗憾。“凡《易》之情，近而不相得则凶，或害之，悔且吝。”为了避免感情的伤害，代六二筹谋，应守住下卦中正之位，暂勿妄动，这就是居吉、顺不害。顺即顺理、顺性、顺势之意，六二柔顺中正，本具此德，只是被九五吸引，一时意乱情迷，差点儿致凶。

九三。咸其股，执其随，往吝。《象》曰：咸其股，亦不处也；志在随人，所执下也。

“股”是大腿，位置更高，但在身体行动时处于被动，随小腿及脚趾动后而动。九三与上六相应与，受阻于九四、九五；下乘六二，六二又一心向往九五。处处碰壁，爱恨交织，如此前往，必生遗憾。“不处”即不停留，“亦不处”是接着初六、六二皆思蠢动而言。九三徒具阳刚美质，却执着于追随阴柔而动，志望卑下，不足取法。

九四。贞吉，悔亡。憧憧往来，明从尔思。《象》曰：贞吉悔亡，未感害也；憧憧往来，未光大也。

“憧憧往来”是指心思之动、辗转反侧的样子。九四不当位，下应初六，二者皆为私情所缚，眼中再无他人存在，陷溺之深，很容易受伤害，心胸也难以宽广。为九四计，应以理正情，收摄心思，才能获吉，而使悔恨消亡。

《系辞传》中记有孔子读此爻时，所发的一大段议论：“子曰：‘天下何思何虑？天下同归而殊涂，一致而百虑。天下何思何虑？日往则月来，月往则日来，日月相推而明生焉；寒往则暑来，暑往则寒来，寒暑相推而岁成焉。往者屈也，来者信也，屈信相感而利生焉。尺蠖之屈，以求信也；龙蛇之蛰，以存身也；精义入神，以致用也；利用安身，以崇德也。过此以往，未之或知也；穷神知化，德之盛也。’”

九四是心之感，心的功能主要在思虑，“憧憧往来”是思虑的乱象，为情欲所陷，难以看清真理。诸子百家各逞思虑，皆有所见，亦各有所偏，所谓“仁者见之谓之仁，智者见之谓之智”，小德川流，大德敦化，都可以在真正的大道理融摄。日月相推，寒来暑往，自然界的运行变化无思无为，精确无比，人为的思虑造作掺杂私欲，就难免有破绽和流弊。《系辞传》开宗明义云：“易简而天下之理得矣！”人的思维若想准确，必须尽可能无私无我，公正客观。天下事既往的已成历史，未来的尚待伸展，鉴往知来，屈伸相感，无穷的智慧便从此生出。

尺蠖虫行进时，先屈而后伸，龙蛇蛰伏于地穴，为了保存性命。大丈夫立身行世，亦当明辨形势，能屈能伸，“潜龙勿用”，才能“飞龙在天”。精研义理到最高境界，仍是为了经世致用，借此安顿身心，以积累修炼自己的德行。除此以外，虚无缥缈、怪力乱神，皆非实学演练的范畴，未知生焉知死？未能事人焉能事鬼？《说卦传》开宗明义云：“和顺于道德而理于义，穷理尽性以至于命。”进德修业、日新又新到极致，自然能体悟天地造化的奥秘。

九五。咸其脢，无悔。《象》曰：咸其脢，志末也。

“脢”是背脊肉，与前心相对，为人体上极不敏感的部位。“咸其脢”，表示感的不是地方，得不到预期的反应。“志末”的“末”指上六，表示最末一爻，见《系辞传》：“六爻相杂，唯其时物也。其初难知，其上易知，本末也。”初爻为本，上爻为末。九五承上六，受其花言巧语引诱，不免动心，虽和六二应与，但距离太远，中多障碍，无意反顾，这就丧失了咸卦之主的立场。为九五计，须端摄心神、少私寡欲，不与上六往来，才能无悔。“咸其脢”与艮卦卦辞“艮其背，不获其身”的道理相通。老子慨叹：“吾之所以有大患者，为吾有身，及吾无身，吾有何患？”背隐喻避开欲望，不正面接触，眼不见心不烦，以期全身保志，无怨无悔。

上六。咸其辅颊舌。《象》曰：咸其辅颊舌，滕口说也。

“辅”是口内唇齿相依的肤肉，人说话时辅、颊、舌齐动，“咸其辅颊舌”，指纯以言语感人，虚情假意，口惠而实不至。上六居咸卦之末，物极则反，感应已无真情，下乘九五，远应九三，在咸卦诸爻的多角关系中，只会造成骚扰。又当上卦兑口处，正合巧言无实的象理。

纵观咸卦六爻，悔吝凶居多，无一爻全吉，与卦辞“亨，利贞，取女吉”大异，其故安在？前面论析“咸”有皆、全之意，强调全心全意的付出与承受，卦代表整体大局，象征其全，故得吉。爻则代表其中一时位，各居其偏，且会受到彼此相吸相斥的互动影响，凶悔吝遂由此而生。因此，卦辞仅暗示元德隐没，爻辞则多戒慎之语——六二居吉以避凶，九四贞吉而悔亡，九五冷感以无悔。

立不易方

> 恒。亨，无咎，利贞，利有攸往。《彖》曰：恒，久也。刚上而柔下，雷风相与，巽而动，刚柔皆应，恒。恒亨无咎利贞，久于其道也。天地之道，恒久而不已也。利有攸往，终则又始也。日月得天而能久照，四时变化而能久成，圣人久于其道而天下化成。观其所恒，而天地万物之情可见矣！

恒卦（䷟）上卦震雷为长男，下卦巽风为长女，长男高居长女之上，长男主动，长女巽顺以从，有婚后夫唱妇随之象。刚卦居上，柔卦居下，雷风相薄，六爻皆相应与，配合无间，自然能处得长久。亨通利贞，不生事端，适合在同一条道路上携手奋斗。日月推移，四时变化，天地自然运行之道是恒常不已最好的范例，圣人取法天道，在自己的专业上夙夜精勤，持久不懈地下功夫，终能达到大成的境界。

值得注意的是，恒德并非一成不变，而是可常可久之道，终则又始、四时变化而能久成，即透露了个中消息。《系辞传》云：“穷则变，变则通，通则久。”欲维系长久，必得灵活变通。“通其变，使民不倦；神而化之，使民宜之”，变通到最高境界，老百姓不但不厌倦，还积极参与，乐于奉行其道。

虽然如此，恒卦毕竟以守常为主，创新性总嫌不足，所以卦辞中有“亨利贞”，而无“元”字。元为善之长，元是创新的原动力。

《象》曰：雷风，恒。君子以立不易方。

方是方法道术、处世的基本原则，所谓大德不逾闲。恒卦笃守善道，立场坚定，有似孔子三十而立的境界。《论语》云：“可与立，未可与权。”权变无方的修为意境，比立更高，在孔子就是七十而从心所欲不逾矩，在《系辞传》则称“神无方”——神是阴阳不测，无定在而无所不在，无成法而无所不法！

久中悔亡

初六。浚恒，贞凶，无攸利。《象》曰：浚恒之凶，始求深也。

“浚”是浚渫河床的浚，深入挖掘之意，“浚恒”是交浅言深，一开始就图天长地久。如此躁进，当然达不到目的，虽自以为正，也是凶，全无利益可言。初六不当位，居恒卦之始，又为下卦巽人的主爻，正合乎“浚恒”之象。《论语》云：“无欲速，欲速则不达。”孟子批判宋人揠苗助长，皆与此爻相通。

九二。悔亡。《象》曰：九二悔亡，能久中也。

九二阳居阴位，也不当位，但居下卦之中，因而悔亡。恒卦贵居中守常。过与不及皆凶。中道是很难的修养，久中更难。《论语》上孔子赞美得意弟子颜渊，说他“其心三月不违仁”，其他弟子则“日月至焉而已矣”。大有卦九二爻的《小象》亦云：“积中不败。”人行事每次都恰到好处，自然不招悔恨，而永远立于不败之地。

九三。不恒其德，或承之羞，贞吝。《象》曰：不恒其德，无所容也。

九三过刚不中，居下卦之终，有晚节不保、无法持之以恒之象。这就前功尽弃，难免承受羞辱，再往下干，路子一定愈走愈窄，甚至天下之大都不易有容身之地。孔子在《论语·子路篇》中引述此爻："南人有言曰：'人而无恒，不可以作巫医。'善夫！'不恒其德，或承之羞。'子曰：'不占而已矣！'"古代社会巫医算小道，社会地位不高，但要做得出色都得有恒心。一个人若能恒其德，始终依道理行事，祸福吉凶根本就很清楚，哪里还用得着去占卜？

九四。田无禽。《象》曰：久非其位，安得禽也。

九四阳居阴位不当位，奋斗甚久，却不在一个能发挥本身才性的职位上，当然难有出色成就，就像田猎追逐不到禽兽，空忙一场一样，恒是恒了，选错了位置，再怎么熬也达不到目标。

相较于九四的守株待免，六五居上卦之中的时位就好多了。

六五。恒其德，贞。妇人吉，夫子凶。《象》曰：妇人贞吉，从一而终也；夫子制义，从妇凶也。

六五为恒卦之主，居中守常，绝不见异思迁，确属美德，照讲该很不错才是。偏偏爻辞语意一转，出现"妇人吉，夫子凶"的批判，《小象》更深入阐明男女有别之理。此处考量大有意味，《易经》尚变，恒德虽好，缺乏大开大阖的开创性，"夫子制义"即鼓励人勇于突破创新，不拘泥故常。六五位高，可以责求贤者更上层楼，所以直言"夫子凶"。《系辞传》云："不可为典要，唯变所适。"这是相当高的标准。

上六。振恒，凶。

（振恒在上，大无功也。）

六五。恒其德贞，妇人吉，夫子凶。

（妇人贞吉，从一而终也；夫子制义，从妇凶也。）

九四。田无禽。

（久非其位，安得禽也。）

九三。不恒其德，或承之羞，贞吝。

（不恒其德，无所容也。）

九二。悔亡。

（九二悔亡，能久中也。）

初六。浚恒，贞凶，无攸利。

（浚恒之凶，始求深也。）

恒

上六。振恒，凶。《象》曰：振恒在上，大无功也。

上六处恒卦之终，又居上卦震动之极，有物极则反、扰动而不守恒之象。常道一经振动破坏，大家无规矩可循，当然凶，此时所有的作为都是庸人自扰，徒劳无功。

恒卦跟咸卦一样，爻辞多凶，无一全吉，和卦辞“亨，无咎，利贞”之情大异。这是因为恒要有成就须长期积累，非朝夕可至。卦是总纲，爻则是其中一段过程，自然没有办法体现卦辞之吉。咸、恒二卦居下经之首，与上经乾、坤两卦相互呼应，在六十四卦中的地位相当重要，其作用原理贯穿全经。乾卦《彖传》结语：“首出庶物，万国咸宁。”坤卦《彖传》：“含弘光大，品物咸亨。”姤卦《彖传》：“天地相遇，品物咸章。”临卦初九、九二爻辞皆云“咸临”，一贞吉，一无不利。看来盛德大业都是群体参与，不宜私心垄断。

《系辞传》云：“夫乾，天下之至健也，德行恒易以知险；夫坤，天下之至顺也，德行恒简以知阻。”家人卦《大象传》：“君子以言有物而行有恒。”需卦初九爻辞：“需于郊，利用恒，无咎。”益卦上九爻辞：“莫益之，或击之，立心勿恒，凶。”用恒即知险阻，可保无咎；不用恒，失常反常即凶。

咸卦的错卦为损卦（䷨），恒卦的错卦为益卦（䷩），错即旁通。因此咸卦多受情害，强调正心诚意以“惩忿窒欲”；恒卦“利有攸往”，久于其道而天下化成。

第三十章　进退有度：遁、大壮二卦综论

《易经》中有遁、大壮二卦，属十二消息卦，相续相综，个中机关微妙，值得深入阐析，以为任事者参考。

《序卦传》云："恒者，久也。物不可以久居其所，故受之以遁。遁者，退也。物不可以终遁，故受之以大壮。物不可以终壮，故受之以晋。"遁卦前是恒卦，恒是日久天长，人在一个位子上不能待太久，时候到了，就该交棒退下来。退休只是前一阶段的结束，蕴养一阵后，又得为下一阶段的出发作准备，储积丰厚、身心康强就是大壮。实力壮盛，不可能待在原地，必会往前发展冲刺，这就是晋，晋即往光明的远景前进之意。

《杂卦传》云："大壮则止，遁则退也。"实力壮盛往前闯荡，很容易逞强而出状况，须重节制适可而止。遁就是退避、退休、退隐的意思。

不恶而严

遁。亨，小利贞。《彖》曰：遁亨，遁而亨也。刚当位而应，与时行也。小利贞，浸而长也。遁之时义大矣哉！

以十二消息卦的演变顺序来看，遁卦（䷠）是由姤卦（䷫）进一步

恶化而来，原来五阳下一阴生的局面控制失当，变成了四阳下二阴进逼的形势。居下卦之中的二位被占，阳刚的阵营已经岌岌可危，见机早的人为谋避祸，纷纷作撤退的打算。当局者如果再应对不当，下卦全部沦陷，即成为天地闭贤人隐的否卦（䷋），就更不能有所作为了。

遁的局势虽然险恶，仍有亨通之道，甚至就以暂遁为手段达到亨通的目的。诸葛亮高卧隆中，知晓天下大势，实因地近南阳丰都大邑，人文荟萃，情报自然灵通；交结名士，自比管仲、乐毅，等于放话为自己造势，尔后刘备三顾茅庐，实乃意料中事。隆中之遁，与姜太公渭滨以直钩垂钓，其实异曲同工，都是“遁而亨”的显例。

“小利贞”可有两种解释：从阳爻的立场看，阴势渐成气候，已经很难有大作为，但也并未完全绝望，所以在一些小事上还能坚持原则。另外从阴爻的立场来看，虽前景不错，毕竟四阳在上未可轻侮，应循序以进，不必逼人太甚。《易》例阳大阴小，“小利贞”即指阴爻利于守正，不宜躁进，“浸而长”指慢慢渗透，逐渐成长。

“刚当位而应”，指遁卦九五与六二相应与，阴阳两边阵营的主帅惺惺相惜，各自守中而不为敌，这种微妙的互动关系，也为“遁而亨”创造了条件。“与时行”是遁卦很重要的但书，该不该遁？何时遁？怎样遁？一切须视所处时位而定。“遁之时义大矣哉”，时机的判断掌握可太重要了！

《象》曰：天下有山，遁。君子以远小人，不恶而严。

遁卦上卦乾为天，下卦艮为山，天下有山之象。山势虽险峻陡峭，再高也顶不到天；天无边无量，可作无限后退，山节节进逼，终有力尽之时。阳刚君子与阴柔小人保持距离，不直接冲突，也不同流合污，即同此象。

“不恶而严”，分寸拿捏极为不易。“恶”是厌恶，不屑与之同列，形势不利之时如此对待小人，必生仇怨，不但表面不能这样，就算心里这么想，也绝不能让对方看出。俗话说，宁可得罪十个君子，也别得罪一个小人。这是处世的基本世故。

《论语·泰伯篇》云："人而不仁，疾之已甚，乱也。"为了避祸全身，只得敷衍应付，但也不能同流合污，助人为恶，仍得严守正道，以免局势恶化更快。《中庸》上赞美人和而不流、中立而不倚为强者中的强者，就是不恶而严。

嘉遁贞吉

往下我们进入爻的世界，看看遁之时的众生相，以及与时偕行的重要。

初六。遁尾，厉，勿用有攸往。《象》曰：遁尾之厉，不往何灾也？

遁以全卦论，分成阴阳壁垒分明的两个对立面；以各爻论，则概以阳爻所代表的君子视之，析论该时位出处进退的问题。所谓《易》为君子谋，不为小人谋，六爻爻辞即为此而发。

初六位处基层，当遁之始，又陷在阴柔阵营的后方，就像沦陷敌区的人民一样，逃难为时已晚，扶老携幼跨越阴阳交锋的战线，风险也太高，不如就地卧倒，静观其变，还能避祸保身。由于位卑职微、兵荒马乱之时，根本也引不起别人注意，不去逃难，哪里会招灾呢？比卦上六"后夫凶"，遁卦初六"遁尾，厉"，行动慢的易吃亏，当机立断的有成就。"勿用"是短期暂避风头，不乱跑，"有攸往"，是中长期怀有奋斗出险的盼望，语法同屯卦卦辞："元亨利贞，勿用，有攸往，利建侯。"

上九。肥遁，无不利。

（肥遁无不利，无所疑也。）

九五。嘉遁，贞吉。

（嘉遁贞吉，以正志也。）

九四。好遁，君子吉，小人否。

（君子好遁，小人否也。）

九三。系遁，有疾厉，畜臣妾，吉。

（系遁之厉，有疾惫也；畜臣妾吉，不可大事也。）

六二。执之用黄牛之革，莫之胜说。

（执用黄牛，固志也。）

初六。遁尾，厉，勿用有攸往。

（遁尾之厉，不往何灾也？）

遁

六二。执之用黄牛之革，莫之胜说。《象》曰：执用黄牛，固志也。

六二当位中正，和九五相应与，对大局得负责任，无法一走了之，就像被黄牛皮制的革绳紧紧绑住一样，怎么也脱不了身。既然被套牢，就得坚定自己的志向，留在岗位继续奋斗。黄牛之革的喻象，亦见于革卦初九："巩用黄牛之革。"强力劝止热血青年轻举妄动，以免白白牺牲。卦之时义不同，爻之意境遂有差异。

九三。系遁，有疾厉，畜臣妾，吉。《象》曰：系遁之厉，有疾惫也；畜臣妾吉，不可大事也。

九三下乘六二，正当阳阴交界处，受阴气感染最甚，利欲包袱太重，欲遁不能，只能勉力周旋，风险既高，又疲惫痛苦不堪。"畜臣妾"即指回头与二阴爻相处，初六为臣、六二为妾，所谓"唯女子与小人为难养也，近之则不逊，远之则怨"。委曲求全可保暂时平安，也不能发挥大作用。

观卦上二阳下四阴，初六童观为小人之道，六二窥观女贞亦可丑，取象与此相通。由于小人难畜难缠，靠得太近不行，离得太远也糟，所以《大象传》才说“不恶而严”。

九四。好遁，君子吉，小人否。《象》曰：君子好遁，小人否也。

九四离前线较远，不像九三首当其冲，压力深重，但下和初六相应与，心有所喜好，也难免恋栈。如果是有见识的君子，虽好犹遁，不被私情左右，若为利欲小人，就办不到了。九三心有所系、难断情缘；九四心有所好，自决去留，受阴爻影响的程度已经低多了。六二“执用黄牛”，被牢牢捆绑，深陷阴中，更是摆脱无望。

九五。嘉遁，贞吉。《象》曰：嘉遁贞吉，以正志也。

九五当位中正，为遁卦之主，下和六二相应与，主客观条件俱佳。嘉是美善，亨者嘉之会，嘉又有阴阳交流亨通之意。六二既然守中固志，不急着进逼；九五体察大势，亦应表现风度，引退让贤。正志是端正自己的志向，不恋栈权位，大道之行，天下为公。九五正志与六二固志相对、尧舜禅让足以当之。《论语·里仁篇》云：“能以礼让为国乎？何有？不能以礼让为国，如礼何？”嘉会为礼，嘉遁为让，既然后继有人，即可功成身退，还成就一段美名。

上九。肥遁，无不利。《象》曰：肥遁无不利，无所疑也。

“肥”同心广体胖的胖，有悠游自得、绰有余裕之意，或同飞，远走高飞，毫无系恋。上九内无应与，故有“肥遁”之象。既然轻松自由，当遁则遁，不必犹疑，不会有任何不利。上九“肥遁”和九三的“疾惫”，恰成强烈对照。

遁卦六爻所处时位不同，遁的方式因而有异，或止或退，有合有离。下卦三爻属艮体，以止为尚，故而初六勿用、六二固志、九三系遁。上卦三爻属乾体，以行为主，九四“好遁”、九五“嘉遁”、上九“肥遁”。人生出处进退，百般艰难，乾卦《文言传》云：“知进退存亡而不失其正者，其唯圣人乎？”为免亢龙有悔，当知遁之时义。

《文言传》解释“潜龙勿用”，亦云：“龙德而隐者也，不易乎世，不成乎名，遁世无闷，不见是而无闷。乐则行之，忧则违之。确乎其不可拔，潜龙也。”韬晦深藏，安然隐遁，世俗毁誉完全不系于心，忧乐自主，无愁无闷，真是遁的上乘修为。大过卦皆为非常人处非常世，面临栋桡的风险威胁，《大象传》云：“君子以独立不惧，遁世无闷。”这些都是遁而亨的活用，精神意志的高度升华。小人之行，无往而不利于君子，恶势力无论怎么嚣张，英雄豪杰照样有亨通之道。

非礼弗履

大壮。利贞。《彖》曰：大壮，大者壮也。刚以动，故壮。大壮利贞，大者正也，正大而天地之情可见矣！

大壮卦四阳在下，积健为雄，阳气壮盛。《易》例阳大阴小，大畜、大过、大壮、大有皆阳盛阴衰之卦。大壮卦内卦乾刚，外卦震动，象征刚健无私的行动，理直自然气壮。孟子所称善养浩然之气，至大至刚；文天祥云“天地有正气，杂然赋流形”，即为“大壮利贞”的境界。天无私覆，地无私载，天地之情，正大足以当之。

《象》曰：雷在天上，大壮。君子以非礼弗履。

大壮上卦震雷，下卦乾天，雷鸣天上，声势浩壮。人在实力壮盛的时候，最容易恃强轻进，“非礼弗履”即提醒人，不合理的事不要做，这和《杂卦传》所云“大壮则止”意同。《论语·颜渊篇》以“克己复礼”为仁，又以“非礼勿视、非礼勿听、非礼勿言、非礼勿动”为行仁的纲目，义理完全相通。

丧羊于易

初九。壮于趾，征凶，有孚。《象》曰：壮于趾，其孚穷也。

初九居大壮之始，所谓千里之行始于足下，有“壮于趾”之象。未明判形势即恃强轻进，必然遭凶。孚是诚信、热情，初九阳刚当位，所谓初生之犊不畏虎，确有其孚，但这种孚会穷！夬卦（䷪）五阳一阴，较大壮刚气尤盛，初九爻辞亦云：“壮于前趾，往不胜为咎。”义理完全相同。

九二。贞吉。《象》曰：九二贞吉，以中也。

九二阳刚居中，上和六五相应与，刚柔互济，守正获吉。

上六。羝羊触藩，不能退，不能遂，无攸利，艰则吉。
（不能退，不能遂，不详也；艰则吉，咎不长也。）

六五。丧羊于易，无悔。
（丧羊于易，位不当也。）

九四。贞吉悔亡，藩决不羸，壮于大舆之輹。
（藩决不羸，尚往也。）

九三。小人用壮，君子用罔，贞厉。羝羊触藩，羸其角。
（小人用壮，君子罔也。）

九二。贞吉。
（九二贞吉，以中也。）

初九。壮于趾，征凶，有孚。
（壮于趾，其孚穷也。）

大壮

九三。小人用壮，君子用罔，贞厉。羝羊触藩，羸其角。《象》曰：小人用壮，君子罔也。

九三过刚不中，逞强冲撞，就像公羊抵触藩篱，把角弄坏了一样，这样干是很危险的。一般小人居此时位，多半按捺不住而“用壮”，有才识的君子则懂得不“用壮”，“罔”即勿、无之意。其实有壮而不用才是真壮，老子云：“勇于敢则杀，勇于不敢则活。”又云：“物壮则老，是谓不道，不道早已。”“飘风不终朝，骤雨不终日”，“强梁者不得其死”，皆可为九三用壮之戒。“胜人者有力，自胜者强”，克己复礼就是自胜，大壮则止才是真强。

大壮九三倒过来看即遁卦九四，“君子好遁，小人否也”，一样划分君子小人，相综两卦实为一卦，结构精妙，处处呼应。

九四。贞吉悔亡。藩决不羸，壮于大舆之輹。《象》曰：藩决不羸，尚往也。

九四阳居阴位，上承六五，刚柔相济，守正得吉，悔恨消亡。九三前有九四挡道，《易》例阳遇阳则窒，故触藩羸角；九四前临二阴，阳遇阴则通，故“藩决不羸”。“輹”是联结车身与轮轴的革绳，“壮于大舆之輹”，车强马壮，可长驱直入勇往向前，大有岳飞“驾长车，踏破贺兰山缺”的气势。

六五。丧羊于易，无悔。《象》曰：丧羊于易，位不当也。

大壮和遁一样，全卦以四阳二阴交锋对垒立论，各爻则概以阳爻视之，代为筹谋。九四积健为雄，至六五突破成功，形势豁然开朗，遂挺进阴方，一遂夙志，自然无怨无悔。“易”是疆场，也是平易、和易之意，六五柔能克刚，开放门户让九四闯入，时间一久，阳刚本性丧失殆尽，反为阴方所制。老子所谓“天下之至柔，驰骋天下之至坚，无有入无间”，即为此意。六五阴居阳位不当位，为大壮之主，用平易的柔道将阳刚猛劲化解于无形，其中义理实在耐人寻味。

上六。羝羊触藩，不能退，不能遂，无攸利，艰则吉。《象》曰：不能退，不能遂，不祥也；艰则吉，咎不长也。

阳刚猛势经六五冲刺至上六，已为强弩之末，又成“羝羊触藩”、进退两难的局面，这是因为未能详审形势所致。恃刚冒进，深入敌境，结果什么利益也得不到，只能艰守当地，以待形势之转。上六已至穷境，物极则反，可能转危为安。历史上两国相争，幅员广大的一方，以焦土抗战使对方陷入泥沼，因而转败为胜，道理和此相同。

大壮六爻中，当位之爻如初九、九三、上六皆不利，不当位之爻如九二、九四、六五，反因刚柔互济而得吉，正是印证了大壮则止的法则。四阳二阴的结构，即表示阳刚太过，须深自挹损以使阴阳平衡。大壮卦辞言“利贞”，九二、九四获“贞吉”，“贞”与“征”不同，沉稳守正，不动如山。圣人知进退存亡而不失其正，故遁与大壮卦辞皆言“利贞”，“嘉遁”且云“贞吉”。

第三十一章　人有悲欢离合：家人、睽二卦综论

《易经·杂卦传》云："睽，外也；家人，内也。"一家人朝夕相处，祸福与共，当然是最亲近的；情极生变，反目成仇，可就令人难堪了。

《序卦传》云："伤于外者，必反其家，故受之以家人。家道穷必乖，故受之以睽。睽者，乖也。乖必有难，故受之以蹇。"家人卦之前是明夷卦，人在外面奋斗遭遇严重挫折，都会想回家休息，寻求安慰，这是家庭极重要的功能。家庭处不好必生乖离，相互疑忌，同床异梦，如此势必无法一致对外，事业就更难开展了。

利女贞

家人。利女贞。

家庭生活要美满幸福，妇女的角色比男人重要得多，无论世态怎么变，都不可能推翻这条铁律。《彖传》比较长：

《彖》曰：家人，女正位乎内，男正位乎外。男女正，天地之大义也。家人有严君焉，父母之谓也。父父子子，兄兄弟弟，夫夫妇妇，而家道正。正家而后天下定矣！

家人卦（䷤）六二爻居内卦之中，九五爻居外卦之中，二者皆中正当位，又相应与，正是标准的“男主外，女主内”的格局，合乎天经地义。“严君”的“严”不是严厉，而是庄严自重之意，亦即正位。家要像个家，父母得以身作则。如果家中每一成员都能各尽本分，相亲相爱，家道当然兴旺。大本立定，家齐而后国治，国治而后天下平——社会上每个家庭都正常美满，自然蕴蓄生机活力，和谐而少生事端。家人卦从初九到九五，各爻全部当位，也充分反映了这种和睦的结构。

《象》曰：风自火出，家人。君子以言有物而行有恒。

家人上卦巽风，下卦离火，火起风生，家道若明，风化自淳，《大学》强调齐家的重要，绝非无的放矢。《诗》云：“之子于归，宜其家人。”“宜其家人”，而后可以教国人。《中庸》亦云：“君子之道，譬如行远必自迩，登高必自卑。”《诗》曰：“妻子好合，如鼓瑟琴。兄弟既翕，和乐且耽。宜尔室家，乐尔妻帑。”古典的谆谆教训，其实相当肯綮，所描述的情境亦动人心弦，只是与现代家庭生活的实况已大有距离。

齐家是以修身为本，修身在于一言一行皆不虚发妄动，所谓“庸言之信，庸行之谨”，言顾行，行顾言，严谨修持，真实不欺。《系辞传》上更郑重其事，宣称：“君子居其室，出其言善，则千里之外应之，况其迩者乎？居其室出其言不善，则千里之外违之，况其迩者乎？言出乎身，加乎民，行发手迩，见乎远。言行，君子之枢机，枢机之发，荣辱之主也。言行，君子之所以动天地也，可不慎乎！”

王假有家

初九。闲有家，悔亡。《象》曰：闲有家，志未变也。

“闲”为门中有木，即栏栅，引申为防止之意。初九居家之始，须先明立规范，以免日后相处狎昵失节，反而带来许多遗憾。家庭以亲爱为主，但仍不得疏失礼法，这一点非常重要。老子云：“为之于未有，治之于未乱。”《文言传》云：“闲邪存其诚。”宁愿慎之于始，勿悔恨于后。

六二。无攸遂，在中馈，贞吉。《象》曰：六二之吉，顺以巽也。

“无攸遂”即无所成、不自专之意；“在中馈”是主持家务，负责调理饮食，这是传统妇女的典型定位。纯以家庭角度来看，仍有其切实性，至于现代职业妇女，愿不愿意牺牲本身事业，以相夫教子为志，就因人而异了。六二顺承九五，中正相应，遂有此象。

九三。家人嗃嗃，悔厉，吉。妇子嘻嘻，终吝。《象》曰：家人嗃嗃，未失也；妇子嘻嘻，失家节也。

“嗃嗃”是严厉貌，要求严格；“嘻嘻”是嬉皮笑脸无所谓，二意相反。九三过刚不中，治家太严，容易伤感情，但只要出发点正确，最后还是吉的；反之，若一味骄纵，最后必食恶果。孟子认为：“父子间不责善，责善则离，离则不祥莫大焉。”又称责善为“贼恩之大者”。子夏问孝，孔子答：“色难。”嗃嗃、嘻嘻，都有毛病，和颜悦色，恰到好处最难。九三居下卦离火巅峰，在家庭生活中，可谓备受考验。

六四。富家，大吉。《象》曰：富家大吉，顺在位也。

六四本身当位，上承九五，下与初九相应与，内外在条件俱佳，相夫教子，大有所成。“富家大吉”，占筮若遇此爻，必然心旷神怡。

九五。王假有家，勿恤，吉。《象》曰：王假有家，交相爱也。

九五为家人卦主爻，所谓的家长之位。“假”同格，感格之意，九五和六二相应与，夫妇真情相感，携手共创温馨的家庭生活。“假”也是至的意思，表明家长花在家里的心力很多，与六二“在中馈”的在字意同，尽责调护，绝不失职。“恤”是忧心，九五能做到上述地步，自然不必担心，一定获吉。家人卦九五“王假有家”，涣、萃二卦九五则云“王假有庙”，人群聚散与核心领导者的表现深切相关。

上九。有孚威如，终吉。
（威如之吉，反身之谓也。）
九五。王假有家，勿恤，吉。
（王假有家，交相爱也。）
六四。富家，大吉。
（富家大吉，顺在位也。）
九三。家人嗃嗃，悔厉吉。妇子嘻嘻，终吝。
（家人嗃嗃，未失也；妇子嘻嘻，失家节也。）
六二。无攸遂。在中馈，贞吉。
（六二之吉，顺以巽也。）
初九。闲有家，悔亡。
（闲有家，志未变也。）

家人

上九。有孚威如，终吉。《象》曰：威如之吉，反身之谓也。

孚是诚信相待，“威如”是仍以威仪自重，不致狎昵失节，如此可获终吉。《小象》进一步厘清所谓威仪，不是装腔作势、摆吓人样子，而是反身而诚，自尊自重。家人相处，中节很难。初九“闲有家”，申之于始，上九反身威如，饬之于终。

同床异梦

睽。小事吉。

人际睽违、相互疏远猜忌之时，当然不可能共大事，只有在一些无关紧要的小事上尚可合作，以维持门面。

《彖》曰：睽，火动而上，泽动而下，二女同居，其志不同行。说而丽乎明，柔进而上行，得中而应乎刚，是以小事吉。天地睽而其事同也，男女睽而其志通也，万物睽而其事类也。睽之时用大矣哉！

睽卦（䷥）上卦离火，火势往上燃烧，下卦兑泽，泽水向下流动，正是背道而驰、愈行愈远之象。上卦离为中女，下卦兑为少女，二女同居一室，却各有各的想法。上卦离为明，亦为附丽，下卦兑为悦，有欣然跟从英明的领导人之象；“柔进而上行”是指六五爻，得居上卦中位，且与九二阳刚之爻相应与。这些有利因素，造成大局虽睽仍获“小事吉”。

以革卦和睽卦相比较，革卦（䷰）上泽下火，泽下流火上炎，势必交争，避无可避，所有的矛盾都得正面解决，就爆发了革命。睽卦虽同床异梦，尚可井水不犯河水，避不见面，不至于摊牌。

《彖传》在分析睽卦的结构，阐释“小事吉”的道理后，词锋一转，进而有更积极的想法。天上地下，距离遥远，其覆载万物之功却相同；男女有别，其生育后代的心志却相通；万物形形色色，却可依其特性区分成类。由此看来，矛盾对立再严重，都能寻出共性，建立共识，而达到更高层次的辩证式的统一。睽虽尴尬难受，若能拔高视角，超越矛盾，懂得用睽以成生化之功，就旋乾转坤、功德无量了！

从“小事吉”到“睽之时用大矣哉”，《彖传》的作者显示出超人的神悟。一般人都怕睽，枭雄人物却会用睽，利用派系矛盾以达到政治目的。厌异趋同是人之常情，非常人甚至制造矛盾，唯恐天下不睽。

《象》曰：上火下泽，睽。君子以同而异。

《彖传》异中求同，《象传》却同中求异，从另一角度切入发挥。人生处世，须和别人和谐相处，但仍得存其本色，不必人云亦云，为了群性而牺牲个性。老子主张“挫其锐，解其纷，和其光，同其尘”，圆融处世，不露圭角。《中庸》云：“君子和而不流，强哉矫。”则阐析与人和同，却不随波逐流，才是真正的强者。同而异，才不至于盲从，才会有特立独行。

丧马勿逐

初九。悔亡，丧马勿逐，自复。见恶人，无咎。《象》曰：见恶人，以避咎也。

初九当睽之始，上无应与，合该有悔，却因应对恰当，使悔恨消亡。人情睽异之际，难免遭受误会，就像丧失了代步工具的马匹一样，寸步难行，只要问心无愧，不必强求弥缝拼命想追回。人际是很微妙的，睽由家人情海生变而来，爱恨交织、恩怨情仇更难处理，正在气头上，愈追逐愈跑远，莫不如按兵不动，大家都冷静下来，只要没有深仇大恨，最后还可能自然复合。塞翁失马，焉知祸福？乍睽之时，不必反应过度乱了方寸。初九本身当位，并无失德，这是“勿逐、自复”的基本条件，前有九二阳刚挡道，也无法任情追逐。

类似睽卦初九“勿逐、自复”的情境，亦见于震卦六二及既济卦六二。震卦六二爻辞云：“震来厉，亿丧贝，跻于九陵。勿逐，七日得。”

既济卦六二爻辞云："妇丧其弗，勿逐，七日得。"外界震撼似的打击来势汹汹，高度风险的情境下，盘算会亏损很多钱，遂爬到高山上暂避风头，不要心疼财物拼命维护抗拒，等周期循环一过，又会赚回原来的损失。妇女出门，丧失了座车掩蔽的门帘，行动受阻，不要急急寻觅，静以待时，风潮一过仍可能失而复得。一爻当一日，七日回复本位，这是"七日得"的象征意义。政治运动、景气循环，"飘风不终朝，骤雨不终日"，只要不硬碰硬，熬过最艰困的时期，终有复原的一日。六二当位中正，本身没问题，即可静观形势演变，若出外奔逐，反而失位招凶。

《圣经》上说：走失了一头羊，都要把它找回来。这是牧羊人的职责。《易经》却认为"丧马勿逐，自复"，充满了睿智与自信。睽卦初九遭人情之变，同志反目成仇。如何妥善处理，确需耐心、信心和勇气。

初九爻还有下文："见恶人，无咎。"人在睽的情况下，看别人都像坏人，而自己却是清白无辜的，为了维护自尊，怕受伤害，往往避不见面。长此以往，自然愈离愈远，更无复合希望。《易经》作者洞悉人性幽微，主张双方还是要见面，保持适度接触，才能无咎。

"恶人"一指交恶之人，实属主观见解的扭曲，理应接触以化解误会；一指真正的恶人，那就更不能得罪，否则必遭惨烈报复。《论语》中孔子见阳货，就是为了避咎，不得不敷衍应付。难的是，敷衍还不能让对方看出来，人内心中应该有善恶是非的标准，但疾恶如仇若溢于言表就很危险。《论语·泰伯篇》云："人而不仁，疾之已甚，乱也。"小人睚眦必报，犯不着捅蜂子窝。遁卦《大象传》云："天下有山，遁。君子以远小人不恶而严。"心中严守善恶分际，不同流合污，但表面绝不显露厌恶不屑的表情。以此对待小人，可保无咎。山再往上拔高，也不可能把天顶穿了，天量无涯，让他三分又何妨？

在爻位上，"见恶人"是指初九上应九四，虽不相与，心存芥蒂，在尽力合睽的共识下，彼此仍宜相见。

睽

上九。睽孤，见豕负涂，载鬼一车。先张之弧，后说之弧。匪寇婚媾，往遇雨则吉。

（遇雨之吉，群疑亡也。）

六五。悔亡，厥宗噬肤，往何咎？

（厥宗噬肤，往有庆也。）

九四。睽孤，遇元夫，交孚，厉，无咎。

（交孚无咎，志行也。）

六三。见舆曳，其牛掣，其人天且劓，无初有终。

（见舆曳，位不当也；无初有终，遇刚也。）

九二。遇主于巷，无咎。

（遇主于巷，未失道也。）

初九。悔亡，丧马勿逐，自复。见恶人，无咎。

（见恶人，以避咎也。）

九二。遇主于巷，无咎。《象》曰：遇主于巷，未失道也。

九二上与六五相应与，六五为主，九二为臣，各受相邻的九四、六三所牵制，遂成睽违局面。九二、六五皆不当位，失位求应乃睽中常情，由于受到干扰，不易按常礼会面，只能在非正式场合中相遇，此即“遇主于巷”。按《春秋》书法，礼仪齐全曰“会”，礼仪简约称“遇”。在巷道中相遇，简慢过甚，但只要产生实质接触，于合睽有助益，亦可不拘形式。

六三。见舆曳，其牛掣，其人天且劓，无初有终。《象》曰：见舆曳，位不当也；无初有终，遇刚也。

六三阴居阳位不当位，夹在九四、九二两阳爻间，就像一辆牛车前行受阻，后受拖拽一样，狼狈不堪，又像一个人受刑，头发被剃光、鼻子也被割掉一般，灰头土脸，惨不忍睹。好在与上九相应与，阻碍排除，误会冰释之后，最后还会有好结果。

九四。睽孤，遇元夫，交孚，厉，无咎。《象》曰：交孚无咎，志行也。

九四阳居阴位不当位，陷在六三、六五两阴爻之间，和初九又应而不与，在全局中举目无亲陷于孤立。这时审度形势，当放下身段，主动找初九消除误会，团结以自保。“元”即始，“元夫”指睽卦初始之阳爻，即初九。“遇”亦有不讲排场、不拘形式之意。“交孚”即诚心相结，虽然还有危险，大致已可无咎。人在深陷重围的环境中，不能太讲究应与，单应就不错了，彼此这么一将就，实力增强，自保无虑，才能进一步实现志向。

六五。悔亡，厥宗噬肤，往何咎？《象》曰：厥宗噬肤，往有庆也。

六五不当位，乘于九四之上，阴乘阳不利，本当有悔，因下有九二相应与，誓死效忠，往前共同奋斗，又有何咎？“厥”同其，“宗”即亲，“噬肤”犹言肌肤之亲，相合甚易，六五、九二居中相应属绝配，道义相交，不受他人离间，故终有喜庆。

上九。睽孤，见豕负涂，载鬼一车。先张之弧，后说之弧。匪寇婚媾，往遇雨则吉。《象》曰：遇雨之吉，群疑亡也。

上九阳居阴位不当位，为睽极之爻，又居上卦离火之巅，乖戾、暴躁、多疑兼而有之。虽和六三相应与，却疑神疑鬼，不轻予接纳，好像看到一只猪身上满是泥巴，又像看到一车子的鬼怪开向他。他紧张地拉开弓要射，发现别人不是来抢他，而是来和他婚配的，这才又放下弓。既然善意已获澄清，上九与六三阴阳协调，疑忌化解，即能成事而获吉。遇雨象征阴阳相合、刚柔互济，卦爻辞中例证甚多。

睽卦描写离异猜忌，人在睽中所看到的都是极端扭曲的形象，例如恶人、其人天且劓、豕负涂、鬼一车，集光怪陆离之大全。六爻分成相应或相与的三组，尽力合睽，终获吉或无咎，正是“男女睽而其志通”，“睽之时用大矣哉”！族群对立，看来得在生命共同体的家人意识中化解消融。

第三十二章　无为而无不为：损、益二卦综论

《易经》有损、益二卦，相继相综，一体两面、相与俱生，探讨得非常深入。人生从呱呱坠地起，就在利害损益的计算中存活；一般上市公司均有损益表，以为企业经营绩效的重要参考；因革损益也是政权更迭、改朝换代所必行的大事。《论语·为政篇》有云："殷因于夏礼，所损益可知也；周因于殷礼，所损益可知也；其或继周者，虽百世可知也。"百世可知，这种惊人的预见力就从参透损益中得来。

《序卦传》云："缓必有所失，故受之以损。损而不已必益，故受之以益。益而不已必决，故受之以夬。"

损卦之前是解卦，解利西南、事缓则圆，危机虽然解除，精神过度放松又容易有所闪失。人生克制欲望，不停地要求自己，最后反能在身心上获益。益卦之后是夬卦，夬有溃决之意，求益不止、漫无节制会造成严重的后果。

《杂卦传》云："损益，盛衰之始也。"损中有益，益中有损，损极转益，益极转损。塞翁失马，焉知非福？塞翁得马，焉知非祸？损益循环牵涉人事盛衰，气机一动便引来祸福吉凶。至于何时当损，何时当益，未来是盛是衰，还真正难言得很。《杂卦传》论述六十四卦多分言或对言，论损益则合言，笔法值得注意。另如"否泰，反其类也"，以及"临观之义，或与或求"，都有浑沦之意，不宜强作划分。

依卦序，损、益为下经第十一、十二卦，泰、否则为上经第十一、

十二卦，四卦的相关位置耐人寻味。上经重天道，泰、否为客观形势的消长；下经重人事，损、益为主观能动的兴革。损、益二卦的构成原理，似乎亦与泰、否有关：泰卦（䷊）九三和上六互调即成损卦（䷨），否卦（䷋）九四和初六互调即成益卦（䷩）。泰极何可复益？故而转损。否极何可复损？故而转益。泰极须谦冲自损，以持盈保泰；否极须奋发增益，以旋乾转坤。人为主观的努力须配合自然客观的形势，才易有所成就。

损益的观念，在先秦的典籍中时有提及：《尚书》称“满招损，谦受益”，《论语》中孔子称“益者三友，损者三友”，又说“益者三乐，损者三乐”。老子讲“反者道之动”，更重视损益关系的阐明。“物或损之而益，或益之而损”，这个观察相当切合实情，加一“或”字，尤其传神。“吾是以知无为之有益。不言之教，无为之益，天下希及之”，简易无为，不有心造作，反而容易获益，这个道理很少人真懂，就算懂了，也不易做到。“为学日益，为道日损。损之又损，以至于无为，无为而无不为”，做学问、追求知识，讲求日新又新，一天比一天广博进步；修道笃行，却得一天天减损自己内心中的欲望。损欲到最后，就达到清静无为的境界，无为才能够无所不为。印度圣雄甘地主张将欲望降到零度以下，正是损之又损，无为而无不为，损极转益。“有余者损之，不足者补之。天之道，损有余而补不足，人之道则不然，损不足以奉有余。孰能有余以奉天下？唯有道者”，天道尚公，损刚益柔以求其平；人欲多私，富者益富，贫者益贫。只有有道之士才能将多余的资源贡献出来，给社会大众分享。

《淮南子·人间训》有云：“孔子读《易》至损、益，未尝不喟然而叹，曰：益损者，其王者之事与！事或欲以利之，适足以害之；或欲害之，乃反以利之。利害之反，祸福之门户，不可不察也。”《说苑·谨慎篇》和《孔子家语·六本篇》亦有类似记载，值得注意的是，孔子认为损益为王者之事——孔子志在《春秋》，托素王以行公天下之事，斟酌损益三代因革，而立百世可知的大法。损益经传中，可寓有微言大义？

《系辞传》亦有多处论及损益，下传第二章“制器尚象”即以益为农耕之卦，视为人类文明发展的重要阶段：“包牺氏没，神农氏作，斫木为耜，揉木为耒。耒耨之利，以教天下，盖取诸益。”耜是犁头，耒是犁柄，耜直而锐，耒弯曲，上耒下耜以犁田，正合益卦上巽下震、二木相合以动土之象。农耕为古代主要的生产事业，民生最重要的获益来源，以益卦象之非常切合。

《系辞下传》第七章提出所谓的忧患九德，损、益亦居其二：“损，德之修也；益，德之裕也。”减损欲望是修行的不二法门，增进学识使待人处世愈臻圆熟。“损，先难而后易；益，长裕而不设。”减损欲望，开始一定很困难，习惯成自然后就容易了；增长学识亦得循序渐进，勿强施人工、揠苗助长。“损以远害，益以兴利。”减损的功夫用来远离邪害，增益的道理则用来兴利。

惩忿窒欲

损。有孚，元吉，无咎，可贞，利有攸往。曷之用？二簋可用享。《彖》曰：损，损下益上，其道上行。损而有孚，元吉，无咎可贞，利有攸往。曷之用？二簋可用享。二簋应有时，损刚益柔有时。损益盈虚，与时偕行。

损卦的构成原理，依前所述为损泰之九三以益上六，正是损下益上，其道上行。中国传统的政治思想一向以民为本，所谓“百姓不足，君孰与足”，下损上终亦损，下益上终亦益，故损下益上称为损，损上益下则称为益。

损为任何人所不乐见，用损之时若能心怀诚信，可消弭嫌猜而获元吉，不会有什么过咎。可以固守正道就这么去干，利于往前奋斗。什么情境下用得着损呢？祭祀的时候，只用两个簋的祭品上供，祭礼虽薄，内心虔诚仍可通天。但须注意：用损应有时限，不能永远如此，否则仍会招致反弹而产生弊端。阳刚充实有余，阴柔虚弱不足，损有余以补不足为损益的基本法则。何时该损，何时该益，不可固执，完全视时机时势的变动而定。

《象》曰：山下有泽，损。君子以惩忿窒欲。

山下有泽，日见侵蚀，有损之象。忿与欲为人情之所必有，调控不当往往为败事之由，故须强力惩窒。依损卦的构成原理，下卦乾刚变为兑悦，上卦坤阴变为艮止，正合“惩忿窒欲”之象。《论语·季氏篇》孔子论君子有九思，最后即为“忿思难，见得思义”。一朝之忿，遗终身之忧；临财勿苟得，以全大节。《孙子兵法·火攻篇》则云：“主不可怒而兴师，将不可愠而致战；合于利而动，不合于利而止。怒可以复喜，愠可以复悦，亡国不可以复存，死者不可以复生。”老子亦称：“善战者不怒。”愠怒违反利益，必须用损以转化，此亦损益相综之理。

损卦卦辞中有元、贞、利三字，“二簋可用享”之享又通亨，以较松的标准来看，几乎四德俱全。有孚、无咎俱为易道所重，看来人生在世，确得谦抑自损，损卦之用大矣哉！

得臣无家

初九。已事遄往，无咎，酌损之。《象》曰：已事遄往，尚合志也。

“已”为止，“已事”乃止欲之事。损卦“惩忿窒欲”“损刚益柔”，所谓无欲乃刚，初九阳居阳位刚有余，六四阴居阴位刚不足，二爻相应与，故初九须以阳刚上益六四之柔，象征损下以止上之欲。“遄”即速，止欲之事须速往，以免欲望泛滥失控；“尚”同上，上合志揭示了初九和六四的损益关系。六四有需求，初九立刻供给，刚柔谐衡而获无咎，但须注意，初九位低，本身力量有限，须斟酌量力而为，不可孤注一掷。

六四。损其疾，使遄有喜，无咎。《象》曰：损其疾，亦可喜也。

六四过柔，须借助初九之刚以减损本身的欲望，迅速改过后可获无咎。“亦可喜也”，表示初九、六四皆大欢喜，同样获得好结果。《易经》每以疾、喜对言，疾是犯毛病，病愈即喜，除损卦外，另如无妄卦九五：“无妄之疾，勿药有喜。”兑卦九四：“介疾有喜。”《易》道重无咎——“无咎者，善补过也。”损卦初九、六四损上益下，损刚益柔，同获无咎，亦皆可喜。

九二。利贞，征凶。弗损益之。《象》曰：九二利贞，中以为志也。

九二阳居阴位，处下卦之中，可谓刚柔适中；六五阴居阳位，处上卦之中，亦刚柔适中。两爻均无有余或不足的问题，虽相应与，九二不必锦上添花，固守立场即有利，谄媚躁动反而凶。弗损益之，以不损为益；中以为志，表现出居下位而不奔竞的风骨。

上九。弗损益之，无咎，贞吉，利有攸往，得臣无家。
（弗损益之，大得志也。）

六五。或益之，十朋之龟弗克违，元吉。
（六五元吉，自上佑也。）

六四。损其疾，使遄有喜，无咎。
（损其疾，亦可喜也。）

六三。三人行，则损一人；一人行，则得其友。
（一人行，三则疑也。）

九二。利贞，征凶，弗损益之。
（九二利贞，中以为志也。）

初九。已事遄往，无咎，酌损之。
（已事遄往，尚合志也。）

损

九二爻变，成颐卦（䷚）。颐贞吉，自求口实，自养而后养人，不必上下妄求，正合弗损益之之旨。若以二、三、四爻为下卦，四、五、上爻为上卦，所组合的卦中卦亦为颐卦。若以二、三、四爻为下卦，三、四、五爻为上卦，则组合成复卦（䷗），至日闭关，自养微阳，亦有利贞征凶之意。

六五。或益之，十朋之龟弗克违，元吉。《象》曰：六五元吉，自上佑也。

六五虚中居上，为损卦君位，依损下益上、损刚益柔的法则，实为最佳受益之位，九二虽弗损益之，仍可能从多方受益，故称“或益之”。“朋”为古货币二贝之称，“十朋之龟”为价值十朋的元龟，长一尺二寸。古代朝廷遇军国大事，往往以龟卜决吉凶，《尚书》上即有“龟筮协从”和“龟筮共违于人”等语，由天意的从违斟酌而作出决策。“十朋之龟弗克违”，表示六五诚信待人，自然获益，天意完全福佑，挡都挡不住，如此当然元吉。“自上佑”即自天佑，大有卦上九有“自天佑之，吉无不利”的观念，孔子在《系辞传》中以天助人助、履信思乎顺，又以尚贤释之。“先天而天弗违，天且弗违，而况于人乎？”损卦六五足以当之。

六五爻变，成中孚卦（䷼）。中孚信及豚鱼，至诚如神，故获天佑。

六三。三人行，则损一人；一人行，则得其友。《象》曰：一人行，三则疑也。

这一段是在讲损卦的构成原理：“三人行”指原泰卦的下卦三阳爻，天行健，齐往上行；“损一人”则指九三变为六三。原九三上行至上六，变成上九，则称“一人行”。经此调整后，不仅六爻仍两两相应与，上卦成艮为少男、下卦成兑为少女，两情相悦，上下卦本身亦成阴阳和合之体。阳以阴为友，故称得其友。

《系辞传》解释这段有云：“天地絪缊，万物化醇；男女构精，万物化生。《易》曰：‘三人行，则损一人；一人行，则得其友。’言致一也。”絪缊是紧密交合之状，损卦由泰卦上地下天各一爻交易而生，有天地絪缊之象，万物化醇的醇意境甚美，有凝厚之意。少男、少女两情相悦，构精而生育下一代，也是自然而然之理。一人行才好另外配对，三人行则难以成双，故称“疑”，致一的目的就在于取信去疑。

《系辞传》又云：“天下同归而殊涂，一致而百虑。”“天下之动，贞夫一者也。”“一阴一阳之谓道。”所谓致一，即对立统一、阴阳合德之意。“天地絪缊、男女构精”，造成了宇宙生生不息的现象。《中庸》上说：“其为物不贰，则其生物不测。”不贰即致一，不测则如神，皆为至诚之功。“一人行，则得其友”，和坤卦强调的“西南得朋”为同一宗旨。

上九。弗损益之，无咎，贞吉，利有攸往，得臣无家。《象》曰：弗损益之，大得志也。

上九为损极转益之爻，故称“弗损益之”，《序卦传》所谓损而不已必益，老子损之又损以至于无为，即指此爻意境。“得臣无家”，有了好干部，可以放心携手大做一番事业，不再有家族藩篱的限制。大畜“不家食吉”，真正的大事业必然是天下为公、四海一家，所谓远近大小若一——六三所致之一，其实就在追求这样的理想。人人为我，我为人人，早已超越一般世俗损益的功利计算，而臻世界大同之境。群龙无首，各正性命，何损何益？

孔子志在《春秋》，欲行天下为公之道。损卦初九尚合志、九二中以为志、上九大得志——去私尚公，实践理想的过程井然有序。《彖传》所谓“损刚益柔有时”，三个阳刚之爻，因所处时位不同，益柔的方式和境界亦大不相同。

若以上九所呈现的意境来看，已充分代表天道，故而六五的自上佑，上亦可指上九而言。《易》卦六五上承上九，有尊贤、尚贤之象，两爻的配合关系相当好，例如大有、贲、剥、颐、离等卦皆是。

损卦卦辞所云“有孚，元吉”，体现于六五一爻，“十朋之龟弗克违”即“有孚”之效。“无咎，可贞，利有攸往”则与上九爻辞近乎全同：“无咎，贞吉，利有攸往。”另外，九二利贞亦合贞吉之义，初九、六四双获无咎，亦与卦旨相同。初九酌损之，犹有计算之情，上九得臣无家，一切简易无为，已全无小我之思，正是《系辞传》所云：“损，先难而后易。”

迁善改过

益卦卦辞仅有八个字：

> 利有攸往，利涉大川。

“大川”代表重大的险难，利益所在必然伴随着风险，风险愈大，利益愈高，这是事业中人均有的共识。益卦教人冒险犯难，以获取利益。

《彖传》则详细分析益卦的结构及获益的条件：

> 《彖》曰：益，损上益下，民说无疆，自上下下，其道大光。利有攸往，中正有庆。利涉大川，木道乃行。益动而巽，日进无疆。天施地生，其益无方。凡益之道，与时偕行。

依前述损、益二卦的构成原理，否卦九四下益初六，损上益下即成益卦，初爻代表基层民众，受益后当然非常喜悦，所谓“百姓足，君孰与不足”，下益上终必受益，整个团体的前途大为光明。益卦九五、六二位居中正且相应与，精诚合作，皆大欢喜，往前奋斗必有希望。涉大川须乘木船，而益上卦巽、下卦震皆为木，二木相合，生机勃勃，普度慈航。《说卦传》云：“帝出乎震，齐乎巽。”人生一切主宰从行动中得来，但行动须用智慧、讲技巧，巽为风，无孔不入、见缝就钻。益卦内震外巽，心中充满动力，自有主宰，外面的行动却保持低调，灵活深入，能跟任何环境中的人打成一片，以这两种功夫配合起来去奋斗，一定每天都有可观的进展。“民说无疆、日进无疆”，老百姓获益后更有干劲，乐在工作，创意源源不断，刺激整个国家社会的绩效往前跃进，前景不可限量。

坤卦《彖传》中三言“无疆”：“德合无疆、行地无疆、应地无疆。”坤为民，民智若开，民力若得适当地运用，发展是没有止境的。“无疆”亦指乾，为天道自强不息的象征，坤卦“利牝马之贞”，与乾卦合德可共臻无疆之境。孟子有“天民”的观念，天民即“德合无疆”之民。《左传》称“民受天地之中以生”，《尚书·仲虺之诰》亦云：“建中于民。”天地相合、刚柔互济即生中道，而天民即为中道的代表。益卦《彖传》继“民说无疆、日进无疆”之后，接着便谈“天施地生”。

否卦九四下益初六，九四属上卦乾、初六属下卦坤，此即“天施地生”之象。变为益卦后，上卦巽风、下卦震雷，亦有“天施地生”之象。“其益无方”的“方”为《易经》关键用语，有方所、方法、仿效学习等义，一言以蔽之，就是种种有形或无形的界域或框框。益卦内动外巽，“日进无疆”，既掌握主动，又能视状况灵活权变，可突破一切人为的限制而到处获益，所谓“放诸四海而皆准”，这就是“其益无方”！企业发展局限于本土是有方，国际化成功就是无方。获益虽然没有方所的限制，却得重视市场随时的变动，配合调整经营的步调，永远赶上时代的最新需求。损卦《彖传》已揭示“损益盈虚，与时偕行”。益卦《彖传》再次强调：“凡益之道，与时偕行。”

《象》曰：风雷，益。君子以见善则迁，有过则改。

益上卦巽风、下卦震雷，雷风相薄，生机鼓荡，有相互增益之象。依益卦的构成原理，上卦乾刚变为巽风，“见善则迁”；下卦坤阴变为震雷，“有过则改”。损卦讲“惩忿窒欲”，益卦谈迁善改过，或减或增，皆为最实际的修行功夫。《系辞传》所谓“无咎者，善补过也”“震无咎者存乎悔”，知过能改，善莫大焉。

有孚惠心

初九。利用为大作，元吉，无咎。《象》曰：元吉无咎，下不厚事也。

初九为益卦构成的主爻，为广大受益之地，民众既受惠而富实，更愿尽力生产事业，以发挥干劲和创意，而使财富不断增殖。这就启动了善的循环，社会绩效蒸蒸日上，当然无咎。益卦有农耕之象，益以兴利，“大作”在《易经》创作的时代应指农事而言。“元吉”后加以“无咎”二字，有但书意味，资源流向民间、基层实力雄厚，易使居上位者不安及猜忌，此即“下不厚事”——若民富之后努力增产，造成国富，循环不息，即无失控之虞，故而无咎。损益相综，益卦初九即相当于损卦上九——人人为我，我为人人，“元吉‘无咎’可贞”，“利有攸往”。“利用为大作，元吉，无咎”，卦爻辞意境完全呼应。

上九。莫益之，或击之，立心勿恒，凶。
（莫益之，偏辞也；或击之，自外来也。）

九五。有孚惠心，勿问，元吉。有孚惠我德。
（有孚惠心，勿问之矣；惠我德，大得志也。）

六四。中行，告公从，利用为依迁国。
（告公从，以益志也。）

六三。益之用凶事，无咎。有孚中行，告公用圭。
（益用凶事，固有之也。）

六二。或益之，十朋之龟弗克违，永贞吉。王用享于帝，吉。
（或益之，自外来也。）

初九。利用为大作，元吉，无咎。
（元吉无咎，下不厚事也。）

益

六四。中行，告公从，利用为依迁国。《象》曰：告公从，以益志也。

六四下益初九，居位虽高，一切施行以民意为依归。“中行”的“中”即中道，前言“民受天地之中以生”“建中于民”，民意即中道的代表。“告公”的“公”即天下为公，天下大事必开诚布公、广征民意，若获支持才去做——例如迁国就是大事，涉及广土众民的祸福吉凶甚巨，必须依据民意而定。《周礼·秋官司寇》有云：“小司寇掌外朝之政，以致万民而询焉：一曰询国危，二曰询国迁，三曰询立君。”以经解经，三询之政和益卦六四之爻应有关联。那么，什么叫“迁国”呢？

旧注一般都解作迁都，恐怕和殷代盘庚东迁、周朝太王迁岐及平王东迁有关。国都为政治中心，迁都自然是大事，但领土变更甚至政体变更这些更重大的事，算不算迁国呢？要不要经国民大会议决呢？继国危、国迁后，询民意以立君，尤其耐人寻味。“告公从”，警告当国者不得以私意决行大事；“以益志”的“志”又有玄机，仲尼志在《春秋》，尊素王以寒独夫之胆。启迪民智、尊重民意，对公天下的志业大有裨益。益卦“损上益下，民说无疆”。并非仅言经济，亦含政治资源的开放。“自上下下，其道大光。”尤其扣题，大有“上下易位然后贞”的期许。迁国涉及重大变迁，《系辞传》有云：“为道也屡迁，变动不居，周流六虚，上下无常，刚柔相易，不可为典要，唯变所适。”只要合乎全体国民的利益，连君位在内，没有什么不能变更的！“损益盈虚，与时偕行”，体察时代变迁的最新需要，决定最好、最公正的应对方式。《大象传》称：“见善则迁，有过则改。”合乎公益为善，有害于人为过，改过迁善根本天经地义。依此，则损卦《大象传》所称“惩忿窒欲”，实指克制个人私欲，以免当权者宰割天下而言。

民意反映天意，“告公从”又有“龟筮协从”之意，《尚书·洪范》称：“汝则有大疑，谋及乃心，谋及卿士，谋及庶人，谋及卜筮。”这些周整严谨的决策程序，在益卦诸爻辞中都有显示。《春秋》为仲尼外王绝学，《周礼》为孔门拟制之书，三代因革损益，百世可知。《易经》倡导“损益盈虚，与时偕行”，看来绝非偶然。

益卦六四若有微言大义，则初九“利用为大作”恐怕也不简单。迁国须征询民意，当然亦须调集民力，“大作”为惊天动地的重大行动，初九与六四相合，群策群力决定国家社会的命运。重大的改革必须有建设性，元吉才得无咎。“下不厚事”的“事”，意同蛊卦上九“不事王侯，高尚其事”的“事”——做大事而不做大官，故“利用为大作”。国家兴亡，匹夫有责，下虽不厚事，危难来时却有权决定自己的前途。《序卦传》云：“蛊者，事也，有事而后可大。”蛊卦《彖传》则称：“利涉大川，往有事也。”益卦《彖传》亦称：“利涉大川，木道乃行。”初九为下卦震之主爻、六四为上卦巽之主爻，二木相合以济，利用为依，利用为大作。

六二。或益之，十朋之龟弗克违，永贞吉。王用享于帝，吉。《象》曰：或益之，自外来也。

六二和九五中正相应与，依益卦损上益下、损刚益柔之原则，为最佳获益之地，除九五外还可能多方获益，故称“或益之”。“自外来”，除指外卦外，亦有出乎意料、天外飞来之意。益、损相综，益卦六二相当于损卦六五，爻辞前半全同。“十朋之龟弗克违”，表示六二信用太好，福报之来，挡都挡不住。损卦六五虚中居上，称“元吉”；益卦六二虚中居下，称“永贞吉”。坤卦六五“黄裳，元吉”，用六“利永贞”，皆为用柔的至高表现，损益居中用柔之爻，皆能多方获益。六二这么好的信用条件，王者可用以祭祀上帝，天人相通而获吉。

六二爻变，成中孚卦（䷼），至诚如神，利涉大川，故而“十朋之龟弗克违、王用享于帝”，皆吉。

九五。有孚惠心，勿问，元吉。有孚惠我德。《象》曰：有孚惠心，勿问之矣；惠我德，大得志也。

九五居益卦君位，正是损上益下、广施恩惠之时，但得注意须完全发自内心，默默行善，让老百姓实际受惠，不要一天到晚挂在嘴边，拘于形迹、有所为而为就坏了。若能这样真诚行善，不必再占卜请示天意，一定是元吉。革卦九五“未占有孚”，《系辞传》云：“君子将有为也，将有行也，问焉而以言。”“勿问”的问，即问占之问，诚信够了，自信信人，根本就不必占。九五无所为而为，启动善的循环，受惠者感念之余，亦真诚地予以回馈，此即“有孚惠我德”。“大得志”，和损上九相同，人人为我，我为人人，公道善行满天下。

《尚书·蔡仲之命》云：“民心无常，惟惠之怀。”《论语》亦称：“小人怀惠。”“惠”即爱民好与，政治领袖必须具备这种情操和实力，施惠亦得有智慧，不能做滥好人，惠而不知为政。春秋时郑国的子产“养民也惠”，孔子称他“惠人也”；子张问孔子从政的要领，孔子将“惠而不费”列为首项，并进一步解释为“因民之所利而利之”。彻底了解民众内心真正的需求，因势利导协助他们达成愿望，而不是滥无节制地救济，这样施惠才有功德，才能刺激社会真正进步。“有孚惠心”，重视实惠而非口惠，又有《洪范》“谋及乃心”之意，“十朋之龟弗克违”是“谋及卜筮”，“告公从”是“谋及庶民”。如果“谋及乃心”已充满自信，自然就可作出决定，不必再谋及庶民或卜筮，所以“勿问元吉”。

九五爻变，成颐卦（䷚）。天地养万物，圣人养贤以及万民，正是“有孚惠心”之象。若以初、二、三爻为下卦，三、四、五爻为上卦，所组成的卦中卦亦为颐卦，九五相当于颐之上九，“由颐厉吉，利涉大川”，负责供养全局而获福报。若以二、三、四爻为下卦，四、五、上爻为上卦，所组成的卦中卦为观卦（䷓），“盥而不荐，有孚颙若”，诚信不在乎形迹，九五相当于观之九五，“观我生，观民也”，中正以观天下，均与“有孚惠心”同旨。

六三。益之用凶事，无咎。有孚中行，告公用圭。《象》曰：益用凶事，固有之也。

六三和上九相应与，上九益极转损，无心益下，六三无法靠外来的力量获益。三多凶，六三阴居阳位不当位，遭逢凶事只能靠自己的智慧，活用益卦的原理以消灾解厄。“中行、告公”同六四，依民意所代表的中道，一切开诚布公以行事；有孚是诚信，圭为古代朝聘用的信物，居下位者持圭以通诚于上。“有孚中行，告公用圭”，诚信及于上下，获得上司的谅解和民众的支持，虽遇凶事，可获无咎。

《周礼·春官宗伯》有云：“珍圭以征守，以恤凶荒。”六三所遭逢的凶事，在《易经》创作的时代多指凶灾荒年而言，六三居下卦之极，可开仓赈灾以弭民患，上九不支持也难以反对。损以远害，益以兴利，损上益下，民悦无疆，此即益之用凶事无咎。

上九。莫益之，或击之。立心勿恒，凶。《象》曰：莫益之，偏辞也；或击之，自外来也。

上九益极转损，只图益己，已无损上益下之心，如此必然多方招怨，很可能会遭受打击。损益重善的循环，人际一旦缺乏互惠，还有可能造成恶性循环，“自外来”，表示恶性的攻击如从天外飞来，祸起多端，难以防范。九五中正，“有孚惠心”，上九过亢，“立心勿恒”，行善施惠的心念已生变化，为德不卒，如此必凶。恒卦九三爻辞云：“不恒其德，或承之羞。”《小象》称：“无所容也。”“无所容”，故而易遭打击。益卦六爻全变为恒卦（䷟），益恒相错，亦称旁通。“有孚惠心”，坚定不移；“立心勿恒”，变节遭凶。

“偏辞也”，是说上九只顾自己，空有资源而不照顾别人，心志褊狭，缺乏博施济众的志向。损益重互惠互益，自私自利不会有好结果。《系辞传》有云：“何以守位曰仁。何以聚人曰财。理财正辞，禁民为非，曰义。”施惠为仁心的表现，照顾别人才会号召群众，这是很实际的事。处理资源的流通施受非常重要，不得浮滥，也不能吝啬，一切出入得恰到好处，以防止流弊，这就是正辞。偏辞和正辞相反，社会资源流通的机制不良，引发了矛盾冲突。偏即不中不正，六三、六四懂得中行告公，或无咎或利用迁国，上九偏私狭隘，肯定遭凶。

“莫益之，或击之”，也见出人情的可怕，所谓善门难开，一旦开了就不易关上，立心勿恒凶，给人很大的警惕。《系辞传》末章云：“凡《易》之情，近而不相得则凶，或害之，悔且吝。”人情相处，一旦处不来了，还可能激生仇怨、反遭陷害，凶悔吝一应俱全。

本爻涉及人情关窍，影响吉凶祸福甚巨，因此孔子读《易》大发议论：“子曰：‘君子安其身而后动，易其心而后语，定其交而后求。君子修此三者，故全也。危以动，则民不与也；惧以语，则民不应也；无交而求，则民不与也。莫之与，则伤之者至矣！《易》曰：“莫益之，或击之。立心勿恒，凶。”’”

《杂卦传》云：“临观之义，或与或求。”组织上下人际交往，就是与和求的关系。处理得好，“元亨利贞”；要求过度，“至于八月有凶”。因此，君子和民众展开互动前，必须先安和平易自己身心，培养双方深厚的交情，《中庸》云：“朋友先施之。”这些基础都稳固了，再出手才能获得善意回应，争取到完全的合作。承、乘、应、与等关系的远近深浅，主导人际互动的吉凶，说话不恰当最多不回应，行动唐突或要求冒昧，对方不仅不合作，甚至剧烈反弹。君子洞悉人情，三修而求全——全就和偏不同，重视人我两益。《孙子兵法》亦求全，全己全敌，必以全争于天下，兵不顿而利可全，道理和此相通。益卦《彖传》云：“损上益下，民说无疆。”上九损人益己，贪心妄求，结果民不应、民不与。

益卦是求裕，但不能存有机心，一切自然而然，这就是“长裕而不设”。无心求益，惠心得到惠我德的回报；有心求益，招击遭凶。乾卦《文言传》赞美乾德：“能以美利利天下，不言所利大矣哉！”所以益卦九五刚健中正，“勿问元吉”。

综观益卦六爻，仍以六四和初九的搭配为主，而代表民间基层的初九尤为重要。《说卦传》云：“帝出乎震、齐乎巽。”初九为下卦震的主爻，生机勃勃，“日进无疆”，六三、六四中行告公、利用为依，以此为逢凶化吉甚至重大变迁发动的枢纽。六二“王用享于帝”的“帝”，虽指天道，实亦民心即天心，仍指初九而言。民惟邦本，民智民力的开发决定国家的前途，而六四为上卦巽的主爻，巽以行权，因势诱导大有功德。益损相综，益六四实即损六三，其宗旨同为“致一”——天下一家，远近大小若一。益卦初九、九五，损卦六五，皆言元吉；益卦九五、损卦上九大得志，益卦六四以益志，损卦初九尚合志、九二中以为志。同人卦“同人于野，利涉大川”，唯君子为能通天下之志，同人即致一。

同人之后，天下已无彼我之分，损即是益，益即是损，损不异益，益不异损，弗损益之，无咎。

第三十三章　新欢旧怨：夬、姤二卦综论

《易经》是论情之书，卦爻辞中尽多悲喜缠绵之语。《系辞传》末章云："八卦以象告，爻彖以情言，刚柔杂居，而吉凶可见矣！"阴阳两性因所处时位不同，彼此深刻互动，便产生了吉凶。"变动以利言，吉凶以情迁，是故爱恶相攻而吉凶生，远近相取而悔吝生，情伪相感而利害生。"主观的好恶、关系的远近亲疏及用情的真假，主导人际的爱恨悲欢。"凡《易》之情，近而不相得则凶，或害之，悔且吝。"人情最容易因爱生恨，初吉终乱、凶终隙末的例子所在多有，好聚好散都还算分。

夬、姤二卦属十二消息卦，卦象皆为一阴五阳，夬卦（䷪）一阴高高在上，姤卦（䷫）一阴潜伏于下，即为阴阳明争暗斗的显例。"夬"音guài，依《说文》解释为"分决也"，即分裂大对决之意。一阴在上，象征小人占据高位，与在下五阳激烈抗争。"姤"同邂逅的逅，即不期而遇，一阴在下，和其上五阳互动，象征组织基层产生微妙的变化，若不及早防范，阴势坐大，星星之火足以燎原，前述婚姻外遇会颠覆家庭即是如此。

《序卦传》云："益而不已，必决，故受之以夬。夬者，决也。决必有所遇，故受之以姤。姤者，遇也。"夬卦之前是益卦，求益不已、贪心太甚，超过了负荷会造成组织的崩坏，就像水库蓄水过度会溃决一样。"夬"同决，决定彻底解决问题。但旧问题解决后，又会产生新的问题，人在与过去的恩怨纠缠一刀两断后，还会有新的际遇，所以夬卦之后接着是

姤卦，姤就是阴阳相遇。

《杂卦传》云：“姤，遇也，柔遇刚也……夬，决也，刚决柔也，君子道长，小人道忧也。”姤是柔遇刚，阴爻在下，势必上长，与阳相遇采取主动；夬是刚决柔，阴爻在上，其下五阳必欲除之而后快，阳爻掌握主动。阳爻象征君子，阴爻象征小人，五阳若能同心协力，大势所趋，必定可逼阴爻退位，所以“君子道长，小人道忧”。

夬同决，决就有不惜翻脸、积极处分之意，决定、决斗、决裂、决断、决狱、判决、处决、否决、解决乃至冲决网罗、寻求突破等皆是。堤破水流为决，缶破为缺，分手为诀，心决为快，夬字配以不同的偏旁，呈现类似的意涵，皆为阳刚盛极用事之象。玉玦似环而缺，古之君子配玦表示能决断，送玦也有与人决绝之意，正与夬卦的卦形卦义相当。

夬卦之后是姤卦，而非纯阳的乾卦，其中意涵极深。所谓野火烧不尽，春风吹又生，世事恒是阴阳相待，刚柔相推，斩草除根、永治无乱其实是幻想。我们仍以双鱼环抱的太极图来说明：

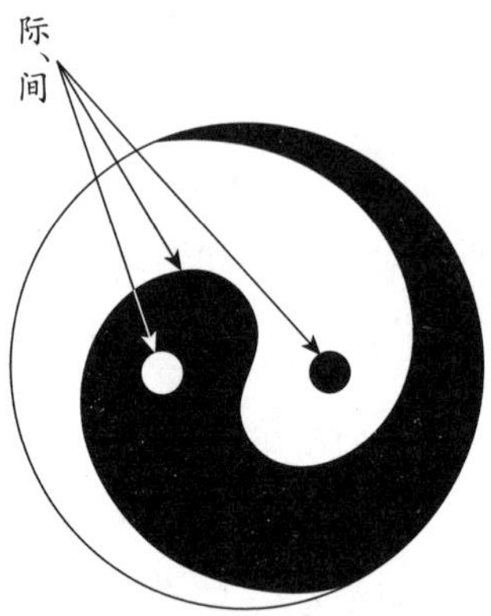

太极图

白色部分代表阳，黑色部分代表阴，夬卦五阳极盛，白色领域扩张，黑色领域缩小到近乎一点，阳决阴后终至消失。外面呈对抗的黑色虽然褪尽，原先隐含在白色领域内的黑点又蠢蠢欲动、借势扩张，这就是姤，新阶段的阴阳斗争于焉开始。所谓阳极转阴、阴极转阳，阳中有阴、阴中有阳，宇宙间的生生化化，就在这样的基本模型里流转。政治上弭平外患、内忧又生；人际快意恩仇，隐伏下冤冤相报的后患和杀机；修行时克制欲望，扶得东来西又倒……

孤阴不生，独阳不长，为了生长不息，必须阴阳合德，所以乾阳至极一定亢龙有悔，坤阴到顶不免血战玄黄。太极生两仪，是为了相反相成，一仪独霸，绝对会遏杀生机。政治上反专制独裁，重民主制衡；学术上反垄断思想，鼓励百家争鸣；国际弃零和策略，倡和平共存；修行不艰苦绝欲，循中道调节，都在体现了太极思维“执两用中”的重要性。

有了以上的体悟，人立身行世就不要太主观跟走极端，铲除异己、赶尽杀绝只会激化矛盾，永远无法真正解决问题。所谓道高一尺，魔高一丈，魔是见风长的，卫道之士愈去刺激它，它就愈成长。老子云：“圣人不死，大盗不止。”自以为是的圣人，才是天下大乱的根源。其实孰圣孰盗，为佛为魔，不是那么截然异轨、黑白分明的，天堂地狱往往存乎一念之间。人性可为善可作恶，创造的另一面就是毁灭，理欲相争，天人交战，汉贼两立，冰炭同炉。

不利即戎

> 夬。扬于王庭，孚号有厉，告自邑，不利即戎，利有攸往。《彖》曰：夬，决也，刚决柔也。健而说，决而和。扬于王庭，柔乘五刚也。孚号有厉，其危乃光也。告自邑，不利即戎，所尚乃穷也。利有攸往，刚长乃终也。

夬卦上卦兑泽为悦，下卦乾天为健，阴阳大对决势所必然，难得的是果决的行动后，大家都能心悦诚服，对决的过程中又做到内健而外悦，绝不剑拔弩张，激化矛盾。“决而和”不是决而亡，解决问题后双方化敌为友，和平共存，这才是高明的刚决柔的方式。

《论语·为政篇》中有云：“举直错诸枉，则民服。”《颜渊篇》析论：“举直错诸枉，能使枉者直。”又云：“舜有天下，选于众，举皋陶，不仁者远矣。汤有天下，选于众，举伊尹，不仁者远矣。”“直”是阳刚君子，“枉”是阴柔小人，“错”是改正感化，“举直错诸枉”正是夬卦刚决柔之象，结果能使小人改过，回归君子正道。皋陶、伊尹为旷代人杰，掌握政权推行教化，使境内不仁之事绝迹——“不仁者远矣”，是解释“能使枉者直”，所谓弊绝风清之意。过去许多旧注泛解为好人当权后，坏人怕被整肃而跑得远远的，如果是这样，风向变了，坏人还可能跑回来夺权，社会永远都处在对立的状态。举用这样心胸狭隘、治世无能的好人，对社会整体有什么好处呢？老百姓又怎么会真正心服呢？

儒家标榜“仁者无敌”，不是靠暴力威震天下，而是大德敦化，根本不流血、不树敌。孟子主张“行一不义，杀一不辜而得天下，皆不为也”。《易经》更高，《系辞传》有云：“聪明睿知，神武而不杀。”杀人盈野、血流漂杵，绝对是下下乘，所以孙武云：“百战百胜，非善之善者也；不战而屈人之兵，善之善者也。”

夬卦定下了决而和、以战逼和的总目标后，往下便是落实行动的纲领：“王庭”是议政之处，“扬于王庭”是集思广益，公开讨论阴阳决战的对策，以解除柔乘五刚的威胁。“孚号有厉”，领导人诚信地号召部属重视危机，一致对外，才能安然度过危险。“告自邑，不利即戎”，告诫自己辖区内的成员，敌势据隅顽抗，未可轻侮，不利于马上开战，大家所希望速战速决的心志会遭遇困阻。“利有攸往”，阳长阴消为大势所趋，决战胜利是迟早的事，阳刚再往前成长，就结束了阴阳对峙的局面。“其危乃光、所尚乃穷、刚长乃终”，“乃”字表示转折艰难，五阳抗一阴，取胜还如此不易，可见小人能据高位必有自固之术，绝不能掉以轻心。

夬卦其实也象征集体决策的过程，一阴高高在上，笼罩全局，就像横亘于人心中的重大疑难，必欲解决而后快。“扬于王庭，不利即戎”，强调勿仓促决策，须集思广益，反复讨论利弊得失后再定案，这与清初康熙大帝的庭训“戒急用忍，决定不移”完全合辙。屯卦创业维艰，短期勿用，中长期有攸往；夬卦合志除奸，短期隐忍，终至一战而决，二卦义理有相通处。

《象》曰：泽上于天，夬。君子以施禄及下，居德则忌。

夬卦上兑为泽，下乾为天，有泽中水位高升，快满溢而出之象，在位君子也应该广施恩泽于民众，让大家分享到好处。“居德”有二义：一是“居”作守讲，“居德”即敛藏吝与、满而不溢；一是如居功般自居其德，伐善市恩。二者都是为政大忌，依此行事，必遭怨谤。《彖传》计议动武，是用威吓，《象传》普施恩泽，是用德惠。无论作威作福，皆因五阳强盛，以实力为后盾之故。

牵羊悔亡

往下我们深入爻的世界，看看阴阳阵营中，各个成员真实的情状。

初九。壮于前趾，往不胜为咎。《象》曰：不胜而往，咎也。

初九本身当位，年轻气盛，看不惯上六窃据高位的嚣张模样，仗着阳势强盛及一股蛮勇，便往前决战。暴虎冯河的结果，当然败下阵来，给自己平添很多麻烦。卦旨“不利即戎”，初爻轻举妄动，可谓咎由自取。老子云：“千里之行，始于足下。”人脚趾一动，就会往前迈步。壮于前趾，控制不住冲动仓促决行，自然惹祸招灾。

九二。惕号，莫夜有戎，勿恤。《象》曰：有戎勿恤，得中道也。

“莫”同暮，“莫夜有戎”是指上六逼急反扑，可能趁夜晚前来突袭。九二阳刚居中，深具敌情意识，号呼同伴保持警惕，由于戒备得宜，不必担忧安全出问题。“恤”即忧，从字形看，表示剖心沥血，操心也危，虑患也深，故达。初九不明情势，躁进攻击；九二老成持重，稳健防守。

上六。无号，终有凶。
（无号之凶，终不可长也。）
九五。苋陆夬夬，中行无咎。
（中行无咎，中未光也。）
九四。臀无肤，其行次且。牵羊悔亡，闻言不信。
（其行次且，位不当也；闻言不信，聪不明也。）
九三。壮于頄，有凶。君子夬夬独行，遇雨，若濡，有愠，无咎。
（君子夬夬，终无咎也。）
九二。惕号，莫夜有戎，勿恤。
（有戎勿恤，得中道也。）
初九。壮于前趾，往不胜为咎。
（不胜而往，咎也。）

夬

九三。壮于頄，有凶。君子夬夬独行，遇雨，若濡，有愠，无咎。《象》曰：君子夬夬，终无咎也。

“頄”音 qiú，原为颧骨，壮于頄表示义愤形于颜色，慷慨激昂的模样。九三过刚不中，容易犯此毛病，可能招凶。偏偏全部阳爻中，唯独九三与上六相应与，公义上虽然理直气壮，该和上六决绝，私情上却不可能不受影响——这就是“遇雨，若濡”。《易经》中凡言雨，即指阴阳相遇合。九三与上六暗通款曲，就像被阴雨沾湿了一样，自然招致同侪的怀疑和不谅解，心里憋气很不痛快。这时若能弃私为公、斩断情缘，而与上六决裂，最后仍不会有什么过咎。“独行”表示九三的特殊情境，“夬夬”

形容夬而又夬，痛下决心之意。

九四。臀无肤，其行次且。牵羊悔亡，闻言不信。《象》曰：其行次且，位不当也；闻言不信，聪不明也。

“次且”即趑趄，欲行不行、犹豫彷徨的模样。九三与上六相应与，九五为上六所乘，皆不免受到阴柔势力的影响。九四夹在二者之间，本身又不当位，就像臀部没有皮肤一样，坐立难安，进退两难。羊是群行的动物，“牵羊”是指回归团队，一致行动。九四的唯一出路，当然仍是牵引群阳，合志抗阴，这样因不当位而生的悔恨才能消亡。但九四阳居阴位，受周遭形势干扰太甚，即便听到以上的劝诫，也不会采信。

九五。苋陆夬夬，中行无咎。《象》曰：中行无咎，中未光也。

苋陆是一种生长于阴湿地带的植物，又称马齿苋，柔脆易折，比喻九五上邻上六，受阴气相感的情状。所谓柔姤偏能惑主，九五当决阴之责，乘群阳之势，无论如何仍得痛下决心，与上六摊牌。依中道行事，才能无咎。“中未光”，是指九五大义灭私，内心难免挣扎。九三、九五皆言“夬夬”，即因二者与上六存有私交，须夬而又夬，才能作出正确的抉择。初九“壮于前趾”，是匹夫之勇，九三、九五强调“夬夬”，是克制妇人之仁。

上六。无号，终有凶。《象》曰：无号之凶，终不可长也。

经过前面阳爻阵营的一番挣扎、整合，已建立一致对外的共识，阳长阴消之势已成，上六再负隅顽抗，已无济于事，哀号、分化都不能挽回败局。

分析完全卦六爻，才真正了悟为何五阳决一阴如此麻烦，外表看都是阳爻，其实内部各怀鬼胎、同床异梦的相当多。九三、九五皆有通敌嫌疑，“遇雨，若濡”已够启人疑窦，苋陆不除，更让同志们难测领导人内心的真正意图。夬卦阳决阴的大目标产生认同危机，为何而战、为谁而战模糊不明，难怪九四会前瞻后顾，徘徊歧路，九二全力自保，只有初九最傻，不明就里就白白牺牲。若要解此危局，就得如卦辞所言，“扬于王庭，孚号有厉”，一切公正、公平、公开，面对问题寻求解决办法，以昭大信。

勿用取女

姤。女壮，勿用取女。《彖》曰：姤，遇也，柔遇刚也。勿用取女，不可与长也。天地相遇，品物咸章也。刚遇中正，天下大行也。姤之时义大矣哉！

五阳下一阴生，阴势仍很微弱，不可能危及盛阳主导的局面。但卦气是往上长的，若掉以轻心不加防范，星星之火足以燎原，待阴势坐大后，再下手就迟了。老子有云：“其未兆易谋。”主张智者应“为之于未有，治之于未乱”。姤卦卦辞直言“女壮”，正是这种见微知著、思患预防的观点。“取”同娶，“勿用取女”，即指不要跟初六这种女子好合，以免受其影响，而纵容其壮大，终至不堪收拾的局面。

然而，世事有其多面性，“勿用取女”是基于阳刚阵营的观点，若就初六的立场来看，当然要竭尽可能颠覆分化，以谋阴柔势力的增长。夬卦刚决柔，上六为谋自保而应战，采取守势；姤卦“柔遇刚”，初六变成主动攻击的一方。《易经》看事情是多角度、多层次的，并不偏滞于一方。因此，卦辞接着拉高视野，以更宏观的立场，肯定阴阳相遇的正面价值——“天地相遇”是宇宙间最大的姤，结果阴阳合德而刚柔有体，万物因之生生不息。

“品”即类别，表示生物之众。乾卦《彖传》云：“云行雨施，品物流形。”坤卦《彖传》云：“含弘光大，品物咸亨。”乾坤交合，开天辟地，就成姤的“品物咸章”了。“章”是章明、彰显其本性之意；咸是皆，也是无心之感。天地相遇感通，无心而成化，整个世界的创生，可能也是相当偶然而不假安排的。大衍之术的筮法中，将四十九根蓍草一分为二的操作，即属随机且无法预期，却启动了往后一十八变的变化。

由以上的领悟，我们对姤的不期而遇应有新的看法。春秋时诸侯约期相见曰“会”，不期而会曰“遇”。“会”是经过充分安排准备，拟定议程，照表实施的；“遇”则临时起意，若有协商皆须随机应变，能相互激荡出创意和高招。

因此，我们在世事风云变幻，单靠一板一眼的正式会议，未必能解决问题，有时反而是不拘形式的见面沟通，人生旅途中，不必太拘泥于既定的规划，若有新的机遇，随时可作弹性修正，人际的互动交往，也不要自限于固定的圈子，大可跳出去，寻找新的碰撞机会，谁知道会碰撞出些什么新的东西？

“刚遇中正，天下大行”，是指姤卦九五，阳刚美质遇到最好的时位，充分体会不期而遇、“品物咸章”的卦义，默运全局，使教化大行于天下。人生际遇，稍纵即逝，是非成败、吉凶祸福，常系于一念之间。“姤之时义大矣哉！”《彖传》以此感叹作结。

《象》曰：“天下有风，姤。后以施命诰四方。”

天风姤，风象征君子的教化，遍及万民。后是君主，效法天风之象颁布政令，施行于四方。《尚书》有云：“四方风动。”《论语》称：“君子之德风，小人之德草，草上之风必偃。”皆印证了姤卦的卦象。

有陨自天

往下，我们深入研究五阳下一阴生后，姤卦诸爻的情状。

上九。姤其角，吝，无咎。

（姤其角，上穷吝也。）

九五。以杞包瓜，含章，有陨自天。

（九五含章，中正也；有陨自天，志不舍命也。）

九四。包无鱼，起凶。

（无鱼之凶，远民也。）

九三。臀无肤，其行次且，厉，无大咎。

（其行次且，行未牵也。）

九二。包有鱼，无咎，不利宾。

（包有鱼，义不及宾也。）

初六。系于金柅，贞吉，有攸往，见凶。羸豕孚蹢躅。

（系于金柅，柔道牵也。）

姤

初六。系于金柅，贞吉，有攸往，见凶。羸豕孚蹢躅。《象》曰：系于金柅，柔道牵也。

初六为姤卦成卦之爻，影响力牵动全局。“金柅”是金属制的棒子，置于车轮下作为刹车用，卦中是指九二。“系于金柅”，即将初六牢牢地拴在九二这根金棒上，以限制它再往上发展。阳刚阵营面临初六的挑衅与诱惑，必须守正不阿才吉，如果掉以轻心或放纵不管，让阴柔势力往前发展，一定会凶。“羸豕”是瘦弱的猪，“孚”通浮，“蹢躅”是徘徊不进、躁动不安的样子。初六虽暂时被九二止住，往上试探的心志却未尝稍息，就像头浮躁、瘦弱的猪一样，始终静不下来。“柔道牵”，指九二以刚止柔，牵制住初六。初六称羸豕，表示阴势尚弱，以一爻立论；卦辞称女壮，则旷观全局，重思患预防，这与坤卦初六“履霜坚冰至”的思考完全同调。

九二。包有鱼，无咎，不利宾。《象》曰：包有鱼，义不及宾也。

九二和初六是承乘的关系，在柔遇刚的格局中首当其冲，所谓近水楼台先得月，很快便结合上了。“包”是拥有、包容的意思，蒙卦有包蒙，泰卦有包荒，否卦有包承、包羞。鱼是阴物，指初六，剥卦六五“贯鱼以宫人宠”即指五阴爻为鱼。九二包容初六，不激化矛盾，也是制住初六的一种方式，能够这样，当然无咎。“宾”是指九四，先入为主，后至为宾。九四和初六相应与，也是绝配，但离开太远，被九二占了先着，所以不利。“义不及宾”，是说道理本来如此，没什么好不服气的。

老子有云：“治大国若烹小鲜。”“小鲜”就是小鱼，所谓千滚豆腐万滚鱼，鱼要烹得鲜美很不容易，火候不够不入味，火力太旺就烹烂了。治理大国就像这样，火候得恰到好处，对待百姓能制能容，决不扰民积怨。老子又云：“鱼不可脱于渊。”九二“包有鱼”，深得个中三昧。

我们先看九四。

九四。包无鱼，起凶。《象》曰：无鱼之凶，远民也。

九二“包有鱼”，九四当然“包无鱼”，争夺战中败下阵来，形势转凶，这是因为距离初六基层民众太远的缘故。老子有云：“贵以贱为本，高以下为基。”为政高高在上，争取不到民心，失去了群众基础，必凶。

九三。臀无肤，其行次且。厉，无大咎。《象》曰：其行次且，行未牵也。

夬、姤二卦相综，姤卦九三即相当于夬卦九四，所以爻辞类同。九三夹在九二跟九四之间，看别人为争取初六如痴如狂，本身亦深受困扰，坐立不安，进退两难。卦之时义为柔遇刚，九三格于形势，不可能与初六搭上线，身心难免危厉，由于本身当位，尚无大的咎害。

九五。以杞包瓜，含章，有陨自天。《象》曰：九五含章，中正也。有陨自天，志不舍命也。

“杞”是高大坚实的树木，丰茂的枝叶足以庇荫地上的甜瓜，九五即以这样的方式来包容初六。“章”是章明、章美，既指九五中正的阳刚美质、最佳时位，亦指姤遇之时与初六接触的机缘，《彖传》中所称“天地相遇，品物咸章”者即是。“含章”是含藏章美，不轻易发露。坤卦六三《小象》有云：“含章可贞，以时发也。”九五与初六既非承乘，亦不应与，短期内没有直接接触的可能。但九五毕竟为阳刚阵营的代表，对基层发生这样微妙的变化高度关注，从容运势部署，待瓜熟蒂落、水到渠成，自然而然有最好的结果。“有陨自天”，即喜从天降之意。“志不舍命”，主观的意志不违背客观的规律，一切顺应形势而行，不强求，不助长，这是九五最最高明的地方。

上九。姤其角，吝，无咎。《象》曰：姤其角，上穷吝也。

上九离初六最远，正所谓八竿子也打不着，完全没有相遇的机会，遇道已穷，钻到牛角尖去了，不可能有出路。但也不会有新的麻烦上身，所以无咎。

姤卦运用象征相当灵活，先后以女、豕、鱼、民、瓜来形容初六。女诱男极易出事，故戒以勿用；豕性浮躁，故“系于金柅”；鱼鲜美易烂，故谨厚包之；瓜甜易溃，以坚实的杞木庇荫；民可覆舟，亦可载舟，体民就吉，远民则凶。

第三十四章　团队成长：萃、升二卦综论

《易经》中有萃、升二卦，紧接着夬、姤二卦而来，析论组织派系矛盾及团队成长之理，细腻入微，当能提供我们极佳的启发。《序卦传》云："姤者，遇也。物相遇而后聚，故受之以萃。萃者，聚也。聚而上者谓之升，故受之以升。"

夬卦阴阳对决，象征与旧势力的决裂，姤卦不期而遇，代表新机缘的展开。人际有了新的接触后，就会想进一步聚合成立组织，这就是萃；人文荟萃的目的，是期许个人及整个团队不断地成长，这就是升。夬卦五阳上决一阴，象征共御外患，姤卦一阴潜生于五阳之下，代表祸起萧墙，这些都造成了萃聚时的百般艰难，若能突破，则团队的绩效必能上升。

《杂卦传》云："萃聚而升不来也。"萃是聚集人才，升是向上进往前发展而不回头。"往、来"是卦爻动向的专有名词，低位之爻向高位发展为"往"，反之为"来"。泰卦"小往大来"，阳大阴小，三阴爻往而居上卦，三阳爻来而居下卦，故为地天泰；否卦"大往小来"，则为天地否。

用大牲吉

萃。亨。王假有庙，利见大人，亨，利贞。用大牲吉，利有攸往。《彖》曰：萃，聚也，顺以说，刚中而应，故聚也。王假有庙，致孝享也。利见大人亨，聚以正也。用大牲吉，利有

攸往，顺天命也。观其所聚，而天地万物之情可见矣！

萃卦（䷬）下卦坤顺，上卦兑悦，显现物以类聚之情。九五阳刚中正，下有六二相应与，群聚的条件极佳。“假”同感格的格，也是至，“王假有庙”是说领导人亲至宗庙祭祀，以期感格上苍，获祖先赐福。庙是国家精神的象征、香火传承的代表，引申来说，任何组织创立时所秉持的中心理念，所有成员愿意为之牺牲奉献的就是庙。“大人”指英明睿智的领袖，即九五，组织要亨通发展，必须建立坚强的领导中心。组织成立以后，还得固守正道，不能在私欲和利益下沦落。以上都是精神面的强调，“用大牲吉”则论及同样不可忽视的物质层面。

“大牲”是指牛，古代祭祀用牛为牺牲，表示祭品丰厚，郑重其事。“用大牲”是承接前面“王假有庙”而言，具体来说，就是招揽人才须待遇优厚，让其生活无虞，如此更能上下一心往前奋斗，以实现天赋的使命。这种精神物质兼顾的思想，亦见于鼎卦《彖传》：“圣人亨以享上帝，而大亨以养圣贤。”鼎是革命之后的非常建设，圣人是领导建设的掌权者，以鼎烹肉祭祀上帝，象征奉天承运，政权有其理念依据。圣贤是参与建设的各种人才，须大烹以重重犒赏。

《六韬·武韬》有云：“天下非一人之天下也，取天下若逐野兽，得之而天下皆有分肉之心。”语意率真坦白，毫不虚饰。《黄石公三略》开章明义亦云：“夫主将之法，务揽英雄之心，赏禄有功，通志于众。”萃卦卦辞连言两个“亨”字，就是要运用各种手段通志于众。亨、享、烹三字古意通用，政通、人通、天地通，一切畅通无阻才好办事。乾卦《文言传》云：“亨者，嘉之会也。”嘉是美善，人才荟萃，漪欤盛哉，正是萃卦追求的境界。

“聚以正”是萃卦获亨很重要的但书，“王假有庙”是正，“用大牲”也是正，上下以道义相合是正，纯以利益交欢就不正了。济济多士为民前锋是正，群居终日言不及义就不正。由人的聚合，最容易看出人情各种微妙的变化，喜怒哀乐爱恶欲，发而中节很不容易，不中节即不正，吉凶悔吝便因此而生。“观其所聚，而天地万物之情可见矣！”类似的感叹亦见于咸、恒、大壮三卦：“观其所感，而天地万物之情可见矣”“观其所恒，而天地万物之情可见矣”“正大而天地之情可见矣”。感通、长久皆可见出人情，独正大为人情所不易企及，只有天地无私足以当之。这么看来，人间世的咸、恒、萃之情很难完美，故而三卦卦辞皆云亨利贞，却不见元，且各卦爻辞多悔吝和波折。《易经》为论情之书，人生忧患多涉情关，参勘得透委实不易。

《象》曰：泽上于地，萃。君子以除戎器，戒不虞。

“除”是整理修治，“虞”是料想，“除戎器”就是进行装备保养和教育训练，以防止任何意外发生。萃卦上卦兑泽，下卦坤地，泽的水位高于地面，有溢流之患，故而须筑堤收束以聚合水流。聚水以后，还怕它不时泛滥，遂保持高度战备。人间的各种组织也是如此，聚众之后，可能产生种种意想不到的事端，为免乌合鸟散，必须讲究纪律，否则不可能发挥任何绩效。《系辞传》云：“圣人之大宝曰位，何以守位曰仁，何以聚人曰财，理财正辞、禁民为非曰义。”“王假有庙，利见大人”是以仁守位，“用大牲”是以财聚人，而“除戎器，戒不虞”就是理财正辞、禁民为非了。

乃乱乃萃

在进入萃卦卦爻辞的世界以前，有必要先分析一下其特殊结构，而最好的方式就是与比卦作一对照。

水地比（䷇）为一阳五阴之卦，唯一阳爻为居中正之位的九五，卦义为比附结盟，实际来说，就是众阴爻向九五靠拢、九五收编各阴爻的互动过程。近承远应获吉，不承不应遭凶，顽固不服更可能死无葬身之地。唯一例外的是初六，位卑职微，距九五最远，却因宣誓效忠、赤胆输诚而获吉。作《易》者虽对九五有“王用三驱”的期许，也提醒投靠者正然后吉，由于实力悬殊，主从关系太明显，实际作用起来，必然依循上述的模式。

上六。赍咨涕洟，无咎。
（赍咨涕洟，未安上也。）

九五。萃有位，无咎，匪孚，元永贞，悔亡。
（萃有位，志未光也。）

九四。大吉，无咎。
（大吉无咎，位不当也。）

六三。萃如嗟如，无攸利，往无咎，小吝。
（往无咎，上巽也。）

六二。引吉，无咎，孚乃利用禴。
（引吉无咎，中未变也。）

初六。有孚不终，乃乱乃萃。若号，一握为笑，勿恤，往无咎。
（乃乱乃萃，其志乱也。）

萃

萃卦就不同了，泽地萃为二阳四阴之卦，除了九五中正外，多了一个尴尬的九四。九四虽不当位，却居于功高震主的权臣之位，而且由于爻位间承乘应与关系的互动，自然在众阴爻间造成派系的问题。《韩非子·扬权篇》有云：“勿弛尔弓，一栖两雄；一家二贵，事乃无功。”所谓卧榻之旁岂容他人酣睡，站在九五的立场，双首长的结果，必然威令不行；而九四则伴君如伴虎，随时生活在紧张和恐怖中。这种深刻的矛盾，若不善巧化解，足以让整个团队的士气瓦解。掌握了以上的关键，对萃卦诸爻的情状便有了理解的依据。

初六。有孚不终，乃乱乃萃。若号，一握为笑，勿恤，往无咎。《象》曰：乃乱乃萃，其志乱也。

初六不当位，上和九四相应与，照理当追随九四，但六三上承九四造成三角关系，使初六不免犹疑。另外九五为萃卦之主，追随九四可能触犯天威，也让初六迷惑。以上两重考量，使初六对九四的诚意难以贯彻，欲聚还乱，不能自决。“乃乱乃萃”之乃，即有艰难转折之意。为初六计，此情此景不必自寻烦恼，还是应该依从自然的规律呼号正应——向九四靠拢。只要她肯表态，九四一定会接纳。“若号，一握为笑”的笔法相当生动，让人想起“渡尽劫波兄弟在，相逢一笑泯恩仇”的诗句，放下矜持，破涕为笑，与同人卦九五“先号咷而后笑”的意境亦相通。“恤”是忧心，“勿恤，往无咎”，劝慰初六将事情简单化，依自然行事即可无咎。

六二。引吉，无咎，孚乃利用禴。《象》曰：引吉无咎，中未变也。

六二当位中正，和九五相应与，本是绝配，由于九四挡道也受干扰，加上本身条件不错并不积极勤王，须靠九五主动牵引才得聚合。“禴”是薄祭，象征重实质不重形式，六二对九五的诚意是没有问题的，格于形势及自身的考量，表现得不太热切，但只要忠诚未变，仍可吉而无咎。“孚乃利用禴”与“用大牲吉”刚好相反。

六三。萃如嗟如，无攸利，往无咎，小吝。《象》曰：往无咎，上巽也。

六三阴居阳位不当位，本身条件差，上承九四又担心九五见怪，靠拢九五亦乏直接门路，且对直属长官九四没法交代，于是便在那儿唉声叹气，无所适从。这是一点儿好处都没有的，和初六一样，还是应该顺应阶段性的自然规律，顺从九四，把问题留给两位实力者去解决。如此可获无咎，就算有些毛病，也不严重。乱世求聚合，还是要付诸行动，发牢骚空抱怨只惹人嫌，根本无济于事。

大吉无咎

九四。大吉，无咎。《象》曰：大吉无咎，位不当也。

九四是萃卦的关键，阳居阴位，其下又有六三承、初六应与，权倾朝野，和九五的关系极亲密，也极危险。若拥众与九五抗争，则伦理有亏，二则六二与九五仍是死党，内斗起来，鹿死谁手尚未可知。最重要的是与卦义相违——“王假有庙，利见大人，利贞”。乱世求萃之时，徒然削弱自己的力量，两败俱伤，大违初衷，不仅难获亨通，也无法推进到下一个升卦的境界。为九四筹谋，还是得以大局为重，率众向九五输诚，君臣重修旧好，组织转危为安，这样才能无咎。

“大吉无咎”笔法特殊，让历代注《易》者颇费疑猜：九四处境敏感凶险，没有平白大吉的理由。其实由《小象》所云“位不当也”，即可推知：大吉是得获无咎的先决条件，必须大吉才能无咎，否则必然有咎！那么，什么是大吉呢？

《易经》中谈到“大吉”的有四个爻，除萃卦九四外，家人卦六四、升卦初六、鼎卦上九爻辞皆云“大吉”。家人卦六四云：“富家，大吉。”《小象》补注：“顺在位也。”六四相夫教子，理财成功，九五及全家获吉。升卦初六云：“允升，大吉。”《小象》补注：“上合志也。”初六从基层奋斗，带动以上诸爻一并成长上升，全卦获吉。鼎卦上九云：“鼎玉铉，大吉，无不利。”《小象》补注：“刚柔节也。”上九阳居阴位，刚柔相济，以最高的精神文明建设点活鼎卦全局，教化大成，无所不利。以上三爻所云“大吉”是结果，这点和萃九四的“大吉”是但书不同，但都有协助该卦九五或六五排除障碍、活化全局之意。依此理解，“大吉”实有大人吉、大家吉、大局获吉之意，意通佛经所称“皆大欢喜”。萃卦九四阳居阴位，当可效法鼎卦上九刚柔节之义，弃私为公，协助九五整合全局，使组织重现生机。一念之转，万家生佛，这应是大吉无咎的真意。

九五。萃有位，无咎，匪孚，元永贞，悔亡。《象》曰：萃有位，志未光也。

九五当位中正，为萃卦之主，又有六二相应与，理当无咎。但由于九四的干扰，使他与下民有隔，难获部属信赖，威令不行，萃聚天下之志难以光大。这时须反求诸己，修“元永贞”之德，才能使悔恨消亡。前面我们以萃卦和比卦相对照，萃卦九五云“元永贞”，比卦卦辞亦称“元永贞”，简单来说，就是彻底检讨组织上下的关系有没有开创性？能不能经得起长久持续的考验？正不正？若能化解与九四的矛盾，共同为团队奋斗，一切问题就可迎刃而解。

上六。赍咨涕洟，无咎。《象》曰：赍咨涕洟，未安上也。

上六乘于九五之上，阴乘阳、臣乘君不利，求聚无门，遂怨叹流泪自伤怀抱，天下皆萃我独无，成了孤家寡人一个。不过也不必太伤心，天下无不散的筵席，上六萃极将散本属天命，只要通达以对，仍然无咎。

萃卦六爻皆情怀波荡，或哭或笑、或恤或嗟。九四跟九五的关系或弛或张，位不当对志未光，更是全局扰动不安的根源，着实扣人心弦，《彖传》所称“观其所聚，而天地万物之情可见矣”，确实一语中的。六爻爻辞皆言无咎，可见人际聚合不易，能善始善终即属福缘。《系辞传》云：“无咎者，善补过也。”人情中节很难，口过、行过无人不犯，只要知过能改，懂得调整回来即能无咎，萃卦六爻无咎，关键在此。

柔以时升

升。元亨，用见大人，勿恤，南征吉。《彖》曰：柔以时升，巽而顺，刚中而应，是以大亨。用见大人，勿恤，有庆也。南征吉，志行也。

升下卦巽风，上卦坤顺，人采取低姿态因时顺势往上爬，容易成功。九二阳刚居中，上与六五相应与，发展的条件极佳。九二、九三两阳爻之上都是阴爻，畅通无阻，只要保持上升的动力，即可一帆风顺。“大人”指六五，人往上升一定需要长官提拔，既然刚中而应，不必担心，尽管往前奋斗，一定能达成志向而有最好的结果。

后天八卦方位，南方为离火，“南征吉”，意为光明磊落往前干就吉，形势一片大好，不必遮遮掩掩。

《象》曰：地中生木，升。君子以顺德，积小以高大。

上卦坤地，下卦巽为风也为木，有地中生木之象。老子云：“合抱之木，生于毫末。”参天巨木也是由柔嫩的幼苗破土而出，经历岁月风霜以长成。管子云：“十年树木，百年树人。”人格的教育成长也是如此，得懂得柔顺与积累的道理。

初六。允升，大吉。《象》曰：允升大吉，上合志也。

“允”是诚信、顺从之意。初六不当位，上和六四又不相与，照讲在全卦中条件最为不利，可是却获大吉，其因安在？关键就在一个“允”字。初六诚心往上升，但本身没有实力，必须顺从九二一同上升，九二居下卦之中，和六五之君相应与，上升的前景光明，所以初六连带也获大吉。

不过，问题还没有这么简单，攀附实力者而上升，吉就好，为什么大吉呢？

前面阐析萃卦九四时，曾比较升卦初六、鼎卦上九、家人卦六四，而得出“大吉”实有大人吉、大家皆吉、大局获吉之意。升卦的卦旨在团队成长，全面上升，这是萃卦获亨之后继之以升卦的深意，而全员成长的发动关键，又在于初六，基层蕴蓄的广大能量若能激发动员，才是真正可怕的力量。火车头一动，带动所有车厢节节前进，民智一开，全社会皆可翻新塑造。

老子云：“贵以贱为本，高以下为基。”民惟邦本，本固邦宁，民可载舟，民可覆舟。升卦初六大吉，正呼应柔以时升、积小以高大之义。“上合志”，与其上所有爻的志向相同，皆欲成长上升，所以居全卦君位的六五言大得志，而《象传》云：“南征吉，志行也。”“有庆”是指本身获益，周遭诸人亦连带获益，所谓“一人有庆，兆民赖之”。

坤卦《文言传》且云：“积善之家，必有余庆。”积小以高大，巽而顺行，就会有这样喜乐的结果。毫末虽小，终成合抱；“允升”在先，迟早大吉。

九二。孚乃利用禴，无咎。《象》曰：九二之孚，有喜也。

九二刚中，和六五相应与，上升的心志相通，不必在乎交往的形式，即可无咎。

“孚”是诚信，“禴”是薄祭，前面萃卦六二已有说明，“有喜”是个人有好结果，爻言“有喜”，卦言“有庆”，义理层次分明。

上六。冥升，利于不息之贞。

（冥升在上，消不富也。）

六五。贞吉，升阶。

（贞吉升阶，大得志也。）

六四。王用亨于岐山，吉。无咎

（王用亨于岐山，顺事也。）

九三。升虚邑。

（升虚邑，无所疑也。）

九二。孚乃利用禴，无咎。

（九二之孚，有喜也。）

初六。允升，大吉。

（允升大吉，上合志也。）

升

九三。升虚邑。《象》曰：升虚邑，无所疑也。

九三当位，居下卦巅峰，前临上卦诸阴爻，有虚邑之象，鼓勇前进，如入无人之境，完全不必有所疑虑。

六四。王用亨于岐山，吉，无咎。《象》曰：王用亨于岐山，顺事也。

周文王三分天下有其二，仍服事殷，善尽人臣之道，不冒险僭进，以此亨通于岐山之地。六四阴居阴位，为上卦坤顺之始，正有此象，循序渐进，吉而无咎。随卦上六亦云“王用亨于西山”，却是引用文王祖父周太王的典故。“易经”的“王”本是虚位，有德者居之，太王文王，古王今王，文王既殁，文不在兹乎？豪杰之士，不待文王自兴！

六五。贞吉，升阶。《象》曰：贞吉升阶，大得志也。

六五为升卦之主，下有九二相应与，形势通畅，从初六允升以来，循序渐进至此，终获大成。

上六。冥升，利于不息之贞。《象》曰：冥升在上，消不富也。

阳实为富，阴虚为不富，“消不富”是说上卦坤顺的德性至极将反。升卦一路畅通无阻，即因“柔以时升”，巽而顺，如今顺德将变，自然将遭遇险阻。“冥”是昏暗不明、执迷不悟之意，俗话说“一条道跑到黑”。豫卦上六为“冥豫”，升卦上六为“冥升”，皆不知节制变通，走入穷途。

《序卦传》云：“升而不已必困。”升卦之后接着是困卦，即以上六“冥升”为转折。团队追求成长绩效，亦非没有限制，冲得太过火，资源耗尽即落入困境。“冥升”违反坤顺之道，在事业发展上受困，其积极精神却相当可取，与乾刚行健不息之性相近，阴极转阳，于此又得显证。

萃卦一山难容二虎，派系矛盾严重。升卦六爻皆欲同升，居下者诚心顺从，在上者宽容提携，不会回头打压、排挤同侪，既无内部矛盾，发展遂一帆风顺。《杂卦传》云：“萃聚而升不来。”方以类聚，物以群分，聚合之后产生次级团体很难避免，不来即一往直前，所以升卦“南征吉”。

第三十五章　开物成务：困、井二卦综论

近几年来，企业改造或企业再生的呼声响彻云霄，Re-engineering成了理论探讨及实务经营最热门的关键字。engine是引擎、发动机，Re-engineering即有修复调整、重新发动引擎之意，亦即找出传统经营方法失利的原因，因应时代变迁，调整经营机制，以激发出崭新的核心动力，再造企业的第二春。这种风潮当然和目前全球政经格局皆在求新求变有关，一些跨国企业巨额亏损的警讯，更刺激企业人认真思考企业的本质，谋划新的经营方式，以突破现今的困局。

《易经》中有困、井二卦，相综相因，含蕴无穷，值得有心人深刻体悟，为个人、团队甚至全人类再出发的参考。

《序卦传》云："升而不已必困，故受之以困。困乎上者必反下，故受之以井。井道不可不革，故受之以革。"困卦之前是升卦，升是追求发展与成长，由于资源有限，无止境地扩充一定会遭遇瓶颈，几十年前众所瞩目的能源危机即为显例。旧能源一旦出现匮乏，为了维持工业文明的运转，就得勘探新的能源。井是地下水源，为古代社会民生日用之所需，水井附近就有人家，井的探勘、开凿及维修相当重要。

困卦（䷮）的卦象为上泽下水，水位降至泽底，泽水干涸枯竭，象征资源极度匮乏。井卦（䷯）的卦象为上水下巽，巽为人也为木，凿井及泉、辘轳汲水出井，象征重新发掘资源，取之不尽、用之不竭以纾困。"困乎上者必反下"，在地面上视野所及之处，已经找不到可用的资源，

旧方法解决不了新问题，就得釜底抽薪，回到地底下去发掘新资源，所谓上穷碧落下黄泉，只要接通泉脉，困局便可迎刃而解。新井的开凿一样有高风险，需要相当的眼光和耐力，以及除旧布新的魄力和勇气，所以井卦之后紧接着便是革卦。《杂卦传》云："井通而困相遇也。"困是阳刚被阴柔所掩盖，阴阳二性相抵而不通，遇即刚柔相遇之意。井则是穷则变，变则通，渊泉时出，与困卦正好相反。

《系辞传》中有所谓忧患九卦，困、井亦居其二，忧患意识深重，实践功夫练达。"困，德之辨也；井，德之地也。"人在艰难困苦时，最容易分辨出德行的高低，孔子当年困于陈蔡，师徒挨饿受累，子路愤而质问："君子亦有穷乎？"孔子回答："君子固穷，小人穷斯滥矣！"真正大德素患难行乎患难，无终食之间违仁，造次颠沛必于是。井泉脉流通，供给民生日用无缺，正是实践善行的所在。"困，穷而通；井，居其所而迁"，困卦虽穷，能变则通；井安居不动，泉水迁流日新，却能让所有去取水的人受惠。《系辞传》的作者赞叹《易经》"为书也不可远，为道也屡迁"，意旨与井德相通。"困以寡怨，井以辨义"，君子处困之时，不怨天不尤人，艰难困苦，玉汝于成，正好借此良机加深自己的修为；井卦博施济众，能以美利利天下，不言所利大矣哉，正是义行的模范。

致命遂志

困。亨，贞，大人吉，无咎。有言不信。《彖》曰：困，刚掩也。险以说，困而不失其所亨，其唯君子乎？贞，大人吉，以刚中也。有言不信，尚口乃穷也。

困卦为三阴三阳之卦，九二为初六、六三所掩，九四、九五为六三、上六所掩，阳刚为阴柔所掩，象征正道为恶势力包围，理智为欲望所蒙蔽。京剧《四郎探母》里有唱腔："我好比笼中鸟，有翅难展；我好比浅水龙，被困在沙滩。"人生难免为情、为财或为权势所困，只要坚守原则，应对得宜，一样有亨通之道。困下卦坎险，上卦兑悦，悦以行险，身困道亨，只有修养深厚的君子才办得到。“君子固穷”即“贞，大人吉，无咎”，九二、九五皆阳刚居中，这是困而获亨的主要原因。“有言不信”，提醒困境中人勿逞口舌，必须以实际的行为脱困，困就表示信用受损、资源耗竭，再怎么振振有词，也很难赢得别人认同。

《象》曰：泽无水，困。君子以致命遂志。

困上卦兑泽，下卦坎水，水位下降，泽中已无水流，正是资源枯竭的象征。知命君子处此困境，毫不沮丧，拼命也要达成自己既定的志向。

利用祭祀

在分析困卦诸爻之前，须先点明：困卦虽然为柔掩刚的格局，阳爻均陷于阴爻包围中，反过来看，阴爻一样被阳爻所牵制而难以动弹。六三深陷局中，为九二、九四圈住，初六、上六分居首尾，不能相顾，阴爻的处境甚至比阳爻还要危险。困人者人恒困之，套牢与反套牢，螳螂捕蝉，黄雀在后，这种上下交相困、纠缠不清的局面，才是困卦最真实也最微妙之处。

初六。臀困于株木，入于幽谷，三岁不觌。《象》曰：入于幽谷，幽不明也。

初六不当位，上和九四虽应与，却受阻于邻近的九二，无法相遇。“觌”音 dí，见面之意，初位到四位差三位，有三岁之象，表示很长时间没法见面，当然也得不到任何帮助。初六位居最下，有臀之象，株木是无枝叶的树根，初六、九二一阴一阳，有株木之象。初六本身条件极弱，外援又不至，就像人一屁股跌坐在树根上，得不到荫蔽，深陷于幽暗的山谷，坐困愁城，无法出头。孟子曾引《诗经》“出自幽谷，迁于乔木”之句，强调人不要为生长环境所限，应力求上进，而困卦初六却反其道而行，所以一辈子也没法真的明白。孔子说：“困而不学，民斯为下矣！”正是这种处境。

九二。困于酒食，朱绂方来，利用享祀。征凶，无咎。《象》曰：困于酒食，中有庆也。

九二陷于坎险之中，和九五同德相应，但不相与，暂时不能有所作为。“困于酒食”是说生活条件很优厚，不会挨饿受冻，只是尸位素餐，难免于心不安。需卦九五云：“需于酒食，贞吉。”《大象》云：“君子以饮食宴乐。”需是耐心等待，九五虽居坎险之中，照样饮酒吃肉，意态安闲。渐卦六二云：“饮食衎衎，不素饱也。”“衎”是和乐貌，六二中正，循序渐进，不尸位素餐，气定神闲往前奋斗。君子食无求饱，居无求安，本无困于酒食之理，但在乱世形势险恶之时，饱食终日、纵情声色以自污者，亦大有先例。

上六。困于葛藟，于臲卼，曰动悔，有悔，征吉。
（困于葛藟，未当也；动悔有悔，吉行也。）

九五。劓刖，困于赤绂，乃徐有说，利用祭祀。
（劓刖，志未得也；乃徐有说，以中直也；利用祭祀，受福也。）

九四。来徐徐，困于金车，吝，有终。
（来徐徐，志在下也；虽不当位，有与也。）

六三。困于石，据于蒺藜。入于其宫，不见其妻，凶。
（据于蒺藜，乘刚也；入于其宫，不见其妻，不祥也。）

九二。困于酒食，朱绂方来，利用享祀。征凶，无咎。
（困于酒食，中有庆也。）

初六。臀困于株木，入于幽谷，三岁不觌。
（入于幽谷，幽不明也。）

困

“绂”音 fú，为缝于长衣之前的蔽膝。周代官制，祭祀时天子着朱绂，诸侯着赤绂，以明君臣之礼。九五为君，九二为臣，二人同具刚中之德，相应而不相与，中间又有六三、九四的阻隔干扰，难以共济险难。形势虽恶，君臣情分仍存，须赤诚相感以候时机，这就是“朱绂方来，利用享祀”。“征凶”明示妄动则凶，耐心等待才能无咎。

六三。困于石，据于蒺藜。入于其宫，不见其妻，凶。《象》曰：据于蒺藜，乘刚也；入于其宫，不见其妻，不祥也。

六三孤阴夹于两阳之间，前行有坚刚如石的九四挡道，后面又有难缠如多刺植物的九二顶住，本身阴居阳位又不当位，进退失据，难受极了。人在事业上遭遇挫折，通常会想回家，寻求亲情的抚慰，《序卦传》解释明夷卦后为家人卦时云：“伤于外者必返其家。”即为此理。六三回到自己家中，发现妻子不耐穷困也跑了，内外煎逼，天下之大却无处容身，当然大凶。以爻位的象征而言，上六即六三之妻，彼此应而不与，中间又有九四、九五的强力拦阻，无法共患难是必然的。

以爻变的观念来看，六三爻变，全卦变成泽风大过（䷛），也是极危险的情境。大过卦四阳居中，二阴包外，有棺椁之象，汉朝人称之为死卦。困之大过仍无出路，六三活活困死的可能性很大。三百八十四爻中，若论形势凶险，困卦六三可谓名列前茅，如此坏的境遇，其实还是咎由自取。六三本欲困住其下之九二，柔乘刚象征欲望蒙蔽了理智，结果反而自困。《尚书》云：“天作孽，犹可违；自作孽，不可活。”困六三给人的教训特别深。

九四。来徐徐，困于金车，吝，有终。《象》曰：来徐徐，志在下也；虽不当位，有与也。

九四阳居阴位不当位，下和初六相应与，又有脱困的生机。“金车”指九二，阳刚居中，切断了九四与初六的联系。爻上行称往，下行称来，“来徐徐”，是说九四志在援助在下的初六，但受阻于九二，行动显得特别慢。如此当然不利，局面很不开展，若能挨过最苦的时期，最后会有好结果。困卦中唯独九四和初六相应与，只要结盟的心志坚定，迟早有脱困的希望。

九二在下卦属实力派，称其“金车”，意象相当贴切。大有卦九二云：“大车以载，积中不败。”勇往直前，所向披靡。蒙卦六三云：“见金夫，不有躬。”“金夫”即指九二，魅力十足，令六三无法抗拒。九二称“金车”，对九五之君而言又是“赤绂”，都是官位的象征。《尚书》云：“明试以功，车服以庸。”官吏试用若称职，公家会配官车和官服，以表彰酬庸。“困于金车、困于赤绂、困于酒食”，表示权势及生活享受都会使人受困，深陷其中不能自拔。

九五爻。劓刖，困于赤绂，乃徐有说，利用祭祀。《象》曰：劓刖，志未得也；乃徐有说，以中直也；利用祭祀，受福也。

九五为困卦之主，虽然当位中正，本身才德没问题，却因阴方挑衅，造成难分难解的交相困之局，领导的威信大受影响，整合全局的志向难以达成。“劓刖”是古代的刑罚，割鼻截足，不成人形，所谓万方有罪，罪在朕躬，九五难辞其咎，就像承受酷刑的犯人一样，仍得勉力以赴。“赤绂”是诸侯大臣祭祀用的官服，“困于赤绂”，指九二同德相应未能勤王，亦可指九四权臣掣肘逼宫，挡住二五相济之路。总之，二者皆不能赴援，反成系累包袱，如此困局不是短期内可以解套，对九五而言，目前能做的还是坚定信念，与九二至诚相感，待形势逐渐松动后，仍可获福。九五徐徐脱困的福报，跟他本身中道正直有关，“利用祭祀”并非祈蒙天枯，而是坚持理念、站稳立场，以激励干部，“朱绂方来”以突破“困于赤绂”，“利用祭祀”对应“利用享祀”，九五的种种表现，处处见出大人的风范。

乾卦《文言传》云：“亨者，嘉之会也。”亨、享二字意义相通，祭祀的目的在人天相感、人际相通，以促使美善的东西聚在一起。九五、九二皆刚中大才，困境中不得相遇，只得诉诸默契，祭祀时心志专诚，无声胜有声，正合有言不信的意境。

《论语·阳货篇》中记述孔子有次感叹："予欲无言。"子贡忙说："子如不言，则小子何述焉？"孔子回答："天何言哉？四时行焉，百物生焉，天何言哉？"最高的道理和情谊，是语言道断、默而识之的。《宪问篇》中也记载孔子感叹："莫我知也夫！"子贡问："何为其莫知子也？"孔子回答："不怨天，不尤人，下学而上达。知我者其天乎？"不怨不尤即"困以寡怨"，"下学而上达"即"井以辨义"，困乎上者必反下，遭遇挫折后深造自得，重新出发，就像钻探新井、汲水上升一样，山重水复疑无路，柳暗花明又一村。这种幽深曲折的心路历程，难与人说，恐怕也只有冥冥天意能了解吧！

困卦九五的境遇，古今中外许多政治犯大概都遭遇过：本身没问题，却因得罪当道的威权，"困于赤绂"，遂遭劓刖酷刑。由于"有言不信"，没有申诉的管道，只能坚持信仰利用祭祀，以待慢慢脱困，若利用坐监的机会潜修深思，可能更有大成，反而困祸受福。《报任安书》有云："盖文王拘而演《周易》，孔子厄而作《春秋》。屈原放逐，乃赋《离骚》；左丘失明，厥有《国语》。孙子膑脚，兵法修列；不韦迁蜀，世传《吕览》。韩非囚秦，《说难》《孤愤》；《诗》三百篇，大抵圣贤发愤之所为作也。此人皆意有所郁结，不得通其道也，故述往事。思述往事，思来者。"司马迁遭李陵之祸，承受残酷的宫刑，遂成《史记》一书，上面那段议论，实亦夫子自道。

上六。困于葛藟，于臲卼。曰动悔，有悔，征吉。《象》曰：困于葛藟，未当也；动悔有悔，吉行也。

"藟"音 lěi，葛藟是蔓生的爬藤，"臲卼"是危险不安的样子。上六居困卦之极，阴柔乘于九五阳刚之上，当然坐立不安，下面六三深陷困境，应而不与，帮不上忙却又纠缠不清，长此以往很不恰当。这种处境下，怎么动都有悔，为正本清源，必须改弦更张，主动松绑，摆脱同类的纠缠，和阳刚的势力修好，如此才能获吉。“曰”是语辞，有自忖自言的味道，“动悔”是现状动辄得咎，“有悔”是悔悟改过，“征吉”则是想通后断然行动而脱困。

劳民劝相

困卦上六困极而反，斩断情缘后，即进入穷则变，变而通的井卦。

> 井卦。改邑不改井，无丧无得，往来井井。汔至亦未繘井，羸其瓶，凶。《彖》曰：巽乎水而上水，井，井养而不穷也。改邑不改井，乃以刚中也。汔至亦未繘井，未有功也。羸其瓶，是以凶也。

井卦（䷯）上卦坎水，下卦巽入，入乎水而上水，正是凿井及泉、汲水出井之象。只要接通泉脉，取之不尽，用之不竭，始终平衡供应，滋养民生，这就是“无丧无得”，“井养而不穷”。“往来井井”，前一“井”字是动词，即赴井汲水，后一“井”字是名词，即水源所在。井是永远安居不动的，井水供应也不分对象，完全一视同仁。邑是行政区域，随政治情势会变迁，赴井汲水的邑人也可能往来迁移，这就是“改邑不改井”，也就是《系辞传》说的“居其所而迁”。井卦九二、九五皆阳刚居中，象征资源丰厚，经得起考验。

开发一口好井并不容易，首先须有探勘、鉴定井址的智慧，然后得有开凿的耐心，所谓为山九仞功亏一篑，凿井不及泉犹为废井，急功近利、半途而废是一定不行的。“汔至”是几乎达到，“繘”音 jú，为汲水用的绳子，没触及泉脉即无法汲水，产生不了功效。汲水的瓶子在离开井口前，还可能碰坏了，所谓“瓦罐不离井口破，将军难免阵前亡”，随时都可能出意外而致凶。老子有云：“民之从事，常于几成而败之。”井卦要成功，必须“慎终如始，则无败事”。

《象》曰：木上有水，井。君子以劳民劝相。

井卦下卦巽木，上卦坎水，有以木桶盛水出于水面之象；树木由根部吸水，上达枝叶末梢的毛细管作用，亦与井的功能相通。“劳民劝相”是让所有人都动起来，互相劝勉行善，“相”亦有辅助之意。《孟子·滕文公篇》引述帝尧对司徒契的训辞云：“劳之来之，匡之直之，辅之翼之，使自得之，又从而振德之。”君子教化人民，以先知觉后知，以先觉觉后觉，诱导各人自识其性，而后激励他发扬光大，所谓师父领进门，修行在个人，这就是“劳民劝相”。

《孟子·离娄篇》有云：“君子深造之以道，欲其自得之也。自得之则居之安，居之安则资之深，资之深则取之左右逢其原，故君子欲其自得之也。”深造自得、资深逢源，正是井卦鲜活动人的意象。困卦“泽无水”，称“致命遂志”，井卦“木上有水”，则“劳民劝相”，其间义理勾连，颇耐人寻味。

中国传统学问一向以身心性命见长，困、井二卦相综，其根柢即在阐明《中庸》“天命之谓性”的意蕴。天命是自然而然的客观规律，不为尧存，不为桀亡，鼓万物而不与圣人同忧，所以大人君子一样会受困；人性则是含蕴无穷的内在宝藏，遏恶扬善，趋吉避凶，只要开发得当，可成就博施济众的无上功德。“之谓”即就是，相综两卦只是立场看法不同，实为一卦，客观形势受困，正好激发出自性潜能，不怨不尤，下学上达，尽性可以知天。

《中庸》上说：“尽己之性，则能尽人之性；尽人之性，则能尽物之性；尽物之性，则可以赞天地之化育，则可以与天地参。”困卦所示为天命的限制，一般很难突破；井卦则揭橥人能人智的伟大，己立立人，己达达人，将万事万物潜在的能量都开发出来，功业就可与天地齐平。

井收勿幕

真确掌握井卦深邃的意涵后，即可进入爻辞的世界，看看极深研几、通志成务的艰辛历程：

初六。井泥不食，旧井无禽。《象》曰：井泥不食，下也；旧井无禽，时舍也。

初六卑居最下，阴柔不当位，其上又无应与，处境极糟，就像井底为泥沙所淤塞的一口废井一样，不但人不来汲水，连禽鸟都不屑一顾了。“时舍”即为时代所抛弃，过气、不合时宜之意。“井泥不食”的“食”，暗喻为时所用，剥卦上九“硕果不食”，即象征孤阳在上据隅顽抗，对这时代已经不能发挥积极的作用。孔子入世心切，所以在佛肸以中牟叛，号召他帮忙时，发表感慨：“吾岂匏瓜也哉？焉能系而不食？”

九二。井谷射鲋，瓮敝漏。《象》曰：井谷射鲋，无与也。

上六。井收勿幕，有孚元吉。
（元吉在上，大成也。）

九五。井洌，寒泉食。
（寒泉之食，中正也。）

六四。井甃，无咎。
（井甃无咎，修井也。）

九三。井渫不食，为我心恻，可用汲，王明，并受其福。
（井渫不食，行侧也；求王明，受福也。）

九二。井谷射鲋，瓮敝漏。
（井谷射鲋，无与也。）

初六。井泥不食，旧井无禽。
（进泥不食，下也；旧井无禽，时舍也。）

井

"井谷"是井底聚水处，"鲋"是蛤蟆、小鱼等底栖生物。九二位较高，已有些水分流动，但流量太小，只能供鲋鱼等活命之用，下临初六阴爻，又有容器破漏、空虚下泄之象。九二和九五应而不与，缺乏有力奥援，陷溺低位，难以出头。《庄子·大宗师》中有寓言云："泉涸，鱼相与处于陆，相呴以湿，相濡以沫。"意境与此爻相通。世间知识分子困处低位，乏人牵引，往往互通声息，聚议朝政，亦同此象。

九三。井渫不食，为我心恻，可用汲，王明，并受其福。《象》曰：井渫不食，行恻也；求王明，受福也。

九三水位更高，本身阳居阳位，又和上六相应与，情况已大为改善，就像井泥已经浚渫，井水逐渐上涌，却仍乏人问津一样，自己伤怀，别人路过也为他难受。与其自怨自艾，不如积极寻求像九五这种实力者的支持，只要领导人够英明，汲引九三之人才上升任职，全局都会因而受福。《论语·里仁篇》有云："不患莫己知，求为可知也。"九三和九五无直接关系，所以须设法上达天听，让九五了解自己确有真才实学。困卦九五利用祭祀以受福，井卦九三求王明并受其福，各有脱困出头之道。

六四。井甃，无咎。《象》曰：井甃无咎，修井也。

"甃"音 zhòu，在井壁砌砖之意。九三过刚不中，"求王明"还有躁进之情；六四阴居阴位，上承九五，进一步美化自己，更是炉火纯青。《系辞传》云："无咎者，善补过也。""井渫"只是改善水质，"井甃"则连周边条件一并改善，重视维修保养，当然无咎。

九五。井洌，寒泉食。《象》曰：寒泉之食，中正也。

九五当位中正，为井卦之主，经过长期的努力，终于冒出清凉甜美的泉水，而为众人争相饮用。“井泥不食”是糟粕，“井渫”是激浊扬清，“井洌，寒泉食”，则是取精用宏，所谓弃糟粕取精华，正合乎井道不可不革之义。朱熹诗云：“半亩方塘一鉴开，天光云影共徘徊。问渠那得清如许，为有源头活水来。”《礼记·经解》云：“絜静精微，《易教》也。”意境皆与此爻相通。

上六。井收勿幕，有孚元吉。《象》曰：元吉在上，大成也。

一般卦上爻多不佳，而井卦爻位愈高愈好，这和汲水上升的基本喻象有关。九五寒泉出水后，上六将汲水用具收拾停当，却不盖上井盖，以备后来人取用，显示大公无私。有孚表示井德诚信，完全以服务公众为目的，元吉除大功告成外，更有生生不息的意味。老子云：“生而不有，为而不恃，长而不宰。”“井收勿幕”，有教无类，才是觉行圆满的大成境界。卦辞云“改邑不改井”，政权更迭无常，文教万古恒新，所谓放诸四海而皆准，百世以俟圣人而不惑。井卦奥旨，其在是乎？

第三十六章　上下易位然后贞：革、鼎二卦综论

《易经·杂卦传》云："革，去故也；鼎，取新也。""故"是已然之迹，"去故"就是过去的体制完全不要，一切从新打造。这与"蛊，则饬也"的整饬变法不同，"干父之蛊"虽然破除情面改革，仍存旧有体制，而且是从上层发动，期望及于全民。革命则是激烈彻底的民间起兵，推翻既有体制，完全另起炉灶，因此必然引起朝野新旧两股势力的殊死斗争，社会也将为此耗损元气，动荡不安。

非常破坏之后，必须要有非常建设，这就是革卦后继之以鼎卦的道理。鼎是烹肉的锅子，既可供民生日用，又可献享祭神，在古代朝廷更是象征政权的法器，鼎革就代表政权易手。问鼎中原是说有意争夺政权，三国鼎立代表天下三分，为了避免上述的危机，为政者就得调和鼎鼐，尽力摆平内部矛盾，以图长治久安。

《序卦传》云："井道不可不革，故受之以革。革物者莫若鼎，故受之以鼎。主器者莫若长子，故受之以震。"革卦前面是井卦，井卦以一口废井经浚渫维修后，恢复汲水功能为喻，表示旧制需要改革，这就合乎革卦的意涵。以鼎烹肉，化生成熟，彻底变革了食物的性质，也隐喻了去故成新的主旨。鼎是象征权力的法器，政权建立稳固后还有传承的问题，过去王位多传给长子，八卦中震为长子，所谓"帝出乎震"。鼎卦后接着震卦，提醒人做大事业须以培养接班人为第一要义。

革（䷰）、鼎（䷱）两卦相综，承接极为自然。另外，革卦的错卦是

蒙卦（䷃），鼎卦的错卦是屯卦（䷂）。错卦即六爻全变，有触类旁通之意。革命的目的在破除蒙昧，启迪民智；建国的艰难有如草木初生，须动乎险中才大亨贞。

己日乃孚

> 革。己日乃孚，元亨利贞，悔亡。

“元亨利贞”是乾卦的四德，象征生生不息、畅通无阻的原创力。六十四卦中，四德俱全的有七个卦，革卦居其一，可见《易经》作者对革命思想的重视。旧体制若已腐败到极点，就起而推翻它，一切重新打造，让组织恢复生机和创造力。但由于革命的破坏性非同小可，必须等时机成熟，人心皆信服时再动手，这样才容易成功，过程中原有的悔恨遗憾方可消亡。

“孚”是诚信，革命行动是为民除害，不是为了一己的权欲或私心。“乃”，有形势困难；“须”，等待之意。“乃孚”表示革命昭大信于天下很容易，必须假以时日。“己日”的确切含义人言人殊，有说是十天干中的己，有说是十二地支中的巳，还有说是已经的已，都有其术数上的根据。不过，若参考蛊卦有“先甲三日，后甲三日”、巽卦九五有“先庚三日，后庚三日”，则“己”为第六天干的说法较合创作体例。“甲”为天干之首，代表政令之始，推行到“己”已经过中势微，亟须变革，所以接着的“庚”即代表改弦更张（庚者，更也）。“己日”象征形移势转，发动革命的时机已经成熟。“己日乃孚”，这时革命思潮已深入人心，揭竿而起可获民意支持，只有这样，才能元亨利贞，悔亡。

> 《彖》曰：革，水火相息。二女同居，其志不相得，曰革。己日乃孚，革而信之。文明以说，大亨以正。革而当，其悔乃亡。天地革而四时成，汤武革命，顺乎天而应乎人。革之时大矣哉！

革卦的卦象为上泽下火，泽也是水，水盛则火灭，火旺则水干，上下的水火不相容，必然造成变革，“水火相息”的“息”即灭息之意。上卦兑泽为少女，下卦离火为中女，“二女同居”，且少女居中女之上，二女之间必有矛盾，这也是革。《系辞传》末章有云：“凡《易》之情，近而不相得，则凶。或害之，悔且吝。”少、中二女，志不相得，迟早必出问题。

睽卦卦象为上火下泽，其《彖传》亦云：“二女同居，其志不同行。”由于“火动而上，泽动而下”，上下卦性背道而驰，虽然同床异梦，还不致发生直接冲突，所以卦辞云：“小事吉。”

革卦就不同了，上卦泽水势下流，下卦离火势上燃，彼此针锋相对，一山难容二虎，非争个你死我活不可。“其志不相得”与“其志不同行”皆非美事，人际关系极不和谐，却还有程度跟结果上的差异。

“革而信之”解释“己日乃孚”，这是革命成功的必要条件。“文明以说”系因内卦离为文明、外卦兑为悦从，表示革命者深明形势，发为行动民众皆心悦诚服，或说下层社会的民众已经都明白了，革命势不可遏，上层不欢迎配合都不行。“大亨以正”即“元亨利贞”“革而当”，革命目标纯正，手段恰当，自然“其悔乃亡”。

“天地革而四时成”，春去秋来，自然界的季节变化多彩多姿，显示当革则革的规律。汤武革命是《彖传》写作时最明显的顺天应人、革命成功的范例，其实革卦的深邃意涵还远不止此。“革之时大矣哉！”再三强调革命时机的重要。《易经》中共有十二个卦，在《彖传》中强调时义，革命倾覆原有秩序，改造时代，当然得与时偕行。

《象》曰：泽中有火，革。君子以治历明时。

古代依时运变化修订历法，属重大政务，改朝换代多有“改正朔，易服色”之事，借此表明时代人物焕然一新。民国肇建，弃阴历取阳历，重新纪元；尧、舜禅让时，称“天之历数在尔躬”，新的时代必有新的气运，所以启用新的纪元。

革言三就

往下我们来看看革卦诸爻的情状。

上六。君子豹变，小人革面，征凶，居贞吉。
（君子豹变，其文蔚也；小人革面，顺以从君也。）

九五。大人虎变，未占有孚。
（大人虎变，其文炳也。）

九四。悔亡，有孚，改命吉。
（改命之吉，信志也。）

九三。征凶，贞厉。革言三就，有孚。
（革言三就，又何之矣？）

六二。己日乃革之，征吉，无咎。
（己日革之，行有嘉也。）

初九。巩用黄牛之革。
（巩用黄牛，不可以有为也。）

革

初九。巩用黄牛之革。《象》曰：巩用黄牛，不可以有为也。

按《说文解字》，革字的本义为“兽皮治去其毛”。黄牛皮制成的皮革相当坚韧耐用，本爻即以此为喻，形容初九位卑势微，上无应与，虽有心革命，却绝对不宜轻举妄动，要用黄牛皮制成的绳索牢牢拴住，以免出事。“巩”即巩固之意，“巩用黄牛”，和乾卦初九“潜龙勿用”的意境相通。

遁卦六二取象与此类同，爻辞云：“执之用黄牛之革，莫之胜说。”《小象》云：“执用黄牛，固志也。”一样是用黄牛皮绳拴住，革卦初九止其躁动，遁卦六二却因上应九五，职责道义在身，不能退隐。

六二。己日乃革之，征吉，无咎。《象》曰：己日革之，行有嘉也。

六二当位中正，本身条件极佳，又上应九五之君，外援亦强，革命的时机已经成熟，尽可积极行动，可获吉而无咎。“行有嘉”的“嘉”是美善之意，勉励采取行动会有好结果，本爻直接呼应卦辞的“己日乃孚”。

九三。征凶，贞厉，革言三就，有孚。《象》曰：革言三就，又何之矣？

九三居下卦离火巅峰，过刚不中，容易躁动出毛病，爻辞以“征凶”二字提出警告。九三当位，满腔热血亟图改革，自以为坐得正行得正，但莽撞的结果必遭危险，这就是“贞厉”。“革言”即革命思想、革命言论，必须多方征询意见，一再推敲研究，详审利弊得失，确实稳妥可行才付诸实践。“三就”的“就”是迁就、成就之意。如此戒惧审慎，仍是为了争取民心信服，现阶段的重点既属宣传造势，当然就不必贸然行动。

由六二、九三爻辞及《小象》的写法，可看出《易经》作者因材施教的用心。六二性柔，鼓励“征吉、行有嘉”；九三性刚，警戒“征凶、又何之”。才性、时位不同，因应策略即当有异。

《论语·先进篇》上有一段：“子路问：‘闻斯行诸？’子曰：‘有父兄在，如之何其闻斯行之？’冉有问：‘闻斯行诸？’子曰：‘闻斯行之。’公西华曰：‘由也问“闻斯行诸”，子曰“有父兄在”；求也问“闻斯行诸”，子曰“闻斯行之”。赤也惑，敢问？’子曰：‘求也退，故进之；由也兼人，故退之。’”

子路好勇过人像九三，懂了一项道理以后，就想马上实践，孔子怕他莽撞闯祸，要他先与父兄商量，都认可后再做——这就是“革言三就，有孚”。冉有拘谨保守像六二，该出手了还会犹豫再三，孔子鼓舞他立下决断，征吉无咎。同一问题，因提问的人不同，答案也会不同，这和易占的天人问答有类似之处。六二征吉、九三征凶，基本上仍是《尚书》“刚克柔克”之旨，总期待阴阳调和，刚柔适中，以矫正气质之偏。中国人过去取名字，也有这般考量，例如韩愈字退之，即因愈有冲刺前进之意，怕过了头，就用退之来中和。

九四。悔亡，有孚，改命吉。《象》曰：改命之吉，信志也。

九四已进入上卦，革命气候已成，当认清形势，改弦更张，赞同革命，如此便能悔亡获吉。“信志”的“信”，一是呼应有孚，一亦作“伸”字解，革命的志向获得伸张，不必再委屈隐忍。《系辞传》有云：“尺蠖之屈，以求信也；龙蛇之蛰，以存身也。”“信”字即同“伸”字，尺蠖虫行进时先屈后伸，龙蛇蛰伏于洞穴，是为了先保存性命，形势转了，再出来张牙舞爪，所谓大丈夫能屈能伸，留得青山在，不怕没柴烧，这是中国人基本的世故。九三“革言三就”是屈，九四“改命吉”是伸，这一屈一伸，即见阴阳变化之妙。

按爻变原理，九四改命，变阳为阴，即由革卦变为既济卦，本卦唯一不当位的爻变成当位，既济又有任务成功之意，新卦中所有爻都当位，大局底定，当然悔亡。《彖传》云：“革而当，其悔乃亡。”主要就是说的九四。

未占有孚

九五。大人虎变，未占有孚。《象》曰：大人虎变，其文炳也。

革命时机完全成熟，九五阳刚中正，下有阴柔中正的六二全力配合，领袖登高一呼，天下响应风从，崭新的大时代于焉诞生。乾卦《文言传》云：“同声相应，同气相求。水流湿，火就燥；云从龙，风从虎；圣人作而万物睹。”乾卦九五的“飞龙在天”是常态，革卦九五的“大人虎变”是变态，多少领导的风姿魅力便在龙虎风云中呈现。

“未占有孚”相当发人深省，占问是为了决疑，若主事者充满自信，又深明形势，何必问占？孔子说：“不卜而已矣。”生病时，子路关心老师想代为祈祷，孔子又说：“丘之祷久矣！”像乾、革两卦九五这样元气淋漓、生龙活虎的人物，“先天而天弗违”，大开大阖，自明自信，早就超越了占卜的范畴。荀子破除迷信，亦有“善为《易》者不占”的论断。

九三、九四、九五三个阳爻，爻辞中皆强调有孚，所谓不诚无物，革命要能成功，诚信是绝对必要的条件。从九三到九五，革命完成经过三个阶段，《春秋》所述的三世义——据乱世、升平世、太平世，孙中山“建国方略”划分军政、训政、宪政三时期，由小康渐趋大同，分阶段、抓重点以完成社会改造，这是“革言三就”的另一解。

上六。君子豹变，小人革面，征凶，居贞吉。《象》曰：君子豹变，其文蔚也；小人革面，顺以从君也。

“革”是人工治兽皮，兽毛因季节自然脱落更生，也是革。初九以黄牛取象，九五、上六则以虎豹取象。老虎体态雄伟，身上的斑纹疏朗华丽；花豹体躯较小，纹理细致可观。“大人虎变”，形容革命领袖的开创风范；“君子豹变”，则比喻革命干部的配合行动。文炳、文蔚，似乎都有人以此取名，民国初年，反袁世凯称帝的军头中就有一位柏文蔚。中国人从《易经》上取名是项传统，想来都跟望子成龙和图个吉利的心理有关。

最妙的是“小人革面”。小人不是坏人，而是一般基层民众。所谓纳上钱粮不怕官，帝力于我何有哉？老百姓所关心的，还是日常生活与福利的问题，高深的革命思想很难真正打动他。革命成功，改朝换代，只要不妨害到他的基本利益，都会见风转舵，顺从新的领导，既不会持理念立场，也不可能去扛什么感情包袱。正因为如此，革命成功后，必须放缓步调，与民休息，不可以雷厉风行继续斗争。“革命必先革心”是理想，从大人推行到君子就不错了，“小人革面”是必然的现象，已经很给面子了，万勿再存幻想，若要求过度，一定“征凶”。

正位凝命

鼎卦卦辞只有“元亨”二字，与大有卦相同。革命之后，要开始崭新的建设了。

> 《彖》曰：鼎，象也。以木巽火，烹饪也。圣人烹以享上帝，而大烹以养圣贤。巽而耳目聪明，柔进而上行，得中而应乎刚，是以元亨。

鼎卦取象绝妙，整个卦形就像个鼎：最下面的阴爻是鼎足，中间三个阳爻像鼎腹，六五一爻像鼎耳，最上面的阳爻是穿过鼎耳，以扛鼎移动的金属棒，称为铉。《系辞传》有云：“象事知器”“以制器者尚其象”。许多民生器物的发明，暗合《易》卦变化之理，鼎卦系其中颇具象的一个例子。

象又有法象制作之意。革命建国，百废待兴，须秉持主义，规划各种典章制度，以期风土人物一新。《系辞传》云：“见乃谓之象，形乃谓之器，制而用之谓之法，利用出入，民咸用之谓之神。”鼎代表传国的重器，为顺天应人所产生之政权的象征。

鼎的卦象为上卦离火，下卦巽木，正好是以木巽火，烹调食物的意象。圣人是指新政权的领导人，上帝代表无私的天命，或革命所奉持的主义理念，圣贤则指协力建国的各级干部。领袖以鼎烹肉祭天，并慰劳犒赏革命同志。前者表示天命所归，造反有理，属精神层面的强调，正心诚意即可；后者则是拉拢人心，巩固团结，必须大事铺张，一点儿也小气不得。“大烹”二字，用意相当露骨，对人性的观察也极深刻务实。

《六韬》有云：“天下者，非一人之天下，乃天下人之天下也。取天下者，若逐野兽，而天下皆有分肉之心。”语气粗朴，毫不修饰，正可作为“大烹以养圣贤”的注脚。大伙儿一起革命，抛头颅洒热血，成功之后，酬庸丰厚也在情近理。

烹、享、亨三字，古义相通。烹饪之道，气彻而成熟；享祀之礼，情达而交合。化生成熟，天人交通，正是“亨者嘉之会”的境界。鼎卦烹肉享祀，以获元亨，可谓三义一体。

“巽而耳目聪明”，下卦巽顺，上卦离明。设官分职、大烹以养圣贤的结果，干部都听从指导，尽心国事，所有重要资讯都往上呈报，君明臣贤，一派政通人和的气象。“柔进而上行，得中而应乎刚”，是指居君位的六五，虚中待下，与九二阳刚相应与，君臣勠力配合，自然国运昌隆。

《象》曰：木上有火，鼎。君子以正位凝命。

“凝”即凝结巩固、实践体现之意；“正位凝命”，是端居君位、巩固政权以实践建国的使命。《中庸》上说：“苟不至德，至道不凝焉。”“至道”是形而上的天命天理，“至德”是人充分的具体实践，只有“至德”才能落实“至道”。

我仇有疾

初六。鼎颠趾，利出否。得妾以其子，无咎。《象》曰：鼎颠趾，未悖也。利出否，以从贵也。

初六位置最低，正是鼎足部位。“颠趾”是将鼎倾斜，以倒出原先积留在内的脏东西，彻底清洗干净后，再装入新鲜的肉食烹煮。“否”同否卦的否，比喻旧社会残余的积习，必须扫除殆尽，才好从事新建设。“得妾以其子”，是说男人纳妾为了生儿子，虽非正道，为存香火只得从权，就像“鼎颠趾”一样，方法可议且有风险，但目标正确，所以不会有大的咎害。《系辞传》云：“巽以行权。”鼎下卦为巽，初六为成卦之爻，故有行权颠趾之象。

革卦上六“征凶”，系因激烈动荡后须与民休息；鼎卦初六“颠趾”，表示休息已够，该鼓舞精神建设了。“颠趾”一般易造成冲突与动荡，由于新朝根基渐稳，实施起来已无多大风险。出旧否，从新贵，看来革命还是必须彻底，只是得分阶段抓重点，注意行事的节奏而已。

上九。鼎玉铉，大吉，无不利。
（玉铉在上，刚柔节也。）
六五。鼎黄耳，金铉，利贞。
（鼎黄耳，中以为实也。）
九四。鼎折足，覆公馀，其形渥，凶。
（覆公馀，信如何也。）
九三。鼎耳革，其行塞。雉膏不食，方雨亏悔，终吉。
（鼎耳革，失其义也。）
九二。鼎有实，我仇有疾，不我能即，吉。
（鼎有实，慎所之也；我仇有疾，终无尤也。）
初六。鼎颠趾，利出否。得妾以其子，无咎。
（鼎颠趾，未悖也；利出否，以从贵也。）

鼎

九二。鼎有实，我仇有疾，不我能即，吉。《象》曰：鼎有实，慎所之也；我仇有疾，终无尤也。

九二阳刚居中，是具有真才实学的建设人才，就像鼎腹内装满了美食一样。“仇”同“君子好逑”的“逑”，为匹配、配偶之意。九二与六五相应与，六五即为九二的配偶。按道理国家建设需才孔殷，六五应该立刻重用九二，但中间隔着九三、九四，尤其六五居九四之上，阴乘阳不利，会深受其影响，而干扰了正确的判断。“疾”就是毛病，欲望蒙蔽了理智。六五有疾，不能接近九二，但这是暂时现象，日久见人心，九二不必因此乱了脚步，而与初六迁就太甚。“得妾以其子”虽然无咎，毕竟不可为常，六五还是九二的正配，应该耐心沟通和等待。

九三。鼎耳革，其行塞。雉膏不食，方雨亏悔，终吉。《象》曰：鼎耳革，失其义也。

九三系鼎卦中唯一当位之爻，但无应与，夹在九二、九四两阳爻之间，亦难接近六五，过刚不中，孤军奋斗打不开局面。就像柴火太旺，将鼎耳烧得变形，无法插铉扛举一样，纵有满腹鲜美的野鸡肉，也乏人食用。这时必须调整态度和做法，与他人虚心合作，刚柔一调和，便能避免悔恨的产生，终于获吉。雨象征阴阳和合，在许多爻辞中均有出现。

九四。鼎折足，覆公餗，其形渥，凶。《象》曰：覆公餗，信如何也？

九四阳居阴位，不当位，上承六五柔弱之君，有僭逼之嫌，下应初六，结党营私，跋扈无能。权奸当道的结果，使九二、九三出不了头，不仅耽误国家建设，还可能败坏全局，导致国家覆亡。就像鼎脚折断，鼎内美食打翻流泻一地，沾濡龌龊的惨状，当然大凶。六五不用九二，误信九四，可谓自取败亡。“信如何也？”充满了质疑和批判。

九四这反面形象太惨烈，值得人再三警惕，《系辞传》上记载孔子的话说：“德薄而位尊，知小而谋大，力小而任重，鲜不及矣！《易》曰：‘鼎折足，覆公悚，其形渥，凶。’言不胜其任也。”“鲜不及”就是很少不及于祸患，用人不当，自遗其咎，不会有侥幸。

玉铉在上

六五。鼎黄耳，金铉。利贞。《象》曰：鼎黄耳，中以为实也。

六五为鼎卦之主，负责推动一切建设，为了避免九四那样的下场，必须虚中任贤。六五正当鼎耳部位，鼎耳中空，黄是中色，恰好容纳铉的插入。金铉指九二，有真才实学，像黄金一般光华灿烂。九二与六五正应，六五遵循正道重用九二，前途才会有利。

上九。鼎玉铉，大吉，无不利。《象》曰：玉铉在上，刚柔节也。

黄耳金铉，一派富丽堂皇，已是君臣勠力配合、建国有成的繁荣景象，玉铉却比这更高。所谓“黄金有价玉无价”，黄金虽贵重，仍以称斤论两算价值，富贵是有数的，玉的贵气超脱世俗的评量，最上品可以是无价之宝。上九阳居阴位，刚柔适中，温润如玉，又处鼎铉的部位，遂以玉铉为象。“大吉，无不利”，三百八十四爻中，这几乎是最美的赞辞。本爻的意涵，系指建国除了下层结构的物质建设外，还要注重精神文明的上层建设。黄耳金铉，富则富矣，可能无教，财大气粗，唯利是图，必须升华至玉铉的境界，才功德圆满。

“玉铉在上”，更深的意境是指群龙无首。革故鼎新，不在以暴易暴，而在解除禁锢，开启民智，使人人皆有士君子之行，以促进天下为公大道的施行。这与金铉的功利权欲完全不在同一层次，而是大学之道所讲的“在明明德，在亲民，在止于至善”。鼎卦《彖传》所言“亨以享上帝”，与玉铉之理想通，“大亨以养圣贤”则是说的金铉之事，而贯彻二者的关键为“圣人”——亦即鼎卦的六五。

革卦九五之君配六二之臣，鼎卦六五之君应九二之臣，正说明了“马上得天下，不可以马上治天下”的道理。“大人虎变”，需要开创性强的阳刚英雄；黄耳、金铉，则转以虚中任贤的管理型人物领风骚。易理深微，丝丝入扣，启示无所不在。

总之，鼎卦要成大功，须足、腹、耳、铉各部位密切配合，协力撑持，并以玉铉为革命建设的终极理想。卦辞“元亨”,《彖传》“正位凝命”，爻辞“大吉，无不利”，皆在阐明此理。

第三十七章　静如处子，动如脱兔：震、艮卦综论

《易经》中有震、艮二卦，为八纯卦之二，震动艮止，一体相综，阐发人生动静行止之理，值得有心人深入体证。

《序卦传》云："主器者莫若长子，故受之以震。震者，动也。物不可以终动，止之，故受之以艮。艮者，止也。物不可以终止，故受之以渐。"

震卦前是鼎卦，鼎为政权的象征，政权建立后有传承的问题，以主持宗庙祭祀、延续香火，旧社会多以长子当之。震在八卦中属长男，《说卦传》称"帝出乎震"，故有主器之象。担当家国重任，一举一动都得谨慎，形势不利时也得适可而止。止非终止，观望、调养一阵后，又可以慢慢展开行动，艮卦之后接着是渐卦。

《杂卦传》云："震，起也；艮，止也。"一阳兴起于二阴之下、生机勃发为震；一阳终止于二阴之上、沉稳厚重为艮。

《说卦传》云："帝出乎震。"帝为主宰义，人生一切主宰从行动中来。"万物出乎震"，生命有了主宰，万事万物接着创生。后天八卦方位，震居东方，东方即代表生方。易道尊生主动，震卦备具其理。《说卦传》又云："成言乎艮。"人生奋斗自以成已成人为标的，艮卦止于至善，象征人生的大成境界。"艮，东北之卦也，万物之所成终而所成始也。"艮居东北方，由震至艮，正好绕行一圈，象征生命历程。前圈接后圈、薪尽火又传，艮又被赋予《易经》最重要的终始之义。

震、艮二卦，一出一成，道尽生命的真谛。乾卦"首出庶物、六位

时成”，君子以成德为行；蒙卦山下出泉，“君子以果行育德”；晋卦明出地上，“君子以自昭明德”；豫卦雷出地奋，“先王以作乐崇德”。帝出乎震，万物出乎震，归终皆须成德。《系辞传》首章揭示：“易简而天下之理得矣。天下之理得，而成位乎其中矣。”《系辞上传》末章即云：“默而成之，不言而信，存乎德行。”易道开物成务、圣人成能、曲成万物而不遗，正是成言乎艮。

惊远惧迩

> 震。亨。震来虩虩，笑言哑哑。震惊百里，不丧匕鬯。《彖》曰：震亨，震来虩虩，恐致福也；笑言哑哑，后有则也。震惊百里，惊远而惧迩也；不丧匕鬯，出可以守宗庙社稷，以为祭主也。

震主动，动就能亨通，锻炼身体、人际交往、经营事业都是如此，人生不动不行。“亨”亦通享，祭祀为天人互动，前面说震为长子主器，故而“震亨”。卦辞仅言“亨”，不见“元”亦不云“利贞”，有其考量：震为接班人，不是创业者，所以不见“元”；“贞”有固守安静之意，不合震动主旨；吉凶悔吝生乎动，亦不必然获利，故不云“利贞”。

“虩虩”是戒慎恐惧的样子，像天花板上的壁虎，一有声响即迅速逃窜。“震来虩虩”，面对外来的强烈震撼保持镇静、全神应付，才能转危为安，因恐惧而致福。“哑哑”即笑声，震撼过去，一切清静无事，高兴地笑开了，经过这番考验产生不少应变的心得，对以后大有帮助，此即后有则。“震惊百里”形容震撼的强度，方圆百里之内都受影响，远近皆动荡不宁。“匕”是饭匙，“鬯”是香酒，皆为祭祀上供之用，人君主祭须亲自操持。“不丧匕鬯”，表示处变不惊，外来的震撼再强也不影响祭祀的进行。宗庙社稷为主权的象征，香火不断即表示固守主权，政统得以延续。

“惊远而惧迩”也是常用的政术，“而”作能字解，惊远能惧迩——向外发展，取得外交或军事上的重大成就，自然慑服内部异议分子的蠢动。声东击西、一石二鸟，巩固主权其实方式甚多，不必硬碰硬地蛮干。《系辞传》有云：“远近相取而悔吝生”“行发乎迩，见乎远”“近取诸身，远取诸物”“以言乎远则不御，以言乎迩则静而止”“无有远近幽深，遂知来物”。远近关系、承乘应与的辨识和运用，于人立身行世，有绝对的必要。

《象》曰：洊雷，震。君子以恐惧修省。

“洊”，相续而至，震卦上下内外皆动，雷声隆隆，震荡一波接着一波，人生行事亦复如是。坎卦《大象》称“水洊至”，表示险关不断，一波未平一波又起，教人“常德行，习教事”以历险难。同样，震卦亦教人戒慎恐惧、修持内省，以承受考验。曾子一日三省其身，病重时召门弟子视其手足，并引《诗经》名句：“战战兢兢，如临深渊，如履薄冰。”此即“恐惧修省”之象。

无丧有事

初九。震来虩虩，后笑言哑哑，吉。《象》曰：震来虩虩，恐致福也；笑言哑哑，后有则也。

初九爻辞、象辞和全卦卦辞、《彖传》所言，几乎完全一致，“帝出乎震”，生命力的发动重在初始，故而初九一爻即显示了全卦的精神。卦辞言亨，爻辞言吉，“笑言哑哑”前加一“后”字，更明示了先戒惧、后享福之理，所谓“先天下之忧而忧，后天下之乐而乐”，震主祭祀，任家国天下之重，正应有此胸怀。同人卦九五“先号咷而后笑”获吉，旅卦上九“先笑后号咷”致凶，震卦初九先虩虩后笑言获吉，易道惧以终始，其要无咎。

六二。震来厉，亿丧贝，跻于九陵，勿逐，七日得。《象》曰：震来厉，乘刚也。

六二居初九之上，乘刚必危，受初九震动影响很不安宁，他一看来势汹汹，预料在这一波冲击下会丧失很多钱财，便登到最高的山岭上去避风头。这时须注意，有任何损失都不要勉强去追逐，等冲击过去以后，再从山上下来重整局面，失物还能复得。一卦六爻，一爻当一日，七日表示循环往复，故复卦云“七日来复”。“勿逐”是很重要的修养，人情患得患失，总是痴心征逐。六二之所以失而复得，因为本身当位，一时的形势不利不致动摇固有的根基。睽卦初九：“丧马勿逐，自复。”既济卦六二：“妇丧其茀，勿逐，七日得。”皆因本身位正，故而不担心一时的得失。

“亿丧贝”的“亿”字，即臆度、臆测未来之意，正是易道着力之处，所谓知几应变、极数知来，人生趋吉避凶，必须练达高瞻远瞩的智慧。“跻于九陵”，一方面是避难，一方面也是取得观测形势的制高点，保全实力，坐山观虎斗。

《论语·先进篇》：“赐不受命，而货殖焉，亿则屡中。”孔子的弟子子贡（端木赐），做生意很有一套，预测市场行情相当精确，因此发了大财，对当时的国际政治也有影响力，等于是现代政商一流的人物。司马迁修《史记·货殖列传》，即盛称此事。

《论语·宪问篇》：“不逆诈，不亿不信，抑亦先觉者，是贤乎！”“逆”即逆料前景，“亿”即臆度猜测，都属于先知先觉的功夫。《说卦传》云：“《易》逆数也。”

上六。震索索，视矍矍，征凶。震不于其躬，于其邻，无咎。婚媾有言。

（震索索，中未得也；虽凶无咎，畏邻戒也。）

六五。震往来厉，亿无丧，有事。

（震往来厉，危行也；其事在中，大无丧也。）

九四。震遂泥。

（震遂泥，未光也。）

六三。震苏苏，震行无眚。

（震苏苏，位不当也。）

六二。震来厉，亿丧贝，跻于九陵。勿逐，七日得。

（震来厉，乘刚也。）

初九。震来虩虩，后笑言哑哑，吉。

（震来虩虩，恐致福也；笑言哑哑，后有则也。）

震

六三。震苏苏，震行无眚。《象》曰：震苏苏，位不当也。

“苏苏”是被吓得手软脚软的胆怯的样子，也有调养后复苏之意。六三阴居阳位不当位，处下卦震动之极，故而饱受惊吓，若打起精神往前奋战，就能没有灾祸。下卦初九为始生，上卦九四为再生，六三挺进四位，不当位变当位，绝处逢生，有复苏之象。

九四。震遂泥。《象》曰：震遂泥，未光也。

“遂”有进而不反之意，九四之动再而衰，已不得初九一鼓作气的泼辣新鲜，本身阳居阴位不当位，陷入上下二阴爻之间，有深陷泥沼之象，阳刚之德未能发扬光大。

六五。震往来厉，亿无丧，有事。《象》曰：震往来厉，危行也；其事在中，大无丧也。

六五为震卦君位，处上卦之中，经历初九、九四连续的震荡，在危疑不安的环境中竭力维护政权，如此谨慎其事，应该不会有问题。《春秋》凡祭祀皆称“有事”，所谓国之大事，在祀与戎，“无丧、有事”即指祭祀不辍，亦即主权得以确保，卦辞称“不丧匕鬯”，与此意同。主权是一个国家最重要的资产，决不可稍有退让，故称“大无丧”——“宁丧千军，不失寸土”。抗战末期，国民政府号召：“一寸河山一寸血，十万青年十万军。”震卦承继鼎卦，主守宗庙社稷，这是最大的责任。

六二居下卦之中，相当于民间意见领袖的位置，遭遇冲击，考虑的是族群生命财产的安全，震来厉，危险还算单纯。六五居上卦之中，负社稷之重，“震往来厉”，考虑的层面就复杂多了，而承受的压力亦非六二所能想象。“亿无丧，有事”“亿丧贝”，清楚区分出朝野职守的不同：六二“跻于九陵”可暂避，财物失而复得；六五“其事在中”，必须坚守岗位，国土沦亡可永远要不回来。

上六。震索索，视矍矍，征凶。震不于其躬，于其邻，无咎。婚媾有言。《象》曰：震索索，中未得也；虽凶无咎，畏邻戒也。

上六居连续震动之极，处动极转静之位，已无心继续行动，真气萧索，惊惧四顾，神色很不平宁，这时不能再往前干了！本身虽未直接承受冲击，看到周遭的朋友惨遭劫难也胆战心惊，这一戒惧，不轻易涉险而得保平安。虽然如此，这种没有出息的样子难免被人看不起，连最亲近的老婆都有意见。

以爻位象征来说，上六之邻应指六五，往来皆厉、饱受冲击，由于“其事在中”，应对合宜，故“无丧、有事”；上六虽然无咎，却失魂落魄，未得中道。六三“震苏苏”，震行犹可无眚；上六“震索索”，只能忍辱躲灾。

总的来说，震卦讨论的是政权继承的问题，创业维艰，守成不易，为图香火不断，确须审慎思维。曾国藩有言：“做大事业者，以造就接班人为第一要义。”接班人需具备些什么条件呢？

首先必须有处变不惊、泰山崩于前而色不变的涵养，环境愈动荡，心思愈冷静。震、艮二卦相综，表示一体俱生，人要修的不只是静中定，更是动中定——艮为止，知止而后有定，定而后能静，静而后能安，安而后能虑，虑而后能得。

其次须有预见力，对突发事件能迅速判断造成损伤的程度，以及未来可能的发展，据此而作出适当的对策。或暂避、或固守、或强行，决不因小失大，不强撄其锋，亦不坐以待毙。每一次承受考验后，皆有应变的心得，往后灵活运用，于是愈震愈强。

再者，身为领导人，必须重民爱民，夙夜忧勤，培养“先天下之忧而忧，后天下之乐而乐”的胸怀，始终以谨慎自持。不逞意气，不为妄动，一切忧患以顾全整体利益为考量，即便因此招致亲密战友的冷嘲热讽，也一概承担。

历史上记载，尧传位于舜时，使其“历试诸艰”——如有所用，必有所试，这是震卦启示我们的颠扑不破的道理。

思不出其位

艮其背，不获其身；行其庭，不见其人。无咎。《彖》曰：艮，止也。时止则止，时行则行，动静不失其时，其道光明。艮其止，止其所也。上下敌应，不相与也。是以不获其身，行其庭，不见其人，无咎也。

艮尚止，和《易经》主动的精神毕竟不类，卦辞中“元亨利贞”四德俱没，八纯卦中仅此一卦。震卦讲动慎，谨慎以动故亨；艮卦讲止欲，止得其所，无咎。《系辞传》云：“惧以终始，其要无咎，此之谓《易之道》也。”艮卦终始万物，八纯卦中独获无咎。

“艮其背”一气贯下，卦名连接卦辞，和“履虎尾”“同人于野”类似，有加重语势、强调修为之意。艮卦既以止欲为尚，止于其背、不面对诱惑是务实的做法，老子云：“不见可欲，使民心不乱。”又称：“吾所以有大患者，为吾有身，及吾无身，吾有何患？”食色肉身是一切情欲和烦恼之源，不获其身，即象征止欲有功，已经近乎忘我的境界。“行其庭，不见其人”，不仅忘我，还能忘物，世间一切哀乐俱不能人——静亦定，动亦定，修行至此，便能无咎。

“艮其背”的含义，和咸卦九五“咸其脢”类似，“脢”为背脊肉，人身的冷感区，九五为咸卦之主，力拒上六阴乘阳的诱惑，故有此象。眼不见，心不烦，非礼勿视、听、言、动，佛家教人由戒入定，均同此意。

艮卦上下六爻皆应而不与，卦又以止为义，两山对峙，互不交通，故有“不获其身、不见其人”之象。其实八纯卦六爻皆应而不与，独于艮卦言敌应，正所谓爻随卦转，个体须视群体的大气候而定行止。

艮的止是止于其所、适可而止，以止欲言，是节欲而非绝欲；以行动言，“是时止则止，时行则行”。《易经》一切以时义为衡量，艮卦“动静不失其时”，故而“其道光明”。依中爻即互卦的理论，艮九三、六四、六五组成震卦（☳），震六二、六三、九四组成艮卦（☶），艮中有震、震中有艮，正为时止则止、时行则行之象。

《象》曰：兼山，艮。君子以思不出其位。

“君子思不出其位”这句话，见于《论语·宪问篇》曾子所述，之前为孔子说的“不在其位，不谋其政”。《易经》重时也重位，不同的位即有不同的立场和考量，人总应在自己的岗位上去奋斗。《大学》解释“知止”有云：“为人君止于仁，为人臣止于敬，为人子止于孝，为人父止于慈，与国人交止于信。”《中庸》则称：“君子素其位而行，不愿乎其外。素富贵，行乎富贵；素贫贱，行乎贫贱；素夷狄，行乎夷狄；素患难，行乎患难。

君子无入而不自得焉。”又云：“在上位，不陵下；在下位，不援上。正己而不求于人，则无怨。上不怨天，下不尤人，故君子居易以俟命。”这些都与“兼山、艮”之理相通。

震卦帝出乎震、万物出乎震，艮卦思不出其位，二卦相综，一出一不出。艮卦“动静不失其时”，“思不出其位”，坚守时位之义。乾卦《彖传》云：“大明终始，六位时成。”艮卦有终始之义，又称“其道光明”，正由此而来。

敦艮厚终

初六。艮其趾，无咎，利永贞。《象》曰：艮其趾，未失正也。

艮卦和咸卦一样，六爻皆近取诸身，由低至高，就不同的身体部位阐发止欲和感通之理。咸初六“咸其拇”，从脚趾取象，艮初六“艮其趾”，止住脚部的妄动，不迈出错误的第一步即能无咎。“利永贞”为坤卦用六之德，利于永远固守止欲的正道，不受阴柔私欲的影响。

上九。敦艮，吉。
（敦艮之吉，以厚终也。）
六五。艮其辅，言有序，悔亡。
（艮其辅，以中正也。）
六四。艮其身，无咎。
（艮其身，止诸躬也。）
九三。艮其限，列其夤，厉熏心。
（艮其限，危熏心也。）
六二。艮其腓，不拯其随，其心不快。
（不拯其随，未退听也。）
初六。艮其趾，无咎，利永贞。
（艮其趾，未失正也。）

艮

六二。艮其腓，不拯其随，其心不快。《象》曰：不拯其随，未退听也。

“腓”是小腿肚，六二柔顺中正，处艮止之时不欲前进，有“艮其腓”之象。九三“艮其限”，“限”为人身上下分界处，即腰部，九三过刚不中，仍欲前进，腰动时小腿只得跟着动，大违己意，心里很不痛快。随卦论承乘不论应与，低位的爻追随高一位的爻，艮卦六二“不拯其随”，指六二无力劝阻九三,九三不肯退而听从，执意往前闯。咸卦六二亦称“咸其腓”。

九三。艮其限，列其夤，厉熏心。《象》曰：艮其限，危熏心也。

“列”同裂，“夤”是背脊肉，同“胂”字。九三居下卦之巅，很想挺进上卦，时居艮止，难遂其愿，六二又在其下掣肘，有止于腰部、脊肉几欲扯裂之象，危险动荡的情状，就像烈火烧心一样。九三为上下二阴所包夹，本有坎险之象。

“艮其限”，象征发展到了阶段性的瓶颈，很难再突破，组织内部对进退又有不同的意见，上下整合困难，即使勉强迁就，彼此貌合心不合也非常痛苦。六二“心不快”，九三“厉熏心”，止欲的关键还在治心，心净一切净，心亨一切亨。

九三爻变，成剥卦，一阳在上，岌岌可危，正是不利有攸往、危厉熏心之象。

六四。艮其身，无咎。《象》曰：艮其身，止诸躬也。

六四柔顺当位，止其所当止，不再轻举妄动，故称“艮其身，无咎”。

卦称“不获其身”，六四已达卦旨，和初六止欲于始同获无咎。

六五。艮其辅，言有序，悔亡。《象》曰：艮其辅，以中正也。

“辅”为上牙床，“艮其辅”表示不乱说话、守口如瓶。一旦非说不可时，必有条理，此即言有序，所谓“其人不言，言必有中”。人能修为到这个地步，就不会有懊悔的事发生。六五本不当位，因居上卦之中，言行得宜而合乎正道，故称“以中正”。艮卦以止为尚，正己而不求乎人，初六未失正、六五以中正，合乎卦的标准。老子云：“多言数穷，不如守中。”六五“艮其辅，言有序”，谨守中道，当然悔亡。

六五爻变，成渐卦（䷴）。循序渐进，止而巽、动不穷，和“言有序，悔亡”之理相通。

上九。敦艮，吉。《象》曰：敦艮之吉，以厚终也。

“敦”为厚重之意，“敦艮”为止欲修行的最高境界，渣滓浑化，不动如山，不仅无咎，还能获吉。《论语·雍也篇》称：“仁者乐山”“仁者静”“仁者寿”。《中庸》云：“大德敦化。”《大学》云：“止于至善。”即为此境。艮卦有终始之义，下卦只是小成，故而九三“艮其限”，上卦才臻大成，上九“敦艮，吉”。震卦有始出之义，初九生机初见得吉，九四锐气渐消，震遂泥。

《系辞传》云：“安土敦乎仁，故能爱。”敦为土德，《易》卦中重坤、重艮皆曰敦，例如：临卦上六为“敦临，吉，无咎”，复卦六五为“敦复，无悔”。

上九爻变，成谦卦（䷎）。谦亨，君子有终，劳而不伐，有功而不德，厚之至，正合以厚终之象。

第三十八章　静为躁君：渐、归妹二卦综论

《易经》中有渐、归妹二卦，相错复相综，关系至为密切，所蕴吉凶动静之理，值得有心人深思。渐即循序渐进之意，步步为营，稳扎稳打；归妹即少女出嫁，情欲一旦蒙蔽了理智，躁进可能致凶。

《序卦传》云：“艮者，止也。物不可以终止，故受之以渐。渐者，进也。进必有所归，故受之以归妹。得其所归者必大，故受之以丰。丰者，大也。”

渐卦之前是艮卦，艮是停滞不前，其《彖传》有云：“上下敌应，不相与也。”两山对峙，互不交通，这种敌对的局面不可能一直持续，慢慢会展开接触。

前进必有目的，希望得配美好姻缘。有人送礼，就有人收礼，百川汇海，必成其大，这就是丰。

《杂卦传》云：“渐，女归待男行也……归妹，女之终也。”女子出嫁须遵循礼法，等待男方采取主动，一切齐备后再成婚。少女出嫁，寻觅好的归宿，千万错不得，错了就耽误终生。依京房八宫卦序，六十四卦终于归妹卦，归妹卦亦为兑宫少女的归魂卦。

六十四卦中，相错复相综的有四对，除渐、归妹二卦外，还有泰、否、随、蛊、既济、未济六卦。人生通塞成败、随从蛊改、静吉躁凶之理，可谓尽蕴其中。

居贤德善俗

渐。女归吉，利贞。《彖》曰：渐之进也，女归吉也。进得位，往有功也。进以正，可以正邦也。其位，刚得中也。止而巽，动不穷也。

古代闺女出嫁，自问名至亲迎，须经多项程序，以示终身大事之隆重，正合渐卦之义，一切循序渐进、谨守正道，终于获吉。“渐之进”的“之”，有水曲折前行之象，浙江又名之江、曲江，古名渐江，即取此意。黄河九曲，终向东流，不论如何迂回，最后仍达到目的。《易经》以进为卦旨者，尚有晋、升二卦，“渐之进”即与晋之进、升之进不同。

渐进的目的为得位，得位后往前奋斗易有功效，始终依正道前进，正己而后正人，可以治理整个国家。《大学》所谓格致诚正、修齐治平之理，即通渐卦之象。渐卦中四爻俱得位，九五阳刚中正居君位，故卦辞称得位、正邦、得中。内卦艮止不躁动，外卦巽顺识权变，以此前进，永远不遭困厄。老子有云：“虚而不屈，动而愈出。”又云：“绵绵若存，用之不勤。”正是止而巽，动不穷。

《易经》中四爻得正者，除渐卦外，尚有蹇、家人、既济三卦。蹇卦《彖传》称“往得中”“往有功”“以正邦”，家人称“正家而天下定”，既济卦《杂卦传》称“定也”，四卦卦辞俱云“利贞”，可见正位之效。

《象》曰：山上有木，渐。君子以居贤德善俗。

渐卦上卦巽木、下卦艮山，为“山上有木”之象，和升卦“地中生木”，其势明显不同。君子谨守善良的德行，以此带动社会风俗的淳厚，潜移默化，绝非一朝一夕之功。内卦艮止，居贤德，外卦巽风，善教化。坤卦《文言传》有云：“臣弑其君，子弑其父，非一朝一夕之故，其所由来者渐矣！”“履霜，坚冰至”，世风日下以渐而至，善美风俗更得累世经年，以渐而成。

鸿渐于陆

渐卦六爻皆以鸿雁取象，由鸿飞行栖止的所在代表事业循序渐进的过程。鸿为水鸟，随气候变迁南来北往，结队飞行时或成一字，或成人字，井然有序，据说丧偶后还有不再偶的习性。这些特征正好符合渐卦的卦旨：群行有序、往来以时。《文言传》描述大人境界有云：“与四时合其序。”渐进有成，即因配合时序，时止则止，时行则行。鸿对配偶爱情的坚贞，又常用作婚姻缔结鸳盟的象征，和渐卦“女归吉”“女归待男行也”亦相合。

初六。鸿渐于干，小子厉，有言，无咎。《象》曰：小子之厉，义无咎也。

“干”是水边，鸿雁在溪水边栖息，准备作未来长程的飞行。年轻人刚处社会，既不懂礼，也不识时，一定到处碰壁，招致许多责难，这本是人生奋斗必经的阶段，虽然难受，好好在摸索中学习，亦无大碍。初六阴居阳位不当位，上无应与，宜有此象。

六二。鸿渐于磐，饮食衎衎，吉。《象》曰：饮食衎衎，不素饱也。

“磐”是大石头，根基稳固，屯卦讲创业，初九即云：“磐桓，利居贞。”六二当位中正，上有九五之君相应与，环境相当理想，故有“鸿渐于磐”之象。“衎”音 kàn，和乐安定的样子。“饮食衎衎”，温饱舒适，不愁吃穿。

待遇这么好，不能尸位素餐，应努力工作，好好表现。

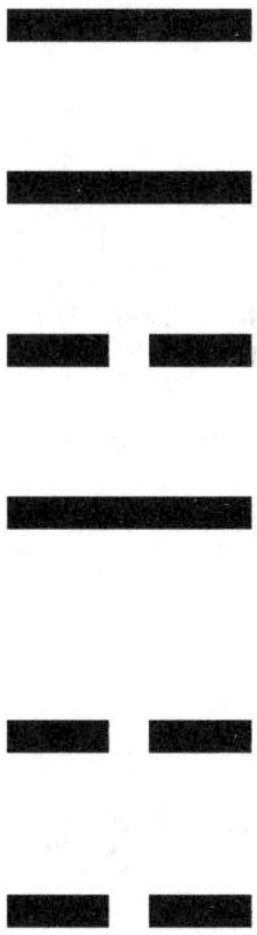上九。鸿渐于陆，其羽可用为仪，吉。

（其羽可用为仪吉，不可乱也。）

九五。鸿渐于陵，妇三岁不孕，终莫之胜，吉。

（终莫之胜吉，得所愿也。）

六四。鸿渐于木，或得其桷。无咎。

（或得其桷，顺以巽也。）

九三。鸿渐于陆，夫征不复，妇孕不育，凶。利御寇。

（夫征不复，离群丑也；妇孕不育，失其道也；利用御寇，顺相保也。）

六二。鸿渐于磐，饮食衎衎，吉。

（饮食衎衎，不素饱也。）

初六。鸿渐于干，小子厉，有言，无咎。

（小子之厉，义无咎也。）

渐

九三。鸿渐于陆，夫征不复，妇孕不育，凶。利御寇。《象》曰：夫征不复，离群丑也；妇孕不育，失其道也；利用御寇，顺相保也。

“陆”是高平之地，九三居下卦艮山之巅，有“鸿渐于陆”之象，过刚不中，上无应与，前临六四，阴乘阳、柔乘刚，代表欲望蒙蔽理智，六四本身亦无应与，二者遂因欲苟合。九三脱离下卦与之同体的二阴爻，上与六四勾搭，就像男人有外遇不回家一样，“丑”是类，《易》例阴阳为类，“群丑”即指初六、六二两爻。露水姻缘难以善终，六四虽然怀孕，私生子也得不到正常的哺育，失道故凶。为九三筹谋，应拒绝魔鬼的诱惑，克制躁进的心理，回头与初六、六二相合，共御外侮。

六四之于九三，名不正言不顺，实非婚媾的理想对象，而是应全力抵御的外寇。屯卦六二、贲卦六四、睽卦上九爻辞皆有“匪寇婚媾”之语，

"匪"同非，教人在错综复杂的情境中明辨敌我，不要被情欲冲昏了理智。渐卦九三看待六四，依例则为"寇匪婚媾"，进取没有实力，退守自保尚绰绰有余，这也是"不利为寇，利御寇"。蒙卦（䷃）上九当上卦艮山之巅，爻辞亦寓此旨。

依《说卦传》"成言乎艮""终万物始万物者，莫盛乎艮"，艮有终始成就之义，下卦艮始壮究，九三为小成，上卦艮终而复始，上九为大成。渐卦九三小有成就，不耐循序渐进，面临外界强烈的诱惑，逞强冒进，结果致凶。九三亦以"鸿渐"为象，"夫征不复"，可就成了离群的孤雁，失群失序，凶莫大焉！

六四。鸿渐于木，或得其桷，无咎。《象》曰：或得其桷，顺以巽也。

六四进入上卦巽，巽为木，在下卦艮山之上，有鸿雁栖于山上树木之象。树枝一般均为圆形，鸿雁趾间有蹼，圆木上把持不稳，最好找到截面方整平齐的角木，才能安定。六四夹处于九三、九五二阳爻之间，九三实非其偶，九五刚健中正，有"桷"之象，阴承阳、柔承刚，关系正常，顺应自然、巽从九五即获无咎。六四为上卦巽本爻，巽以行权，灵活机变，选对了追随的对象，转危为安。杜甫诗有云："已忍伶俜十年事，强移栖息一枝安。"渐卦一路行来，自此渐入佳境。

九五。鸿渐于陵，妇三岁不孕，终莫之胜，吉。《象》曰：终莫之胜吉，得所愿也。

九五处渐卦君位，下和六二之妇相应与，虽因路途遥远，一时不能结合，只要保持坚贞，经三年之久终成婚配，一切障碍皆能排除，得偿夙愿而获吉。六二至九五恰隔三位，一位当一年，故称"三岁"。九三和六四之妇苟合，虽孕不育，白忙一场；九五和六二之妇循礼婚配，初虽不孕，终必得育，正合卦辞“女归吉，利贞”之义。“陵”为高陵，九五渐进有成，高高在上，故称“鸿渐于陵”。

上九。鸿渐于陆，其羽可用为仪，吉。《象》曰：其羽可用为仪吉，不可乱也。

“陆”实为“逵”字，“逵”为云路，“鸿渐于逵”，意同大畜卦上九：“何天之衢，亨。”畜极则通，积渐成顿，鸿雁高飞霄汉，远离尘俗，获得了完全的自由与成功。《诗经》：“鸿雁于飞，肃肃其羽。”鸿飞冥冥，羽毛光泽美丽，可用作典礼上的装饰。人生事业大成，其依序奋斗的历程和宝贵的心得，足以为后世效法和追随。不可乱，指群行有序、步骤谨严，丝毫不乱。

《说卦传》云：“齐乎巽……齐也者，言万物之洁齐也。”巽又有风化、教化之义，渐上九居巽之极，言为世表，行为世法，正是大家见贤思齐的好榜样。《大象传》所言“居贤稳善俗”，风俗之美、积德以渐，至此而成。燕雀安知鸿鹄志，雀落于木，鸿栖于桷，奋斗的历程虽然漫长艰辛，成就的功业却远非一般世俗所能望其项背啊！

永终知敝

归妹。征凶，无攸利。《彖》曰：归妹，天地之大义也。天地不交，而万物不兴。归妹，人之终始也。说以动，所归妹也。征凶，位不当也。无攸利，柔乘刚也。

少女出嫁，本是天经地义，天地若不交，万物即无由兴起，女大若不出嫁，下一代如何诞生？生生之谓易，终而复始，人道的绵延即系于两性的婚配。正因如此，终身大事必须慎重，不得因欲妄合，否则必凶，不会有任何利益。

归妹卦（䷵）内卦兑悦、外卦震动，兑为少女，震为主器之长男，少女情窦初开，看到震主而发情动心，妄动追求。卦中四爻皆失位不正，阴柔之爻又乘于阳爻之上，表示所行不正，欲望蒙蔽了理智，当然“征凶无所利”。渐卦阴爻皆居阳爻之下，有“女归待男行”之象；归妹正相反，情欲一发，迫不及待。履卦称“柔履刚”，履即礼，合礼故亨；归妹卦柔乘刚，失礼故凶。世间男女的情爱游戏，女方太主动了，总是自贬身价，难以善终。

归妹卦的中爻，三、四、五爻合成坎卦（☵），二、三、四爻合成离卦（☲），加上本卦上卦震、下卦兑，坎北离南震东兑西，恰备东南西北、春夏秋冬四方四时之后天体象，故称“天地之大义也”。归妹欲吉，须“与四时合其序”，违时失序必凶。中爻上坎下离，又组成既济卦（䷾），既济卦初吉终乱，须思患豫防。归妹纵情失礼，贪一时之快，贻终身之忧。

《象》曰：泽上有雷，归妹。君子以永终知敝。

泽中聚水，雷动于上，始聚终散，有归妹春情荡漾之象。人生种种追求，皆欲得其善终，然而花好月圆世间少，天长地久古来稀，有智慧的人必须保持冷静，了解未来可能产生的弊端，早做防范，或降低预期。《论语·尧曰篇》记述尧传位于舜时，谆谆告诫：“咨！尔舜！天之历数在尔躬，允执厥中。四海困穷，天禄永终。”《尚书·大禹谟》记舜传位于禹时，亦有类似的警告。天命无常，在位者一旦骄奢淫逸；失去中道，造成民不聊生后，上天的眷顾就会永远终止。讼卦《大象传》称“作事谋始”，归妹卦则云“永终知敝”，易道惧以终始，其要无咎。

迟归有时

初九。归妹以娣，跛能履，征吉。《象》曰：归妹以娣，以恒也；跛能履吉，相承也。

古代有群婚制，一夫多妻，姊妹同嫁一人的在所多有，舜时娥皇、女英共事一夫的故事即脍炙人口。姐姐的地位高，为正夫人，妹妹陪嫁，称为娣。初九位低无应，以娣的身份陪嫁，偏房难成大事，以跛行为喻。虽然跛，尚能行走，身份虽低，只要尽心服侍夫君及正房，仍合乎常道而获吉。卦辞云“征凶”，初九却言“征吉”，因其阳居阳位当位之故。

上六。女承筐无实，士刲羊无血，无攸利。
（上六无实，承虚筐也。）

六五。帝乙归妹，其君之袂，不如其娣之袂良。月几望，吉。
（帝乙归妹，不如其娣之袂良也；其位在中，以贵行也。）

九四。归妹愆期，迟归有时。
（愆期之志，有待而行也。）

六三。归妹以须，反归以娣。
（归妹以须，未当也。）

九二。眇能视，利幽人之贞。
（利幽人之贞，未变常也。）

初九。归妹以娣，跛能履，征吉。
（归妹以娣，以恒也；跛能履吉，相承也。）

归妹

九二。眇能视，利幽人之贞。《象》曰：利幽人之贞，未变常也。

九二位不正，虽和六五相应与，却遭六三阴柔乘其上，欲望蒙蔽了理智，影响视界的清明，就像瞎了一只眼勉强看东西一样，不适合往前行进。九二居下卦之中，宜坚守贞节，勿徇欲忘身，以免失去常道。

初九跛能履征吉，九二眇能视利贞，看得清比走得快重要。初九本身正，认准了目标一步步往前迈，迟早达到目的，此即相承之意。以爻位象征来说，初九上承九二,一个看得清走不快，一个走得快看不清，双方搀扶合作，正好弥补彼此的缺憾。归妹征凶，即因操之过急，没看清楚就下手，当然无所获，初九、九二懂得相承以行，箭不虚发，故能征吉。

履卦六三爻辞有云："眇能视，跛能履，履虎尾，咥人凶。"《小象》称："眇能视，不足以有明也；跛能履，不足以与行也；咥人之凶，位不当也。"既看不清，又走不快，集所有毛病于一身，还独挑大梁、冒最高的风险以行事，当然毁灭！

归妹六三阴居阳位，同样不正，柔乘刚，亦符合卦辞无攸利之旨，条件这么坏，故爻辞云："归妹以须，反归以娣。"《小象》云："归妹以须，未当也。"

"须"同嬃，为既嫁之长女。"归妹以须"，本身是妹妹，却希望以姐姐的身份出嫁，结果落空，"反归以娣"，还是以陪嫁的角色收场。期望愈高，失望愈大，六三自我膨胀太甚，合该有此结局。须又有等待之意，挑三拣四，自高身价，希望有好归宿，反而贻误时机，行情一再下滑，最后只得草草收场。

渐卦九三躁进致凶，归妹卦六三待价落空，或急或缓，都犯了柔乘刚——嗜欲太重的毛病，三为人位，三多凶，人生行止真真不易。

九四。归妹愆期，迟归有时。《象》曰：愆期之志，有待而行也。

"愆期"是耽误了嫁期，虽然如此，还是会如愿以偿，只是来得慢了些，须耐心等待。九四阳居阴位，本质不错，时位不宜，未来还有希望；六三阴居阳位，本质差，自我哄抬，难得善终。

六五。帝乙归妹，其君之袂，不如其娣之袂良。月几望，吉。《象》曰：帝乙归妹，不如其娣之袂良也；其位在中，以贵行也。

六五居归妹之君位，下和九二相应与，有“帝乙归妹”之象。帝乙为殷代的帝王，“帝乙归妹”似乎在当时很轰动，泰卦六五亦取以为象：“帝乙归妹，以祉元吉。”公主屈尊下嫁，婚礼必然隆重，虽为娣，其服色之讲究还超过了正夫人。这虽是身份贵重者的常情，为免炫耀之讥，还是简朴收敛些好。月圆则缺，水满则溢，若能控制在将圆未圆时就恰到好处了。“月几望”之辞亦见于小畜卦上九、中孚卦六四，看来是人生很重要的一种修养。

上六。女承筐无实，士刲羊无血，无攸利。《象》曰：上六无实，承虚筐也。

古代祭祀祖先，男子亲自割牲取血，妇女则筹办蘋藻之类盛于筐篚之中以为祭品，但只有正夫人有此资格，陪嫁的侧室不行。上六阴虚无实，下无应与，居归妹之终，有婚礼难成、娣女承筐无实之象。“女承筐无实”，士自然“刲羊无血”，表示结局一场空。归妹卦“征凶，无攸利”“永终知敝”的警语，至此爻完全应验。

上六爻变，成睽卦（䷥），“二女同居，其志不同行”，正合嫡娣相争、婚礼难谐之象。若以二、三、四爻为下卦离，四、五、上爻为上卦震，所合成之卦中卦为丰卦（䷶），归妹卦上六正当丰卦上六之位，其爻辞云：“丰其屋，蔀其家。窥其户，阒其无人，三岁不觌，凶。”亦为繁华落尽一场空之象。

归妹卦下兑上震，少女追长男，实非佳偶，有娣之象，全卦六爻皆“归妹以娣”，或“反归”、或“愆期”、或“承虚筐”、或守幽贞、或以贵行、或相承而得吉。渐下艮上巽，少男追长女，长女有妻之象，《说卦传》曰：

“齐乎巽。”巽德亦可齐家，故渐卦云“女归吉”，六爻亦以鸿雁及夫妇为象。

归妹一卦主要讨论“身价”的问题，何时以何种身份出售，才能卖到最好的价钱。《论语·子罕篇》记述子贡问孔子：“有美玉于斯，韫椟而藏诸？求善贾而沽诸？”孔子回答：“沽之哉！沽之哉！我待贾者也。”子贡是很成功的商人，讲究推销，求价而沽，孔子宗师风范，待价而沽。求价而沽，若操之过急有可能成归妹六三；待价而沽，则为归妹卦九四。不论求或待，人生历练修为总期待能实践理想抱负。《论语·阳货篇》记述孔子的感慨：“吾岂匏瓜也哉？焉能系而不食？”归妹为天地之大义和人之终始，天地不交则万物不兴，经世致用恒为易学宗旨。

统括渐与归妹二卦，吉凶成败之分即在宁静以致远、躁动而致凶，老子有云：“重为轻根，静为躁君，是以圣人终日行不离辎重，虽有荣观，燕处超然。奈何万乘之主，而以身轻天下。轻则失根，躁则失君。”

第三十九章　多藏必厚亡：丰、旅二卦综论

中国大陆自改革开放以来，经济发展突飞猛进，2006 年外汇存底已超过日本，配合其强大的军事实力和积极的外交手段，很有可能在陆续收回香港、澳门后，一跃而成为 21 世纪的强国。中国自鸦片战争后积弱的局面，割地赔款、丧权辱国，饱经列强侵凌一个半世纪，终于有了重见天日的机会。

《易经》中有丰、旅二卦，相综相继，也许会给我们些解答的线索。

《序卦传》云："得其所归者必大，故受之以丰。丰者，大也。穷大者必失其居，故受之以旅。旅而无所容，故受之以巽。巽者，入也。"

丰卦之前是归妹卦，以少女出嫁譬喻供需之间资源的流向，持盈保泰不易，资源丰盛以后，若骄奢淫逸，则会败家亡国，失去住所而出外流亡。外乡人在异域易遭排斥，若想生存下去，就得摆低姿态以落地生根，所以旅卦之后接着是巽卦。

《杂卦传》云："丰，多故也；亲寡，旅也。"丰卦如日中天，人脉充沛，亲朋故旧特别多；旅卦寄人篱下，举目无亲，滋味非常凄凉。

"故"为已然之迹，丰卦既有资源丰富，称"多故"；随卦随遇而安，称"无故"；革卦除旧立新，称"去故"。人际和乐为亲，旅卦异域漂泊称"亲寡"；同人广结善缘，称"亲"；讼卦互起纷争，称"不亲"。《杂卦传》以三亲三故串释六卦，皆一针见血。旅卦为"亲寡"，小畜卦称"寡也"，以小博大，资源有限，偶一不慎即可能出外流亡。

老子有云："名与身孰亲？身与货孰多？得与亡孰病？是故甚爱必大费，多藏必厚亡。知足不辱，知止不殆，可以长久。"丰后继旅，多故变成亲寡，皆因贪欲无穷、不知足不知止而来，征诸中外史实，案例不胜枚举，这可真是人生的铁律。

王假勿忧

丰。亨。王假之，勿忧，宜日中。《彖》曰：丰，大也。明以动，故丰。王假之，尚大也。勿忧宜日中，宜照天下也。日中则昃，月盈则食，天地盈虚，与时消息，而况于人乎？况于鬼神乎？

资源丰厚易致亨通，丰卦内离明外震动，有真知力行之象，了解深刻，行动积极，当然大有斩获。"假"通格，有感、至二义，《大学》云："物格而后知至。"丰大的局面绝非侥幸可至，必须领导人全心全意投入，用尽格物致知的功夫。"王"者归往义，天下所归往的即为王，《序卦传》云"得其所归者必大"，王者才能达到丰的境界。"至"又通"至哉坤元"的至，为配合无间之意，王至之即人法天、坤效乾，故称"尚大也"，"大"即"大哉乾元"的大。老子有云："道大、天大、地大、王亦大。域中有四大，而王居其一焉。人法地，地法天，天法道，道法自然。"

大道之行，天下为公。人修为至王者的境界后，不宜再忧心自己的私利，而应像太阳一样放射光芒，给全天下带来温暖。离卦《彖传》称"日月丽乎天"，《大象传》云"大人以继明照于四方"，恒卦《彖传》云"日月得天而能久照"，乾卦《文言传》盛称大人"与日月合其明"，皆以日月光明为象，所谓"法象莫大乎天地……悬象著明，莫大乎日月"。丰卦言"至""尚大"，"宜日中"，尽取天地日月天象，而聚德于王者一般，卦辞寥寥数语，意蕴深厚，气势壮阔无比。

日正当中固属盛德大业，却也有盛极而衰的危机：太阳一过午就开始西斜，月亮圆满后又变亏缺，天地之间阴阳二气的盈虚消长随时随刻都在进行，这是任何人也无法改变的自然律。天地如此，人和鬼神亦复如是。

丰卦《彖传》的说理方式，和谦卦十分类似，其《彖传》云："天道亏盈而益谦，地适变盈而流谦，鬼神害盈而福谦，人道恶盈而好谦。"天地人鬼神，宇宙间一切有形或无形的力量都福佑谦德。既然如此，以谦德处丰境，当可全方位的趋吉避凶，这也就是老子一再主张"生而不有，为而不恃，长而不宰"的缘由。丰卦尚大，得其所归，而老子有云："万物归焉而不为主，可名于大。以其终不自为大，故能成其大。"

《象》曰：雷电皆至，丰。君子以折狱致刑。

丰卦内明外动，如电之明，如雷之威，又掌握丰厚资源，以此断案判刑，必然无枉无纵。噬嗑卦"明罚饬法"，卦象为内动外明，先动而后明，意在以霹雳手段铲除奸恶，为免夜长梦多，先下手为强卦先；丰卦明而后动，罪证确凿后再下手，反正实力坚强，不怕对方反噬。贲卦"明庶政，不敢折狱"，卦象内明外止，实力不够，明白了也不宜采取行动，否则必致咎殃。

后天八卦方位，震居东方，先天八卦方位，离居东方，丰卦内离外震，先后天同位，故称"雷电皆至"。先天为体，后天为用，体明用动，知行合一，故能致丰。明以动故丰，缺明不宜动，缺动不能明，丰卦之所以成就丰功伟业，关键就在"雷电皆至"、明动相资。"至"即"王假之""至哉坤元"的至，知行配合无间，合而为一。

来章有庆

初九。遇其配主，虽旬无咎，往有尚。《象》曰：虽旬无咎，过旬灾也。

初九阳居阳位，为明之始，按丰卦明动相资的卦旨，必须配合以九四的动之主，知行合一才能成就。九四阳居阴位，六五阴柔之君乘于其上，功高震主有一时施展不开的问题，故初九称“遇其配主”。“遇”即不期而遇、可遇而不可求之意，“配主”即指九四，为初九行动所必资。旬一般指十日，有数之极、周到盈满之意；古文“旬”同均，平均对等、不相上下。《周礼·地官司徒》有“均人”的官职，所谓“丰年则公旬用三日焉”，以求役法的公平。“虽旬无咎”，是说初九之明和九四之动势均力敌，理论与实务、思想和行动同等重要，二者不遇则罢，一旦相遇，配合得恰到好处就能无咎，往前奋斗必有成大功、立大业的希望。

“过旬灾”，正是日中则昃、月盈则食，知与行的配合没有恰到好处，懂得太多、干得太少，或了解有限即盲目行动，都会招致灾祸。《论语·公冶长篇》：“季文子三思而后行。子闻之曰：‘再，斯可矣！’”“再”是“虽旬无咎”，“三思而后行”可能贻误时机，就是“过旬灾”。《论语·述而篇》孔子教训子路：“暴虎冯河，死而无悔者，吾不与也。必也临事而惧，好谋而成者也。”“暴虎冯河、死而无悔”是“过旬灾”，“临事而惧、好谋而成”则是“虽旬无咎”。

上六。丰其屋，蔀其家。窥其户，阒其无人，三岁不觌，凶。
（丰其屋，天际翔也；窥其户，阒其无人，自藏也。）

六五。来章，有庆誉，吉。
（六五之吉，有庆也。）

九四。丰其蔀，日中见斗。遇其夷主，吉。
（丰其蔀，位不当也；日中见斗，幽不明也；遇其夷主，吉行也。）

九三。丰其沛，日中见沫。折其右肱，无咎。
（丰其沛，不可大事也；折其右肱，终不可用也。）

六二。丰其蔀，日中见斗。往得疑疾，有孚发若，吉。
（有孚发若，信以发志也。）

初九。遇其配主，虽旬无咎，往有尚。
（虽旬无咎，过旬灾也。）

丰

初九爻变，成小过卦（䷽）。小过可小事不可大事，初六“飞鸟以凶”，志大才低、高飞铩羽，就是“过旬灾”。《易经》讲究时中之道，小过、大过均不得中，过犹不及，皆非美事，丰卦“宜日中”，亦寓此义。

国际关系、人际相处往往以强弱定夺，失去均平之道，造成强凌弱、众暴寡的局面，这也是“过旬灾”。欲谋世界和平，必得建立均势，“虽旬无咎”。孙中山遗嘱有云：“联合世界上以平等待我之民族，共同奋斗。”中国要强，当深悟丰卦初九之义。

六二。丰其蔀，日中见斗。往得疑疾，有孚发若，吉。《象》曰：有孚发若，信以发志也。

“蔀”为覆蔽、障碍光明之物。“丰其蔀，日中见斗”，是在描述日食的现象，“斗”为北斗星。太阳被月球的阴影遮蔽，发生严重的日食，白天变成黑夜，连北斗星都看到了。六二当位中正，居明之中，本有日中之象，无奈柔暗之君的六五下乘九四、远应六二，欲望蒙蔽了理智，对六二颇生猜忌，遂成“日中见斗”的日食之象。这时不可以急进前往解释、弄不好还愈描愈黑，产生毛病。日食本属自然现象，不必大惊小怪，只要心怀诚信，继续发放光明，日久见人心，疑云一过又会恢复正常。“有孚发若”的“发”，意通蒙卦初六“发蒙”的发，六五居高必危、持丰不易，难免因戒惧而心生茅塞，六二只要以诚信相感，就能释主上之疑而得吉。六五为丰卦君位，有实力采取重大行动，六二有再高明的想法，也得争取到六五的信赖和支持。

六二爻变，成大壮卦（䷡）。大壮利贞，大壮则止，“君子以非礼弗履”，其九二爻亦称“贞吉”，显见丰六二无论怎么理直气壮，在六五对其信心动摇时，都不可以躁急行动。

九三。丰其沛，日中见沬。折其右肱，无咎。《象》曰：丰

其沛，不可大事也；折其右肱，终不可用也。

“沛”为大暗，“沬”为小星，从六二起发生的日食到九三时更严重了，连天空中发光微弱的小星都看见了，以现代天文学的术语来说，六二为初亏，九三为食尽。时代如此黑暗，不可能再有大的作为，为图保命，可能得忍痛断掉右臂，弃卒保帅、韬光养晦而得无咎。

九三本为下卦明之极，和上六动之极相应与，他卦重应与，丰卦却重明动相资、同德砥砺。上六动极转静，又当丰终转旅之位，完全不能提供九三任何资助，致使九三亦明极转暗，遂有“丰其沛”之象。人都靠右手做事，“折其右肱”自然无法动弹。明夷也是黑暗之世，六二“夷于左股”还不算严重，“折其右肱”就糟了！丰之时本应做大事，由于明动两伤，故终不可用。终亦指始终之终，九三当下卦明之终，和上六动之终、丰之终不能配合，空有抱负亦只能抱憾终身。

九四。丰其蔀，日中见斗。遇其夷主，吉。《象》曰：丰其蔀，位不当也；日中见斗，幽不明也；遇其夷主，吉行也。

九四前半段爻辞与六二相同，表示日食尽以后又渐渐恢复光明，小星星看不见了，还看得见较大的北斗星。以时位而论，九四阳居阴位，上承六五柔暗之君，功高招忌，又为震动之主，处境暧昧不宁，宜有此象。九四好在和初九同德相应，若能下求明知，与初九相遇合，从此行动有了思想指导，便可突破形势的黑暗而获吉。“夷”为平等之义，九四视初九为“夷主”，初九视九四为“配主”，明动相资互为主，遂成知行合一之美。

九四爻变，成明夷卦（䷣），光明受暗主所伤，必须另谋生路、“遇其夷主”才吉。九四上承六五，六二上应六五，朝野重镇皆遭猜忌，光明不得施发，同有“丰其蔀，日中见斗”之病；六二“有孚发若”，九四“遇其夷主”，二人解决问题的资源及方式不同。《系辞传》云：“二与四，同功而异位，其善不同，二多誉，四多惧，近也。”九四离六五太近，关系紧张；六二离六五很远，不构成威胁，虽暂遭疑忌，终必重获称誉信任。

六五。来章，有庆誉，吉。《象》曰：六五之吉，有庆也。

“章”是光明，“来章”即恢复光明，从六二开始的日食至此复圆，君臣间的疑忌消除，彼此皆大欢喜，俱获称誉而得吉。六二“往得疑疾”，上行称“往”，六五“来章”，下引六二之明称“来”，一往一来，诚信相感而解决了问题。众喜称“庆”，六五地位重要，“一人有庆，兆民赖之”。《诗经》有云：“维其有章矣，是以有庆矣。”《论语·子张篇》子贡云：“君子之过也，如日月之食焉。过也，人皆见之；更也，人皆仰之。”

六五爻变，成革卦（䷰）。革而信之，文明以悦，正是变更之象，其九五爻云“大人虎变，未占有孚”，领导人改弦更张，全天下并受其福。

丰卦二、三、四爻为巽，三、四、五爻为兑，合成泽风大过（䷛）。大过，大者过也，表示领导人有重大失误，又为非常之象。丰卦六二至六五，中间四爻所描述的日食现象，即为罕见的天象，又正好象征子贡所称的“君子之过”。大过之时大矣哉！革之时大矣哉！革卦“治历明时”，古代历法记录日食相当完备，十九岁称为一章，章有七闰，四章为一蔀，冬至与月朔同日为章首，冬至在朔日之首为蔀首，同日月之分为一蔀，蔀有齐的意思。现代天文学中有所谓“沙罗周期”，日全食在地球同一观测带可观测到的时间，约隔十八个太阳年，三次周期后，几乎回到同一邻近地点，这与丰卦爻辞中“丰其蔀”“来章”的用语，颇可参较。

上六。丰其屋，蔀其家。窥其户，阒其无人，三岁不觌，凶。《象》曰：丰其屋，天际翔也；窥其户，阒其无人，自藏也。

上六为丰盛之极，所谓“富润屋”，豪门大户将自己居所装潢得气派非凡，还怕人家窥伺觊觎其家产，种了许多花木掩蔽防护，从高墙外看去，寂静无声，全无人活动的迹象，自闭自藏，也不跟外界接触，陷入绝对的高亢孤立，这样下去一定凶。

《孟子·尽心篇》有云：“说大人，则藐之，勿视其巍巍然。堂高数仞，榱题数尺，我得志，弗为也。”“丰其屋，天际翔”，完全是亢龙之象，贵而无位，高而无民，贤人在下位而无辅，动必有悔。“三岁不觌”，多年不和群众相见，在爻象上即指和九三不相配合，明动不能相资，彼此正好间隔三个爻位。困卦初六爻辞小云：“入于幽谷，三岁不觌。”《小象》则云：“幽不明也。”人生困顿潦倒于最下位，其实和财大气粗于最高位是一样的，远离了群众即不能生存。

扬雄有云：“炎炎者灭，隆隆者绝。观雷观火，为盈为实。天收其声，地藏其热。高明之家，鬼瞰其室。”正是雷火丰，丰极转旅、穷大者必失其居之象。最末句“鬼瞰其室”，与“窥其户、阒其无人”相应，意象尤为惊悚，大有警世意味。

丰卦六爻，“丰其沛”“丰其屋”“蔀其家”，象征黑暗势力的嚣张，以及金权欲望的可怕；初九、六五不言“丰”，初位太低不够格，五居君位宜有谦德，正老子所谓“侯王自谓孤寡不谷”，大者宜为下之意。

旅贞吉

> 旅。小亨，旅贞吉。《彖》曰：旅，小亨，柔得中乎外而顺乎刚，止而丽乎明，是以小亨旅贞吉。旅之时义大矣哉！

旅卦失去本位，羁旅天涯，大亨已不可能，所能求的只是小亨，杜甫诗云：“已忍伶俜十年事，强移栖息一枝安。”堪为写照。再者，《易》例阳大阴小，“小亨”意指用柔则亨、逞强不吉。出门在外，强龙不压地头蛇，在人屋檐下，不得不低头，当然得放低身段。以爻象而论，六五居外卦之中，承顺上九之刚，内卦艮止，外卦离明，栖止异域依附明君，皆为用柔致亨之道。在家千日好，出门事事难，羁旅之时，一切行止可得恰到好处，稍一失误，即有不测之凶。

《论语·卫灵公篇》有云："居是邦也，事其大夫之贤者，友其士之仁者。"此即"顺乎刚""丽乎明"之道，外乡人想保障安全，落地生根，必须广结当地善缘。孔子栖栖惶惶，周游列国，旅的经验十分丰富，自然深明此道。《易纬乾凿度》记载："孔子筮其命，得旅。请益于商瞿氏，曰：'子有圣知而无位。'孔子泣曰：'凤鸟不至，河不出图，吾已矣失！'乃作十翼。"这段的真实性姑且不论，夫子因旅而兴，成就了放诸四海而皆准的学术地位，倒是引人深思。

旅卦获吉，除了用柔之外，更重要的是守正，决不因环境的变迁而游戏原则，所谓"造次必于是，颠沛必于是""素夷狄，行乎夷狄；素患难，行乎患难。君子无入而不自得焉"，这就是"旅贞吉"。

《象》曰：山上有火，旅。君子以明慎用刑，而不留狱。

《易》卦《大象》论及狱政者共五卦：噬嗑、贲、丰、旅、中孚。丰为当权派，明以动，折狱致刑；旅为客卿，止以明，审慎用刑，不积压案件。《易经》讲究理和势，丰理势俱备，折狱名正言顺，旅占理失势，就有许多顾忌。

"狱"亦象征人间世的激烈斗争，噬嗑一卦描绘噬与反噬，曲尽其情。丰卦如日中天，必启他人觊觎之心，故有重要隐忧的日食之象，以及折狱致刑打压异己之事。旅卦只是过渡，大可不必涉入太深。庄子有云："天地之逆旅，百代之过客。"人生数十寒暑，稍纵即逝，纵化逍遥，何必留狱？

丧牛于易

初六。旅琐琐，斯其所取灾。《象》曰：旅琐琐，志穷灾也。

初六阴居阳位，靶旅之始，位居最下，有服贱役以谋生、志穷卑琐之象，穷困潦倒，饱受漂泊之苦。

六二。旅即次，怀其资，得童仆贞。《象》曰：得童仆贞，终无尤也。

“次”是旅舍，“即次”是住进旅舍。六二当位中正，合乎“小亨，贞吉”之卦义，有了暂时安身的居所，也累积了一些资产，揣在怀里不敢露白，还有些跟班的人忠心耿耿服侍，就旅人来说，境遇已大为改善，没有什么好苛求的了。

“即”是接近不远离，怀是保守不表现，皆出门在外，小心翼翼之情。

九三。旅焚其次，丧其童仆，贞厉。《象》曰：旅焚其次，亦以伤矣；以旅与下，其义丧也。

九三过刚不中，完全违反了旅之时义，激起当地人的反弹，暂住的居所被烧掉，跟班的人受不了他颐指气使的态度也纷纷离开，这样干实在很危险。

九三为下卦艮之主爻，艮有终给成就之义，下卦艮表示小成。异域奋斗小有所成，切不可骄恣自满，忘了自己外来人的身份，否则必凶。

九四。旅于处，得其资斧，我心不快。《象》曰：旅于处，未得位也；得其资斧，心未快也。

上九。鸟焚其巢，旅人先笑后号咷。丧牛于易，凶。
（以旅在上，其义焚也；丧牛于易，终莫之闻也。）

六五。射雉，一矢亡，终以誉命。
（终以誉命，上逮也。）

九四。旅于处，得其资斧，我心不快。
（旅于处，未得位也；得其资斧，心未快也。）

九三。旅焚其次，丧其童仆，贞厉。
（旅焚其次，亦以伤矣；以旅与下，其义丧也。）

六二。旅即次，怀其资，得童仆，贞。
（得童仆贞，终无尤也。）

初六。旅琐琐，斯其所取灾。
（旅琐琐，志穷灾也。）

旅

“处”与“次”不同，“次”供暂时栖身，“处”则有长久居留之意。九四进入上卦，有地方长住，有钱花，还有像利斧一样自我防卫的力量，照讲应该是不错了，但精神上极端苦闷，总觉得寄人篱下，难以施展。以爻象而论，阳居阴位，又当多惧之地，感觉憋气不痛快，亦理所当然。《楚辞》有云：“虽信美而非吾土兮，曾何足以少留？”看来，人除了免于匮乏、免于恐惧之外，还有更高层次的希求，一旦不能满足，仍会痛苦不堪。

九四爻变，成艮卦（䷳），止其所，“旅于处”，上下敌应不相与，故而“其心不快”。九三爻变，成晋卦（䷢），恃刚猛进，焚次丧仆。六二爻变，成鼎卦（䷱），正位凝命，即次、怀资、得童仆贞。

六五。射雉，一矢亡，终以誉命。《象》曰：终以誉命，上逮也。

“雉”即野鸡，为文明的象征，“射雉，一矢亡”，形容蓄势已久，箭不虚发，一举荣获最大的光彩。“终以誉命”，羁旅至今，终于凭本事赢得了当地人的称赞和上天的眷顾。“上逮”即上及于天命，达到天人合一的光明境界。《说卦传》云：“和顺于道德而理于义，穷理尽性以至于命。”六五“柔得中乎外而顺乎刚，止而丽乎明”，完全合乎旅之时义，达到了旅卦所可能修成的最高境界。《论语·宪问篇》孔子感叹不为世所真知，有云：“不怨天，不尤人。下学而上达，知我者其天乎！”“上逮”即“上达”，孔子周游列国，不为时君所用，退修六经，却成了万世师表，即为此爻最好的说明。

六五爻变，成遁卦（䷠），遁而亨，“遁之时义大矣哉”！“小利贞”，“小亨旅贞吉”，“旅之时义大矣哉”！

旅卦六爻爻辞，唯六五不言“旅”，大有深意。以君位论，人君无旅，王者无外，六五不能言“旅”；以羁旅论，国之不存，君将焉附？

上九。鸟焚其巢，旅人先笑后号咷。丧牛于易，凶。《象》曰：以旅在上，其义焚也；丧牛于易，终莫之闻也。

上九阳刚居旅卦之极，亢亢傲慢，得意扬扬，和九三一样违反了旅之时义，必然自取灭亡。鹊巢鸠占，势不能久，覆巢之下焉有完卵？“先笑后号咷”，外来者毕竟无法在本土生根。《说卦》坤为牛，牛象征柔顺之性，“丧牛于易”，在慢易轻忽中失去了柔顺的德性，喧宾夺主，最终一定会从历史的舞台退场，而渐渐为人淡忘。“终莫之闻”和“终以誉命”；最后的下场恰好相反，“先笑后号咷”和同人卦九五“先号咷而后笑”，亦成强烈对照——旅卦上九未得善终，即因未广结善缘、与人和同啊！

大壮卦六五“丧羊于易”，羊性刚狠，为群行之畜，即象征卦中四阳爻，“丧羊于易”，恃强猛进陷入泥沼，阳刚之性被化解于无形，此亦轻忽慢易之过。《系辞传》云：“易者使倾。”无论阴阳刚柔，一不谨慎，就可能覆亡。

上九爻变，成小过卦（䷽），可小事不可大事，不宜上宜下，其上六爻辞云：“弗遇过之，飞鸟离之，凶，是谓灾眚。”《小象》补注：“已亢也。”亢龙之位，必然招悔。

旅卦六爻爻辞，偏重本身时位，爻际关系的承乘应与不明显，可见在外孤军奋斗之苦。丰卦则不然，六爻的互动关系非常重要，错综复杂且影响成败。《杂卦传》所称：“丰，多故也；亲寡，旅也。”于此又得印证。

旅卦若以人生旅程视之，短短数十寒暑，即次、焚次、筑巢、焚巢，辛苦寻一安身立命之处；得资得斧、得童仆、丧童仆，琐琐算计，仍然我心不快；智者射雉终以誉命，愚者丧牛终莫之闻。庄子所云：“天地之逆旅，百代之过客。”岁月匆匆，真是令人浩叹！

第四十章　无入而不自得：巽、兑二卦综论

《易经》中的巽、兑二卦，为八卦之二，相续相综，义理勾连，为人生基本的两个面相，值得再三品悟。

《序卦传》云："旅而无所容，故受之以巽。巽者，入也。入而后说之，故受之以兑。兑者，悦也。说而后散之，故受之以涣。"

巽卦之前为旅卦。出门在外，寄人篱下，易受当地人排斥，若想落地生根，必须放下身段以融入当地社会。巽卦（☴）一阴伏于二阳之下，其基本要义即为入。巽象风，风无形无相、无孔不入；巽象木，幼苗入土，尔后长成大树。入乡问俗，站稳脚跟后，继续深入发展，必然有所斩获而衷心喜悦，兑卦的基本要义就是悦。己悦人悦，本身的影响力一大，就有可能动员群众而颠覆当地政府，使其面临分裂解体的威胁。兑卦之后为涣卦，涣即人心涣散之意。

若以进德修业而论，卦序所述的因果关系亦妙合自然：从门外汉要入门，要旅到巽，必须以低姿态谦逊学习。《说卦传》云："齐乎巽……齐也者，言万物之洁齐也。"齐有平等义，入门众生一律平等，以最柔软洁净的心接受教育，所谓见贤思齐，巽又有风化、教化之义。深入以后必有心得，而感觉乐趣无穷，这就是悦。孟子有云："义理之悦我心，犹刍豢之悦我口。"深造自得后，以先知觉后知，往往借种种方式宣讲传播，如风拂水面、涟漪四散一般，这就是涣。

《杂卦传》云："兑见而巽伏也。"巽一阴伏于二阳之下，兑一阴见于

二阳之上，为一伏一见之象。间谍工作一开始总是渗透、打入、蹲点、卧底，极尽隐微之能事，等到颠覆破坏的任务完成后，由地下转为地上，才曝光于公众之前。进德修业也是如此，入门学习时姿态极低，埋头默默苦干，学成后才大显于世，十年寒窗无人问，一举成名天下知。

《系辞传》谈《易经》的忧患意识，鼓舞人在乱世中培养德行，有“三陈九卦”之章，依次为履、谦、复、恒、损、益、困、井、巽。巽为最高的修为境界，这点非常值得注意。“巽，德之制也。”深入精熟某领域后，取得主导地位，以确立规范、判断事宜称为制，巽的终极目的即在此。“巽，称而隐。”“称”即权衡称量、持平处理世事，一切恰到好处，却又不露形迹、潜移默化，故云隐。“巽以行权。”巽道机变灵活，从心所欲而不逾矩，正是《论语》中所标榜的权变无方的境界，易理不可为典要，唯变所适，精义亦在于此。

申命行事

巽。小亨。利有攸往，利见大人。《彖》曰：重巽以申命。刚巽乎中正而志行，柔皆顺乎刚，是以小亨，利有攸往，利见大人。

巽卦上下内外皆巽，故称“重巽”，下这么深入的功夫是为了伸张天命。《系辞传》有云：“尺蠖之屈，以求信也；龙蛇之蛰，以存身也；精义入神，以致用也；利用安身，以崇德也。”正是“重巽以申命”。天命周流不息，隐微难知，不下一番潜心恳到的体证功夫，无法了其精义。“小亨”不同于“亨小”，而是指用柔以致亨通，《易》例阳大阴小，巽为长女阴卦，深具坤卦柔顺之德，故称小亨。卦象初、四两阴爻皆顺承于阳爻之下，九五阳刚中正居于君位，有得行其志的大人之象，故称“利有攸往，利见大人”。

依乾卦《文言传》对大人的定义："大人者，与天地合其德，与日月合其明，与四时合其序，与鬼神合其吉凶，先天而天弗违，后天而奉天时。"大人是功参造化、天人合一的最高德位。志是人内心中的主宰，表现积极奋发、主观的能动性；命是宇宙间自然而然的气数流行，代表客观的形势发展。人若修到大人境界，主客交融，志命合一，一切依理顺性而为，不会再有任何毛病。《中庸》称："天命之谓性，率性之谓道，修道之谓教。"巽卦所代表的修习历程，以及天人互动的精微，正合《中庸》之旨。

"刚巽乎中正"的"巽"字，有逊让践位之意，和《尚书·尧典》"汝能庸命，巽朕位"之"巽"字相通。尧舜禅让，天下为公，即为与天地合德的大人之行——齐乎巽，见贤思齐，德与天齐。

易卦卦辞中出现"亨小"者，有既济、遁、贲三卦，依《彖传》解释：遁其实是"亨。小利贞"，贲则是"亨。小利有攸往"，只有既济才是"亨小，利贞"。

除了巽卦卦辞称"小亨"外，旅卦亦称"小亨"，所谓"柔得中乎外而顺乎刚"，也是用柔之意。旅、巽一脉相承，在人屋檐下，不得不低头。

《象》曰：随风，巽。君子以申命行事。

巽为风，后风前风相随继至，天命鼓荡万物，周流不息。君子深入体察客观形势，搞清楚自己真正适合干什么，然后依理顺势申明天命，做该做的事。

巽又有推行教化、鼓吹变更而发号施令之义，落实在组织生活中，即为政令的施行，为了达到目的，必须三令五申、一再宣导才能深入人心。"重巽以申命"，"申命行事"，亦指此而言。《论语·为政篇》有云："道之以德，齐之以礼，有耻且格。""齐乎巽，言万物之洁齐也"，即教化民众涤除污习，日新又新，北魏贾思勰著有《齐民要术》一书，巽齐之义大矣哉！

以人志和天命辩证的观点而论：巽是志与命合，申命行事；革卦则是凸显人志，改革天命，故而九四爻辞《小象》云：“改命之吉，伸志也。”九五继云：“大人虎变，未占有孚。”《小象》加释：“其文炳也。”经天纬地为文，功业彪炳，先天而天弗违，已信人信，当然不用再占！革命是非常破坏，破坏之后还得重新建设，鼎卦《大象传》云：“君子以正位凝命。”圣人之大宝曰位，掌握政权后又得依据新的客观秩序以行事。《易经》卦序所演证的天人关系，意蕴之丰富，真是耐人寻味。

无初有终

初六。进退，利武人之贞。《象》曰：进退，志疑也；利武人之贞，志治也。

依《说卦传》，巽有进退、不果之象，初六为巽卦之始，阴柔不当位，对是否深入某领域去发展尚存疑虑，进退不决，这是“志疑”；徘徊门外，永无成事可能，还是应该效法武人的气魄，勇猛精进，这是“志治”。“志疑”显示初六阴柔的才质，“志治”则对症下药、以刚济柔。《论语·泰伯篇》有云：“慎而无礼则葸。”人生须谨慎，但得以礼节之，太过火了即成畏首畏尾。孔子的弟子冉求生性保守，行事不够明快，孔子因材施教，鼓励他放手干，《先进篇》中即云：“求也退，故进之。”《尚书·洪范》称：“沉潜刚克。”这些都是利武人之贞。

沉潜时须刚克，高明时又须柔克，武人的行事风格在巽初六时有裨益，在履卦六三时却可能致命：“履虎尾，咥人凶，武人为于大君。”六三为履下卦兑之主，“兑见而巽伏”，见时不宜逞刚，伏时则须坚毅。“巽以行权”，初六才柔位刚，当巽卦入门之始，必须通权达变以合乎时中之道。

巽以申命，为长期的天人修炼、初学入门之时，难免道心不够坚定，故而志疑；孔子年十五而志于学，五十方知天命，可见其中艰难。

上九。巽在床下，丧其资斧。贞凶。

（巽在床下，上穷也；丧其资斧，正乎凶也。）

九五。贞吉，悔亡，无不利。无初有终，先庚三日，后庚三日，吉。

（九五之吉，位正中也。）

六四。悔亡，田获三品。

（田获三品，有功也。）

九三。频巽，吝。

（频巽之吝，志穷也。）

九二。巽在床下，用史巫纷若，吉，无咎。

（纷若之吉，得中也。）

初六。进退，利武人之贞。

（进退，志疑也；利武人之贞，志治也。）

巽

九二。巽在床下，用史巫纷若，吉，无咎。《象》曰：纷若之吉，得中也。

“床下”是幽隐黑暗、藏污纳垢之处，“巽在床下”，表示已深入社会的基层，所有的死角都不放过。“史”的功能是了解过去，“巫”的作用是预测未来，古代王者身边往往具备这两种职官，以鉴往知来，作为行事的参考。“纷若”表示动作很多，一波接着一波。“巫”又有祓除不祥之意，洁齐乎巽，辛苦深入的目的，就在洞察问题的本质，了解其来龙去脉之后予以处理。“用史巫纷若”，九二阳刚居下卦之中，全心全意、锲而不舍地挖掘问题，解决问题，深合巽卦重巽以申命之义，当然吉而无咎。

初六“利武人之贞”，宜勇往直前，九二“用史巫纷若”，周到细致、鼓舞奋发。二爻相继，知微知彰，知柔知刚，为未来的深造自得打了很好的基础。无论是修学或渗透，九二此爻的意境皆深邃丰富，合乎时序。巽卦的卦旨，是以无声无息的方式变旧立新，动作虽然频繁，表面姿态仍低，不欲引起别人的注意。

九二爻变，成渐卦（䷴）。止而巽，动不穷，故巽在床下，能得纷若之吉。

九三。频巽，吝。《象》曰：频巽之吝，志穷也。

九三过刚不中，居下卦巽顺之终，依《说卦传》，巽究为躁卦，终于难再隐忍而出了状况，但大环境又允许逞强，只得继续憋气，此即频巽之象，如此当然吝，初志颇受考验，有些难以为继。

九三居下巽之上、上巽之下，正是天人交修的瓶颈之处，熬过试炼即更上层楼，否则前功尽弃。爻变成涣卦（䷺），若不聚精会神、重整旗鼓，就有涣散的可能。初六"志疑"，转而"志治"，再到九三"志穷"，人生笃志行事何其艰难！

复卦讲克己复礼，期望重见天地之心，六二"休复，吉"，六三"频复，厉"，"人心惟危，道心惟微"，为学实难，做人不易啊！

六四。悔亡，田获三品。《象》曰：田获三品，有功也。

六四终于挺进上卦，阴柔当位，上承顺当位中正之九五，进入"重巽以申命"的阶段，自初六以来长期的蛰伏和发展，累积了深广的人脉，拥有举足轻重的影响力。"田"是田猎，"三品"指战利品丰盛，须区分为上、中、下三类。依古人行猎习惯，猎物一箭穿心的称上杀，完整好清理，可供祭祀的牺牲奉献之用；射中腿的称中杀，稍有瑕疵，用来招待宾客；射得肚破肠流、难以清理的称下杀，给自己部属食用。"田获三品"，形容六四收获丰盛，功高而不震主，懂得上下打点，到处送礼以广结善缘。四本多惧之位，动辄有悔，六四善体人意、照顾周到，遂使悔恨消亡。

以二、三、四爻为下卦兑（☱），三、四、五爻为上卦离（☲），所组合成的卦中卦为火泽睽（䷥）。巽中有睽，睽即不齐，违反“齐乎巽”之义，深入的过程中很容易被识破而产生冲突，这也是六四可能有悔的内在原因。好在六四小心翼翼，深入全境，与周遭群众打成一片，故而“悔亡”。

六四爻变，成姤卦（䷫）。“天地相遇，品物咸章”，六四顺承九五，打入成功，“田获三品”，深识随机应变之妙。

九五。贞吉，悔亡，无不利。无初有终，先庚三日，后庚三日，吉。《象》曰：九五之吉，位正中也。

九五为巽卦之主，“刚巽乎中正而志行”，深入至此已完全成功，化被动为主动，掌控了“申命行事”之权，固守正道就吉，悔恨消亡，还不会有任何后遗症。深入之初，默默苦干，不露形迹，故称“无初”；深入之后，大功告成，故称“有终”。“庚”同更，巽卦卦旨即在变更以立新，除旧布新必须周密审慎。庚为十天干之七，“先庚三日”为丁，意取反复叮咛、三令五申，重事先的了解调查和宣导；“后庚三日”为癸，意取揆度衡量，检讨事后的施行效果，以供改善参考。任何新政若能如此推行，多易圆满，即使一开始不适应，最后仍有好结果，这也是“无初有终”。

商鞅变法曾有名言：“民不可与虑始，而可与乐成。”施政者只要掌握大方向，再始终保持巽顺随时修整的弹性，尽可放手去干。九二用“史巫纷若”，史以识往，即为“先庚三日”，巫以知来，即“后庚三日”，“纷若”之繁，务求掌握所有可能发生的状况。

九五爻变，成蛊卦（䷑）。干父之蛊，“先甲三日，后甲三日”，亦为变法改革之义。甲为十天干之首，象征创制之始，表示坏极更新，庚为十天干之七，为修敝举废，由甲至庚，又有七日来复之义，创制至此，破绽渐生，又得改弦更张了！“先甲三日”为辛，正是变更后立新之意，“后甲三日”为丁，接上“先庚三日”。蛊以甲立制，终则有始；巽以庚修敝，“后庚三日”至癸，为十天干之末，“无初有终”。以改革的程度而论，蛊卦深于巽卦。

《易经》另有革卦，称“己日乃孚”，己为第六天干，革“元亨利贞，悔亡”，另起炉灶，较蛊卦更彻底而激烈。革卦四德俱全，蛊卦“元亨，利涉大川”，不见“贞”，巽卦“小亨，利有攸往，利见大人”，不见“元、贞”。

丰卦初九《小象》云：“虽旬无咎，过旬灾也。”旬为十日，十天干以纪日的传统由来已久，天地盈虚，与时消息，《易》穷则变，变则通，通则久的大原则，借着以上诸卦的气运流行，表达得淋漓尽致。

三令五申、“重巽以申命”和“频巽”不同，“重巽”是谨慎持重，务求达到目的，“频巽”则是朝令夕改，欲速不达。重巽吉而志行，频巽吝而志穷。清末康谭变法，百日维新之所以失败，即因频巽，忽略了“先庚三日，后庚三日”的重要。

上九。巽在床下，丧其资斧，贞凶。《象》曰：巽在床下，上穷也；丧其资斧，正乎凶也。

上九阳刚居巽顺之极，姿态低得过火了，同样“巽在床下”，九二大有作为获吉，上九时穷不变致凶。巽道至九五已大功告成，所谓老要张狂少要稳，九二“巽在床下”可以，上九还巽就不合时宜了。“资”指阳刚美质，“斧”以自卫，亦象征应变行权、断制合宜的主导力，上九丧失了这么重要的资源，无论怎么干都凶。“资斧”的“资”，亦有作齐者，为刚断犀利之意，“齐乎巽”，巽卦最主要的本事即在此。巽虽以柔致亨，并非因循懦弱，所以初六“利武人之贞”，六四田获有功，上九“丧其资斧”。老子有云：“国之利器，不可以示人。”《孙子兵法》称：“微乎微乎！至于无形。神乎神乎！至于无声。”其巽之谓乎！

朋友讲习

兑卦。亨利贞。《彖》曰：兑，说也。刚中而柔外，说以利贞，是以顺乎天而应乎人。说以先民，民忘其劳；说以犯难，民忘其死。说之大，民劝矣哉！

兑卦“亨利贞”三德，元德不显，以两情相悦为义，发而皆中节很难。《系辞传》有云：“爱恶相攻而吉凶生，远近相取而悔吝生，情伪相感而利害生。凡易之情，近而不相得则凶，或害之，悔且吝。”《易经》为论情之书，下经尤重人情，咸、恒、萃《彖传》皆云：“天地万物之情可见矣！”三卦卦辞皆有“亨利贞”而无“元”，可见正性纯情之不易。情之为障，亦可由三卦的卦中卦皆有大过卦而看出，大过卦为颠覆至死之卦，处情不善，易遭陨灭。兑卦若以三、四、五爻为下卦（☴），四、五、上爻为上卦（☱），所成之卦中卦亦为大过卦，兑为少女、为见，又为毁折，多情自古空遗恨，卦象中已有定数。正因如此，咸、恒、萃、兑皆强调“利贞”。

兑卦九二、九五阳刚居中，六三、上六阴柔居外，虽和颜悦色仍不失正道，以此处世，可收顺天应人之效。革卦外卦为兑，《彖传》亦云：“顺乎天而应乎人。”政治教化上讲心悦诚服、近悦远来，悦就有动员群众的力量。领导人平素能照顾百姓，得大家爱戴，一旦动员或需要冒险犯难时，大家也会不辞劳苦、不怕牺牲地全心投入，悦的功能可真是伟大啊！

《象》曰：丽泽，兑。君子以朋友讲习。

“丽”即离卦附丽之丽，有相继而明之意。兑卦两泽相对，又为口舌之象，有朋友间切磋讨论、相互浸润得益之形。《论语·学而篇》开宗明义：“学而时习之，不亦说乎？有朋自远方来，不亦乐乎？”就是“朋友讲习”，兑卦以劝民为旨，其后为宣讲传播的涣卦，皆同此义。兑卦继巽卦而来，一伏一见，表示能入能出，深造自得，而后以先知觉后知，以先觉觉后觉。《论语·子罕篇》有云：“巽与之言，能无说乎？”委婉劝导、深入人心的话，谁听了都容易接受，也妙合巽、兑二卦之旨。

商兑未宁

兑卦六爻的爻辞极为精简，皆寥寥数语，不欲多言。兑本为见为说，所谓言多必失，真正动员群众在乎诚心相感，《系辞上传》末章有云：“默而成之，不言而信，存乎德行。”可为兑卦针砭。兑为口舌，亦为毁折，《说卦传》取象多方，还归一理。

初九。和兑，吉。《象》曰：和兑之吉，行未疑也。

初九阳居阳位，为求悦之始，卦中四阳唯此爻不与阴接，象征理智不受欲望干扰，完全自得其乐。中为天下之大本，和为天下之达道，致中和，天地位万物育。兑为多情之卦，若能和兑，即表示喜怒哀乐发而中节，情与性合，自然得吉，率性而行，没有一点疑惑。

上六。引兑。
（上六引兑，未光也。）
九五。孚于剥，有厉。
（孚于剥，位正当也。）
九四。商兑未宁，介疾有喜。
（九四之喜，有庆也。）
六三。来兑，凶。
（来兑之凶，位不当也。）
九二。孚兑，吉，悔亡。
（孚兑之吉，信志也。）
初九。和兑，吉。
（和兑之吉，行未疑也。）

兑

九二。孚兑，吉，悔亡。《象》曰：孚兑之吉，信志也。

九二刚中，有诚信之象，上为六三阴柔所乘，可能受干扰而有悔，若能坚定信心，不为外诱之私所动，则可获吉而悔亡。“信志”亦解作伸志，人志伸张，可扭转不利的客观形势，此理与前述革卦九四相同。

六三。来兑，凶。《象》曰：来兑之凶，位不当也。

六三阴居阳位不当位，乘于九二阳刚之上，典型的欲望蒙蔽了理智，勉强求悦，当然凶。

九四爻辞云：“商兑未宁，介疾有喜。”《象》曰：“九四之喜，有庆也。”

九四阳居阴位不当位，介于六三阴柔与九五阳刚之间，天人交战未能自决。“商”是忖度商议，《系辞传》云：“拟之而后言，议之而后动，拟议以成其变化。”商量拟议是为了作出最佳选择，以获得衷心的喜悦。《说文解字》释“商”为“从内知外”，九四正当内外卦之间，故有“商兑”之象。

“介”同豫卦六二“介于石”的介，为分辨明、刚断速之意；“疾”为欲望缠身所带来的毛病，指六三以柔媚取悦九四。“介疾有喜”，九四若能迅速作出决断，弃六三而就九五，便可病愈而有喜，由于九四地位重要，不但个人有喜，全局亦因而获福。易例独喜曰喜，双喜曰嘉，众喜曰庆。《易经》每以疾、喜对言：如无妄卦九五：“无忘之疾，勿药有喜。”损卦六四：“损其疾，使遄有喜，无咎。”

九五。孚于剥，有厉。《象》曰：孚于剥，位正当也。

九五阳刚居中，为兑卦之主，可惜上六阴柔小人乘于其上，大受干扰，满腔热忱用错了对象。剥即剥卦的剥，阴变阳、柔变刚，小人道长，君子道消，九五的阳刚美质日见剥蚀，这是相当危险的。

《易经》首重诚信，强调至诚如神，但亦得辨清对象，敬慎不败。随卦九五："孚于嘉，吉。""嘉"指上六所代表的天人合一的真理，九五以君位之尊而完全信服，故而获吉，孚于嘉和孚于剥的后果完全不同。

九五爻变，成归妹卦（䷵）。"征凶，无攸利"，位不当，柔乘刚，正合"孚于剥"之象。

上六。引兑。《象》曰：上六引兑，未光也。

引即吸引、勾引之意。孟子云："物交物，则引之而已矣！"上六阴乘阳、柔乘刚，居兑卦之极，对九五具有致命的吸引力。老子有云："甚爱必大费。"悦乐不可极，极必生障，故称"未光"。

"引兑"比"来兑"更难抗拒，"来兑"是以柔居刚、公开招来，尚可"介疾有喜"或孚兑悔亡，"引兑"则以柔居柔、暗中勾引，"孚于剥"即肯定有厉。自古柔媚偏能惑主，领导人必然会被小人所包围，能否突破此关，就看个人修为。

兑卦六爻爻辞，两两相应：初九"和兑"、九四"商兑"，均重调和商量，合乎朋友讲习之象；九二"孚兑"、九五"孚于剥"，刚中而柔外；六三"来兑"、上六"引兑"，一凶一未光。

兑卦"亨利贞"，较巽卦"亨利"多了一贞德，表示潜心深入时重权变，不宜固守以自缚手脚，深造自得后大见于世，则必须有所树立。巽卦九五在成功以后出现"贞吉"二字，已明示此义。

第四十一章　收发自如：涣、节二卦综论

《易经》中有涣、节二卦，一发散一收敛，义理勾连，相续相综，值得深入阐析，以供仁人志士参考。

“涣”即涣散、离心离德之意，风吹过水面，扰动一圈圈波纹往外扩散也是涣，坚冰解冻称涣然冰释，文采很盛称涣烂。“节”有调节、节制、节控、刚柔相济，恰到好处之意。

《中庸》云：“喜怒哀乐之未发，谓之中；发而皆中节，谓之和。”中节是为人处世、顺性纯情很理想的高标准。

《序卦传》云：“兑者，说也。说而后散之，故受之以涣。涣者，离也。物不可以终离，故受之以节。节而信之，故受之以中孚。”

涣卦前是八纯卦之一的兑卦，兑即衷心喜悦。解除禁制顺天应人，深得民心，但乐过了头会变得松散，组织意志难以凝聚。长此以往组织可能垮掉，所以必须适度节制。

言行中节可重建威信，节也是古代两国通使所持的信物，因此节卦后，接着是代表诚信的中孚卦。

《杂卦传》云：“涣，离也；节，止也。”人心涣散，纪律松弛，彼此会愈行愈远，必须重行节制以防止恶化。

王假有庙

涣。亨，王假有庙，利涉大川，利贞。《彖》曰：涣，亨。刚来而不穷，柔得位乎外而上同。王假有庙，王乃在中也。利涉大川，乘木有功也。《象》曰：风行水上，涣。先王以享于帝立庙。

涣上卦巽风，下卦坎水，正是“风行水上”，波纹往外扩散之象；巽亦为木，坎亦为险，又有乘木船脱险立功、利涉大川之象。人心涣散虽然可怕，只要善于整合，仍有亨通之道。“假”音格，感通、亲临之意。“王假有庙”，是说领导人亲临宗庙主持祭祀，祈求上苍及先祖庇佑。庙是古代王朝精神的象征，代表天命所系，众望所归。庙也是议论军国大事之处，《孙子兵法》称为“庙算”。任何团体之所以成立，必定有其中心理念，由思想产生信仰，由信仰萌发力量，这就是庙。只是随着岁月流转、人事更迭，而逐渐为人忽视，丧失了昔日鲜活动人的光彩。

当组织发生认同危机时，领导人出面阐明原始理念，并参酌时代变迁，而予润色修饰，对号召人心团结有莫大的助益。“享于帝”的帝，可指代表天意的上帝，亦可指先朝创业之主，总之帝有主宰义，涣散的时代最需要的就是建立主宰，以为思想言行的凭依。“王乃在中”是说领导人以身作则，全心投入，爻位上则指九五当位中正，为全卦希望所系。

整合人心单靠领导人是不够的，必须策动主力干部去落实执行。“刚来而不穷”，指下卦的九二，深入民间以整合基层，使底盘不致动摇；“柔得位乎外而上同”，指上卦的六四，近君当位，与其上的九五密切配合，以稳定中央。双管齐下，力挽狂澜，既有想法，也有具体做法，遂使大局重获亨通，转危为安。卦辞最后言“利贞”，贞者事之干，保障了“王假有庙”的不落空。

《易经·彖传》中言刚柔往来，多就上下卦为乾坤父母卦立论，以涣卦为例，我们可将其视为本系天地否卦（䷋），上卦九四下至二位，下卦六二上至四位，互换位置即成风水涣卦（䷺）。“刚来而不穷，柔得位乎外而上同”，经此调整，先解决上下不交的否闭之局，让误会涣然冰释，人际关系重新流动，作为拯涣的初步。

涣卦上风下险，正合一般所云风险之意。风助水势，波澜起伏，确须谨慎行事以利涉大川。“王假有庙”亦见于萃卦卦辞，人群相聚得有中心理念，一旦涣散而想重聚，仍须返归基本面。一萃一涣，一聚一散，就像物理学上的向心力和离心力一样，成败关键皆在于中心的确立。

匪夷所思

涣卦六爻中，九二和九五、初六和六四皆应而不与，六三和上九虽应与，各不当位，且中隔六四、九五，距离过远，相援不易，遂成各自为政的涣散之局。远距离的应与关系难以发挥作用，即须运用近距离的承乘关系：九二和初六、九五和六四，皆为阳乘阴的形势，自然顺畅相合。人心涣散之时，就近结盟以自保，局部安定后再作打算，也是人之常情。

初六。用拯马壮，吉。《象》曰：初六之吉，顺也。

初六阴居阳位不当位，上和六四不相与，近承九二而得庇荫，就像骑了匹壮马一样，借助九二阳刚行健之力，拯救涣散之局而获吉，这是善用柔顺之道的缘故。明夷卦形势恶劣，艰苦无比，其六二爻辞亦云：“明夷。夷于左股，用拯马壮，吉。”《小象》云：“六二之吉，顺以则也。”“马壮”亦指上承的九三刚爻。柔爻本身实力不足，即须借助刚爻脱险，这是完全合乎道理的。

上九。涣其血，去逖出，无咎。

（涣其血，远害也。）

九五。涣汗其大号，涣王居，无咎。

（王居无咎，正位也。）

六四。涣其群，元吉。涣有丘，匪夷所思。

（涣其群元吉，光大也。）

六三。涣其躬，无悔。

（涣其躬，志在外也。）

九二。涣奔其机，悔亡。

（涣奔其机，得愿也。）

初六。用拯马壮，吉。

（初六之吉，顺也。）

涣

九二。涣奔其机，悔亡。《象》曰：涣奔其机，得愿也。

九二阳刚居中，上和九五不相与，涣散之时难以勤王，与其急救无功，不如自保求安，遂下乘初六以为支撑，得遂局部整合之愿，悔恨之消亡。

“机”同茶几之几，可托以为安，亦有写作“杌”字的。杌为一种凳子似的坐具，亦为无枝叶的树根。即困卦初六爻辞所云“株木”。九二阳实，下临初六阴虚，正有上述机或杌之象。初六以九二为壮马，借力驰驱；九二以初六为机杌，凭以为安。一获吉一得悔亡，初六得的便宜大些，但仍是相互利用和需要的形势。老子云：“贵以贱为本，高以下为基。”又云：“善人者，不善人之师；不善人者，善人之资。不贵其师，不爱其资，虽智大迷，是谓要妙。”初六用拯，九二奔机，两者皆懂得合力济涣之理，神智非常清楚，没有一点迷糊。

六三。涣其躬，无悔。《象》曰：涣其躬，志在外也。

六三阴居阳位不当位，和上九相应与，有心济涣。躬是自己，“涣其躬”是散其私心，这在涣散之时相当可贵且重要。“志在外”，即有志与上九结盟，可惜距离过远使不上力，难成大事，虽然如此，亦无怨无悔。

六四。涣其群，元吉。涣有丘，匪夷所思。《象》曰：涣其群元吉，光大也。

六四阴居阴位当位，上承九五阳刚中正之君，全心全意辅佐九五整合全局。“涣其群”，即解散所有派系及次级团体，以免相互斗争而抵消了力量。“涣有丘”，则是散小群、成大群，使众力如丘山之聚，浑合为一，此处之涣有散而能聚之意。孟子云：“得乎丘民而为天子。”六四巩固团结，拥戴九五，使组织转危为安，为拯涣的最大功臣。人心涣散时最容易搞小团体，形成山头、派系。六四以权臣之位解散朋党，弃私为公，胸襟光明磊落，不是一般平常人所能想到的。“涣其群”比“涣其躬”还难，六四竟能办到，故获元吉。

九五。涣汗其大号，涣王居，无咎。《象》曰：王居无咎，正位也。

九五当位中正，为涣卦之主，当人心涣散之时，下令济涣，其号令如汗出而不返，即君无戏言之意。另外，“涣汗”亦有散其壅滞、疏通人心疑虑的意味。九五得六四全力相助，整合成功，使威令复行，虚位复实，故得无咎。孟子论大丈夫有云：“居天下之广居，立天下之正位，行天下之大道。”居是守，守住天下广居之地是王者的责任。九五“王假有庙，利涉大川，利贞”，可谓于君守无亏。“涣王居”之涣，与“涣有丘”相同，皆有散而能聚之意。

上九。涣其血，去逖出，无咎。《象》曰：涣其血，远害也。

上九阳居阴位，处于全卦最外围，虽和六三相应与，距离太远难以相助，本身也怕卷入风险漩涡，遂远出避害，不蹚浑水而获无咎。“逖”音替，“逖出”即远离之意。血象征阴阳相伤，上九、六三阴阳相求，处之不当可能转成祸害，是以上九飘然远引。

《系辞传》论伏羲画卦之章有云：“刳木为舟，剡木为楫，舟楫之利以济不通，盖取诸涣。”涣卦风波险恶，乘木有功以利涉大川，可成中兴之业，值得天下豪杰深思。

苦节不可贞

节。亨，苦节不可贞。《彖》曰：节亨，刚柔分而刚得中。苦节不可贞，其道穷也。说以行险，当位以节，中正以通。天地节而四时成，节以制度，不伤财，不害民。

节卦卦形类似竹节，初九、九二两阳爻上，为六三、六四两阴爻，九五阳爻，上六阴爻，三刚三柔均匀分布。九二、九五阳刚居内外卦之中，象征刚柔调节、举止合宜。节制可获亨通，但过分节制使精神痛苦不堪，就不可行了。人类的欲望与生俱来，调节适当并无大碍，断念苦行反易走火入魔，违逆人性，即使勉强办到也不足为训。

节内卦兑悦，外卦坎险，“说以行险”即免苦节之穷。九五当位中正，以卦主节制全局，使获亨通。天地运行有其自然的节奏，刚柔交错，寒来暑往，春夏秋冬循环不尽，细分则有节气、节令、节候。人取法天道，应订立种种适情合理的制度，以调节供需，作为公正行事的准则。“不伤财，不害民”，意同《论语》所称“节用而爱人，使民以时”。

《象》曰：泽上有水，节。君子以制数度，议德行。

节下卦兑泽，上卦坎水，泽上蓄水资源有限，得量入为出，注意调节控制。泽无水为困卦，反正资源已经耗尽，无所谓节不节，为了生存得拼命一搏，所以《大象传》云“致命遂志”。“制数度”，即建立大家奉行的客观标准；“议德行”，则提醒人主观的适用对象。所谓徒善不足以为政，徒法不足以自行，所有制度仍得依适用者的程度参酌订定，否则窒碍难行。美国与中国贸易大战，过去以人权为筹码，最近因智慧财产权起争执，除了以法律为政治的工具外，法制本身亦有先进后进的差距——真正的节须注重时位的不同。当位以节，才能中正以通。调节控制，得因时而定。

不出户庭

初九。不出户庭，无咎。《象》曰：不出户庭，知通塞也。

初九当位，居节卦之始，上和六四虽应与，受阻于九二阳刚挡道。《易》例阳遇阳则塞，无法强出头，遂隐忍不发，韬光养晦，连家门都不出，遂获无咎。与六四呼应是通，九二当前是塞，初九知通知塞，谨言慎行，得保平安。《系辞传》记述孔子读此爻之评论云：“乱之所生也，则言语以为阶。君不密则失臣，臣不密则失身，几事不密则害成，是以君子慎密而不出也。”严守机密是组织生活中最基本的素养，节卦初九作了慎重的揭示。

“不出户庭”并不代表啥事都不做，只是隐晦避难，暗中部署。老子有云：“不出户，知天下；不窥牖，见天道。”诸葛亮隆中高卧，能知天下大势，关键皆在于情报灵通，《易经》则称为“知几”与“建侯”。知几还得藏几，无形无相，慎密不出，以免泄露遭害。《孙子兵法·虚实篇》云：“微乎微乎！至于无形。神乎神乎！至于无声。”又云：“形兵之极，至于无形；无形，则深间不能窥，智者不能谋。”皆与节卦初九爻境相通。

九二。不出门庭，凶。《象》曰：不出门庭凶，失时极也。

九二阳刚居中，前临二阴爻。易例阳遇阴则通，前无障碍，已可放心施为，若还不出门，则失去大好时机而遭凶。

上六。苦节，贞凶，悔亡。
（苦节贞凶，其道穷也。）
九五。甘节吉，往有尚。
（甘节之吉，居位中也。）
六四。安节，亨。
（安节之亨，承上道也。）
六三。不节若，则嗟若，无咎。
（不节之嗟，又谁咎也。）
九二。不出门庭，凶。
（不出门庭凶，失时极也。）
初九。不出户庭，无咎。
（不出户庭，知通塞也。）

节

九二之所以会如此，是受到前一阶段初九的影响，以为还是不出户庭的形势，不知一位之差，环境已彻底改变。《易经》尚变，刹刹生新，稍一犹豫即可能由吉转凶。

失时极的极，也是中的意思，时中之道的最好阐释，见于《大学》："君子无所不用其极。""所"即时位环境，"极"是最高的办法。时不同，极与中就不同。初九时不出户庭为最佳对策，可保无咎；九二时"不出门庭"，错失良机而遭凶。极为活极，中非死中，同样，节卦所标榜的节也是活节，不是僵硬固定的死节。《左传·成公十五年》有云："圣达节，次守节，下失节。"失节当然不行，守节亦非上乘，最高的是达节，灵活变通，圆转无碍。易象是时间方程式，易辞易理则是求取极大值和最佳解！

再就卦象来看，初九为泽底，刚开始蓄水，“不出户庭”，象征尽量储存而不花费；九二为泽中，资源已累积到一定高度，应适时外泄，以调节水质水量，一味存而不用，反而暴殄天物。孙中山当年上书李鸿章，主张“人尽其才，地尽其利，物尽其用，货畅其流”。人做事业离不开培才、理财，节卦初九到九二所演证的道理，实在值得深悟。

另外，户为单扇，门为双扇，户居内室，门在外庭。初九为奇数阳位居内，九二为偶数阴位居外，一称“不出户庭”，一称“不出门庭”，亦取象精妙。

六三。不节若，则嗟若，无咎。《象》曰：不节之嗟，又谁咎也？

六三阴居阳位不当位，和上六又不应与，乘于九二阳爻之上，柔乘刚不利，当下卦兑悦之极，有得意忘形、失节浪费之象。资源虚耗后再嗟叹懊悔，自作自受，又能怪谁呢？此处的无咎是勿咎、又谁咎之意。

六四。安节，亨。《象》曰：安节之亨，承上道也。

六四阴居阴位当位，上承九五中正之君，循规蹈矩，安于节制，不生抱怨，因此获亨。

九五。甘节吉，往有尚。《象》曰：甘节之吉，居位中也。

九五当位中正，为节卦之主，以身作则倡导节约，本身不但不以为苦，还自觉甘美，乐在其中，如此当然获吉，往前奋斗大有希望。六四安节，随遇而安，属柔顺被动；九五甘节，创造心境，为积极主动，可谓更高一筹。《论语》云："知之者不如好之者，好之者不如乐之者。"知之者知未必行，好之者犹有对待，乐之者则主客消融、物我两忘。九五甘节，即乐之者的境界。

上六。苦节，贞凶，悔亡。《象》曰：苦节贞凶，其道穷也。

上六物极则反，又居上卦坎险之极，和六三亦不应与，走上极端的苦节之路，即便自以为正，仍属凶险。由于自愿如此，倒也无怨无悔。

节卦随时位上升，可分为三段来理解：初九不出户庭无咎，九二不出门庭凶；六三不节多抱怨，六四安节很沉静；九五甘节吉，上六苦节凶。当位应时则吉，失位违时则凶。

节的观念，还可发挥运用到许多其他层面。《东坡易传》有云："节者，事之会也。君子见吉凶之几，发而中其会，谓之节。"因时际会，祸福之交、成败之决就是节，一般称行事的关键点为节骨眼，练功的罩门、打蛇的七寸都是节。《系辞传》云："圣人有以见天下之动，而观其会通，以行其典礼。"当位以节，中正以通，即掌握事之会通；典礼即常法，节以制度即行其典礼。

《孙子兵法·兵势篇》有云："激水之疾，至于漂石者，势也。鸷鸟之击，至于毁折者，节也。是故善战者，其势险，其节短，势如彍弩，节如发机。"猛禽俯冲而下，一举撕裂猎物，就是时空条件、远近距离调节掌握得恰到好处，才产生瞬间的爆发力而制胜。老子"以深为根，以约为纪。"又自诩持有三宝："一曰慈，二曰俭，三曰不敢为天下先。"俭约就是节，老子之术以至柔驰骋天下之至坚，与节卦卦理亦若合符节。

第四十二章　至诚如神，敬慎不败：中孚、小过二卦综论

《易经》立教首重诚信，义理之所以深透、占筮之所以精准，皆以此为前提。六十四卦、三百八十四爻中颇多“孚”字，孚即诚信之意，诚信的范围包括很广，人际的互信、真理的信仰，甚至宇宙的开辟及生命的创生都与之有关。《中庸》以诚为天之道、为物之终始，认定“不诚无物”；换句话说，大千世界，天命和人性的运转流行，皆以诚为真实的原动力。

《中庸》又称：“至诚之道，可以前知。国家将兴，必有祯祥；国家将亡，必有妖孽。见乎蓍龟，动乎四体。祸福将至，善，必先知之，不善，必先知之。故至诚如神。”诚信的力量发挥到极致，可以见微知著，预测未来，这和《易经》知几应变的说法完全一致。

“唯天下至诚，为能尽其性”，“天命之谓性”，人性由天命而来，诚意正心地修为便可深发其蕴，体悟天人互动的精微。“喜怒哀乐之未发，谓之中；发而皆中节，谓之和。中也者，天下之大本也；和也者，天下之达道也。致中和，天地位焉，万物育焉。”中即性之用，和即情之用，致中和使性情合一，天地万物即各得其所。

《说文解字》：“庸，用也，从用从庚。庚，更事也。”巽卦九五有“先庚三日，后庚三日”之辞。“庸”即日新又新、用之不穷；《中庸》即用中之道，中非死中，而为时中，亦即在任何环境下都能想到的最高办法。

《易》卦重二、五中位，《彖传》及《小象传》中处处阐明得中、居中的重要，可说易道即中道。《中庸》一书讲诚、讲中道之运用，和《易经》完全相合。

中道似简实难，孔子叹为至德，且说："天下国家可均也，爵禄可辞也，白刃可蹈也，中庸不可能也！"人做事总不易恰到好处，不是太过，就是不及。孔子曾说学《易》可以无大过，言下之意仍小过不断，可见修为之难。

《系辞传》赞扬易道，每以"不过"称之："知周乎万物，而道济天下，故不过。""范围天地之化而不过。"豫卦尚知几应变，《彖传》亦云："天地以顺动，故日月不过而四时不忒。"自然界的运行绝对精确，人的作为掺杂私欲往往出毛病，易道"惧以终始，其要无咎"——无咎者，善补过也。人恒过，只要能改，即可矫枉过正而得乎中。

《序卦传》云："节而信之，故受之以中孚。有其信者必行之，故受之以小过。有过物者必济，故受之以既济。"

中孚之前是节卦，立法制以期上下共守，发而皆中节谓之和，和为天下之达道，节能信之，人类社会必须建立制度、培养互信才能运转。中庸不可能，言必信、行必果是理想，实际施行时总有些误差，这就是小过。为了合乎中道，往往得矫枉过正，不断随时修正以达到目的。小过卦之后为既济卦，代表成功渡过考验。

《杂卦传》云："小过，过也；中孚，信也。"小过偏离中道，但不严重，还调整得回来，大过就麻烦了，有颠覆灭亡的危险。《论语·子张篇》载述子夏的看法："大德不逾闲，小德出入可也。"大过已属超负荷的非常状态，人生如无必要，不宜轻易尝试，小过则为人之常情，在所难免。中孚标榜诚信，合乎中道，为人立身行事的大本。

信及豚鱼

中孚。豚鱼吉，利涉大川，利贞。《彖》曰：中孚，柔在内而刚得中，说而巽，孚乃化邦也。豚鱼吉，信及豚鱼也。利涉大川，乘木舟虚也。中孚以利贞，乃应乎天也。

中孚六爻，二阴居内、四阳在外，有中虚之象，九二、九五分居内外卦之中，又有刚中之象。中虚象征虚怀若谷，宽和能容，刚中则代表心志笃实，真诚不欺。内卦兑悦，自得于心，外卦巽顺，与众和合。诚于中形于外，诚信的感染力发挥到极致，可以教化整个国家。《中庸》云："唯天下至诚，为能经纶天下之大经，立天下之大本，知天地之化育。"

"孚"字从爪从子，有禽鸟伏卵之象，通后世孵化的孵。母鸟以体热传递其子，使新生命破壳而出，"孚"字的意境真是美极，基督教讲的信、望、爱尽在其中。中孚卦（䷼）二阴居内、四阳在外，即有卵实之象，上伏下悦，正合孵化之理。

"豚"是小猪，据《礼记·王制》，古代平民于夏、秋两季，以鱼及豚祭祀，豚鱼即象征贱民微物，冥顽不灵。"信及豚鱼"，表示诚之所至金石为开，连最没有灵性的东西皆受感化，所谓诚则灵，菩萨说法能让顽石点头等等。老子有云："信者，吾信之；不信者，吾亦信之，德信。"《孟子·尽心篇》则称："闻伯夷之风者，顽夫廉，懦夫有立志；闻柳下惠之风者，薄夫敦，鄙夫宽。奋乎百世之上，百世之下，闻者莫不兴起也，非圣人而能若是乎？"中孚上巽下兑，巽为风化，兑为悦从，风行草偃，"信及豚鱼"故吉。

豚鱼在《易》象中每以喻民，如姤初六称"羸豕孚蹢躅"，九二"包有鱼"、九四"包无鱼"皆指初六而言；剥卦一阳五阴，六五称"贯鱼，以宫人宠"。老子深论治民之术，亦有"鱼不可脱于渊""治大国若烹小鲜"等语。总而言之，教化的功效必须及于全民，让所有人衷心信服才行，此即《中庸》所谓："君子之道，本诸身，征诸庶民。"

诚及于全民，自然就有动员的力量，可号召群众共同奋斗，而渡过一切险难。中孚外卦巽为木，中虚外实又有舟之象，故称"乘木舟虚"，实即以诚信普度慈航、造次颠沛必于是之义。古往今来，多少仁人志士抛头颅、洒热血，为信仰牺牲奋斗，即为中孚利涉大川。“利贞”二字，则强调人勿殉于私信、效愚夫愚妇之诚，而当笃守正信，才合乎天道。《论语·卫灵公篇》孔子主张：“君子贞而不谅。”

《易经》另有无妄一卦，亦演至诚无欺之旨。无妄卦“元亨利贞”,《彖传》称：“大亨以正，天之命也。”偏重天道的真实无妄，卦序在上经之末。中孚卦仅言“利贞”,《彖传》云：“乃应乎天也。”偏重人道的尽性修为，卦序在下经之末。《中庸》称“诚者，天之道也；诚之者，人之道也。”无妄、中孚，天人之理一脉贯通。《中庸》盛称孔子至圣之德，有云：“是以声名洋溢乎中国，施及蛮貊；舟车所至，人力所通，天之所覆，地之所载，日月所照，霜露所队，凡有血气者，莫不尊亲，故曰配天。”配天亦即中孚乃应乎天之义。

《象》曰：泽上有风，中孚。君子以议狱缓死。

《易》卦论及狱政者共五卦：丰、旅、噬嗑、贲及中孚。前四卦两两相综，中孚卦卦形对称自相综。相综为一体两面、同时俱生，自综意指无论从何角度观看均呈同象，以中孚论，即代表由衷的诚信，经得起考验，里外如下，言行相符。

《论语·子张篇》记载曾子的弟子阳肤要去做监狱管理的官，请教做法，曾子说：“上失其道，民散久矣！如得其情，则哀矜而勿喜。”断案以查得实情为要，依法致刑，勿枉勿纵，但上天有好生之德，个人的犯罪有时是社会造成，对此当存哀矜之心。中孚为中有情实、真诚不欺之象，仁心发用，故称“议狱缓死”。

据史书记载，唐太宗贞观六年底，曾有大纵天下死囚之事，七年秋如期回朝就死，无一人亡匿，结果悉被赦免。此案于情理多不合，实有政治作秀的嫌疑，却恰为以诚信“议狱缓死”之象。现代商场中企业经营失利，濒临倒闭时，靠往日信用延票或争取各方支持，亦为此象。

鸣鹤在阴

初九。虞吉，有他不燕。《象》曰：初九虞吉，志未变也。

“虞”是料想审度，初九为立信之始，必须审慎思量，保有自己阳刚当位的本质，所谓“有诸己之谓信”，自信自肯，便能获吉。若信道不笃，有其他外求的想法，随俗浮沉，便不得安乐。

《中庸》云：“君子素其位而行，不愿乎其外……君子无人而不自得焉。”又称：“在上位，不陵下；在下位，不援上。正己而不求于人，则无怨。”人无信不立，立信须从本身做起，信仰也不得盲目，应先下一番认真思考的功夫，由思想产生信仰，信仰再产生力量。

《论语·学而篇》：“信近于义，言可复也。”初九“虞吉”，即笃于正信，虑而后能安，故称“志未变”。“虞”有知几慎始之意，所谓“庸言之信，庸行之谨，闲邪存其诚”，“凡事豫则立，不豫则废”，绝不马虎放过。

家人卦初九爻辞云：“闲有家，悔亡。”《小象》亦云：“志未变也。”家庭教育为社会风化之始，一开始即不能骄纵，否则后患无穷。

自信之后便能信人，尽己之性则能尽人之性，初九上承九二，九二阳刚居下卦之中，代表诚于中的中道，初九“虞吉”，亦可解释为笃信九二，择善固执因而获吉。初九又与六四相应与，容易三心二意，这就是爻辞中讲的“有他不燕”。

大过卦阳刚过度，有颠覆的危机，九四爻辞云：“栋隆吉。有它，吝。”《小象》云：“不挠乎下也。”“下”指初六，九四阳居阴位，刚柔互济，自行调整已合乎中道，不需再受相应与之初门的影响，否则反呈过柔而致吝。比卦阴从阳，初六和九五无承受应与的关系，爻辞云：“有孚比之，无咎。有孚盈缶，终来有他吉。”以满腔至诚求比于九五，可能通天而获意外之吉。

以爻象来看，中孚卦初九前临九二阳刚，《易》例阳遇阳则窒，虽受六四牵引，短期内也不可能和合，这也是“有他不燕”的缘由。六四不居中，在标榜中道的中孚卦里，本非初九的理想对象。由此看来，初九的“虞吉”其实就是在九二和六四间择一而从，由于深思熟虑、判断正确而获吉。以自信而论，虞指正心诚意；以信人而论，虞即征信，确认对象可靠才展开交往。《中庸》云：“无征，不信；不信，民弗从。”

上九。翰音登于天，贞凶。
（翰音登于天，何可长也？）

九五。有孚挛如，无咎。
（有孚挛如，位正当也。）

六四。月几望，马匹亡，无咎。
（马匹亡，绝类上也。）

六三。得敌，或鼓或罢，或泣或歌。
（或鼓或罢，位不当也。）

九二。鸣鹤在阴，其子和之。我有好爵，吾与尔靡之。
（其子和之，中心愿也。）

初九。虞吉，有他不燕。
（初九虞吉，志未变也。）

中孚

九二。鸣鹤在阴，其子和之。我有好爵，吾与尔靡之。《象》曰：其子和之，中心愿也。

九二阳居阴位，处下卦兑泽之中、上互卦艮山之下，以及下互卦震雷之始，有“鸣鹤在阴”之象。九二为下卦诚于中的代表，默默行善，以由衷的诚信赢得其下初九的认同，故称“其子和之”。“爵”为酒器，“好爵”意指美酒佳酿，“靡”为分散共享，九二诚信在中，醇美的德行就像好酒一样可与朋友分享，感染初九一同行善。《诗经》云：“既醉以酒，复饱以德。”“好爵”亦可引申为孟子所称“天爵”之义，仁义忠信、乐善不倦。

《系辞传》引用这段经文，并大加发挥：“‘鸣鹤在阴，其子和之。我有好爵，吾与尔靡之。’子曰：‘君子居其实，出其言善，则千里之外应之，况其迩者乎？居其室，出其言不善，则千里之外违之，况其迩者乎？言出乎身，加乎民，行发乎迩，见乎远。言行，君子之枢机；枢机之发，荣辱之主也。言行，君子之所以动天地也，可不慎乎？’”

看来孔子非常重视此爻的义理蕴涵，近悦远来，行远自迩，庸言之信，庸行之谨，诚信可动天地，全合《中庸》之旨。以爻位关系来说，“迩”指近承之初九，“远”指远应之九五，“加乎民”的民亦指初九，九二和初九相亲比，正是信及豚鱼、征诸庶民之象。

初九“虞吉”，谨于未发之先，九二“鸣鹤在阴”，发而皆中节，顺性纯情，意境美极。在阴又有不慕虚华、笃实行善之意，《中庸》云：“君子之道，暗然而日章……君子之道，知远之近，知风之自，知微之显，可与人德矣！”

初九“虞吉”，则寓中庸慎独之旨：“君子戒慎乎其所不睹，恐惧乎其所不闻。莫见乎隐，莫显乎微，故君子慎其独也。”

六三。得敌，或鼓或罢，或泣或歌。《象》曰：或鼓或罢，位不当也。

六三阴居阳位，乘于九二阳刚中道之上，有欲令智昏之象，和上九相应与，上九为失信之爻，对六三不忠实，六三为此情怀波荡，极为痛苦。“鼓”是击鼓进兵，“罢”是鸣金收兵，表示六三遇到了冤家，几度想分手摊牌又软化作罢，一会儿哭，一会儿欢唱，彷徨不能自主。

《中庸》称赞舜是大智者，其表现为：“好问而好察迩言，遏恶而扬善，执其两端，用其中于民。”中孚九二言忠信，行笃敬，发乎迩，见乎远，懂得遏恶扬善，执两用中。六三则天人交战，惑于两端难以自决。六三之失，主要是迷于情欲，为下卦兑悦主爻，故有鼓罢泣歌之象。

六三爻变，成小畜卦（☴☰）。以小搏大，密云不雨，心虽尚往，却未施行。小畜卦九三《小象》："夫妻反目，不能正室也。"正合中孚六三与上九得敌的情貌。

六四。月几望，马匹亡，无咎。《象》曰：马匹亡，绝类上也。

六四阴居阴位当位，为上卦巽主爻，理应上承九五中正之君，但又和初九相应与，初九代表基层民众，表示六四颇受民意支持。居高位而孚众望，有功高震主之危，此即月圆将满、与日争辉之象，故称"月几望"。小畜卦上九、归妹卦六五两爻皆有此戒辞。水满则溢，月盈则缺，为六四计，必须痛下决心斩断与初九的关系，专心追随九五，就能无咎。六四、初九，一阴一阳，当位应与，本属绝配，故而称类、称马匹。中孚贵诚、贵专一，不宜三心二意，首鼠两端，必须绝类亡马匹。

六四爻变，成履卦（☰☱）。履虎尾，愬愬终吉，不小心不行。

九五。有孚挛如，无咎。《象》曰：有孚挛如，位正当也。

九五为中孚之主，爻辞中独见孚字，挛如形容关系亲密，如一卵双生，指诚信及于天下，无所不孚，当然无咎。《彖传》中所称"孚乃化邦"，即指九五而言。

小畜卦九五爻辞亦称"有孚孪如"，若以二、三、四爻为下卦兑，和上卦巽合组成中孚卦，此卦中卦的九五与原小畜卦九五同位，故爻辞相同。

九五当位中正，以中庸的标准来说，更强于九二，已经是"致中和，天地位，万物育”的境界。

上九。翰音登于天，贞凶。《象》曰：翰音登于天，何可长也？

“翰”是高飞，“翰音登于天”比喻声音高入云霄，离开实地太远，这样唱高调，轻诺必寡信，自以为正，必凶。上九阳处阴位不当，又居中孚之极，信极生变，本身已经不诚，还希望别人无条件相信他，这样岂能长久？

《中庸》云：“小人之道，的然而日亡”“小人行险以徼幸”“小人而无忌惮也”。均为此爻之象，翰音登天和鸣鹤在阴恰成对比，后者发而中节，故获子和之应，前者发而失节，遂贞凶。上九爻变，成节卦（䷻）。“苦节不可贞”，其道穷。

通观中孚卦六爻，九二、九五得中最好，初九、六四信中次之，六三、上九不中不信最差。九二、九五从容中道，不思而得；初九“虞吉”，六四“绝类”，择善固执；上九愚而好自用，贱而好自专，灾必及其身。

《中庸》最末云：“上天之载，无声无臭。”又批判：“声色之于以化民，末也。”中孚卦上九“翰音登于天”，正是企图以声色化民，居六爻之末，失信之极。上九的可怕，在以诚信始，以晚信不保终，尤其难测难防。

无妄卦六爻，相应与者反而不佳，表示重内在生命的充实，不重外在的交际。中孚卦六爻，也是相应与者不佳，初九“有他不燕”，六四“马匹亡，无咎”，六三“得敌”，上九“贞凶”。二卦均重诚，《中庸》云：“诚者自成也，而道自道也。”

飞鸟遗音

小过。亨利贞。可小事，不可大事。飞鸟遗之音，不宜上，

宜下，大吉。《彖》曰：小过，小者过而亨也。过以利贞，与时行也。柔得中，是以小事吉也；刚失位而不中，是以不可大事也。有飞鸟之象焉，飞鸟遗之音，不宜上宜下大吉，上逆而下顺也。

小过卦（䷽）六爻有飞鸟之象：二阳居内似鸟身，四阴在外似鸟翼。前面说中孚有鸟卵之象，涵诚信化育之理，小过则已孵化成形、破壳而出，尝试振翼飞行。中孚、小过为六爻全变的相错之卦，中孚摇身一变即成小过，《序卦》称“有其信者必行之”，完全合乎中道不可能，总有些差池过误，得不断矫枉过正，这就是“过而亨”。《论语》称：“学而时习之，不亦说乎？”古解“习”之字义即鸟数飞，人生修为，扶得东来西又倒，苦苦学习就为了求得时中——“过以利贞，与时行”。小过卦和兑卦一样，卦辞有“亨利贞”三德而无“元”，启示人生常见的学习历程。

兑卦九二、九五阳刚居内外卦之中，悦以利贞，能发挥鼓舞群众之效，使民忘死忘劳。小过卦六二、六五阴柔居中，九三、九四阳刚不居中，过以利贞，只可小事而不可大事。刚中代表意志坚定，能任艰巨；柔中则心思细密，能勤小务。雏鸟试飞，不宜离安全的栖息地太远，以免回不了头，若一意孤翔，冲入云霄，后力不继即可能殒身，空留鸣声回荡。上卦震动，下卦艮止，外动内止，相互牵制也行之不远，故云“不宜上宜下”；上卦阴乘阳为逆，下卦阴承阳为顺，阳大阴小，小过为小者筹谋，故云上逆而下顺。大吉的大，一指卦中阳刚之爻，阴不乘而顺承，阳刚自然获吉；一指全局的大，有了以上整体的认识，谨小慎微以行事，通盘皆能得吉。

“有飞鸟之象焉”一句，语出突兀，不似《彖传》中文字，应为早期的旁注误入本文所致。

大过卦栋桡、栋隆，以栋为象，为人生难以负荷之重；小过卦飞鸟遗音，以羽为象，为生命尚堪承受之轻。大过颠也，狂澜不易力挽；小过过也，矫正即可无咎。小过的卦中卦恰为大过卦，大过卦的卦中卦没有小过卦，表示积小过不改能成大过，既成大过即再难回头矣！

《象》曰：山上有雷，小过。君子以行过乎恭，丧过乎哀，用过乎俭。

大过卦（䷛）四阳二阴，为阳刚过度之象，小过卦（䷽）四阴二阳，则为阴柔过度；大过若比拟为狂者进取，小过则为狷者有所不为。小过宜下不宜上，可小事不可大事，行事的姿态特别低，过恭、过哀、过俭，一切韬晦收敛，以免滋生事端。

弗过遇之

初六。飞鸟以凶。《象》曰：飞鸟以凶，不可如何也。

初六阴居阳位不当位，上和九四相应与，前承中孚卦（䷼）上九“翰音登于天”的虚浮余势，有好高骛远、亟思一飞冲天之象。小过卦强调宜下不宜上，可小事不可大事，初六全违卦旨，根本不可能达到目的，当然凶。

上六。弗遇过之，飞鸟离之，凶，是谓灾眚。《象》曰：弗遇过之，已亢也。

上六阴柔居小过上卦震动之极，彻底违反不宜上的卦旨，远远超过了刚柔适中的平衡点，虽和九三相应与，中有九四阳隔亦不得相遇，上六、初六为鸟之双翼，皆取飞鸟之象：初六位卑志高，不自量力致凶；上六纵情高翔，骄亢失控招败。“飞鸟离之”的离，即离卦之离，有陷于网罟之象，力弱高飞，难以突破客观形势的限制，虽曰天灾，实乃人祸。《中庸》云：“人皆曰予知，驱而纳诸罟擭陷阱之中，而莫之知辟也。”

小过

上六。弗遇过之，飞鸟离之，凶，是谓灾眚。
（弗遇过之，已亢也。）
六五。密云不雨，自我西郊，公弋取彼在穴。
（密云不雨，已上也。）
九四。无咎，弗过遇之，往厉必戒，勿用永贞。
（弗过遇之，位不当也；往厉必戒，终不可长也。）
九三。弗过防之，从或戕之，凶。
（从或戕之，凶如何也？）
六二。过其祖，遇其妣。不及其君，遇其臣，无咎。
（不及其君，臣不可过也。）
初六。飞鸟以凶。
（飞鸟以凶，不可如何也。）

上六爻变，上卦成离，故称“飞鸟离之”；全卦成旅（䷷），旅卦上九“鸟焚其巢，旅人先笑后号咷，丧牛于易，凶”，《小象》且称“终莫之闻”，正呼应飞鸟遗音之象。

九三。弗过防之，从或戕之，凶。《象》曰：从或戕之，凶如何也？

九三过刚不中，和上六相应与，颇思躁动，又居下卦艮止之极，前临九四阳隔，受客观形势牵制，动静之间不易自处。上六高亢致凶，为九三计，不宜前往，反而应多加防范，因为一旦追随上六，可能被拖累而遭杀害，凶得不得了。《春秋》经书法，国君为内臣所杀曰弑，为外人所杀曰戕。小过内、外卦皆一阳一阴，有一君二民之象，九三为内卦之君，可能被外卦之臣上六所害，故称“从或戕之”。

九三爻变，成豫卦（䷏）。思患豫防，重门击柝以待暴客，正合弗过防之之旨。

九四。无咎，弗过遇之，往厉必戒，勿用永贞。《象》曰：弗过遇之，位不当也；往厉必戒，终不可长也。

九四阳居阴位，上承六五阴柔之君，又当上卦震动之始，处境极敏感而危险，必须韬晦收敛以保无咎。“弗过遇之”，指以阴济阳不逞强，下和初六相应与，却也不过度接近，以免遭六五之忌。小过卦为阴盛阳衰之时，大形势对阳爻不利，处之不当可能为阴所害，故称“往厉必戒”，又称“勿用”，又要本身永远固守正道，终能远祸全身，使阴柔的势力难以继续成长。

九四爻变，成谦卦（䷎）。亨，君子有终，以极低的姿态和精确的分寸与阴柔的势力周旋，终获无咎。小过卦二阳爻为重阴所包围，情境危殆，九三严密戒备，“弗过防之”，九四和平周旋，“弗过遇之”。

六二。过其祖，遇其妣。不及其君，遇其臣，无咎。《象》曰：不及其君，臣不可过也。

六二柔得中，处小过阴盛阳衰之时，亦谋以阳济阴而致中和。二、五时位相应，六二遂上求五位之爻，五位为阴非阳，二阴不相应与，难以互济，故称“过其祖，遇其妣”。上卦震一君而二民，六五虽占君位，实为臣质，故称“不及其君，遇其臣”。六二上行既未达目的，仍返归本位，这一段往复运动的历程，象征矫枉过正而后得乎中。

按《春秋》书法，我所欲称“及”，不期而会称“遇”。六二欲上求阳刚之君不得，反遇阴柔之臣，君就是君，臣就是臣，大义上无法僭越将就，故《小象》称“臣不可过”。

六二爻变，成恒卦（䷟）。“亨，无咎，利贞，利有攸往”，守中道而获善终。

六五。密云不雨，自我西郊，公弋取彼在穴。《象》曰：密云不雨，已上也。

六五柔得中，处小过之时，同样欲求阳以自辅，依二、五爻位相应之理往下求二,二位为阴非阳，难以互济，自忙一场。“弋”为以带绳的箭射鸟，有收发自如之便，射空中飞鸟合适，射幽深洞穴中的藏鸟就不行了。“穴”为藏阴之所，“彼在穴”意指六二阴爻，六五求贤不得，故称“公弋取彼在穴”。

需卦六四以一阴涉险抗阳，爻辞云：“需于血，出自穴。”上六阴阳和解，爻辞又称：“入于穴。”“穴”皆指阴爻所居时位而言。

小畜卦以小搏大，以阴抗阳，刚柔失衡对峙的压力甚大，卦辞云：“密云不雨，自我西郊。”雨象征阴阳和合、仇怨化解，“密云不雨”表示阴阳不和，对立紧张。中国大陆数千年农业生活的经验，知云若由西边内陆往东吹则无法下雨，故解释“密云不雨”的原因为“自我西郊”。六五为小过卦阴爻之主称“我”，六二在穴称“彼”，五、二不相应与，无法成雨，故而小过卦六五爻辞亦云“密云不雨，自我西郊”。《杂卦传》云：“小畜，寡也……小过，过也。”小畜阴寡，小过阴过，过与不及皆非中道。

六五阴乘阳，高居上卦君位，违反小过上逆、不宜上之旨，《小象》称“已上也”。六二阴承阳，卑居下卦臣位，正合小过下顺、宜下大吉之旨，故在众阴爻中独得无咎。

总括小过卦六爻，亦以阴阳相应与者不佳，不应与者反较合乎中道，和无妄、中孚及大过诸卦类似。大过过刚，有君骄之象；小过过柔，现臣强之理。臣强僭越失礼，难成大事，故六二《小象》云“臣不可过”，九四《小象》云“终不可长”。上六“已亢”，六五“已上”，九三“凶如何”，初六“不可如何”，六爻尽多戒辞，人生行事真是艰难。

第四十三章　终而复始：既济、未济二卦综论

宇宙是怎么创生的？它能永恒存在吗？有没有所谓的世界末日？如果有，创生前及毁灭后又是什么呢？这些亘古以来费解的问题，不断有人尝试提出解答。以现代科学而论，最流行的看法是大爆炸论（Big Bang Theory），宇宙创生于一百五十亿年前，目前仍在极速扩张中，有大爆炸可能有大崩坠（Big Crunch），扩张至极往回收缩，一切终会化为乌有。然而这也仅限于我们目前所能探测及大致了解的宇宙，至于是否存在多元的宇宙，在更宏观的尺度上彼此生灭相通，可谁也无法断言。《易经·说卦传》称"天地定位"，《系辞传》却屡言"天地设位"，其间微妙的差异颇耐人寻味。

依《易经》卦序，以乾、坤始，以既济、未济终，作者对宇宙的观想丰富而深邃，令人穷于赞叹。《序卦传》云："有过物者必济，故受之以既济。物不可穷也，故受之以未济，终焉。"

既济卦之前是小过卦，矫枉过正而得乎中，依中道而行就能成功。既济卦六爻全部当位，三阴三阳又相应与，主客观条件俱佳，堪称功德圆满，但《易》卦并不以此为止境，仍继续往前推衍创造，未济卦六爻全部失位，一切又打散重来，进入另一片未可知的领域去奋斗。

恒卦《彖传》有云："天地之道，恒久而不已也。利有攸往，终则有始也。"乾卦《彖传》称："大明终始。"天道行健不息，《易》既以生生为道，"物不可穷"实为必然的结论。六十四卦终于未济卦，表明宇宙人生为一

开放而非封闭的系统，层层转进，息息相关。

“济”字本义为渡河，引申为成功、救助之意，卦爻辞每称“利涉大川”，佛法则云“普度慈航”，“济”字的意境甚美。《系辞传》发扬易道，亦多用“济”字，例如：“舟楫之利，以济不通”“臼杵之利，万民以济”“知周乎万物，而道济天下”。

既济、未济二卦相综复相错，上下卦易位亦互相转化，可是人生成败相因、祸福相倚，当通达运用而切勿执着。《易》卦中二卦关系如此密切的，唯有泰、否，另外如随与蛊、渐与归妹为相错综，但无上下易位转化的关联。

既济、未济为坎、离二卦的组合，坎、离又为乾、坤之大用。乾坤为上经之始，坎离为上经之终，咸恒为下经之始，既未济为下经之终，上经偏重天道，下经阐明人事。卦序作这样对应的安排，实有人代天工、参赞化育之意。坎、离一下一上，水火极度不容，而人生成败的关键，即在相反能否相成。

《杂卦传》云：“既济，定也……未济，男之穷也。”既济大事底定，安渡险难；未济再起波澜，阳刚之气的奋斗永无止息。

思患豫防

既济。亨小，利贞。初吉，终乱。《彖》曰：既济亨，小者亨也。利贞，刚柔正而位当也。初吉，柔得中也；终止则乱，其道穷也。

既济内卦离明，外卦坎险，以明济险，故能成功而获亨通。成功之后，安于既有环境不再突破，所谓逆水行舟不进则退，原创力一丧失，连原有的亨通都显得有限，故卦辞称“亨小”，且不见“元”。既济卦六爻皆得位，各得其所，故云“利贞”。“初吉终乱”点出既济卦的限制，小康局面不可长保，迟早又会发生动乱。以爻位象征来说，六二柔得下卦离明之中，为“初吉”；上六当既济之终，往未济转化，为“其道穷”。“终止则乱”比“终乱”多了一个“止”字，表明终之所以乱，正因为初吉之后不再长进，未能与时偕行。

《象》曰：水在火上，既济。君子以思患而豫防之。

既济上卦坎水下注，下卦离火上燃，有水火相逮、烹饪成熟的相反相成之象，故称既济。下卦离明，上卦坎险，又有由明入险之象，既然“初吉终乱”，面对未来的忧患就得早做侦测和准备。知几应变、思患豫防是《易经》思想的核心，“豫防”的豫，即通豫卦之豫。

终日戒

初九。曳其轮，濡其尾。无咎。《象》曰：曳其轮，义无咎也。

初九阳刚当位，为下卦离明之始，上和六四相应与，颇思上进，但潜龙之位无急功之理，必须冷静，不轻举妄动才得无咎。“曳其轮”是以行车为喻，拖住车轮不使前进；“濡其尾”是以小狐狸渡河为喻，浅涉即止，尾巴弄湿了尚无大碍。

初九爻变，成蹇卦（䷦）。见险而能止，当然无咎。

六二。妇丧其茀，勿逐，七日得。《象》曰：七日得，以中道也。

“茀”为车前帘幕，古代妇女乘车外出，须有车帘掩蔽以免抛头露面，若弄丢了即不宜出行。六二阴柔中正，上和九五相应与，照说条件极好，应可有番作为，但九五居坎险之中，泥菩萨过江——自身难保，现阶段无法照顾六二,六二失此靠山，不宜孤军奋斗，此即“妇丧其茀”之象。虽丧其茀，不必急着去找，待这波冲击过去，形移势转之后，还能失而复得。

⚋ 上六。濡其首，厉。
（濡其首厉，何可久也。）

⚊ 九五。东邻杀牛，不如西邻之禴祭，实受其福。
（东邻杀牛，不如西邻之时也；实受其福，吉大来也。）

⚋ 六四。繻有衣袽，终日戒。
（终日戒，有所疑也。）

⚊ 九三。高宗伐鬼方，三年克之，小人勿用。
（三年克之，惫也。）

⚋ 六二。妇丧其茀，勿逐，七日得。
（七日得，以中道也。）

⚊ 初九。曳其轮，濡其尾。无咎。

既济

（曳其轮，义无咎也。）

“七日得”一词，脱胎于复卦卦辞：“七日来复。”一卦六爻，一爻当一日，七日代表突破了原有的范畴，进入一个崭新的境界。人情总是患得患失，失去了就想追回，其实逐旧不如逐新，旧的靠山没了，再设法创造新的靠山，换一个掩体继续行动，这样做完全合乎时中之道。

除既济卦六二外，震卦六二亦称：“勿逐，七日得。”睽卦初九则云：“勿逐，自复。”三爻或阴居阴位，或阳居阳位，本身当位立得定，这是失而复得的重要条件。

六二爻变，成需卦（䷄）。健行遇险，虽然需要，必须耐心等待。

九三。高宗伐鬼方，三年克之，小人勿用。《象》曰：三年克之，惫也。

九三过刚不中，居下卦离明之极，前临坎险，历经初九曳轮、六二丧茀长期隐忍之后，终于采取行动。“高宗”是指殷朝中兴明主武丁，“鬼方”是当时北方边区的蛮夷，武丁讨伐蛮夷，花了三年之久才平定，虽然获胜，却也师老兵疲，元气大伤。《孙子兵法·作战篇》有云：“兵贵胜，不贵久。”又称：“久则钝兵挫锐……久暴师则国用不足……兵久而国利者，未之有也。”一言以蔽之，久战不利，故《小象》直称：“惫也。”

《淮南子·师道训》云：“鬼方，小蛮夷也；高宗，殷之盛天子也。以盛天子伐小蛮夷，三年而后克之，言用心之不可不重也。”兵凶战危，九三力拚既济，辛苦万状，获胜以后还得注意，勿因战功而滥施封赏，使无治国才德的小人负行政责任，马上得天下，并不能马上治天下。“小人勿用”的观念，来自于师卦上六：“大君有命，开国承家，小人勿用。”《小象》称：“大君有命，以正功也；小人勿用，必乱邦也。”

“鬼方”象征黑暗势力，意指外卦坎险，九三以内卦明之极向恶势力挑战，赢得非常辛苦。明夷卦九三爻辞云：“明夷于南狩，得其大首，不可疾贞。”明夷为光明受伤，代表黑暗时代，南狩擒贼擒王，击破黑暗以恢复光明，意境和“伐鬼方”相通。自古降魔不易，故一称“不可疾”，一称“三年克之”。

九三爻变，成屯卦（䷂）。动乎险中大亨贞，宜建侯而不宁，正合伐鬼方、小人勿用之象。

六四。繻有衣袽，终日戒。《象》曰：终日戒，有所疑也。

“繻”为华丽的衣服，“袽”为破旧的衣服，“繻有衣袽”，是说在华服之外罩上一件旧衣，即韬光养晦之意。《中庸》引《诗经》之句：“衣锦尚絅。”在锦衣上面外加一件单衣的罩袍，其用意在：“恶其文之著也。”和“繻有衣袽”相通。六四阴居多惧之位，已入上卦坎险，战战兢兢，整天保持戒备。坤卦六四括囊以求无咎，既济卦六四衣袽以避奇险。

“繻”亦有解作“濡”字的，“濡有衣袽”，是说船入江心，一旦漏水，可用准备好的破衣服塞住裂口，这就是有备无患的道理。以既济卦取象之理来看，两种解释皆通。

九五。东邻杀牛，不如西邻之禴祭，实受其福。《象》曰：东邻杀牛，不如西邻之时也；实受其福，吉大来也。

九五当位中正，为既济之主，下和六二相应与，本属君臣相济的有为之局，可惜深入坎险之中不能动弹，大大限制了其发展。先天卦位离东坎西，水火不相射，九五和六二格于形势，只能各自为战；六二初吉，声势尚旺，九五接近终乱，实力已衰。“杀牛”是大祭，“禴祭”则为薄祭，“东邻”指六二，“西邻”指九五。六二之时尚可铺张浪费，九五之时必须俭约。人生须讲求时义与实惠，不必打肿脸充胖子，里子比面子重要多了。九五只要能想通这点，务实而不务虚，就可吉大来而受福。

九五爻变，成明夷卦（䷣）。利艰贞，君子以莅众，用晦而明，当然得以俭约求福。

《左传》有云：“国之大事，在祀与戎。”九五主持禴祭为祀，九三伐鬼方为戎。《系辞传》称“三与五，同功而异位”，为求国运既济，九三、九五各显其能，克尽厥责。

上六。濡其首，厉。《象》曰：濡其首厉，何可久也？

上六当既济之终，开始往未济转化，小狐狸渡河至此，河水淹没了头顶，危险极了，成功不可长保。

辨物居方

未济。亨，小狐汔济，濡其尾，无攸利。《象》曰：未济亨，

柔得中也；小狐汔济，未出中也；濡其尾，无攸利，不续终也；虽不当位，刚柔应也。

未济渡河失败，却言“亨”，表明失败为成功之母，只要懂得吸取教训，未来大有亨通的可能。如果说既济“初吉终乱”，那未济就初乱终吉。“柔得中”指六五，未济下险上明，由险入明，六五日正当中，苦尽甘来，故称亨。既济、未济之吉，皆因柔得中，可见人生处成败之际，皆宜用柔而不宜用刚。既济“亨小”，未“济亨”，骄兵必败哀兵必胜，生于忧患死于安乐，已经成功的不算什么，尚未完成的才值得追寻。《说卦传》云：“数往者顺，知来者逆，是故《易》逆数也。”《易经》总是鼓舞人往前看，不要留恋过去，没有出息的人才一天到晚想当年。

现状不佳的卦，卦辞首言“亨”的例子不少，除未济卦外，如蒙、小畜、遁、困、涣、小过等卦皆是。现况不好，并不代表未来不好，只要应付得宜，照样有亨通之道。卦辞先下一“亨”字，安定占者之心。

“汔”字是几乎，意同井卦“汔至亦未繘井”之汔，过河跟挖井一样，只有成功或失败，没有什么成功一半的事，功亏一篑还是失败。小狐狸渡河，没到彼岸即未离险中，力尽而返，知难而退，把尾巴搞湿了，什么也没赚到。未济卦（䷿）六爻全部失位，所以大事难成，但三阴三阳又相应与，在逆境中能互相救援以求脱身。这一回合失败了，下一回合或下下回合再来。既济卦最后“濡其首”，未济卦卦辞仅言“濡其尾”，表示只要不灭顶，就有东山再起的机会，胜败乃兵家常事，何必轻言牺牲？

《大象传》：火在水上，未济。君子以慎辨物居方。

未济上卦离火上燃，下卦坎水下注，运行方向各行其是，难得相反相成之功。坎离为乾坤之大用，摆错了位置即分出成败，所以必须审慎辨明重要资源的特性，深切了解彼此互动的机制，然后作出最佳的配置，才能掌握胜算。《系辞传》首章即云：“方以类聚，物以群分，吉凶生矣。”“辨物居方”是人生必修的学分，再加一“慎”字，《大象传》的作者在最后一卦的落笔，真是力逾千钧。

有孚失是

初六。濡其尾，吝。《象》曰：濡其尾，亦不知极也。

初六当下卦行险之始，阴柔无力济险，小狐狸弄湿了尾巴，打不开局面。“极”字同《大学》所称“无所不用其极”之极，亦同《尚书·洪范》所云“皇建其有极”之极，即时中之道。初六不自量力，贸然涉险，不合乎中道，故称亦不知极。

老子有云：“祸兮福之所倚，福兮祸之所伏，孰知其极？”人生祸福相倚，成败相因，谁能真正参透中道的至理呢？

上九。有孚于饮酒，无咎。濡其首，有孚失是。
（饮酒濡首，亦不知节也。）

六五。贞吉，无悔。君子之光，有孚，吉。
（君子之光，其晖吉也。）

九四。贞吉，悔亡。震用伐鬼方，三年有赏于大国。
（贞吉悔亡，志行也。）

六三。未济，征凶，利涉大川。
（未济征凶，位不当也。）

九二。曳其轮，贞吉。
（九二贞吉，中以行正也。）

初六。濡其尾，吝。
（濡其尾，亦不知极也。）

未济

九二爻。曳其轮，贞吉。《象》曰：九二贞吉，中以行正也。

九二已入坎险之中，必须刚中自守，沉着应付，拖住车轮不再前进，合乎中道而获吉。九二阳居阴位本非正位，因居下卦之中，得中重于当位，胜面居多，中以行正即以中行正，故称“贞吉”。艮卦六五《小象》云：“艮其辅，以中正也。”六五阴居阳位亦不正，由于处上卦之中，因中而正。大壮九二阳居阴位，爻辞云：“贞吉。”《小象》称：“以中也。”皆同此例。

既济卦初九一爻引用两象：“曳其轮”“濡其尾”。未济卦则分属初六、九二两爻。其实未济卦的卦中卦为既济卦，未济卦九二即相当于卦中既济卦的初九，同象并非偶然。

不仅未济卦中有既济卦，既济卦中亦有未济卦，人生成败相因，祸福轮转，由此更得一证。

六三。未济，征凶，利涉大川。《象》曰：未济征凶，位不当也。

六三阴居阳位不当位，又处下卦坎险之极，阴乘阳，柔乘刚，无力济险，故称“未济，征凶”；上和上九离明之极相应与，明以照险，又有出险入明的可能，故云“利涉大川”。前言后语似乎矛盾，实则并不冲突——“未济，征凶”指现况而言，“利涉大川”则揭示未来的盼望。未济初乱终吉，“虽不当位”，刚柔应也，其特性正于此爻见之，故六爻中独言“未济”。

再以卦中卦的观念检验：若以初至三爻为下卦、二至四爻为上卦，得一未济卦，六三相当于新未济的三、五爻位；再以三至五爻为下卦、四至上爻为上卦，又得一未济卦，六三相当于初爻爻位。本卦的六三当三未济之要冲，兼备初、三、五爻之性质，错综复杂，莫此为甚，故六三爻辞出现似非而是的情境。六五为出险得亨之爻，故六三受影响，未来有

"利涉大川"的希望。

六三爻变，成鼎卦（䷱）。革去故，鼎取新，柔进而上行，未来可能脱胎换骨。鼎卦九三先是"鼎耳革，其行塞"，而后"方雨亏悔"，终吉，亦与未济卦六三之理相通。

无论如何，未济卦六三爻辞奇诡，语出惊人，还是考倒了许多旧时的《易经》学者，有人实在琢磨不透，认为应加一"不"字，"不利涉大川"才合理，如讼卦卦辞即云"不利涉大川"。然而无据改经，毕竟不妥，而且语涉重复拖沓，也不合爻辞精练的创作风格。

九四。贞吉，悔亡。震用伐鬼方，三年有赏于大国。《象》曰：贞吉悔亡，志行也。

自九四起离险入明，未济往既济转化，九四阳居阴位不正，必须先求自正才吉，悔恨得以消亡。正己之后方可正人，出兵扫除恶势力，经过三年的奋战后，可蒙受大国的封赏。"震用伐鬼方"之震，为积极行动之意，所谓"帝出乎震"，人生一切主宰从行动中来。震卦"惊远而惧迩"，勤远略以保政权，六三云"震行无眚"，震亦为强硬行动之意。《系辞传》称："震无咎者存乎悔。"九四乍离险境，先铲除负面障碍以为日后的文明建设铺路。

既济卦九三伐鬼方，"三年克之"，疲惫不堪，是已成之亨小，即将因此入险；未济卦九四伐鬼方，"三年有赏于大国"，其志得行，是将来之亨，从此脱离险境。二卦相综，两爻同象，这种例子在《易经》中颇多，如夬卦九四与姤卦九三、损卦六五与益卦六二等即是。鬼方象征阻碍进步的邪恶势力，所谓道高一尺，魔高一丈，降魔必须有术，圣人不死，大盗不止，正己方能正人，故云"贞吉，悔亡"。既济师老兵疲，难以善后，必须思患豫防；未济辨物居方，伐鬼方尤须审慎。

六五。贞吉，无悔。君子之光，有孚，吉。《象》曰：君子之光，其晖吉也。

六五居上卦离明之中，光辉灿烂到了极点，阴居阳位不当，固守正道方吉。“无悔”比“悔亡”意境高，“悔亡”本宜有悔，竭力应付才使悔恨消亡，“无悔”则根本不会有悔。九四为明之始，六五当明之中，盛德大业，光照天下，未济之亨于此通显。孟子所谓“充实而有光辉之谓大”，《尚书》赞帝尧“克明竣德”“光被四表”即为此爻境界。

咸卦九四“贞吉，悔亡”，九五“咸其脢，无悔”，正心诚意而后能不受外诱；大壮卦九四“贞吉，悔亡”，六五“丧羊于易，无悔”，理直气壮，虽千万人吾往矣。未济卦九四伐鬼方，建立武功，六五有孚，文德焕发。无悔的成就建立在悔亡的基础上，进德修业实无速成之路。

上九。有孚于饮酒，无咎。濡其首，有孚失是。《象》曰：饮酒濡首，亦不知节也。

上九为离明之极，衷心欢悦光彩的成就，饮酒作乐以庆贺，表现出生命的热诚，这完全合乎人性，没有什么不好。但饮酒须有节制，欢乐不可过度，一旦纵情失礼，酒洒出来把头都弄湿了，就失去了中道的真理，往后又会发生问题。

上九虽不当位，和六三相应与，以明之极照险之极，热情提携六三脱离苦海，表现值得称道，但若心怀他念，纠缠过甚，反成德累。《中庸》云：“喜怒哀乐之未发，谓之中；发而皆中节，谓之和。致中和，天地位焉，万物育焉。”人情要做到完全中节太难。

“有孚失是”的是，依《说文解字》为“直、日正当中”之义。孔子说“人之生也直”，坤卦六二称“直方大，不习无不利”，《易》为生生之象，“直、是”即代表生命的中道真理。《论语·里仁篇》有云：“君子无终食之间违仁，造次必于是，颠沛必于是。”“是”即仁，即生生之几、生生之用。未济卦上九为《易经》最后一爻，以“有孚失是”告终，大有深意。乾卦初九“潜龙勿用”为第一爻，《文言传》释潜龙为“不见是而无闷”——有是而不表现出来，生机潜藏。九二“见龙在田”，出潜离隐，《文言传》也称：“龙德而正中者也。”一表现出来，就得正和中。

《系辞传》云：“《易》有太极，是生两仪。”“是”即中道道理、生命之机。上经重天道，始于“潜龙勿用”，“不见是而无闷”；终于离卦上九“王用出征，以正邦也”，天命圆满无缺，终归于正。下经偏人事，始于咸卦初六“咸其拇，志在外也”；终于“饮酒濡首，有孚失是”，人道总多情累，引发骚乱无穷。《易》卦演天人之变，非天下之至精，其孰能与于此？

离卦上九爻辞云：“有嘉折首，获匪其丑，无咎。”天道终于无咎。未济卦上九爻辞云：“有孚于饮酒，无咎。”人事努力亦期终于无咎。《易》演天人之变，“惧以终始，其要无咎”。六五当人文鼎盛，日正当中，称“有孚”；上九乐极生悲，日中则昃，“有孚失是”。

上九爻变，成解卦（䷧）。解缓必有所失，故“有孚失是”。

综观未济全卦，九二、九四、六五三言“贞吉”，针对爻位皆不正而下处方，卦辞亦不见“贞”字，因为欠缺，故须强调。“无攸利”，故不见利；“有孚失是”，故不见元。乾卦“元亨利贞”，天道浑沦一气；未济三德俱没，仅余“亨”字，六爻且吉凶悔吝无咎俱全，人世殊途多方，故《大象传》云：“君子以慎辨物居方。”

第四十四章　大定位:《说卦传》解析

“十翼”之中,《说卦传》是颇令人头疼的一篇，由于牵涉到先后天八卦方位的问题，自下列争议即多，而篇末广衍卦象，又多奇词怪字，相当费解。虽然如此，近千字的传文中，仍蕴含了不少重要的观念，若能尽量弄清楚，会有助于我们理解易卦的结构。

幽赞成章

> 昔者圣人之作《易》也，幽赞于神明而生蓍，参天两地而倚数，观变于阴阳而立卦，发挥于刚柔而生爻，和顺于道德而理于义，穷理尽性以至于命。

欲说八卦，先溯作《易》之源，圣人不必有定指,《易经》为高智者累世经年的集体创作，为中华民族光辉灿烂的文明遗产。前人作《易》,后人习《易》,法其生不法其死，发扬光大最重要，著作权的归属计较太小了!

“神明”二字屡见于《系辞传》,如:“于是始作八卦，以通神明之德。”以体天地并非宗教观念，而是形容天地造化之奇。“赞”为赞助，即以人能阐发天理之意,《尚书》主张“天工人其代之”，人能弘道，非道弘人，史称孔子“赞《易》”——赞和删、订、修都不同。易理自然而然，非个人私意所能勾画，赞《易》者在深入了悟易理的精微后，往生还发为赞叹，《彖传》中许多“时义大矣哉”“天地万物之情可见矣”“其见天地之心乎”即由此而来。

“幽赞”的幽，为道理精深、冥思体证之意。《系辞传》称易道“无有远近幽深，遂知来物”，又云：“探赜索隐，钩深致远，以定天下之吉凶，成天下之亹亹者，莫大乎蓍龟。”蓍龟为天生神物，通过分合演算或烈火烧灼能显示世事的吉凶，幽赞于神明而生蓍，作《易》者依据对宇宙真相的体悟，发明大衍之术的筮法，以导引民众趋吉避凶。

“参天两地而倚数”，旧注颇多歧义，这一句应该就是说的大衍之数。一、三、五为天数，二、四为地数，“参天两地”为生数，由生数可求出成数六、七、八、九、十，一加三加五得九为老阳，二加四得六为老阴，九六之变即可定出卦象，故云“观变于阴阳而立卦”。“倚数”的倚，为依据以确立之意，倚数才能立卦。一卦六爻，或刚居柔位或柔居刚位，承乘应与、发挥变动而显示出更错综复杂的情境。大衍之法的四营操作，虚一、分两、挂三、揲四，以定出各爻属性的六、七、八、九，这些都是倚数立卦的过程。

“参、两”为古语，有参合交错之意。《周礼·天官·疾医》有云：“两之以九窍之变，参之以九藏之动。”《逸周书·常训》称：“疑意以两，平两以参。”“参天两地而倚数，观变于阴阳而立卦”，其实就是教人参较天时地利、全方位地考虑问题，一切重点都透彻掌握后，自然能得出最佳的应对方略。

卦是确立大环境，爻更细腻描绘出深刻的人际互动，牵一发动全局，尤为吉凶悔吝所系。乾卦《文言传》云：“六爻发挥，旁通情也。”天时地利之外，还得通达人情。生蓍、倚数、立卦、生爻，作《易》者推衍世事，真是周到精细到了极点。象数既明，往下便得敦笃实践。“和顺于道德而理于义”，道是顺自然、德是合于道的表现，完全依照客观真理去做事，将一切调理得恰到好处，没有矛盾冲突。“穷理尽性以至于命”，穷究事物之理，善尽人性本能，以达到和天命合一的终极境界。

《中庸》开宗明义："天命之谓性，率性之谓道，修道之谓教。"《大学》三纲领："在明明德，在亲民，在止于至善。"传统内圣外王的精义，和《说卦传》这段主旨完全相合。"和顺于道德而理于义"，依体起用，由隐之显；"穷理尽性以至于命"，摄用归体，由显之隐。

《中庸》又云："至诚之道，可以前知。国家将兴，必有祯祥；国家将亡，必有妖孽；见乎蓍龟，动乎四体。"由此推出"至诚如神"的结论，至诚之道就是神明，机兆见于蓍龟，所以"幽赞于神明而生蓍"。

"唯天下至诚，为能尽其性。能尽其性，则能尽人之性；能尽人之性，则能尽物之性；能尽物之性，则可以赞天地之化育；可以赞天地之化育，则可以与天地参矣。""与天地参"，即天、地、人三才齐平，一样伟大；"赞天地之化育"，即"幽赞于神明"，亦即"至于命"。而这些成果，都由穷理尽性而来。"与天地参"的参，有平视且并立为三之意，和"参天两地"的参、"平两以参"的参，皆可互相发明。

《系辞传》论大衍之数那章，在十八变而成卦、引申触类以况尽天下事之后，有云："显道神德行，是故可与酬酢，可与佑神矣！""和顺于道德而理于义"，正是显道；"穷理尽性以至于命"，就是神德行。依体起用，摄用归体，体用兼备，自然能酬酢应对万事万物之变，绰绰然而有余裕。"佑神"就是"幽赞于神明""参赞天地之化育"，也就是天人合一，"以至于命"的境界。

"和顺于道德而理于义"，是后世义理之学的出处，可见义理绝非空谈，而是讲求实践的。"穷理尽性以至于命"，倒可以用来扫除不肖术数的魔障，从而树立足以指导人生的正确的命理观。

> 昔者圣人之作《易》也，将以顺性命之理。是以立天之道，曰阴与阳；立地之道，曰柔与刚；立人之道，曰仁与义。兼三才而两之，故《易》六画而成卦。分阴分阳，迭用柔刚，故《易》

六位而成章。

有了前章反复阐明的观念后，自然了解何谓顺性命之理。既然天地人共参化育，一卦六爻中就得有三才之位的设计。天时分阴阳，地利有柔刚，人际有仁义，仁以待人、义以正我，天、地、人都有相对待的两面，故而三画卦重成六画卦，初、二爻为地位，三、四爻为人位，五、上爻为天位，衍始终之道为生生不息的终而复始之道，以完整地象征宇宙的真实。爻性分阴阳，爻位有柔刚，或当位或不当位、或承乘或应与，产生紧密的互动，构成各式各样错综复杂的人生情境。

“分阴分阳，迭用柔刚”，也是处世必须具备的智慧。任何事情都有阴阳面，都有利有弊，处理之前先判分清楚，再决定处理的方式，该用柔的时候用柔，该用刚的时候用刚，随机交互进行。《系辞传》孔子阐释豫卦六二有云：“君子知微知彰，知柔知刚，万夫之望。”知几应变为易道主旨，其实就是分阴阳、用柔刚，如此才能成章，亦即有漂亮的成绩表现。

《系辞下传》第十章，和《说卦传》第二章所述近乎全同：“《易》之为书也，广大悉备。有天道焉，有人道焉，有地道焉，兼三才而两之，故六。六者非它也，三才之道也。道有变动，故曰爻；爻有等，故曰物；物相杂，故曰文。文不当，故吉凶生焉。”

阴阳相杂、刚柔交错为文，文发挥作用、产生明显的效应就是章。《论语》有“不成章不达”的论断，想要通达，就得成章。坤卦六二：“含章可贞，以时发也。”六五：“黄裳元吉，文在中也。”丰卦六五：“来章，有庆誉，吉。”姤卦《彖传》：“天地相遇，品物咸章。”文为体，是经天纬地之术；章为用，是发扬光大的成果。

数往知来

天地定位，山泽通气，雷风相薄，水火不相射。八卦相错，数往者顺，知来者逆，是故《易》逆数也！

从这一章开始，正式讲八卦。八卦的正式名称为乾、坤、艮、兑、震、巽、坎、离，此章则以天、地、山、泽、雷、风、水、火八种习见的自然现象代之。天地定位一语简劲隆重，表露出作传者心目中的宇宙观——开天辟地以后，有了时间空间，以及往后一切生生化化的现象。《系辞传》首章："天尊地卑，乾坤定矣；卑高以陈，贵贱位矣。"宇宙的创生和发展是有秩序的，条理井然不乱。"《易》有太极，是生两仪，两仪生四象，四象生八卦，八卦定吉凶，吉凶生大业。"太极即乾元，乾元统天，天地定位即是生两仪，循理衍生出八卦后，即可据此而定天下之吉凶，所有盛德大业便在吉凶中展开。

大衍之数的占法中，五十策虚一不用象征太极，四十九策分而为二以象两仪，即是"天地定位"，往后挂一以象三、揲四以象四时，包括再揲而后挂的操作，其实结果已定，只是把它铺排出来而已。十八变成一卦，每一变的真正关键即在分二的动作上。

定位也是《易经》很重要的观念，所谓"六位时成"，因时成位后，就有当位不当位、居中未居中的考量，当位居中多吉，否则多凶。六爻定位，位际又产生承乘应与的互动关系，阴承阳、阴阳相与多吉，阴乘阳、应而不与多凶。再如"二多誉、三多凶、四多惧、五多功"，中间四爻的配置还有"同功而异位"的作用。

《系辞下传》首章云："天地之大德曰生，圣人之大宝曰位。"可视为位的定义，宇宙间就是无尽的创造，而有心人想参赞造化，必须先有个恰当的据点。一卦六爻，亦可视为任何组织结构中从低至高的权力位阶，五为君位，掌控资源最丰富，若以世俗观念来看，堪称大宝之位。其实位无贵贱，总以量才适性且与他人和谐相处为佳。无论如何，位都很重要，没有位一切抱负理想皆成空谈，所以社会各个领域流行"卡位"。"何以守位？曰仁。何以聚人？曰财。理财正辞，禁民为非曰义。"位既然那么重要，卡位成功以后还得守得住，用心经营一段时间以产生绩效，而守位的关键就在人际关系须处理好，仁者爱人，仁者无敌，尽可能化一切阻力为助力。人脉经营必然涉及理财，所谓“世路难行钱为马”，花钱得当才能聚集人气。金钱可助善亦可成恶，一切得遵循正道、恰到好处就是义。由大宝之位所衍生出的这些事项和原则，绝对是永世恒存、颠扑不破的，而仁与义的标榜，又印证了“立人之道，曰仁与义”这句话。

守位并非永远在位，位与时不可分，时一变位也就会跟着变，所以《系辞传》又称：“变动不居，周流六虚，上下无常。”革命就是上下易位，不允许万世一系；而鼎卦讲“正位凝命”，勠力于新的建设。《中庸》强调君子素位而行，不愿乎其外，正合艮卦“君子以思不出其位”之旨，艮卦时止则止，时行则行，所有的位都是个活的位。

以此来看，《说卦传》讲的“天地定位”仍非真谛，而是有限量的讲法，换句话说，不宜拘执，以为非如此不可。《系辞传》曰：“天地设位，而易行乎其中矣！”末章且云：“天地设位，圣人成能，人谋鬼谋，百姓与能。”大如天地，亦只是设位，时过仍可能境迁，这才是真正见道之言。现代宇宙学中描述开天辟地，最流行的属大爆炸论（Big Bang Theory），倡言宇宙在瞬间创生以后，一直以不可思议的速度做全方位的扩张，这里面也有定位和设位的问题，相当耐人寻味。

天地定位以后，启动了生生化化的现象，这就是通气和相薄——通气表示阴阳二气相流通，相薄是互相迫近。咸卦下山上泽、感而遂通，正是山泽通气；恒卦上雷下风、天长地久，则为雷风相薄。自然界日月星辰、山河大地的激荡成形，人间世男女由恋爱而结婚，皆为此理。

水火不相射一语，让许多注《易》者相当困惑，也因之产生一些迂曲难通的解释，其实正同俗语所谓水火不容、冰炭不同炉一样，强调这两种资源性质对反、难以协调。射有方向义，《杂卦传》云：“离上而坎下也。”火上燃、水下流，正好背道而驰。宇宙的生生化化，除了通气和相薄外，也有不相射的一面，资源各具特性、互动各有其理，一点儿也不奇怪。

以《易经》八卦论，乾坤、艮兑、震巽、坎离两两相错，卦性对反，然而对待中有流行，相反仍可相成，由此造成热闹繁复的宇宙万象。过去已经发生的事情，循迹总可推求，这是数往者顺；未来究竟会如何发展，精确预测就很困难，这是知来者逆。前途虽难逆料，易经主要的功能即在体悟变化的机微，预断未来的发展，所以易是逆数。

《系辞传》称："极数知来之谓占""占事知来""极其数，遂定天下之象"。"天地之数五十有五，大衍之数五十，其用四十有九"，"参天两地而倚数"，人生有其定数，亦有其变数，将这些数用心推衍到极致，就可以知道未来、拥抱未来——这种逆数的功夫非同等闲，《系辞传》赞为天下之至精、至变、至神。

传统说"天地定位"这一章在阐明先天卦位：乾南坤北、离东坎西、震东北巽西南、艮西北兑东南，相错的卦两两对待，而对待中又有流行。以卦画结构看，乾、坤、坎、离上下对称，旋转一百八十度卦形不变，是所谓自相综的卦，称定位和不相射，亦有其理。震、巽、艮、兑不对称，反转后变为其综卦艮、兑、震、巽，称通气和相薄，亦其来有自。

"数往者顺"、顺性命之理和"顺于道德而理于义"，坤卦的基本势用也是顺；"知来者逆""乾以知来"，乾卦的基本要义就是永不止息地往前开拓，"一阴一阳之谓道"，"生生之谓易"，易道乾主坤从，故云："《易》逆数也。"

雷以动之，风以散之，雨以润之，日以烜之，艮以止之，兑以说之，乾以君之，坤以藏之。

前章论自然之象，本章半论自然之象、半论卦体势用；前章由乾坤谈及六子，本章由六子归复乾坤。雷能振奋万物的生机、发为积极的行动；风能散布流通、调畅万物；雨水滋润万物，太阳干燥万物。艮能节制万物的妄动，兑能使万物欣欣向荣；所有以上的养物功效，乾无所不施、兼而有之，坤则能将一切涵受收藏。本章八卦仍两两相对，更具象地描述对待中所产生的流行功能，烘托出一片生机洋溢的世景。

向明而治

帝出乎震，齐乎巽，相见乎离，致役乎坤，说言乎兑，战乎乾，劳乎坎，成言乎艮。

依传统说法，本章为论述后天卦位：震东方、巽东南、离南方、坤西南、兑西方、乾西北、坎北方、艮东北。先天为体，后天为用，由体起用，帝出乎震，摄用归体，成言乎艮。

帝为主宰义，“帝出乎震”，显示人生一切主宰从行动中来；震居东方，为雷为木，有惊蛰及草木初发、欣欣向荣之象，东方为生方。易道尊生主动，震卦足堪代表。震为长子，处变不惊，出可以守宗庙社稷，以为祭主，自古帝位相传亦以长子为优先考虑。《序卦》乾坤之后为屯卦，屯的内卦即为震，“刚柔始交而难生，动乎险中大亨贞”。人生不动不行，动才有生机。

“齐乎巽”，巽是入，震动出世之后，须用心学习以深入了解这个世界，“齐”同“齐家”的齐，有众生平等之义。“相见乎离”，离为火为日，光明普照，大家学明白了，自性的光辉互相交往映照。“致役乎坤”，知而必行，自觉觉人，担负起教养众生的责任。“说言乎兑”，“学而时习之，不亦说乎？有朋自远方来，不亦乐乎？”“战乎乾”，龙战于野，人生证道的过程中，须不断以清明的理智和私欲对抗。“劳乎坎”，重重险难，苦其心志，劳其筋骨，所以动心忍性、增益其所不能。“成言乎艮”，终于脱胎换骨，修成大德敦化的境界。

> 万物出乎震，震，东方也。齐乎巽，巽，东南也；齐也者，言万物之洁齐也。

不仅“帝出乎震”，万事万物亦出乎震，《系辞传》云：“吉凶悔吝生乎动。”震为象征接班的新生代，以帝称之，大有深意，所谓法其生不法其死，长江后浪推前浪，文明薪尽火传，眼光永远要往前看！前章论先天，称“乾以君之”，不称乾以帝之，本章论后天，以“帝出乎震”为首，《易经》重生生之意，跃然纸上。《荀子·王制篇》有云：“君者，善群也。群道当，则万物皆得其宜，六畜皆得其长，群生皆得其命。”《君道篇》亦云：“君者，何也？曰：能群也。能群也者，何也？曰：善生养人者也，善班治人者也，善显设人者也，善藩饰人者也。”“乾以君之”，实即“乾以群之”，善养众生而非作威作福，和用九“见群龙无首”的“群”字同一意蕴。

“洁齐”二字意境甚美，众生平等，自性洁净，良知启动而见贤思齐，此为入德之门。《系辞传》云：“圣人以此洗心退藏于密，吉凶与民同患。”易道洁静精微而不贼，“齐乎巽”，“称而隐”，一切潜移默化以期乎成，巽之妙用大矣哉！

> 离也者，明也，万物皆相见，南方之卦也。圣人南面而听天下，向明而治，盖取诸此也。坤也者，地也，万物皆致养焉，故曰致役乎坤。

“听天下”的听，即治理之意，南面而治为中国政治的传统，自皇帝以下，大小官员的办公室皆坐北朝南，以取向往光明之义。孔子在《论语》中称赞仲弓：“雍也可使南面。”乾卦九二“见龙在田”，孔子称：“群德也。”九二爻变，成天火同人（䷌），正是离卦光明之象。除同人卦外，火天大有（䷍），“遏恶扬善”，政治清明达于极点；雷火丰（䷶），“折狱致刑”，火雷噬嗑（䷔），“明罚饬法”，皆取公正廉明之义；山火贲（䷕），“明庶政”，火山旅（䷷），“明慎用刑”；火风鼎（䷱），“正位凝命”，泽火革（䷰），“治历明时”；风火家人（䷤），正家而天下定，火泽睽（䷥），万物睽而其事类，和合天下异议；火地晋（䷢），民智开发如旭日东升，地火明夷（䷣），暴君专政，须南狩以期复明；水火既济（䷾），出明入险，须思患豫防，火水未济（䷿），出险入明，君子之光其晖吉。离本卦“明两作”，“大人以继明照于四方”。

大地藏无尽，“坤以藏之”，人在大地上奋斗，须效法坤卦“厚德载物”的精神，尽己之性、尽人之性、尽物之性，化育万物而与天地参。

兑，正秋也，万物之所说也，故曰说言乎兑。战乎乾，乾，西北之卦也，言阴阳相薄也。

以四时论，后天八卦震为春、离为夏、兑为秋、坎为冬。农业社会秋收之时，作物成熟，喜气洋溢，故称“说言乎兑”。巽、离、坤、兑四阴卦居西南半壁，自乾起入阳卦范畴，故为阴阳相迫近的交界处，有龙战于野、理欲交争之象，故称“战乎乾”。

坎者，水也，正北方之卦也，劳卦也。万物之所归也，故曰劳乎坎。艮，东北之卦也，万物之所成终而所成始也，故曰成言乎艮。

逝者如斯，川流不息，水的意象在先秦经典中屡见引用。老子云：“上善若水，水善利万物而不争，处众人之所恶，故几于道。”水曲折婉转、甘居下流，对万物有重大贡献却不骄矜自满，堪为道的表现。谦卦九三：“劳谦君子，万民服也。”一阳居于上下二阴之中，有“劳乎坎”、在险难中奋斗之象，故称劳谦；辛苦万端，立有重大功劳，却不伐善不施劳，甘居下卦，这样的德行当然为众望所归，故称“万物之所归”。

后天八卦顺行一圈至艮卦为止，沉稳厚重，不动如山，所谓知止而后有定，定而后能静、安、虑、得——止于至善，功德圆满。《杂卦传》云："震，起也；艮，止也。"艮卦下接震卦，时止则止，时行则行，再启动新一轮的奋斗，终而复始，永续不绝。

由于艮卦有终始万物之义，故六十四卦中艮居上卦者，上爻多吉，艮居下卦者，三爻多凶——始壮究未成气候，始壮究、始壮究方成正果。山火贲，"白贲无咎，上得志"；山天大畜，"何天之衢，道大行"；山泽损，"弗损益之，大得志"；山风蛊，"高尚其事，志可则"；山雷颐，"由颐厉吉，大有庆"；山水蒙，"利用御寇，上下顺"；山地剥，"君子得舆，民所载"；艮本卦"敦艮之吉，以厚终也"。火山旅，"旅焚其次，亦以伤矣"；天山遁，"系遁之厉，有疾惫也"；泽山咸，"志在随人，所执下也"；风山渐，"夫征不复，妇孕不育"，失其道；雷山小过，"从或戕之，凶如何也"；艮本卦"艮其限，危熏心"。只有水山蹇，"往蹇来反，内喜之"和地山谦"劳谦君子，有终吉"二爻，因全卦之义而转凶成吉。

相对来说，"帝出乎震"，生命起始时的清新勇健往往给人很大的盼望，饱览世故后，就不那么可喜了。因此，六十四卦中，震居下卦者，初爻多浑厚，震居上卦者，四爻有惧辞。水雷屯，磐桓居贞，"志行正"且"大得民"；天雷无妄，"得志也"；地雷复，"无祇悔，元吉"；风雷益，"利用为大作，元吉无咎"；泽雷随，"官有渝，从正吉也"；震本卦"震来虩虩，后笑言哑哑，吉"。雷水解，解除包袱后才"朋至斯孚"；雷风恒，"久非其位，安得禽"？雷泽归妹，"归妹愆期"，迟迟方有结果；雷山小过，"弗过遇之，往厉必戒"；雷火丰，"日中见斗，幽不明"；震本卦"震遂泥，未光也"。

颐卦论生生之养，由自养、养贤以及养民，以卦象论，上下二阳爻顶天立地，由下卦震发展至上卦艮，后天八卦绕行一圈，万物起始成终、终而复始，象征丰富精彩的生之历程。大过栋桡，有棺椁死象，上下二阴爻漂浮无依，由下卦巽发展至上卦兑，后天八卦仅行半圈，且皆为阴卦之域，生之历练并不完整，故须救亡图存、死里求生。“战乎乾”，阴阳相薄，即代表生之意志和奋斗；“劳乎坎、成乎艮”，历尽险阻再帝出乎震，而成生生之业。颐之时大矣哉！大过之时大矣哉！养生送死总期无憾，待将全程历尽，方知如是因果。

后天八卦循环往复，颇有玄机，中医理论和术数之学中应用甚广，即以义理易而言，后天方位亦有重大意义：离卦“向明而治”，升卦“南征吉”，蹇、解二卦“利西南，不利东北”，坤卦“利西南得朋，东北丧朋”，等等。

艮卦成终成始，坤卦致役深藏，乾卦龙战于野——传说夏《易连山》、殷《易归藏》和《周易》以乾卦起首不同，若确实如此，个中思想传承变化的轨迹，亦相当耐人寻味。艮以止欲，坤以包容，化小我为大我；坤以藏往，乾以知来，化守成为创造。三代因革损益，“视履考祥，其旋元吉”！

> 神也者，妙万物而为言者也。动万物者莫疾乎雷，桡万物者莫疾乎风，燥万物者莫熯乎火，说万物者莫说乎泽，润万物者莫润乎水，终万物始万物者，莫盛乎艮。故水火相逮，雷风不相悖，山泽通气，然后能变化，既成万物也。

本章依其所述次序，仍在论后天八卦，和前章一样不断强调万物，表示八卦包罗万象，一旦起用影响即无所不在。值得注意的是，居西北、西南方位的乾、坤二卦隐去不提，改以“神”字代替——《易经》中神的意境极高。“一阴一阳之谓道”，“阴阳不测之谓神”，乾坤合德后妙用无穷，蕴养万物，生生不息。“神无方而易无体”，最高的变化原理无定在亦无所不在，当然不能再局限于西北或西南方。“妙万物而为言”，就借着万物创生之奇妙来表现其伟大，乾坤合德为礼，万物为用，由体现用，即用显体，本体和现象宛然不二。老子有云：“此两者，同出而异名，同谓之玄。玄之又玄，众妙之门。”《系辞传》则云：“乾坤《其》易之门邪？

乾，阳物也；坤，阴物也。阴阳合德而刚柔有体，以体天地之撰，以通神明之德。”义理可与此章互参。

雷动风桡，震、巽二卦的威势相当惊人。“桡”有弯曲、搅散、惑乱等义，破坏力并不逊于雷的刚劲。泽风大过称“栋桡”，下卦即为巽，基础已经松动；山风蛊呈现乱象，下卦亦为巽；天风姤“勿用取女”，严防阴势往上蔓延，皆为风疾桡物之象。

“熯”为干燥，“水流湿，火就燥”，离上而坎下，水火之性处处不同；泽悦万物，艮终始万物，山泽的特性一如前述。

六子卦一一谈完后，再依相错的关系讨论三组两卦间的互动。“山泽通气”和先天卦位一致；“雷风不相悖”，表明“雷风相薄”之体起用后，并行而不悖；“水火相逮”，彻底扭转先天“水火不相射”的形势。“不悖”是不相悖害，“相逮”是相互触及，先天转后天后，妙用之神发挥，相反相成、对立统一的现象更为显著，所以称“能变化，既成万物”。前章论流行，本章论对待。先天八卦，对待中有流行；后天八卦，流行中有对待，体用仍然不二。

以方位而论：先天“雷风相薄”，东北、西南遥相靠近；后天“帝出乎震、齐乎巽”，东与东南紧邻，正是“雷风不相悖”。先天离东坎西，离上行坎下行，彼此没有交集，“水火不相射”；后天离南坎北，南上北下产生接触，故称“水火相逮”。再以体用合一论：先天乾南坤北，后天离南坎北，乾、离先后天同位，日月得天而能久照，坤、坎先后天同位，水因地而制流。乾坤之体化在离坎之用中，使不相射的形势变为相逮，正是“神也者，妙万物而为言”。

《孙子兵法·用间篇》有云：“故用间有五：有乡间、有内间、有反间、有死间、有生间。五间俱起，莫知其道，是谓神纪，人君之宝也。”五种间谍各有特色，就像六子卦禀性不同一样，而实际的间谍战中，人君往往将五间组合运用，以发挥最大功效，所谓：“声不过五，五声之变不可胜听也；色不过五，五色之变不可胜观也；味不过五，五味之变不可胜尝也；

战势不过奇正，奇正之变不可胜穷也。奇正相生，如循环之无端，孰能穷之哉？”同样，间不过五，五间之变不可胜防也！人君懂得运用之妙，战必胜，攻必取，这种手法称作神纪。人君妙五间而为言，乾坤妙六子、妙万物而为言，然后能变化不测，即成万物。

一索再索

乾，健也；坤，顺也；震，动也；巽，入也；坎，陷也；离，丽也；艮，止也；兑，说也。

讨论完先天后天的体用关系，本章归纳申明八卦的基本要义，皆以一个字诠释。乾行健不息，刚健中正纯粹精；坤顺理、顺势、顺性而为，厚德载物。震主导行动，威势赫赫；巽无孔不入，委曲婉转。坎深陷险难，似长江大河；离象火，火须附着于物才能燃烧，离中空外实、孔目相连，又有网罟之象，渔猎时代撒网以捕鸟兽虫鱼，信息时代搭建人际网络、资讯网络，使事业人生有所定著，丽兼有附丽、接续不绝，以及光明美丽、辉煌灿烂诸义。艮不动如山，阻止前进；兑如泽润，衷心喜悦。

若以四阳卦及四阴卦的发展而论：乾健、震动、坎陷、艮止，动、陷、止皆由健来；坤顺、巽入、离丽、兑悦，入、丽、悦皆因顺生。阳刚往前冲刺，易遭险阻；阴柔顺势发展，无入而不自得。

乾为马，坤为牛，震为龙，巽为鸡，坎为豕，离为雉，艮为狗，兑为羊。

八卦基本特性确定后，开始取象。《系辞传》云：“古者包牺氏之王天下也，仰则观象于天，俯则观法于地，观鸟兽之文，与地之宜，近取诸身，远取诸物，于是始作八卦。”本章以动物为象，即“观鸟兽之文”和“远取诸物”。马行健，故乾可为马，牛性顺，故坤可为牛。乾为马，乾并不就是马，还可以为别的东西，不管为什么，都得有健义。用英文来说，“为”即“as”，不是“is”——这是理解《易》卦象征非常重要的观念。

乾为马，例如大畜卦九三：“良马逐，利艰贞。”内卦为乾。离为雉，例如旅卦六五：“射雉，一矢亡，终以誉命。”外卦为离。其他诸象和经文有合有不合，艮为狗根本从未出现，这些均不可执着拘泥以求，所谓“得意忘象”，象是活的，是“as”不是“is”！

> 乾为首，坤为腹，震为足，巽为股，坎为耳，离为目，艮为手，兑为口。

本章以人体为象，“近取诸身”。坤为腹，例如明夷卦六四：“入于左腹，获明夷之心，于出门庭。”上卦为坤。兑为口，例如咸卦上六：“咸其辅颊舌，滕口说也。”上卦为兑。

> 乾，天也，故称乎父。坤，地也，故称乎母。震，一索而得男，故谓之长男；巽，一索而得女，故谓之长女；坎，再索而得男，故谓之中男；离，再索而得女，故谓之中女；艮，三索而得男，故谓之少男；兑，三索而得女，故谓之少女。

乾天坤地，开辟自然，乾父坤母，建立人间，以乾坤为父母卦，比喻恰当，称有尊重之意。乾坤交合，生出三男三女六子卦，一索再索三索，索为曲求，显示生生不易，《系辞传》云：“曲成万物而不遗。”《中庸》称：“致曲。”老子云：“曲则全。”乾坤旁通，相反相成，“曲”字蕴含无尽的耐心和爱心。“谓之”即叫作，无复尊称之意。“称乎父、称乎母”，“谓之长男，谓之长女”，称谓之间，见出《易传》用字的严谨。

本章将八卦作拟人化处理，相当有趣，亦广泛用于《彖传》卦象结构的分析中，借着男女间的互动，导引人悟入理境。例如：少男居少女之下，苦苦追求异性为泽山咸（䷞）；长男居长女之上，夫唱妇随为雷风恒（䷟）；长男居少女之下，无可无不可为泽雷随（䷐）；长女处少男之下，曲意诱惑为山风蛊（䷑）；少女居少男之下，颠倒追求为山泽损（䷨）；长男处长女之下，温柔体贴为风雷益（䷩）；少男居长女之下，痴恋高攀，长期方能遂愿为风山渐（䷴）；少女处长男之下，意乱情迷，私奔白白送礼为雷泽归妹（䷵），等等。

以男性的成长而论：艮为少男，血气未定，意气行事，多遇阻碍，应三思而后行，戒之在色，故艮为山，遇阻当止。坎为中男，血气方刚，闯荡江湖，多遭险难，戒之在斗，故坎为险为劳卦。震为长男，历试险阻、饱经沧桑后，才真正能独当一面做点事。以女性的发展而论：兑为少女，情窦初开，天真烂漫；离为中女，美丽温柔，举止大方；巽为长女，委曲婉转，收摄含敛。无论男女，都是“情为少时真，姜是老的辣”。

乾为天，为圜，为君，为父，为玉，为金，为寒，为冰，为大赤，为良马，为老马，为瘠马，为驳马，为木果。

以下开始广衍八卦之象，皆以“为”字列举，书不尽言，言不尽象，贵乎学《易》者心会神通。相错两卦卦象亦可互文见义、比类推求，例如乾为圜，天道“圆而神”，即暗示坤为方，地道“方以智”；乾为君，坤即为民。举一反三，在所不禁，引申触类，天下之能事毕矣！

乾为马，此章又细分为四种马。乾为寒为冰，井卦九五：“井冽，寒泉食。”寒泉之食，刚健中正纯粹精。坤卦初六：“履霜，坚冰至。”易道知几远测，已逆数至上六“龙战于野”、坤极转乾的变化。乾为木果，正合剥卦上九“硕果不食”、复卦初九仁心复见的意象。《易》卦取象灵活，不执一端，令人佩服。

坤为地，为母，为布，为釜，为吝啬，为均，为子母牛，为大舆，为文，为众，为柄，其于地也为黑。

坤为吝啬，又为均，极有意味。老子尚柔，受坤道影响甚巨，自称持有三宝：“一曰慈，二曰俭，三曰不敢为天下先。”又云：“治人事天莫若啬。”阴过为吝，俭即同啬，深藏不露并非小器，而是宝爱资源，待时而发大用。一旦发用，务求其均，损有余而补不足。谦卦《大象传》云：“君子以裒多益寡，称物平施。”谦让不争，老子思想亦深契其理。俭故能广，吝啬能为均，坤道甚大，故似不肖。

坤为大舆，为众，剥卦上九一阳为五阴所载，君子得舆，众民拥戴。晋卦六三：“众允，悔亡。”下卦即为坤。坤为文，六五柔中之君，《小象》云：“黄裳元吉，文在中也。”

震为雷，为龙，为玄黄，为旉，为大涂，为长子，为决躁，为苍茛竹，为萑苇；其于马也，为善鸣，为馵足，为作足，为的颡；其于稼也，为反生，其究为健，为蕃鲜。

震为龙，为玄黄，从“龙战于野，其血玄黄”之中诞生，乾父坤母一索而得长男，卦序乾坤之后为屯卦，外坎内震，坎又为血卦，刚柔始交的意象贴切而鲜明。震为决躁，刚决躁动为生机勃发后的自然现象，须谨慎蕴养以避咎。“其究为健”，与乾合德，子肖其父，继志述事；“为蕃鲜”，草木蕃育鲜明，生机澎湃，欣欣向荣。《易》卦始壮究、始壮究，原始必须要终，震卦始动终健，复其本性，化育万物，极其功用，正是“帝出乎震”，万物亦出乎震。“蕃鲜”二字意境甚美，蕃衍滋息、发育壮盛，典型的生生之象。晋卦卦辞：“康侯用锡马蕃庶，昼日三接。”朝气蓬勃，蒸蒸日上。坤卦六四《文言传》：“天地变化，草木蕃。”六四爻变成豫卦，括囊固闭的局面顿时化为建侯行师的激情，豫外卦即为震。《系辞传》称坤卦："其静也翕，其动也辟，是以广生焉。"又云："阖户谓之坤，辟户谓之乾，一阖一辟谓之变，往来不穷谓之通。"乾坤交合而生震的精义，尽在其中矣。

"反生"，指顶着种子的甲壳破土萌生，和屯卦"初生草穿地"之象相通，亦与解卦《彖传》意境相合："天地解而雷雨作，雷雨作而百果草木皆甲坼。"解之外卦亦为震。"旉"为花朵，"苍莨竹"竹色青嫩，"萑苇"为两种芦类植物，即《诗经》中所称的"蒹葭苍苍"，皆生机怒放、清新可喜之象。乾为马，震其究为健，亦为马，此章同样细分为四种，昔人有诗云："开张天岸马，奇逸人中龙。"震卦足以当之。

巽为木，为风，为长女，为绳直，为工，为白，为长，为高，为进退，为不果，为臭；其于人也，为寡发，为广颡，为多白眼，为近利市三倍；其究为躁卦。

巽的基本要义为入，一切取象皆以能深入发展为准：风无孔不入，树木深根固柢以生长高大，进退不果、犹豫难决，亦因考量能否深入、如何深入的问题。为了顺利深入，往往委曲婉转，权变无方，绳直即有能屈能伸之象。做人如此工于心计，买卖多半获利，巽卦六四："悔亡，田获三品。"即有"近利市三倍"之象。巽为长女，为阴卦之始，"其究为躁卦"，最后又变成决躁的震卦，阴终必归于阳，坤卦用六"利永贞，以大终也"，即明此义。以行事论，为达目的巽顺委曲，其实违反人之常情，隐忍久了终有爆发之时，例如巽卦九三："频巽，吝。"蛊卦九三："干父之蛊，小有悔，无大咎。"恒卦九三："不恒其稳，或承之羞，贞吝。"鼎卦九三："鼎耳革，其行塞。"下卦皆为巽，九三"其究为躁"，皆按捺不住而出状况。六子卦中，震、巽探讨其究，显示易道慎始成终之义。

坎为水，为沟渎，为隐伏，为矫輮，为弓轮；其于人也，为加忧，为心病，为耳痛，为血卦，为赤；其于马也，为美脊，为亟心，为下首，为薄蹄，为曳；其于舆也，为多眚，为通，为月，为盗；其于木也，为坚多心。

江湖险人心更险，坎卦幽深曲折，多灾多难，欲过险关，必须“维心亨”。坎为血卦，中男亦为龙战之血所生，屯内动外血，婴儿呱呱坠地之象。屯卦上六：“泣血涟如。”需卦六四：“需于血。”外卦皆为坎。坎为盗，需卦九三：“需于泥，致寇至。”灾难在外卦之坎。解卦六三：“负且乘，致寇至。”孔子因此叒赞叹：“作《易》者，其知盗乎？”解卦内卦为坎。坎为阳卦，行健入险，仍有马象，本章又提出了五种，真是观察入微。

离为火，为日，为电，为中女，为甲胄，为戈兵；其于人也，为大腹，为乾卦；为鳖，为蟹，为蠃，为蚌，为龟；其于木也，为科上槁。

离卦形外实中虚，故有以上甲胄及龟鳖之象。离坎相对，坎为血卦，潮湿温润，离即为乾卦，前面所谓“日以烜之”“燥万物者莫熯乎火”，“水流湿，火就燥”，各从其类。《说卦》取象难穷，可与时俱进，以现代资讯社会来说，网际网络即为离象。

艮为山，为径路，为小石，为门阙，为果蓏，为阍寺，为指，为狗，为鼠，为黔喙之属；其于木也，为坚多节。

震为大涂，履道坦坦，艮为径路，险峻通幽，人生行止，依时顺势而定。艮为果蓏，再次演证剥卦上九“硕果不食”之象，剥上卦艮。艮为门阙，艮卦九三：“艮其限，危熏心。”这一关特别难过，突破了即进入上卦，脱胎换骨，渐臻上乘。震行艮止，震、坎俱有马象，艮卦则无。

兑为泽，为少女，为巫，为口舌，为毁折，为附决；其于地也，为刚卤，为妾，为羊。

兑为口舌，亦为毁折，言多必失，几事不密则害成，给人很大警惕。颐卦谈修养，《大象传》称："慎言语。"《系辞传》上传末尾："默而成之，不言而信，存乎德行。"下传终章："吉人之辞寡，躁人之辞多。"

以上总共一百一十二例象，汉儒荀爽多举三十一逸象，其实这都无所谓，只要能通神明之德，能类万物之情即可。庄子说道在瓦砾，道在屎尿，每况愈下丝毫无损道的庄严；禅语"青青翠竹，总是真如；郁郁黄花，无非般若"。或如或若，《说卦传》描绘出一片鸢飞鱼跃的有情世界。

第四十五章　浩浩阴阳移:《易经》卦序初探

《易经》以六十四卦、三百八十四爻的象征体系，诠解宇宙人生的动变，爻和爻间有承、乘、应、与的互动关系，卦与卦间则有错、综、变、序，甚至卦中卦（亦称互卦或中爻）等极其复杂的联系。爻随卦转，吉凶祸福很难逾越卦义的基本范畴，而卦境亦非孤立，任何一卦均与其他六十三卦有或多或少、或隐或显的关系。一爻一世界，一卦一乾坤，个体与群体、小宇宙和大宇宙间脉络相连，息息相关。这种有机圆融、层层相因的世界观，有人称之为“全息”。[1]

在全息的宇宙观里，卦序的问题很值得研究：宇宙万象的推衍变化，混沌中可有秩序？前后相续，可有因果？天地不仁，形势比人强，什么是天命流行的规律？知几应变，先天而天弗违，未来能否预测？人的努力能否扭转命运？必然还是偶然？何为始？何为终？终而复始抑或无终无始？

现有的卦序共四种：一是通行本《易经·序卦传》所示，“乾、坤、屯、蒙、需、讼、师”等最常见的排序；二是《杂卦传》所示，“乾刚坤柔、比乐师忧”的另类排法；三是《京房·八宫》卦象次序——“乾为天、天风姤、天山遁、天地否”的排法；四是《帛书周易》“乾一、否二、遁三、履四”的排法。

《帛书周易》及京房卦序的排法相当机械，不管是八八六十四的方阵变化，或本宫、一世、五世、游魂、归魂，都有呆板的规律可循，其间并无深奥义理，倒像是占筮时为检索方便而设计的图表。

《序卦传》为“十翼”之一，以九百字的篇幅阐述卦序之理，文中多以“必”“不可不”“然后有”“而后可”等强势语气贯串物象，显示作者对卦序的安排推衍有相当的自信。然而，历代对其争议颇多，认为其解说牵强附会者大有人在，王船山且断言“必非圣人之书”[2]。熊十力在《读经示要》中驳斥此见，以为“其义宏阔深远，非圣人不能作”，并以人类文明演进的观点，从乾、坤阐释到同人卦[3]。

《杂卦传》为“十翼”压轴，以仅仅二百五十字精析六十四卦卦理，深入透达，有“一字诠”之称。除了举卦两两相对、错综见义外，卦的排序也隐含玄机。《杂卦传》应系针对《序卦传》而作，然其匠心独裁、精义奥旨不易捉摸，历代易学者对其称誉颇高，但也无人能彻底解读。

原始要终

《系辞传》有云：“《易》之为书也，原始要终，以为质也。”《易经》最重终始，六十四卦、三百八十四爻的展开，体现出随时变动、终而复始的演化历程。推原其始，寻求其终，可以证悟许多宇宙人生的至理。

《序卦传》将《易经》分成上下两部。上经三十卦，始于乾、坤，终于坎、离；下经三十四卦，始于咸、恒，终于既济、未济。《杂卦传》虽未明分上下，咸、恒二卦的排序仍为三十一、三十二和《序卦传》相同。依此判分，《杂卦传》上经始于乾、坤，终于井、困；下经始于咸、恒，终于未济、夬。

乾卦《彖传》云：“大哉乾元，万物资始。”坤卦《彖传》云：“至哉坤元，万物资生。”《系辞传》首章亦称：“乾知大始，坤作成物。”乾、坤为父母卦，其他六十二卦均由乾、坤合德而生，《序》、《杂》二传皆以乾、坤居首，正所谓天经地义。京房卦序、《帛书周易》亦始于乾，却因分宫方便致使乾、坤分离，所谓孤阴不生、独阳不长，大本不立，统系自乱。

咸为无心之感，亦同皆，代表天地间无所不在的自然感应，男女恋爱、异性相慕即为显例。恒为常道，历久弥新，夫妇白首偕老、宇宙天长地久均为安定及秩序的来源。《序卦》《杂卦》二传以咸恒启动下经的变化，亦所谓理所当然，不可移易。

《中庸》："君子之道，造端乎夫妇。"人类社会是由男女结为夫妇开始的。《诗经》首篇《关雎》，歌咏"窈窕淑女，君子好逑"。《尚书》首篇《尧典》，尧传位于舜时"厘降二女于妫汭"，娥皇、女英共事一夫，以测试舜的齐家能耐。《春秋》托始于隐公，二年九月"纪履緰来逆女"，讥纪侯不亲迎，有失婚姻平等之礼。《易》下经以咸、恒居首，与群经大义相通。

《序卦传》原文云："有天地，然后有万物；有万物，然后有男女；有男女，然后有夫妇；有夫妇，然后有父子；有父子，然后有君臣；有君臣，然后有上下；有上下，然后礼义有所错。夫妇之道，不可以不久也，故受之以恒。恒者，久也。"上经论乾、坤时，则云："有天地，然后万物生焉。"乾、坤是一大天地，咸、恒是一小天地，乾道成男，坤道成女，阴阳合德而刚柔有礼。以人合天，则天地位而万物育，故《中庸》续云："及其至也，察乎天地。"

《杂卦传》原文云："咸，速也；恒，久也。"和谐感通是《易经》的基本原理，义理之所以精微、占筮之所以神准，关键即在一"咸"字。《系辞传》称："《易》无思也，无为也，寂然不动，感而遂通天下之故。非天下之至神，其孰能与于此？"又称："唯神也，故不疾而速，不行而至。"诚之所至，心念感通无远弗届、刹刹生新。《杂卦传》以一"速"字释咸，深得个中三昧。

再证诸咸卦《彖传》："天地感而万物化生，圣人感人心而天下和平。观其所感，而天地万物之情可见矣！"恒卦《彖传》："天地之道，恒久而不已也。利有攸往，终则有始也……圣人久于其道而天下化成。观其所恒，而天地万物之情可见矣！"

乾元为万物之性，所谓未发之中，刚健中正纯粹精，为天下之大本；

咸为万物之情，若发而中节则为和，乃天下之达道。乾、坤二卦相错，卦性相反相成。天行健为理，放诸四海而皆准；地势坤为势，须因时因境以制宜。乾、坤合德，理势兼备，才能通达天下之险阻而开物成务。咸、恒二卦相综，为一体两面，咸速必继之以恒久，才得落实真正人生。

《系辞传》称伏羲作八卦："以通神明之德，以类万物之情。"《易经》拟生生之象，为论情之书，上经立乾坤大本，下经述咸恒之情。观其所感、观其所恒，天下之能事毕矣！恒卦强调终则又始，更凸显其承上启下的关键性。

《序卦传》视乾坤为开天辟地，《杂卦传》则以刚柔二种势用视之，前者似历史推衍，后者则有经学论理的意趣。坎离为乾坤之用，坎用刚中，虽行险而心亨，似乾至健知险之德；离用柔中，"利贞亨，畜牝牛吉"，似坤"亨，利牝马之贞"，即至顺知阻之德。坎为阳陷阴中，以坚强的意志动心忍性，克服险难；离为阴丽阳中，借力使力重见光明。《序卦传》上经终于坎、离，总结开天辟地以来的一段奋斗，首尾相顾，体用兼赅，含义相当深刻。

《杂卦传》上经以"乾刚坤柔"起始，以"井通而困相遇"告终。井是潜心发掘内在资源以求亨通。困是既有外在资源消耗殆尽、阴阳相抵触而不通。井是深明自性、致良知，困是天命不佑、形势比人强。井、困二卦相综，实为一体两面，即《中庸》所谓"天命之谓性"。困是柔掩刚、势压理，表示乾刚在第一回合的争战中迫处下风。虽然如此，"君子以致命遂志"，困而不失其所亨，并未放弃终生奋斗的志向。

《易经》在既济后以未济告终，历来皆获得易学者高度的评价。《序卦传》云："物不可穷也，故受之以未济，终焉。"宇宙自然的演化无穷无尽，不可限量。先哲仰观俯察得此结论，三画卦因而重之成六画卦，始壮究后继之以始壮究，终而复始、生生不息，永远对未来开放！

既济、未济二卦，皆由三画卦的坎、离组成，水在火上称既济，火在水上称未济。水火为天地之大用，善用水利火力可造福人群，不善用，水火无情亦能酿成巨患。人事的成功失败，安定或混乱，与水火之用大有关系。《序卦传》上经终于坎、离，下经终于既济、未济，遥相呼应、义理勾连。

《杂卦传》下经在未济后终之以夬，则是别出心裁："夬，决也，刚决柔也。君子道长，小人道忧也。"夬是五阳奋战一阴、阴阳大对决，天命流行容或未济，人道的责任必得遏恶扬善、拨乱反正。刚决柔之后，夬卦变回乾卦，刚健中正纯粹精。以人合天，应是《杂卦传》的主旨。上经末柔掩刚，下经末刚决柔，人道的积极奋斗终于取得最后胜利！

总结以上的讨论，大致可以看出：《序卦传》所述偏重天命流行，开天辟地以来的客观规律，不为尧存，不为桀亡，不以个人的意志为转移。《杂卦传》则凸显人能人智的伟大，开物成务，知几应变，天工人其代之。传统亦有一种说法，上经首乾、坤，以大道为主；下经首咸、恒，为人道之始。依此，则《序卦》上经天道特重，下经天人互功、性命交修；《杂卦》上经人代天工，下经特重人事，"人谋鬼谋，百姓与能"。不过，这只是一种比较的说法，六十四卦"兼三才而两之"，其实都是天人交错、主客观并见的。

知所先后

《大学》有云："物有本末，事有终始，知所先后，则近道矣。"《易经》卦序除了终始的问题外，还有演变历程中的因果关系值得研究。无论《序卦传》或《杂卦传》，似乎皆以错综关系为变化的主轴：错是六爻全变、卦性相反；综是一体两面、卦性相对。符号转换皆有规律，意义内涵亦十分丰富。真正麻烦的是错综之外的次序，其变化的规律究竟为何。

举例来说，师、比二卦相综，军事和外交相互为用，既联合又斗争，两卦相次，理所当然。师卦倒转一百八十度即成比卦，师、比实为一体，只因观察角度不同，而呈现相对的二象。临与观、小畜与履亦然，但为何比卦之后是小畜呢？《序卦传》有简单的解释，衡诸义理亦可通；外交结盟后，彼此的实力均有增长，但以小事大，或以大事小的深刻矛盾始终存在，这就是小畜卦卦辞“密云不雨”所述的情境。

若以卦画符号来看，比卦变小畜卦须初六、六二、六三、上六四爻齐变，但检验完全经六十四卦非错综的卦变，各种情况都有，其间并无明确规律可循。《序卦传》如此，《杂卦传》更是天马行空、变幻莫测。前儒亦有在象数上作文章者，但支离偏僻、难有定论。《系辞传》称：“《易》之为书也，不可远，为道也屡迁。变动不居，周流六虚，上下无常，刚柔相易，不可为典要，唯变所适。”或许，本来就不该在卦序上寻求机械的变化规律，京房卦序及《帛书周易》之所以乏善可陈，也给了我们相当的启示。

若以相综二卦为一体，则六十四卦中，除了乾、坤、颐、大过、坎、离、中孚、小过八卦卦形对称自相综外，其余五十六卦实为二十八体，加上自综八体，共三十六体，《序卦传》上经三十卦，因含自综六体，实为十八体；下经三十四卦，只含自综二体，亦为十八体。上下经卦象多寡不同，以体而论，正好平分。至于《杂卦传》，上经则为十六体，下经二十体。

综卦既为一体两面，可谓同时俱生，有此即有彼、有彼必有此。严格来说，并无真正先后可言，所以颠倒无妨。《序卦传》师在比前，《杂卦传》“比乐师忧”；《序卦》困而后井，《杂卦》井通而困相遇。《序卦》为相综者立一时序，《杂卦》则有同有不同、或先或后，破除执着，圆融无碍。《序卦》重天命流行，大势所趋，形势比人强，教人破除我执；《杂卦》鼓舞人心、彰显人能，再破因《序卦》而生的法执。法、我二执俱破后，《易经》所阐示的天人互动的机微才得大显。

综卦一体俱生，无法分割，故而卦序中必然相伴出现，除了《杂卦传》大过以下八卦的非常变异外，皆无例外。

错卦的变化其实相当罕见：乾、坤相错是立本，阴阳合德而刚柔有体；泰否、随蛊、渐归妹、既济未济相错复相综，仍可视为以相综为主。序卦上经末颐变大过、坎变离，下经末中孚变小过、既济变未济，皆为错卦的变化，象征一个世代快结束时，各种变动加速，成败兴衰、生死一线，令人目不暇接，极难适应。除此之外，睽、蹇二卦亦相错，序卦睽在蹇前，杂卦睽在蹇后，以此联系相综的二卦体，这是唯一的特例。

错综之外的变化次序虽无定则，所蕴含的义理却相当丰富而深刻，九百字的《序卦传》所言，仅述其一端而已。《系卦传》云："书不尽言，言不尽意。"历代学者对《序卦传》的怀疑及抨击，正是犯了文字未深心玩索之失。易道周流六虚，上下无常，《序卦》所示仅其一例一法，此所以《杂卦》继《序卦》而作，以破法执。《易经》基本风格是"立象以尽意"，得意忘言、得意忘象，一爻如此，一卦如此，卦序的错综复杂亦复如是。其实，这就像《说卦传》广列八卦意象，乾为天、为圜、为君为父、为玉、为金一样，但明一例，无法说尽。《序卦传》所演卦序，当然不是唯一可能的变化，但其贯通力已相当惊人，除《杂卦传》外，数千年来也没看到足相媲美的理论出现。

"元亨利贞"为乾卦的基本德性，传统有"四德俱全"之说。除乾卦最纯粹、圆满自足外，坤、屯、随、临、无妄及革六卦，亦具备四德，但都有附加条件，做到了与乾卦同德。例如坤为"元亨，利牝马之贞"，贞德的表现方式与乾卦不同，若能谨守主从的分际，注意和乾卦的充分配合，即与乾卦一样伟大。屯为物之始生，具体而微，良知良能备足，但因生命力稚嫩，不宜轻易用世，得"利建侯"才有所往。

除以上四德俱全的七卦外，其他卦有元亨利、亨利贞、元利贞备三德者；有元亨、亨利、元贞、利贞、亨贞备二德者；有亨、利、贞仅一德者；也有四德俱缺者。我们根据卦德或备或缺的情况，即可掌握该卦的特性，以及处此情境应当努力的方向。

例如蒙卦亨利贞、元德不见，由屯到蒙，涉世渐深，习染渐重，遂使本性蒙尘，须觅良师以启蒙复性。乾、坤、屯、蒙，一脉推衍，自然而然。依此类推，我们可以"元亨利贞"为指标，循序演绎，去了解卦序之所以然。

例如随卦四德俱全，随机应变，勿意、勿必、勿固、勿我，正合乎《易经》“唯变所适”的主旨。随之后为蛊，“元亨，利涉大川”，缺贞德，表示随着时代演变，产生许多积弊待整饬。蛊乱失正，故缺贞；处蛊之时，必须拨乱反正以重建贞德。《文言传》称：“贞者，事之干也。”蛊卦诸爻多云“干父之蛊”，上九且称“不事王侯，高尚其事”。国家兴亡，匹夫有责，全民积极任事、治蛊成功以后，即进入主权在民的临卦。临又“元亨利贞”，初九“咸临，贞吉”，贞德重见。

全民参与政治立意虽佳，落实起来却有极大风险，民主法治的素养若不足，开放自由过度会造成社会失序、乱象纷呈，这就是临卦卦辞中所谓的“至于八月有凶”。十二消息卦中，八月为观卦，临、观二卦相综，至于八月即表示物极必反，形势呈一百八十度逆转，临卦变成了其对立面的观卦。“元亨利贞”四德俱没，变质转凶。《杂卦传》云：“临观之义，或与或求。”“与”即施与，“求”即营求。政治本来是为民谋福的，强调给予奉献，一旦变成了剥削压榨、穷奢极欲的营求，上下交征利，而国危矣！

临卦（䷒）二阳在下、四阴在上，象征民力充沛，基础厚实；观卦（䷓）二阳在上、四阴在下，争权夺利的结果，变成个空架子。不仅如此，在上二阳为争民心拥护，亦生矛盾。九五大权在握，占尽优势；上九冷落一旁，心有不甘，其爻辞《小象》云：“观其生，志未平也。”这一志未平，即启动下卦噬嗑之几。

噬嗑是凶猛斗争之卦，用劲咬合以铲除障碍，被噬的一方全力反噬，硬碰硬的结果，往往两败俱伤。因此为减少斗争成本，又会辅以巧言机诈，软硬兼施，以获取最高利益。噬嗑卦与贲卦相综，贲即包装、文饰。噬嗑是人吃人的武斗，贲是人骗人的文攻，都是乱世人间修罗场的景象。二卦卦辞中有“亨利”而无“元贞”，表示大本不正，所争的只是输赢胜负而已。

长此以往，陷入恩怨情仇的轮回，整个社会必然连根烂掉。贲卦后接着是五阴上剥一阳的剥卦，岌岌可危，所谓覆巢之下无完卵，别说“元贞”不见，连前一阶段双方舍命相搏的“亨利”，亦告瓦解冰消。

剥极而复，乱世人心思治，又会有种种回归正道、追本溯源的努力。复卦卦辞中“亨利”再现，若恢复得法，假以时日，又成下一卦无妄“元亨利贞”的格局。剥卦上九硕果不食，果中含有核仁，仁即生生不已的真几。万一形势更恶化，果肉食尽，只要核仁尚存，落地之后仍可开花生叶，恢复往日风华。复卦初九爻辞云“元吉”，六二《小象》云：“休复之吉，以下仁也。”五阴下一阳生，正是一元复始、万象更新。

凡事有利有弊，卦象亦然。临卦自由开放，泛滥过度则引发乱象；观卦空有其表，却也象征深刻内省、大观在上的宗教情操；噬嗑、贲二卦生死斗争，却一则明罚饬法，以法治规范个人自由，一则主张人文化成，以文化艺术洗濯污浊的心灵。这些都是威权政治解构后，另一方面人心的自然趋向和秩序感的重新塑造。《尚书》的创作笔法有为法、为戒两种，从正反两面启发真理；《易经》卦象卦序的推衍亦然，阴阳互涵、动态消长之理尽在其中。

再如萃卦，人文荟萃，漪欤盛哉，卦辞中“亨利贞”三德具备，“亨”字且出现两次，“利”字出现三次，却独不见“元”。这是因为一山难容二虎，九五、九四二阳矛盾深重，领导权的问题未尘埃落定，当然损耗真元。因此，九四爻辞云：“大吉，无咎。”九五爻辞云：“元永贞，悔亡。”双方为大局着想，各让一步，领导中心一获巩固，歧见消除，即进而为团队成长、欣欣向荣的升卦。升卦“元亨”，元德出现，自然生生不息。

一卦六爻相续，卦卦相连，故而三百八十四爻应可视为前浪后浪、刹刹生新的变化历程，后一卦的初爻，与前一卦的上爻当有衔接。前述复初九和剥上九、临初九和蛊上九即为其例。

另外，像谦卦上六“鸣谦，利用行师”，下接豫卦初六“鸣豫，凶”，豫卦卦辞又为“利建侯行师”。豫卦上六“有渝，无咎”，下接随卦初九

“官有渝”，卦辞又为“元亨利贞，无咎”。无妄卦上九“无妄之行，穷之灾”，下接大畜卦初九“有厉利已，不犯灾”。大过卦上六“过涉灭顶，凶”，下接坎卦初六“习坎，入于坎窞，凶”。大壮卦上六“羝羊触藩，不能退，不通遂”，下接晋卦初六“晋如摧如”。晋卦上九“晋其角”，下接明夷卦初九“明夷于飞，垂其翼”。中孚卦上九“翰音登于天，贞凶”，下接小过卦初六“飞鸟以凶”。均为显例。

《系辞传》云：“精义入神，以致用也。”《易经》彰体明用，经传中用字特多，表现在卦序中亦见心裁。第一爻乾卦初九“潜龙勿用”，第一百八十爻，上经末离卦上九“王用出征”，一隐一现，贯彻始终。《文言传》称潜龙“不见是而无闷”，第三百八十四爻未济卦上九“有孚失是”，以“不见是”始、以“失是”终，均含有甚深意蕴。

再者，如“否之匪人，不利君子贞”，变成“同人于野，利君子贞”；大畜“不家食吉”，养贤，变为颐卦“圣人养贤以及万民”；贲卦“亨小，利有攸往”，剥卦“不利有攸往”，复卦“利有攸往”，无妄卦“其匪正有眚，不利有攸往”等，处处皆可见出卦序安排的致密和巧思。《序卦》云云，岂可轻忽视之？

最后，《系辞传》中还有一章可作为《序卦》的旁证，就是所谓“三陈九德”的忧患九卦，“《易》之兴也，其于中古乎？作《易》者，其有忧患乎”那章。履、谦、复、恒、损、益、困、井、巽九卦，并非随意安排，而是依卦序先后陈述。上经三卦、下经六卦，以相综二卦为一体论的相关位置，亦前后呼应。履、谦、复分居上经第六、第九、第十三，损益、困井、巽则居下经第六、第九、第十四。

最有意思的尚不止此，九德由浅入深，还代表艰苦修行的次第。履为“德之基”、谦为“德之柄”、复为“德之本”，上经三卦阐示修德的根本入手处。孔子自述“吾十有五，而志于学”。学者觉也、效也，知行合一，完全是实践的学问。恒为“德之固”，“君子以立不易方”，表示日积月累、学有所成，孔子言“三十而立”。损为“德之修”，“君子以惩忿窒欲”，正是“四十而不惑”。困为“德之辨”，“君子以致命遂志”，不怨天不尤人，下学而上达，“五十而知天命”。井为“德之地”、井以辨义，声入心通，“六十而耳顺”。巽为“德之制、称而隐、巽以行权”，“七十而从心所欲不逾矩”。《论语·子罕篇》:“可与共学，未可与适道；可与适道，未可与立；可与立，未可与权。”

唯变所适

以上所论皆属《序卦》，往下再来专门探究《杂卦》的问题。《杂卦传》针对《序卦传》而作，将好容易确立的卦序打乱重组，有变有不变，透显出和《序卦》迥然不同的风格，其目的究竟何在？《序卦》重天，破我执；《杂卦》重人，破法执。《序卦》开天辟地，谈历史因果；《杂卦》乾刚坤柔，论经学意趣。《序卦》终于未济，《杂卦》以夬终。《序卦》《杂卦》皆以错综关系为变化主轴，综卦实为一体两面、同时俱生。错综以外的次序，《序卦》依义理仍能贯通，《杂卦》则变幻莫测。尤其大过卦以下的最后八卦，更脱离常轨，连错综关系亦打散，玄之又玄，让人参悟不透。

我们先来看看《杂卦传》的“杂”字，究竟是什么意思？

《系辞传》云:“六爻相杂；唯其时物也……若夫杂物撰德，辨是与非，则非其中爻不备。噫！亦要存亡吉凶，则居可知矣！”又云:“六者非它也，三才之道也。道有变动，故曰爻。爻有等，故曰物。物相杂，故曰文。文不当，故吉凶生焉。”又云:“刚柔杂居，而吉凶可见矣！”又云:“乾，阳物也；坤，阴物也。阴阳合德而刚柔有体，以体天地之撰，以通神明之德。其称名也，杂而不越，于稽其类，其衰世之意邪？夫《易》，彰往而察来，而微显阐幽。开而当名辨物，正言断辞则备矣！其称名也小，其取类也大，其旨远，其辞文，其言曲而中，其事肆而隐。因贰以济民行，以明失得之报。”

《文言传》亦云："夫玄黄者，天地之杂也，天玄而地黄。"《杂卦传》忧患九德，称恒德为"杂而不厌"。另外，《杂卦传》中释蒙卦为"杂而著"。以经解经，这些都是了悟《杂卦》之所以为杂的关键。

前人有以《杂卦》即互卦者，互卦是汉儒立的名称，实即《系辞传》所称的中爻，也就是由三、四两爻所交互组成的卦中卦，象征内在复杂的机制、情境中隐含的情境。

传统论中爻，多以二三四爻组成的三画卦为下互、三四五爻为上互，上下互合而为六画的互卦。民初周善培著《周易杂卦证解》一书，则广衍其义，将初、上两爻亦纳入互卦的范畴，而得出一卦中涵杂五卦的结论。以大过卦为例，二至五爻杂乾，为传统所称的互卦。但初至四爻杂姤、初至五爻亦杂姤，二至上爻杂夬、三至上爻亦杂夬，如此则大过一卦中共杂二姤、二夬、一乾，共五卦。周氏秉此论解析乾坤以外的六十二卦、三百七十二爻，发现本卦和互卦间有极精密的联动关系。乾、坤两卦，另以"六爻发挥，旁通情也"定其杂卦。乾杂复、师、谦、豫、比、剥；坤杂姤、同人、履、小畜、大有、夬，各杂六卦。以此解析乾坤十二爻，亦颇见精彩。

周氏的杂卦新论，亦由以经解经而来，其理论基础即为前引《系辞传》诸章，认为中爻并非中间四爻，而是指居人位的三、四两爻，六爻相杂，而非四爻相杂，因此杂出五卦。五卦中皆含三、四两爻，三、四属人位，人就多是非，《系辞传》亦称三多凶、四多惧。欲彻底了解一个卦及其六爻间的关系，必须考虑中爻所杂之五卦，才能全面掌握是非成败、存亡吉凶。[4]

以此来看大过卦以下的最后八卦，会出现新的线索。《杂卦传》原文云："大过，颠也。姤，遇也，柔遇刚也。渐，女归待男行也。颐，养正也。既济，定也。归妹，女之终也。未济，男之穷也。夬，决也，刚决柔也，君子道长，小人道忧也。"

大过卦内杂二姤、二夬、一乾，故而下接姤以至于夬，刚决柔后，再回复乾卦。大过栋桡，为非常时期，社会失序、人心迷惘，一切定规常法皆遭颠覆，以致引发一连串内涵因子的深刻而剧烈的变化。姤为死里求生的新机遇，循序渐进，可获滋养而解大过崩盘之局，社会秩序重趋稳定。既济初吉终乱，渐卦余业未消，一体俱生的归妹、未济二卦交互出现。女之终、男之穷，相激相荡，伊于胡底？夬卦最后以无比坚强的意志，冲决网罗，一举解决了自大过以来的危局。

《系辞下传》第二章，由伏羲画卦谈“制器尚象”，举了十三个卦，以明人类文化演进之迹。渔猎、农耕、商业、政治、交通、军事、粮食、居住……面面俱到，然后也是大过卦。大过卦四阳聚中、二阴包外，有棺椁之象，代表丧葬死亡，养生送死至此无憾。最后第十三卦为夬，原文云：“上古结绳而治，后世圣人易之以书契，百官以治，万民以察，盖取诸夬。”肉体生命有时而尽，物质文明温饱而穷，借文字记载流传的精神文明，却可与天地相终始。制器尚象继大过后终之以夬，含义甚深，足可与《杂卦传》最后八卦相发明。

末法时期，道非常道，事非常事，一切变动加速。《序卦》上经颐、大过之后，习坎继明亦复如是。离卦最后三爻且有戏剧性的动荡起伏：九四“突如其来如，焚如死如弃如”，一场无名火将长期积累的文明残烧殆尽；六五“出涕沱若，戚嗟若”，在历史的废墟前空白哀悼；上九“王用出征，有嘉折首”，于千钧一发之际扑灭乱源、稳住全局。归妹女之终，未济男之穷，君子道长，小人道忧，夬之时义大矣哉！

十翼终于《杂卦》，二百五十字的传文中，理气象数无不具备，等于是一篇学《易》心得的综合报告，文气腾挪飞转，入了化境。杭辛斋在《学易笔谈》中，对《杂卦》赞誉备至，所谓“知天知人，数往知来，寓《春秋》之微意，垂万世之教诫。”《杂卦》精义奥旨，和《春秋》之志相通，此见画龙点睛，非常值得重视。[5]

五经中，《大易》和《春秋》相表里，《易经》论天道，由隐之显，《春秋》述人事，由显之隐。《序卦》重天，归于未济，序中有杂；《杂卦》重人，终于夬，杂中有序。

《春秋》奉元，首条“元年，春，王，正月”开示明义，和《易经》乾卦“大哉乾元，万物资始”、坤卦“至哉坤元，万物资生”完全相通。《杂卦传》起首“乾刚坤柔”，正是奉元。

《春秋》重人，主张新王革命，唤醒民众结盟，合力铲除世及乱制，次条“公及邾娄仪父盟于眛”，联合以平等待我之小国共同奋斗。第三条“郑伯克段于鄢”，为争夺权位，骨肉相残，明乱制之必除。《杂卦传》续云：“比乐师忧。”正和此旨相通。《春秋》无义战，师道之忧遍见全经。

世及乱制将君权神化，以满足领导阶层无穷之欲。“临观之义，或与或求。”一语道破个中关窍。《春秋》第四条“天王使宰咺来归惠公仲子之赗”、第廿条“武氏子来求赙”、第卅一条“公观鱼于棠”等，皆寓此意。

宗旨既明，往下便谈实践的历程。“屯，见而不失其居”，屯为人之元，幼苗初生、众多清新的生命形态，象征民智渐开。既然显现出来，就不能再受压制，永远坚守立场。《春秋》讲“大居正”、孟子称“居天下之广居”，义同此处的不失其居。“蒙，杂而著”，即使遭遇险阻、灵性蒙尘，也一定奋发突破，重见光明。

“震，起也；艮，止也。”治起于衰乱之中，拨乱反正，止于至善。“损益，盛衰之始也。”人生行止，必有得失，三代因革损益，当有斟酌。“大畜，时也；无妄，灾也。”因而不失其新，一切学习当以合时为准，否则必出毛病，而生无妄之疾、无妄之灾。《中庸》云：“生乎今之世，反古之道，如此者，灾及其身。”《春秋》论灾异，贵除天下之患，亦合此义。

“萃取而升不来也”，群策群力，致治升平。“谦轻而豫怠也”，《春秋》崇让，隐为桓立，能以礼让为国乎？何有？不能以礼让为国，怎么建侯行师都保不住！“噬嗑，食也；贲，无色也”，争权夺利，臣弑其君，子弑其父，必得超脱色相，由文反质。“兑见而巽伏也”，邦有道则见，邦无道则隐。“随，无故也；蛊则饬也”，新周故宋，以《春秋》当新王，过去的不必再留恋；据乱世用重典，扫除革命障碍。“剥，烂也；复，反也”，

《春秋》书梁亡，鱼烂而亡，失民心自溃。三世必复，九世复雠，无论经过多长时期的奋斗，也得恢复天下为公的正道。“晋，昼也；明夷，诛也”，开发民智，日进无疆；乱制斫伤人性，必须起而抗暴，闻诛一夫纣矣，未闻弑君也！“井通而困相遇也”，暂时受挫，成功不必在我，下一回合再来。

“咸，速也；恒，久也。涣，离也；节，止也。解，缓也；蹇，难也”，新阶段开始，重整旗鼓，继续奋斗。“睽，外也；家人，内也”，《春秋》讲三世义，别内外，先内其国而外诸夏，再内诸夏而外夷狄，最后远近大小若一，天下成一家。“否泰，反其类也”，否极泰来，扭转形势，天下太平。“大壮则止，遁则退也”，适可而止，功成身退。“大有，众也；同人，亲也；革，去故也；鼎，取新也”，世界大同，革故鼎新，此为《春秋》思想的核心。“小过，过也；中孚，信也。丰，多故也；亲寡，旅也。离上而坎下也”，矫枉过正而后得乎中，日中则昃，月盈则食；谦逊以得之，骄泰以失之。“小畜，寡也；履，不处也；需，不进也；讼，不亲也”，每况愈下，前途日隘，终至“大过，颠也”，下启往后八卦的非常变局。

《春秋》最后一条：“十有四年春，西狩获麟。”麟为仁兽，微者获麟，象征仁满天下，群龙无首的时代已经来临。孔子慨叹：“吾道穷矣！”制《春秋》之义，以俟后圣。《杂卦传》未济后终之以夬，君子道长，小人道忧，自乾刚坤柔以来的奋斗，得获最后成功。《春秋》为明辨是非之书，人道浃，王道备。《杂卦传》杂物撰德，辨是与非，则非其中爻不备。《系辞传》云：“开而当名辨物，正言断辞则备。”《春秋》明伦等物，精于名物之辨。“因贰以济民行，以明失得之报”，《春秋》一字褒贬，两言以管是非。

《杂卦传》的一字诠有其传统，《春秋左氏传》中即有“屯固比入”“坤安震杀”，以及“屯厚豫乐”的记载。《春秋》一字褒贬，《杂卦》寓《春秋》之志，自然呼应，可谓理所当然。

“其旨远，其辞文，其言曲而中，其事肆而隐。”《易经》立象以尽意，《春秋》设况以明制，经学双璧夙称难懂，而通过持之以恒、杂而不厌的深究，云山雾海或有“杂而著”的一天。爻与爻有互动，卦和卦有关联，经与经有通贯。《易经》一象也，《春秋》一象也，得意忘言，得意忘象。圣人之意变动不居，周流六经，不可为典要，唯变所适。[6]

注 释

[1] 参阅张其成主编:《易经应用大百科》(南京：东南大学出版社，1994年)，534页。该文将“全息”定义为：“小局部包含大整体信息，并可以重演再现原形。”

[2] 王夫之:《船山全书》(长沙：岳麓书社,1988年),《周易内传》卷六下，638页。

[3] 熊十力:《读经示要》(台北：明文书局，1984年)，卷三，714 ~ 741页。

[4] 参阅周善培:《周易杂卦证解》(台北：新文丰出版公司，1979年)。周氏杂卦新论，颇能自圆其说，可视为一家之言。但以此单一观点遍注全部《易经》经传，又有法执之失，落入一偏之见矣!

[5] 杭辛斋:《辛斋易学》(台北：夏学社,1980年),《学易笔谈》二集卷一。

[6] 有关《春秋》义理，请参阅拙文《即事言理——〈春秋经〉表达手法初探》(《中国文化月刊》第五十一期,1984年元月号,7 ~ 21页)。另外，亦请参考拙文《具象抽离——〈易经〉表达手法初探》(《中国文化月刊》第五十期，1983年12月号，86 ~ 102页);《以创造通创造——中国经书诠释问题初探》(《哲学与文化月刊》第十二卷第八期，1985年8月号，50 ~ 57页)。

第四十六章　见天地之心：“近取诸身”探微

宇宙为一大天地，人身为一小天地，具体而微，充满了生命长期演化的奥秘。佛经说人身难得，不知历百千万劫才修成，应珍重此身。伏羲画卦，除了观察自然界的天象地理、鸟兽虫鱼之外，据说也从身体之内在空间悟出许多道理，并表现于卦象中。[1] 今本《易经》经传就有许多卦爻从身体取象，而阴阳爻的基本符号取象男女的生殖器，可说已成易学共识。

《易经》流传数千年，影响及于中华文化各个层面，中医、气功、武术、养生皆与易理相通，道家更有治身如治国之论。[2] 这些和易象“近取诸身”的传统究竟有何相关？除了太极思维、五行生克、河洛理数、先后天方位的象数研究外，对这些专业领域的推陈出新，精益求精有无实质裨益？本章仅就个人学思所得，略作引证，希能有抛砖引玉之效。

正心修身

《说卦传》述八卦取象，有专章论及身体：“乾为首，坤为腹，震为足，巽为股，坎为耳，离为目，艮为手，兑为口。”以卦形想象，颇为贴切，也确实影响了卦爻中近取诸身的部分。今本《易经》初爻以趾为象者，有噬嗑、贲、大壮、夬等卦；以臀为象者，有夬卦九四、姤卦九三的“臀无肤”，及困初六的“臀困于株木”；以股肱为象者，有明夷六二的“夷于左股”，丰卦九三的“折其右肱”；其他如噬嗑卦六二灭鼻、上九灭耳，贲卦六二贲其须，剥卦六四剥床以肤，明夷卦六四人于左腹，解卦九四解而拇，夬卦九三壮于頄，等等，以寓意说理，皆极精彩。

尤其值得注意的是咸、艮二卦，六爻全以身体取象，堪称为《大易》的一对肉身卦。咸为无心之感，谈身体各部位的自然感应、感受及情欲；艮为止欲修持，针对咸的感应下克治功夫。卦序咸居重人事的下经之首，开启身体奥秘的探索；艮居第五十二卦，从咸至艮，已积累了许多体验的知识。人情感之不当，伤害甚深，咸卦六二《小象》称“顺不害”、九四云“未感害”，皆透露其中信息。咸卦旁通的错卦是损卦，损卦《大象传》惩忿窒欲，其目的即在远离感情嗜欲的伤害，故《系辞传》有云：“损以远害。”

咸卦初六咸其拇，艮卦初六艮其趾，其间连带关系为何？拇为大脚趾，五个脚趾的感应都不一样，称“咸其拇”，不称“咸其趾”，可见其细腻敏感的程度。《小象》云：“志在外也。”初六和九四相应与，九四为心动之象，心动导致行动。初六爻变成革卦，表示一旦行动即有剧烈变化，至于变好或变坏，爻辞未言吉凶，全视个人修养和智慧而定。“咸其拇”为自然反应，“艮其趾”为修行克治，只用一套功夫约束五个脚趾的行动，爻辞续云：“无咎，利永贞。”再三叮嘱，看来人一旦想动时，要止得住还真不容易。

咸卦六二“咸其腓”，小腿肚受感应，爻辞续云：“凶，居吉。”本身已作了一动不如一静的判断，艮卦六二爻“艮其腓”，却又称：“不拯其随，其心不快。”六二上承九三，受连带牵引，想止也止不住，身的不由自主触发了心的不痛快。

咸卦九三爻辞云；“咸其股，执其随，往吝。”大腿有感应，已很接近生理冲动的危险区，此爻过刚不中，又当下卦艮的主爻，受上卦兑之主爻上六强烈影响，少男少女情投意合，再难把持。艮卦九三爻辞云：“艮其限，列其夤，厉熏心。”“限”为上下体分界处，即腰部，“夤”为背脊肉。腰受抑制，僵硬难以旋转，会引发脊肉痛楚，好像要裂开似的，如烈火烧心般难受。九三爻变成剥卦，千刀万剐，“不利有攸往”，此爻牵动身心部位既深且广，堪称止欲修行历程中最大难关。

咸卦九四爻辞云：“憧憧往来，朋从尔思。”意乱情迷，心神不定，爻变成蹇卦，有难行之象。“憧”为童心，小孩识世未深，对未来充满不切实际的憧憬幻想，注意力也欠集中，经常会为不断出现的新事物所吸引，所以想归想，很难真正成事。针对此弊，爻辞先言“贞吉，悔亡”，必下正心诚意之功，方能免害。

人体身心的交互作用，已见于艮卦六二及九三，心不快、厉熏心，随着感觉情欲的深化，心灵的痛苦也愈剧烈。艮卦六四爻辞云：“艮其身，无咎。”《小象》称：“止诸躬也。”反躬自省，意诚而后心正，心正而后身修，可获无咎。

《系辞下传》第五章，有一段孔子对咸卦九四的评述，由质疑天下何思何虑起，至穷神知化德之盛终，教人法自然，正思维，重实践，引申发挥得淋漓尽致。远离颠倒梦想，方证究竟涅槃，咸卦九四下应初六“咸其拇”，正是心想牵动实行之象，两爻齐变，恰成既济卦，知行合一，利涉大川。九四爻辞所称“贞吉，悔亡”，贞者事之干，贞固足以干事，[3]可救憧憧妄想之失。

韬光养晦

咸卦九五爻辞称：“成其脢，无悔。”《小象》云：“志末也。”“末”指上六，正值上卦兑的感情宣泄口，爱说爱表现，九五与之相邻，阴乘阳、柔乘刚，欲望蒙蔽理智之象，必须竭力克制才能无悔。“脢”同艮卦九三之夤，为背脊肉，介乎心口之间，居咸卦君位，为全身所有感应的主控中枢，感应力量强大。正因如此，不得随意宣泄，以免伤人害己，心中所想，口中未必宜言。《说卦传》云：“兑为口舌，为毁折。”最高领导者必须深藏不露，谨言慎行，学会控制自己的感情，练就一身铜皮铁骨，以任大事，所谓“政心无情”，即为咸九五之义。

“脢”字的右边为每，依《说文解字》，为草盛上出之意，表示物事很多，非仅一端。人体背肉肥厚，多处筋脉相连，乃万感交集之处；人君位当辐辏，日理万机，为反应决策的中枢。海、毓、晦、悔、敏、诲、侮等字皆以每为左或右，亦和“咸其脢”的意蕴相通：人君深沉如海，难测机深，对民众有养育教诲之责，不宜轻举妄动以致侮或招悔，虽然对周遭形势变动极度敏感，仍韬光养晦。[4] 咸卦九五爻变，成小过卦，其卦辞称：“可小事，不可大事……不宜上，宜下，大吉。”为了大局着想，必须谨小慎微。

咸卦九四“贞吉悔亡”，本宜有悔，治心得当而使悔恨消亡；九五“无悔”，修为更上一层，哀乐不入，根本不会有悔。由悔亡至无悔的精进功夫，《易》卦中多见，例如未济卦九四、六五，大壮卦九四、六五，涣卦九二、六三等皆是。[5]

咸卦九五的深藏不露，亦可于兑卦九五的表现证知。兑卦本为热情洋溢之卦，心有所感，自然表现于外在的言行，情之所至，忘劳忘死也无怨尤[6]，但九五处君位不宜如此，爻辞独不言“兑”，反称：“孚于剥，有厉。”拱默不言，情深难测，竭力克制上六“引兑”的诱惑，游移于天人交战之际，相当辛苦。

咸卦上六爻辞云：“咸其辅、颊、舌。”《小象》称：“滕口说也。”意义很明白。其实兑卦上三爻的情境和咸卦上三爻极似，除九五、上六关系相近外，九四也根底相通：“商兑未宁”和“憧憧往来，朋从尔思”皆为心乱之象；“介疾有喜”就是“贞昔悔亡”。

人的饶舌冲动太强，易败坏人君大业，故而艮卦六五对症下药，其爻辞云：“艮其辅，言有序，悔亡。”并非完全不言，而是言必中，出言前须经审慎思维。

综合以上讨论，可知咸、艮二卦间确有千丝万缕的对应关系：“艮其趾”对“咸其拇”，“艮其腓”对“咸其腓”，“艮其辅”对“咸其辅、颊、舌”，“列其夤”对“咸其脢”，“其心不快、厉熏心、艮其身”又和“憧憧往来”有关。咸卦六爻的自然反应，经艮卦五爻的节欲修持，累日积行，便成艮卦上九“敦艮吉”的圆融境界。

归根复命

“近取诸身”并不限于爻辞有明言的部分，而是已普遍深入各卦卦象的结构。人体直立时的六大关节——踝、膝、胯、腰、椎、颈，可以一卦六爻来代表，其间连动的关系似已在节卦中说明。节卦卦辞云：“亨，苦节不可贞。”人体的关节最易藏污纳垢，若不适当运动以调护，其僵痛有难以言喻者。《彖传》称：“刚柔分而刚得中。”初九立足宜稳，九二适度回旋，六三、六四腰胯宜柔，九五背脊坚实，而六四安承九五之亨，更点出腰背的运动关系——前述艮卦九三“艮卦其限；列其夤，厉熏心”的道理，于此可得反证。

节卦下卦全变，成蹇卦，蹇为寒足，风湿痛、关节炎等症即为此象。节卦上卦全变，成睽卦，上下体各行其是，难以协调。睽、蹇相错旁通，皆由失节所致。欲免身心遭此痛苦，可运用综卦的原理以整治之。涣、节一体相综，涣卦诸爻爻辞，如“涣奔、涣其躬、涣汗其大号、涣其血”，都是借着适度运动以散其郁积，活络气血，遂获节卦爻辞“安节亨、甘节吉”。

身心难以分离，健身还得养心，身心运作的基本规则全在复卦，其卦辞云：“亨，出入无疾。”太极拳中和缓松柔的肢体动作，以及反复旋转的螺旋曲线，甚至生命基因 DNA 的组合方式，都在体现一元复始、万象更新的奥义。乾坤取象天地为父母卦，复则为具体而微的小父母卦，实在阐扬人体造化的奇迹。乾卦九三精进不懈，《小象传》称：“反复道也。”坤卦初六脚踏实地，爻变即成复卦。大天地与小天地交融互摄，难怪复卦《彖传》赞叹:“复其见天地之心乎!”

其他诸多卦爻皆含有复卦的影响:履卦的字义为“主于复”,故其实践的终极境界为上九“其旋元吉”;小畜卦密云不雨,僵局难耐,初九强调“复自道”;泰卦彻底通畅,九三称“无平不陂,无往不复”;解卦完全放松,心念形体皆无所系,足以化解其综卦蹇卦的壅塞,其卦辞有云:“其来复吉。”睽卦初九居睽之始,其爻辞亦云:“丧马勿逐,自复。”

老子对复卦的境界亦有如下描述:“致虚极,守静笃,吾以观其复。夫物芸芸,各复归其根;归根曰静,是谓复命;复命曰常,知常曰明,不知常,妄作凶。”归根复命是生命的常道,由致虚守静而来,修习太极拳始终强调和柔虚静,待松透之后,内劲乃源源而生,对天地万物的感知,亦呈高度灵敏的状态,这种身心自觉,《系辞传》称为“复以自知”“复,小而辨于物”。

依《易经》卦序,复卦之后为无妄卦,起心动念,举手投足一切真实不虚。无妄卦九五爻辞云:“无妄之疾,勿药有喜。”内在真气充实,一些身体的毛病均可不药而愈。无妄卦之后为大畜卦,其《大象传》称:“君子以多识前言往行,以畜其德。”显然心灵作用已大为彰显,能涵摄一切世间知识以为己用,孟子称此境为“万物皆备于我,反身而诚,乐莫大焉”。

大畜卦之后为全面论述养生之道的颐卦。颐卦内震有主,旋转甚深,外艮沉稳,不动如山,正是上乘的练功境界,而中间四柔爻包在二刚爻之内,又呈现所有卦象中最大的内在空间。从颐卦再往深广处修炼,有可能突破大过、坎的生死玄关,达到身、心、灵合一的离卦境界。离卦居上经之末,为自然演化之极境,其《大象传》称:“大人以继明照于四方。”薪尽火传,永垂不朽。

注　释

[1]《系辞下传》第二章:“古者包羲氏之王天下也,仰则观象于天,俯则

观法于地，观鸟兽之文，与地之宜，近取诸身，远取诸物，于是始作八卦，以通神明之德，以类万物之情。”

[2] 颐卦从口体之养谈起，养身、养心、养生、养贤、养民、养一切众生，皆适用同一套治理法则：上止下动，外止内动，顺其自然。道家无为而治的理念，与之完全相通。

[3] 乾卦《文言传》释贞之义极佳，一切创造归于实践。蛊卦不正之风弥漫，卦辞中无“贞”字，故须干蛊以求反正，而《序卦传》《彖传》皆强调往有事，上九爻辞且称：“不事王侯，高尚其事。”

[4] 明夷卦《象》曰：“君子以莅众，用晦而明。”即据此义。

[5] 未济卦九四离险入明，“震用伐鬼方”，有征伐之象；六五当明之中，君子之光，全是和平气象。大壮卦九四最易躁动生悔，勉力克制方得悔亡；六五以柔克刚，“丧羊于易，无悔”。涣卦九二“奔其机”，求立足之地，悔亡；六三“涣其躬”，化私为公，无悔。

[6] 兑卦《彖传》称：“说以先民，民忘其劳；说以犯难，民忘其死。说之大，民劝矣哉！”

第四十七章　言不尽意:《大易》“不言之象”探微

语言文字表述真理有其限制，尤其是有关天人之际的精微体悟，自古哲人即有词穷之叹。老子“道可道，非常道；名可名，非常名”，堪称其中代表。《易经》设立卦爻的符号系统以寓意说理，机巧地超越了语文表达的局限，若能触类旁通，深探其象，必可广获言外之意，拓深义理的内涵。这大概也是易海无涯，区区四千多字的经文，却能源远流长、累世探索不尽的根由。[1]

现代西方诠释学（Hermeneutics）探讨经典诠释的思想结构，亦高度重视文本中未明说出的意涵，为什么不明说？是不为还不是不能？如果说出来会有什么效果？不说出来又是基于什么考量？本文谨就个人学思所得，针对《易经》卦辞中的“不言之象”略做抒发，希能激起易学同好的兴趣，进而开展更深入的研究。

独不称名

六十四卦的爻辞中每每称引卦名，作为各爻意涵统摄的基准，甚至有六爻全称者十三卦。因此，若一卦中有五爻爻辞皆称卦名，唯独一爻未称者，即值得探讨其中缘故，这样的卦共有十四个。

需卦外坎内乾，健行遇险，虽有生存发展的需求，不得不耐心等待，以免躁进灭顶。初至五爻分言“需于郊、需于沙、需于泥、需于血、需于酒食”，独上爻不见“需”字。可见至此需求已获解决，无须再焦灼等候。上六爻辞云：“入于穴，有不速之客三人来，敬之终吉。”不入虎穴，焉得虎子？来得慢虽慢，毕竟剑拔弩张的敌我关系已转化为宾主关系，卦辞所称：“光亨贞吉，利涉大川。”于此实现。

师卦兵凶战危，大动干戈，初至五爻皆言“师”，独上爻无“师”字。表示至此征伐已毕，该论功行赏，重建战后新秩序。上六爻辞云：“大君有命，开国承家，小人勿用。”大君为天下共主，乘着胜战之威，划定诸侯列邦的势力范围，切不可私心用事，扶植亲已势力。否则，又将激起不满，埋下下次战争的种子。上六爻变成蒙卦，感情蒙蔽了理智，滥行酬庸，局势再陷混沌矣！

蛊卦改革积敝，整饬纪纲，初至五爻皆言“干蛊”或“裕蛊”，独上爻不见“蛊”字。显见改革大业终获成功，卦辞所称“元亨，利涉大川”，于此实现。上九爻辞云：“不事王侯，高尚其事。”王侯乃封闭威权体制内的政客，往往就是蛊乱之源。“不事王侯”，表示人民已摆脱特权的控制，进入全民共和共治的时代，《彖传》称：“蛊元亨而天下治也。”“天下治”即全民共治，语见乾卦《文言传》：“乾元用九，天下治也。”用九“见群龙无首”，《文言》又称：“乃见天则。”天则人人平等，不允许特权横行，上九《小象》云：“志可则也。”依天则行事，足为万世法。

上九爻变成升卦，柔以时升，民智民权均大幅度提升，升卦卦辞与蛊卦同称“元亨”。[2] 蛊卦上九的全民改革成功后，下接自由开放的临卦，临卦初、二爻皆称“咸临”，人人皆参与治理，真正落实了全民政治的理念。

明夷卦明入地中，全局昏暗，初至五爻皆云“明夷”，独上爻不言“明夷”，改称“不明晦”。爻辞且云：“初登于天，后入于地。”先盛后衰，由明转暗，关键为《小象》所称“失则也”。不奉行天则，独裁专断，残民以逞，上六实为祸国殃民的黑暗中心。《杂卦传》所谓：“明夷，诛也。”想救民于水火，必须诛除独夫。[3]

涣卦风行水上，有离散之象，二至上爻皆称“涣”，独初爻不见“涣”字，且称：“用拯马壮，吉。”涣散之初，及早提出有力措施，以安定基层民心，可转危为安。一旦失机，往下渐行渐远，涣散的现象会日趋严重，整合的难度也愈来愈高。[4]

咸卦寂然不动，感而遂通，“咸其拇、咸其腓、咸其股、咸其脢、咸其辅颊舌”，独四爻未见“咸”字，爻辞且云：“憧憧往来，朋从尔思。”显然为心受感动之象。心动却不言咸其心，一则心无定在，又无所不在；二则咸为无心之感，强调自然感应。九四有心造作，执着甚深，爻变成蹇卦，反而险阻难行。故而爻辞先言：“贞吉，悔亡。”《小象》称：“未感害也。”正心诚意，始免思虑过多之害。[5]

遁卦急流勇退，“遁尾厉、系遁，好遁，嘉遁、肥遁”，独二爻不言“遁”，爻辞云：“执之用黄牛之革，莫之胜说。”六二爻变成姤卦，二、三、四、五、上爻亦互成姤，六二正当姤之初爻，柔遇刚，有女壮紧紧纠缠之象，当然不言遁。蒙卦启蒙求知，“发蒙、包蒙、困蒙、童蒙、击蒙”，各有教与学的机缘考量，独三爻不称“蒙”，爻辞云：“勿用取女，见金夫，不有躬，无攸利。”显然渎蒙之甚不堪承教，所谓阐提不得成佛，开导徒然浪费教育资源，故不称蒙。六三爻变成蛊卦，风落山，女惑男，教之何益？卦辞主张“再三渎，渎则不告”，可谓深具洞识。

谦卦逊让不争，“谦谦、鸣谦、劳谦、抝谦”，独五爻不言“谦”，爻辞反称：“不富以其邻，利用侵伐，无不利。”六五为君位，有责任化解争端，维持全局和谐。以有因、及之意，不富因其邻、不富及其邻，表示社会有以邻为壑、污染输出等危害群体安定的现象，若劝谏不听，尽可出师侵伐。老子曰：“夫唯不争，故天下莫能与之争。”六五谦德素著，逼不得已，以战维和，舆情皆能接受，不会有什么负面影响。

损卦惩忿窒欲，损下益上，他爻皆有“损”字，独五爻不言“损”，爻辞反称：“或益之，十朋之龟弗克违，元吉。”六五爻变成中孚卦，信用卓著，长期修德有了回报，先损后益，先难而后获矣。

剥卦以阴剥阳，他爻皆言“剥”，独五爻不见“剥”字，爻辞且云：“贯鱼，以宫人宠，无不利。”六五为君位，不但不进逼孤阳，反而领引群阴顺承上九。剥极而复，六五体察大局，见识深远，已在为未来做准备。爻变成观卦，《彖传》所称：“顺而止之，观象也。”正指此爻而言。颐卦自求口实，各爻皆言“颐”，独五爻不见“颐”字，爻辞只称：“拂经，居贞吉，不可涉大川。”上九为颐卦之主，供养众生，六五虚心从上，借力以成君责，违反颐养常道，故不称“颐”。

旅卦羁旅漂泊，难期大成，他爻皆言“旅”，独五爻未见“旅”字，爻辞且云：“射雉，一矢亡，终以誉命。”雉为文明的象征，六五在精神文明的创造上有重大成就，赢得举世的赞美，彻底扭转了不利的形势，故不言“旅”。

兑卦朋友讲习，快乐喜悦，他爻皆言“兑”，“和兑、孚兑、来兑、商兑、引兑”，独五爻未见“兑”字，爻辞云：“孚于剥，有厉。”受上六君侧之人迷惑，影响了统御的威望，不仅不悦，还相当痛苦。这是怎么回事呢？“为臣不易，为君尤难。”自古居领导高位者，任重责深，所思所行难与众人同，其实是相当寂寞的。正因为高处不胜寒，所辖僚属非敬即畏，欠缺真心相待的朋友，才会让上六“引兑”之人乘虚而入，上六《小象》云：“未光也。”刻画二者之间暧昧的关系，可谓深透入微。[6] 兑有言语之象，为政不在多言，为君者为免失言，往往讳莫如深，喜怒不形于色。兑本是多情之卦，九五君位却有政心无情之象，爻变成归妹卦，柔乘刚，悦以动，又现出表里不一的情感冲突。

以上十四卦，具不言之象者遍及六爻，而以上爻、五爻居多。上爻自是物极必反之义，五爻则涉及君位影响大局的深沉考量。

全称卦名

前述六爻全称卦名者有十三卦，善体之亦有甚深意蕴。

比卦六爻全言“比”，显示人际互动在所难免，离群索居实不可能。履卦六爻全言“履”，人人皆须脚踏实地，尽职任事，待将全程历尽，方知如是因果。贲卦六爻全言“贲”，人生在世难免色相习染，返璞归真谈何容易？“白贲无咎”也得从“贲如濡如”中来，人生大半岁月都在虚伪矫饰中度过。复卦六爻全言“复”，灵明自性恒存，道不可以须臾离，可离非道也，上六“迷复凶”也是因复成迷。复为德之本，老子则称：“夫物芸芸，各复归其根，归根曰静，是谓复命，复命曰常，知常曰明，不知常，妄作凶。”“迷复”即是“妄作”，复卦之后续接无妄卦。

蹇卦六爻皆言“蹇”，“往蹇、大蹇、蹇蹇”，江湖路险，人生多艰，何日方得解脱？正因业障重重，所以蹇卦后必接解卦。困卦六爻皆言“困”，人生必遇困顿，困人者人恒困之，冤孽纠缠，何时得了？井卦六爻全言“井”，开发自性无时或忽，以免功败垂成。困、井一体相综，穷则变，变则通。

鼎卦六爻全称“鼎”，“颠趾、有实、耳革、折足、黄耳、玉铉”，缺了任一部位即不成鼎。革故鼎新，本寓全民共和之义，国家兴亡，人人有责。震卦六爻全言“震”，艮卦六爻全言“艮”，人生动静行止，终而复始，悠悠无尽。《说卦传》云：“万物出乎震……万物之所成终而所成始也，故曰成言乎艮。”渐卦六爻全以“鸿渐”为辞，鸿雁群行以序，往来以时，团队精神独具，不宜有离群的孤雁，故能如《彖传》所言：“进得位，往有功也。”鼎、震、艮、渐四卦依序相连，六爻皆称卦名，气势绵密，节奏紧凑。

临卦六爻全言“临”，“咸临、甘临、至临、知临、敦临”，不分男女老少，全民参与治理。观卦六爻全言“观”，“童观、窥观、观我生、观其生、观国之光”，不论层次高低，人生恒在观想。临、观一体相综，既身临其境，就很难真正客观。东坡诗云：“横看成岭侧成峰，远近高低各不同。不识庐山真面目，只缘身在此山中。”近代量子学大师波尔（Niels Bohr）针对这种观察者的困境，说出以下的名言：“在追寻生命的谐和时，我们不可忘记在存在的戏剧中，我们自己既是观众，又是演员。”

若依前述论旨类推，六爻中有二爻不称卦名者，亦有其斟酌考量。同人卦通天下之志，偏偏三、四两爻居人位，却不言“同人”，反而“伏戎于莽、乘其墉”，欲有所图谋，可见理想归理想，实际同人之难。豫卦众乐乐，二、五两爻不见“豫”字。六五被九四架空，威柄下移，自然不乐；六二介石知机，不随九四的激情起舞，众人皆醉彼独醒，故获贞吉。丰卦如日中天，资源充沛，初爻不言“丰”，尚属奠基阶段，五爻不言“丰”，又有君位谦抑自损之意。

全德缺一

乾卦卦辞：“元亨利贞。”经《文言传》孔子解释后，为自然浑全之德的指标。六十四卦中四德俱全者除乾卦外，有坤、屯、随、临、无妄、革六卦，各有条件但书，当事者若能努力做到，即与乾卦同德。坤元与乾元配；屯万物新生，具体而微；随刹那生灭，天下随时；临自由开放，无穷无疆；无妄化育万物，与天地参；革治历明时，另造乾坤。

卦序由屯入蒙，嗜欲渐深，天机渐浅，卦辞有“亨利贞”，不见“元”，生命的本源已然蒙尘，启蒙实即复元。咸、恒、萃三卦皆见天地万物之情，有“亨利贞”三德，卦辞亦不见“元”，可见情障深重，元德不显，宜顺性纯情，发而中节。兑卦也是多情之卦，情之所至，可令人忘劳忘死；涣卦实即兑情之发，若失节制，有重大风险。兑、涣两卦卦辞有“亨利贞”，皆不见“元”，萃聚涣散，人生聚散无常，最易伤情。离卦广设人际网络。同人普结善缘，齐心协力打造灿烂文明。然而缘起缘灭，终有抽身遁退之时，遁卦继咸、恒二卦之后而生，此情难有久长时。离、同人、遁三卦亦不见“元”。

《系辞下传》末章屡言情：“爻象以情言……吉凶以情迁。是故爱恶相攻而吉凶生，远近相取而悔吝生，情伪相感而利害生。凡《易》之情，近而不相得则凶，悔且吝。”看来情之一字，为《易》所重，为法为戒，悉依情言。上述涉情诸卦，虽有“亨利贞”之效，元德毕竟不彰，习《易》者于此当有深省。

蒙之后为需卦，饮食男女，人之大欲存焉，一切讼端因此而起。人孰无过，过而能改，积久修习，成功可致，小过之后接既济，昭示此理。此三卦亦不见元，一切搞定后反失创造的动力，故既济后必须以未济终之。

蛊卦最特殊，卦辞中有“元亨利”三字，独不见“贞”，显然不正之风弥漫，须积极整饬，拨乱反正。《文言传》云：“贞者，事之干……贞固足以干事。”贞德由认真干事而来，故而诸爻多称“干父之蛊”或“干母之蛊”，上爻且称：“不事王侯，高尚其事。”《序卦传》亦云：“蛊者，事也，有事而后可大，故受之以临。”蛊卦之后的临卦，“元亨利贞”四德俱全，贞德重现矣！[7]

注释

[1]《系辞上传》末章：子曰：“书不尽言，言不尽意。然则圣人之意，其不可见乎？”子曰：“圣人立象以尽意，设卦以尽情伪，系辞焉以尽其言，变而通之以尽利，鼓之舞之以尽神。”

[2] 升卦《彖》曰：“柔以时升，巽而顺。”上卦坤为众，代表人民做主，下卦巽的初爻为基层民众。爻辞云：“允升大吉。”《小象》称：“上合志也。”可由基层升至领导阶层，故而《彖传》结尾称：“南征吉，志行也。”“南征”即南面为王之意，推翻腐败专制，还政于民，与明夷卦九三“南狩”之义同。卦辞称“元亨”的尚有鼎、大有二卦。鼎即人民革命之后所建立的共和体制，大有柔得尊位，人人皆有、全民共有的意旨更为明显。

[3] 明夷卦六五以箕子为象，显非君位，同受上六的淫威控制。上六隐指纣王，才是明夷之君，上爻为亢龙之位，独夫刚愎自用。九三与之相

应，南狩得其大首，影射武王伐纣。明夷与晋一体相综，日出日落，寓有微言大义，商周之事只是取象，不可为典要，唯变所适。

[4] 明夷卦九三为革命中心，吊民伐罪，六二极力配合，爻辞亦称：“用拯马壮，吉。”显然和涣卦初六同调，皆顺从其上阳爻行事。涣卦初六《象》曰：“顺也。”理通明夷卦六二小象：“顺以则也。”“则”字再度出现，顺依天则行事，全民共治，可致国泰民安。六二爻变，即成泰卦。

[5] 有关咸卦九四的深入义理分析，可参见拙文《见天地之心——“近取诸身”探微》(发表于2002年9月，河南安阳第十三届《周易与现代化》国际学术讨论会)。

[6] 有关兑卦九五、咸卦九五的比照分析，亦请参考《见天地之心》论述。《易》卦君位之爻确有特殊考量，难与众爻同，履卦九五即为显例。“履和而至、履以和行”，九五爻辞却云：“夬履，贞厉。”领导人履行决策之责，往往乾纲独断，不能一味以和为贵。爻变成睽，陷入孤立，与臣下皆不亲近。九二“幽人贞吉”，自我隔离；九四“愬愬终吉”，伴君如伴虎。

[7] 蛊卦之前为随卦，亦四德俱全。蛊卦处于两个元亨利贞的卦之间，位序十分特殊。《易经》尚变，蛊即有大变革之象。

第四十八章　执大象，天下往:《周易·大象传》义理结构初探

“十翼”中,《大象传》创作较早，于易学思想的激发至为重要，其修辞规格中有变化，论卦不论爻，取象专注于上、下卦间的互动关系，纯以德性观照，不涉祸福吉凶。

《易经》七种十篇的《易传》中,《大象传》的风格相当特殊，修辞规格中有变化，论卦不论爻，取象仅限于上、下卦间的互动关系，纯以德性观照，不涉祸福吉凶。每卦一则十多字，全部六十四卦也才八百多字，除《杂卦传》外，于“十翼”中堪称言简意赅。

王船山易学著作等身，两部最著名的代表作:《周易外传》与《周易内传》。外传为壮年期的一家之言，意气风发，自抒胸臆;内传则老实解经，为衰年定论。

在由外而内的历程中，即有《周易大象解》一书传世，触类发挥，颇富精义。

“十翼”中，除《说卦传》古今杂糅外,《大象传》极可能是最早创作的一篇[1]，于易学思想的激荡鼓发至为重要。

本文谨就其义理架构、修辞方法略作阐析，并针对“五以”(君子、先王、后、上、大人)的意涵稍事发挥，尚祈海内外方家指正。

天人合发，万化定基

《易经》仰观俯察、近取远取，是贯通天人的学问，《大象传》依上、下卦取象，关注上下互动、内外呼应的关系，自然体现斯旨。

“天行健，君子以自强不息”，“地势坤，君子以厚德载物”，乾、坤两卦的《大象传》定出基调，由天体之运行不息及大地之博厚无疆，推导出人的奋斗方式。君子为修行初阶、人德之门，希圣希贤，当体察自然法则，化为人事的运用。“以”字有因、用、及、而诸义，只要天地间有此一象，必有其理，善加发挥运用，即可进德修业，产生莫大的效益。

天行称健，不称乾；地势称坤，不称顺。乾代表天道至尊，无形无象，以其属性健称之；山河大地触目皆真，遂称坤之卦名。其他六十二卦皆称卦名，上下互动的形象更为具体。

“地上有水”，配合无间称比；“火在天上”，普照万物称大有；“山上有泽”，清幽纯净称咸；“山下有泽”，易遭污染称损。六十四卦以上、下取象的占了一半，而履、睽、剥、夬四卦，更凸显上下关系的重要。

“上天下泽，履。君子以辨上下，定民志。”履卦履行职务，重视上下权责的厘清，一切明确规范，如此可安民心，大家务实任事，自然政通人和，国泰民安。履卦之后为泰，泰卦《彖传》称：“上下交而其志同。”由辨上下至上下交，可谓顺理成章。

“上火下泽，睽。君子以同而异。”睽卦反目成仇，各行其是，《彖传》称：“火动而上，泽动而下。”取象释义明确，上下不和，朝野对立，而国危矣！睽卦之后为蹇，睽、蹇二卦相错，表示必生巨变，内斗分裂的双方皆寸步难行。求同存异、互信互谅，才是处睽之道。

“山附于地，剥。上以厚下安宅。”剥卦根基流失，岌岌可危，位居民上者须释出资源，培元固本，以转危为安。山虽高，其实附属于地，没有地壳隆起的造山运动，哪来的山？领袖因人民拥戴而起，一旦失去民意支持，必然覆亡。

“泽上于天，夬。君子以施禄及下，居德则忌。”夬卦积累资源雄厚，似水库中蓄满了水，为了本身坝体安全，以及调节上下游水量，须适时泄洪。为政者理应施惠于民，纾解民困，不可居功居德。夬卦之前为益，益卦《彖传》称：“损上益下，民说无疆，自上下下，其道大光。”福国利民的主张一以贯之。

《彖传》的成书应晚于《大象传》[2]，亦应在《小象传》之后，其论述除了解释卦辞外，尤重卦体结构的分析，而且卦爻并重，突破了仅以上、下卦取象的方式。由上述履卦《大象》和泰卦《彖传》、夬卦《大象》和益卦《彖传》的依序相关，亦可窥见一斑。《小象传》应作于《大象传》稍后，由宏观入微观，从总论到分论，自然也受《大象传》的影响。剥卦《大象》既称“上以厚下安宅”，初六《小象》遂云“以灭下”、六三《小象》则云“失上下”。

《大象》称卦名，除多以上下取象外，也用中字以示其关联，如“地中有水”称师、“地中有山”称谦、“天在山中”称大畜等，这就有了内外、隐显的含义。劳师动众的战争，所有兵员或武器的战备资源，部署必须隐秘，且富机动性，如地中流动之水，诡变莫测。师卦《大象》称：“君子以容民畜众。”古代寓兵于农，现代寓兵于工商，一旦爆发战争，迅速动员由民转军，即为此义；而发射导弹、行踪隐秘的核潜艇，最具威慑力，亦合此象。

《大象传》的修辞神变无方，除上述规格外，又有许多翻新的表述，以昭显该卦的特性：例如“云雷”称屯、“雷雨”称解、“雷电”称噬嗑、“雷电皆至”称丰、“雷出地奋”称豫，等等。火雷噬嗑改称“雷电”，是迁就语言习惯，也是强调法制之威。雷火丰称“皆至”，完全合乎明动相资，以成丰功伟业之卦旨。豫卦积极备战，“奋”字为田地上一只大鸟卑身敛翼、准备一飞冲天之象，表现卦情淋漓尽致。

“雷风”称恒，“风雷”称益，表示两种动势相得益彰。天与火称同人，天下雷行物与无妄，以与字结合天人万物，标榜众生一体。

神而明之，存乎其人

六十四卦由八卦相重而生，八纯卦乾、坤、坎、离居上经，震、艮、巽、兑居下经，其《大象传》的修辞尤其考究，意蕴甚深。

乾称“天行健”，坤称“地势坤”，已如前述。坎称“水洊至”，离称“明两作”。“洊”为水相永存，一波未平，一波又起，两卦皆强调永续不绝。天地水火在前，运行态势在后，由体生用，合乎上经自然演化之旨。

“洊雷震”“兼山艮”“随风巽”“丽泽兑”，作用在先，雷山风泽在后，由用见体，下经四卦重视人事应用。震、坎同用“洊”字，水的震波波波相续；“丽”为离卦要义，兑卦用“丽”，中女少女亦一脉相承。

《大象》取象，多言“有”字。“天下有山”，“山上有火”，宇宙万象皆真，凝神静观，处处充满了丰富的启示。《易经》经传毕竟仍是儒家主调，积极肯定万物的存在，大有一卦的卦名可见精神。《易经》虽也言无，无咎、无悔、无妄、无交害，无的都是一些负面的情绪和言行。[3]

《系辞传》首章开章明义，有称：“方以类聚，物以群分，吉凶生矣！”观察宇宙万有，辨方正位、触类旁通的功夫必不可缺，《大象传》多提“方、物”二字，可谓理所当然。

观卦“风行地上”，“省方观民设教”；复卦闭关调养，“后不省方”；离卦薪尽火传，“以继明照于四方”；恒卦一心一德，“立不易方”；姤卦危机控管，“后以施命诰四方”。坤卦“厚德载物”；同人“类族辨物”；谦卦“称物平施”；无妄卦“茂对时，育万物”；家人卦“言有物而行有恒”；未济为最后一卦，终结以“慎辨物居方”。

照讲类聚群分之后，即生吉凶，但六十四卦的《大象传》无一字言及吉凶，只谈进德修业。单是言及“德”字的，如“果行育德、作乐崇德、自昭明德、反身修德”等，即多达十四卦，其他如“教、育、明、习、作、行”等字，亦在所多有。不管顺境或逆境，总是处之泰然，并转化为虚心学习、提升自我的动力。

坎卦“水洊至”，称习坎，“君子以常德行，习教事”。接连两个“习”字，把重重险难视为人生最佳修炼的道场，所谓生于忧患，动心忍性，增益其所不能。困卦“泽无水”，资源耗尽，“君子以致命遂志”，仍发扬惕厉，不改其志。大过卦“泽灭木”，洪流覆舟，“君子以独立不惧，遁世无闷”，睥睨一切的胆识令人折服。否卦“天地不交”，“君子以俭德辟难，不可荣以禄”，绝不卖身求荣，助纣为虐。明夷“明入地中”，“君子以莅众，用晦而明”，将夜暗之象转为高层宽以待下的统御之术。蹇卦“山上有水”，行有不得，反求诸已，不怨天不尤人，“君子以反身修德”。看来，在《大象传》作者心目中，人生无不可处之境，一切素位而行，无所不用其极，无入而不自得。

趋吉避凶，全属人之常情，超凡入圣，仍得坚持正道。“苟利国家生死以，岂容祸福避趋之？”林则徐坦然道出儒者精神，而《系辞下传》首章更说得好：“吉凶者，贞胜者也。”[4]

知所先后，则近道矣

《大象传》将自然现象中所蕴含的法则，转化为人世上的修行运用，其行为主体设定为君子。所谓“《易》为君子谋，不为小人谋”，在儒家的系统里，君子为入德之门，可下学而上达。孔子还曾嘱咐子夏：“女为君子儒，勿为小人儒。”[5]《大象传》既以德行为重，称“君子以”可谓恰如其分。

除了五十三个卦称“君子以”之外，还有剥卦称“上以”，七个卦称“先王以”、两个卦称“后以”，以及离卦称“大人以”等特例。

剥卦上下关系失衡，居上位者必须速谋补救，以免全面崩盘，其理已如前述。“大人”依《文言传》的阐释，为易学系统最高的德位，贯通天地人鬼神，“先天而天弗违，后天而奉天时”。离卦为上经之终，象征人依自然法则而开创出的文明体系，所谓“大人以继明照于四方”，正是功德圆满，与天地参。

“后”依《说文》解释，为“继体君”，实即后王，与先王有时间上前后相续的关系，战国时孟、荀乃至儒、法间，有“法先王”及“法后王”的争论，一般说来，先王如尧、舜，崇尚德治，天下为公，后王如禹、汤、文、武，讲求事功。另外，战国诸侯也称后，先王则代表始行封建的天下共主，二者为地区政权与中央政府的关系。比卦《大象传》说得很清楚：“先王以建万国，亲诸侯。”比卦之前为师卦，上六爻辞称：“大君有命，开国承家。”“大君”即先王，一战成功后分封列邦，以共治天下。

比卦排序第八，天下列邦的格局发展至排序第十一的泰卦，呈现繁荣强盛的世景，其《大象传》称：“后以财成天地之道，辅相天地之宜，以左右民。”地方诸侯励精图治，富国强兵，天下万民争相归往，完全掌控资金、技术及人才的流向。今日中国大陆的诸侯经济，各大省市的行政当局，勠力基础建设，吸纳外资，正合此象。

然而，泰极否来，景气循环有其规律。泰、否二卦仍受区域格局之囿限，必须打破据地称王的形态，融入全球化更大的平台中运作，才有真正的前途。这就是同人、大有二卦所揭示的大同思想，而泰卦上爻“城复于隍”、否卦上爻“倾否”，倾城倾国，化私为公，天下一家矣！

大有卦之后为谦、豫二卦，《系辞传》称“谦以制礼”，豫卦《大象传》则称：“先王以作乐崇德，殷荐之上帝，以配祖考。”崇德报功，制礼作乐，以教化人心，建立富而好礼的社会。三代革命成功，皆作雅乐以彰显其立国精神。武王的作乐有杀伐之音，尽美未尽善；大舜的《韶乐》中正和平，尽美也尽善，孔子聆听后叹为观止，三月不知肉味。

再往后，排序二十的观卦，《大象传》称：“风行地上，观。先王以省方观民设教。”各方风土民情不同，中央施政者必须经常到地方上走走，深入考察，推行教化，因地制宜。《诗经》的十五《国风》风风不同，读了可以兴、观、群、怨，大有裨益于王化的推行。先王理想的大同之治，是在人性根源处求同，各方风土之异，只有尊重、欣赏和包容。

观卦之后，紧接着噬嗑卦，其《大象传》称："先王以明罚敕法。"王道之治除礼乐教化外，仍得彰明法纪，列国之间亦须有通行的国际规范。孔子的《春秋》正是为此而作，褒善贬恶，绝不宽贷。《孟子·离娄篇》有云："王者之迹熄而诗亡，诗亡然后《春秋》作。"观卦观风之后，继之以噬嗑的雷电交加，亦势所必至。[6]

复卦返本开新，见天地之心，彰显人道最核心的价值，其《大象传》称："先王以至日闭关，商旅不行，后不省方。""先王"与"后"二者俱现，都得遵行自然的规律，适时深刻内省，以校正自己外在的言行。《大学》说得好："自天子以至于庶人，壹是皆以修身为本。"

复卦之后为无妄卦，其《大象传》称："先王以茂对时育万物。"无妄即诚，至诚则能尽性，尽己之性，尽人之性，尽物之性，赞天地之化育，与天地参。《易传》与《中庸》相表里，圣门血脉完全一贯。

复卦与姤卦相错，姤为不期而遇，人生际遇变幻难测。复重内修，姤为外遇，其《大象传》称："天下有风，姤。后以施命诰四方。"后为一方诸侯，遭遇突发事变时，得立刻通知天下四方，保持警戒，以免区域性的危机扩散蔓延。现今世界大通，休戚与共，举凡灾害防治、疫病流行、金融危机等都得建立全球联防的体系。

排序第五十九的涣卦，再提先王，其《大象传》称："风行水上，涣。先王以享于帝立庙。"风吹过水面，以切入点为圆心，波澜往四处扩散，也是无远弗届的全球传播之象。天下为公的王道政治的理念，契合自然与人性，应为全人类所共享。《春秋》大一统、大居正的主张，《大学》平天下的理想，均合此象。[7]

精妙制衡

现代国家公权力的组成，大多基于权力制衡的理论，行政、立法、司法相互制衡。《易经·大象传》中噬嗑、贲、丰、旅四卦，两两相综，亦涉及这方面学理的严肃探讨。

噬嗑卦《大象》称："先王以明罚敕法。"明订规范，违犯必罚，可视为立法权。贲卦尚文饰，所谓官样文章，正是行政部门的通病，其传文云："君子以明庶政，无敢折狱。"折狱即司法审判，行政权只需做好行政，绝不可干涉司法独立，否则弊病不可胜言。噬嗑、贲二卦相综，一体两面，显示行政立法相依相倚的密切性。

丰卦传文云："君子以折狱致刑。"断人有罪无罪，有罪则依法量刑，正是司法权的领域。旅卦传文云："君子以明慎用刑而不留狱。"司法权的核心就是审判，审前判后皆需行政权的支持，如检调部门及各地监狱等。丰、旅二卦相综，显示行政与司法互动的分际。雷火丰和火雷噬嗑是上下卦对调的关系，火山旅、山火贲亦复如是，充分彰显了互相制衡的巧妙。四卦的传文三言"君子以"，唯独噬嗑卦称"先王以"，又见出立法权尤其贵重，依法行政，依法审判，才是国家长治久安之基。[8]

极其数，遂定天下之象

《易经》理气象数具备，《大象传》说理高明深透，其后皆有精密象数的依据。以六十四卦的排序而论，并非巧合偶然，而与河洛数、大衍数等有关。

谦卦排序十五，正合九宫纵、横、斜各三数之和，显示自然均衡之妙。《大象传》称："君子以裒多益寡，称物平施。"既合卦理，也似乎扣准十五之数而言。

革、鼎排序四十九、五十，又合"大衍之数五十，其用四十有九"之义。大衍占法的原理与历法有关，模拟天地人时的循环，而革卦《象传》称"治历明时"，鼎卦称"正位凝命"，完全呼应筮法的操作程序。演出卦象若有爻变，须以天地之数五十有五来校算，以审定宜变的爻位。丰卦排序刚好第五十五，"折狱致刑"不正是关键判断之义吗？丰、谦二卦之《彖传》皆通天地人鬼神，一为《河图》天地之数，一为《洛书》九宫数，个中因由耐人寻味。

另外，节卦排序六十，正合干支甲子之数，其《大象》称："制数度，议德行。"恒卦排序三十二，恰居六十四卦之中，其《大象》称："立不易方。"《杂卦传》将六十四卦重新排序，而恒卦位置不动，仍居三十二位。蛊卦排序十八，有终始变化之义，而占法十有八变而成卦。复卦排序二十四，《象传》明言冬至之日闭关，似乎又和二十四节气有关。

注 释

[1] 请参看《周易概论》一书。刘大钧先生在《关于周易大传》一文中，多方举证，认为"十翼"中《说卦》最早，《大象传》次之，然后是《小象传》《彖传》《文言传》《系辞传》《序卦传》《杂卦传》。分析入理，差不多应该就是如此。

[2] 刘大钧举鼎、剥、坤、巽、晋及明夷等卦为例，比较《彖传》及《大象传》的写法，认为前者显然受了后者的启发，造句近乎雷同。其实以义理层次看，《彖传》也有翻新，观象的角度更繁复，且明显重视爻在卦中的位置结构，全面探讨可能生发的意义。这些应该都是在大、小《象传》已经完成后，才有的新思维。

[3]《序卦传》亦多言"有"字："有天地，然后万物生焉……物畜然后有礼……有万物，然后有男女……有过物者必济……"一律正面肯定。其实卦爻辞也一样，有庙、有终、有孚、有命、有渝、有子、有喜、有尚、有攸往。

[4]《系辞上传》次章有云："吉凶者，失得之象也。"称"失得"，不称"得失"，暗示吉未必得，可能为失，凶未必失，可能为得。人生祸福相倚伏，不宜太过执着。晋卦"自昭明德"，君位六五爻辞称："失得勿恤，往吉，无不利。"患得患失，绝非修行正道。吉凶只是失得之象，未必属实。

[5] 见《论语·雍也篇》。君子儒与小人儒的分际，并非泛泛，而有传道上的深意。子夏传经，孔子晚年彻悟的大同思想，《易》与《春秋》之绝学，怕后世不识其真，必有殷切嘱咐。《易传》强调“君子以”，亦可作如是观。

[6]《孟子·滕文公篇》称：“孔子惧，作《春秋》。《春秋》，天子之事也。”《庄子·齐物论》有云：“《春秋》经世，先王之志。”孔子志在《春秋》，有天子之德，五天子之位，褒善贬恶，故有知我罪我其唯《春秋》之叹。

[7] 涣卦君位九五爻辞称：“涣汗其大号，涣王居，无咎。”《小象传》云：“王居无咎，正位也。”此为王道思想的核心，微言大义之所在。孟子知《春秋》，曾称大丈夫为：“居天下之广居，立天下之正位，行天下之大道。”正合此爻之旨。《易经·大象传》七言“先王”，从比卦的建国新侯始，至涣卦的享帝立庙终，道通天人，首尾一贯。六十四卦中，“君子以”共五十三卦，占八成多，先王、后、上、大人皆领导阶层，合占不到二成，亦合乎现代管理理论中的“八十、二十定律”。先王、后王若同条一贯，明理达势，则成大人承先启后之业。

[8] 孟德斯鸠著《法意》，倡三权分立之说，亦提及立法权为重。中国古代的政法思想发达甚早，《尚书》中多处已有明训，只是后代君主擅权用事，很少依训奉行。《尚书·立政》：“文王罔攸兼于庶言。庶狱庶慎，惟有司之牧夫是训用违。庶狱庶慎，文王罔敢知于兹。”“相我受民，和我庶狱庶慎。时则勿有间之。自一语一言，我则末……继自今文子文孙，其勿误于庶狱庶慎，惟正父之。”“其勿误于庶狱，惟有司之牧夫。”《尚书·君陈》：“殷民在辟，予曰辟，尔惟勿辟；予曰宥，尔惟勿宥，惟厥中。”注意“庶狱”“庶慎”和“明庶政，无敢折狱”，以及“折狱致刑”“明慎用刑而不留狱”之间的关联。《易》为五经之原，大道一以贯之。

第四十九章　震用伐鬼方："《大易》兵法"初探

《易经》为群经之首、大道之原，诸子百家无不受其深刻影响。"分阴分阳，迭用柔刚"的太极思维，[1]以及错综复杂的卦爻结构，数千年来，不断刺激中华学人的创意想象，提供豪杰志士的行动参考。《系辞传》云："以通天下之志，以定天下之业，以断天下之疑。"这种历久弥新、涵摄万有的气势和魅力，实在令人惊叹！

中华兵学以《孙子》十三篇挂帅，讲究形势虚实、神变无方，其论述之严谨精彩，以及"不战而屈人之兵"的全胜战略思维，在东西方均赢得高度的肯定。

《易经》与兵法的关系，无论就文化发展或义理结构辩证，皆丰富深邃，值得精细研究。然而既往的一些合论多流于浮面，借一些卦爻辞说明些常识，引用易象亦不精确，难免攀援比附之讥。[2]这种比较方式，对拓深义理内涵、刺激两大学术往前开展，恐怕并无裨益。

本文拟由《易经》的师卦起论，循卦爻间自然的关系错综推衍，以及他卦他爻，以多方印证兵法中的一些关键理念，而后综合整理出几个问题，供好学深思者参考。

兵凶战危

师卦（䷆）为《易经》军事思想最简洁的流露。卦象也很单纯：内卦坎险，挑明兵凶战危的本质；外卦坤顺，坤为众、地势坤，行师必须顺应形势，掌握土地人民的自然法则。坤卦上六爻辞云："龙战于野，其血玄黄。"为了争夺土地及民众，遂爆发战争。山河大地险障重重，不明地形地物，断难行动自如。《孙子》以兵者为死生之地，在《九变》《行军》《地形》《九地》诸篇中，深研"远近、险易、广狭"之理，正因于此。[3]

坎为水，象征一种不定形而奔腾流动的资源，具有极大的杀伤力。师卦地中藏水，既有寓兵于民、隐秘部署之象，又涵兵法因敌变化之理。《孙子》所谓："兵形象水。水之行，避高而趋下；兵之胜，避实而击虚。水因地而制行，兵因敌而制胜。故兵无成势，无恒形。能因敌变化而取胜者，谓之神。"[4] 又称："兵者，诡道也"[5]，"兵以诈立"[6]。完全合乎师卦之象。

师为一阳五阴之卦，全卦重心在九二一爻，正为领军作战的大将之象。卦辞所称"丈人吉"，表明将才为成败所系，智、信、仁、勇、严具备即为丈人。[7]《孙子》云："将者，国之辅也，辅周则国必强，辅隙则国必弱。"[8] 又称大将为"国之宝"[9]、为"民之司命，国家安危之主"[10]。

九二和六五相应与，六五为命将之君，本身虽不亲临战事，却是影响师卦吉凶的另一关键。如何充分授权而不掣肘，却又不致失控而生叛乱，自古即为明君良将之间的无限心事。师卦卦辞在"丈人吉"之后，又云"无咎"，九二爻辞："在师中吉，无咎。"皆提醒为人将者审慎处理君将关系的重要，厘清政治与军事的分际，以免战胜之后功高震主、自遗其咎啊！

六五爻辞云："长子帅师，弟子舆尸，贞凶。""舆"即舆论的舆，"尸"为主，"舆尸"即多人参与意见，干扰主将的指挥权。国君既派了大将九二领军，又加派六三监控分权，这种做法极不恰当。六三阴居阳位不当位，又乘于九二阳刚之上，爻辞云："师或舆尸，凶。"《小象》且称："大无功也。"明确指斥措置失宜，亦显示为人君长的微妙心理。《系辞传》云："三与五，同功而异位。"六三会如此嚣张，和六五授意绝对有关。

由此看来，九二爻辞所云“王三锡命”究为何意，就很耐人寻味了。传统的注解多以国君命将，再三荣宠褒奖为释。既然如此，何以总提舆尸之凶？九二《小象》释爻，以“承天宠”解“在师中吉”，以“怀万邦”解“王三锡命”，何谓“怀万邦”？二、三、五爻间之所以呈现上述的互动，是不是国君放心不下政权的安危，以致一再下令遥控战局，带给前线将领极大的压力呢？

孙武本身为将，对此问题极为注重，以“将能而君不御者胜”为制胜之道，痛陈国君干涉军政之非，称为“縻军”及“乱军引胜”[11]，主张将在外，“君命有所不受”[12]。除了负面的谏止外，也强调正面的契合：《始计篇》所言五事七计，“令民与上同意”“主孰有道”皆为第一考量。君将关系之所以成立，和彼此于大战略有共识攸关。“将听吾计，用之必胜，留之；将不听吾计，用之必败，去之。”命将大权在于国君，任人不疑，疑人不任，丝毫勉强不得。既然任用了，实战即交付执行，自己退居二线协助，故云：“计利以听，乃为之势，以佐其外。势者，因利而制权也。”强化将领的威信还来不及，怎么可以随便牵制而自毁长城呢？

建立并确保正常的君将关系，不仅孙武重视，历代言兵者莫不强调：《司马法》主张：“国容不入军，军容不入国。”[13]《六韬·立将篇》云：“国不可从外治，军不可从中御……军中之事，不闻君命，皆由将出。”《三略》云：“出军行师，将在自专。进退内御，则功难成。”

战事难期必胜，撤退转进亦常有之事。只要败而不溃，始终稳得住阵脚，即无大碍。师卦六四爻辞所云：“师左次，无咎。”即为此意。为什么师卦六爻屡提败，少言胜呢？这又与《孙子》“先为不可胜，以待敌之可胜”的务实思想相通。先求自保，立于不败之地，再进一步觅寻胜机。[14]《孙子·作战篇》有云：“不尽知用兵之害者，则不能尽知用兵之利也。”凡事先作最坏的打算，确实比轻举妄动、行险侥幸要成熟稳重得多。《易经》需卦九三《小象》云：“敬慎不败。”大有卦九二《小象》称：“积中不败。”虽然需要，耐心等待；拥有一切，亦从累积不败而来。

其他兵家皆有此共识：《尉缭子·战权篇》云：“知道者，必先图不知止之败，恶在乎必往有功？”什么叫战权呢？《司马法·定爵篇》解释特别扼要：“凡两，是谓战权。”任何事皆有阴阳两面，吉凶、成败、祸福、得失，一个深思熟虑的人必须权衡利弊，做好一切准备。

军事行动攸关千万人的生死存亡，组织纪律重于一切，甚至超越一时的成败。师卦初六爻辞云：“师出以律，否臧凶。”讲得斩钉截铁，不容商量。为将五德之一为“严”，孙子七计有云：“法令孰行？”

七计最后一计为“赏罚孰明”，以此为较量彼我胜负的重要条件。师卦上六爻辞云：“大君有命，开国承家，小人勿用。”正是谈的赏罚。始于纪律，终于赏罚，师卦六爻言理，可谓首尾相应。只有赏罚严明，才能确保军纪于不坠，才能终而复始，进行往后的军事行动。

伐谋伐交

师卦和比卦（䷇）相综，军事和外交实属一体两面，可交相为用。战争太消耗资源，还不一定真能解决问题，若外交谈判、策略结盟有效，何乐而不为？《杂卦传》云：“乾刚坤柔，比乐师忧。”国际间贸易往来，互助合作，比搞对抗好得多。《易经》卦序，比卦紧接在师卦之后，也表示国与国间的军事冲突逼着彼此寻求盟邦，以增强对抗的实力。外交战的纵横捭阖，其诡谲激烈，并不下于战场上的厮杀。孙子主张：“上兵伐谋，其次伐交，其次伐兵，其下攻城。”[15] 交而言伐，可见一斑。

外交战一般皆在军事战发动之前，强己弱敌，以抢占先机。比卦卦辞云：“不宁方来，后夫凶。”动作慢的一方陷于孤立，肯定吃亏。动作快的先决条件，则是判断要准确，彻底研究清楚对象国的意图。孙子在《军争》《九地》两篇中皆称：“不知诸侯之谋者，不能豫交。”是故伐谋还在伐交之前。比卦卦辞前段所云：“原筮，元永贞，无咎。”筮以决疑，“原筮”是追根究底去推想：彼此建立外交关系，是否确实有利？能不能有大而新的发展？有没有长期性？合不合乎正道？若答案皆为肯定，则可下手建交。

外交虽然重要，本身立场的维持及实力的培养，可马虎不得。历史上“虚内务，恃外好”[16]以亡国的例证太多了！师、比相综，没有够水准的武备，也就不会有健康的外交。比卦六二《小象》云：“比之自内，不自失也。”外交是内政的延长，合作归合作，绝不可丧失独立自主的国格。六二当位中正，和九五相应与，本身条件好，互动关系也没问题。

九五阳刚中正，为比卦中最具实力的角色。其卦辞云：“显比，王用三驱，失前禽，邑人不诫，吉。”王者行猎，网开一面，不赶尽杀绝，象征发展外交顺应自然，并不强求。本身实力坚强，故而充满自信。《孙子兵法·九地篇》有一段说得好：“夫王霸之兵，伐大国，则其众不得聚；威加于敌，则其交不得合。是故，不争天下之交，不养天下之权，信己之私，威加于敌。”

师卦地中有水，资源在内部；比卦地上有水，借助外在资源。坎水奔流不定，可为利，可为害，比之所在亦险之所在。这是借外力必须有的认识。

全己全敌

师卦六卦全变，为其错卦同人（䷌），比卦的错卦则为大有（䷍）。同人通天下之志，人皆厌战。孟子云：“不嗜杀人者能一之。”大有应乎天而时行，天道好生，首出庶物，万国咸宁。

师、比皆带坎卦，无论是谈是打，不脱霸道习气；同人、大有转成离卦，离为文明的象征，升进到王道的境界。师、比因坤卦而生，龙战于野，其血玄黄；同人、大有秉乾卦行事，“云行雨施，品物流形”。《易经》用词，血表阴阳相伤，雨为阴阳和合，战争与和平的意象对比强烈。

中华兵学始终有以战止战、兵期无兵的思想。用老子的话说，即“兵者不祥之器，非君子之器，不得已而用之”。孙子虽未明言，其向往和平、节制杀伤的用心，却流露无遗。兵法十三篇，从《始计》《作战》《谋攻》，到《形》《势》《虚实》，几乎都在强调战争带来的伤害，要求善战者冷静再冷静，计算复计算，务期消耗最少的资源而达成目标。“百战百胜，非善之善者；不战而屈人之兵，善之善者也。”[17]不但全己，还要全敌。

《孙子》五事，以道为首。兵家后学李靖解释则云：“聪明睿智，神武而不杀。”[18]这本是《易经·系辞传》用语。止戈为武，最高的武德，最上乘的兵法，一定是兵不血刃就能解决问题、促进和平的。

《易经》卦序，师卦之前为讼卦。讼卦全卦都在强调克制、忍耐，以免冲突升高而爆发战争，其《大象传》云“君子以作事谋始。”有智慧的人处理事情，必有先见之明，好早便下手，将危机化解于有形。“知几其神乎！几者，吉之先见者也。君子见几而作，不俟终日。”[19]欲修神武之德，先从知几入手。

建侯行师

豫卦（☳☷）专讲预测、预防之道，知几的观念即来自豫卦六二。豫卦卦辞云：“利建侯行师。”师卦讲实战，豫卦为备战，行师须以建侯为先决条件。那么，什么是建侯呢？

古代诸侯受天子之命，分治四方，搜集辖区内的民情民隐，汇报中央。天子借着分封诸侯的政治体系，便可周知天下事，以利大政推行。侯又通气候、时候的候，夏历除十二月、二十四节气外，还分七十二候，详细记录每五天内自然环境的变化，民众依此安排农事和生活中的其他事项。因此，建侯实即布置人脉，发展组织，以随时掌握自然及人文环境中最新的变化趋势，供重大行动的决策者参考。以兵法来说，就是用间。

《孙子》十三篇，以《始计篇》居首，《用间》居末。《始计篇》庙算的依据，即由《用间》而来，可谓首尾呼应。这种创作的体势，也像用兵布阵一样，如常山之蛇，灵动无比。《孙子》论用间，精彩之极，从五间分论与综合运用，凸显反间，到上智之间，层层推高，令人眼界大开。“此兵之要，三军之所恃而动也。”行师必以建侯为前提。

除豫卦外，屯卦卦辞亦云：“利建侯。”屯为物之始生，象征人生的创业阶段。《大象传》称：“君子以经纶。”建立纵横交织、分工合作的情报网络，为人生一切行事所必需，一开始就得着手规划。比卦《大象传》称：“建万国，亲诸侯。”伐交更需要精密的情报，设站布桩愈多愈好。国际间的外交活动谍影重重，是众所周知的事实。晋卦卦辞有“康侯”，寓意深远，暗示时代进化的信息，富强康乐，民智日进。[20]《系辞传》末章：“能说诸心，能研诸侯，定天下之吉凶，成天下之亹亹者”完整说明了吸收资讯，并精确判读的重要。“亹亹”是勤勉打拼的众生相，不管为名为利，谋道谋食，总是辛苦者多，成功者少。为什么呢？孙子说得好：“故明君贤将，所以动而胜人，成功出于众者，先知也。”

预先知道事态的发展，还得严守机密，以免妨害成功。豫卦初六爻辞云：“鸣豫，凶。”预定方案岂能外泄？当然凶。《系辞传》记述孔子的话：“乱之所生也，则言语以为阶。君不密则失臣，臣不密则失身，几事不密则害成，是以君子慎密而不出也。”[21]《孙子·用间篇》的处置更为严厉：“间事未发，而先闻者，闻与所告者皆死。”

预测的事实和预定的方案，是否绝对准确和可靠呢？则又不然。豫卦上六爻辞云：“冥豫，成有渝，无咎。”过分执着早先的判断，不懂得随机应变，也会失败。成功永远属于那些不背包袱、适时调整的人。《易经》卦序，豫卦后面紧接着随卦，正是这个道理。

《孙子·九地篇》有云：“践墨随敌，以决战事。”战场情况瞬息万变，往往出乎意料，善战者必须因敌变化，不宜墨守成规。战前的沙盘推衍是必要的，临战仍得机敏反应才能取胜。《始计篇》庙算十四诡，结语云：“此兵家之胜，不可先传也。”

消息盈虚

李靖解释《孙子》五事中的天地，有云："以阴夺阳，以险攻易。"[22]教人善用天时地利以克敌制胜。《易经》的十二消息卦，阴阳对立消长，象征自然界的气运流行，其中不少卦爻之象深蕴兵法之理。

大壮卦（䷡）四阳二阴，内卦乾健，外卦震动，气势壮盛无比。九四爻前临二阴，一无阻拦，往前挺进必然顺利。《小象》云："藩决不羸，尚往也。"人生处此情境，多半按捺不住。然而《杂卦传》云："大壮则止。"卦辞戒以"利贞"。《大象传》且称："非礼弗履。"这是为何缘故？

往下二爻即有说明，六五爻辞云："丧羊于易。"上六爻辞云："羝羊触藩。不能退，不能遂，无攸利。"阳入阴中，为阴气中和，冲劲消解大半，继而力竭受阻，进退两难，收获全然不如预期。

这就好像战史上法、德两国进攻俄国或苏联一样。拿破仑和希特勒的大军，开始时势如破竹，深入敌境后却尝尽苦头。远征军最大的弱点，即补给拉得过长，财力消耗太甚，若无法速战速决，后果不堪收拾。《孙子·作战篇》阐明利害后，提出解法："取用于国，因粮于敌。"武器等基本配备从本国带去，粮食则就地取材。然而，敌方若有足够的地理纵深，采行全面焦土抗战，再加上严寒的天候，贸然远征就很危险了！

大壮卦二阴诱阳深入，运用自然环境拖垮敌方，可谓以阴夺阳，柔能克刚的范例。因此善战者除了彼我实力的对比外，还得充分掌握天时地利的变化。《孙子·地形篇》故云："知彼知己，胜乃不殆；知天知地，胜乃可全。"

夬卦（䷪）五阳一阴，实力更强，在占尽压倒性优势的情况下，当如何作为呢？卦辞云："扬于王庭，孚号有厉。告自邑，不利即戎，利有攸往。"召开会议，号召同志确立共识，待内部完全没有问题后，才出兵决战。《彖传》称："健而说，决而和。"由于敌我实力悬殊，也不必真正动手，大可以战逼和，达到"兵不顿而利可全"[23]的目标。

夬卦泽上于天，有积水将泄，沛然莫之能御之象。这正是《孙子·形篇》所称道的必胜之形："称胜者之战民也，若决积水于千仞之谷者，形也。"由大壮至夬，躁动变和悦，充分体现了"胜兵先胜而后求战"的思想。大壮卦二阴四阳，尚可以险攻易；夬一阴五阳，局促一隅，已无战略纵深可供运用矣！

《易》卦的爻际关系："阳遇阳则窒，遇阴则通。"[24]确为定理。但逞快于一时，未必能通畅于永久，大壮卦九四即为显例。另外，如三阴三阳的泰卦（䷊），以通泰为名，九三却有戒辞："艰贞无咎。"阳入阴中，至上六惨遭覆亡："城复于隍，勿用师，自邑告命，贞吝。"五阴一阳的复卦（䷗），称"利有攸往"，至上六元气大伤："迷复，凶，有灾眚。用行师，终有大败，以其国君凶，至于十年不克征。"四阴二阳的临卦（䷒），卦辞称"元亨利贞"，又加但书："至于八月有凶。"随时有形势逆转的危险啊！

盛衰存亡

最后，我们来看看既济（䷾）、未济（䷿）二卦。既济代表成功，未济象征失败。

既济卦九三爻辞云："高宗伐鬼方，三年克之，小人勿用。"《小象》称："惫也。"英明的领导人率众讨伐恶势力，经过三年苦战，终获胜利；战胜后赏罚黜陟，切勿感情用事。

未济卦九四爻辞云："贞吉，悔亡。震用伐鬼方，三年有赏于大国。"《小象》称："志行也。"同样是伐鬼方，战胜荣获封赏，志向得以实现。这和既济卦九三究竟有何不同？

既济卦下卦离明，上卦坎险。九三征战之后，全局由明入险，表示国力消耗之甚。《孙子·作战篇》云："久暴师则国用不足……夫兵久而国利者，未之有也。"穷兵黩武，师老兵疲，在兵法上绝对是下下乘！汉武帝伐匈奴，连年征战，结果弄得民穷财尽，到晚年悔悟，下诏罪己，正合既济卦九五之象：“东邻杀牛，不如西邻之禴祭，实受其福。”国家的重要祭祀都得力求节省，无力铺张，可见一斑。《左传》云：“国之大事，在祀与戎。”宗庙祭祀象征政权存亡，香火不盛可非吉兆——下一爻上六《小象》云：“濡其首厉，何可久也？”国势由盛转衰，就肇因于九三的好大喜功。《系辞传》称：“三与五，同功而异位。”因果关系历历不爽。

未济卦正好相反，下卦坎险，上卦离明。九四之战不仅未见消耗，反而离险入明，国势蒸蒸日上。六五日正当中，一片和平建设的盛世之象：“贞吉，无悔。君子之光，有孚，吉。”由据乱进升平，由升平致太平，九四拨乱反正之功不可忽。大有卦《大象传》云：“火在天上，大有。君子以遏恶扬善，顺天休命。”扬善须先遏恶，伐鬼方即是遏恶，怎么伐才有最好的结果呢？

九四爻辞首言：“贞吉，悔亡。”贞为固守正道，自正方能正人，即师出有名，为天下公义而战，亦即孟子所谓“吊民伐罪”的战争。革卦顺天应人，卦辞云：“元亨利贞，悔亡。”革命多半流血，只要动机纯正，一切过程中的悔恨遗憾皆可消亡。师卦《彖传》所云：“能以众正，可以王矣……以此毒天下而民从之，吉。又何咎矣？”将王者之战定位得很清楚。

“震用伐鬼方”的“震”字也值得注意。《说卦传》释后天八卦：“帝出乎震……万物出乎震。”帝为主宰义，一切众生的内在主宰就是震，充满了生机活力。屯卦（䷂）内震，为物之始生，动乎险中大亨贞；复卦内震，一元复始，万象更新；无妄卦（䷘）内震，民胞物与，化育万物[25]；颐卦（䷚）内震，自养灵龟，天爵自尊吾自贵[26]。“震用伐鬼方”，即人人皆可参与的自我觉醒之战，和“高宗伐鬼方”不同。《系辞传》云：“无有师保，如临父母。”人生成德之路，必须溯及己身所从出的灵明自性，一切自立自强，不可能仰赖高高在上的英明领袖！说得再清楚些：“高宗伐鬼方”是飞龙在天的帝王思想，终必亢龙有悔；而“震用伐鬼方”，才为乾元用九，见群龙无首吉。

阐明大义后，我们再落实到兵法的执行层面来讨论。“震用伐鬼方”，从震卦（䷲）本身即可得到许多启示。震卦《彖传》有云：“惊远而惧迩。”征服远方的强敌，近处的敌人自然慑服，不敢乱动。懂得善用人性的恐惧，就可杀鸡儆猴，不战而屈人之兵。上六爻辞云：“震索索，视矍矍，征凶。震不于其躬，于其邻。”《小象》称：“畏邻戒也。”没真的打就吓成这样，可见威吓有效。只要少打几次硬仗，兵力折损有限，即合乎孙子用兵的经济法则。收降的敌众多了，转而纳为己用，甚至可以“胜敌而益强”！[27]

作战涉及形势判断，庙算愈准，愈容易取胜。震卦《彖传》云：“出可以守宗庙社稷，以为祭主。”正是捍卫政权、进行庙算之象。六二、六五爻辞中皆有“亿”字[28]，“亿”即预测。《论语》中孔子赞美子贡“亿则屡中”，故而经商致富。六二居下卦之中，为民间有实力的大户，面临来势汹汹的震撼考验，预测会有财物的损失，遂登上最高的山去避难，绝不恋栈硬挺。《孙子兵法》云：“不若则能避之。”[29]“跻于九陵”也代表占据制高点，充分掌握战场情势的变化，一有转机，即重新进场，故能“七日得”。

以上所举卦例，仅就《易经》中与师卦密切相关者略作阐析，其实每卦每爻皆富于韬略，若用心整理，更有可观。《孙子》十三篇要义，几乎都可在卦爻结构中寻得印证。那么，有没有可能成立“大易兵法”呢？其主旨为何？和现有诸家兵法有何异同？能否刺激兵学更往未来迈进？海内外好学君子，幸留意焉。

注　释

[1] 语出《说卦传》第二章，本为形容六爻成卦之理，用来阐释太极图的动态结构，亦颇恳切。

[2] 大陆学者邹学熹之书：《易学与兵法》，这是讨论较成体系的一本。以京房八宫卦序排比，论及全易六十四卦；所引战例，似受《三十六计》

以《易》演兵的影响不小。

[3] 语见《孙子兵法·始计篇》:“地者,高下、远近、险易、广狭、死生也。”

[4] 此为《虚实篇》末名言,治兵者人人乐道。

[5] 语见《始计篇》。

[6] 语见《军争篇》。兵尚诡诈,故而《易经》师卦卦爻辞中绝无“孚”字。师卦之前的需、讼卦辞仍强调“有孚”,之后的比卦初六且云:“有孚比之……有孚盈缶。”这点很值得注意。一旦兵戎相见,对敌人诚信,等于对自己残忍。

[7]《始计篇》:“将者,智、信、仁、勇、严也。”此处之信指对内威信,和对敌的诡诈不同。

[8] 语见《谋攻篇》。

[9]《地形篇》:“故进不求名,退不避罪,唯民是保,而利合于主,国之宝也。”

[10]《作战篇》:“故知兵之将,民之司命,国家安危之主也。”

[11] 以上皆见《谋攻篇》。

[12] 语见《九变篇》。注意:有所不受,并非完全不受。否则,违反以政领军的体统了。

[13] 语见《司马法·天子之义》。

[14] 此为《形篇》重要观念。

[15] 此为《谋攻篇》脍炙人口的名言。

[16] 语见《春秋公羊传何氏解诂》,注解隐公二年春“公会戎于潜”一则:“凡书会者,恶其虚内务,恃外好也。”

[17] 语见《谋攻篇》。这几乎是孙子最为人所称颂的名言。

[18] 语见《李卫公问对·卷下十三》:“夫道之说至微至深,《易》所谓聪明睿知神武而不杀者是也。”

[19] 语见《易经·系辞下传》第五章,孔子评豫卦六二爻一段。知几应变,为习《易》宗旨。

[20] 晋卦《象》曰："君子以自昭明德。"有关康侯的深刻寓意，请参阅本书第十八章"滔滔两岸潮——需、讼、晋三卦综论"。

[21] 语见《系辞上传》第八章，孔子评节卦初九爻一段。《易经》垂教，特重慎言。

[22] 语见《李卫公问对·卷下十三》："夫天之说阴阳，地之说险易。善用兵者，能以阴夺阳，以险攻易，孟子所谓天时地利者是也。"

[23]《谋攻篇》："必以全争于天下，故兵不顿而利可全，此谋攻之法也。"

[24] 此为尚秉和先生研《易》心得，验诸卦理，确能切合。

[25] 无妄卦《象》曰："天下雷行，物与无妄。先王以茂对时，育万物。"

[26] 颐卦初九为内卦震动之主，爻辞云："舍尔灵龟、观我朵颐，凶。"《小象》云："观我朵颐，亦不足贵也。"

[27] 语见《作战篇》。此为极重要的衡量胜利的定义。若胜敌而益弱，不算真正的胜利。"高宗伐鬼方"，疲惫不堪即为显例。

[28] 震卦六二爻辞："震来厉，亿丧贝。跻于九陵，勿逐，七日得。"六五爻辞："震往来厉，亿无丧有事。"

[29] 语见《谋攻篇》。

第五十章 时乘六龙:《大易》君王论初探

《史记·太史公自序》中，司马迁引述其父司马谈评析先秦诸子时，有云：“夫阴阳、儒、墨、名、法、道德，此务为治者也。”《淮南子·泛论训》亦称：“百川异源而皆归于海，百家殊业而皆务于治。”孔子在《易经·系辞传》中畅发咸卦九四之义，则称：“天下何思何虑？天下同归而殊途，一致而百虑。”进而主张：“精义入神，以致用也；利用安身，以崇德也。”

中华文化思想的核心，在于经世致用。《易》为群经之首，百家之源，自古即为定国安邦、修齐治平的巨典，六十四卦、三百八十四爻因象说理，蕴含了无穷的政治智慧。本文依每卦居君位的第五爻立论，探讨高层领导的治术，以供有志事功者参考。

垂衣裳而天下治

《系辞下传》第二章，从伏羲王天下，仰观俯察以作八卦谈起，共举了十三个卦象，阐述中华文明演进的历程，以及渔猎农商、衣食住行等重要的民生领域。其中提到黄帝尧舜氏治理天下的政绩，使民不倦，使民宜之，深合《大易》穷变通久的原则，是以“自天佑之，吉无不利”，又称“垂衣裳而天下治，盖取诸乾坤”。显然，要研究《大易》君王论，必须先从乾、坤两卦起手。

天佑的观念并非迷信，而是天助自助，原文来自大有卦上九爻辞，孔子在《系辞传》中也解释得很清楚："履信思乎顺，又以尚贤也。"做人做事成功，才蒙天佑。[1] 大有是大家都有、人人皆有，决不垄断独占；下接谦卦，谦是言之兼，所有言论主张均兼顾各方利益，独善其身，且兼善天下。谦卦六爻全吉，卦称"有终"，全《易》中堪称福报第一，《彖传》释其根由为天道、地道、人道，乃至鬼神均恶盈好谦。卦序由大有至谦，互利共生的理念，由人群社会推广到天地自然，而转化的关键即在大有卦上九。

"天下治"并非泛誉，而是天下共治、全民共和之意。乾卦《文言传》有清楚的分判："飞龙在天，上治也……乾元用九，天下治也。"飞龙为乾卦九五君位，独揽大权，一个人高高在上治理，若自省不足，缺乏制衡，极可能刚愎自用，而走上"亢龙有悔"之路。乾元性悔，众生平等，用九"见群龙无首"，才是最理想的太平境界。

"天下治"也见于蛊卦《彖传》："蛊元亨而天下治也。"蛊本是腐败之象，若能痛下决心改革，拨乱反正成功，便转为自由开放的临卦。临卦初、二爻爻辞皆言"咸临"，大家一同参与治理，正是大有共和之义。

《文言传》又称："飞龙在天，乃位乎天德……乾元用九，乃见天则。"天德尚公，为人君者当为公众谋福，不可借权谋私。然而人性往往经不起权力的诱惑和考验，最高权位者堕落的比比皆是，所以《易经》提出"群龙无首"的主张，以保障公众权益不被侵夺。"用九，天德不可为首也。"真是鞭辟入里的警世良言！

不冀望任何领袖能长久行天德，取而代之的，为群龙共治的天则的强调。不管世事如何变迁，组织风貌如何更迭，"大道之行，天下为公"永远是天理人心的最高准则。

蛊卦上九爻辞："不事王侯，高尚其事。"《小象》称："志可则也。"王侯为政治特权阶级，正是蛊乱之源，势在必除，以还政于民。"志可则"之则，即天则。[2]

明夷卦阐述世道人心的黑暗，以及虐政下民不聊生的惨境。上六“不明晦”，正是祸国殃民的中心，《小象传》批：“失则也。”六二依附九三，联合抗暴，爻变成泰而获吉，《小象》称：“顺以则也。”

同人卦倡导和平，志在大同。九四爻却仍据地称雄，谋动刀兵，爻辞云：“乘其墉，弗克攻，吉。”《小象》解释：“其吉，则困而反则也。”终于放弃动武的念头，回归和平共处的大法则而获吉。[3]

谦卦崇仁讲让，兼善天下，六四爻辞称：“无不利，㧑谦。”《小象》释云：“不违则也。”决不违背互利共生的大原则，故能无不利。

震卦继革、鼎之后，捍卫前人基业，历试诸艰，而不动摇国本。初九《小象》亦称：“后有则。”初爻为基层民众之位，“民惟邦本，本固邦宁”。《说卦传》称：“帝出乎震。”又称：“万物出乎震。”领袖与民众同属众生，自性平等，为人民服务，岂容享有特权?

总之，天则的思想对后世影响甚大。尧、舜是儒家学说中理想的君主，孔子“祖述尧舜”，孟子言必称尧、舜，其实皆着眼于此。

《论语·泰伯篇》记述孔子赞叹尧之为君：“唯天为大，唯尧则之。”又赞美舜：“有天下而不与焉。”“舜有臣五人而天下治。”显然和乾卦《文言传》的思想完全合拍。

严格来讲，《易经》倡导的群龙之治，和历史上尧、舜所建的事功并不全然相符。尧舜之治仍有首，虽曰禅让，可是私相授受；传贤不传子，舜却是尧的女婿。标榜尧舜，只是取象以明理，这和革卦本有人民革命大义，《彖传》中仍举汤武革命为例类同。[4]《孟子·公孙丑篇》引述宰我言：“以予观于夫子，贤于尧舜远矣！”孔子思想较诸前贤，确有创化自得处，治儒学者不可不知。[5]

尧舜既为象征，孟子道性善，遂主张“人人皆可为尧、舜”。社会进化非一蹴而就，尚须有首时，至少得对君权多设限制。乾卦《彖传》末申言：“首出庶物，万国咸宁。”元首须从众人中推举出，了解民间疾苦，接受民意监督，如此才可弭平争端，天下才会太平。[6]

分阴分阳，迭用柔刚

乾卦《彖传》称："大哉乾元，万物资始，乃统天……大明终始，六位时成，时乘六龙以御天……保合太和，乃利贞。"《说卦传》称乾为君，乾元统天又御天，自然讲的是领导统御之道。北京故宫三大殿：太和、中和、保和，亦因此命名。

乾卦九五爻辞云："飞龙在天，利见大人。"《小象》称："大人造也。"大人依《文言传》的解释，与天地合德，先天而天弗违，后天而奉天时，应为人道修行的极致，如何期待世间的领袖人人臻此境界？"利见大人"依旧注有两种说法，一是九五本身，一指与其相应的九二。无论如何，大人都属罕见。圣君贤臣不世出，飞龙在天的领导绩效便得大打折扣。

依中爻互卦的理论，乾卦二至五爻亦可合成乾卦，原来的九五相当于卦中卦的上九。[7] 换言之，每一在位的飞龙都内含亢龙的因子。英明的君主可能转变成专制的独夫，恋栈跋扈，无所不至。"亢之为言也，知进而不知退，知存而不知亡，知得而不知丧。其唯圣人乎？知进退存亡而不失其正者，其唯圣人乎？"依《文言传》所述，只有修为到圣人的境界，才能免于亢龙之变。人生行事欲有始有终，可真是太难了！

针对亢龙之失，《易经》有许多卦都提出针砭及解决之道：讼卦上九争讼之心不已，就算争到权位，也可能一朝失之。上九爻变成困，下接师卦，不祥之至，故而九五利见大人，以止讼为尚，而获元吉。观卦上九观想过头，执着己念，心志不平，下启噬嗑卦的杀机。人类史上的宗教战争即为此象，故而九五观大我之生，天视自我民视，天听自我民听，以至君子无咎。无妄卦九五寡人有疾，好勇好货好色，爻变为噬嗑卦，斗心不死。长此以往，便成上九天灾人祸的下场。益卦九五"有孚惠心"，为民众谋福，深得爱戴。上九不能持之以恒，"莫益之，或击之"而遭凶。综合以上各卦可见，由飞而亢，往往系于一念之间。

恒卦之后为遁卦，《序卦传》释云："物不可以久居其所。"时候到了，就得知所进退。遁之后为大壮，老成凋谢，少壮接班，本是人生常态。遁卦九五“嘉遁，贞吉”，上九“肥遁，无不利”，功成身退，德行圆满，完全合乎天道。

渐卦强调团队精神，群行以序，往来以时。九五、上九两爻，进一步印证了知所进退的原理。九五“鸿渐于陵”，靠着团队的努力突破万难，取得大位，《小象》称：“得所愿。”上九“鸿渐于陆，其羽可用为仪，吉”。《小象》称：“不可乱。”意指为何？

鸿雁为候鸟，气候环境变了，就集体迁徙，渐卦六爻描述的正是不同栖息地的历程。鸿渐于干、磐、陆、木、陵、陆。九三和上九同栖于陆，表示继九五飞登高陵后，上九荣退重返于陆。现代民主国家的元首卸任后，仍为一介平民，不得再行干政，其执政团队亦共进退。所谓一朝天子一朝臣，这种执政伦理须为大家所奉守，不可乱了规矩。鸿雁的羽毛既轻且劲，迎风飞扬，春秋时重要祭祀的佾舞即用鸿羽，以象征文德之风化。和平转让政权，进退而不失其正，即渐卦的中心意旨。[8]

渐卦《彖传》云：“进得位，往有功也；进以正，可以正邦也，其位，刚得中也。”讲的正是九五，依循正道进取大位。《大象传》称：“君子以居贤德善俗。”则赞美上九功成身退，树立山上有木的好风范。《彖》言功，《象》言德。渐卦九五、上九两爻，堪称功德圆满。

除了乾卦飞龙在天的强势领导外，还有坤卦柔性领导的模式。坤卦六五爻辞云：“黄裳，元吉。”《小象》称：“文在中也。”《文言传》也大肆发挥：“君子黄中通理，正位居体，美在其中，而畅于四支，发于事业，美之至也。”

黄是中色，象征从容中道，不走极端；裳为下衣，君位不称黄衣而称黄裳，已寓“民为贵”之义。所谓垂衣裳而天下治，乾为君上为衣，坤为下民为裳，君民配合无间，互信互重，自成至治之境。《大易》取象灵活，衣冠文物，皆可寓意说理。[9]

黄裳更深的意蕴，其实可推到人民做主，还不只是为人民服务而已。

领袖由群众推举而出，一旦暴虐失职，群众亦可将其撤换，这才能保证组织元气流通，生机不断。飞龙在天，得见大人才有利；黄裳以民为本，无为而治，即能元吉。

六十四卦君位，九五、六五各半，若依爻辞比较分析，六五柔性领导的绩效较佳，言吉、元吉、悔亡或无悔的，均多过九五。[10] 例如大有、临、鼎、晋、升、丰、泰等政治意涵较强的卦，君位皆为六五，多半政通人和，事功可观。

柔性领导的好处，就是虚中任贤，懂得合理授权，激励部属发挥创意，积极任事。无为而治并非什么都不做，而是不躬亲庶务，抓政策大方向督责。若自由放任过度，也有流弊。坤卦上六“龙战于野，其血玄黄”，即有上下失序的僭越之患。爻变成剥，而国危矣！泰卦上六“城复于隍”，复卦上六“迷复，凶”，升卦上六“冥升”转困，明夷上六“初登于天、后入于地”，皆有深深垂诫。

总之，飞龙、黄裳，何者为宜，不可一概而论，须视情况而定。领导和部属的人格特质，彼此配合的生克关系，所处大环境的挑战因素，等等，都得深细考量。《易经》本质上即妥善处理阴阳刚柔的学问。《说卦传》称：“分阴分阳，迭用柔刚。”《系辞传》称：“上下无常，刚柔相易，不可为典要，唯变所适。”灵活运用才是最高的领导统御之道。

知机应变，保民无疆

六十四卦中明确阐明君道的，首推临卦。所谓君临天下，其六五爻辞云：“知临，大君之宜，吉。”高层领导需大智慧，心胸豁达，高瞻远瞩，善于集思广益，作出影响深远的大决策。六四爻为其高干，与之配合无间，执行决策不打折扣，为民服务亦无微不至，绩效一流，爻辞云：“至临，无咎。”上六爻为国之大老，退而不休，秉其深厚经验，关爱后进，提供建言，爻辞称：“敦临，吉，无咎。”

临卦崇尚自由开放，决不擅用威权，《大象传》称：“君子以教思无穷，容保民无疆。”启迪民智，保障民权。初九、九二两爻爻辞皆言“咸临”，可见共同治理的权利已下放至最基层。九二和六五相应与，《小象》称；“未顺命。”表示充分自主，不一定要听从六五的命令，而六五包容涵受，不以为忤。全卦唯一有点问题的是六三，不中不正，为了讨好民众，口惠而实不至，爻辞云：“甘临，无攸利。既忧之，无咎。”这是误解了自由的真谛，只要改正毛病，认真负责即无咎。六三爻变成泰，仍可政通人和。

临卦六爻爻辞皆言临，全民共治之义明确。虽然标榜自由，决不浮滥失控，六五爻变为节卦，一切仍在法纪制度中运行。卦辞称：“元亨利贞，至于八月有凶。”其实已将分际阐明，为所应为即“元亨利贞”，为所欲为则“八月有凶”。十二消息卦中，观卦为八月卦，和临卦一体相综，代表天道自然运行的秩序。[11]“八月有凶”，意指自然失序、天象异常，而其原因和人的集体作为有关。政治是最大的公权力，一旦祸国殃民，都会上干天和，灾难不断。[12]所谓人在做，天在看，古代借天谴之说以节制君权，现代生态环境破坏而致大自然反扑，皆可视之为“八月有凶”。

其实，临卦大君之宜的领导哲学，几乎是百家言治的共识，不主张领导人事必躬亲，而以群策群力为贵。《韩非子·八经篇》有云：“下君尽己之能，中君尽人之力，上君尽人之智。”说得多么清楚！除了虚己用人之外，依前述临、观二卦八月之凶的说法，大君之宜还包括天人之际的平衡，敬天法祖，不滥用自然资源。天意幽渺，往往借民意显现，所以观卦九五《小象》称：“观民也。”《大象传》更直言：“先王以省方观民设教。”临、观一体，君临天下，须具备观我生的胸怀和智慧。

依《易经》卦序，临、观之前为同人、大有、谦、豫、随、蛊六卦，可视为具天下观的领袖之养成条件，磨炼成熟后，自然成就可观。

同人、大有相综一体，同而为人，大家都有，以和平的方式创造均富的社会。不可擅作威福，专制独裁。

谦、豫相综，谦以制礼，豫以作乐。富庶之后，继而以礼乐教化，天下国家才能长治久安。

随、蛊相综，随时更化，改革创新。防治组织人事的堕落腐化，也是领导人须念兹在兹的课题。

另外，豫、随、蛊三卦相连，其实是代表时间不断流变的历程。豫是面对未来，提出预测，做好预备。如果预测准确，预备周全，组织上下即可同享豫乐。随是重视当下，面对现实，采取最合时宜的行动。蛊是检讨过去，改革积弊，但并非一味否定，而是有因有革。由豫而随，表示随着时间流逝，原本希冀的未来已成了现在；从随至蛊，现在一晃又成了过去。《易经》最重时义，数往知来，当下即是。豫卦《彖传》称："豫之时义大矣哉！"随卦《彖传》称："天下随时，随时之义大矣哉！"蛊卦《彖传》则称："终则有始，天行也。"

领导人须立足当下，继往开来，能识大势所趋，提出共同愿景，鼓舞群众全力以赴。一旦事态发展不尽如预期，亦能务实面对，随机调整。任何项目完成后，皆开放讨论，认真检讨得失，以期裨益于将来。人生重大决策必须慎重，事先尽量搜集各方信息，作出综合判断。但信息永远不可能百分之百完整，而事机并不等人，所以决策者得练达见微知著、闻一知十的功夫，当机立断以取胜。

豫卦神机妙算，孔子借六二爻义，在《系传》中畅发决行的智慧："知几其神乎……几者动之微，吉之先见者也。君子见几而作，不俟终日……介如石焉，宁用终日，断可识矣！君子知微知彰，知柔知刚，万夫之望。"领袖日理万机，欲政务推行顺利，必得知机、应机、识机、随机，以驾驭现实中各种错综复杂的变化。

寡人有疾，政心无情

领导者位高权重，固然荣极一时，却也因此人际疏离，不易交到真正的朋友，部属阿谀或敬畏者多，坦言直谏者少，工作负担重，成败压力大，情绪管理成为很重要的事。

履卦九五爻辞云："夬履，贞厉。"君位的职责就是作决策，兼听独断，在所难免，往往为此得罪很多人。九五爻变成睽，可见一斑。《系辞传》称："履和而至，履以和行。"办事以和为贵，领导与群众却可能极度不和。履卦九四，爻辞云："履虎尾，愬愬终吉。"伴君如伴虎，戒慎恐惧之极，当面唯唯诺诺，背地里可能牢骚不断。九二爻辞云："履道坦坦，幽人贞吉。"自行其是，根本不跟九五打交道。

九五《小象》称："位正当也。"《彖传》则称："刚中正，履帝位而不疚，光明也。"为了履行君位的职责，只要问心无愧，虽蒙误解或杯葛，也在所不计。

然而，领导者毕竟也是人，自有七情六欲，在组织体制内不得宣泄，就可能另觅对象，而受到君侧小人的蛊惑，严重影响领导的威信。

兑卦九五爻辞云："孚于剥，有厉。"爻变成归妹卦，正是感情用事。上六爻辞云："引兑。"《小象》称："未光也。"以言语笑貌取悦君王，构成致命的吸引力。过去所谓倾城倾国的女祸，以及宦官或外戚专政，皆为此象。

兑卦本为极度动情之卦，《彖传》中且称人为了爱慕的对象，可以忘劳忘死，粉身碎骨，在所不惜。全卦六爻爻辞，有"和兑""孚兑""来兑""商兑"及"引兑"，仅九五不言"兑"。君王须谨言慎行，喜怒不形于色，所以特别不快乐，长期压抑的结果，可能和上六发生暧昧关系。清朝乾隆皇帝英明一世，宠臣和珅祸国，慈禧太后精明干练，离不开李莲英随侍左右。非关男女风月，只可证大人物内心难忍的寂寞，真是高处不胜寒啦!

类似情况亦见于夬、萃、大过等卦。夬卦九五爻辞称："苋陆夬夬，中行无咎。"《小象》云："中未光也。"苋陆居阴湿之地而向阳，清晨开花，过午急速凋零，象征上六与九五间不正常的纠缠关系。九五身居决策重位，必须斩断孽缘才无咎，故而上六爻辞云："无号，终有凶。"

萃卦也是洞见人情之卦，《彖传》称：“观其所聚，而天地万物之情可见矣！”人生聚散无常，离合悲欢，势所难免。九五既和六二应与，又受上六纠缠，再加上与强臣九四争锋，为大局计，必须摆脱上六。《小象》称：“萃有位，志未光也。”有位无孚，难服人心。上六《小象》云：“赍咨涕洟，未安上也。”既遭主弃，悲不自胜，亦徒呼奈何。

大过身处危局身心负荷过重，往往行险侥幸，行事出人意表。九五爻辞称：“枯杨生华，老妇得士夫，无咎无誉。”上六爻辞云：“过涉灭顶，凶，无咎。”两者之间，真是背水一战，至死无悔。由于九五地位崇高，行事癫狂，别人不会多说什么，当然也不至于赞美。无咎无誉，同坤卦六四爻辞，意指封口不言，以免得罪层峰，惹祸招灾。

咸卦居下经之首，提示人皆有情，《彖传》称：“观其所感，而天地万物之情可见矣！”六爻以人身取象，明痛痒相关的感应之理。“咸其拇、咸其腓、咸其股、咸其辅颊舌”，以至九四咸其心，皆反应热烈。唯独九五近乎冷感，其爻辞称：“咸其脢，无悔。”《小象》云：“志末也。”末指上爻，花言巧语，移人心志，倘若听信，必致咎悔。脢为背脊肉，居人身感应中枢，各方信息汇集，却不轻易移动。人君动见观瞻，心有所感，不宜发露，亦同此理。

艮卦止欲修行，亦由人身取象。君位六五谨言慎行，指示明确。爻辞云：“艮其辅，言有序，悔亡。”领袖不轻易发言，一旦发言，必有伦有序，能服众心，影响宏大。涣卦九五爻辞称：“涣汗其大号，涣王居，无咎。”《小象》云：“正位也。”当人心涣散之际，领袖登高一呼，号召团结，转危为安，即为显例。

领袖凝聚众心，首在大公无私。然而能居高位者，往往饱历忧患，从长期权力斗争中脱颖而出。一旦得志，又面临后继者的虎视眈眈，难免猜忌防范，患得患失。

晋卦六五爻辞称：“悔亡，失得勿恤，往吉，无不利。”《小象》云：“往有庆也。”“恤”是担忧得心都滴血，拿得起却放不下。豪杰之士若能突破，往前奋斗即了无挂碍。“庆”为众喜，领导人一旦一心为公，大家都蒙福报。

六五爻变成否，若患得患失，则天地否闭，不堪闻问。原本“自昭明德”、如日东升的领袖，变质成上九的“晋其角”，发动内斗，无所不为。如此一来，会进一步沦落至明夷卦。日出日落，令人浩叹。

升卦卦辞称：“勿恤，南征吉。”《彖传》称：“勿恤，有庆也。”南面为王，“南征”意指猎取大位，真要成功，亦得祛除私心。六五贞吉升阶大得志，上六冥升转困，也是一念之差。

丰卦资源雄厚，运势如日中天，卦辞却称：“勿忧。”忧什么呢？还不是个人贪多务得的私念，又怕丰极转旅，一朝败家。老子有言：“金玉满堂，莫之能守；富贵而骄，自遗其咎。”持盈保泰之道，全在谦而勿骄。六五爻辞云：“来章，有庆誉，吉。”有过必改，善莫大焉，人君能如此，民众皆得幸福。

《易经》中每提“疾”字，多半和位高权重者有关，看来寡人有疾，不是虚言。无妄卦九五爻辞称：“无妄之疾，勿药有喜。”《小象》云：“无妄之药，不可试也。”心病还得心药医，靠外力是救不了的。九五爻变，成噬嗑卦，搏命斗争，杀业太重。豫卦六五爻辞称：“贞疾，恒不死。”《小象》云：“中未亡也。”只有依循时中正道，发扬自性，才能祛病延年。

复卦见天地之心，卦辞称：“出入无疾。”心理健康，自然百邪不侵。复卦之后接无妄、大畜二卦，痴迷妄想无药可救，承担大任必须断绝私欲。大畜卦六五爻辞称：“豮豕之牙，吉。”《小象》云：“有庆也。”野猪横冲直撞，獠牙伤人，欲制其犷悍，不如去势以正本清源。人君无欲乃刚，便能晋级上九，爻辞称：“何天之衢，亨。”《小象》云：“道大行也。”从此海阔天空，自由自在。上九爻变成泰卦，卦序入颐卦，足可养贤以及天下万民矣！[13]

万般不与君道同

综合以上的分析，我们发现，要扮演好理想领袖的角色，实在不易。难怪乾卦《文言传》阐释“飞龙在天”，将“利见大人”定义得那样严格：“大人者，与天地合其德，与日月合其明，与四时合其序，与鬼神合其吉凶，先天而天弗违，后天而奉天时。天且弗违，而况于人乎？况于鬼神乎？”

《易传》中言及天地人鬼神的，尚有丰、谦二卦。谦受益，天道、地道、人道及鬼神皆福佑；满招损，天地盈虚，与时消息，人及鬼神何能例外？

丰卦《彖传》有云：“丰，大也……王假之，尚大也。”人间的帝王领导群众，掌握公权力，可支配调度庞大的资源，影响力绝对不容低估。老子即称：“道大，天大，地大，王亦大。域中有四大，而王居其一焉。”王权可与天地齐平，故而临卦“至于八月有凶”。丰卦六五爻变成革卦，确能翻天覆地，改造自然。

鉴于君权对自然及社会的负面影响，《易经》经传花了很大的力气陈述，并设计补救之道。《杂卦传》称：“明夷，诛也。”残民以逞的独夫，天下人人得而诛之。明夷卦六五称箕子，上六暗指纣王，即寓微言大义：时代黑暗，民不聊生，还有什么君王？上爻为亢龙之位，早已背离群众，也是龙战之位，必得流血以铲除之。

明夷卦上六为祸首，九三代行天讨，其爻辞云：“明夷于南狩，得其大首，不可疾，贞。”元凶首恶伏诛，九三爻变成复卦，明夷之心又回复天地之心矣！[14]

离卦象征文明建设，为全人类共同的资产。九三日昃之离，渐趋老朽腐化；九四突如其来，酿成浩劫，文明资产付之一炬。六五凭吊哀痛之余，号召全民奋起抗暴，遂至上九劫后重生。上九爻辞云：“王用出征，有嘉折首，获匪其丑，无咎。”《小象》称：“以正邦也。”擒贼擒王，斩除祸首绝不留情，其他胁从者一概从宽，自然瓦解冰消。上六爻变成丰卦，又成如日中天的丰功伟业矣！

痛定思痛，离卦酿祸的三、四两爻，皆属人位。三多凶，爻变成噬嗑卦；四多惧，爻变成贲卦。残酷的权力斗争，造成腐朽老化；谎话说尽的官样文章，加速组织的崩解灭亡。

噬嗑、贲二卦相综，卦际爻间充满了权与钱的交易，堪称活生生的官场现形记。噬嗑卦“明罚敕法，利用狱”，贲卦“明庶政，无敢折狱”，又涉及政治与法律间的复杂互动。为了打击政敌，政客们往往不当立法，或干涉司法审判，从而动摇立国的根基。二卦之后，接着是岌岌可危的剥卦，因果历历不爽，自作孽不可活。

元首违法乱纪，古今中外都难治理。开放如美国，也是巧合，才能顺利破获尼克松的水门案。蛊卦特权横行，腐败已极，参照各爻爻辞，个中情状呼之欲出：六四“裕父之蛊”，借权谋利，天下皆知；六五“干父之蛊，用誉”，还看不出玄机；九二“干母之蛊，不可贞”，这才露馅儿。九二和六五相应与，为六五所任命以推动改革，推到最后难以为继，主要就因为六五本身有问题。许多世纪大案，办不下去是因为办不上去啊！难怪上九爻辞称：“不事王侯，高尚其事。”六五、六四即王侯，既得利益阶层不会真正改革。政客沆瀣一气，行事可决不高尚。

噬嗑、贲、蛊三卦，官官相护的共犯结构势力庞大，极难对付，其中奸诡狡诈的情状，有似人间地狱。丛林中你死我活的割喉斗争，不可能讲诚信，故而三卦十八爻的经传辞，绝无“孚”字。

“孚”字本义为鸟类孵蛋时所显现的亲子之情，推广则有信、望、爱之义。自古皆有死，民无信不立，《大易》及《中庸》皆高度重视诚信，确认为一切政事之本。《易》卦中君位言孚者不少，即便未提，也包含在言外之意中。

小畜卦、中孚卦之九五称“有孚挛如”；大有卦六五称“厥孚交如”；随卦九五称“孚于嘉”；益卦九五“有孚惠心，有孚惠我德”；萃卦九五“匪孚”须改进；革卦九五“未占有孚”；兑卦九五“孚于剥”，难以劝民；未济卦六五"君子之光，有孚，吉"。

领袖讲信修睦，是做人之本，身处斗争丛林，又不得不术德兼修。六十四卦中，有关君王南面之术推阐甚多，难以尽述。无论如何，领袖位居极顶，所思、所感、所行，难与众人同。俗话说："万般不与政事同。"同样为政，为君和为臣又截然迥异。

恒卦"立不易方"，讲求长久稳定，以生绩效。初六"浚恒"、上六"振恒"皆在所不许。九二悔亡，能久中；九四久非其位，落空。九三"不恒其德，或承之羞"，《小象》称"无所容"，对行事无常者批判甚烈。六五"恒其德"，爻辞却分判："妇人吉，夫子凶。"领袖不可一味守常，相机还得展现变化，否则无法应付风雷动荡的外在大环境。六五爻变，成大过卦。翻云覆雨，无所不用其极。恒是常，大过非常，恒为久，大过难以持久，一般是互斥的，但领导者可一身兼容。兵法中有所谓奇正相生，让敌人莫测高深，恒卦六五即有此效。

震卦紧守宗庙社稷，捍卫主权，绝不退缩，行事刚硬无比。六三"震苏苏"、上六"震索索"，软弱遭批。六四"震遂泥"，形势严峻，行动无效。六二"震来厉，跻于九陵"，不得已暂避风头。初九坚持立场，而获赞扬。居君位的六五呢？元首当如何表态？

六五爻辞称："震往来厉，亿无丧有事。"《小象》云："其事在中，大无丧也。"往来皆厉，承受压力远大于各爻。"亿"为逆料盘算，有事即宗庙祭祀之事。只要主权不丧失，其他方面吃些亏都无妨。六五爻变，成随卦，随机应变，无可无不可。震是强硬坚持，随为柔和弹性，领导者又一身兼之。正所谓："大德不逾闲，小德出入可也。"

临卦君临天下，自由开放，六五爻变成节卦；节卦订定制度，上下奉行，九五爻变成临卦。自由而不失控，节制仍充满创意，高层领导的风范确实与众不同。

《易》卦爻辞每称引卦名，作为各爻意涵统摄的基准，然而君位的第五爻每每例外。可见领袖掌握大局，自有深沉考虑。

谦卦倡导和平共荣，逊让不争。初爻“谦谦”、二及上爻“鸣谦”、三爻“劳谦”、四爻“㧑谦”，独五爻不言“谦”。爻辞反称：“不富以其邻，利用侵伐，无不利。”国际社会中出现以邻为壑、不公不义的现象时，领导者可以强势制裁，以维护群体福利及安全。谦让是美德，遏恶扬善可当仁不让。

剥卦以阴剥阳，势不可挡。剥床以足、以辨、以肤，到最后小人剥庐，无不惴悚。独六五不言“剥”，反而整合诸阴爻以虚尊上九，使情势得以缓和。《小象》称：“终无尤也。”对立抗争而不赶尽杀绝，面子里子俱到，做人功夫到家。

颐卦供养众生，君位六五独不言“颐”。借上九之力以尽君责，虽违常道，也能获吉。兑卦“朋友讲习”，以言说取悦于人。九五独不言“兑”，落落寡合，个中情由已于前论述。损卦“惩忿窒欲”，六五独不见“损”，反而获益，明示为人君者克己复礼之效。旅卦羁旅漂泊，初六“旅琐琐”、六二“旅即次”、九三“旅焚其次”、九四“旅于处”、上九“旅焚其巢”。独六五不言“旅”，反称“终以誉命”。所谓“王者无外”，文明建设为普世价值，没有国家种族的区别。

豫卦激情动员，“鸣豫、盱豫、由豫、冥豫”。六二、六五两爻不见“豫”字，众人皆醉我独醒，以免乐极生悲。晋卦力争上游，六三、六五两爻不言“晋”，只称“悔亡”，重视民意支持。丰卦资源丰沛，启人觊觎。“丰其蔀、丰其沛、丰其屋”，恶业暗中滋长。初九、六五不言“丰”，坚守初志，有过必改，君民皆受福报。

明夷卦无君，微言大义已论述于前。初至五爻皆见“明夷”，独上六不言“明夷”。可见祸源所在，伤人害己，昏暴之至。[15]

夬卦刚柔大对决，在《易传》中被赋予特殊地位：《杂卦传》以人文价值为中心，重组六十四卦的自然卦序，将原本居末的未济卦提前一位，而以夬卦居终，且言：“君子道长，小人道忧。”[16]《系辞下传》次章，讲《易经》源起，由伏羲、神农、黄帝、尧舜至后世圣人，兢兢为治，为民谋福，所举十三卦的最后一卦也是夬。夬有书契之象，百官以治，万民以察。文明昌盛之后，管理众人之事的政治，已成为高度复杂精密的学问。[17]

夬卦他爻不见“夬”字，九三、九五两爻却言“夬夬”。三与五同功而异位，勠力同心完成使命，精当决策，解决问题。[18]

注　释

[1]《系辞上传》次章亦云：“君子居则观其象而玩其辞，动则观其变而玩其占，是以自天佑之，吉无不利。”看来《系辞传》的作者极喜天佑之义，再三引用。“自天”之自，若作“从”字解，则毫无意趣。经传中多处言“自”，都有自我、自在之义。自佑才天佑，更彻底来说，天在自中，天佑实即自佑。“自天”一词，揭示天人合一之理，也合乎《易经》大人之义。姤卦九五爻辞称：“含章，有损自天。”《象》曰：“志不舍命。”人志不离天命，天命实即自性。

[2] 蛊卦上九爻变，成升卦。升卦“南征吉”，上卦为坤，实寓人民地位提升，可登大位之意。孔子说冉雍可使南面，孟子称人人皆可为尧、舜，《文言传》又许九二见龙在田有君德，皆为此意。依《春秋》三世之说，蛊卦相当于据乱世，升卦为升平世，泰卦则相应于太平世。蛊卦上九爻辞不言“蛊”，表示拨乱成功，进入升平世。升卦初六爻辞云：“允升，大吉。”爻变成泰卦，基层民众皆可参政，升平再进太平。《史记·太史公自序》中，称孔子作《春秋》，有云：“贬天子，退诸侯，讨大夫。”《礼记·儒行篇》称颂儒者：“上不臣天子，下不事诸侯。”皆与蛊卦上九爻辞相通。

[3] 同人、大有二卦相综，实即礼运大同之旨，详细论证，请参阅拙作《开物成务———由〈易经〉的策略思维论经济全球化的中华文化》（发表于2004年11月，大陆民进中央主办之次届“海峡两岸中华传统文化与现代化”研讨会）。同人卦九四爻变，成家人卦，“乘其墉”的做法，正是小康世家天下的想法所致，所谓：“大人世及以为礼，城郭

沟池以为固。”

[4] 革卦之前为井卦，之后为鼎卦。井为民生日用之具，非常平民化；鼎为政权象征，富贵逼人。三卦相连，明示上下易位，人民革命成功。

[5]《中庸》称：“仲尼祖述尧舜，宪章文武，上律天时，下袭水土。”前两句是继往，后两句能开来。

[6] “首出庶物”之出，和“帝出乎震”之出，几乎同义。再参考“万物出乎震”之意，当知《易传》作者思想一贯，主张明确。

[7] 互卦理论还可扩充，三至上、二至上、初至五爻，亦成乾卦，原九五爻相当于九五、九三、九五及上九，“亢龙有悔”的可能性不低。

[8] 渐卦上九“鸿渐于陆”，旧解亦有改“陆”为“逵”者。逵为云路，有结队飞行、海阔天空之象。看似不错，其实不通。雁群由干而磐、由磐而陆，乃至由木及陵，每一段皆须飞行。“鸿渐于陆”，才显进退以正之义。私意窜改经文，不可不慎。

[9] 除黄裳外，如困卦的朱绂、赤绂，归妹卦六五的衣袂，以及讼卦的鞶带等，皆取象生动，饶富深意。

[10] 言“无咎”者，九五多过六五。言“吝”的，一个也无，无论六五、九五，君位皆不言吝。领导人不可小器，也不要文过饰非。

[11] 观卦《彖传》称：“观天之神道，而四时不忒。”临卦《彖传》称：“大亨以正，天之道也。”互相参照即知。

[12]《春秋》详记灾异，亦同此理。《易经》讼卦九二、复卦上六、无妄卦上九、震卦六三、旅卦初六、小过卦上六等爻，亦涉及天灾人祸的处理。灾是天灾，眚致人祸，责任归属不同。但有些天灾实由人祸而生，这就是至于“八月有凶”。

[13] 大畜卦《彖传》称：“刚上而尚贤，能止健，大正也，不家食吉，养贤也……”已将六五和上九的承乘关系，赋予尚贤、养贤的意涵。颐卦《彖传》则称：“圣人养贤以及万民。”卦序由大畜至颐，由独善其身，进而兼善天下。

[14] 明夷卦六四爻辞："入于左腹，获明夷之心，于出门庭。"明夷之心指上六，三狩四获，都针对上六而言。复卦《彖传》称："复其见天地之心乎！"佛与魔，光明和黑暗，实即一念之转。

[15] 明夷卦初至五爻，皆有所伤：初爻鸟飞垂翼、二爻伤于左股、三爻伤于南狩、四爻伤心、五爻伤于内难。上爻不明晦，为全民受伤之由，初登天后入地，结果也害了自己。

[16]《杂卦传》为"十翼"压卷之作，言极简，意极深，其重新安排卦序的奥秘，千古难得解人。有志探讨者，请参阅拙作《浩浩阴阳移——易经卦序初探》(发表于1996年4月出版之《哲学杂志》季刊第16期，《易经的现代诠释》专号)。

[17]《系辞下传》次章所举十三卦，阐明"制器尚象"之理。从渔猎时代、结绳为治的离卦始，至文明昌盛、分工细密的夬卦终，涵盖重大的文明发展及民生领域，予人启发至深。政治是管理众人之事，易道不离民生日用。夬卦之前为大过卦，有棺椁之象。政治养民包括养生送死，孟子称为王道之大者。夬继大过，显示文明不断积累、薪尽火传的永恒性。

[18] 夬卦三、五爻与上爻关系密切，三爻先任密使，以民间身份和上爻沟通，再由五爻最后定调，以寻求和平解决的最佳方式。两者一搭一唱，让九四蒙在鼓里，深居要职，却完全在状况外，故而进退失据，闻言不信。"同功而异位"是《系辞下传》论中爻章所提出的观点，许多卦的确存在这种暗通的关系。剥、夬二卦相错，剥六五不言"剥"，夬九五却言"夬夬"，亦见出"《易》为君子谋"的胸怀。

第五十一章　人文化成：由《易经》教育思想论中国现代化

“现代化”这个观念的意涵，前人已讨论甚多，毋庸于此赘述。总之，它并非与传统彻底决裂，而应是有因有革的一种批判性、创造性的继承。现代国家除了发展经济、富国强兵，使人民享有免于匮乏、免于恐惧的基本自由之外，更应重视文化教育，以提升全民素质。事实上，未来世局真正的重心就是文化竞争。美国政治学者亨廷顿（Huntington Samuel P.）的文明冲突论虽然刺耳，确有其见识；而美国如今对世界强大的影响力，除了其经济和军事力量天下第一外，也源于美式文化无所不至的发展和宣扬。

《易经》是中华传统最重视时变的经典，十翼的传文中处处强调与时俱进、随机创新的重要；《易经》中博大精深的人文思想，不仅揭示文明的终极理念，也提出务实的方法步骤，非常值得有志之士参究。本文仅就个人长期研习及教授《易经》的一些心得，简述《易经》中有关文化教育的思想，希望对大家有所帮助。

薪尽火传

首先，“人文化成”这个理念来自《易经》。贲卦《彖传》有云：“文明以止，人文也。观乎天文，以察时变，观乎人文，以化成天下。”中国人关于文明、人文及文化的观念皆荟萃于此。西洋有文明（Civilization）

和文化（Culture）的分别，这和《易经》中的看法未必一致。

《易经》以离卦象征人类文明，离为火，为日，卦形孔目相连，又似网罟之象。人类文明的发展和太阳有密切关系，而火的发现及运用也是文明史上的大事，其促进文明飞跃的意义不下于 20 世纪核能的发现。上古人类多以渔猎为生，打鱼打猎都用到绳网，而结绳记事据说也是后世文字的起源，今日无远弗届的资讯网络，将全球人类紧密地联系在一起，大家的吉凶祸福息息相关，更充分印证了离卦之象。1997 年发生的亚太金融危机，和公元 2000 年差点儿引爆的 Y2K（千年虫）问题，都是牵一发动全局，逼促我们对人类文明的本质作更深远的思考。

《说卦传》云："离，丽也。"丽字有附丽、亮丽之意，本为两头鹿相依相偎之象，所谓"伉俪情深"。火必须依附物体才能燃烧，人必须群聚才能生存，人人为我，我为人人，光辉灿烂的文明于焉创造。离卦《大象传》称："明两作，离。大人以继明照于四方。"人类文明之所以远超过其他生物的原因，就在一"继"字上，所谓薪火相传、永续不绝，突破了肉身速朽的限制，而开创了无限幽远的精神境界。大人为《易经》最高德位之称，就像佛法中的佛一样。六十四卦的《大象传》多称君子，例如乾卦为"天行健，君子以自强不息"，坤卦为"地势坤，君子以厚德载物"，唯独离卦称大人，可见《易经》多么重视人智人能的发挥！文明进化到极致，可与天地齐平。

贲卦的卦形上艮下离，艮为山、为止，离为文明，故称"文明以止"。人类文明的发展必须依循正道，适可而止，不宜盲目地往前冲撞，否则会有自我毁灭的危机。20 世纪科技文明的跃进所滋生的问题，如能源危机、环境污染即为显例，而核弹的发明更是人类挥之不去的梦魇！近时又有复制羊、复制牛乃至复制人的极大争议，这些都值得人再三深刻的反省。"文明以止"才是人文，止字除了蕴含节制负面发展的意味外，还有"止于至善"的正面期许。

人文又和天文有关，中国思想始终强调天人合一，创造文明不得违背自然，《易经》的萌生从仰观天象、俯察地理而来。宇宙星罗棋布，四时寒来暑往，既有变化，又充满了秩序感，人文世界当如是，方合造化之理——这就是文化的概念。“人文化成”的理想除贲卦外，亦见于离卦及恒卦的《彖传》：“重明以丽乎正，乃化成天下。”“圣人久于其道而天下化成。”前面说离卦象征文明，恒卦则代表永恒的真理，可见人类文明一定是追求永续、向往真理的，而这就形成了我们所谓的文化。

“观”字含义很深，《说文解字》释云：“谛视也。”观不是泛泛地看，而是用心思维、冷静观察，有了心得即形成正确的观念和看法，以指导人生的实践行为。佛教的《心经》有云：“观自在菩萨，行深般若波罗蜜多时，照见五蕴皆空，度一切苦厄。”第一个字即言观，观想确立后，接着便是行。观和行重视体验和实践，不尚空言。《易经》中也有观卦，稍后论教育思想时还会提到。贲卦观乎天文、观乎人文，显示建设文化得多么用心，对自然界和人间世用足了深入研究的功夫。

蒙以养正

往下开始阐述《易经》中攸关教育的重要理念。首先是启蒙教育，《易经》卦序以乾、坤为首，屯、蒙次之，表示开天辟地之后，渐有生命诞生，屯卦象征新生命，对周遭世界懵懂无知，这就是蒙。蒙卦专论如何启蒙，摆脱无知的束缚，以获取清明的智慧。由屯入蒙，性相近，习相远，嗜欲渐深，天机渐浅，在德行的修为上也须下克制的功夫，以去除障蔽。

《中庸》称：“天命之谓性，率性之谓道，修道之谓教。”又主张“君子尊德性而道问学”，《易经》蒙卦所昭示的启蒙之道，实兼德行涵养和求取知识而言，以道家老子的话来说，求知即为学日益，修德即为道日损，二者并行不悖，都是最基本也最重要的教育内容。[1]

蒙卦的卦辞中有“亨利贞”，不见“元”字，相较于乾、坤、屯的“元亨利贞”四德俱全，显然生命的原创力未彰显。启蒙云云，实即复元，教育的目的在恢复个人或整个民族的固有知能，培养其因应时变、开设新局的本事。《彖传》称：“蒙亨，以亨行时中也。”[2] 中道指刚柔互济、阴阳和合，为不走极端、最有创造性的做法。中道并非一成不变，而是因时因地制宜，在任何情境中都可拟定最佳的对策。

启蒙须有明师指引，学习得觅最佳典范，但老师的功能只是诱导启发，无法代替学生自立，也不可能呵护终生。先知觉后知，先觉觉后觉，迷时师渡，悟时自渡，师父领进门，修行在个人，自我摸索、体证的功夫万不可缺。《彖传》称：“蒙以养正，圣功也。”人人本性中自有其正，止于一为正，一旦找到适合自己发展的正路，即当全力以赴，累日积久，何功不成？乾卦《彖传》有云：“乾道变化，各正性命。”每个人的正不同，因才适性，各有所宜，学生不必也不能完全走老师的路。

蒙卦初六爻辞曰：“发蒙，利用刑人，用说桎梏。”“刑”同典型之型，“刑人”即堪称典型之人[3]，也就是身教重于言教、以身作则的好老师，学生利用亲炙明师的机缘，好生学习，即可解脱心灵的桎梏，从蒙昧无知而获得启发。《小象传》云：“利用刑人，以正法也。”老师的正已经彰显，学生的正潜藏于自性中尚待开发。启蒙的教学互动，即在以正引正，透过效法学习而达到目的。

九二爻辞云：“包蒙，吉。”学生既才性万殊，各有其正，老师便当一体包容，有教无类。孔子门生遍天下，所谓“自行束脩以上，吾未尝无诲焉”，即为此义。

六三爻辞有云：“不有躬，无攸利。”“躬”即谦虚自省以建立自我，正是教育的目的。“不有躬”，没有树立自我，表示启蒙失败，错误或盲目地学习没有任何效益。

六四爻辞云：“困蒙，吝。”《小象传》称：“困蒙之吝，独远实也。”独为慎独之独，在天曰命，在人曰性，在身曰心，在己曰独。[4] 人心不同，各如其面，人心唯危，不谨慎修持必生咎悔。六四自有其独，但乏明师指引，不得开发落实，遂困于蒙昧而不自知。

正、躬、独皆为自性之用，而为元德所蕴涵，蒙卦欠元，遂致“不有躬”（无效学习），“独远实”（无缘学习），必须“以正法”（有效学习），才能启蒙成功。

蒙卦（䷃）卦形外艮内坎，艮为阻，坎为险，有内险外阻、不知何去何从之象，《大象传》云：“山下出泉，蒙。君子以果行育德。”在山泉水清，出山泉水浊，由清入浊，亦人生涉世所必经，聚溪成川，汇川入海，未来奋斗的终极目标和发展方向仍宜早定。启蒙必须知行合一，果决行动，勇于接受前辈的指导，配合自我的探索，以培育实践的德行。只要认知清楚，方向准确，加以持之不懈的努力，终能修成正果。“育”字下半为女人身内一块肉，上半为倒子之象，意指母体怀胎，胎儿头下脚上，以顺利生产的过程，其间的蠕动、阵痛、艰苦、关爱、盼望及包容，正是教育工作者应具备的胸怀。胎位要正才能顺产，以正法、蒙以养正，方成圣功。

今日中国现代化的伟业，亦似文明启蒙的历程，当然要往先进国家取经，借鉴其现代化的经验，“利用刑人，用说桎梏”；但切不可忽略以正法的原则，必须体认本身固有文化的特色，找到适合自己发展的正路。《易经》卦序在蒙卦之后为需卦，谈的是攸关国计民生的生存发展问题，启蒙之后，才能真正认清本身的需要。宋儒杨万里有诗云：“堂堂溪水出前村，万山不许一溪奔。”山下出泉，百川汇海，不是只有唯一的路。

现代化国家必须有高素质的现代化国民，这自然非教育不为功。启蒙需德育与智育并重，尊德性和道问学不可偏废，否则，富而无教，其弊不可胜言。

干父之蛊

《易经》中的蛊卦，专论改革。“蛊”字皿中有虫，苗疆炼蛊毒时，将各种毒物置于封闭的器皿中，任其杀戮撕咬，最后残存者为毒王。任何组织在封闭的体制下专擅运作，必然造成种种见不得人的腐败现象，时间久了，足以侵蚀组织存在的根基而致灭亡。为了振衰起敝，只有厉行改革，在蛊卦则称“干父之蛊”，子承父业，对先人所犯的错误却不包庇，一切秉公处理。前面论述蒙卦欠元，启蒙实即复元；蛊卦卦辞有“元亨利”，独欠“贞”字，表示不正之风弥漫，而“干蛊”云云，即在拨乱反正。乾卦《文言传》称：“贞者，事之干也。”不积极干事，严加整饬，难以返回正道。

蛊卦初六爻辞曰：“干父之蛊，有子，考无咎，厉，终吉。”《小象传》称：“意承考也。”勇于面对前代的错误，予以改正，这才是真正的孝顺。既然后继有人，过世的先人亦可免受责备。改革的过程虽充满危难，最后终可获吉。父死称考，“意承考”的“意”字说得好，形迹虽似违逆，实则心意相通，懂得师其意不师其法，因应时变而有新的作为。其实传统文化与现代化的关系亦应如是，有批判、有继承，创意源源不断。

六四爻辞云：“裕父之蛊，往见吝。”“裕父之蛊”和“干父之蛊”相反，不认真改革，反而浑水摸鱼，在其中掠取不当利益。四爻居高位，一般是指组织中的经营层级，既得利益的旧官僚自然抗拒改革，文过饰非，路子将愈走愈窄。

六五爻辞云：“干父之蛊，用誉。”《小象传》称：“承以德也。”五爻为君位，由上而下推行改革，须起用民间形象清新、孚于众望的好人来负责。宋神宗用王安石、光绪皇帝用康有为，都是看重年轻人的改革热情及对理想的坚持。

上九爻辞云：“不事王侯，高尚其事。”改革并非政客的专利，国家兴亡，匹夫有责，全民都应动员起来，监督改革，参与改革，做大事，不要做大官。太多的经验显示：王侯本身就是蛊乱之源！蛊卦前五爻皆有“蛊”字，唯此爻不见蛊，表示至此已拨乱反正，改革成功。

然而，全民改革有其先决条件，必先唤醒民众，振作民气，并培育改革所需的知识和技能，蛊卦《大象传》称：“君子以振民育德。”一语说中了改革成功的关键。

教思无穷

依《易经》卦序，蛊卦之后为临卦。临即君临天下、莅临指导的临，为面对现实、积极治理之意。临卦专讲领导统御的原理，但是不尚威权，鼓励共和，用现在的话来说，就是主权在民的全民政治。蛊卦变法改制的目的，即在建立临卦的美丽新境界，蛊卦《彖传》所云："蛊元亨而天下治也。""天下治"并非泛语，而是打破专制，开放全民政治。[5]蛊卦讲改革，临卦讲开放。

临卦初九爻辞云："咸临，贞吉。"《小象传》称："志行正也。"初爻代表广大的基层民众，"咸"同皆，"咸临"即全民一同参与治理整个国家。"咸"又为和谐感通、交流无碍之意，政权开放却不引起纷争对抗，崇尚自由仍不失纪律，相互尊重，相互提携合作，当然是上好的政治形态。蛊卦欠"贞"，临卦"元亨利贞"，显然已拨乱反正，基层民众志行皆正，为开放社会打好了根基。

九二爻辞云："咸临，吉，无不利。"《小象传》称："未顺命也。"二爻代表民间意见领袖之位，再提咸临，可见民治精神。"未顺命"是说思想自由，言论自由，民间的种种活动不必迎合上意。

六三爻辞云："甘临，无攸利。既忧之，无咎。""甘临"是得意忘形，言行失当，自由并非为所欲为，仍应受国家法治的合理规范，否则易生乱象。

六四爻辞云："至临，无咎。"四爻代表政府执政高层，必须体察民意施政，为人民服务无微不至，如此当然赢得民众的支持，不受责难。

六五爻辞云："知临，大君之宜，吉。"五爻为君位，最高领导人懂得开放授权，用众人之智创造绩效，这才是政治的大智慧，才是开放社会杰出领袖的风范。

上六爻辞云："敦临，吉，无咎。"六爻为国之大佬，退而不休，仍秉其深厚经验建言，指引后进。临卦六爻皆言临，确实体现全民政治的真谛。

临卦《大象传》云：“君子教思无穷，容保民无疆。”教育的目的在培养人独立思考判断的能力，而非墨守成规，人云亦云，只有这样，智慧的发展才无穷无尽。临卦的特色在于自由开放、鼓励创意，思想上不设限是最重要的关键，只要大家相互尊重，各守分寸，社会不但不会乱，反而更安全，民众会获得包容、保障，福祉不可限量。

不过，从长久封闭的体制走向开放，不宜操之过急，一定得循序渐进，稳定中求发展。临卦卦辞虽称“元亨利贞”，又云：“至于八月有凶。”随时有形势逆转、失控变质的可能，是以《彖传》提醒：“浸而长，说而顺。”“浸”字用得好，水滴石穿，潜移默化，方能克尽全功。前苏联改革开放所施行的“休克疗法”，招致失败，足为前车之鉴。

临卦之后为观卦，观即前文提过的“观乎人文、观乎天文”的观，为用心体验、建立观念之意。临卦既然重视思想教育，又不定于一尊，自然百家齐放，形成各式各样的观点。在这种环境下施政，必须确实了解各地方民众不同的需求和看法，不能闭门造车，忽视沟通。

观卦《大象传》云：“风行地上，观。先王以省方观民设教。”省方是中央官吏到地方视察，彻底了解民情后，针对需要订定政策，所谓一方水土养一方人，因地制宜，才能风行无阻。勤跑基层，和广大民众沟通，须放下身段，深入浅出，此即通俗教育之技巧。

由以上蛊、临、观连续三卦的分析，可知当社会处于剧烈的转型期，教育工作最重要：振民育德，教思无穷、观民设教，无论士农工商、在朝在野，都得接受新时代的再教育，否则所有改革成果都可能被破坏，大家滥用自由，终至腐蚀了社会存在的根基。

位育万物

今日世界已是地球村的时代，全人类祸福与共，息息相关，任何国家无法遗世而独立，中国的现代化亦纳入全球化的考量。《易经》无妄卦

《大象传》有云：“天下雷行，物与无妄，先王以茂对时，育万物。”“与”为参与，无妄代表宇宙绝对真实的大生命，“物与无妄”即民胞物与之意。中国思想始终视天地万物为一体，身为万物之灵的人类，对天地间一切事物皆有培育照顾的责任。照顾除了付出爱心之外，还得适得其时。“茂”同茂盛之茂，也是勤勉奋发之意。“茂对时，育万物”，万物便能欣欣向荣，发展壮盛。今日人类文明出现不少危机，世界和平的终极理想仍很遥远，这些都待有志之士发扬无妄卦的精神，持续不懈地奋斗。

无妄卦后为大畜卦，其《大象传》云：“君子以多识前言往行，以畜其德。”畜是修养蓄备，大畜是全力充实自己以期大用。“前言往行”为过去人的思想言论和奋斗经验，值得我们吸收参考。“识”即《论语》所谓“默而识之”的识，为心会神通之意，并非死背硬记。大畜卦教人做活学问，活学、活教、活用，日新其德，与时俱进。

孙中山先生曾说：“人生不如意事，十常八九。”佛教视人生为痛苦烦恼的渊薮，《易经》也认为人生充满了坎坷和风险。坎卦取象于水，《大象传》云：“水洊至，习坎。君子以常德行，习教事。”“洊”为水相永存、相继不绝之意。“水洊至”，象征险关不断，一波未平，一波又起。既然如此，我们必得习于险难，就在坎险之中学习。孟子称生于忧患，所谓“动心忍性，曾益其所不能”，正是此意。《易经》卦序，坎卦之后即为离卦，光辉灿烂的人类文明就诞生于艰难之中。中国近百年来现代化的历程，何尝不是饱历忧患？艰难困苦、玉汝于成，未来中国文明大放异彩，几乎已可预期。

注　释

[1]《庄子·大宗师》有云：“其耆欲深者，其天机浅。”《老子》第四十八章：“为学日益，为道日损。”《易经》损卦《大象传》则称：“君子以惩忿窒欲。”

[2]《中庸》：“君子而时中。”时中之道为《中庸》一书的要旨，与《大易》

相通。

[3] 不少《易经》旧注将“刑”解释为刑罚，如此则成蒙卦上九的“击蒙”，而非九二的“包蒙”，爻际互动关系完全误解，童蒙并非罪恶，发蒙之初岂可如此痛责？是解脱桎梏还是戴上桎梏？

[4] “慎独”之独为名词，《中庸》《大学》二书皆有提示，所涉义理极深。

[5] 乾卦《文言传》：“飞龙在天，上治也。亢龙有悔，穷之灾也。乾元用九，天下治也。”“上治”为一人高高在上治理，容易走上独裁专制，祸国殃民；“天下治”则为全民共治，体现了“见群龙无首，吉”的思想境界。

第五十二章　世局变动：由《易经》的策略思维论经济全球化中的中华文化

《易经》为中华传统文化最重视时变的经典，有完整精奥的决策智慧。本文依《易经》卦序的原理，参照错综其数的卦象变化，阐析往后世局可能动变的方向，以及应有的对策。

世界大同

《易经》中排序第十三、十四的同人、大有二卦，所言义理实即《礼运·大同篇》的思想，同人之同、大有之大，两卦相合即为大同。同人主张人同此心，心同此理，世界各民族和平共存；[1]大有即大家都有、人人皆有，建立资源共享的均富社会。[2]这和当今世界全球化的趋势有些相近，可从其中看出不少问题及对应之道。

同人卦六爻上下倒置，即成大有卦，反之亦然，这种关系称作相综，表示一体两面，相与俱生。相综的两卦必须整体把握，才不会偏执一端，才能有辩证性综合的更高解法。同人、大有二卦六爻全变，则为师、比二卦，这种关系称作相错，表示性质截然对反，却仍可能触类旁通。师卦劳师动众，军事对抗；八卦合纵连横，外交结盟。师、比二卦相综，国际争战谋和，本属既竞争又合作的关系。同人、大有倡导和平，师、比却陷于霸权争夺，性质完全不同。

师、比同卦的经传中都提到国家的观念，国家本系武力造成，为了维护既得利益，一切思考皆以国家为本位。[3] 同人、大有则不然，卦象有乾、有离、乾为天，离为文明，天下文明，站在全人类的立场看问题。文明的创造往往与民族文化有关，是长期在历史中自然形成，美国政治学者亨廷顿（Samuel P.Huntington）著名的文明冲突论，即将世界文明分成华夏文明、西方基督教文明、伊斯兰文明、印度文明、日本文明、拉丁美洲文明及非洲文明等。

同人卦《大象传》称："君子以类族辨物。"促进世界和平，首先得研究各民族文化的特色，在彼此尊重的基础上存异求同，切不可自以为是，强人从己。"己之所欲，必施于人"的结果，只能造成文明冲突或宗教战争，今日超级强权的美国，种种单边主义的行为，堪为借鉴。

同人卦中六爻的关系，充分显示了这种危机。初爻爻辞称："同人于门，无咎。"《小象传》解释："出门同人，又谁咎也？"勇于走出国门，以开放心胸和世界各民族交往，当然正确。二爻爻辞称："同人于宗，吝。"宗即中心思想或宗教信仰，也代表血浓于水的宗族关系。一般偏激狭隘的种族主义盲目排外，就是同人于宗，所谓"非我族类，其心必异"，推展大同思想，这是莫大障碍。

三爻爻辞称："伏戎于莽，升其高陵，三岁不兴。"四爻爻辞称："乘其墉，弗克攻。"无论在山林草莽，或都邑高墙，都出现了刀兵之象，国际危机四伏，文明冲突一触即发。[4] 三、四两爻在易卦中属三才中的人位，爻辞中却不言同人，或阴谋暗算，或骑墙中立两边讨好，刻画人的私心妄念，真是入木三分。

面临以上的挑衅，居君位的五爻只能以强大的武力为后盾，进行吓阻，其爻辞云："同人先号啕而后笑，大师克相遇。"同人的时代，最好以国际组织名义，组成维和部队，以介入区域纷争。第一次海湾战争大致合乎规范，第二次即饱受质疑，美国侵伊占油，一意孤行，难堵众人口。五爻《小象传》说得好："同人之先，以中直也。"出兵动机是否正直而合乎中道，是本爻检验的标准，也足以决定最后的吉凶祸福。

上爻爻辞称："同人于郊，无悔。"《小象传》解释："志未得也。"古代城市称邑，邑外为郊，郊外为野，由邑至野，代表同心圆式往外扩展的历程。同人卦卦辞称同人于野，期许和平运动无远弗届，遍及全球，但六爻走完，仍只能同人于郊，做到了区域和平，世界和平的志向未得实现。

同人之后为大有，人类文明续有进展，其《大象传》云："君子以遏恶扬善，顺天休命。"判断是非善恶的基准，已突破褊狭的种族主义的藩篱，而有普世价值的共识。东方文化、西方文化皆有善有恶，宜弃其糟粕，取其精华，以建构更新更好的世界文化。

大有卦六爻的实践历程，处处可见资源共享、全球一体化的精神。初爻爻辞称："无交害。"世界各国宜和睦相处，交相利而勿交相害，彻底扬弃强凌弱、众暴寡的帝国主义作风。二爻爻辞云："大车以载，有攸往，无咎。"全球化的合作首重贸易，透过绵密的航运网络，互通有无，货畅其流。

三爻爻辞称："公用亨于天子。"公为封建社会五等爵之首，以寓天下为公之义，天子替天行道，代表全天下接受各地诸侯的朝贡。三爻居下卦、内卦之巅，长期积累资源致富，懂得取之于社会，用之于社会的回馈之理，慷慨捐献，以善尽世界公民的责任。《礼运·大同篇》称："货恶其弃于地也，不必藏于己，力恶其不出于身也，不必为己。"正合此爻之意。四爻爻辞云："匪其彭，无咎。"匪同非，彭是车马行过所发出的壮盛声响，匪其彭，指行事低调，为善不欲人知，也有偃旗息鼓，不用兵车之意。大有之世，一切和平协商，限武、裁军均为务实考量。

五爻居君位，有维持国际秩序之责，爻辞称："厥孚交如，威如，吉。"《小象传》解释："威如之吉，易而无备也。"世界文明进展已至巅峰，各国诚信交往，不必武备，也能排难解纷。

上爻境界更高，爻辞称："自天佑之，吉无不利。"天佑的观念并非迷信，而是自己所作所为合乎天理，选贤举能，讲信修睦，自然无往不利，若有天助。自天的自字，若作出自、自从解，则太浮泛，应该还是自我、自强之意。西方说天助自助，东方思想更彻底，人修为到极致，天在自中，自即天，天即自，天人完全合一。《大象传》所称："遏恶扬善，顺天休命"，至此完全实现。[5]

称物平施

依《易经》卦序，大有之后为谦、豫二卦，《易传》说："谦以制礼，豫以作乐。"经济全球化成功之后，必得重视礼乐教化，提升全民的精神品质，以建构富而好礼的理想社会。

谦字取义言之兼，表示任何言论主张均兼顾各方感受及立场，懂得设身处地为他人利益着想，如此订定出来的各种礼法制度，自然易为大家所接受，而化解了争端与冲突。

谦卦卦辞云："亨，君子有终。"六爻爻辞下三爻言吉，上三爻无不利，可说面面俱佳，处处圆满，在六十四卦中高居第一。谦恭、谦让、谦和、谦受益，无论个人或国家，懂得以谦道行事，长久必得善终。

谦卦的精神主要体现于第三爻，爻辞称："劳谦君子，有终，吉。"《小象传》解释："万民服也。"谦和服务，对社会人群大有贡献，却不夸耀居功，这种人必然赢得大家的敬重。《彖传》中极力赞扬谦德，说天道、地道、人道、鬼神道，宇宙间一切有形、无形的力量都福佑，可谓推崇备至。

以竞争的观点看，谦德正是老子所谓的不争之德，江海下百川，甘居低下之位，最后却拥有一切资源的流注。"夫唯不争，故天下莫能与之争。"面对全球化浪潮中，列强争衡的世局，广结善缘，永不称霸，坚持和平发展的主轴，才是振兴中华的长治久安之策。

当然，在和平崛起的主调下，不排除极端形势下的果决行动。谦和退让绝非软弱，谦极转豫，豫卦卦辞云："利建侯行师。"又是积极备战之象。谦卦五爻爻辞称："利用侵伐，无不利。"上爻爻辞云："鸣谦，利用行师，征邑国。"侵伐为国际战争，邑国为国内属地，只要在师出有名、以战谋和的大原则下，皆可为之，虽然有伤，亦属万不得已。

大有卦主张人人皆有，已寓济弱扶贫的平等之义，谦卦更进一步发挥均匀分配的要旨，其《大象传》云："君子以裒多益寡，称物平施。"裒为引聚，并非减损，损多益寡的表面公平，根本不能解决问题，社会的总财富也未增加。聚多益寡其实是主张扩大生产，先把饼做大，水涨船高，自然益寡，然后再来谈合理分配的问题。

称物平施正是讲分配，公平的施与并非简单地数人头、做除法，而是得视对象作适宜的加权平均，这才是立足点的真平等，才能解决贫富悬殊、强弱对抗的国际纷争。举例来说，开发中国家和已开发国家条件不同，不能适用同级严苛的规范，否则即无发展可言。

谦以制礼的均平原则，不仅适用于经济发展，也可用于一切典章制度的拟订，大陆经改有成，世所共睹，将来迟早须面临政改的问题，怎么做才最合适呢？

谦卦《彖传》中提到天地人鬼神，表示最圆满的均衡不限于人群社会，还要考虑到自然界的因素，以及传统历史文化的影响。民主制度透过选举的设计，往往反映的是当代选民的利益，许多政策可能破坏环境生态，而让后代子孙去承受灾殃，也可能枉顾各民族文化深具特色的内涵，走上庸俗肤浅的民粹之路。[6]

谦卦的真精神，应该是谦和面对这宇宙中的一切，所思所行，切勿骄亢自满。《系辞传》末章有云："天地设位，圣人成能，人谋鬼谋，百姓与能。"说得真是透彻。

消息盈虚

谦受益的反面是满招损，《易经》中的丰卦充分显示此理。丰是资源雄厚，如日中天，但丰卦之后却是旅卦，失势失位，四处流亡。丰卦六爻全变，则成涣卦，离心离德，四分五裂。丰、旅相综，丰、涣相错，丰卦错综其数的变化均指向崩解灭亡。前苏联的解体，国势一落千丈，正是最好的例证。

丰卦《彖传》称："日中则昃，月盈则食，天地盈虚，与时消息。而况于人乎？况于鬼神乎？"又提到了天地人鬼神的观念，人在功业鼎盛之时，易生骄慢之心，结果招致宇宙中所有力量的反击，雄图霸业转眼成空。

丰卦内卦离明、外卦震动，明以动才成丰。明代表文化底蕴、教养智慧，动代表政经实力、军事科技，软权力必须和硬权力密切结合，才能使国家强大，成就丰功伟业，这又涉及均衡发展的问题。

丰卦初爻爻辞称："遇其配主，虽旬无咎，往有尚。"《小象传》加注："虽旬无咎，过旬灾也。"初爻为明之初、四爻为动之主，两者须配合无间，往前奋斗才有希望。旬为十日，以天干记日的一个循环周期，亦有均等之意。均衡发展，再强大也无咎；发展失衡，必遭凶灾。美国国富民强，文教方面亦有傲人之处，故而在长期军备竞争后获胜。

《论语·季氏篇》引述孔子的伟大见识："有国有家者，不患寡而患不均，不患贫而患不安。盖均无贫，和无寡，安无倾。夫如是，故远人不服，则修文德以来之，既来之，则安之。"

在今世全球化的浪潮中，和平崛起、振兴中华之路，舍此何由？！

注　释

[1] 同人卦《彖传》称，"唯君子为能通天下之志。"《系辞传》亦云："唯深也，故能通天下之志。"人心深处的共识，一定向往和平，厌弃战争。孟子见梁襄王，曾说不嗜杀人者能一之，又称天下莫不与也，亦畅发斯旨。

[2]《礼运大同篇》明言："使老有所终，壮有所用，幼有所长，鳏寡孤独

废疾者，皆有所养，男有分，女有归。”这不是大有是什么？

[3] 师卦上爻爻辞：“大君有命，开国承家。”比卦《大象传》：“先王以建万国，亲诸侯。”皆论及战后秩序的重建，有的国家成立，有的败亡。

[4]《礼运大同篇》称：“谋闭而不兴，盗窃乱贼而不作，故外户而不闭，是谓大同。”前两句正是同人卦三、四爻之象，初爻出门同人，即外户不闭。大同的对照为小康，小康的体制是“大人世及以为礼，城郭沟池以为固”，同人四爻乘其墉，仍是小康世据地称雄的想法。

[5] 乾卦《文言传》：“大人者，与天地合其德，与日月合其明，与四时合其序，与鬼神合其吉凶，先天而天弗违，后天而奉天时。天且弗违，而况于人乎？况于鬼神乎？”这是解释第五爻飞龙在天，人修为的极致称大人，完全与天地合一，乾卦五爻爻变，即为大有卦。卦序由同人而大有，最后修成大人境界，理路清晰圆贯。大有之后为谦卦，谦的《彖传》遂言天地人鬼神，天人之际已完全打通。

[6]《公羊》学者蒋庆近年来倡导王道政治，有天道、民意及历史文化三重合法性的说法，此义于《大易》《春秋》及《中庸》三经，均可会通。

第五十三章　万国咸宁:《易经》和合思想述评

21 世纪初，世局仍动荡不宁，千禧庆后，人类文明的发展未可乐观。超级大国的霸权扩张和恐怖主义的肆虐流行，交织成普世的梦魇。油源的高耗及短缺，造成列强争衡，国际关系极度紧张，为生存利益引爆战争大有可能。

为全球民众福祉及文明永续发展计，中国在全面振兴崛起的过程中，亦应发扬民族传统的智慧，倡导和平合作的理念，以化解国际争端，善尽世界大国的责任。

《易经》为中华文化之源，以阴阳立论，最重视对立两端间的冲突和融合，触类自然旁通，相反可以相成。本文剖析《易经》卦爻结构，重点评述经传中所蕴含的和合思想，以之对应当今世局的难点，期能有所裨益。

雨与血

《易经》以乾坤两卦居首，乾卦六爻全阳，坤卦六爻全阴，阴阳互动，乾坤合德，引发种种生生灭灭的变化，八八六十四卦皆由乾坤而出，三百八十四爻亦处处可见刚柔交感之理。

乾卦取象为天，实述宇宙创化之理；坤卦取象为地，借山川起伏以明变迁之势。理与势合，人生行事必然顺遂成功；势与理违，则生扞格，占理失势，空想不足以成事；据势失理，纵一时得意，也难以久长。

乾卦《大象传》称："天行健，君子以自强不息。"日月星辰亘古周转不停，人生取法天象，亦应奋励自强，精进不已。坤卦《大象传》称："地势坤，君子以厚德载物。"山河大地蕴养万物，人生行事亦当顺势包容，与群众和谐相处。

《系辞传》引述孔子的读易心得："乾坤其《易》之门邪！乾，阳物也；坤，阴物也。阴阳合德而刚柔有体，以体天地之撰，以通神明之德。"乾阳创始于前，坤阴落实于后。坤卦《彖传》称："坤厚载物，德合无疆。"只要乾坤配合无间，刚柔互济，阴阳和合，天地万物皆可生生不息，人生事业发展亦无止境。

无疆二字意境甚美，大地形成之初，焉有疆界、国界的划分？人类文明史上无尽的杀戮斗争，皆缘于有疆。界线划得太清楚，非我族类，其心必异，欲和平相处，势成困难。坤卦以广土众民为象，《彖传》中三言无疆，除德合无疆外，尚有行地无疆、应地无疆。今日经济全球化的趋势，所有资金、商品、信息的流通畅达无阻，即为无疆之象。[1]欧盟的成立、欧元货币的统一发行，也算区域和合的一个不错的范例。

乾卦《彖传》称："云行雨施，品物流形……乾道变化，各正性命，保合太和，乃利贞。首出庶物，万国咸宁。"天下万物各有其形，禀性亦异，不必也不能强求一致，但相处却宜和合，这才是天理正道。运用于国际政治，无论大小强弱贫富，皆宜平等对待，不允许任何霸权宰制一切，若能如此，世界和平可期。[2]自然界中行云布雨的水文循环，是生命滋养的必要条件，云雨也象征男女欢爱，阴阳和合自能生育后代。坤卦《彖传》称："含弘光大，品物咸亨。"乾父坤母、阳施阴受的意象明确。咸宁、咸亨，咸为无心之感，人皆有之。《易经》居下经之首的咸卦，以少男少女的恋爱为喻，明异性相吸的感通之理，其《彖传》亦称："天地感而万物化生，圣人感人心而天下和平。"

厌恶战争、向往和平，固然人人同心同理，但现实世界却不如是。

坤卦上爻爻辞云：“龙战于野，其血玄黄。”阴阳之间的矛盾激化，出现血战后两败俱伤的局面。

继乾卦之后的屯卦，为生命初始之象，其《彖传》称：“雷雨之动满盈，天造草昧，宜建侯而不宁。”雷雨生机饱满，又为何不得安宁呢？上爻爻辞云：“泣血涟如。”人生在世，忧患实多，类聚群分，难免相伤。

屯、蒙之后为需卦，需字本身即有霖雨之象，《大象传》称“云上于天”，企盼甘霖普降，以遂所生。然而四爻爻辞云：“需于血，出自穴。”从自家藏身的洞穴出外觅食，却面临严酷的生存竞争而流血受伤，只能低调回避。需之后为讼，讼之后为师，供需失调有可能爆发大战。兵凶战危，万不得已用兵之后，改以结盟合作的方式恢复秩序，这就是师之后的比卦。

师卦上爻爻辞称：“大君有命，开国承家。”比卦《大象传》云：“先王以建万国，亲诸侯。”可见国家多由武力造成，战争胜负往往决定了国家的存亡。为了维护国家的生存利益，即便盟邦之间也难免钩心斗角，故而比卦卦辞称：“不宁方来，后夫凶。”生怕在国际外交上落了后手，招致边缘化的命运。

比之后为小畜，结盟虽可略增实力，使资源小有蓄积，但小国与大国间的相处着实不易，随时都呈现猜忌紧绷的关系，必须很小心应对，才不致出事。[3]

小畜卦辞称：“密云不雨。”可见真心和解之难。第四爻为全卦唯一阴爻，夹处于上下五阳爻之间，生存压力极大，其爻辞云：“有孚，血去惕出，无咎。”《小象传》解释：“上合志也。”弱国只有尽力配合强国的权力意志，取得其信任，才能免于流血的恐惧。以小事大，以智；以大事小，以仁。五爻为全卦君位，象征大国势力，其爻辞称：“有孚挛如，富以其邻。”《小象传》解释：“不独富也。”强国须发挥爱心，照顾弱小，彼此讲信修睦，富利共享。若能如此，则可进入最后上爻的境界：“既雨既处，尚德载。”和平终于来临，大家相安无事，可算功德圆满。小畜卦《大象传》称：“君子以懿文德。”文德即和平解决国际争端的能力，所谓：“远人不服，则修文德以来之。”

小畜之后为履，大小同盟间的关系最好确立规范，以法条的形式要求双方信守。《系辞传》称：“履，德之基。履，和而至。履以和行。”千言万语不如躬行实践，大家照国际规范办事，一切以和为贵。履之后为泰，这才是国泰民安，天下太平。泰卦上坤下乾，天地交泰，小往大来，终于达到了阴阳和合的理想境界。

泰、否之后为同人、大有。同而为人，大家都有，理应平等互惠，富利共享，传统大同世界的理想尽蕴于此二卦之中。[4] 再往后为谦，谦和、谦让、谦虚、谦受益，谦卦卦爻全吉，《彖传》中说天地人鬼神皆福佑，必得善终，为六十四卦中福报第一。谦字取义为言之兼，所有言论主张均兼顾各方感受及利益，力求资源分配的均匀合理。同人、大有主要着眼于人群社会的均平，谦卦更进一步扩及人与自然、人与历史文化的合理对待。科技文明的进展，不可以破坏自然生态的平衡，当代人的一切作为，须对历史负责，也得为未来的子孙忧。《易经》经传中的和合思想，发展至谦卦可谓攀上了最高峰！[5]

匪寇婚媾

人生在世，除了努力做好自己外，必得和周遭群众发生关系，关系良善结成盟友，互动恶劣形成仇敌。朋友相处得互信互谅，切忌情谊生变，反目成仇；敌对两败俱伤，妨碍发展，最好化敌为友，尽释前嫌。兵家吴起主张“出门如见敌”，全神戒备，最后仍不免死于非命。孔子声称“出门如见大宾”，温良恭俭，遂成万世师表。孟子呼吁“仁者无敌”，真有爱心和创意的人根本没有敌人！

《易经》下经推明人事，剖析人情爱憎深刻入微，其中家人、睽、蹇、解四卦，细述人际分合淋漓尽致，尤其值得借鉴。

家人变睽，即因爱生恨、反目成仇，二卦相综一体，可见人情无常。睽、蹇二卦相错，由睽至蹇，代表瞬间巨变，同志失和，严重内耗的结果，必然拖垮对外的竞争力，双方都寸步难行。蹇、解相综，逼不得已，又回头寻求和解。早知如此，何必当初？

睽字以目、癸取义，癸为十天干最末，象征情缘已尽，彼此交恶的关系显现于目不相视之中。所谓爱之欲其生，恶之欲其死，看对方特别不顺眼，人格形象都严重扭曲。蹇字以寒、足取义，冰冻的关系使气血不通、关节发炎，一切僵硬凝滞，举步维艰。由睽至蹇，代表人感情用事，看法一旦偏颇，做法必然乖张失宜。

睽卦六爻对立紧张，猜忌深重，但爻辞皆劝合不劝分。三、上两爻睽到极点，爻辞所述情景深契人情：

三爻爻辞云："见舆曳，其牛掣，其人天且劓。无初有终。"三爻不愿意再受上爻指挥，就像拖车的老牛罢工，怎么拽也不肯前进一样。在三爻心目中，上爻完全是个重罪犯，鼻子已被割去，嗅觉失灵，若任其驱使只有毁灭一途。即便如此，没有好的开始，仍期待协调沟通而有好的结局。

上爻爻辞则称："睽孤。见豕负涂，载鬼一车，先张之弧，后脱之弧。匪寇婚媾，往遇雨则吉。"《小象》解释："遇雨之吉，群疑亡也。"上爻刚愎多疑，人缘糟透，在众目睽睽下陷于孤立，受激益发乖张，看三爻像头身上涂满了泥巴的猪，还带着一车的鬼前来，遂拿起弓箭要射，后来发现是误会，又放下弓箭。其实三爻不是敌人，而是来求婚的，于是前往迎接，终以喜剧收场。

当今之世，超级大国的霸权心态，动辄指使弱国配合行动，甚至穷兵黩武，先发制人，正似睽卦上爻之象。这种一意孤行的作风，若不调整，势将激发更多抵制和反弹，所谓愈反愈恐，恐怖主义只会更加猖獗，而世局将永无宁日矣！

睽卦《彖传》称："天地睽而其事同也，男女睽而其志通也，万物睽而其事类也。”阐述的正是触类旁通、相反相成之理。家人、睽一体相综，同不妨异，异无碍同，在天下一家的认知下，世界各民族仍可存其特色，不必强求一致，故而《大象传》亦云：“君子以同而异。”

睽、蹇相错，解和家人亦相错，卦性对反，亦有旁通之义。推动和解，往往诉诸系出同源的家人意识，例如海峡两岸同文同种，没理由非得兵戎相见。解卦《彖传》称：“天地解而雷雨作，雷雨作而百果草木皆甲坼。”天降甘霖，草木皆绽开坚硬的外壳，尽情接受雨水的滋润，这是多么酣畅痛快的意境！

解卦《大象传》亦云：“雷雨作，解，君子以赦过宥罪。”两造既然和解，所谓相逢一笑泯恩仇，一切过节就不必再计较，大事化小，小事化无。赦过是完全赦免，宥罪是予以宽减。罪大于过，不能一笔勾销，例如南京大屠杀就是犯罪，中国和日本再怎么和解，这笔账都得合理地结算。[6]

解之后为损、益，再往后为夬卦。损、益相综，以历史的眼光做全面的估算，然后提出最后解决的方案。夬卦卦形五阳上决一阴，有泽上于天、势将宣泄之象，历史累积的恩怨，有待公正、公平、公开的终极裁断。[7]

夬卦的目标固然神圣，摊牌对决也占了足够的优势，卦辞仍称：“不利即戎，利有攸往。”《彖传》则云：“健而悦，决而和。”为了争取和平解决，绝不轻易动武。六爻爻辞也体现了耐心寻求和解的过程：三爻称“遇雨若濡”下雨不怕打湿，任劳任谤，一切以完成任务为依归。五爻称“苋陆夬夬，中行无咎。”领导人决而又决，终于找出最完善的方案，斩断葛藤，了结了历史公案。

革故鼎新

夬卦之后为姤，积水宣泄，势必改变河川下游的生态，造成其水位上升，故而姤之后为萃、升二卦。

姤为不期而遇，代表某种终结旧局、启动新运的重大变迁。人生际遇稍纵即逝，须集中心力以对，求得事业的大幅成长。中国大陆自改革开放以来，长期积蓄的能量汹涌而出，创造了举世瞩目的成就，综合国力全面提升，亦同此理。

然而，升而不已必困。成长有其极限，基底愈大时必然趋缓，能源的供应也生出问题，对自然生态的破坏更不容不评估。当今世界的纷纷扰扰，人类文明发展的隐忧，都与此有关。

依《易经》卦序，困卦之后为井，井之后为革、鼎。困是泽水枯竭之象，列强争霸导致现存可用的能源耗尽；井象征深藏地底的新能源，若能开发成功，则取之不尽，用之不竭，不但一举纾困，且革命性地创造了一个崭新的世纪。革、鼎二卦皆含有离卦文明永续之象，彻底摆脱武力争霸的旧思维，实现王道共和的新乐土。[8] 鼎卦三爻爻辞称："方雨亏悔，终吉。"上爻爻辞称："大吉，无不利。"《小象》释云："刚柔节也。"调和鼎鼐、和衷共济的主张至为明确。

井卦六爻全变，为噬嗑卦，是丛林斗争、弱肉强食之义，正似当今世局国际争霸的写照。噬嗑之前为观，之后为贲，彼此的世界观不同，遂爆发意识形态的斗争，手段残酷，却以华丽的辞藻包装。美军侵伊、攻阿富汗，交战双方都自以为是维护正义，替天行道，而将对手彻底妖魔化。贲卦有人文化成之义，贲卦之后为剥，刀光剑影，岌岌可危矣！[9]

因此，为文明永续计，必须彻底转换噬嗑恶斗的旧思维，寻求共存共荣的新发展，这正是与之相错的井卦的要旨——生死相争的对手，可以合作研发新资源，携手共创新时代，何必交相困、交相害？

注　释

[1] 临卦自由开放，其《大象传》称："君子以教思无穷，容保民无疆。"鼓舞民众独立思考，发挥创意，包容保障跨国界的经营活动。益卦创造利益，嘉惠众生，其《彖传》称："损上益下，民悦无疆……益动

而巽，日进无疆，天施地生，其益尤方。”没有方所的差别和疆界的限制，正是今日全球经济的格局。

[2] 旧解首出庶物，说是元首高出于众人之上，由于其卓越的领导，故而万国都安宁，实有封建遗毒。人世之所以纷扰不息，就是因为大家抢着做头，一旦成了领袖或霸主，又死握权柄不放。乾卦六爻所体现的，正是这种由飞而亢的过程。其实首出庶物，强调的是众生平等，领导者须从众人中选拔而出，有实务历练，知民间疾苦，容易为民谋福。若不称职，也可以被民众推翻。一旦建立这种机制，离“用九，见群龙无首，吉”的境界就不远了。

[3] 孟子主张交邻国之道为：“惟仁者为能以大事小，惟智者为能以小事大；以大事小者，乐天者也；以小事大者，畏天者也。乐天者保天下，畏天者保其国。”老子亦申言：“大国以下小国，则取小国；小国以下大国，则取大国。故或下以取，或下而取。大国不过欲兼畜人，小国不过欲人事人。夫两者各得其所欲，大者宜为下。”春秋战国时代，这是攸关生存发展的重大问题，而以上两段言论，正可作小畜哲理的最佳脚注。

[4] 有关同人、大有二卦和《礼运·大同篇》的关系，请参看拙作《开物成务——由易经的策略思维论经济全球化中的中华文化》，文中有详细论证。

[5] 谦卦《大象传》称：“君子以裒多益寡，称物平施。”所有资源的生产及分配皆公平合理，以此精神拟订制度，必可化解争端，带来和平。《系辞传》称：“谦以制礼。”谦、履二卦相错，属于忧患九卦前两卦，以谦制礼，以履行礼，治理乱世可收正本清源之功效。

[6] 噬嗑卦讲述弱肉强食的人间实况，小恶纵容将导致大恶灭身，孔子在《系辞传》中申述：“小人不耻不仁，不畏不义，不见利不劝，不威不惩，小惩而大诫，此小人之福也……小人以小恶为无伤而弗去也，故恶积而不可掩，罪大而不可解。”可与解卦的赦过宥罪并观。依此可

见，抗战胜利，蒋介石当年的以德报怨很有问题。中国思想是以直报怨，若以德报怨，则何以报德？

[7] 夬卦在《杂卦传》中排序最末，称“君子道长，小人道忧。”刚决柔到最后，变成纯阳的乾卦，人的努力奋斗彰显了天理。《系辞传》中亦以夬卦为书契之象，公决是非，可传之永久，所谓“百官以治，万民以察，盖取诸夬”。

[8] 泽火革下卦为离明，似天火同人，火风鼎上卦为离明，似火天大有。同人、大有二卦弘扬大同思想，与师、比相错，彻底扬弃武力争夺的旧习。革故鼎新，亦为王道理想的实现。

[9] 美国政治学者亨廷顿（Samuel P.Huntington）有文明冲突之论，依《易经》卦序从观至剥，阴长阳消，确实令人担忧。剥极而复，有志之士得扭转这个势头，以挽救人类文明。

刘君祖经典好书

《刘君祖易断全书》

作　　者：刘君祖

出版时间：2014 年 7 月

出 版 社：团结出版社

定　　价：188（全二册）

《刘君祖完全破解易经密码》（全六册）

作　　者：刘君祖

出版时间：2015 年 11 月

出 版 社：山海三联书店

定　　价：398.00

《易经的第一堂课》

作　　者：刘君祖

出版时间：2013 年 3 月

出 版 社：九州出版社

定　　价：38.00

《乾坤：刘君祖讲乾坤大智慧》

作　　者：刘君祖

出版时间：2016 年 1 月

出 版 社：中信出版社

定　　价：38.00

《忧患：刘君祖讲易经忧患九卦》

作　　者：刘君祖

出版时间：2016 年 8 月

出 版 社：中信出版社

定　　价：48.00

刘君祖经典好书

《新解论语》(全六册)

作　　者：刘君祖

出版时间：2016 年 1 月

出 版 社：中信出版社

定　　价：79.80

《新解冰鉴》

作　　者：刘君祖

出版时间：2016 年 12 月

出 版 社：中信出版社

定　　价：30.00

《孙子兵法新解》

作　　者：刘君祖

出版时间：2020 年 7 月

出 版 社：花山文艺出版社

定　　价：60.00

《鬼谷子新解》

作　　者：刘君祖

出版时间：2020 年 7 月

出 版 社：花山文艺出版社

定　　价：60.00

《刘君祖经典讲堂》(全十卷)

作　　者：刘君祖

出版时间：2020 年 7 月

出 版 社：花山文艺出版社

定　　价：680.00